Dan Buthler und Dag Öhrlund

Die Bestie in dir

EDITION M

Das Buch

Wie anziehend kann ein Psychopath sein, wie unwiderstehlich das Böse?

Millionen, Champagner, Kokain und harter Sex: Christopher Silfverbielke, charismatischer Börsenstar in Stockholms Finanzwelt, bekommt immer, was und wen er will. Doch seine Jagd nach exzessivem Genuss treibt ihn weiter, und er schlägt seinen zwei Freunden ein kriminelles, hochriskantes Spiel vor. Dabei entblößt Christopher seine dunkle Seite. Skrupellos bricht er alle Tabus, geht zynisch lächelnd über Leichen – was Kommissar Jacob Colt auf den Plan ruft. Für Christopher keinesfalls verhängnisvoll, sondern der ultimative Kick, um allen endgültig seine Überlegenheit zu beweisen …

Die Autoren

Dan Buthler und Dag Öhrlund sind ein dänisch-schwedisches Autorenduo. Dan Buthler, geb. 1965, arbeitet als Internetspezialist für die schwedische Tageszeitung »Dagens Nyheter«.

Dag Öhrlund, geb. 1957, ist Journalist und Fotograf und lebt in Stockholm. Ihre Serie um den Psychopathen und Serienmörder Christopher Silfverbielke umfasst bisher acht Bände mit einer Verkaufszahl von fast 700.000 Exemplaren.

DAN BUTHLER
DAG ÖHRLUND

DIE BESTIE IN DIR

THRILLER

Aus dem Schwedischen von Peter Zmyj

Die schwedische Ausgabe erschien 2008 unter dem Titel »En nästan vanlig man« bei Damm Förlag, Oslo.

Deutsche Erstveröffentlichung bei
Edition M, Amazon Media EU S.à r.l.
5 Rue Plaetis, L-2338, Luxembourg
April 2018

Die Übersetzung dieses Buches wurde durch AmazonCrossing ermöglicht.

Umschlaggestaltung: semper smile, München, www.sempersmile.de
Umschlagmotiv: © Dimitri Otis / Getty; © milart / Shutterstock;
© Reddavebatcave / Shutterstock
Lektorat und Korrektorat: Verlag Lutz Garnies, Haar bei München,
www.vlg.de
Printed in Germany
By Amazon Distribution GmbH
Amazonstraße 1
04347 Leipzig, Germany

ISBN 978-1-503-95009-2

www.edition-m-verlag.de

Bei diesem Roman handelt es sich um eine fiktive Geschichte. Sämtliche Namen – mit Ausnahme von Björn Rydh – sind frei erfunden. Ähnlichkeiten mit wirklichen Personen sind rein zufällig.

Prolog

Sonntag, 31. Dezember 2006

Er blickt sich um und kann seine Verachtung nur mühsam verbergen.

Arrogante Schnösel, wohin man auch blickt. Und dämliche Tussis, Möchtegerns, manche geschmackvoll gekleidet, andere dagegen aufgetakelt wie Flittchen, die sie ja auch sind.

Einerseits – was kann man schon von einer Silvesterparty am Stureplan erwarten? Andererseits – ein bisschen Niveau hätte nicht geschadet. Schließlich hat er fast dreitausend Kronen für die Eintrittskarte bezahlt. Es wäre ihm sogar zehntausend wert gewesen, wenn man sich dafür das Pack vom Leib halten könnte. *Wer zum Teufel hat nur diese Amateure reingelassen? War denen jedes Mittel recht, um Karten zu verkaufen?*

Hätte er das gewusst, hätte er die letzten Stunden des Jahres auf eine weitaus bessere Art und Weise verbracht. Jetzt ist es zu spät. Jetzt kommt es nur noch darauf an, die paar Stunden zu überstehen, und das geht am besten mit ein paar Lines Koks. Er langt unauffällig in die Tasche und vergewissert sich, dass das Plastiktütchen noch da ist. Dann nimmt er sich ein Glas gut gekühlten Bollinger-Champagner von einem Silbertablett und geht in Richtung Toilette. Auf dem Weg dorthin grüßt er Leute, die er kennt, mit höflichem Lächeln.

Auf der Damentoilette zieht sie den Lippenstift nach, fährt sich mehrmals mit der Bürste durchs Haar und rückt das elegante, schulterfreie Seidenkleid zurecht, das sich wie ein Futteral eng um ihren Körper schmiegt. Sie zwinkert sich selbst im Spiegel zu und geht zur Tür.

Beim Hinausgehen stößt sie beinahe mit ihm zusammen. Sie holt tief Luft.

Im Smoking sieht er besser aus denn je.

Das Hemd ist strahlend weiß. Fliege und Gürtel harmonieren in einem diskreten, sehr dunklen lila Farbton. Das dichte schwarze Haar trägt er glatt zurückgekämmt. Sein forschender Blick nimmt sie gefangen, und ein Lächeln – dieses Lächeln, von dem sie schon so oft schwach geworden ist – spielt um seine Mundwinkel.

Sie schaut schnell den Flur entlang in Richtung Festsaal. Hans ist nirgendwo zu sehen. Und wenn schon – gibt es etwas Harmloseres, als am Silvesterabend mit dem besten Freund ihres Partners zu plaudern?

Er hält sie fest, indem er die Hände links und rechts von ihren Schultern an die Wand legt. Sie lässt es geschehen, lehnt sich zurück, erwidert seinen Blick und lächelt.

»Hey, Mr Cool, wie geht's, wie steht's?«

Sein Blick gleitet für ein paar Sekunden an ihr hinab, verharrt kurz bei ihrem Dekolleté, und dann weiter hinunter über Bauch und Hüften. *Dieser Mistkerl! Er zieht mich mit den Augen aus und weiß verdammt noch mal sehr wohl, dass mich das nicht stört …*

Sein Blick trifft ihren erneut. Dann schließt er die Augen und zieht die Luft durch die Nase ein.

»Du bist etwas ganz Besonderes, Veronica«, flüstert er. »Du duftest wunderbar, und damit meine ich nicht dein Parfüm …«

Ihr Herz schlägt schneller. Sie blickt noch einmal verstohlen den Flur entlang, von wo Stimmengewirr erklingt, und dann in ihr Champagnerglas.

Leer.

Er beugt sich vor und fährt schnell mit seinen Lippen weit hinten ihren Hals entlang, in der Nähe des Nackens. Ihr Körper reagiert auf seine Nähe, seine Liebkosung, den Duft seines Aftershaves, und sie fühlt sich plötzlich schwach in den Beinen.

Er lächelt wieder und schaut ihr tief in die Augen.

»Ich glaube, das wird ein richtig gutes Jahr …«, sagt er leise. »Wir sollten uns sehen …«

Als er seine Hände von der Wand nimmt, wackelt sein Glas. Im Nachhinein ist sie sich ganz sicher, dass er es mit Absicht getan hat. Kalter Champagner ergießt sich über ihr Kleid und läuft direkt an ihrer linken Brust hinunter. Sie spürt, wie die Flüssigkeit rasch durch den dünnen Stoff dringt und wie die Brustwarze hart wird.

Er senkt den Blick und lächelt immer noch. Flüstert wieder: »Hoppla, da haben wir ja jetzt das Beste von beidem …«

Sie schließt die Augen und spürt, wie es ihr die Röte auf die Wangen treibt. *Du Mistkerl. Du weißt genau, was ich empfinde, was ich denke, was ich will …*

»Ich wünsche dir noch einen tollen Abend, Veronica. Vielleicht können wir später miteinander tanzen …?«

Seine Stimme dringt wie durch einen Nebel zu ihr. Dann geht in der Nähe eine Tür zu, und als sie die Augen wieder öffnet, ist er weg. Sosehr sie sich auch nach ihm umsieht, er bleibt für den Rest des Abends verschwunden.

Plötzlich steht Hans neben ihr und hebt lächelnd sein Glas. Sie hört, wie die Leute anstoßen und durcheinanderrufen. Die Uhr schlägt Mitternacht, und sein Flüstern geht ihr erneut durch den Kopf:

Ich glaube, das wird ein richtig gutes Jahr …

Kapitel 1

Montag, 15. Januar

Er betrachtet sich im Spiegel und sieht Stärke und Stil.

Die handgenähten Schuhe von Brooks Brothers glänzen. Die Anzughose sitzt perfekt. Zufrieden mustert er den muskulösen Oberkörper. Kein Gramm Fett.

Die Dose mit dem Frisiergel befindet sich in bequemer Reichweite. Für die dichten schwarzen Haare benötigt er viel davon. Er kämmt sie sorgfältig nach hinten, bis sie glatt liegen.

Alexander de Wahl zieht sich das perfekt gebügelte weiße Hemd an und bindet sich die neue italienische Seidenkrawatte. Zum Schluss schließt er den mittleren Knopf seines Jacketts.

Er mustert sich noch einmal. Makellos.

Die Feuchtigkeitscreme auf den Wangen fühlt sich kühl an. Deodorant und Aftershave duften unaufdringlich.

Ein letzter Blick in den Spiegel. Die braunen Augen wirken entschlossen und vertrauenerweckend. Gleichzeitig vermitteln sie den Eindruck, dass man es hier mit einem Mann zu tun hat, mit dem man sich lieber nicht unnötig anlegt.

Die Schlagzeile in der Wirtschaftszeitung *Dagens Industri*, laut derer er einen der begehrtesten Jobs im Stockholmer

Finanzviertel um den Stureplan antreten soll, ist gerade mal drei Wochen alt. Als ungewöhnlich junger Geschäftsführer der schwedischen Niederlassung der Banque Indochine hat er eine fantastische Karriere vor sich. Die Wettquoten sind jetzt doppelt so gut. Gewiss, vielleicht sind seine Feinde mehr geworden. Dafür aber auch die Möglichkeiten.

Siegertyp, flüstert er dem Spiegelbild zu.

Alexander de Wahl wirft einen letzten Blick auf die Poggenpohl-Küche und schaut dann ins Wohnzimmer. Gestern ist es spät geworden, allzu spät. Aber das war es wert, denkt er. Um das Geschirr wird er sich später kümmern.

Er zieht sich den Mohairmantel an, knöpft ihn aber nicht zu. Dann stopft er die weichen Schweinslederhandschuhe in die Manteltasche und hebt die Aktentasche vom Boden auf.

»Guten Morgen.« Frau Dahlströms Atmen klingt beschwerlich, und während er sie anlächelt, fragt er sich, wer wohl als Erster beim Morgenspaziergang einen Herzinfarkt bekommt – sie oder ihr alter Pudel.

»Guten Morgen.« Eine Sekunde lang überlegt er, wie es wohl ist, wenn man alt wird, verdrängt den Gedanken aber sofort. Das Alter fühlt sich weit weg an. Öffentlich Abbitte tun fühlt sich weit weg an. Sterben fühlt sich weit weg an. Er weicht zur Seite, um dem Hund nicht auf die Pfoten zu treten, und spürt, wie das Adrenalin durch seine Adern schießt. Er war schon länger nicht mehr im Fightclub. Hat schon länger keine Gelegenheit gehabt, sich zu prügeln.

Draußen auf der Straße hält er inne und atmet die frische, kalte Winterluft ein. Es ist neblig. Als er schnellen Schrittes die Torstenssonsgatan hinunter in Richtung Fußgängerübergang am Strandvägen geht, ist es 6.59 Uhr. Dort überquert er gewöhnlich die Straße, um am Kai mit den vertäuten Booten entlangzuspazieren und den Hauch des Wassers zu spüren, bevor er zum Nybroplan gelangt und von dort aus weiter zum Stureplan eilt.

Das wird ein erfolgreicher Tag.

Jetzt komm schon, verdammt noch mal!

Er joggt ungeduldig auf dem breiten Mittelstreifen hin und her, den seit Monaten das Laub der Bäume am Strandvägen bedeckt und der jetzt im Morgennebel im Dunkeln liegt.

Der Mann in dem schwarzen Mantel und der dunklen Strickmütze hat weder einen Blick für die gedämpften Farben, in denen die Natur den Morgen gemalt hat, noch für die silbernen Tautropfen, die sich bei nur ein paar Grad weniger in Eis verwandelt hätten.

Die Armbanduhr zeigt 6.58 Uhr. *Er hätte schon hier sein sollen.*

Das Herz schlägt schneller. Das Gehirn spielt den Plan zum hundertsten Mal im Schnelldurchlauf ab. Es gibt keine Schwachstellen. Er läuft auf dem feuchten Kies hin und her, um warm und geschmeidig zu bleiben.

Es gibt nur eine Chance. Heute. Jetzt.

Ein schwacher Lichtstrahl von der Straßenlaterne dringt durch den Nebel, der dichter zu werden scheint. 7.00 Uhr. *Wo ist er?* Ist etwas passiert? Warum sollte dieser Morgen sich von allen anderen unterscheiden? Er hat sich keinen Plan B zurechtgelegt, der sollte ja nicht nötig sein. Plan A ist schnell und effektiv. Danach wird nichts mehr so sein wie zuvor.

7.02 Uhr. *Verdammt!*

Der Verkehr ist dichter geworden. Entlang des Strandvägen bilden sich bereits Staus. Risikoanalyse: Je mehr Autos nur im Schritttempo vorankommen, desto mehr potenzielle Zeugen gibt es. Andererseits geht die Sonne erst um 7.35 Uhr auf. Die Morgendämmerung ist noch zu schwach, um den Nebel zu durchdringen. Wenn die Leute im Stau stehen, müssen sie das Auto vor sich im Auge behalten. Er trägt dunkle Kleidung. Das Ganze wird schnell über die Bühne gehen. Die Fahrer können nicht mitten im Verkehr ihre Autos verlassen.

Er joggt auf der Stelle, hüpft herum, lockert Arme und Beine, um beweglich zu bleiben. Auf seinem Kopf spürt er Schweißtropfen. Die Plastikkappe unter der Strickmütze ist eng und warm.

7.06 Uhr. *Da kommt er!*

Als de Wahl endlich erscheint, ist er nicht mehr als fünfunddreißig Meter weit weg. Er überquert den Strandvägen, geht über das Kopfsteinpflaster des Kais schräg nach rechts und schreitet zügig in Richtung Nybroplan.

Der Mann im schwarzen Mantel läuft zwischen den im Stau stehenden Autos hindurch und weiter zum Kai. Adrenalin schießt durch seine Adern. In Gedanken geht er noch einmal den Plan durch.

Es ist so weit.

Außer de Wahl sind vor ihm keine Menschen. Er wirft einen Blick nach rechts und stellt fest, dass die Reihen parkender Autos auf dem Kai ihn vor den Blicken der Autofahrer verbergen, die auf dem Strandvägen im Stau stehen.

De Wahl kommt direkt auf ihn zu. Die Entfernung beträgt jetzt vielleicht noch zwanzig bis fünfundzwanzig Meter.

Ob er mich wohl wiedererkennt? Wenn ja, was wird er dann sagen? Wird ihm ein Licht aufgehen, bevor es zu spät ist?

Der Jogger konzentriert sich. Das Herz schlägt so fest, dass er es sogar zu hören glaubt.

Es ist so weit. Er beschleunigt seine Schritte.

Jetzt trennen ihn noch höchstens fünf Meter von dem Fußgänger. De Wahl hebt den Kopf, als er die Schritte des Joggers hört, und wirft ihm einen Blick zu.

Plötzlich erstarrt er.

Etwas passiert in Alexander de Wahls Hirn. Eine Reihe von Prozessen beginnt. Fragen. Vergleiche. Kontrollen.

Binnen eines Sekundenbruchteils hat sein Hirn etwas Bekanntes entdeckt. Etwas, das seit langer Zeit dort gespeichert liegt.

Ein Wiedererkennen.

Der Jogger. Kenne ich den? Ein Geschäftsfreund? Wohl kaum. Die Leute, mit denen ich geschäftlich zu tun habe, joggen nicht um sieben Uhr morgens einen feuchten, windigen Kai entlang. Ein Zufall. Vielleicht sieht er jemandem ähnlich, dem ich mal begegnet bin.

De Wahls Hirn beendet den Prozess und richtet seine Aufmerksamkeit wieder auf die Geschäfte und Pläne des heutigen Tages. Auf den Erfolg.

Der Mann im Mantel joggt an de Wahl vorbei. *Du Arschloch! Hast mich nicht einmal wiedererkannt!*

Fünf Meter weiter wendet er um hundertachtzig Grad und holt gleichzeitig die Plastiktüte aus der Tasche.

Die Laufschuhe haben weiche Sohlen, und de Wahl kann ihn nicht hören. Er schließt von hinten zu dem Finanzmann auf, holt schnell mit dem rechten Arm aus und schlägt zu. Die Tüte mit dem scharfkantigen, abgeschlagenen Ziegelstein trifft de Wahl hart an der rechten Schläfe. Er stöhnt, lässt die Aktentasche fallen und taumelt. Stürzt auf das Kopfsteinpflaster, ohne den Fall besonders gut abfedern zu können.

Der Jogger wirft einen Blick in Richtung Strandvägen. Sie sind jetzt fast auf der Höhe der Grev Magnigatan. Anscheinend hat niemand sie bemerkt, und die Stelle ist so perfekt, wie sie nur sein kann. Unmittelbar rechts von ihnen befindet sich eine fünf bis sechs Meter breite Lücke zwischen zwei vertäuten Booten.

Das reicht.

De Wahl liegt stöhnend auf dem Bauch, das Gesicht dem Kopfsteinpflaster zugewandt. Der Jogger beugt sich zu ihm hinunter, packt den Körper und dreht ihn um. Dabei wundert es ihn, wie schwer er ist. Das Gesicht des Finanzmannes wird langsam sichtbar. Er hat die Augen geschlossen und blutet stark an der rechten Kopfseite.

Noch ein kurzer Blick, diesmal in Richtung Nybroplan. Auf dem Kai ist immer noch kein Mensch. Das Boot mit Bar und Restaurantbetrieb ein Stück weiter hat noch nicht geöffnet, und die Shelltankstelle, die früher etwa hundert Meter weit weg lag, wurde inzwischen abgerissen. Außerdem haben die Leute offenbar am Montagmorgen andere Dinge zu tun, als am Nybrokai spazieren zu gehen.

»Guten Morgen, du Arschloch!« Er verpasst de Wahl mit der behandschuhten Faust einen festen Schlag ins Gesicht. De Wahl wimmert vor Schmerzen und blickt mühsam zu ihm hoch. Seine Augen weiten sich. »D…du!« Mehr bringt er nicht hervor.

»Ja, *ich!* Danke für alles, du Schwein!«

De Wahl scheint seine letzten Kräfte zu sammeln. Das Blut fließt jetzt schneller den Kopf hinab, und er atmet stoßweise. »Ver … Verzeihung! Wa … warte … ich kann bezahlen … was willst du …?«

Der Notruf bei der Einsatzzentrale der Stockholmer Polizei im Stadtbezirk Kungsholmen geht um 7.11 Uhr ein.

»Hallo, ich stehe im Stau auf dem Strandvägen Höhe Grev Magnigatan, und da passiert gerade etwas Seltsames hier unten am Kai …«

Der diensthabende Polizeibeamte, der den Anruf entgegennimmt, seufzt. Wie seltsam kann es am Kai am Strandvägen um sieben Uhr an einem Januarmorgen schon zugehen?

»Ja, was ist da los?«

Zögern.

»Ich kann nicht richtig sehen, weil Autos am Straßenrand parken, aber wie es aussieht, steht da so ein Typ und beugt sich über einen anderen, der am Boden liegt.«

»Aha …?«

Die Stimme des Anrufers klingt plötzlich aufgeregt. »Jetzt kann ich es sehen! Er schlägt dem Typen in die Fresse! Er prügelt auf den Kerl am Boden ein! Verdammt, der kriegt ganz schön was ab! Jetzt zerrt er an seinem Mantel …«

»Okay, bleiben Sie am Apparat, ich schaue mal nach, ob ich auf die Schnelle einen Streifenwagen dorthin schicken kann!«

Der Beamte blickt auf die großen elektronischen Karten an der Wand vor ihm und verzieht das Gesicht. Es ist früh am Morgen, und es sind nicht so viele Streifenwagen unterwegs, wie er gern hätte. Einige sind mit einem größeren Verkehrsunfall auf der Zentralbrücke beschäftigt, andere stecken hoffnungslos im Stau. Wie es aussieht, ist 1110 der nächstgelegene freie Wagen, und selbst der befindet sich am hinteren Ende vom Sveavägen. Er drückt auf die Sendetaste.

»1110 von 70, kommen.«

Die Antwort erfolgt sofort: »1110, Sveavägen Ecke Odengatan, kommen.«

Der Beamte in der Einsatzzentrale lächelt. Der Typ in Wagen 1110 muss wohl ein Grünschnabel sein, da er seinen Standort angibt. Die Zentrale hat längst das neue System, das anzeigt, wo sämtliche Streifenwagen sich befinden und ob sie frei sind.

»Am Kai am Strandvägen Höhe Grev Magnigatan ist gerade eine Schlägerei im Gang. Ein Bürger ruft von seinem Auto aus an und behauptet, dass ein Mann auf einen anderen einschlägt, der am Boden liegt. Fahren Sie hin und schauen Sie, was los ist.«

Ein paar Sekunden Schweigen, während der Streifenbeamte sich Notizen macht. Dann: »Verstanden, kommen.«

»1110, Ende.«

Und zu dem Mann am Handy: »Eine Streife ist zum Strandvägen unterwegs. Was sehen Sie jetzt?«

Aber die Leitung ist tot.

Der Beamte in der Einsatzzentrale stellt mit einem Seufzer fest, dass es vermutlich ohnehin egal ist. Bis der Streifenwagen es durch den dichten Verkehr vom Sveavägen zum Strandvägen schafft, ist das, was immer auch passiert sein mag, wahrscheinlich längst vorbei.

Der Mann im schwarzen Mantel blickt sich kurz nach allen Seiten um und vergewissert sich, dass niemand in ihre Richtung kommt.

De Wahl unternimmt einen neuen Versuch. »Warte … was willst du … du kannst Geld … haben …«

Jetzt lächelt ihn der Jogger an, aber es ist kein freundliches Lächeln. »Ich will kein Geld! Du sollst sterben, du Schwein!«

De Wahl versucht instinktiv, die Hände zu heben und sich zu schützen, aber er ist jetzt zu schwach, und es ist zu spät. Der starke Arm mit dem Ziegelstein trifft knirschend seine linke Schläfe. Der Jogger holt zum Wurf aus, und die Plastiktüte fliegt in hohem Bogen über den Kai. Sie prallt einmal gegen ein Seil, das zwischen den vertäuten Booten verläuft, ehe sie mit einem Platscher unter der schwarzen Wasseroberfläche verschwindet.

Der Jogger packt de Wahls Mantel mit festem Griff und schleift ihn die knapp vier Meter bis zur Kaimauer. Ohne zu zögern zerrt er ein letztes Mal daran, sodass der Körper eine Sekunde lang über die Kante hängt, bevor er verschwindet. Er hört das Platschen, sieht sich ein letztes Mal um und läuft schnell weiter. Die Armbanduhr zeigt 7.16 Uhr.

Gut gemacht.

Ein aufmerksamer Autofahrer im Stau auf dem Strandvägen sieht, wie der Jogger am Kai plötzlich auf Höhe der Styrmansgatan stehen bleibt.

Irgendwas ist an dem Typen seltsam. Warum trägt er beim Joggen über dem Trainingsanzug einen Mantel?

Just in dem Moment, als ihm dieser Gedanke durch den Kopf geht, sieht er, wie der Jogger etwas aus der Tasche zieht und auf den Boden fallen lässt, bevor er hastig den Mantel auszieht, zur Kaimauer läuft und ihn ins Wasser zwischen zwei Booten wirft. Dann rennt er weiter in Richtung Strandvägen.

Seltsam!

Der Jogger überquert den Fußgängerübergang, verschwindet für eine Sekunde außer Sichtweite zwischen den Bäumen auf dem Mittelstreifen. Der Autofahrer sieht, wie der Mann über die Trambahngleise, die Verkehrsinsel und den nächsten Fußgängerübergang auf den Gehsteig auf der anderen Straßenseite läuft.

Ehe der Jogger seinen Weg vorbei an den beleuchteten Schaufenstern der Immobilienmaklerfirma Lagerlings fortsetzt, glaubt er, durch den Nebel Blaulichter zu sehen, die vom Nybroplan her kommen. *Zu spät, Jungs*, denkt er.

Der Nebel verzieht sich und es wird langsam hell, aber es ist immer noch feucht und frisch. Er erreicht die Riddargatan, biegt beim Tabakladen rechts ab und rennt weiter. Eine Viertelstunde später biegt er links in die Grev Magnigatan und läuft die Anhöhe hinauf auf die gelben Gebäude zu, die das Reichsantiquaramt und die Staatlichen Historischen Museen beherbergen.

Bei der Storgatan biegt er rechts ab und denkt zufrieden, dass er sich jetzt haargenau an den Plan hält, der vor mehreren Monaten das Licht der Welt erblickt hat. Indem er sich im Zickzackkurs auf menschenleeren Straßen vom Tatort entfernt hat, verringert sich das Risiko, dass ihn jemand gut genug sieht, um eine Personenbeschreibung abgeben zu können, falls eines Tages jemand fragen sollte.

Warum sollte das jemand? Stockholm ist eine Millionenstadt voller Menschen, die spazieren gehen, ihre Hunde ausführen, joggen. Schließlich hebe ich mich nicht von der Menge ab, denkt er.

Er läuft ein bisschen langsamer, joggt eine Viertelstunde lang in gemächlichem Tempo und überquert die Torstenssonsgatan.

Hier hast du gewohnt, du Arschloch. Aber hierher kommst du nie wieder zurück.

Er geht weiter, vorbei am östlichen Reitstall und zu der kleinen Grünanlage zwischen der Banérgatan und dem Narvavägen.

Da. Ein Abfalleimer.

Er bleibt stehen und holt Atem. Falls jemand aufmerksam genug hinsähe, würde er oder sie sehen, wie der Jogger die Strickmütze abnimmt und tief in den Abfalleimer stopft. Dem aufmerksamen Beobachter würde auch auffallen – vermutlich mit einer gewissen Verwunderung –, dass der Mann unter der Strickmütze eine Badekappe aus Plastik trägt, die er sich nun vom Kopf reißt und in die Tasche seiner Jogginghose steckt.

Aber die Dame, die fünf Meter weiter ihren Hund spazieren führt, ist voll damit beschäftigt, ihrem Liebling dabei zuzusehen, wie er sein Geschäft am Bordstein verrichtet.

Risikolos. Oder?

Auf dem Narvavägen stehen Autos im Stau und verpesten mit ihren Abgasen die ansonsten frische Morgenluft. Eine Frau in einem der Autos schaut zu ihm hinüber, als er die Badekappe vom Kopf nimmt. Sie blickt verwundert drein.

Eine Augenzeugin. Vielleicht sollte ich einfach zu ihr hinlaufen und die Wagentür aufreißen. Sie erwürgen.

Er wendet schnell den Kopf zur Seite, überquert den Narvavägen zwischen zwei stehenden Autos, läuft an der Kirche vorbei und biegt links in die Fredrikshovsgatan ab. Bei dem orange-rosafarbigen Garnisonskomplex schwenkt er nach rechts in die Linnégatan und beschleunigt seine Schritte. Er zieht die Luft tief in die Lunge ein, verspürt ein Gefühl von Stärke und Freiheit und bekommt Lust, eine Weile schnell zu laufen.

Hans Jakobson ist müde. Bald endet seine Nachtschicht, und es ist Zeit, nach Hause zu gehen und elf Stunden dringend benötigter Ruhe zu genießen. Gab es wirklich keinen anderen Wagen, der sich um diese Sache hätte kümmern können? Mit einem Seufzer stellt er fest, dass man den Verkehr auf dem Strandvägen um diese Zeit nur als Katastrophe bezeichnen kann. Obwohl er Blaulicht und Sirene eingeschaltet hat, steht der Streifenwagen in einer Schlange von Blechkisten, deren Bremslichter aufleuchten, und kommt nicht vom Fleck.

»Verdammt noch mal, bewegt euch!«

Sein Kollege Bergh deutet quer über die Fahrbahn. »Schau mal, ob du zur Mitte fahren kannst, damit wir in die Busspur oder auf den Mittelstreifen zwischen den Alleebäumen kommen.«

Jakobson lässt das Seitenfenster herunter und streckt einen Arm heraus, um den Autos links von ihm und hinter ihm zu signalisieren, wohin er will. Eine halbe Minute später ist die Lücke groß genug, dass er den Volvo nach links lenken und auf der Busspur bis zur Allee fahren kann. Immer noch mit eingeschaltetem Blaulicht und Sirene rückt er vor, so schnell es der Verkehr erlaubt, bremst für slalomfahrende Radfahrer ab und hört durch das offene Seitenfenster, wie wütende Fußgänger ihm Schimpfworte nachrufen.

Zwei Minuten später gelingt es ihm, den Wagen durch die Autoschlange an der Ecke Strandvägen und Grev Magnigatan zu lenken und auf den Kai zu fahren. Er schaltet die Sirene und den Motor ab.

»Ich sehe keine Schlägerei. Du?«

»Nein, aber was ist das da?« Bergh deutet auf den Kai vor ihnen. »Sieht wie eine Aktentasche aus.« Er öffnet die Tür und steigt aus.

Jakobson tut es ihm gleich, geht über das Kopfsteinpflaster und stellt schaudernd fest, dass es zu regnen beginnt und der Wind stärker weht. Er geht an seinem Kollegen vorbei, der neben der Aktentasche in die Hocke gegangen ist. Plötzlich hält er inne. »Du, hier an der Kaimauer ist Blut!«

Bergh richtet sich auf und kommt zu seinem Kollegen. Sorgfältig darauf bedacht, nicht in das Blut auf den Pflastersteinen zu treten, gehen die beiden vor zur Kaimauer und sehen nach.

Ein paar Meter weiter draußen sehen sie einen Menschen mit dem Gesicht nach unten auf dem schwarzen Wasser treiben, die Beine leicht auseinander und die Arme ausgestreckt, wie in einer letzten, flehenden Geste.

»Verdammt!«, ruft Jakobson und fährt herum. »Lass die Aktentasche dort liegen. Ich verständige die Zentrale.«

Bergh nickt. »Sag denen, sie sollen gleich die Küstenwache benachrichtigen und Taucher anfordern. Wir müssen den Körper wegschaffen, bevor die Pressefritzen Wind von der Sache bekommen! Benutz nicht das Funkgerät.«

Jakobson setzt sich in den Streifenwagen, startet den Motor und dreht die Heizung voll auf. Er holt sein Handy aus der Tasche und wählt die Nummer der Einsatzzentrale.

»Hier ist Jakobson in Wagen 1110. Verbinden Sie mich schnell mit dem Diensthabenden!«

Ein paar Minuten später verlässt Hans Jakobson die Wärme des Volvos und geht zu Bergh, der immer noch auf den treibenden Körper starrt.

»Ich habe mit dem Diensthabenden gesprochen. Die Küstenwache ist bereits unterwegs, und ein Bereitschaftskommissar kommt auch hierher. Wir sollen einen Bereich von zehn mal zehn Metern vor der Kaimauer absperren. Von Fotos hat er nichts gesagt, aber vielleicht sollten wir sicherheitshalber welche machen.«

Bergh nickt. Die beiden Polizisten öffnen den Kofferraum des Volvos und holen zwei Rollen blau-weißes Absperrband und eine Tasche mit einer Digitalkamera heraus.

Schnell nach rechts und gleich wieder nach links, und er ist endlich im Dag-Hammarskjölds-Väg.

Jetzt handelt es sich nur noch um ein paar Minuten.

Er geht an den schönen Häusern, Diplomatenwohnungen, der US-Botschaft und der Villa Källhagen vorbei, ehe er das unbebaute Gelände beim Seehistorischen Museum schräg nach rechts überquert.

Eigentlich müsste er Angst haben wie ein gehetztes Tier, aber stattdessen verspürt er zum ersten Mal seit vielen Jahren eine innere Ruhe.

Unterhalb des Seehistorischen Museums bleibt er am Wasser stehen und verschnauft ein paar Minuten. Er blickt sich um. Die stille Promenade am Wasser ist bei Spaziergängern, Hundebesitzern und Joggern beliebt, aber heute ist Montagmorgen im Januar, und da haben die meisten Menschen wohl andere Dinge zu tun, als sich hier aufzuhalten.

Leer.

Nachdem er sich vergewissert hat, dass ihn niemand sieht, holt er in Ruhe den schwarzen Plastikmüllbeutel aus der linken Tasche. Er streift den äußeren Trainingsoverall ab, umwickelt damit ein paar Steinbrocken, die er am Ufer aufgesammelt hat, und stopft das Ganze in den Plastikbeutel. Mit den Fingernägeln reißt er an verschiedenen Stellen Löcher in das Material, drückt so viel Luft wie möglich aus dem Beutel und knotet ihn fest zusammen.

Direkt am Ufer hält er inne.

Konzentrier dich jetzt! Wenn du nicht weit genug wirfst, landet er im flachen Wasser, wo ihn jemand sehen kann. Und es ist verdammt noch mal viel zu kalt, um hinauszuwaten und ihn zu holen. Wenn du zu fest wirfst, können die scharfkantigen Steine den Beutel zerreißen, und dann ist alles umsonst.

Du hast nur einen Wurf. Und der muss perfekt sein!

Er holt in weitem Bogen aus und wirft den Beutel so weit er kann ins Wasser.

Als er sieht, wie das schwarze Plastik unter der Wasseroberfläche verschwindet, lässt die Anspannung nach. Müdigkeit überkommt ihn, und er setzt sich inmitten der feuchten Blätter am Ufer hin.

Er denkt zurück an damals, und seine Lippen fangen an zu zittern.

Hände, die ihn niederdrücken. De Wahls fieses Grinsen über ihm. Höhnisches Gelächter im Hintergrund. Schmerzen und Ekel …

Der Geschmack der Scham.

Die Augen füllen sich mit Tränen, und er fängt an, heftig zu zittern.

Es dauert etwa eine Viertelstunde, bis er sich ausreichend beruhigt hat, um weiterzumachen. Der Schweiß fühlt sich plötzlich kalt auf seinem Körper an, und er muss sich wieder aufwärmen. Die Beine zittern ein wenig, als er sich erhebt und kurz auf der Stelle auf und ab hüpft, um in Gang zu kommen. Er joggt gemächlich entlang der Strandpromenade zurück und wirft einen Blick auf die mit Grünspan behaftete Statue mit der Inschrift *»Sie gaben für uns ihr Leben«*.

Er denkt ironisch, dass gerade jemand anders sein Leben unfreiwillig gegeben hat.

Geschieht dem verdammten Arschloch recht!

Die Treppen führen ihn nach oben zur Vorderseite des Museums, und er läuft schnell in Richtung Straße. Ein Blick auf die Armbanduhr zeigt ihm, dass er mit dem Bus nach Hause fahren sollte, da es zum Laufen zu weit ist. Schließlich muss er rechtzeitig zu einer Besprechung kommen. An der Haltestelle der Buslinie 69 zieht er die Schweinslederhandschuhe aus und stopft sie in einen Abfalleimer.

Der Busfahrer nickt kurz, als der Jogger im einfachen dunkelblauen Trainingsanzug einsteigt. Hat er ein bisschen gehinkt? Vielleicht hat er sich beim Jogging den Fuß verstaucht? Wie dem auch sei, es ist nicht ungewöhnlich, dass Leute weit hinaus nach Djurgården laufen und dann mit dem Bus zurückfahren.

Der Bus fährt ins Diplomatenviertel, vorbei an der Berwaldhalle und dann in die Kurve zum Strandvägen.

Der Jogger lehnt sich mit der Wange an das beschlagene Fenster. Etwas weiter weg sieht er das rotierende Blaulicht.

Ein paar Sekunden lang erhöht sich seine Herzfrequenz, bevor sie sich wieder normalisiert.

Als der Bus an der Stelle vorbeifährt, wo er vor einer Weile einen Menschen erschlagen hat, lächelt er, schließt die Augen und verspürt nichts weiter als Ruhe.

Am Nybroplan steigt er aus, wirft einen Blick auf die Goldstatuen, die den Eingang des Königlichen Dramatischen Theaters zieren, und hüpft ein paar Sekunden auf der Stelle auf und ab, um seinen Kreislauf wieder in Schwung zu bringen. Dann joggt er die Sibyllegatan entlang, vorbei am Östermalmstorg, bis nach einer Viertelstunde an der Kreuzung mit der Linnégatan das unheimlich hässliche Ziegelhaus aus den Siebzigerjahren mit den weißen Fensterrahmen und den Erkern auftaucht, die aussehen, als hätte ein überarbeiteter Architekt sie lieblos hingekotzt.

Die Linnégatan 27 ist bestimmt das einzige Haus in ganz Östermalm, dem es an jeglichem Charme fehlt, denkt er. Und es ist sicher kein Zufall, dass sich genau dort im Erdgeschoss ein 7-Eleven-Laden befindet.

Etwas Besseres konnte er sich nicht leisten. Damals jedenfalls nicht.

Aber es kommen bessere Zeiten.

Er bleibt vor der Haustür stehen, stützt sich mit den Händen auf den Oberschenkeln ab und holt Atem. In diesem Augenblick geht die Tür auf und Frau Larsson, die eine Etage unter ihm wohnt, tritt ins Freie. Sie lächelt freundlich und nickt, als er ein »Guten Morgen« hervorstößt.

Komisch, denkt Frau Larsson, als sie langsam und auf ihren Gehstock gestützt die Straße entlanggeht. Heutzutage hetzen sich die Leute ab und rennen, selbst wenn sie frei haben. Wieso haben sie es so eilig?

Er deaktiviert die Alarmanlage, schließt die Tür hinter sich und lehnt sich ein paar Sekunden dagegen. Der Trainingsanzug und die Unterwäsche landen auf einem Haufen auf dem Boden.

Das Wasser aus der Dusche ist so heiß, dass es beinahe wehtut. Er dreht den Hebel der Mischbatterie ein bisschen runter, und die Haut färbt sich von dem plötzlichen Temperaturwechsel rot. Sorgfältig wäscht er Haare und Körper und lässt das Wasser lange laufen, während er die Ereignisse des Morgens noch einmal Revue passieren lässt.

Keine Probleme. Keine Fehler. Keine Spuren.

Plötzlich zuckt er zusammen und bleibt mit dem Handtuch in der Hand stehen, während die Wassertropfen an seinem Körper hinunter auf die beheizten Fliesen laufen.

Die Aktentasche! Die liegt immer noch am Kai.

Sein Herz schlägt wild. *Was bedeutet das?*

Er rubbelt sich fest mit dem Handtuch ab, während er zur Garderobe im Schlafzimmer geht. Strahlend weißes Hemd, diskrete dunkelgraue Seidenkrawatte.

Nichts. In der Aktentasche gibt es nichts, was etwas mit ihm zu tun hat, und die Wasserleiche wird sowieso schnell identifiziert werden. Außerdem ist die Strickmütze ja perfekt in einer Pfütze nur ein paar Meter von der Stelle gelandet, wo er den Mantel ins Wasser geworfen hat. Die finden sie bestimmt. Kein Problem.

Die Mütze. Wie passend, dass sein Freund sie vor ein paar Wochen auf der Hutablage hat liegen lassen. Wie praktisch, dass das Gastgeberpaar nach dem Abendessen so betrunken war, dass es nicht auffiel, wie er mit seiner behandschuhten Hand heimlich nach dem Regal griff und die Mütze an sich nahm.

Schwarzer Armani-Anzug und handgenähte Schuhe. Ein eleganter Duft. Das Spiegelbild zeigt einen jungen Geschäftsmann, der auf sein Äußeres bedacht ist.

Keinen Mörder.

Die Winterluft fühlt sich kalt an. Er knöpft den Mantel zu und geht mit schnellen Schritten und Aktentasche in der Hand in Richtung Innenstadt. Bevor er ins Büro geht, setzt er sich in ein Café und bestellt eine Tasse Kaffee und ein Ciabatta.

Einige Stunden später gibt er ein paar Befehle in die Tastatur ein, schickt eine Sell-Order ab und wartet, während er angespannt die flimmernden Börsenkurse auf dem Monitor vor ihm betrachtet. Ein paar Minuten später lächelt er breit.

Yes!

Zwei Millionen.

Nicht schlecht, wenn man bedenkt, dass es noch nicht mal Zeit für die Mittagspause ist.

Kapitel 2

Montag, 15. Januar

Draußen auf der Polhemsgatan fuhr ein Auto viel zu schnell durch eine Pfütze und übergoss einen kleinen Dackel mit einem Schwall Wasser. Die Dame, der der Hund gehörte, drohte dem Autofahrer mit der Faust. Aber wahrscheinlich hatte der Typ sie nicht einmal bemerkt.

Rücksicht, dachte Rydh, ist aus der Mode gekommen. Traurig.

Er fuhr sich nachdenklich mit der Hand über den Bart. Die Kollegen und die Arbeit in Göteborg – seine *richtige* Arbeit – fühlten sich manchmal allzu weit weg an. Er spürte die Sehnsucht wie einen Stich, als er daran dachte, was ihm am meisten am Herzen lag. Die Bomben. Die Kollegen in Göteborg hatten gerade erst ein neues Fahrzeug und einen neuen Roboter zur Bergung von Bomben bekommen.

Er sehnte sich nach seiner Frau und seinem Haus an der Westküste. Das Angebot, im Stockholmer Polizeipräsidium an der Entwicklung von SPRÅNG, einer neuen Computerdatenbank für beschlagnahmte Gegenstände, mitzuarbeiten, hatte sich verlockend angefühlt. Und schmeichelhaft obendrein, da man ihn als den am besten Geeigneten in ganz Schweden betrachtete. Aber das wöchentliche Pendeln an die Westküste war ermüdend, und auf die einsamen Abende in der Untermietwohnung in Huddinge hätte er gern verzichtet. Immer öfter tauschte er sie gegen lange Überstunden im Präsidium ein. Anstatt fernzusehen oder an die Wand zu starren, tat er lieber etwas Sinnvolles. Außerdem verschaffte es ihm die Möglichkeit, als Ausgleich ein paar freie Tage zu bekommen und früher nach Hause zu fahren.

Wo sich sein richtiges Leben abspielte.

Das Klingeln des Telefons riss ihn aus seinen Gedanken. Er nahm ab und wandte seinen Blick weg vom Monitor hin zum Fenster. Es hatte angefangen zu regnen.

Ein Albtraum für die Kollegen von der Spurensicherung.

»Rydh.« Das klang bestimmt kurz angebunden, dachte er, zumindest für diejenigen, die ihn nicht kannten.

»Guten Morgen. Wie geht es Schwedens bestem Kriminaltechniker?«

Björn Rydh lachte, als er die muntere Stimme und den schonischen Akzent des Kommissars hörte.

»Danke, ganz okay, dafür, dass ich hinter den feindlichen Linien bin. Aber ich wäre lieber an Schwedens Vorderseite, wie du weißt.«

Jacob Colt lachte. »Shit happens, Björn, und ich bin genauso wie du im Feindesland. Der Unterschied liegt wohl darin, dass du eine Chance hast, wieder zurück in die Zivilisation zu kommen.«

»Das wollen wir doch hoffen«, erwiderte Rydh. »Ich habe keine Ahnung, wie lange sich dieses Projekt hinziehen wird. Am Anfang hat man mir gesagt, zwei Jahre, und inzwischen sind drei vergangen. Aber andererseits ist das ein cooler Job ...«

»Freut mich, dass du dich wohlfühlst. Björn, ich brauche deine Hilfe. Hast du ausnahmsweise Lust auf ein bisschen echte Polizeiarbeit?«

»Worum geht's?« Rydh setzte sich im Stuhl auf. Er hatte großen Respekt vor Jacob Colt und dessen Kollegen. Der Kommissar hatte ihn während seiner Zeit im Polizeipräsidium in Kungsholmen mehrmals um Hilfe gebeten, aber nur bei besonders wichtigen Fällen. Rydh hatte die Zusammenarbeit geschätzt, aber auch die Abwechslung, die sich bot, wenn man die Schreibtischarbeit hinter sich ließ, sich hinaus ins Feld begab und sich kriminaltechnischen Aufgaben widmete.

»Heute Morgen gegen sieben Uhr«, sagte Colt, »rief ein Zeuge von einem Auto auf dem Strandvägen aus an und berichtete, er habe gesehen, wie jemand einen Mann misshandelte, der am Kai auf dem Boden lag. Leider brach das Gespräch ab, bevor der Streifenwagen vor Ort eintraf. Der Zeuge rief anscheinend von einem Prepaidhandy aus an, also können wir ihn nicht kontaktieren. Die Streife fand zunächst kein Opfer vor, aber dafür eine Aktentasche, die ungefähr dort lag, wo der Vorfall stattgefunden haben muss.«

Björn Rydh zog einen Block heran und kritzelte mit einem Bleistift ein paar Notizen darauf. »Ja …?«

»Als die Kollegen über die Kaimauer schauten, sahen sie eine Leiche im Wasser treiben«, fuhr Colt fort. »Die Einsatzzentrale forderte Taucher von der Küstenwache an, die die Leiche bargen. Der Mann wurde als Alexander de Wahl identifiziert …«

Rydh stieß einen Pfiff aus. »Donnerwetter!«

»Kennst du ihn?« Jacob Colt klang ein wenig überrascht.

»Ich lese hin und wieder einfach so zum Spaß den Wirtschaftsteil von *Dagens Nyheter*«, erwiderte Rydh. »Es kann ja nie schaden, wenn man weiß, was diese Finanzfuzzis so treiben. Und vor ein paar Wochen habe ich gelesen, dass dieser Bursche eine für sein Alter ungewöhnlich hohe Stelle bekommen hat. Ich glaube, Bankdirektor oder so was in der Art. Mir ist das aufgefallen, weil der Typ ein Jahresgehalt von fünf oder sechs Millionen Kronen erhalten sollte und weil der Name ungewöhnlich war …«

»Vollkommen richtig«, sagte Colt. »Ich habe erst vorhin mit dem Vorstandsvorsitzenden der Banque Indochine am

Stureplan gesprochen. De Wahl war gerade mal zehn Tage lang Geschäftsführer gewesen …«

Jacob Colt legte eine kurze Pause ein und fuhr dann fort: »Du verstehst bestimmt, dass ich unter Druck stehe. Wenn ein hohes Tier aus der Stockholmer Finanzwelt umgebracht wird, während er morgens zu Fuß zur Arbeit geht, bleibt das in der Öffentlichkeit kaum unbemerkt.«

Rydh kaute am Bleistift. »Hast du irgendwelche Hypothesen?«

»Noch nicht. Aber es sieht jedenfalls nicht nach einem gewöhnlichen Raubüberfall aus. De Wahl hatte nämlich eine Brieftasche mit Kreditkarten und über fünftausend Kronen in bar in der Brusttasche. Am Handgelenk trug er eine Breitling-Uhr, und so eine ist ja schweineteuer. Und in der Aktentasche lagen USB-Sticks und CDs, auf denen bestimmt vertrauliche Geschäftsinformationen gespeichert sind.«

»Wie sah die Leiche denn aus?«, fragte Rydh.

»Ich habe nur einen kurzen Bericht erhalten«, antwortete Colt. »Die Taucher und die Uniformierten am Fundort sagten, es gebe Anzeichen von kräftiger Gewalteinwirkung rechts und links am Kopf. Aber ob die Verletzungen von Schlägen herrühren oder ob der Mann beim Sturz über die Kaimauer mit dem Kopf irgendwo aufgeprallt ist, wissen wir noch nicht.«

»Dann kann man nur von Anfang an beginnen«, antwortete Rydh. »Was soll ich tun?«

Colt zögerte einen Augenblick, bevor er antwortete.

»Björn, ich brauche ganz einfach nur ein zusätzliches scharfes Auge hier vor Ort. Christer Ehn und Johan Kalding sind bereits am Strandvägen und kümmern sich um die Spurensicherung, aber ich möchte gern, dass du hierherkommst und es dir ansiehst. Hoffentlich sehen drei Paar Augen besser als zwei, und ich kenne keinen, der so tüchtig ist wie du.«

Rydh grinste. »Jetzt trägst du aber ganz schön dick auf, du Schmeichler!« Er blickte erneut zum Fenster hinaus. »Wenn du rausschaust, siehst du, was Sache ist. Nichts kann Spuren so schnell wegspülen wie Regen in Verbindung mit ein bisschen Wind. Und wenn die Leiche obendrein im Wasser gelegen hat, haben die Kollegen in der Rechtsmedizin eine Menge Probleme.«

Jacob Colt seufzte. »Ich weiß, Björn. Aber ich muss im Augenblick alles tun, was ich kann. Ein paar von meinen besten Leuten sind vor Ort, und Henrik Vadh leitet die Untersuchung. Wann kannst du dort sein?«

»Wir haben eine Kleinigkeit vergessen«, antwortete Rydh. »Hast du mit Mård gesprochen?«

»Ja«, sagte Colt. »Hier gilt es, auf Nummer sicher zu gehen. Ich möchte nicht, dass einer von uns beiden in Schwierigkeiten gerät. Börje sagt, dass das SPRÅNG-Projekt einen oder zwei Tage auf dich verzichten kann, ohne dass die Welt untergeht.«

»Was zum Teufel meint er damit?«, frotzelte Rydh. »Das Projekt kommt augenblicklich ins Stocken, sobald ich zur Tür hinausgehe. Aber Spaß beiseite, wie komme ich am besten zum Strandvägen?«

»Polizeitaxi«, sagte Colt erfreut. »Ich rufe die Einsatzzentrale an und sage ihnen, sie sollen einen Wagen zum Haupteingang schicken. Auf dem Rückweg kannst du entweder bei der Spurensicherung oder bei Henrik mitfahren.«

Zwanzig Minuten später bremste ein Polizeiwagen vor dem Absperrungsband am Strandvägen ab. Björn Rydh bedankte sich für die Fahrt, stieg aus, zog den Reißverschluss seiner Thermojacke hoch und betrachtete das Szenario. Es regnete immer noch, wenn auch etwas weniger als zu dem Zeitpunkt seines Telefonats mit Colt. Dafür schien der Wind zugenommen zu haben.

Scheiße, dachte Rydh. *Wenn es hier etwas zu holen gab, haben der Wind und der Regen es längst beseitigt.*

Der graue VW-Bus der Spurensicherung parkte unmittelbar außerhalb der Absperrung, zusammen mit ein paar anderen Autos, die vermutlich Henrik Vadh und den anderen Ermittlern gehörten.

Der abgesperrte Bereich umfasste ein zehn Meter breites Areal, das sich von der Kaimauer bis zum Strandvägen erstreckte. Ein Uniformierter stand vor dem Absperrungsband Wache. Rydh ging auf ihn zu und zeigte seinen Ausweis.

»Hallo, habt ihr was gefunden?«

Der Uniformierte zuckte mit den Schultern. »Das weiß ich nicht. Ich habe soeben die Streife abgelöst, die als Erste hier war. Die müssen jetzt ins Revier und ihren Bericht schreiben. Fragen Sie doch die Kollegen von der Kripo ...« Er nickte in ihre Richtung und deutete mit dem Daumen über die Schulter.

»Okay, danke.« Rydh hob das Absperrungsband, bückte sich und schlüpfte darunter hindurch.

Der Uniformierte nickte ihm zu und schaute dann in die andere Richtung.

Dienstvergehen, Junge, dachte Rydh seufzend. *Du darfst mich nicht einfach so durchlassen, ohne Fragen zu stellen. Du weißt schließlich nur, dass ich zur Polizei gehöre, aber nicht, dass ich Kriminaltechniker bin oder ob ich überhaupt das Recht habe, einen Tatort zu betreten.*

Henrik Vadh stand vorne an der Kaimauer zusammen mit jemandem, den Rydh nicht erkannte. Etwas weiter weg lag etwas Großes, das Björn Rydh nur allzu gut kannte.

Ein Leichensack.

Ein paar Meter weiter saß Christer Ehn in der Hocke, tat etwas in eine Plastiktüte und gab sie seinem Kollegen Johan Kalding. Beide arbeiteten in der kriminaltechnischen Abteilung, und Rydh kannte sie gut. Tüchtige Leute. Rydh ging zu ihnen.

»Morgen, Jungs, wie sieht's aus?«

Ehn und Kalding grüßten ihn mit einem Kopfnicken.

»Hallo, Björn«, sagte Christer Ehn und deutete auf den Sack. »Wir haben eine Leiche. Kein schlechter Anfang.

Wir haben Blut und ein bisschen Kleinkram hier auf den Pflastersteinen sichergestellt. Schauen wir mal, was sich ergibt …«

Rydh nickte. *Wenn wir Pech haben und der Täter schlau ist, dann ist es das Blut des Opfers,* dachte er. *Und was können wir damit anfangen?* Er wandte sich ab und ging langsam zur Kaimauer, die Hände tief in den Jackentaschen vergraben.

»Hallo, Henrik!«

Vadh drehte sich um, und ein Lächeln huschte über das ansonsten so ernste Gesicht. »Mensch, hallo, Björn. Schön, dich zu sehen! Was verschafft uns die Ehre?«

»Habe einen Anruf von jemandem namens Colt erhalten. Kennst du den zufällig?«, frotzelte Rydh. »Er wollte, dass ich vorbeikomme und mir die Sache mal anschaue.«

»Klug von ihm«, erwiderte Vadh mit einem Nicken. »Wir können hier jede Hilfe gebrauchen.«

Rydh betrachtete Henrik Vadh. Es wunderte ihn, dass man den Mann nicht schon längst zum Kommissar befördert hatte. Vadh hatte Ende der Achtzigerjahre seine Stelle als Major in der Armee verlassen, als der Personalabbau zunahm, und war stattdessen zur Polizei gegangen. Nachdem er eine Reihe Abteilungen bei der Stockholmer Polizei durchlaufen hatte, hatte er sich bei der Kriminalpolizei beworben und war dort geblieben, da ihm die Arbeit gefiel. Henrik Vadh war schon seit fast zehn Jahren Jacob Colts rechte Hand, und es war kein Geheimnis, dass er zu den besten Kriminalpolizisten in Stockholm gehörte. Er stand in dem Ruf, eigensinnig, neugierig, analytisch, nahezu pedantisch und überaus tüchtig zu sein, und besaß die Fähigkeit, unkonventionell zu denken, was mehr als einmal zu einem unerwarteten Durchbruch in einer Ermittlung geführt hatte. Außerdem hatte er ein ungewöhnlich scharfes Gespür dafür, wenn jemand log oder etwas nicht stimmte. Aber vielleicht, dachte Rydh, eignete er sich nicht als Chef oder Teamleiter. Soziale Kompetenz war nicht gerade seine Stärke.

Henrik Vadh riss Rydh aus seinen Gedanken. »Das hier ist Månsson. Er ist ganz neu bei uns, also kennt ihr euch vielleicht noch nicht …?«

Rydh grüßte und wandte sich dann wieder Vadh zu. »Ich gehe mal zu den Jungs und rede ein bisschen mehr mit ihnen.« Er deutete auf die Kriminaltechniker, die jetzt zwanzig Meter weiter arbeiteten.

Vadh nickte, und Rydh ging schnell zu den Kollegen.

»Habt ihr was gefunden?«

»Bis jetzt nur die Leiche und die Aktentasche, die am Kai lag.« Rydh blickte besorgt drein. »Und ich weiß nicht, was Christer und Johan mit den Sachen anfangen können, die sie aufgesammelt haben. Dieses Wetter …«

Plötzlich hörten die Polizisten Motorengeräusch und drehten sich gerade rechtzeitig um, dass sie sahen, wie ein roter Volvo S 70 bis zum Absperrungsband fuhr, wo der Uniformierte dem Fahrer mit einer Handbewegung bedeutete, anzuhalten. Ein Mann stieg aus und ging zum blau-weißen Band.

»Hallo! Ich habe im Radio gehört, dass hier etwas passiert ist. Ich bin heute Morgen schon mal hier vorbeigefahren und habe etwas Verdächtiges gesehen. Ich weiß nicht, ob das was zu bedeuten hat, aber …«

Vadh und Månsson gingen vor zum Absperrungsband. Der Mann in dem Volvo war ungefähr Mitte dreißig und wirkte abgeklärt.

»Guten Tag. Henrik Vadh, Kriminalpolizei Stockholm. Das hier ist mein Kollege, Herr Månsson. Was haben Sie gesehen?«

Der Mann musterte die beiden neugierig. »Darf man fragen, was hier …«

»Im Augenblick kann ich nichts darüber sagen«, fiel Vadh ihm ins Wort. »Aber wir würden gern wissen, was Sie gesehen haben, wie viel Uhr es war und wo Sie sich befanden.« Er holte Stift und Notizblock aus der Tasche. »Zunächst würde ich gern wissen, wie Sie heißen und wo ich Sie erreichen kann, falls ich später noch mal auf Sie zurückkommen muss.«

Der Mann nickte. »Anders Svendsen. Ich bin Fotograf und deshalb ziemlich gut darin, Dinge zu bemerken, die um mich herum passieren.« Er holte seine Brieftasche hervor, nahm eine Visitenkarte heraus und gab sie Vadh. »Hier haben Sie meine Telefonnummer und E-Mail-Adresse, falls es noch Fragen gibt.«

Vadh warf einen Blick auf die Karte. *Anders Svendsen, freiberuflicher Fotograf,* las er.

»Gut. Okay, Anders, was haben Sie gesehen?«

»Ich war auf dem Weg zu einem Fotoshooting in der Berwaldhalle, sollte dort Porträts von ein paar Musikern machen. Ungefähr hundert Meter von hier bin ich im Stau gestanden …« Der Fotograf drehte sich um und deutete dorthin.

Vadh unterbrach ihn. »Einen Augenblick. Aus welcher Richtung kamen Sie?«

Svendsen wandte sich um und deutete wieder den Strandvägen entlang. »Ich kam von der Birger Jarlsgatan und fuhr weiter auf dem Strandvägen in diese Richtung, oder so.«

Vadh seufzte innerlich. *Oder so. Was soll nur aus unserer Sprache und unserem Land werden?* Er sah Svendsen an und machte sich gleichzeitig Notizen. »Okay. Fahren Sie fort.«

»Ich habe einen Typen gesehen, der am Kai entlanggejoggt ist, von dort her also, Richtung Nybroplan. Ich dachte mir, dass er merkwürdig aussah, weil er einen Mantel anhatte, was bei Joggern ja ungewöhnlich ist.«

Vadh hob die Hand. »Ist Ihnen sonst noch etwas aufgefallen? Was hatte er sonst noch an?«

Vadh musterte ihn aufmerksam, und Anders Svendsen dachte eine Sekunde lang, dass sich der Blick des Polizisten unangenehm anfühlte. Er zögerte. »Äh … nein, daran habe ich nicht gedacht, und es war ja da draußen halbdunkel.«

Vadh nickte. »Okay? Was hat er dann gemacht?«

Der Fotograf leckte sich schnell die Lippen. »Ich weiß, das klingt ziemlich dubios, aber genau deshalb habe ich reagiert und bin hierhergekommen, als ich im Radio hörte, dass hier abgesperrt war, oder so. Der Typ ist stehengeblieben, hat etwas aus der Tasche gezogen und weggeworfen. Dann hat er den Mantel ausgezogen, ist zur Kaimauer gegangen und hat ihn ins Wasser geworfen. Und dann ist er einfach weitergelaufen!«

»Er trug also einen Mantel? Haben Sie gesehen, was er da weggeworfen hat?«, fragte Vadh.

Der Fotograf schüttelte den Kopf. »Nein, dafür war ich zu weit weg. Aber es kann ja wohl nichts Großes gewesen sein, weil er es in der Tasche hatte.«

»In welche Richtung ist er dann gelaufen?«, fragte Månsson, während Vadh sich Notizen machte.

Während er auf die Antwort wartete, wandte Vadh sich Månsson zu. »Ich sehe gerade, dass das Boot der Küstenwache dort drüben liegt. Frag mal den Taucherchef, ob er noch ein paar seiner Leute ins Wasser schicken kann, und ob sie sich hundert Meter von hier umsehen können. Möglicherweise finden sie dort einen Mantel. Prüf auch nach, ob auf ein paar von den Booten, die hier vertäut sind, jemand wohnt. Wenn ja, frag, ob jemand etwas gesehen hat.«

Janne Månsson wandte sich ab und ging schnellen Schrittes in Richtung Boot.

Anders Svendsen zuckte mit den Schultern. »Ich habe lediglich gesehen, wie er in Richtung Fußgängerübergang am Strandvägen lief. Dann kam der Verkehr vor mir wieder ins Rollen, und ich musste losfahren, oder so. Ich habe dann noch mal in den Rückspiegel geschaut und bin mir ziemlich sicher, dass er den Strandvägen überquert hat und die Straße aufwärts gegangen ist. Aber hundertprozentig sicher bin ich mir nicht. War das ein Raubüberfall oder so was in der Art, weil er die Kleider weggeworfen hat?«

»Wie ich vorhin schon sagte, kann ich Ihnen dazu im Augenblick nichts sagen. Sie können ja später im Radio die

Nachrichten hören«, antwortete Vadh. »Können Sie noch weitere Angaben zu seinem Aussehen machen? War er hochgewachsen oder klein? Haben Sie seine Haarfarbe gesehen?«

Der Fotograf zögerte erneut. »Er hat wohl ausgesehen, wie die Leute halt meistens so aussehen ... äh ...«

Vadh sah ihn an. *Wie sehen die Leute halt meistens so aus?*

»... ich bin mir nicht so ganz sicher«, fuhr Svendsen fort, »aber ich glaube, er war ziemlich groß. Und die Haare ...«

»Ja?« Vadh blickte von seinem Notizblock auf und unterdrückte den Impuls, »oder so« hinzuzufügen, einfach nur um zu sehen, ob Svendsen darauf reagierte. Vermutlich nicht.

Erneutes Unbehagen. *Hoffentlich werde ich nie von diesem Typen verhört, wenn ich mal selbst was angestellt habe*, dachte Svendsen.

Plötzlich schnippte er mit den Fingern. »Jetzt weiß ich, warum ich nichts zu seiner Haarfarbe sagen kann – er hatte ja eine Mütze auf! Und die muss dunkel gewesen sein, weil ich keinen starken Kontrast zwischen ihr und dem Mantel festgestellt hab, oder so. Ich denke nämlich fotografisch, wenn Sie verstehen, was ich meine.«

Bösartige Gedanken machten sich in Vadhs Kopf breit. *Aha, du denkst fotografisch, oder so. Hoffentlich hat sich das richtige Bild auf deiner Netzhaut eingebrannt, oder so. Schade, dass du das Ganze stattdessen nicht mit einer echten Kamera festgehalten hast.* Er warf einen erneuten Blick auf Svendsens Visitenkarte. »Nachrichten, Mode, Hochzeiten«, las er. *Was für eine verdammte Mischung! Oder so.*

Eine Viertelstunde später knieten Henrik Vadh und Janne Månsson neben Björn Rydh, Christer Ehn und Johan Kalding. Inzwischen hatte der Regen aufgehört, aber der Wind wehte immer noch. Auf dem Kopfsteinpflaster vor ihnen lag ein schwarzer Mantel, den die Taucher ungefähr an der Stelle im Wasser gefunden hatten, wo ihn der Jogger Svendsens Angaben zufolge hineingeworfen hatte. Nur ein paar Meter von der Kaimauer entfernt hatte Björn Rydh eine Strickmütze in einer Pfütze gefunden, sie mit einem Plastikstäbchen aufgehoben und in eine Beweismitteltüte gesteckt.

Sobald Henrik Vadh sicher war, dass der Fotograf nicht mehr wusste, als er bereits ausgesagt hatte, sondern anscheinend nur noch blieb und redete, um sich interessant zu machen, bedankte er sich bei dem Mann und sagte ihm, dass er sich vermutlich später mit weiteren Fragen an ihn wenden werde.

Der Fotograf versuchte erneut herauszufinden, was passiert war. Als Vadh ihn ohne Antwort stehen ließ, holte Svendsen eine Kamera aus seinem Wagen, stellte sich vor das Absperrungsband und fotografierte drauflos.

Jetzt betrachtete Vadh den durchnässten Mantel und die Plastiktüte mit der Mütze.

»Wieso hat er eine Mütze aus der Tasche gezogen und weggeworfen, wenn er bereits eine Mütze anhatte?«, sagte Vadh halblaut.

Christer Ehn wandte sich ihm zu. »Was hast du da gesagt?«

»Ich habe lediglich laut nachgedacht. Dieser Fotograf, der den Jogger gesehen hat, hat doch gesagt, dass der Typ eine Mütze anhatte, als er weiterlief. Andererseits weiß ich nicht, wie verlässlich seine Angaben sind. Es kann ja sein, dass der Jogger sich auch die Mütze ausgezogen hat. Aber wieso hat er sie dann nicht zusammen mit dem Mantel ins Wasser geworfen?«

Björn Rydh lachte. »Henrik, wenn wir wüssten, warum die Menschen so handeln, wie sie es tun, würden wir sämtliche Mordfälle in Rekordzeit lösen.«

»Da hast du auch wieder recht!«, sagte Vadh lachend. »Vielleicht hat er ja die Mütze einfach nur verloren, oder was auch immer. Vielleicht sammelt er Mützen. Vielleicht hat sie jemand anders verloren. Eines schönen Tages bekommen wir hoffentlich Antworten auf alle diese Fragen …«

Rydh nickte. »Hoffen wir's.«

»Jetzt seid ihr dran, Jungs«, sagte Henrik Vadh zu den Kriminaltechnikern, bevor er sich erhob und sein Handy hervorholte.

»Hallo, Henrik, wie geht's?« Colt hatte Vadhs Namen auf dem Display gesehen.

»Ja, ich bin immer noch am Strandvägen …«

Vadh gab Jacob Colt eine kurze Zusammenfassung über den neuen Zeugen, die Mütze und den aus dem Wasser gefischten Mantel.

»Das wird ja immer merkwürdiger«, sagte Jacob. »Haben wir es hier mit einem joggenden Mörder in schwarzem Mantel und Strickmütze zu tun, der uns auf eine falsche Fährte führen will?«

»Wer weiß, Jacob, vielleicht ist er schlauer als wir. Das wird sich zeigen.«

»Hoffen wir, dass dem nicht so ist. Wie lange seid ihr noch dort?«

»Nicht mehr lange, glaube ich«, antwortete Vadh. »Die Taucher finden nichts mehr, die Kriminaltechniker haben alles eingesammelt, von dem sie glauben, dass es von Wert sein könnte, und jetzt müssen sie ja auch noch eine Mütze und einen schönen Mantel untersuchen. Wir können wohl in fünfzehn oder zwanzig Minuten von hier verschwinden.«

Colt dachte ein paar Sekunden nach. »Gut. Ich habe bereits bei der Rechtsmedizin angerufen und mit Laszlo gesprochen. Er sorgt dafür, dass die Obduktion Vorrang hat. Weißt du, was Björn vorhat?«

»Warte einen Augenblick.« Henrik wandte sich Rydh zu. »Jacob hat sich darum gekümmert, dass die Obduktion in der Rechtsmedizin Vorrang hat. Fährst du jetzt zurück nach Kungsholmen?«

Der Kriminaltechniker schüttelte den Kopf. »Nein, in diesem Fall fahre ich zur Rechtsmedizin. Da ich sowieso dabei sein soll, können wir gleich zusammen verschwinden. Christer und Johan bringen den Mantel und die Mütze zum

Trockenschrank im kriminaltechnischen Labor und schauen sich dann die anderen Fundstücke an.«

Vadh nickte und hielt sich das Handy wieder an den Mund. »Hast du das gehört?«

»Einen Teil davon«, erwiderte Jacob. »Da ist es eine gute Idee, dass du mit Björn zur Obduktion gehst. Dann ist dieser Teil geklärt. Magnus und Sven sind gerade am Arbeitsplatz des Opfers und reden mit den Leuten. Niklas gräbt Hintergrundmaterial aus. Später setzen wir uns hin und stecken unsere klugen Köpfe zusammen.«

»Du meinst kluge Hirne«, korrigierte Vadh.

Colt lachte. »Klugscheißer! Pass auf, dass du nach der Obduktion wieder hierher zurückkommst, ohne erschossen zu werden, oder so was in der Art. It's a jungle out there!«

»Du schaust dir zu viele schlechte amerikanische Krimis an.« Vadh seufzte. »Bis später.«

Jacob Colt legte auf, lehnte sich zurück und schaute zum Fenster hinaus.

Ein junger und bekannter Bankdirektor tot im Wasser aufgefunden. Brieftasche, teure Armbanduhr und Wertsachen zurückgelassen. Also kein Raubüberfall. Vielleicht ein joggender Mörder, der sich so wenig um die Sache scherte, dass er sich im Beisein von Zeugen seiner Kleider entledigte und sie ein paar hundert Meter weiter ins Wasser warf.

Nicht gut. Gar nicht gut.

Kapitel 3

Montag, 15. Januar

Björn Rydh hatte sich von den anderen Kriminaltechnikern eine Tasche mit Kameraausrüstung geliehen. Henrik Vadh hatte die Einsatzzentrale gebeten, eine Mitfahrgelegenheit für ihn und Björn Rydh zu organisieren. Jetzt fuhren sie in einem schwarzen Kastenwagen der Polizei zum Rechtsmedizinischen Institut in Solna.

Als die Besatzung des Wagens den Leichensack auf einer Rollbahre ins Gebäude schob, kam ihnen Laszlo Bodnár entgegen. Er lächelte, als er sie erkannte, und gab ihnen die Hand. »Hallo, Henrik. Alles klar?«

»Mir geht's bestens«, erwiderte Vadh. »Und selbst?«

Bodnár murrte etwas Unverständliches, bevor er antwortete. Er hielt nicht viel von Smalltalk. »Kann nicht klagen. Hallo, Björn, wie geht's?«

»Gut natürlich, aber zurzeit sitze ich meistens am Schreibtisch. Ich helfe mit, eine Datenbank zur Registrierung von beschlagnahmten Gegenständen zu entwickeln.«

Laszlo Bodnár nickte nachdenklich und bedeutete ihnen mit einer Handbewegung, das Gebäude zu betreten.

Das wortkarge Gebaren des Rechtsmediziners überraschte weder Vadh noch Rydh. Die beiden wechselten kurz einen einvernehmlichen Blick und folgten Bodnár in dessen Büro.

Laszlo Bodnár war in Ungarn geboren und hatte sich bereits zu Beginn seiner ärztlichen Laufbahn für die Rechtsmedizin entschieden. Das lag nicht nur in seinem tiefen Gerechtigkeitssinn, sondern auch in einer ausgeprägten Neugier begründet. Schon als Kind hatte er wissen wollen, wie die Dinge funktionierten, und warum das so war. Unfälle, Selbstmord, Totschlag und Mord bildeten da keine Ausnahme.

Nach Abschluss seines Medizinstudiums arbeitete er zunächst mehrere Jahre als Allgemeinarzt in Budapest, bevor er sich spezialisierte und sich schließlich beim ungarischen Pendant des Rechtsmedizinischen Instituts bewarb. Dort fühlte er sich bis Ende der Sechzigerjahre wohl, aber als 1968 russische Panzer durch die Straßen der Tschechoslowakei rollten, ging er auf Nummer sicher und siedelte nach Schweden über.

Es dauerte nicht lange, bis er Arbeit fand und sich im Rechtsmedizinischen Institut in Solna etablierte. Seitdem hatte er über neunzehntausend Obduktionen durchgeführt. Ohne Beanstandung, wie er mit trockenem Humor zu sagen pflegte, wenn jemand diese Frage stellte. Er arbeitete hart und viel, und in seiner Freizeit las er Geschichtsbücher, hörte klassische Musik und spielte Schach in einem lokalen Club in Kungsholmen, wo er in einer kleinen Zweizimmerwohnung lebte. Diejenigen unter seinen Kollegen, die versucht hatten, private Kontakte zu ihm zu pflegen, hatten dies bald aufgegeben. Bodnár war, was die Arbeit anging, stets korrekt, aber niemand schaffte es, ihm menschlich nahe zu kommen.

Während Vadh und Rydh mit Laszlo Bodnár zu dessen Büro gingen, übergab die Besatzung des Polizeiwagens den Leichensack samt Inhalt an einen Assistenten, der dafür sorgte, dass er registriert und in einem Kühlraum deponiert wurde.

Bodnár setzte sich auf seinen Bürostuhl und bat die Kollegen, Platz zu nehmen. Er beugte sich über seinen

Schreibtisch und sah schweigend ein paar Papiere durch, bevor er den beiden seine Aufmerksamkeit schenkte.

Trotz der vielen Jahre in Schweden sprach Laszlo Schwedisch immer noch mit starkem Akzent, aber gut genug, dass die Polizisten ihn problemlos verstanden.

»Ich verstehe, dass das hier wichtig ist. Kommissar Colt hat angerufen und um Vorrang gebeten. Zum Glück habe ich im Augenblick die Möglichkeit, umzudisponieren. Mit anderen Worten, ich kann die Obduktion sofort durchführen. Aber aus reiner Neugier würde ich gern wissen, wer das Mordopfer ist und was ihr bis jetzt wisst.«

Vadh nickte. »Dafür sind wir dir dankbar, Laszlo. Es stimmt, dass Jacob es in diesem Fall eilig hat. Der Tote ist ein junger Bankdirektor, der sich in den Finanzkreisen am Stureplan einen Namen gemacht hat. Bisher haben wir nur wenige Hinweise. Ein Zeuge in einem Auto hat gesehen, wie ein Mann am Kai am Strandvägen auf einen anderen Mann einschlug. Als die erste Streife vor Ort eintraf, trieb das Opfer im Wasser. Seine Aktentasche lag noch auf dem Kai, und mit deren Hilfe sowie den Ausweisdokumenten in seiner Brieftasche konnten wir den Mann schnell identifizieren. Björn?«

Vadh wandte sich Björn Rydh zu, worauf dieser das Wort ergriff. »Die kriminaltechnische Untersuchung am Tatort hat nicht besonders viel ergeben. Als meine Kollegen dort eintrafen, regnete es und es wehte ein starker Wind. Sie konnten Blutspuren in der Nähe der Kaimauer sicherstellen, und später haben wir einen Mantel aus dem Wasser gefischt, den ein Mann – möglicherweise der Täter – laut Augenzeugenbericht hineingeworfen hat. Das ist im Großen und Ganzen alles …«

Laszlo Bodnár schwieg eine Weile und sagte: »Dann fangen wir wohl am besten gleich an.« Er griff zum Telefon und drückte auf eine Kurzwahltaste. »Hier ist Laszlo. Kannst du bitte die Obduktion von …«, er warf einen Blick auf das Papier auf dem Schreibtisch, »… Alexander de Wahl vorbereiten? Ja, das war der, der soeben mit dem Transport reinkam. Danke.«

Eine Viertelstunde später waren Bodnár, Vadh und Rydh bereit. Der Obduzent trug OP-Kleidung samt grünem langärmeligem Kittel, weißer Plastikschürze und Latexhandschuhen. Vadh und Rydh hatten sich Schutzkittel und Überziehschuhe angezogen. Der Kriminaltechniker hatte seine Digitalkamera mit externem Blitzlicht versehen und stand bereit.

Rydh sah sich in dem in hellblauen und hellgrünen Farbtönen gehaltenen Obduktionssaal um. Jalousien sorgten dafür, dass kein Licht durch die großen Fenster drang. Starke, aber farblich abgestimmte Leuchtstoffröhren warfen ein optimales Licht auf den Obduktionstisch aus rostfreiem Stahl, auf dem der schwarze Leichensack lag. Am Kopfende des Tischs befand sich eine Erhöhung, auf die der Assistent die Instrumente gelegt hatte, die Bodnár für seine Arbeit benötigte.

Björn Rydh wusste nicht mehr genau, wie vielen Obduktionen er in seiner Zeit als Kriminaltechniker beigewohnt hatte, hätte aber liebend gern auf alle verzichtet. Er war zwar nie in Ohnmacht gefallen und hatte sich nie übergeben müssen, aber es hatte Augenblicke gegeben – vor allem, wenn sich die Leichen in einem Zustand starker Verwesung befunden hatten –, in denen er sich gewünscht hatte, er wäre woanders gewesen.

Vadh hatte bisher nicht so viele Obduktionen gesehen wie Rydh und betrachtete das Ganze überwiegend aus einem analytischen Blickwinkel. Die Obduktion war ein wichtiger Teil der Ermittlungsarbeit, gleichsam ein Puzzlestück. Er hatte sich schon mehrmals gefragt, wie jemand es als seine Lebensaufgabe ansehen konnte, an Leichen herumzuschnippeln. Andererseits war er froh, dass es Leute gab, die diese dreckige Arbeit machten, während er sich mit Hinsehen und Zuhören begnügen und das tun konnte, worin er am besten war – analysieren.

Für Laszlo Bodnár begann nun ein neuer Auftrag, dem er sein volles professionelles Können zu widmen gedachte, und der zwei Ziele verfolgte – festzustellen, welche Verletzungen die Leiche davongetragen hatte und wie diese zustande gekommen waren. Das Protokoll sollte vollkommen objektiv und ausschließlich feststellend sein. Der Befund sollte anschließend ausgestellt werden.

Bodnár warf kurz einen Blick auf seinen Assistenten, worauf dieser ihm mit einem Nicken mitteilte, dass er bereit war. Rydh und Vadh standen auf der anderen Seite des Obduktionstisches, wobei Rydh eine Kamera parat hatte.

Laszlo schloss ein paar Sekunden lang die Augen, um sich mental voll auf die bevorstehende Aufgabe vorzubereiten und alles andere auszublenden. Als Rechtsmediziner obduzierte er zwischen fünfhundert und eintausend Leichen im Jahr. Davon waren nur etwa zehn Prozent Mordopfer, der Rest war aus anderen Gründen gestorben, ohne dass es Hinweise auf ein Verbrechen gab – Selbstmord, Unfälle oder Krankheiten. Bodnár konnte sich nicht verkneifen, sich ein paar Fakten durch den Kopf gehen zu lassen, die er überaus interessant fand. In Schweden geschahen zwischen hundertzehn und hundertzwanzig Morde im Jahr, wovon achtzig bis neunzig schnell gelöst wurden. Hinter diesen Vorkommnissen lagen oft tragische Familiendramen, und der Täter war mit dem Opfer verwandt. In anderen Fällen konnte die Polizei den Mörder – oft einen psychisch Kranken – bereits am Tatort festnehmen. Der Mord wurde mit anderen Worten kriminaltechnisch und juristisch aufgeklärt, bevor die Leiche auf Laszlos rostfreiem Tisch landete.

Weitere zwanzig bis fünfundzwanzig Mordfälle erforderten eine intensivere Ermittlungstätigkeit, wurden jedoch innerhalb einer angemessenen Zeitspanne aufgeklärt. Die restlichen zehn Fälle löste die Polizei nur nach langer Zeit und unter sehr großem Aufwand. Schlimmstenfalls blieben sie ungelöst.

Für einen Augenblick dachte Laszlo Bodnár mit einem Gefühl der Dankbarkeit an Roland Brunder. Der Dozent und Spezialist für Rechtsmedizin und Pathologie hatte vierzig Jahre Berufserfahrung hinter sich und war Laszlos Mentor gewesen, als dieser seine Tätigkeit im Rechtsmedizinischen Institut in Solna begonnen hatte. Brunder galt als einer der kompetentesten Rechtsmediziner in ganz Schweden. Der schweigsame Mann stand in dem Ruf, beim Obduzieren und Protokollieren eine nahezu übertriebene Gründlichkeit an den Tag zu legen.

Laszlo vergaß nie Brunders kurze, aber einfache Devise: »In der Bibel heißt es, wer sucht, der findet. Das stimmt nicht unbedingt. Umgekehrt gilt jedoch, dass jemand, der nicht sucht, garantiert nichts findet.«

Such, Laszlo.

Er schaltete das Diktiergerät ein und begann mit der Obduktion.

Der Ablauf einer erweiterten rechtsmedizinischen Untersuchung ist äußerst streng geregelt, und Laszlo Bodnár hatte nicht vor, davon abzuweichen. Mithilfe seines Assistenten hob er die Leiche vorsichtig aus dem schwarzen Leichensack und legte sie in Rückenlage auf den Obduktionstisch. Dann nickte er Björn Rydh kurz zu.

Der Kriminaltechniker konnte nun das Opfer in Ruhe bei optimalen Lichtverhältnissen besichtigen, bevor die Obduktion begann. Rydh sah sorgfältig den Leichensack durch und fotografierte anschließend die bekleidete Leiche aus verschiedenen Blickwinkeln. Zuletzt untersuchte er das Opfer methodisch nach flüchtigen Spuren, zum Beispiel einzelnen Haaren oder Blutflecken.

Er fand nichts.

Rydh trat einen Schritt zurück. »Ich bin fertig, Laszlo. Du kannst weitermachen.«

Bodnár nickte. Zusammen mit seinem Assistenten entkleidete er Alexander de Wahl langsam und methodisch. Er händigte Björn Rydh die Kleidungsstücke einzeln aus, worauf dieser sie sorgfältig protokollierte und in separate Plastikbeutel steckte.

Als de Wahls Leiche nackt war, untersuchte Bodnár gründlich den Kopf und sprach dazu ins Mikrofon. »Innerhalb der rechten Schädelregion befindet sich eine ungefähr fünf Zentimeter große und runde Weichteilgeschwulst, deren Mittelpunkt zwei Zentimeter über dem rechten Außenohr liegt …«

Henrik Vadh und Björn Rydh sahen ihm schweigend zu, bis Bodnár dem Kriminaltechniker ein Zeichen gab, dass er ein Foto machen sollte.

Laszlo Bodnár schaltete das Diktiergerät aus und deutete auf die Stelle. »Hier hast du ein deutliches Zeichen von stumpfer Gewalteinwirkung, vermutlich verursacht durch einen Schlag mit einem harten Gegenstand.«

Björn Rydh machte ein paar Fotos und trat dann wieder an die andere Seite des Tischs, damit der Rechtsmediziner weitermachen konnte.

Als Nächstes untersuchte Bodnár gründlich Alexander de Wahls Gesicht und sprach ins Mikrofon: »Aus der Mundhöhle quillt eine feste, feinblasige und grauweiße Substanz, dem Aussehen nach ein sogenannter Schaumpilz.«

Also Tod durch Ertrinken. Die Bezeichnung »Schaumpilz« wies darauf hin, dass das Opfer in der Endphase seines Lebens Wasser eingeatmet hatte, worauf sich Schaum in der Luftröhre gebildet hatte. Es war auch ein sicherer Hinweis darauf, dass de Wahl bewusstlos gewesen war, aber noch gelebt hatte, als der Täter ihn ins Wasser warf, und dass Ertrinken die eigentliche Todesursache war.

Laszlo Bodnár untersuchte de Wahls Genick, Arme und Beine und fuhr mit Rumpf, Gesäß und äußeren Geschlechtsorganen fort, bevor er mithilfe des Assistenten die Leiche umdrehte und sich dem Rücken widmete. Jeder Körperteil wurde notiert, jede Schürfwunde und jeder Abdruck wurde mit einer Referenznummer versehen, jede Beobachtung auf dem Diktiergerät festgehalten.

Gott sei Dank bin ich nicht derjenige, der sich das alles anhören und Wort für Wort schriftlich wiedergeben muss, dachte Henrik Vadh. Er hatte während seiner Laufbahn genügend

Obduktionsprotokolle studiert und wusste, dass sie ohne Weiteres fünfzehn bis zwanzig Seiten umfassen und unendlich detaillierte Beschreibungen enthalten konnten, von Hautlappen, Finger- und Zehnägeln bis zu den innersten Herzgefäßen.

Der Rechtsmediziner griff nach dem kürzesten Messer und warf Björn Rydh und Henrik Vadh kurz einen Blick zu, bevor er loslegte.

Bodnár machte einen geraden Schnitt vom Hals bis zur Schambeinfuge, um die Bauchhöhle zu öffnen. Er legte die Rippen offen, zerteilte mit dem Messer den Rippenknorpel und löste das Brustbein.

Als er die Lungenflügel herausquellen sah, war er sich bereits sicher. *Sie sind prall gefüllt, aufgeblasen, überdehnt.* Er drückte leicht mit den Fingerspitzen darauf. *Meine Finger hinterlassen Löcher. Die Lunge ist marmorfarben und weist graurosa Flecken auf. Ein klassisches Zeichen von Ertrinken.* Als er seine Beobachtungen ins Mikrofon diktierte, ließ er seine eigenen Überlegungen weg.

Henrik Vadh stand regungslos da und sah fasziniert zu, wie der Rechtsmediziner die inneren Organe methodisch zerteilte, als würde er ein Fahrrad zerlegen. Björn Rydh trat hin und wieder vor und fotografierte die Körperteile, die Bodnár mit einer Nummer und einem besonderen Kommentar versah.

Die Arbeit dauerte gut drei weitere Stunden. Bodnár öffnete Alexander de Wahls Schädel mit einem Schnitt hinter dem einen Ohr und weiter über den Schädel, wobei er darauf achtete, Stellen mit sichtbaren Schäden nicht zu durchschneiden. Dann löste er die Kopfschwarte, sodass er die eine Hälfte über die Stirn und die andere über das Genick ziehen konnte. Anschließend trat er einen Schritt zurück und ließ seinen Assistenten die Schädeldecke mit einem Rundschnitt mit der Elektrosäge öffnen. Björn Rydh verzog das Gesicht, als er zusah, wie Bodnár das Hirn aus de Wahls Schädel nahm.

Sie hätten ebenso gut in einer Werkstatt sein können, dachte Henrik Vadh. Der Rechtsmediziner entnahm Alexander de Wahls Leiche ein Organ nach dem anderen und legte alle auf die rostfreie Fläche neben dem Ausguss am Kopfende des Obduktionstisches, um sie detailliert zu untersuchen. Bodnár studierte Quetschungen, die er in der Kopfschwarte gefunden hatte, bevor er nach einem systematischen Schema die inneren Organe durchging und unter der Haut des Opfers nach tiefen Nachblutungen suchte.

Zum Schluss entnahm Laszlo Bodnár dem Opfer Proben zur chemischen und mikroskopischen Untersuchung – Blut, Urin, Mageninhalt und Lebergewebe. Außerdem nahm er Gewebeproben von der Lunge und gab sie in eine Formaldehydlösung. Er entfernte Mastdarm und Harnblase, führte ein Wattestäbchen in den Anus ein und gab es anschließend in einen Plastikbeutel, den er Björn Rydh zur Weiterleitung an das Staatliche Kriminaltechnische Labor in Linköping überließ. Zuletzt stellte er ein paar Haare sicher und schabte unter den Fingernägeln des Opfers. Bodnár schaltete das Diktiergerät aus, trat vom Obduktionstisch zurück und nickte seinem Assistenten zu. Als die Leiche gut eingehüllt im Sarg lag, hätte niemand erkennen können, dass jemand sie aufgeschnitten hatte.

Eine halbe Stunde später saßen Björn Rydh und Henrik Vadh wieder Laszlo Bodnár in dessen Büro gegenüber.

Der Ungar saß schweigsam über den Schreibtisch gebeugt und machte sich mit einem Bleistift ausführliche Notizen auf einem Block.

»Entschuldige, dass ich dich störe, Laszlo, aber hast du etwas für uns?«, fragte Henrik Vadh leise.

Bodnár blickte auf und sah Vadh eine Weile an.

»Ich schicke die Proben so schnell ich kann ins forensische Chemielabor in Linköping. Wenn ich um Vorrang bitte, haben wir die Ergebnisse binnen einer Woche. Außerdem werde ich versuchen, die Präparate für die mikroskopische Untersuchung so schnell wie möglich in unserem Histologielabor testen zu lassen.«

»Laszlo, ich weiß, dass du tust, was du kannst, aber so hatte ich das nicht gemeint.« Henrik Vadh schenkte dem Rechtsmediziner ein dankbares Lächeln. »Ich wollte eigentlich nur wissen, was du uns bereits hier und jetzt sagen kannst.«

Laszlo Bodnár lehnte sich in seinem Stuhl zurück und erwiderte Henrik Vadhs Blick. »Ich werde natürlich einen genauen Befund erstellen, sobald mir alle Testergebnisse vorliegen. Aber vorläufig kann ich Folgendes sagen: Das Opfer erlitt auf beiden Seiten des Schädels Schläge mit einem stumpfen Gegenstand, zum Beispiel einem Stein. Die Schläge verursachten Bewusstlosigkeit. De Wahl war mit anderen Worten bewusstlos, aber noch am Leben, als er ins Wasser geworfen wurde. Rein technisch gesehen lautet die Todesursache Ertrinken. Irgendwelche anderen Verletzungen konnte ich nicht finden. Und was weitere Spuren wie zum Beispiel Alkohol, chemische Substanzen, Sperma et cetera betrifft, so müssen wir die Testergebnisse abwarten.«

Henrik Vadh nickte und sah Björn Rydh an. Auch der Kriminaltechniker schien mit den Antworten zufrieden zu sein und war bereit zum Aufbruch.

Björn Rydh streckte die Hand aus. »Danke, Laszlo. Es ist immer wieder lehrreich, einem Profi bei der Arbeit zuzusehen.«

Bodnár lächelte, was selten vorkam. »Danke, gleichfalls, Björn. War schön, dich wiederzusehen. Sag mir Bescheid, wenn ich dir sonst noch behilflich sein kann.«

Kapitel 4

Montag, 15. Januar

»Haben Sie jemals mit einem anderen Menschen Mitleid empfunden, Christopher?«

Christopher Silfverbielke, der in diesem Augenblick einen Montblanc-Füllfederhalter zwischen den Fingern drehte, hob den Kopf und schaute zum Fenster auf die Birger Jarlsgatan hinaus. Es hatte erneut zu regnen begonnen. Schwere Tropfen suchten sich ihren Weg durch die winterliche Dunkelheit und schlugen gegen die Fensterscheibe. Deprimierend.

Er hatte auf das Mittagessen verzichtet und sich stattdessen mit einem Sandwich aus dem 7-Eleven-Minimarkt begnügt. Anschließend war er vom Stureplan die Birger Jarlsgatan entlang zu ihrer Praxis geeilt, um den Ausweichtermin wahrzunehmen, den sie ihm angeboten hatte – diese Dreiviertelstunde, die ihm dabei helfen sollte, sein Leben zu meistern und Antworten auf die schwierigen Fragen zu bekommen.

Bullshit.

Er ging zu ihr, weil es ihn amüsierte. Weil Hans seit längerer Zeit zu ihr ging und sie empfohlen hatte. Er hatte gesagt, sie sei hübsch, klug und sexy.

Interessant. Hatten Hans und sie …? Er musste Näheres darüber erfahren. Das konnte für die Zukunft wichtig sein.

Nun sah er sie an und lächelte.

»Wie meinen Sie das?«

Die Psychiaterin, Dr. Mariana Granath, betrachtete ihn in Ruhe. »Ich meine es genau so, wie ich es gesagt habe. Können Sie sich daran erinnern, ob Sie jemals mit jemandem Mitleid empfunden haben?«

Sie kritzelte mit dem Bleistift *Empathie?* auf ihren Notizblock und wartete auf eine Antwort.

Was wusste sie eigentlich über ihn? Nach über einem halben Jahr Gesprächstherapie hatte sie das Gefühl, lediglich ein bisschen an der Oberfläche gekratzt zu haben, unter der sich eine fast undurchdringliche Schicht befand. Eine Reihe von Gegensätzen war zum Vorschein gekommen, die sie verunsicherten und die Frage aufwarfen, welcher Weg am zweckmäßigsten war.

Christopher war auf Empfehlung von Hans Ecker zu ihr gekommen, und soweit sie wusste, waren die beiden seit vielen Jahren Freunde. Von Anfang an hatte sie den Eindruck gehabt, dass Ecker bedeutend leichter zu diagnostizieren war. Er war zutiefst frustriert über seine Herkunft, über den Umstand, dass er nicht aus einer ausreichend »guten« Familie kam, angesichts seiner jetzigen Position. Darüber hinaus war er zeitweise sehr aggressiv, litt unter einer Reihe von Komplexen und Zwangsvorstellungen, nicht zuletzt, was Frauen betraf.

Aber dieser Typ hier war schlimmer, das konnte sie spüren.

Silfverbielke lächelte. »Jetzt klingen Sie wieder wie ein Psychologe mit Bart und Cordhose.«

Sie spürte, wie sich Verärgerung in ihr breitmachte. Selbstkontrolle.

»Christopher, ich bin Psychiaterin, keine Psychologin. Aber es gehört zu meiner Arbeit, diese Art von Fragen zu stellen. Es geht darum, herauszufinden, wer Sie sind und was sich in Ihrem Inneren verbirgt.«

Er lächelte immer noch und sah sie unaufhörlich an. Sie senkte den Blick. Die Tatsache, dass er überaus attraktiv war, machte die Situation nicht leichter.

»Mariana, es geht nicht darum, ob ich mit jemandem Mitleid hatte oder nicht. Es geht darum, dass mir verdammt noch mal total langweilig ist und ich nicht weiß, was ich mit meinem Leben anfangen soll …«

Sie seufzte und trommelte eine Weile mit dem Stift auf dem Block herum. »Okay, wenn Sie darüber reden wollen, dann tun wir das eben.«

Er zwinkerte ihr zu. »Sie wissen, worüber ich reden will.«

»Christopher, ist heute etwas Besonderes passiert?«

Wenn du wüsstest. Er schüttelte den Kopf. »Überhaupt nicht. Ich bin einfach nur richtig gut drauf.«

Sie nickte. »Gut, gut …«

Innerlich kochte sie. Der Typ brachte sie zur Weißglut. Und übte leider auch eine gewisse Anziehungskraft auf sie aus.

Mariana Granath war vierunddreißig Jahre alt und seit fünf Jahren als Psychiaterin tätig. Sie hatte ein sanft gerundetes Gesicht mit breiten, vollen und sinnlichen Lippen, war mittelblond, groß und hatte eine wohlproportionierte weibliche Figur. Einer ihrer Exfreunde hatte behauptet, dass sie eine verblüffende Ähnlichkeit mit Kim Basinger in dem Film *9 ½ Wochen* besaß. Sie hatte sich den Film mit gemischten Gefühlen angesehen und war sich nicht sicher, ob sie den Vergleich als Kompliment auffassen sollte. Nach Marianas Auffassung bestand die einzige Ähnlichkeit mit der Schauspielerin darin, dass sie außerordentlichen Wert auf ihr Äußeres legte und lieber gestorben wäre, als eine Strumpfhose zu tragen. Weiblich gekleidet zu sein, war ein wichtiger Bestandteil ihrer Identität. Strumpfhosen waren in etwa so weiblich wie Blaumänner und Curling. Sie trug lieber richtige Strümpfe und gab außerdem ein kleineres Vermögen für schöne und exklusive Kleider aus, nicht zuletzt für Dessous.

»Haben Sie heute Abend Zeit?«

Sie schreckte aus ihren Gedanken hoch und blickte auf. Er hatte immer noch dieses äußerst neckische, aber unwiderstehliche Lächeln im Gesicht.

»Christopher, ich bin Ihre Ärztin, nicht Ihr Date.«

»Vielleicht sollte ich ... ähm ... nicht mehr zu Ihnen kommen. Würden Sie dann mit mir ausgehen?«

»Nein, das wäre unangebracht.«

Er mimte den Gekränkten. »Na gut, dann können wir genauso gut weiter Therapie spielen. Dann sagen Sie mir doch ... was soll ich mit meinem Leben anfangen, Mariana? Mir kommt es so vor, als sei alles schon aus und vorbei ...«

Schon aus und vorbei. Diesen Spruch hatte sie zuvor schon gehört, sowohl von ihren eigenen Patienten als auch in den Geschichten von Kollegen, die länger als sie diesen Beruf ausübten. Das Phänomen war bereits in den Achtzigerjahren auf der Bildfläche erschienen. Yuppies im Alter von Mitte bis Ende zwanzig, die bereits zu viele Millionen zu leicht verdient hatten, schlugen sich mit Selbstmordgedanken herum. Diese Typen hatten schon alles getan, waren zu reich, langweilten sich und fanden, dass das Leben keinen Sinn hatte. Während ihres Studiums hatte einer ihrer Professoren von einem Fall berichtet, wo ein knapp dreißigjähriger Börsenmakler – vermutlich unter Einwirkung von Drogen – plötzlich mitten in einer Therapiesitzung aufgestanden, aus dem Fenster gesprungen und beim Aufprall auf dem Gehsteig vier Stockwerke tiefer ums Leben gekommen war.

Wie gut war es überhaupt, dass manche Leute so früh im Leben so ungeheuer viel Geld verdienen konnten? Was für Auswirkungen hatte das auf den Respekt vor dem Geld und vor anderen Menschen?

Sie rollte den Ledersessel ein Stück nach hinten, lehnte sich zurück, schlug ihre Beine übereinander und rückte diskret ihren Rock zurecht, der an ihren Oberschenkeln weit nach oben gerutscht war. Sie wusste, dass ihm ihre Handbewegung nicht entgangen war und dass ihn nichts davon abhielt, unter den Schreibtisch zu schauen, der lediglich aus einer großen Eichenholzplatte auf vier verchromten Stahlrohren bestand.

Sie trägt halterlose Strümpfe und hat Angst, dass ich die Strumpfränder sehen kann. Silfverbielke verspürte eine plötzliche Erregung. Das hier war sein Fachgebiet.

Mariana drehte den Bleistift zwischen den Fingern und ließ ihren Blick darauf ruhen, während sie versuchte, taktisch zu denken. *Was mache ich da gerade? Ich bin verdammt noch mal Ärztin und lasse mich nicht manipulieren!*

»Das mit Ihrem Vater, Christopher …« Sie blickte auf, wohl wissend, dass das ausreichte, um ihn aus dem Konzept zu bringen, zumindest vorübergehend. »Sie haben mir doch erzählt, dass er …«

Ich werde dich durchvögeln, bis du um Gnade flehst. Du wirst …

Ihre Worte bohrten sich plötzlich in seine Ohren und rissen ihn aus seinen Gedanken.

Das Fragment eines langen Films spulte sich auf seiner Netzhaut ab, ohne dass er es verhindern konnte. Christopher, wie er Seite an Seite mit seinem Vater unten am See stand. Da war er vielleicht fünf oder sechs Jahre alt gewesen. Vogelgezwitscher, das Rascheln der Blätter im Wind, der Duft des Sommers, das Glitzern der Sonne auf der Wasseroberfläche. Hin und wieder eine Bewegung in der Angelschnur, ein kleiner Ruck an der Angel. Hoffnung. Das Lächeln in Papas Gesicht. Eine kurze Umarmung. Und die Worte: »Wir sind beste Freunde, du und ich, Christopher. Wir werden immer beste Freunde sein …«

Schnellvorlauf. Papa auf der Zuschauerbank, wie immer, wenn Christopher Fußball spielte. Herbstwind, Halbdunkel und Lehm auf dem Spielfeld. Aufmunternde Rufe. »Spiel, Christopher, du bist der Beste! Du zeigst es ihnen!« Und wenn seine Mannschaft verlor: »Kein Problem, Junge, man lernt aus seinen Fehlern. Das war nur ein Spiel von vielen. Es gibt immer ein nächstes Mal. Du weißt, wo du stehst, du bist der Beste!«

Neuer Schnellvorlauf. Der Stolz in Papas Augen, wenn Christopher mit dem Schulzeugnis nach Hause kam. Die Wärme, die Umarmungen, die wertschätzenden Worte. Spaziergänge durch die Hauptstadt, Museums- und Cafébesuche. Eine enge Freundschaft. Gegenseitiger Respekt. Liebe.

Papa. Vielleicht der einzige Mensch, den Christopher je geliebt hatte.

Und dann …

»Hören Sie auf!« Die Kälte in seiner tiefen Stimme ließ Mariana zusammenzucken. Sie setzte sich wieder aufrecht hin, legte den Bleistift auf den Tisch, faltete die Hände und erwiderte seinen Blick. Plötzlich lief ihr ein Schauer über den Rücken. *Wie kann sein Blick sich nur so schnell verändern, so eiskalt werden? Was ist in ihm verborgen, tief unter seiner Schale? Er leidet nicht nur unter den typischen Symptomen neureicher Yuppies, sondern die Probleme, die es auszugraben gilt, sitzen viel tiefer. Ob ich wohl dahinterkomme? Will ich das überhaupt? Traue ich mich das? Es ist eine Sache, einen Menschen auseinanderzunehmen, eine völlig andere, ihn wieder zusammenzusetzen. Und es funktioniert nicht immer. Eine enorme Verantwortung.*

»Christopher, Sie kommen jetzt schon seit acht Monaten zu mir, und wir haben über die Probleme mit Ihrer Einsamkeit, Ihrer Langeweile, Ihrer Orientierungslosigkeit geredet, und darüber, dass Sie nicht wissen, was Sie mit Ihrem Leben anfangen sollen. Aber wenn wir damit etwas erreichen und Lösungen finden wollen, müssen Sie mir Vertrauen entgegenbringen und sich öffnen. Ich weiß, dass Ihr Vater und Ihr Verhältnis zueinander für Sie von großer Bedeutung waren. Selbst wenn es wehtut, glaube ich, dass wir diese Angelegenheit äußerst sorgfältig aufarbeiten müssen, damit Sie das Schlimme hinter sich lassen und weitergehen können. Ich bin überzeugt davon, dass genau das ein Teil von …«

Ihre Stimme verflüchtigte sich erneut. Christopher Silfverbielke schloss die Augen und ließ seinen Gedanken freien Lauf.

Das Schlimme hinter mir lassen und weitergehen. Genau das habe ich getan. Aber wie, das kann ich dir nicht erzählen.

Und ich würde immer noch gern wissen, ob du halterlose Strümpfe trägst.

Kapitel 5

Montag, 15. Januar

14.45 Uhr. Noch fünfzehn Minuten.

Mitarbeitergespräch. Was für ein verdammter Kindergarten!

Wut stieg in ihm auf, und es bereitete ihm große Mühe, sich zu konzentrieren. Silfverbielke erhob sich vom Schreibtisch, ging in den Flur hinaus und weiter auf die Toilette, wo er hinter sich abschloss.

Er betrachtete sich im Spiegel, drehte den Wasserhahn auf und ließ das Wasser laufen, bis es eiskalt war. Wusch sich das Gesicht und musterte es sorgfältig. Nahm einen Kamm aus der Brusttasche seines Jacketts und fuhr sich damit mehrmals durch die dichten schwarzen Haare, bis seine Frisur perfekt saß.

Nicht schlecht, Christopher. Ganz und gar nicht schlecht.

Er ging zurück zu seinem Schreibtisch, bewegte den Cursor über den Computerbildschirm und ging die Diagramme und Berichte noch einmal durch. Er hatte im neuen Jahr einen Blitzstart hingelegt, jeden Tag lange und hart gearbeitet und fantastische Ergebnisse erzielt. Silfverbielke nickte zufrieden, als er die Zahlen auf dem Bildschirm sah, stand auf, knöpfte den mittleren Knopf seines Jacketts zu und machte sich auf den Weg ins Chefbüro.

Okay, dann wollen wir mal spielen.

Martin Heyes erhob sich, kam Christopher lächelnd entgegen und streckte die Hand aus. »Christopher, schön, Sie zu sehen! Kaffee? Wasser?«

Silfverbielke begrüßte ihn mit festem Händedruck und erwiderte seinen Blick. »Wasser, bitte. Gern mit ein bisschen Zitrone.«

Heyes griff zum Telefonhörer, sagte ein paar Worte und bedeutete Christopher mit einer Handbewegung, auf dem Stuhl vor seinem großen Schreibtisch Platz zu nehmen.

Christopher war in Gedanken immer noch bei Mariana Granath. Er hatte ihre Praxis erst vor gut einer Stunde verlassen, war im Regen auf die Birger Jarlsgatan hinausgetreten und zurück in das Büro am Stureplan geeilt.

Als er den Terminzettel für die nächste Sitzung entgegengenommen hatte, hatte er sich von der Psychiaterin mit festem Händedruck verabschiedet und ihr dabei tief in die Augen gesehen. Sie hatte seinen Blick ruhig erwidert, und die Enttäuschung darüber, dass er das Spiel nicht gewonnen und es nicht geschafft hatte, sie aus dem Konzept zu bringen, hatte ihm einen Stich versetzt. Er hatte ihre Hand losgelassen und war wortlos gegangen.

Während ihm beim Spaziergang der Regen ins Gesicht lief, waren ihm eine Menge Gedanken durch den Kopf gegangen.

War sie etwas, das man haben sollte? *Ja.* Hatte es irgendeinen Sinn – rein logisch oder zu therapeutischen Zwecken –, zu ihr zu gehen? *Nein.* Wollte er weiterhin zu ihr gehen? *Natürlich.* Warum? *Sie war hübsch.* Nun ja, aber war da noch mehr? *Nein. Doch.* Abgesehen davon, dass er es ihr gern besorgt hätte, empfand er eine eigenartige Befriedigung darin, sich mit ihr auf ein psychologisches und psychiatrisches – vielleicht sogar *psychotisches* – Katz-und-Maus-Spiel einzulassen.

Egal, worauf das Ganze letztendlich hinauslief, war es sein Geld und seine Zeit wert. Als er unten auf der Straße anlangte, hatte er immer noch eine Erektion.

Er dachte an ihre Haare und ihr Gesicht. *Hübsch* war nicht das richtige Wort, um sie zu beschreiben. Er konnte auf Anhieb nichts Passenderes finden, aber er überlegte fieberhaft. *Sinnlich.* Mariana Granath war insofern sinnlich, als sie ihm allein durch ihre Präsenz förmlich ins Gesicht schrie, dass seine einzige Mission auf dieser Welt darin bestand, sie zu Tode zu vögeln.

Das ließ sich vielleicht arrangieren.

Er sah auf die Uhr und beschleunigte seine Schritte. Plötzlich fuhr eine junge Frau mit ihrem neumodischen Kinderwagen über seinen Fuß. Er hasste diese kleinen, von Designern entworfenen Großstadtmonster im Möchtegern-Chic-Stil mit den dicken, niedrigen Gummirädern. Und er hasste deren zumeist weibliche Fahrer, die ihre gesamte freie Zeit – für die er zweifellos mit seinen Steuern bezahlte – damit verbrachten, die Straßen der Stadt ausgerechnet zur Mittagszeit zu blockieren und in Cafés herumzusitzen, wo sie mit anderen ebenso dämlichen frischgebackenen Müttern über belangloses Zeug redeten. Fuck them!

Und jetzt fuhr diese Tussi mit ihrem potthässlichen Kinderwagen und dem potthässlichen Kind darin über seine schweineteuren Lederschuhe.

»Entschuldigung!« Sie blickte zu ihm auf. Er blieb stehen und musterte sie. Sie trug Turnschuhe, eine Cordhose und eine hässliche Thermojacke. Wie es aussah, war sie ungeschminkt. Ihre vom Regen durchnässten Haare klebten ihr am Kopf, und außerdem hatte sie einen großen Pickel am Kinn.

Seine Erektion war mit einem Mal weg.

Er zwang sich zu einem Lächeln. »Macht nichts«, sagte er und nickte ihr kurz zu. Dann eilte er weiter in Richtung Stureplan.

»Christopher, zunächst mal möchte ich Ihnen sagen, wie sehr ich mich freue, dass Sie in unserem Team so beliebt sind. Ich höre fast täglich Kommentare, was für ein toller Typ Sie sind

– immer gut drauf, freundlich, hilfsbereit. Und ein …«, Heyes lachte auf, »… richtiger Schwiegermuttertraum, wenn ich die Damen hier im Büro richtig verstehe.«

Silfverbielke wurde aus seinen Gedanken gerissen und erwiderte Martin Heyes' Blick. Dabei bemühte er sich, ebenso überzeugend zurückzulächeln. »Ach …«, murmelte er und nahm an, dass es gebührend verlegen klang. Er sah Heyes an. *Komm endlich zur Sache, verdammt noch mal! Ich habe keine Zeit, den ganzen Tag hier herumzusitzen.*

Heyes schob ihm ein großes Glas Eiswasser mit einer Zitronenscheibe zu und deutete auf ein paar Papiere auf dem Schreibtisch.

»Christopher, Ihre Ergebnisse sind einfach nur fantastisch!«

Craig International Brokers hatte Heyes ein Jahr zuvor von einem anderen Fondsverwalter am Stureplan abgeworben – Gerüchten zufolge für eine siebenstellige Summe. Der gebürtige Londoner war im Alter von sieben Jahren nach Schweden gekommen und schließlich seinem Vater in die Finanzbranche gefolgt, wo er sich im Lauf der Zeit den Ruf eines Wunderkindes erworben hatte.

Heyes lächelte immer noch.

Was gibt's da zu grinsen?, dachte Christopher. *Du bist fünf Jahre älter als ich. Hast du dein Glück gefunden? Hockst du in einer vierhundert Quadratmeter großen Bude in Danderyd mit einer toll aussehenden und rattenscharfen Ehefrau, drei gut erzogenen Kindern, vier Autos, vierzehn Golfschlägern, sämtlichen Mitgliedschaften und all dem Ansehen, das man braucht, um in dieser Branche und am Stureplan zu überleben?*

Oder bist du nichts weiter als ein verdammter Blender, Heyes?

Eigentlich konnte Christopher das egal sein. Seinetwegen konnte Heyes ruhig eine Schwuchtel oder ein Ökofreak sein und in einer Einzimmerwohnung in einem sozialen Brennpunktviertel hausen. Wäre da nicht der klitzekleine Umstand gewesen, dass Heyes sein Chef war.

Christopher sah Martin teilnahmslos an und sagte nichts.

Heyes trank einen Schluck Kaffee, nahm die Papiere an sich, die er vorher über den Tisch geschoben hatte, und ließ seinen Blick darüber schweifen.

»Was ist Ihre Strategie, Christopher? Der Gewinn, den Sie da eingefahren haben, ist fast zu gut, um wahr zu sein …«

Silfverbielke wartete ein paar Sekunden und trank einen Schluck Zitronenwasser. »Wenn ich es richtig verstehe, sind Sie mit meiner Arbeit zufrieden?«

»Christopher, Ihnen ist doch wohl klar, dass ich mehr als zufrieden bin. Aber natürlich bin ich neugierig.«

Worauf ist dieses Arschloch aus?

»Eigentlich tue ich nichts Ungewöhnliches. Ich wette wie gewöhnlich und nehme natürlich sehr kurzfristig eine ganze Menge lineare Deltapositionen ein.«

Und ich verwerte einige Insidertipps, die uns beide binnen zehn Sekunden den Job kosten würden, falls jemand davon Wind bekäme.

Heyes musterte ihn eindringlich und nickte nachdenklich. »Sie haben bis jetzt über einen langen Zeitraum hinweg eine außerordentliche Performance hingelegt. Ich möchte gern mehr Ergebnisse in dieser Größenordnung sehen. Hier ist der Deal: Ab nächster Woche sind Sie Teamleiter für unsere fünf besten Trader, weihen diese in Ihre Strategie ein und steuern unsere Ergebnisse zentral, sodass sie binnen eines Quartals Ihre individuellen Zahlen widerspiegeln. Sollte das aus irgendeinem Grund nicht funktionieren, greifen wir wieder auf die Linie zurück, die wir gegenwärtig verfolgen. Und … ich muss Sie wohl weder an die Risikogruppe noch die Finanzaufsicht erinnern, oder?«

Heyes lächelte ihn an.

Silfverbielke dachte über die Worte seines Chefs nach. *Risikogruppe, Finanzaufsicht. Fuck them! Die sind ganz einfach nicht clever genug. Und Heyes checkt das nicht. Erschreckend, aber wahr.* Der Beste der Branche in ganz Schweden, ein lebendes

Wunder, verstand nicht, was Christopher verstand, analysierte und jeden Tag nutzte. *Was für eine verdammte Tragödie!*

Silfverbielke überlegte schnell. Wollte er diesen Deal überhaupt? Zurzeit lief alles gut, und er musste sich auf sein eigenes Projekt konzentrieren. Auf den *Fonds*. Wenn er das Angebot akzeptierte, hatte er plötzlich eine unmittelbare Verantwortung für die Ergebnisse anderer. Er wusste nur zu gut, welche fünf Trader Heyes meinte. Einer davon war ein echter Star, für den Christopher eine gewisse Bewunderung hegte, wenn auch widerwillig. Zwei weitere waren okay, und die restlichen zwei waren nicht der Rede wert.

Ziemlich viel Arbeit, die Jungs im Auge zu behalten.

»Und …«, Christopher sah Heyes abwartend an, »was würde eine solche Umstrukturierung rein praktisch für mich und die anderen beinhalten?«

Heyes beugte sich über den Schreibtisch vor. »Rein taktisch betrachtet schlage ich vor – natürlich nur, wenn Sie damit einverstanden sind –, dass Sie sich mit den anderen Anfang nächster Woche zusammensetzen und die grundlegenden Richtlinien ausarbeiten, wie die Geschäfte künftig laufen sollen. Ungefähr so, wie wenn ein Kapitän langsam das Schiff wendet. Sie sind für das Tagesgeschäft verantwortlich und erstatten mir täglich um achtzehn Uhr Bericht. Sie haben vollen Spielraum innerhalb der üblichen Handelslimits, und die können wir vielleicht nach und nach erhöhen. Wenn Sie feststellen, dass etwas schiefgeht, greifen Sie ein und brechen die Sache ab. Schlimmstenfalls werfen Sie einfach diejenigen aus dem Team, die den Erwartungen nicht genügen.«

Silfverbielke nickte und gab sich Mühe, seine Beherrschung zu wahren. *»Ungefähr so, wie wenn ein Kapitän langsam das Schiff wendet …« Was für ein Vollidiot! In dieser Branche gibt es keinen Platz für langsame Wendemanöver.* Millionen Kronen konnten binnen Sekunden verschwinden. Entweder man behielt die Dinge ständig unter totaler Kontrolle oder man ließ es gleich bleiben.

»Was Sie betrifft«, fuhr Heyes fort, »so erhöht sich Ihr Monatsgehalt von neunzigtausend auf hundertdreißigtausend Kronen …«

Martin Heyes musterte Silfverbielke gründlich und suchte in seinem Gesicht nach einer Reaktion.

Der Mann verzog keine Miene.

»… und inklusive Bonus müssten Sie auf ein Jahresgehalt von fast acht Millionen kommen!«

Heyes lehnte sich zufrieden zurück. *Dieser Ball müsste sitzen.*

Christopher verzog immer noch keine Miene.

Heyes wurde unsicher. Silfverbielke war ihm ein Rätsel. *Was stimmt mit dem Typen nicht? Ich habe ihm soeben ein Angebot gemacht, für das die meisten in dieser Firma einen Arm geben würden.*

Weiterhin Schweigen.

Christopher rieb die Fingerspitzen aneinander und betrachtete zerstreut seine perfekt manikürten Fingernägel. Dann blickte er wieder zu Heyes auf. »Wann brauchen Sie meine Antwort, Martin … nächste Woche?«

Heyes schüttelte den Kopf. »Sofort, Christopher. Sie wissen ja, dass wir einer der flexibelsten Akteure sind. Wir müssen das Eisen schmieden, solange es heiß ist.«

Silfverbielke nickte nachdenklich. »In diesem Fall muss ich Ihr Angebot leider ausschlagen. Aber danke, dass Sie an mich gedacht haben.«

»Wie bitte?!« Heyes war drauf und dran, von seinem Stuhl hochzuspringen, hielt sich aber zurück. »Christopher, jetzt verstehe ich gar nichts mehr. Ihnen ist doch hoffentlich klar, was mein Angebot für Sie bedeutet, sowohl beruflich als auch finanziell. Sie werden …«

Silfverbielke hob beschwichtigend die Hand, worauf Martin innehielt.

»Mir ist sehr wohl klar, was Ihr Angebot bedeutet, Martin, und ich fühle mich geschmeichelt. Aber die Vorstellung, dass ich dann für andere Trader verantwortlich bin, reizt mich nicht besonders. Außerdem muss ich gestehen, dass ich neulich ein äußerst attraktives Angebot von einer anderen Firma erhalten habe. Die sind bereit, mir ein Gehalt in der Größenordnung zu zahlen, wie Sie mir in Aussicht gestellt haben, aber ausschließlich dafür, dass ich weiterhin auf eigene Faust meine Trades abwickle.«

Verdammte Scheiße! Heyes hatte damit gerechnet, dass es eines Tages so kommen würde, aber den Gedanken verdrängt. Was Gerüchte anging, so war das Stockholmer Finanzviertel um den Stureplan eine kleine Welt, und Neuigkeiten – gute wie schlechte – verbreiteten sich wie ein Lauffeuer. Er hätte wissen müssen, dass die Kunde von Silfverbielkes außergewöhnlichen Ergebnissen, die er Monat für Monat erzielte, die Runde machen würde und dass irgendwann jemand anders bereitstehen würde, um ihn für gutes Geld abzuwerben.

Was nun? Wenn ihm diese Milchkuh durch die Lappen ging, würde er sich schwertun, dies gegenüber der Geschäftsleitung zu rechtfertigen, und diese wiederum würde gegenüber dem Vorstand in Erklärungsnot geraten und …

Vermutlich war es am besten, schnell den Rückwärtsgang einzulegen, zumindest für den Augenblick.

»Ich verstehe. Sollen wir so verbleiben, dass ich mir … äh … ein paar Alternativen durch den Kopf gehen lasse und Ihnen nächste Woche einen neuen Vorschlag unterbreite? Wie Sie sicher verstehen, möchte ich Sie gern in dieser Firma halten und …«

»Dienstag.« Silfverbielke klang freundlich, aber bestimmt.

Heyes zog die Augenbrauen hoch. »Dienstag?«

»Ich habe der anderen Firma versprochen, bis dahin Bescheid zu sagen. Also wäre es wohl am besten, wenn Sie mir ein klein bisschen vorher mit einem neuen Vorschlag kommen.«

Martin Heyes seufzte, erhob sich und streckte die Hand aus. »Ich werde mein Bestes tun, Chris. Ich will Sie wirklich nicht verlieren.«

Silfverbielke nahm die Hand, und Heyes wunderte sich über die Festigkeit des Händedrucks. Christopher sah ihn mit einem Blick an, der sich plötzlich eisig anfühlte, und Heyes verspürte ein wachsendes Unbehagen. *Wie unangenehm der Typ doch sein kann, wenn er sich von dieser Seite zeigt. Worauf ist er eigentlich aus? Wer ist er?* Heyes bemühte sich, weiterhin zu lächeln, während Christopher sich umdrehte und das Büro verließ.

Mit einer Hand in der Hosentasche schlenderte Silfverbielke gemächlich durch die Gänge zu seinem Büro zurück. Unterwegs ging er kurz auf die Herrentoilette, urinierte und wusch sich anschließend gründlich die Hände. Er prüfte sein Aussehen im Spiegel, bürstete ein Staubkorn vom Revers seines Jacketts und fuhr sich mit den Händen durch die dichten schwarzen Haare.

Christopher blieb bei Pernillas Tür stehen und steckte den Kopf hinein. Die Sekretärin des Börsenmaklerteams arbeitete wie gewöhnlich fleißig vor ihrem Computermonitor. Ihm fiel auf, dass sie ein paar Stapel Papier beiseitegeschoben hatte, um einen herausragenden Platz für die Vase mit den zwanzig blutroten, frischen Rosen zu schaffen.

»Gefallen sie Ihnen?«

Sie zuckte zusammen und blickte auf. Als sie ihn sah, machte sich ein strahlendes Lächeln auf ihrem Gesicht breit. Pernilla Grahn stand schnell auf und ging um den Schreibtisch herum auf ihn zu. Sie breitete die Arme aus, als wollte sie ihn umarmen, hielt aber mitten in der Bewegung inne. Vielleicht war es unpassend, bei Craig International so starke Gefühle zu zeigen. Christopher war schließlich einer ihrer Chefs.

»Christopher, die sind wunderschön, vielen Dank! Ich glaube nicht, dass Sie sich vorstellen können, wie viel mir so etwas gerade jetzt bedeutet.«

Er lächelte und bedeutete ihr zu schweigen, indem er den Zeigefinger auf die Lippen legte und ihr zuzwinkerte. »Pernilla, Sie haben zehnmal so viele Rosen verdient«, fuhr er mit leiser Stimme fort. »Sie sind wie ein Fels in der Brandung, und ohne Sie käme ich nicht zurecht. Ich weiß, dass Sie es momentan nicht einfach haben, und da dachte ich mir, dass Sie bestimmt so viele kleine Freuden wie möglich gebrauchen können.« Er zuckte mit den Schultern und senkte den Blick.

Pernilla Grahn gab sich Mühe, die Tränen zurückzuhalten. *Was für ein absolut wunderbarer Mann! Stell dir vor, du hättest damals ihn kennengelernt, anstatt diesen …*

»Ich möchte Ihnen damit nur sagen, dass Sie eine tolle Frau sind und dass ich Sie wirklich in jeder Hinsicht zu schätzen weiß.« Als er ihr mit diesem warmen, aber stahlgrauen Blick direkt in die Augen sah, wurden ihre Knie schwach. »Und wie ich schon sagte, falls Sie Hilfe beim Umzug brauchen, sagen Sie einfach Bescheid. Ich kann Ihnen einen Anhänger oder Kleintransporter organisieren.«

Am liebsten wäre sie ihm auf der Stelle um den Hals gefallen.

Pernilla Grahn hatte mit neunundzwanzig Jahren geglaubt, das große Glück gefunden zu haben. Sie lebte jetzt schon seit über zwei Jahren mit Patrik zusammen, liebte ihn, hatte so schnell wie möglich Kinder von ihm haben und den Rest ihres Lebens mit ihm verbringen wollen. Er war einunddreißig, gut aussehend und hatte gute Manieren. Außerdem war er ein außerordentlich begabter Architekt, hatte bereits mehrere Preise gewonnen und würde vermutlich in ein paar Jahren in der Lage sein, ein eigenes erfolgreiches Architekturbüro zu starten. Sie wohnten in einer tollen Dreizimmerwohnung im Stadtteil Vasastan – die sie noch vor kurzer Zeit entweder gegen eine passende Wohnung in Östermalm oder eine schöne

Villa in Täby oder vielleicht sogar Danderyd hatten tauschen wollen – und Pernilla hatte sich eigentlich nicht vorstellen können, dass das Leben noch besser werden könnte.

Natürlich hätte sie sich auch nicht vorstellen können, dass es schlimmer werden könnte.

Niemals würde sie den Tag vergessen, an dem die Wahrheit ihr Leben zerbrach und Verzweiflung und Erniedrigung sie wie ein Blitzschlag trafen. Der Tag, an dem sie – vielleicht für immer und ewig – den Glauben an Treue und Ehrlichkeit verlor.

Craig International hatte eine Tagung abgehalten, die von Donnerstag bis Sonntagnachmittag dauerte. Die Veranstaltung fand im Yasuragi statt, dem japanischen Wellness- und Kongresshotel in Hasseludden südlich von Stockholm. Pernilla musste in ihrer Rolle als Protokollführerin hart arbeiten, genoss aber gleichzeitig die angebotenen Baderituale. Einmal verbrühte sie sich beinahe, als sie heißes Wasser aus einem Holzbottich über ihren nackten Körper goss. Anschließend schlüpfte sie in ihren Badeanzug und saß zusammen mit den Kollegen im vierzig Grad heißen Wasser der Thermalquellen, die sich im Freien befanden. Dort genoss sie die stille Umgebung, die japanische Meditation, die Massagen, das tolle Abendessen und – wie sie sich eingestehen musste – die bewundernden Blicke und Kommentare mehrerer männlicher Kollegen.

Christopher.

Er hatte nie etwas gesagt, das man als plump oder als direkte Anmache missverstehen könnte. Aber sein Lächeln, seine tiefe Stimme und seine freundlichen Worte hatten bei ihr einen tiefen Eindruck hinterlassen. Es war ihr schwergefallen, abends in ihrem Zimmer einzuschlafen. Sie hatte nackt unter dem kühlen Laken in dem niedrigen Bett in dem japanisch eingerichteten Zimmer gelegen und sich mit rot angelaufenen Wangen eingestehen müssen, dass sie ihm wohl nur schwer hätte widerstehen können, wenn er …

Nicht doch. Nein! Fantasien und Gedanken waren eine Sache, etwas wirklich tun eine andere. Pernilla Grahn war eine unverbesserliche Romantikerin, und sexuelle Untreue war für sie vollkommen undenkbar. Man musste sich ganz einfach im Leben entscheiden, das hatte sie schon von klein auf gelernt. Und hatte man seine Wahl getroffen, war sie verbindlich.

Vielleicht war deshalb der Schlag so hart für sie gewesen.

Spät am Samstagabend stand bereits fest, dass die Tagung in Hasseludden beendet war. Sie war hin- und hergerissen gewesen, ob sie am Sonntag noch den ganzen Tag bleiben und in den Thermalquellen baden oder ob sie heimfahren und Patrik mit Liebe überraschen sollte.

Sie hatte sich für Patrik entschieden, war am Sonntagmorgen früh aufgestanden, hatte geduscht und anschließend ein Taxi bestellt.

Unterwegs hatte sie versucht, Patrik auf dem Handy anzurufen.

Die Mailbox sprang an. Entweder schlief er tief in ihrem gemeinsamen Bett oder auf der Couch bei seinem besten Freund Jojje. Pernilla wettete, dass er zu Hause war und plante, ihn auf eine besondere Art zu überraschen – einzig und allein mit dem japanischen Bademantel bekleidet, den sie aus dem Yasuragi mitgenommen hatte.

Der nächste Anruf galt ihrer besten Freundin Helena. Teils, um den neuesten Tratsch über Helenas Eroberungen zu hören – ja, ihre Freundin war in dieser Hinsicht deutlich unkonventioneller und forscher –, teils, um ihr von ihren Erlebnissen im Wellnesshotel zu berichten.

Wieder nur die Mailbox.

Die Minuten nach dem Öffnen ihrer Haustür zählten zu den schlimmsten ihres Lebens. Die Geräusche, die aus dem Schlafzimmer drangen, waren unmissverständlich. Ein paar Sekunden später sah Pernilla, dass Helena unter Patrik lag.

Wenn das ganze Leben, sämtliche Träume und der Glaube daran, was richtig oder falsch ist, zusammenbrechen, tut das unfassbar weh. Die Zeit danach war für Pernilla eine einzige lange Qual. Sie weinte unaufhörlich und wäre am liebsten gestorben.

Die Diskussionen mit Patrik waren von ihrer Seite her eiskalt. Was Helena anging, so hatte sie frühzeitig beschlossen, nie mehr mit ihr zu reden. Die Tatsache, dass die Freundin eine Zeitlang täglich anrief und Entschuldigungen auf die Mailbox schwafelte, brachte Pernilla nicht dazu, ihre Meinung zu ändern.

Schlampe. Miststück. So etwas tut man seiner besten Freundin einfach nicht an. Nicht mit ihrem Freund, ihrem zukünftigen Ehemann!

Pernilla Grahn kannte nicht viele Leute, denen sie sich anvertrauen und ihr Herz ausschütten konnte, und verfügte nicht über ausreichende schauspielerische Fähigkeiten, um bei der Arbeit die Fassade aufrechtzuerhalten. Eines Tages, als sie weinend zusammenbrach, kam die tröstende Hand von … Christopher.

Er hatte ihr geduldig wie ein Therapeut zugehört, kluge Kommentare geäußert, vorsichtige Ratschläge gegeben und ihr versichert, sie in jeder Hinsicht zu unterstützen. Gleichzeitig hatte er nicht auch nur einen Augenblick irgendeine Gegenleistung verlangt oder versucht, ihre schwache Verfassung auszunützen.

Christopher war einfach wunderbar. Und heute hatte er – scheinbar ohne dass es einen Anlass dafür gab – eine Vase mit zwanzig dunkelroten schönen Rosen auf ihren Schreibtisch gestellt. Was für ein Mann!

Pernilla Grahn konnte nicht umhin, sich zu fragen, ob es noch den Hauch einer Chance gab? Fühlte Christopher sich zu ihr hingezogen? Offenbar ja! Ein toller Kollege zu sein, war eines. Sich zu benehmen, wie er es tat, etwas anderes.

Vielleicht war er ja sogar in sie verliebt!

Ihr Herz machte einen Sprung.

Weniger als eine Stunde nach dem Mitarbeitergespräch mit Christopher Silfverbielke saß Martin Heyes in einer Besprechung mit dem Vorsitzenden der Geschäftsleitung der Stockholmer Niederlassung von Craig International Brokers und dessen Stellvertreter.

Alle drei blickten besorgt drein.

Nachdem Heyes Silfverbielkes Ergebnisse vorgewiesen und die Situation erklärt hatte, dachte der Vorsitzende dreißig Sekunden lang schweigend nach. Dann sah er Martin an.

»Geben Sie ihm, was er verlangt. Geben Sie ihm genau das, was er – verdammt noch mal – verlangt! Sie müssen dafür sorgen, dass dieser Mann bleibt. Das ist Ihnen doch wohl klar, Martin.«

Heyes schluckte hart, nickte und stand auf. »Absolut.«

Als er den Flur entlang zurück zu seinem Büro ging, kam er an Silfverbielkes Büro vorbei und sah, dass die Tür offen stand. Er warf einen kurzen Blick hinein und hielt verwundert inne. Anstatt über den Schreibtisch gebeugt zu sitzen und die Augen konzentriert auf den Monitor zu richten, wie er es normalerweise tat, saß der Trader jetzt ruhig zurückgelehnt auf seinem hohen Ledersessel und hatte die Augen geschlossen.

Martin Heyes runzelte besorgt die Stirn. Silfverbielke dachte bestimmt an das Gespräch von vorhin und an das Angebot, das er erhalten hatte. Aber von wem?

Hätte er gewusst, dass Christopher in Wirklichkeit an Mariana Granath dachte – und *was* er dachte –, hätte Heyes einen noch größeren Grund zur Sorge gehabt.

Heyes verbrachte die nächste Stunde damit, nachzudenken, bis ihm der Kopf rauchte. Eine, zwei oder höchstens drei Personen um den Stureplan wussten möglicherweise, wer Silfverbielke ein fettes Angebot gemacht hatte. Die Wahrscheinlichkeit, dass er den Richtigen erwischte, wenn er herumtelefonierte, war gering. Die Wahrscheinlichkeit, dass diejenigen, die es wussten, es ihm verraten würden, war gleich null. Wenn es ihm nicht gelang,

Silfverbielke in der Firma zu halten, würde man es ihm zur Last legen. *Scheiße!*

Der Gedanke, dass es eine andere Möglichkeit geben könnte, kam ihm zu keinem Zeitpunkt. Nämlich, dass Silfverbielke in Wirklichkeit überhaupt kein Angebot von einer Konkurrenzfirma erhalten hatte. Sondern dass er nur bluffte.

Ein leises Vibrieren seines Handys kündigte den Empfang einer SMS an. Silfverbielke rief die Nachricht auf und las.

> *Schau bei Aftonbladet.se rein und ruf mich dann an!*

Es wurde anscheinend Zeit.

Er rief die Seite im Internet auf, las den Artikel, griff zum Telefonhörer und wählte die Nummer.

»Ecker.«

»Hallo, ich bin's, Christopher …«

»Hast du's gelesen?«

»Mhm …«

»Weißt du noch, was für eine Drecksau er war, als wir zusammen aufs Sandsjö-Internat gingen? Hast du nicht auch mal von ihm Prügel bezogen?«

»Tja, Prügel hin oder her, ich habe wohl mal eine geschmiert bekommen, aber ich glaube, ich habe ihm auch eine verpasst. So genau kann ich mich nicht mehr erinnern, das ist ja schon lange her.«

Hans Ecker lachte. »Für einen Augenblick dachte ich schon, dass du das warst!«

»Alles rächt sich früher oder später.« Christopher bemühte sich, fröhlich und ausgelassen zu klingen. »Nein, du, ich wäre wohl stolz drauf, wenn ich es gewesen wäre. Aber ich habe im Leben Besseres zu tun, als mich um solche Idioten zu kümmern. Und wie es aussieht, hat er sich im Lauf der Jahre eine Menge schlimmerer Feinde geschaffen.«

»Ja, scheint so. Wie geht's sonst?«

»Gut. Ich freue mich auf Berlin.«

»Ich mich auch. Wir besprechen wohl demnächst noch ein paar Einzelheiten am Telefon ...«

»Ja, ich melde mich bei dir. Ich werde Johannes Bescheid sagen, dass er sich um die Tickets für die Fähre kümmert, und so.«

»Spitze! Bis demnächst dann?«

»You bet.«

Silfverbielke legte auf.

Was hatte das zu bedeuten?

Kapitel 6

Montag, 15. Januar

Jacob Colt war tief in Gedanken versunken. Im Lauf des Nachmittags hatte der Reichspolizeichef ihn zweimal angerufen und ihm eindringlich erklärt, wie wichtig es war, dass der Mord an Alexander de Wahl so schnell wie möglich aufgeklärt wurde.

Sein Ton hatte Jacob irritiert. *Klar ist das verdammt noch mal wichtig, alle Morde sind wichtig, du Idiot. Alle Menschen sind gleich viel wert und … Bullshit!*

Offensichtlich war dieser Mann mehr wert. Jacob fragte sich im Stillen, welche Kontakte das Mordopfer oder dessen nächste Angehörige in der Polizeiführung gehabt hatten. In der Polizeiführung, im Justizministerium, in … tja, wo? Es war keinesfalls das erste Mal in seiner Laufbahn, dass die Oberen Druck auf ihn gemacht hatten, und er hasste es immer wieder.

Jacob hatte vor langer Zeit begriffen, dass alle Menschen überhaupt nicht gleich viel wert waren. In Afrika verhungerten jeden Tag Tausende Kinder. In Brasilien wurden Kinder erschossen. In Osteuropa wurden Frauen massenweise vergewaltigt. Und in Asien geschahen Morde am laufenden Band. Und wen interessierte das schon, abgesehen von ein paar Kommentatoren, die Betroffenheit heuchelten?

Vor ein paar Jahren war ein junges Nashorn in einem schwedischen Tierpark an einem Hirntumor oder was auch immer erkrankt. Die Abendzeitungen schafften es, das gesamte schwedische Volk aufzurütteln, tauften das Tier auf den Namen Nelson und druckten kilometerlange Spalten über den qualvollen Kampf des Nashorns gegen den Krebs.

Fazit: Ein Nashorn mit Krebs zählte in Schweden mehr als ein afrikanisches Kind, das eigentlich ein ganzes Leben vor sich haben sollte.

Jacob lehnte sich im Stuhl zurück und rieb sich müde mit der Hand über das Gesicht. Dann sah er auf die Uhr. Es war vier.

Björn Rydh hatte angerufen, sobald die Obduktion beendet war, und über die bisherigen Erkenntnisse berichtet. Nichts Überraschendes. De Wahl war rein technisch gesehen ertrunken, aber dies wäre nicht passiert, wenn ihm nicht jemand zuerst mit einem Stein einen kräftigen Schlag auf den Kopf verpasst und ihn anschließend über die Kaimauer ins Wasser geworfen hätte.

Magnus Ekholm und Sven Bergman hatten sich von Alexander de Wahls Arbeitsplatz aus ebenfalls ein paar Mal gemeldet.

Nichts.

De Wahl hatte seinen neuen Posten erst vor zehn Tagen angetreten, und abgesehen von ein paar Leuten, die ihn von früher kannten, war er für die übrigen Kollegen ein unbekanntes Gesicht. Nein, sie wussten nicht, ob er irgendwelche Feinde hatte. Eigentlich wussten sie nicht mehr über ihn, als dass sein Vater ein herausragender Finanzmann war und dass auch der Sohn als brillant galt. Deswegen hatte man ihn ja auch zum Geschäftsführer gemacht.

Jacob überlegte. Wer hatte einen Grund, einen jungen und erfolgreichen Banker umzubringen, und was war sein Motiv? Herrgott, das würde eine lange Liste werden. Mitbewerber, andere Finanzmänner, neidische Emporkömmlinge, jemand, der eine Geschäftstransaktion, einen Firmenaufkauf oder irgendetwas im komplizierten Spiel der Finanzwelt stoppen wollte. Das Motiv? Neid, Konkurrenzdenken, Geld, Hass, Rache, Untreue oder …

Das erneute Läuten des Telefons riss ihn aus seinen Gedanken.

»Colt.«

»You too? Me, too!«

Jacob lachte, als er Melissas alten Witz hörte. Er hatte nach ihrer Hochzeit den Familiennamen seiner Frau angenommen – teils, um den seiner Ansicht nach langweiligen Nachnamen Jörgensen loszuwerden, teils aus Ehrerbietung gegenüber Melissa dafür, dass sie seinetwegen ihr Heimatland verlassen hatte.

»Hallo, Liebling, wie geht's?«

»Danke, gut. Ich habe einen unglaublich schönen Baum draußen vor meinem Fenster, und allein das hebt meine Stimmung, obwohl wir jetzt einen typisch schwedischen Winter haben. Und wie geht es meinem Mann, dem Supercop?«

»Ich fürchte, mit dem Supercop ist es heute nicht besonders weit her. Vielleicht hast du die Nachrichten in der Zeitung oder im Internet gelesen?«

»Ja, das mit dem Finanzmann?«

»Mhm …«

»Könntest du den vielleicht für einen Moment vergessen, wenn ich dir ein ganz besonderes Winterabendessen in Aussicht stelle? Etwas Leckeres aus Georgia, eine Flasche Gnarly Head, Kerzenlicht …«

Jacob zögerte. »Klingt richtig verlockend. Melissa, ich weiß, du hörst das nicht gern, aber ich muss heute wirklich länger arbeiten. Dieser Mordfall ist eine besondere Angelegenheit, und man hat mir bereits Druck von oben gemacht.«

»Nicht schon wieder, Jacob.« Sie seufzte tief. »*Alle* Morde sind eine besondere Angelegenheit, das weiß ich doch. Aber du hast in letzter Zeit ein bisschen zu viel gearbeitet. Kann es sein, dass man dir im Dezernat eine neue junge, hübsche Kriminalassistentin zugeteilt hat?«

»Shit, you caught me!« Jacob lachte leise. Er wusste, dass Eifersucht überhaupt nicht Melissas Ding war, aber er wusste auch allzu gut, dass sie recht hatte, was seine Überstunden betraf. In letzter Zeit hatte er seine Frau und sämtliche in ihrem Reihenhaus anfallenden Reparaturen vernachlässigt.

Er überlegte schnell. Björn Rydh war auf dem Rückweg ins Polizeipräsidium, um ein paar Sachen zu hinterlassen, würde aber wahrscheinlich anschließend sofort zu seiner Stockholmer Zweitwohnung weiterfahren. Henrik Vadh hatte ihm mitgeteilt, er werde direkt vom Rechtsmedizinischen Institut nach Upplands-Väsby fahren, wo er mit seiner Frau Gunilla wohnte. Magnus, Sven und die anderen Kollegen würden heute auch nicht mehr tun, aus dem einfachen Grund, dass es nicht mehr viel zu tun gab. Da war es vielleicht keine schlechte Idee, pünktlich Feierabend zu machen und morgen in aller Früh frisch ausgeruht weiterzumachen.

»Bist du noch dran, Liebling?« Melissas sanfte Stimme riss ihn aus seinen Gedanken.

Er lachte. »Ich nehme das Angebot an, Miss! Soll ich dich auf dem Heimweg abholen?«

»Gute Idee. Wenn ich gleich losgehe, bin ich in einer halben Stunde am Sveavägen. Wir treffen uns am üblichen Ort. Wenn du mich daheim absetzt, mache ich das Essen, während du zum Alkoholladen fährst. Wir haben nicht mehr viel Wein.«

»Klingt gut. Bis in einer halben Stunde dann.«

»Love you!«

»Ich dich auch.«

Er loggte sich aus, zog seine Lederjacke an, verließ das Dezernat und nahm den Fahrstuhl nach unten. In dem langen Flur, der zum Ausgang führte, lief ihm ein älterer Kripokollege über den Weg. Der Mann musste kurz vor der Pensionierung stehen. Ander war klein, untersetzt, hatte schütteres Haar und ging leicht gebückt. Er starrte auf den Boden und blickte wie immer betrübt drein. Bitter. Colt schüttelte den Kopf und ging eilig weiter. *So wie der möchte ich nie werden. Ich will nie meinen Job hassen, nie den Glauben an die Menschheit verlieren und nie aufgeben.*

Er schloss den BMW auf, ließ den Motor an und fuhr gemächlich durch die Staus in der Innenstadt in Richtung Sveavägen und zu der Stelle, wo er Melissa immer abholte. Wie schon so oft zuvor, dachte er über sein Leben nach und darüber, wie und warum es so verlaufen war.

Jacob Colt war in Malmö aufgewachsen. Seine Kindheit hätte er wohl als überwiegend glücklich beschrieben, wenn der Unfall nicht geschehen wäre. An jenem Tag war er acht Jahre alt gewesen. Wäre er nicht so erkältet gewesen, hätte er seinen Vater Hans-Erik gebeten, mit zum Angeln gehen zu dürfen. Aber so war sein fünfjähriger Bruder Niels an seiner Stelle mitgegangen.

Hans-Erik Jörgensen war aus verständlichen Gründen nie über den Vorfall hinweggekommen. Der genaue Ablauf war ihm nie so richtig klar geworden; er wusste nur, dass es binnen weniger Sekunden passierte. Während er im Ruderboot saß und einen Köder am Angelhaken anbrachte, lehnte Niels sich zu weit über den Bootsrand hinaus. Als Hans-Erik plötzlich einen Schrei und einen Platscher hörte, fuhr er herum.

Der Junge war weg.

Die Abenddämmerung hatte eingesetzt, und hohe Bäume blockten das Sonnenlicht an der Stelle, wo das Boot lag. Nachdem Hans-Erik sich ein paar Sekunden lang verzweifelt nach allen Seiten umgeblickt und den Jungen nirgendwo gesehen hatte, zog er die Stiefel aus und sprang ins kalte Wasser.

Als er Niels schließlich gefunden und ins Boot gehievt hatte, war es bereits zu spät gewesen.

Jacob hatte seinen Vater stets als einen starken und glücklichen Menschen gekannt, der sich trotz allen Elends, das er in seinem Job bei der Kriminalpolizei von Malmö sah, einen offenherzigen Humanismus bewahrt hatte. Aber nach dem Unglück zog er sich für lange Zeit in sein Schneckenhaus zurück, und obwohl er sich nach und nach ein wenig öffnete, kam es Jacob so vor, als wäre sein Vater nie wieder derselbe geworden. Jacob dachte, dass ihm vielleicht eine Therapie geholfen hätte, die Schuldgefühle abzubauen oder sie ganz loszuwerden. Aber zu der Zeit war Therapie noch nicht in Mode gewesen, und einen Kriminalpolizisten, der einen Psychologen aufsuchte, hätte man zweifellos als schwach und womöglich für seinen Beruf ungeeignet empfunden.

Jacob hatte im Lauf der Jahre mehrmals versucht, mit seinem Vater über das Unglück zu reden, doch der hatte ihm freundlich, aber bestimmt erklärt, dass er das nicht wollte.

Irgendwie ging das Leben trotzdem weiter. Jacob wuchs zusammen mit seinem älteren Bruder Per und seiner Schwester Inga in einer großen Wohnung in der Innenstadt von Malmö auf. Nachdem seine Mutter Ingrid, die während Jacobs Kindheit und Jugend zu Hause geblieben war, vor zwei Jahren an Krebs gestorben war, hatte Hans-Erik die große Wohnung gegen eine Zweizimmerwohnung in der Möllevångsgatan getauscht. Außerdem verbrachte er zunehmend Zeit in dem Wochenendhäuschen in Kämpinge, das er vor fünfzehn Jahren gekauft hatte.

An der Kreuzung mit der St.-Eriksgatan hielt Jacob bei Rot. Es hatte wieder zu regnen begonnen, und er schaltete die Scheibenwischer ein. Plötzlich sah er durch die Regentropfen, die die Neonlichter besonders stark glitzern ließen, wie eine ihm wohlbekannte Gestalt über den Fußgängerübergang eilte. In diesem Augenblick schaltete die Fußgängerampel auf Rot.

»Sieh mal einer an …«, murmelte Colt zu sich selbst.

Dragan.

Der hochgewachsene, kräftige Mann mit dem rasierten Schädel war einer der berüchtigtsten Anführer in Stockholms Jugo-Mafia und zugleich ein bekannter Gewalttäter. Jacob fragte sich irritiert, wie oft sie den Mann zur Vernehmung einberufen und Ermittlungen gegen ihn eingeleitet hatten, ohne ihn in Haft nehmen zu können. Dragan war des Drogenhandels in großem Umfang, der Zuhälterei, Schutzgelderpressung von Kneipen, schwerer Körperverletzung und sogar des Mordes verdächtig.

Es war jedes Mal dasselbe. Ein schweigsamer, arrogant grinsender Dragan, der während der Vernehmung rauchte und keinen Ton sagte, während ein gut gekleideter Anwalt die Polizei auflaufen ließ und die sofortige Freilassung seines Mandanten forderte. Mangel an Beweisen. Zeugen, die entweder eingeschüchtert wurden oder ganz einfach verschwanden. Es kam nie zu einem Verfahren.

Und jetzt eilte Dragan mit einem silberfarbenen Aktenkoffer über die regennasse Fahrbahn. Jacob unterdrückte den Impuls, aus dem Auto zu springen, dem Mann nachzulaufen und ihn wegen irgendeiner Lappalie festzunehmen, nur um zu sehen, was sich in dem Koffer befand.

Es war schwer, nach Feierabend von der Polizeiarbeit abzuschalten.

Und außerdem – er lachte, als er daran dachte – hatte er eigentlich nie Polizist werden wollen.

Ursprünglich hatte er beschlossen, Jura zu studieren, und war nach dem Gymnasium – mithilfe eines Darlehens von den Eltern – auf die University of California in Los Angeles gegangen.

Während seines zweijährigen Aufenthalts dort hatte er die wichtigsten Einsichten seines Lebens gewonnen und Melissa kennengelernt. Die Erkenntnis, dass es in der Rechtswissenschaft nicht darum ging, wer recht *hatte*, sondern wer recht *bekam* – abgesehen davon, dass dieses Fach vermutlich das beschissenste war, mit dem man sich beschäftigen konnte –, ließ in ihm den Entschluss reifen, seinen ursprünglichen Traum aufzugeben und sich stattdessen bei der Polizeihochschule zu bewerben. Und dies, obwohl sein Vater ihn stets mit einem Seufzer ermahnt hatte, etwas Besseres mit seinem Leben anzufangen.

Jacob gefiel es in den USA, er war sich aber die ganze Zeit darüber im Klaren gewesen, dass er um jeden Preis nach Schweden zurückkehren wollte, sobald er fertig studiert hatte. Für Melissa – eine intelligente, hübsche, humorvolle und taffe junge Frau aus Savannah, Georgia, und zugleich eine entfernte Nachfahrin des Waffenfabrikanten Samuel Colt – war die Liebe bedingungslos gewesen, und als sie begriff, dass ihr Liebster wirklich heimkehren musste, beschloss sie, sehr zum Leidwesen ihrer Familie, mitzukommen.

Melissa Colt hatte relativ schnell eine gute Stelle als Sekretärin in der amerikanischen Botschaft in Stockholm gefunden und wechselte dort im Lauf der Jahre zwischen verschiedenen Aufgaben hin und her, unterbrochen von Mutterschaftsurlauben nach den Geburten ihrer Kinder. Als Stephen Hans – benannt nach den Vornamen von Melissas und Jacobs Vätern – zur Welt kam, tauschte das Ehepaar seine Zwei- in eine Dreizimmerwohnung, und als Elin nachfolgte, hatte die Familie ein Reihenhaus in einem Viertel bezogen, das sich »Hollywood« nannte.

Jacob bog in den Sveavägen ein, hielt nach Melissa Ausschau und erblickte sie ungefähr zehn Meter weiter. Er hielt an, beugte sich über den Beifahrersitz und öffnete ihr die Tür.

»Du siehst verärgert aus«, sagte sie verwundert, beugte sich vor und gab ihm einen Kuss. »Hoffentlich nicht wegen mir.«

Er schüttelte den Kopf. »Überhaupt nicht. Ich habe nur eben auf dem Weg hierher einen alten Bekannten über die Straße laufen sehen. Dragan. Der Typ gehört zur Jugo-Mafia. Weiß Gott, wie viel Leid er im Lauf der Jahre anderen Menschen zugefügt hat. Es macht mich wütend, dass wir ihm nie etwas nachweisen konnten. Aber vielleicht ist noch nicht aller Tage Abend.«

Melissa lachte. »Okay, I get it. Können wir jetzt abschalten und Feierabend spielen? Ich bin sicher, dass du überall Verbrecher siehst, wenn wir nicht schleunigst aus der Stadt verschwinden. Findest du ein gutes Essen und eine Flasche Wein nicht besser? Elin kommt übrigens auf einen Sprung vorbei.«

Jacob fuhr den Sveavägen stadtauswärts nach Norden. »Super! Sollen wir sie auch gleich mitnehmen? Das ist ja in der Nähe.«

Seit Elin daheim ausgezogen war und ein Lehramtsstudium begonnen hatte, teilte sie sich mit einer Freundin eine Wohnung am Vanadisvägen.

»Nein, sie war nicht zu Hause, als ich anrief. Sie hat gesagt, sie nimmt die S-Bahn nach Sollentuna.«

»Auch gut. Dann wird sie nicht zu sehr verwöhnt, weil ihr Papa für sie den Taxifahrer spielt«, frotzelte Jacob.

Melissa nickte. »Da hast du wohl recht. Du hast unsere Tochter im Lauf der Jahre ganz schön verwöhnt, vielleicht ein bisschen zu sehr.«

»Ho, ho, ho!«, sagte Jacob und verdrehte die Augen. »Und Frau Colt hat in keiner Weise einen gewissen Stephen Colt verwöhnt, oder …?«

»Das kann ich mir überhaupt nicht vorstellen«, sagte Melissa und lächelte. »Findest du, dass Mütter generell dazu neigen, ihre Söhne zu verwöhnen?«

»Ist der Papst katholisch?«, fragte Jacob grinsend. »Was gibt's eigentlich zum Essen? Ich bin am Verhungern!«

»Eine Überraschung, wie immer. Kümmere du dich um den Wein, dann sorge ich dafür, dass das Essen zu deiner Zufriedenheit ausfällt.« Sie zwinkerte ihm zu. »Du hast doch wohl nichts gegen ein gutes Südstaatenessen?«

Er schüttelte den Kopf. »Nicht das Geringste.«

»Wie wär's übrigens«, fuhr Melissa fort, »wenn wir Henrik und Gunilla fürs Wochenende einladen? Wir haben uns eine ganze Weile nicht gesehen.«

»Sind die nicht dran?«

»Hör auf! Musst du immer alles aufrechnen?«

»Ich wollte dich doch nur ärgern, und das ist mir gelungen«, sagte Jacob lachend. »Aber klar laden wir sie ein. Wie wär's mit Freitag?«

»Keine schlechte Idee, ich rufe Gunilla an. Es wäre übrigens schön, wenn wir wieder zusammen eine Reise machen würden. Es ist ja schon eine Ewigkeit her, dass wir mit ihnen irgendwohin gefahren sind.«

Jacob nickte. »Mhm … London wäre bestimmt toll, aber nicht zu dieser Jahreszeit. Vielleicht sollten wir bis zum Frühjahr warten und Rom oder Paris planen?«

In den zehn Jahren, die sie schon zusammenarbeiteten, hatten Jacob Colt und Henrik Vadh eine enge Freundschaft entwickelt, die sich auch in gemeinsamen Freizeitaktivitäten äußerte, obwohl die beiden Männer in vielen Dingen grundverschieden waren.

Henrik, der bisweilen etwas introvertierte und eigensinnige Analytiker, interessierte sich für Boote, Schach, Geschichte, Wissenschaft und Philosophie. Er las viel und zeigte auch ein großes Interesse an Filmen.

Jacob war offener und geselliger, konnte gut mit Menschen umgehen und verfluchte sich oft selbst dafür, dass er nach all den Jahren im Polizeidienst immer noch viel zu naiv war. Er schaute sich gern Sport an und bedauerte, dass er aus Zeitmangel nicht mehr so viel Sport trieb wie früher. Aber er traf sich mit Henrik Vadh regelmäßig zum Squash und gehörte zu einer Männerrunde, die an Sonntagabenden in Sollentuna Unihockey spielte. Außerdem waren Jacob und Melissa beide leidenschaftliche Golfer, und da der Golfklub von Sollentuna sich quasi in der Nachbarschaft befand, nutzten sie jede Gelegenheit, eine Runde zu spielen, wenn es das Wetter erlaubte.

Melissa verschlang Bücher, was einer der Gründe dafür war, dass sie nach ihrem Umzug von Los Angeles nach Schweden in kurzer Zeit gut Schwedisch gelernt hatte. Aber

Jacob hänselte sie manchmal wegen ihrer Lektüre. Sie las gern Krimis, was er auch tat. Aber im Unterschied zu ihr ärgerte er sich über Autoren, die plumpe, unglaubwürdige Geschichten schrieben, in denen die Polizeiarbeit durchweg fehlerhaft dargestellt wurde. Ferner regte er sich über die klischeebehafteten Beschreibungen der meisten Polizisten als alte, geschiedene und verbitterte Männer auf, die zu viel tranken und in Schrottkarren herumfuhren.

»Oh, Rom wäre toll!«, sagte Melissa. »Gunilla hat erzählt, dass sie vor ein paar Jahren auf einem Studienbesuch in einer Förderschule war und dass ihr die Stadt auf den ersten Blick gefallen hat.«

Nachdem sich die Freundschaft zwischen Jacob und Henrik vertieft hatte, hatten deren Ehefrauen ebenfalls zueinander gefunden. Gunilla Vadh war stellvertretende Direktorin in einer Grundschule in Upplands-Väsby. Sie und Melissa hatten im Lauf vieler Grillabende lange Diskussionen darüber geführt, wie man das Bildungssystem verbessern sollte, während die Ehemänner in einer anderen Ecke des Gartens standen und sich meistens über Morde unterhielten.

Die beiden Paare hatten auch, wann immer sie Betreuung für ihre Kinder organisieren konnten, einige gemeinsame Wochenendreisen in Europa unternommen. Und dann waren da noch die Wochenenden und Feiertage gewesen, an denen sie mit dem Boot der Vadhs im Stockholmer Schärengarten gesegelt hatten.

»Ich werde mit Henrik darüber reden. Man kann ja heutzutage günstig verreisen, wenn man mit Ryanair fliegt.«

Melissa nickte. »Darüber können wir noch ausführlicher reden, wenn die beiden am Freitag zu uns kommen.«

Nachdem Jacob seine Frau vor dem Reihenhaus am Hollywoodvägen abgesetzt hatte, fuhr er weiter zum nahegelegenen Coop-Forum, das so viel guten Geschmack gehabt hatte, den staatlichen Alkoholladen in die Räumlichkeiten gleich daneben einziehen zu lassen.

Er schloss den BMW ab, holte sich einen Einkaufswagen und ging zum Eingang. Ein paar Meter davor stand ein Mann in schäbiger Kleidung und verkaufte die Obdachlosenzeitung *Situation Stockholm*.

Jacob blieb stehen und zog die Brieftasche hervor. Fand vier Zwanzig-Kronen-Scheine, faltete sie zusammen und ging zu dem Mann.

»Zwei Zeitungen bitte, aber geben sie eine davon jemand anderem.«

Der Mann lächelte ihn an. »Vielen Dank. Einen schönen Abend noch!«

Jacob nahm die Zeitung entgegen und ging mit dem Einkaufswagen voran in den Alkoholladen. Im Leben ist so viel vom Zufall abhängig, dachte er. Schweden ist kälter und härter geworden. Heutzutage musste jeder zusehen, wie er zurechtkam, und der soziale Abstieg konnte schnell gehen. Eine Ehescheidung, eine Entlassung und eine Depression kombiniert mit ein bisschen zu viel Alkohol reichten aus, um auf der Straße zu landen, und ein Comeback war heute genauso schwer wie für einen Obdachlosen in den USA. Traurig.

Während er eine Flasche aus dem Regal mit den kalifornischen Weinen auswählte, stellte er zum tausendsten Mal nüchtern fest, dass es nicht genügte, die Eltern und den Geburtsort zu wählen. Vielmehr musste man das ganze Leben wählen.

Und dabei die richtige Wahl treffen.

Kapitel 7

Montag, 15. Januar

»Ui, du siehst aber gut aus! Fast wie mein Ebenbild.«

Jacob gab sich Mühe, todernst zu klingen, während er seine Tochter ansah. Elin Colt war dreiundzwanzig Jahre alt, groß und schlank, hatte strahlend blaue Augen und trug die blonden Haare in einem Pagenschnitt, der meistens strubbelig war. Sie hatte süße Lachgrübchen, die oft sichtbar waren, konnte aber auch ziemlich bissig sein, wenn sie wollte.

»Hör auf, Papa!« Elin Colt schüttelte lächelnd den Kopf, zog die Thermojacke aus und begrüßte Jacob mit einer herzlichen Umarmung. »Wie geht's?«

»Könnte schlimmer sein. Und wie geht's meinem Lieblingsmädchen?«

»Die Klausuren bringen mich um und ich habe kein Geld für die Miete. Das Mädel, mit dem ich zusammenwohne, bringt seit neuestem regelmäßig ihren neuen Freund mit nach Hause. Der Typ ist ein langhaariger Rockmusiker ohne Kohle, und die beiden treiben es die ganze Nacht miteinander und fressen den Kühlschrank leer, bevor ich aufwache. Aber ansonsten geht es mir blendend …« Elin seufzte und ging an ihrem Vater vorbei in die Küche, um Melissa ebenfalls mit einer Umarmung zu begrüßen. Dann setzte sie sich an den Küchentisch.

Jacob holte den Korkenzieher und wandte sich seiner Tochter zu. »Kann ich davon ausgehen, dass du nichts gegen ein Glas Wein einzuwenden hast?«, fragte er lächelnd.

»Du bist echt ein Witzbold. Früher hast du dich immer gesträubt, wenn ich dich gebeten habe, mir ein paar Flaschen Bier mitzubringen, und jetzt bist du derjenige, der mich fragt!«

»Du bist ja jetzt auch ein paar Jährchen älter, du kleiner Frechdachs. Ich habe schon genug junge Leute gesehen, die in der Walpurgis- und Mittsommernacht im Gebüsch lagen und kotzten. Stell dir nur vor, dir wäre so was passiert, und es wäre meine Schuld gewesen!«

Elin lachte. »Manchmal ist es wohl besser, wenn du nicht alles weißt. Aber reden wir über etwas anderes. Wie geht's meinem verwöhnten Bruder? Führt er immer noch ein reiches Kulturleben in der dänischen Hauptstadt? Wann wird er endlich erwachsen und sucht sich eine richtige Arbeit?«

»Geschwisterliebe ist einfach nur herrlich«, konterte Melissa, die am Herd stand und ein deftiges kreolisches Eintopfgericht zubereitete, das ein leckeres Aroma verbreitete. »Ich glaube, du wirst eines schönen Tages stolz auf Stephen sein. Es läuft gut bei ihm.«

Elin nickte. »Ja, ja, er war wohl derjenige, der die künstlerischen Gene mit in die Wiege bekommen hat. Aber ich weiß bloß nicht, von wem? Ich dagegen muss mich wohl damit begnügen, eine stinknormale Malocherin zu werden und mich von Kindern und Jugendlichen die nächsten fünfzig Jahre zu Tode quälen zu lassen.«

Jacob dachte an Stephen. Sein Sohn war groß und schlank und sah seiner Mutter ähnlich. Er hatte ein schönes, kantiges Gesicht, braune Augen und halblange, dunkelbraune, lockige Haare.

Schon als Kind hatte Stephen künstlerische Begabung gezeigt. In der Schule wurde er gehänselt, weil er lieber zeichnete, malte und Geige spielte, anstatt sich auf dem Fußballplatz auszutoben. Er hatte sehr zu Jacobs Kummer stets schlechte

Noten im Sportunterricht gehabt und interessierte sich kein bisschen für Sport.

Dass er schließlich Designer werden wollte, hatte die Eltern nicht sonderlich überrascht. Er schaffte die Aufnahme in eine bekannte Kunstschule in Kopenhagen, was seinen Großvater sehr freute. Hans-Erik Jörgensen hatte nach dem Umzug in das kleine Haus in Kämpinge seine Zweizimmerwohnung in der Möllevångsgatan in Malmö behalten, vielleicht hauptsächlich aus nostalgischen Gründen. Die Wohnung war jetzt ein festes Zuhause für den jungen zukünftigen Designer, der jeden Tag auf einem alten Motorrad über die Brücke nach Kopenhagen pendelte. Die Wochenenden verbrachte Stephen oft im Haus seines Großvaters, worüber Jacob sich freute. Die beiden verband eine innige Beziehung, und Jacob hatte das Gefühl, dass Stephen so etwas wie ein Ersatz für den ertrunkenen Niels war.

»Hat er endlich eine Freundin gefunden?«

Elins Frage kam unerwartet, und Jacob zuckte zusammen. Melissa wandte sich vom Herd ab, warf ihm einen kurzen Blick zu und zog die Augenbrauen hoch.

»Wieso fragst du?« Jacobs Stimme klang freundlich, aber abwartend.

»Mein Gott, was ist an der Frage so komisch? Der Bursche ist schließlich fünfundzwanzig, und ich kann mich nicht erinnern, dass er jemals so etwas wie eine feste Beziehung gehabt hat. Wenn ich es nicht besser wüsste, würde ich annehmen, er sei schwul …«

Jacob sah seine Tochter an und dachte an das Versprechen, das er sich selbst in dem Moment gemacht hatte, als Stephen geboren wurde. *Lüg deine Kinder nie an. Wenn sie ihrem eigenen Vater nicht vertrauen können, wem dann sonst?*

Im Lauf der Jahre hatten er und Melissa den Kindern mehrmals unangenehme Wahrheiten auftischen müssen, die sie ihnen lieber erspart hätten. Aber langfristig erschien ihnen Ehrlichkeit immer noch als die beste Lösung.

Vermutlich verhielt es sich jetzt genauso.

Jacob sah sie ernst an. »Er *ist* schwul, Elin.«

Elin machte den Mund auf und wollte etwas sagen, zögerte jedoch. Ihr Mund verzog sich zu einem Lächeln, das sofort wieder verschwand, als sie feststellte, dass die Miene ihres Vaters sich nicht verändert hatte.

»Ja, aber … äh, hör auf … ich meine … er kann doch nicht …«

Als ihr aufging, dass Jacob es ernst meinte, blickte sie verwirrt drein. »Habt ihr … also, wie lange …?«

Jacob seufzte. »Überhaupt noch nicht lange. Vielleicht weißt du noch, dass ich dir vor etwa einem Monat erzählt habe, dass Stephen in der Stadt war. Seine Klasse war zu einem Studienbesuch hier, und am Abend hat er uns besucht. Er hatte einen jungen Dänen dabei, Joachim hieß er, und ich dachte natürlich, die beiden seien Studienkollegen. Aber kaum standen die Kaffeetassen auf dem Tisch, hat Stephen uns erzählt, Joachim sei sein fester Freund …«

Elin saß noch immer schweigend da. Melissa drehte sich am Herd um, biss sich in die Lippe, um einen Schluchzer zu unterdrücken, und spürte den salzigen Geschmack ihrer Tränen. Stephens fröhliche und offenherzige Nachricht an jenem Abend war für sie aus mehreren Gründen ein Schock gewesen. Ihr erster Gedanke war vielleicht ein ganz offensichtlich weiblicher, nämlich, dass Stephen nie Kinder haben würde. *Eigene Kinder.* Vielleicht das Wichtigste für jede Frau, und ein vollkommen natürlicher Wunsch jeder Mutter, was ihre Kinder anging.

Und dann waren da noch die Moralvorstellungen. Melissa betrachtete sich schon immer – nicht zuletzt nach den Ausschweifungen während ihrer Studentenzeit in Los Angeles – als eine vorurteilsfreie, freidenkende und weitsichtige Frau. Aber tief in ihrem Inneren schlug sie sich wie so viele andere mit denselben moralischen Fragen herum, und die konservative Erziehung, die sie in ihrem Elternhaus in

Savannah empfangen hatte, ließ sich nicht so ohne Weiteres abschütteln.

Was sollen nur die Leute denken? Melissa konnte sich schon gar nicht mehr erinnern, wie oft sie diesen Spruch gehört hatte, wenn die Familie um den großen Tisch im Esszimmer im Haus in der East Gaston Street versammelt saß. Ihre Eltern, angesehene Goldschmiede in jener schönen Stadt, machten sich oft darüber Gedanken, was andere Leute über das eine oder andere denken oder reden würden.

Melissa hatte von klein auf gelernt, dass man sich mustergültig und höflich betragen, hart arbeiten und das Richtige tun sollte. Und dass ein Mädchen sich an bestimmte Regeln halten musste, um seinen guten Ruf zu wahren. Natürlich hatte sie ihre rebellische Phase durchlaufen, aber erst während ihrer Zeit an der UCLA. Dort hatte sie Regeln gebrochen und Grenzen ausgelotet, hatte Dinge getan, die junge Menschen eben tun, hatte sexuelle Erfahrungen gemacht und die eine oder andere Droge ausprobiert. Hatte gelebt. Aber natürlich, ohne dass die Eltern jemals etwas davon erfuhren.

Sie konnte sich nicht erinnern, besonders viel Homosexualität wahrgenommen zu haben, als sie noch in Savannah wohnte. Ein Gerücht, hier und da eine geflüsterte Bemerkung, Anspielungen, die sie vielleicht verstanden hätte, wenn sie gewollt hätte, die sie jedoch nicht beachtete, da diese sie ja nicht betrafen.

In Los Angeles war alles so viel deutlicher in Erscheinung getreten. Dort sah sie Männer, die auf der Straße Händchen hielten, und junge Frauen, die sich öffentlich küssten. An der Universität gab es eine akzeptierte und starke Homosexuellenbewegung, die sowohl Männer als auch Frauen einschloss. Melissa hatte hin und wieder erlebt, dass andere junge Frauen mit ihr flirteten, was sie anfangs als abstoßend und ekelhaft empfand. Später jedoch konnte sie nicht umhin, tiefer darüber nachzudenken.

Aber das hier war eine andere Sache.

Ihr eigener Sohn war schwul.

Er würde nie Kinder bekommen können. *Was sollten bloß die Leute denken?* Sosehr sie Stephen auch liebte, begriff sie, dass sie die Angelegenheit nicht einfach mit einem Lächeln abtun konnte. Und die Vorstellung, wie ihre Eltern reagieren würden, bedrückte sie.

Jacob entging nicht, dass Melissa schnell ein paar Tränen von den Wangen wischte. Elin bemerkte es ebenfalls, ging zu ihrer Mutter an den Herd und umarmte sie. »Wie ist das für dich, Mama?«, fragte sie leise.

»It's okay, honey.«

Jacob sah sie liebevoll an. Seine Frau neigte dazu, manchmal in ihre Muttersprache zu verfallen, wenn etwas sie stark berührte. Melissa hielt beim Umrühren im Eintopf inne und wandte sich zu Elin um. »Für mich ist es völlig in Ordnung, dass Stephen schwul ist. Ich will einfach nur, dass er glücklich ist und ein gutes Leben hat. Natürlich bin ich ein bisschen traurig, dass er vermutlich nie Kinder haben wird, aber …«

»Du meinst, ihr werdet von ihm keine Enkelkinder bekommen?« Elins Tonfall klang plötzlich scharf. »Das willst du doch damit sagen, Mama? Findest du das nicht ein wenig egoistisch?«

Melissa zuckte mit den Schultern und drehte sich wieder zum Herd um. »Wahrscheinlich will ich beides haben …«

»Wie denkst du darüber, Papa?« Elin ging zum Tisch zurück.

Jacob lächelte sie an. »Immer mit der Ruhe, Elin, das ist nicht gleich der Weltuntergang. Mir geht es genauso wie Mama, ich will einfach nur, dass ihr beide gesund und glücklich seid. Wie ihr leben wollt, ist eure Sache. Es gibt da jedoch einige praktische Probleme, wie du dir vielleicht denken kannst.«

»Du meinst Savannah?«

Jacob nickte. »Ja.«

Melissas Eltern waren ganz gewöhnliche, nette Leute, aber auch stark von dem Konservatismus geprägt, der im Süden der USA immer noch vorherrschte.

»Aber was meinst du damit? Dass Stephen Oma und Opa nicht mehr besuchen kann? Die müssen sich halt zusammenreißen und …«

»Elin, es ist nicht immer alles so einfach, wie es sein sollte. Die Haltung gegenüber Homosexuellen in Georgia ändert man nicht so einfach über Nacht, und wenn man so alt ist wie Oma und Opa, ist das auch nicht gerade leicht. Das heißt natürlich nicht, dass Stephen sie nicht mehr besuchen kann, aber wir sollten vielleicht etwas vorsichtig sein damit, wie wir es ihnen beibringen.«

»Du meinst also, wir sollen es vertuschen, oder so?«

»Oder so.« Jacob musste innerlich grinsen, als er ausgerechnet die Redewendung aus der Jugendsprache benutzte, die er am wenigsten mochte. »Aber ich gehe davon aus, dass sich an deiner Einstellung gegenüber Stephen nichts ändert, ist es nicht so?«

Elin schüttelte den Kopf. »Überhaupt nichts. Er ist nach wie vor ein unerträglicher Typ, der mich als Kind verprügelt und meine Puppen kaputtgemacht hat. Aber … ich mag ihn trotzdem!«

Melissa kam mit dem Eintopf an den Tisch und lächelte Elin an. »Ihr seid Geschwister und müsst zusammenhalten. Das ist alles, was zählt. Dass man zusammenhält.«

Melissa tischte auf, und sie ließen sich das Essen und den gehaltvollen Wein aus dem kalifornischen Napa Valley schmecken. Elin gab Geschichten von ihrem Lehramtsstudium zum Besten, und obwohl Jacob sich wirklich Mühe gab, ihr zuzuhören, schweiften seine Gedanken immer wieder ab. Wie kam es, dass manche Menschen homosexuell waren und andere nicht? War sexuelle Neigung angeboren, oder entwickelte sie sich erst später im Leben? War Homosexualität genetisch bedingt? Er nahm sich vor, darüber zu recherchieren.

Und dann tauchten neue Gedanken auf. Wer hatte Alexander de Wahl umgebracht? Was war das Motiv? Würde es ihnen gelingen, den Mörder zu fassen?

Der Fall irritierte ihn, und er konnte erst entspannen, als Melissa ihn ein paar Stunden später zwischen den kühlen Bettlaken auf andere Gedanken brachte.

Kapitel 8

Dienstag, 16. Januar

Hamid Chan Barekzi ging zur Tür hinaus, blieb kurz stehen und zog vor Kälte zitternd den Reißverschluss seiner Thermojacke bis zum Hals zu.

Er blickte sich um. Die leeren Asphalthöfe zwischen den zwölf Etagen hohen Mietshäusern mit ihren rotbraunen Backsteinfassaden lagen öde und verlassen da, bis auf ein kaputtes Fahrrad und ein paar schmutzbraune Schneehaufen. Auf einer Wand prangte ein grimmiges gelbes Verbotsschild: »Fußballspielen verboten.«

Hamid zuckte mit den Schultern. Der Sejdelvägen in Fittja war das einzige Zuhause, das er kannte. Wie die meisten anderen Jungs in dem Viertel hatte er den größten Teil seiner Kindheit damit verbracht, in den Höfen Fußball zu spielen. Soviel er wusste, war noch niemand daran gestorben.

Er ging die kurze Strecke zum Einkaufs- und Bürozentrum und stellte erleichtert fest, dass der Bus wartete. Er musste also nicht frieren.

Der Fahrer warf einen gelangweilten Blick auf seine Monatskarte. Hamid ging wie immer zu dem breiten Sitz ganz hinten, in der Hoffnung, dort seine Ruhe zu haben.

Er setzte sich, zog die Kappe tief ins Gesicht, verschränkte die Arme und wollte gerade die Augen schließen, als sein Blick an einer Zeitung hängen blieb, die jemand auf dem Sitz neben ihm liegengelassen hatte.

Hamid zuckte zusammen, als er die fette Schlagzeile auf der Titelseite sah.

BEKANNTER FINANZMANN IN DER INNENSTADT ERMORDET

Darunter befand sich ein Foto mit einem Gesicht, das er nur zu gut kannte.

Was zum Teufel???

Er schaute sich gehetzt um, als rechnete er damit, dass ein Trupp Polizisten plötzlich den Bus stürmen und ihn festnehmen würde.

Er zog die Zeitung vorsichtig zu sich heran und schlug sie auf. Der Artikel fasste sich kurz – der bekannte Finanzmann Alexander de Wahl war auf dem Strandvägen ermordet worden, als er zu Fuß zur Arbeit ging. Die Polizei wollte keine Einzelheiten bekanntgeben, hatte aber eine gute Personenbeschreibung des Täters und war zuversichtlich, schon bald eine Festnahme durchführen zu können.

Hamids Herz schlug wie verrückt, und er hatte das Gefühl, als klebte ihm die Zunge am Gaumen.

Was sollte er jetzt tun?

Seine Gedanken überschlugen sich, und er versuchte, sie zu sortieren. Fliehen wäre einem Geständnis gleichgekommen. Außerdem hätten sein Onkel und der Rest der Familie es nie verstanden.

Blieb er, so würde ihn die Polizei erwischen. Früher oder später würden sie …

Tränen traten ihm in die Augen, und er wischte sie schnell weg. Er blickte sich um. Die meisten Fahrgäste saßen im vorderen Teil des Busses, und der nächste war immer noch weit genug weg, dass er nicht an ihm vorbei musste, wenn er durch die Hintertür ausstieg. Er sah auf die Uhr und wusste, dass er eine Entscheidung treffen musste.

Hamid war ein schlechter Schauspieler. Dagegen war sein Onkel Avzal ein umso besserer Menschenkenner, und die Wahrscheinlichkeit, dass Hamid seine Unruhe vor ihm verbergen konnte, war äußerst gering. Die Alternative bestand darin, schnurstracks zu seinem Onkel zu gehen und ihm die Wahrheit zu beichten. Avzal würde stinksauer werden, wenn er den eigentlichen Grund erfuhr.

Nein, das war wirklich nicht gut.

Er konnte fliehen. Weit, weit weg.

Und sich dann das Leben nehmen. Einen langen Abschiedsbrief an seine Lieben verfassen und anschließend allem ein Ende setzen. Nein, das wäre einem Schuldgeständnis gleichgekommen und hätte die Schande für seine Familie noch größer gemacht. Außerdem hatte er nicht genug Geld für eine längere Flucht. Ein Großteil seines Lohns landete direkt in der gemeinsamen Familienkasse, und die wenigen Ersparnisse, die er hier und da versteckt hatte, würden höchstens für ein Ticket nach Südeuropa reichen.

Und dann?

Der Bus bremste ab, und Hamid erhob sich zögernd. Als die Hintertür aufging, stieg er aus und blieb eine Weile unschlüssig auf dem Gehsteig stehen. Die Türen schlossen sich zischend und der Bus fuhr weiter. Hamid nahm den Dieselgeruch wahr, vergrub die Hände in den Jackentaschen und ging los.

Es war sechs Uhr zweiunddreißig.

»Du kommst heute schon wieder zu spät!« Avzal warf einen Blick auf Hamid, dann auf seine Uhr und schließlich wieder auf Hamid.

Hamid zuckte mit den Schultern. »Entschuldige, der Bus kam zu spät. Es tut mir leid.«

Er vermied es, den älteren Mann anzusehen, und ließ stattdessen den Blick durch die Werkstatt schweifen, als erwartete er, dass seit seinem Feierabend am Tag zuvor plötzlich eine Menge neuer Autos hereingekommen waren. Aber es war alles wie gestern. Bei der Hebebühne am anderen Ende der Werkstatt hatte Faiz bereits mit dem Auswechseln des Stoßdämpfers an dem roten Volvo 745 begonnen. Daneben stand Golbaz über den Motor eines Audi gebeugt, der seine besten Tage längst hinter sich hatte. Über der Grube parkte ein Toyota und wartete darauf, dass Hamid das Motor- und das Getriebeöl wechselte.

Schließlich sah er seinen Onkel an. Avzal schien ihn mit seinem Blick zu durchbohren. »Was ist mit dir los, Hamid? Ich sehe, dass etwas nicht stimmt.«

Hamid zuckte erneut mit den Schultern. »Nein, es ist alles in Ordnung, ich schwör's. Ich gehe mich schnell umziehen …« Er ging in Richtung Umkleideraum, aber als er an Avzal vorbei wollte, streckte der die Hand aus und packte seinen Neffen am Oberarm.

Avzal Chan Barekzi war ein kleiner, kräftiger Mann um die sechzig. Ein hartes Leben in einem Kriegsgebiet und eine lange Flucht hatten ihn Anfang der 1980er Jahre in ein neues – und auf eine andere Weise womöglich ebenso hartes – Leben geführt. Aber wenigstens musste er nicht mehr aus dem Schlaf schrecken, weil jemand seine Frau Ziagol vergewaltigte oder sein Haus anzündete. Trotzdem konnte er nicht einmal in seinem neuen Heimatland aufhören, sich Sorgen zu machen oder Gefahren zu wittern. Irgendwann hatte er sich an die Vorstellung gewöhnt, dass sich daran für den Rest seines Lebens nichts ändern würde.

Avzal empfand eine tiefe Liebe zu seinem Neffen, aber im Augenblick gelang es ihm hervorragend, seine Gefühle zu verbergen. Seine dunkelbraunen Augen schienen noch dunkler zu werden, und die zusammengezogenen Brauen verliehen seinem Gesicht einen besorgten Ausdruck. »Hamid, es war eine Ehrensache für mich, dass ich mich um dich gekümmert habe, als dein Vater starb, und du weißt, dass du für mich wie ein Sohn bist. Du weißt aber auch, dass Respekt keine Einbahnstraße ist, oder?«

Hamid schluckte und nickte, ohne zu antworten. Er war in Fittja geboren und aufgewachsen und hatte noch nie im Leben ein Gewehr oder eine Granate gesehen. An seinen Vater Hatiq erinnerte er sich auch kaum, und er konnte stundenlang zu Hause sitzen und im Fotoalbum blättern. Wie wäre sein Leben wohl verlaufen, wenn sein Vater nicht nach Afghanistan zurückgekehrt wäre, um weitere Verwandte zu retten? Warum musste ausgerechnet er an einer Kugel sterben? Warum war es ihnen nicht vergönnt gewesen, eine glückliche Familie zu sein? Gewiss, Avzal war für ihn wie ein Vater gewesen, aber …

»Antworte mir, Hamid, und schau mir in die Augen!« Der Griff um den Oberarm des Jungen wurde fester.

»Ja, Avzal, du weißt, dass ich dich respektiere und dir dankbar bin für alles, was du für mich getan hast!« Hamid gab sich Mühe, den Blick seines Onkels zu erwidern.

Avzal lockerte seinen Griff ein wenig. »Hamid, ich erwarte von dir, dass du mir alles erzählst, das weißt du. Falls etwas passiert ist, muss ich es wissen. Sonst kann ich dir nicht helfen, verstehst du?«

Hamid nickte stumm.

»Wie geht es deiner Mutter und deinen Schwestern?« Avzal ließ den Arm des Jungen los und musterte ihn. Hamid würde bald achtzehn werden, und Avzal war stolz auf ihn. Sein Neffe sah gut aus und schien außerdem alle Voraussetzungen zu erfüllen, um ein richtig guter Mechaniker zu werden, einer, den er viele Jahre in der Werkstatt behalten konnte, auch dann, wenn einmal seine Söhne Faiz und Golbaz den Laden übernahmen. Vielleicht war es sogar an der Zeit, dass er für Hamid eine passende Frau aussuchte.

Hamid rang sich ein Lächeln ab. »Es geht ihnen gut, Onkel. Ich soll dich von Mutter grüßen. Sie hat gesagt, sie möchte dich am Sonntag zum Abendessen einladen.«

»Ich werde sie anrufen. Aber jetzt zieh dich schnell um und kümmere dich um den Toyota. Vor der Mittagspause kommen vier Autos rein, und wenn der Wetterbericht stimmt, wird es die nächsten Tage jede Menge Blechschäden geben.«

»Guten Morgen, Jungs!« Jacob Colt machte eine einladende Handbewegung in Richtung seiner Kollegen, die um den Tisch im Besprechungszimmer des Dezernats standen, jeder mit einer Tasse Kaffee in der Hand.

Nachdem alle Platz genommen hatten, warf Colt einen kurzen Blick auf die Uhr. »Ich habe heute früh einen weiteren Anruf von unserem werten Chef bekommen. Er ließ mich erneut wissen, dass er nicht sonderlich begeistert ist, dass Menschen – insbesondere bekannte Finanzmänner – auf dem Weg zur Arbeit umgebracht werden können. Er möchte, dass wir den Fall de Wahl so schnell wie möglich aufklären. Offenbar sitzt ihm die Presse im Nacken.« Er fuhr in einem ironischen Tonfall fort: »Vielleicht macht ihm nicht nur die Presse Druck, sondern auch jemand ganz oben.«

Henrik Vadh rutschte irritiert auf dem Stuhl hin und her. »Dann wäre es vielleicht angemessen, dass der Herr Polizeichef uns mehr Leute zur Verfügung stellt, damit wir Mordfälle blitzschnell lösen können.«

»Aber, aber, Henrik, nun sei mal nicht gleich böse auf unseren Chef.« Jacob lachte. »Der Mann ist tüchtig, zumindest wenn es darum geht, sich besorgt zu geben.«

Alle am Tisch lachten herzhaft. Magnus Ekholm winkte ab.

»Hat man uns schon einen Staatsanwalt zugeteilt?«

Jacob verzog das Gesicht. »Die höheren Mächte haben uns wieder einmal mit Anna Kulin beehrt.«

»Bingo«, murmelte Vadh, und das Gelächter am Tisch verstummte.

Jacob Colt zuckte mit den Schultern. »Mehr brauche ich dazu wohl nicht zu sagen, ihr wisst, was Sache ist. Sie ist gut in ihrem Fach, aber mir wäre es recht, wenn sie genauso gut darin wäre, Termine einzuhalten.« Er warf einen Blick auf seine Armbanduhr. »Sie müsste bereits hier sein.«

Anna Kulin war Anfang dreißig und hatte ihr Berufsziel Staatsanwältin sehr schnell erreicht. Sie hatte eine flinke Zunge und lächelte selten, trug meistens Hosen und Pullover in neutralen Farben und verwendete nur wenig Make-up. Gern ließ sie heraushängen, dass sie aktive Feministin war. Dies wiederum brachte mit sich, dass sie dienstliche Angelegenheiten aus einer genderpolitischen Perspektive zu diskutieren pflegte, oft auf eine Art und Weise, die Kollegen und Kolleginnen genervte Seufzer entlockte.

Jacob Colt blätterte ein wenig in seinen Papieren herum. »Na ja, sie wird wohl irgendwann einmal auftauchen. Schauen wir uns an, was wir bis jetzt haben, dann können wir entscheiden, wie wir weitermachen.« Er wandte sich Sven Bergman zu. »Habt ihr an de Wahls Arbeitsplatz etwas herausgefunden?«

Der Kollege schüttelte den Kopf. »De Wahl hatte den Chefposten ja gerade erst angetreten. Der eine oder andere kannte ihn vielleicht von früheren geschäftlichen Begegnungen, aber für die meisten war er bis jetzt nur ein Name.«

Colt nickte nachdenklich. »Irgendwelche potenziellen Rivalen? Zum Beispiel der stellvertretende Geschäftsführer?«

»Rivalen gibt es wohl immer, aber in diesem Fall kann man die meisten wohl abschreiben, weil sie zum Tatzeitpunkt bereits an ihrem Arbeitsplatz waren …«

»Vor sieben Uhr morgens?« Jacob Colt blickte verwundert drein. »Seit wann arbeiten Banker so früh? Mir kommt es immer so vor, dass man nie einen von denen erwischt, wenn man ihn braucht.«

Vadh lachte. »Das sind bestimmt nicht dieselben Banker wie die, die sich um dein fettes Polizistengehalt kümmern, Jacob. Die Typen in der Finanzbranche sind doch allesamt

Streber, die nach oben wollen, und da gehört es sich nicht, morgens lange im Bett zu bleiben.«

»Danke für den Hinweis«, erwiderte Jacob grinsend. »Aber ich fürchte, du hast recht. Okay, weiter!«

Er wurde unterbrochen, als die Tür aufging und Anna Kulin eintrat. Sie nickte den Männern am Tisch kurz zu. »Guten Morgen.«

Dann setzte sie sich, öffnete ihre Aktentasche und entnahm ihr einen Stoß Papiere. Kein Lächeln und keine Entschuldigung für die Verspätung.

Jacob Colt tauschte einen vielsagenden Blick mit Henrik Vadh aus, bevor er Kulin kurz berichtete, was bisher gesagt worden war.

»Ich verstehe.« Anna Kulin nickte und wandte sich Magnus Ekholm zu. »Haben Sie andere Leute aus de Wahls Umfeld befragt? Familienangehörige, Freunde?«

»Noch nicht.« Ekholm schüttelte den Kopf. »Das haben wir uns für heute vorgenommen. Gestern hat es in der Firmenzentrale länger gedauert, da wir etwa zehn Personen vernommen haben.«

Jacob Colt wandte sich an Niklas Holm. »Hast du was gefunden, Niklas?«

Der junge Computerfreak schüttelte den Kopf. »Bis jetzt nichts, mit dem wir etwas anfangen können, aber ich werde weitergraben. De Wahl ging es finanziell sehr gut, keine Schulden. Nach dem, was ich bisher herausgefunden habe, hatte er weder geschäftlich noch finanziell irgendwelche Leichen im Keller. Bis auf ein paar Strafzettel wegen Falschparkens und Fahrens mit überhöhter Geschwindigkeit vor drei Jahren hat er sich nichts zuschulden kommen lassen, und in unseren anderen Registern kommt er nicht vor. Aber gib mir seinen Computer, dann schauen wir mal, was ich da für tolle Sachen ausgrabe.«

»Kommt noch, kommt noch«, erwiderte Colt und lächelte, als er den Eifer bei dem jüngeren Kollegen sah. »In seinem neuen Arbeitscomputer in der Bank wirst du vielleicht nicht sehr viel finden, aber wer weiß, was sich ergibt, wenn wir uns seine Wohnung ansehen.« Jacob wandte sich Björn Rydh zu. »Und was sagen unsere Freunde von der Kriminaltechnik?«

»Johan und Christer mussten heute Morgen wegen einer dringenden Sache ausrücken, also habe ich ihnen versprochen, sie heute zu vertreten.« Björn Rydh blätterte in seinen Papieren. »Die Untersuchung am Tatort ergab sehr wenig, da Wind und Regen ihn ziemlich reingewaschen haben. Das Blut auf den Pflastersteinen stammt vom Mordopfer, und an dem Mantel, der ins Wasser geworfen wurde, konnten wir keine Spuren sicherstellen. Das Kleidungsstück wurde bei Dressmann gekauft, weshalb es sich nicht lohnt, Zeit damit zu verschwenden. Aber ich habe sicherheitshalber trotzdem einen Verkaufsleiter dort angerufen. Er sagt, sie hatten letztes Frühjahr mehrere Tausend Stück solcher Mäntel, die sich gleichmäßig über das ganze Land verteilten. Also kann ihn jemand an jedem beliebigen Ort gekauft haben. Die Mütze, die wir in der Pfütze gefunden haben, ist dagegen eine bekanntere Marke, die in besseren Geschäften verkauft wird. Ich habe sie ins Staatliche Kriminaltechnische Labor geschickt und um Vorrang bei der Untersuchung auf DNA-Material gebeten.« Der Kriminaltechniker machte eine Pause und konsultierte seine Notizen, ehe er fortfuhr. »Die Obduktion ergab – nicht ganz überraschend –, dass de Wahl ertrunken ist, nachdem er starker Gewalteinwirkung an beiden Seiten des Kopfes ausgesetzt war und anschließend ins Wasser geworfen wurde. Bei der Tatwaffe handelt es sich vermutlich um einen schweren und scharfkantigen Gegenstand. Ein Stein wäre eine wohlbegründete Annahme, aber weder ich noch der Rechtsmediziner können Gift darauf nehmen.«

Jacob Colt sah Henrik Vadh an. Wie so oft hörte der Kollege mit geschlossenen Augen zu, als könne er sich auf diese Art und Weise besser konzentrieren. Die anderen Kripobeamten saßen schweigend da und machten sich Notizen auf ihren Blöcken.

»Okay«, sagte Colt. »War das alles, oder hast du nicht wenigstens eine gute Nachricht für mich?«

Björn Rydh nickte. »Doch, ich glaube, dass du dich über das hier freuen wirst. Die Aktentasche des Opfers lag ja in der Nähe der Kaimauer. Wir haben sie untersucht und ein paar Fingerabdrücke gefunden, die nicht vom Opfer stammten. Der Abgleich ergab einen Treffer.«

Björn Rydh warf Colt einen kurzen Blick zu, ehe er fortfuhr.

»Personennummer Neunundachtzignulldreinullfünf, Barekzi, Hamid Chan, wohnhaft Sejdelvägen 26 in Fittja. Vor gut eineinhalb Jahren wurde er zusammen mit ein paar anderen wegen Einbruchs in ein Lebensmittelgeschäft in Alby festgenommen. Ein gewöhnliches Kleinkriminellending, die wollten wohl ein paar Stangen Zigaretten klauen und hofften vielleicht darauf, dass die Tageseinnahmen noch da waren. Im Zusammenhang mit dem Einbruch beging Barekzi schwere Körperverletzung an einem gleichaltrigen Jungen. Er stritt die Tat ab und wurde im Hinblick auf sein junges Alter zu Bewährungsaufsicht verurteilt.«

»Noch ein Junge«, murmelte Anna Kulin. Sie beugte sich vor und machte sich ein paar Notizen auf ihrem Block.

Jacob Colt lehnte sich in seinem Stuhl zurück und ließ den Blick einen Moment lang zur Decke gleiten. »Geboren neunundachtzig, sagtest du? Tja, man kann nicht früh genug anfangen. Aber von Ladeneinbruch zu Mord, das scheint mir doch ein bisschen heftig.«

Rydh zuckte mit den Schultern. »Vergiss die Körperverletzung nicht, die war nicht ohne. Und ich habe schon seltsamere Dinge gesehen.«

»Andererseits …«, fuhr Colt fort, »wieso sonst befinden sich die Fingerabdrücke dieses jungen Mannes auf de Wahls Aktentasche? Und wir wissen ja, dass es kein gewöhnlicher Raubüberfall war, angesichts der Tatsache, dass das Opfer seine

Brieftasche und teure Uhr noch bei sich hatte. Hat der Bursche vielleicht irgendwie für de Wahl gearbeitet?«

Janne Månsson schüttelte den Kopf. »Ein Kanakenjunge aus Fittja, noch nicht alt genug für den Führerschein – das glaub ich kaum. Als was soll der denn gearbeitet haben?«

Anna Kulin zuckte bei dem Wort »Kanakenjunge« zusammen und wollte etwas sagen, aber Jacob Colt kam ihr zuvor.

»Ich werfe einfach nur ein paar lose Ideen in den Raum. Hatte de Wahl Bedienstete?«

Niklas Holm schüttelte den Kopf. »Er wohnte alleine in einer Wohnung in der Torstenssonsgatan und nahm die Dienste einer Reinigungsfirma in Anspruch, die jeden Freitag jemanden vorbeischickte. Die gleiche Firma hat sich anscheinend an den Wochenenden um seine Wäsche gekümmert und sie ihm per Kurier am Montagmorgen zurückgebracht.«

»Hatte er ein Auto?«, fragte Colt.

Holm nickte. »Auf seinen Namen ist ein zwei Jahre alter Mercedes registriert.«

»Ich glaube kaum, dass er den von einem Bimbo aus Fittja pflegen ließ! Ist das ein Türke, oder was?«, warf Månsson dazwischen und gab sich nicht die geringste Mühe, die Verachtung in seiner Stimme zu verbergen.

Björn Rydh sah ihn ruhig an. »Nein, er ist in Schweden geboren. Aber falls es dich interessiert, seine Eltern kommen aus Afghanistan.«

»Ist doch alles dasselbe«, sagte Månsson brüsk. »Ein Kanake ist wie der andere, und diese Typen verdienen sich selten ihr Geld als Chauffeure in Östermalm!«

»Jetzt reicht es aber, ich verbitte mir diese Wortwahl, Månsson!« Anna Kulin sah den Kripobeamten irritiert an.

Månsson lächelte schwach und lehnte sich im Stuhl zurück. »Ich sage nur, wie es ist. Darf man die Dinge nicht beim Namen nennen?«

Kulin sah ihn wütend an. Jacob konnte sehen, dass ihre Hände leicht zitterten, aber sie sagte nichts mehr.

Verdammt, hier müssen wir aufpassen, dachte Colt. *Janne ist noch ganz neu in diesem Dezernat. Und seine Toleranz gegenüber Ausländern ist gelinde gesagt begrenzt …*

Jacob machte sich im Hinterkopf eine Notiz, Månsson im Auge zu behalten, vor allem in Situationen, bei denen Migranten im Spiel waren. Gleichzeitig war er im Hinblick auf Månssons Vergangenheit über dessen Ansichten nicht überrascht.

Månsson hatte sich bei der Polizei in Örebro, wo er viele Jahre gearbeitet hatte, einen Ruf als äußerst tüchtiger Kripobeamter erworben. Colt kannte ihn seit dem Tag, als er dort auf Bitte der örtlichen Polizei einen Vortrag über die zunehmende Gewalt in größeren Städten gehalten hatte. Månssons Kollegen hatten Colt wissen lassen, der Mann sei ein überaus scharfsinniger Kriminaler, dessen beruflicher Aufstieg nur eine Frage der Zeit war. Colt war deshalb erstaunt gewesen, als Månsson eines Tages plötzlich um seine Versetzung nach Stockholm und in Jacob Colts Dezernat bat. Mehrere Telefongespräche mit Janne Månsson verschafften ihm keine Klarheit hinsichtlich der Gründe, weshalb er aus reiner Neugier herumtelefonierte und über den Bürotratsch erfuhr, was dahintersteckte.

Janne Månsson war seit vielen Jahren verheiratet gewesen, und es war kein Geheimnis, dass er und seine Frau zahllose missglückte Versuche unternommen hatten, Kinder zu zeugen. Wie so viele andere kinderlose Paare hatten sie eine endlose Reihe von Untersuchungen, Proben, Spermatests und Ultraschalluntersuchungen über sich ergehen lassen, was sowohl die Ehe als auch die Finanzen harten Belastungen aussetzte.

Eines Nachts kam Janne Månsson nach einem abgebrochenen Fahndungseinsatz früher als erwartet von einer Nachtschicht nach Hause. Als er leise in das Haus außerhalb von Örebro schlich, um seine Frau nicht zu wecken, entdeckte er zu seiner Überraschung eine fremde Uniformjacke im Flur.

Ein paar Sekunden später vernahm er vertraute Geräusche aus dem Schlafzimmer, und als er dort nachsah, brach für ihn eine Welt zusammen. Hinter seiner nackten Frau kniete Polizeiassistent Mehmet Svensson, ein kleiner, dunkelhaariger Mann mit muskulösem Oberkörper. Sie genoss offensichtlich die Behandlung und hätte vermutlich bald einen Orgasmus gehabt, wenn Månssons Erscheinen das Spiel nicht vorzeitig beendet hätte.

Janne Månsson hatte keine Lust auf Erklärungen. Er wollte nur eine Antwort auf eine einzige Frage: Wie lange lief das schon?

Nach drei Tagen voller Gebrüll, Streit und Drohungen gab seine Frau resigniert zu, dass sie während der letzten zwei Jahre regelmäßig mit Mehmet Sex gehabt hatte. Nach diesem Geständnis verließ Månsson ohne ein Wort und mit einer Reisetasche in der Hand sein Haus und bezog zunächst im Umkleideraum des Polizeipräsidiums Quartier, ehe er eine Woche darauf vorübergehend bei einem Kollegen unterkam. Die Scheidungspapiere reichte er einen Tag nach seinem Auszug von zu Hause ein, während Anwälte und Umzugsfirmen sich um die übrigen Angelegenheiten kümmerten. Månsson machte seiner Frau klar, dass er sie für den Rest seines Lebens nie wieder sehen noch mit ihr reden wollte. Was er Mehmet Svensson im Umkleideraum unter vier Augen mitteilte, hätte womöglich zu seiner Entlassung aus dem Polizeidienst führen können, wenn es herausgekommen wäre.

Das schwelende Misstrauen, das Janne Månsson bisher gegenüber Migranten und »Neuschweden« gehegt hatte – er schnaubte jedes Mal verächtlich, wenn er diese Bezeichnung hörte –, verwandelte sich nun in einen brennenden Hass, der vermutlich nie erlöschen würde.

Jacob Colt wusste das alles, und wenn er versuchte, sich in Månssons Lage hineinzuversetzen, konnte er die Gefühle seines Kollegen sogar verstehen. Aber trotzdem – als Polizisten mussten sie sich professionell verhalten, und das klappte nur, wenn man Arbeit und Privatleben trennte.

»… oder was meinst du, Chef?«

Jacob wurde aus seinen Gedanken gerissen. Henrik Vadh sah ihn fragend an.

»Entschuldigung, was hast du gesagt?«

»Ich habe gefragt, ob wir nicht bei dem jungen Mann in Fittja vorbeischauen und uns ein wenig mit ihm unterhalten sollten.«

Jacob Colt nickte. »Gute Idee. Ich komme selbst mit.«

Er wandte sich an die Staatsanwältin. »Anna, ich schlage vor, dass Niklas weiter in de Wahls Vergangenheit herumwühlt und versucht, etwas zu finden. Währenddessen«, Jacob ließ seinen Blick zu Sven Bergman, Magnus Ekholm und Janne Månsson schweifen, »fährst du, Janne, zurück in die Bank und redest mit den Leuten dort. Frage Magnus und Sven, welche von ihnen sie gestern nicht mehr geschafft haben. Magnus und Sven, ihr nehmt euch de Wahls Familie vor und geht anschließend in seinem Wohnhaus von Tür zu Tür.«

Anna Kulin verharrte eine Weile schweigend, ehe sie antwortete: »Das klingt gut. Ich möchte nur, dass ihr mit Barekzi vorsichtig seid. Er ist immerhin erst siebzehn Jahre alt, und das Letzte, was wir brauchen, ist Kritik, weil wir jemanden in dem Alter falsch behandeln. Wir haben bei diesem Fall ohnehin schon genug Druck von oben und …«

»Würden Sie vielleicht so freundlich sein und uns erklären, was hier los ist?« Jacob Colt gab sich Mühe, seine Irritation zu verbergen und stattdessen ein bisschen ironisch zu klingen. »Es ist schon lange her, dass unser geschätzter Chef sich so sehr für einen Fall interessiert hat. Er hat mich bereits gestern Nachmittag zweimal angerufen, und heute einmal. Darf ich fragen, was …«

»Ich weiß auch nicht mehr als Sie.« Kulins Stimme klang scharf. »Aber ich vermute, dass die Sache nicht so wichtig gewesen wäre, wenn es sich bei dem Opfer um eine Frau gehandelt hätte. Andererseits ist das in diesem Fall nicht relevant, da Frauen in der Finanzwelt meistens keinen Zugang zu hohen Positionen haben.«

Fang bloß nicht damit an!, dachte Colt. *Tüchtige Frauen kommen dahin, wo sie wollen, schau doch dich selbst an.* Aber er sah ein, dass es keine gute Idee und reine Zeitverschwendung gewesen wäre, mit ihr darüber zu diskutieren.

Die anderen Kripobeamten standen auf und sammelten ihre Papiere ein. Colt wandte sich an Rydh. »Björn, wie du bestimmt verstehst, brauche ich dich jetzt wirklich. Hast du Lust, falls es mir gelingt, deinen Chef zu überreden, dass er dich uns noch ein paar Tage überlässt?«

»Geht in Ordnung«, nickte Rydh. »Ich fange mit de Wahls Wohnung an, sobald Christer und Johan zurück sind.«

Kapitel 9

Dienstag, 16. Januar

»Talk to me, baby«, sagte Jacob Colt, während er den BMW auf dem Essingeleden nach Süden lenkte.

Vadh gluckste. »Du bist romantisch aufgelegt? Herrlich, aber damit kommen wir in einer afghanischen Autowerkstatt in Huddinge wohl nicht weit.«

»Was?« Colt sah seinen Kollegen verwundert an. »Ich dachte, ich hätte was von einer Wohnung in Fittja gehört?«

»Richtig, aber bevor wir losgefahren sind, habe ich Niklas gebeten, herumzutelefonieren und eine schnelle Hintergrundrecherche über den Burschen anzustellen.« Henrik Vadh blätterte in den Papieren herum, die auf seinen Knien lagen. »Der Junge, Hamid Chan Barekzi, wurde, wie gesagt, am fünften März 1989 geboren und ist seit seiner Geburt in Fittja gemeldet. Der Vater kehrte aus uns unbekannten Gründen nach Afghanistan zurück und wurde dort erschossen, als Hamid erst zwei Jahre alt war. Der Junge wohnt zusammen mit seiner Mutter Shirengol und seinen zwei älteren Schwestern Kadijhu und Malale im Sejdelvägen. Er arbeitet in einer Autowerkstatt in Huddinge, die sein Onkel, ein gewisser Avzal Chan, betreibt …«

Colt zog die Augenbrauen hoch. »Chan und Chan, heißen alle Männer in dieser Familie so?«

»Scheint so. Hast du ein Problem damit?«, frotzelte Vadh.

Jacob Colt bog in die linke Spur und gab Gas. »Ich nicht, aber Månsson anscheinend.«

»Ja, das habe ich gemerkt.« Vadh sah zum Fenster hinaus. Alles wirkte wintergrau, langweilig und trostlos. Er sinnierte darüber, wie dieser Fall wohl ausgehen würde, und fragte sich zum wiederholten Mal, ob es richtig gewesen war, von der Offizierslaufbahn auf den Polizeidienst umzusatteln. Allerdings konnte er sich nicht vorstellen, in welchen anderen Beruf ihn seine Interessen geführt haben könnten. Außerdem steckte in ihm ein starker Drang, Dinge in Ordnung zu bringen. *Dem Guten zum Sieg über das Böse verhelfen, das Gute stets gewinnen lassen.* Er lächelte schief über seinen Gedankengang. Manchmal war es gut, dass die Leute nicht wussten, woran man dachte. Für wen würden sie ihn halten? Für einen lächerlichen …

»Übernimmst du, wenn ich mich warmgelaufen habe?«

Vadh wurde aus seinen Gedanken gerissen und sah Jacob an.

»Laut Navigationssystem sind wir bald da«, fuhr Colt fort. »Ich wärme den Burschen mit ein paar belanglosen Fragen auf, und dann übernimmt der Mann mit dem Ochsenziemer. Abgemacht?«

Vadh nickte. Nach all den Jahren, die sie schon zusammenarbeiteten, musste Jacob nicht darüber reden, wie sie die Sache angehen würden. Sie kannten sich gut und besaßen genügend Fingerspitzengefühl, um sich bei einer Vernehmung gegenseitig den Ball zuspielen zu können. Trotzdem gingen sie vorher oft eine Checkliste durch, wie zwei Piloten.

Pilot, dachte Vadh, als Jacob vor der Autowerkstatt vorfuhr. *Vielleicht wäre ich ein guter Pilot geworden …*

In dem Augenblick, als die beiden Männer zur Tür hereinkamen, kapierte Hamid Chan Barekzi, was los war.

Bullen!

Er widerstand dem starken Impuls, einfach den Schraubenschlüssel fallenzulassen und in Richtung Umkleideraum zu rennen, wo sich auch der Hinterausgang befand. Aber das war keine Lösung. Früher oder später würden sie ihn finden.

Was sollte er jetzt tun?

Hamid sah, wie sein Onkel den Schraubenzieher von dem Motor des alten Saab hob und zu den Männern hinüberschaute. Dabei zog er die Augenbrauen zu dem misstrauischen Blick zusammen, der so oft über sein Gesicht huschte.

Die Kleidung der Männer zeigte deutlich, dass sie nicht zur gewöhnlichen Werkstattklientel gehörten. Avzals erster Gedanke war, dass sie vom Finanzamt oder irgendeiner anderen Behörde kamen und ihm sein Leben als selbstständiger Gewerbetreibender noch schwerer machen würden, als es ohnehin schon war.

»Scheiße«, murmelte er, steckte den Schraubenzieher in die Tasche und ging den Männern entgegen.

»Worum geht es?« Avzal Chan Barekzi gab sich keine Mühe, freundlich zu sein, nachdem die beiden Kripobeamten sich ausgewiesen hatten.

Colt sah ihn ruhig an. »Wir möchten uns ein wenig mit Ihrem Neffen Hamid unterhalten.«

»Warum?« Avzal klang aufgeregt. »Worum geht es?«

»Das besprechen wir mit ihm.« Colts Blick war fest.

Avzal breitete die Arme aus. »Er ist minderjährig. Ich bestehe darauf, dass ich dabei bin, wenn Sie mit ihm reden!«

Colt warf seinem Kollegen kurz einen Blick zu. Der zuckte mit den Schultern. Avzal machte auf dem Absatz kehrt und winkte Hamid zu, während er irritiert und schnellen Schrittes auf das kleine Büro im hinteren Bereich der Werkstatt zuging.

Henrik Vadhs siebter Sinn löste Alarm aus, sobald er Hamid Barekzi sah. Der Junge wich seinem Blick aus, und als er sich auf Aufforderung seines Onkels auf einen Stuhl im Büro setzte, bemerkte Vadh, dass Hamids Hände zitterten.

»Hamid, wir sind von der Kripo Stockholm und möchten dir gern ein paar Fragen stellen. Ich heiße Jacob Colt, und das ist mein Kollege Henrik Vadh.«

Hamid warf den beiden Polizeibeamten hastige Blicke zu. Anschließend schaute er auf den Boden, ohne etwas zu sagen.

»Ich will jetzt endlich wissen, worum es geht!«, brauste Avzal erneut auf, aber Jacob schnitt ihm mit bestimmtem Ton das Wort ab.

»Wir können es auf zweierlei Art und Weise machen. Entweder unterhalten wir uns mit Hamid hier in aller Ruhe, oder wir nehmen ihn mit aufs Polizeipräsidium, allerdings ohne Sie.«

Avzals Augen wirkten dunkler als gewöhnlich, aber er beherrschte sich und sagte nichts mehr.

Colt wandte sich dem Jungen zu. »Hamid, ich weiß, dass das nicht einfach für dich ist, aber es wäre am besten, wenn du von Anfang an wahrheitsgemäß antwortest. Du weißt doch, worum es geht, oder?«

Die Hände des Jungen zitterten immer noch. Er schüttelte stumm den Kopf und blickte weiterhin auf den Boden.

Jacob nickte Henrik Vadh zu, worauf der sich zu dem Jungen vorbeugte. »Auf welche Art und Weise kanntest du Alexander de Wahl?«

Die Worte kamen wie ein Peitschenhieb, und der Junge zuckte auf dem Stuhl zusammen. »Ähhh … wen …?« Die Hände zitterten jetzt wie Espenlaub, und sein Blick huschte nervös im Raum hin und her.

Vadh schlug erneut zu. »Es ist keine gute Idee, wenn du versuchst, mich zu verarschen. Ich weiß viel mehr, als du denkst. Aber ich möchte es einfach nur von dir selbst hören.«

»Ich …«

Das Klingeln von Jacob Colts Handy unterbrach die Antwort. Er holte es aus der Tasche, sah auf das Display und nahm den Anruf entgegen. »Ja, Björn?«

Björn Rydh und Christer Ehn hatten den Kriminaltechnikbus aus der Garage des Polizeipräsidiums geholt und sich auf den Weg in die Torstenssonsgatan gemacht. Als sie sich Alexander de Wahls Haustür näherten, fluchte Ehn. »Das hier ist wirklich das Letzte! Es reicht schon, dass es hoffnungslos ist, in Östermalm voranzukommen. Aber einen Parkplatz zu finden, ist noch viel beschissener. Manchmal frage ich mich, was sich die Politiker im Hinblick auf Autos denken. Glauben die wirklich, dass die Leute keinen Durst mehr haben, wenn man die Wasserhähne zudreht?«

Rydh lachte. »Für einen Politiker ist es vielleicht am einfachsten, wenn er so denkt. Und ich könnte mir vorstellen, dass die wohl nicht so oft unter Parkplatzmangel leiden.«

Ehn nickte grimmig, aber seine Miene hellte sich auf, als ein Lastwagen plötzlich blinkte und sich anschickte, von der Bordsteinkante auf die Fahrbahn auszuscheren. »Danke! Manchmal muss man einfach nur Glück haben.«

Björn Rydh blieb vor der Wohnungstür stehen, auf deren Briefkasten der Name de Wahl stand. Er streifte sich ein Paar dünne Gummihandschuhe über, holte den Schlüssel hervor und sperrte die Tür auf. »Könntest du bitte das Schloss wechseln, während ich mich hier drinnen umsehe?« Ehn nickte, ging neben seinem Blechkoffer in die Knie und suchte darin nach einem Schraubenzieher und einem Schließzylinder.

Tot. Es war – egal, wie viele Male er es schon getan hatte – ein seltsames Gefühl, die Wohnung eines Mordopfers zu betreten, oft ohne genau zu wissen, wonach er suchen sollte. Was für eine Beziehung konnten der Mörder und sein Opfer gehabt haben? Was war das Motiv? Hätte er die Antworten gewusst, wäre seine Arbeit natürlich leichter gewesen.

Und keinesfalls so spannend. Manchmal war es gerade das ewige, geistig herausfordernde Puzzlespiel, das den Nervenkitzel bei der Arbeit ausmachte. Und die Belohnung stellte sich ein, wenn die kriminaltechnischen Beweise halfen, jemanden zu überführen oder zu entlasten.

Rydh schüttelte die Gedanken ab, knipste das Licht an der Decke an und sah sich im Flur um. Dort herrschte eine Ordnung, die an Pedanterie grenzte.

Fünf Minuten später hatte er eine erste Runde durch de Wahls Dreizimmerwohnung gedreht. Ein kleineres Zimmer war auf ziemlich spartanische Weise als Büro eingerichtet. Auf dem schönen Holzboden stand ein großer Schreibtisch aus Chrom und Glas mitsamt einem gut gepolsterten Ledersessel. Der Laptop auf dem Tisch musste um die fünfunddreißigtausend Kronen gekostet haben, und der Wert der sorgfältig aufgereihten Montblanc-Füller überstieg bei Weitem Rydhs Monatsgehalt. *Geschmackvoll*, dachte der Kriminaltechniker. *Oder zumindest teuer.*

Den Laptop würde er natürlich mit ins kriminaltechnische Labor nehmen. Der junge Niklas Holm würde vor Freude jubeln, wenn er ihn in die Finger bekam.

Christer Ehn betrat das Zimmer. »Das Schloss ist ausgewechselt.« Rydh nickte ihm zu. »Gut, dann wollen wir uns mal umsehen.«

Die beiden Kriminaltechniker durchkämmten systematisch das Bad, die Küche, das Wohnzimmer und das Schlafzimmer. Die Wohnung war hell und schön, mit beeindruckend hoher Stuckdecke.

»Von so einer Küche hat meine Frau immer geträumt«, sagte Ehn lächelnd. Rydh nickte. »Ich glaube, meine hätte auch nicht lautstark dagegen protestiert. Und hast du den Fernseher gesehen? Das ist der größte Flachbildfernseher, den ich je gesehen hab!«

Sie gingen ins Wohnzimmer und blickten auf den Riesenbildschirm. Auf dem Marmortisch vor den beiden

Ledersofas standen zwei Teller mit Essensresten und sechs mehr oder weniger leere Gläser, auch lagen da ein paar Servietten und schmutziges Besteck. Daneben befanden sich zwei silberne Kerzenständer mit abgebrannten weißen Kerzen und ein übervoller Aschenbecher.

»Sieh mal einer an, Herr de Wahl hat wohl einen Gast zum Abendessen gehabt«, sagte Rydh und ging zum Tisch. »Und anscheinend ist es so spät geworden, dass er es gestern Morgen nicht mehr geschafft hat, den Tisch abzuräumen.«

Ehn nickte. »Sieht so aus. Ansonsten scheint er ja großen Wert auf Ordnung gelegt zu haben.«

Björn Rydh beugte sich über den Tisch und hob behutsam einen Zigarettenstummel auf. »Golden King«, las er. »Was ist das?«

»Ich bin mir nicht sicher, da ich selbst Nichtraucher bin«, erwiderte Ehn, »aber ich glaube, das ist eine von diesen Billigmarken, die man bei Lidl bekommt.«

Björn Rydh sah sich die Gläser der Reihe nach an und roch an ihnen. »Das volle Programm – Bier, Rotwein und Whisky. Die haben wohl ganz schön gebechert. Und wenn mich mein Blick auf die Essensreste nicht trügt, gab es unter anderem Fleisch, Kartoffelgratin und Knoblauchbutter. Schauen wir mal ins Schlafzimmer.«

Ein gigantisches Doppelbett nahm einen größeren Teil des mit einem Eichenholzparkett ausgelegten Schlafzimmers ein. An der Wand hing ein LCD-Monitor, der an einen DVD-Spieler in einem Wandregal angeschlossen war.

»Was zum Teufel ist das hier – ein Bordell, oder was?« Christer Ehn lachte, als er die schwarzen Seidenlaken auf dem ungemachten Bett sah. Er trat näher heran und beugte sich vor. »Du, mir scheint, da sind ziemlich viele Flecken …«

Rydh nickte beinahe geistesabwesend. Er stand mit dem Rücken zum Bett und sah sich die DVD-Hüllen in dem Regal an. »Ich glaube, Herr de Wahl hatte besondere Vorlieben. Schau her, fast nur Schwulenpornos mit jungen Knaben.«

Christer Ehn stieß einen Pfiff aus. Björn Rydh holte sein Handy hervor und wählte Jacob Colts Nummer. »Ich sage eben mal Jacob Bescheid. Suchst du so lange im Bett nach Haaren?«

Jacob Colt stand auf, verließ das Büro und ging hinaus in die Autowerkstatt, während er gleichzeitig zuhörte. Er steckte einen Finger in das freie Ohr, um Björn Rydh bei dem Werkstattlärm besser verstehen zu können.

»Alles deutet daraufhin, dass de Wahl am Abend vor seinem Tod Besuch hatte«, begann Rydh. »Es sind Reste von einem ziemlich guten Abendessen vorhanden, und sie haben Bier, Wein und Whisky getrunken und …« Er hielt einen Moment inne. »Raucht der Bursche eigentlich, den ihr gerade dort draußen vernehmt?«

»Weiß nicht. Wieso?« Colt drehte sich um und warf einen Blick durch die Fensterscheibe ins Büro. Er sah, wie Henrik Vadh sich ruhig auf seinem Stuhl zurücklehnte, den Blick auf den Jungen gerichtet, und darauf wartete, dass Jacob zurückkam. Der Onkel ging irritiert auf und ab, während der Junge mit fest zusammengefalteten Händen dasaß und auf den Fußboden starrte.

»Wir haben einen Aschenbecher voller Zigarettenstummel einer Billigmarke namens Golden King gefunden. In der Wohnung deutet nichts weiter darauf hin, dass de Wahl geraucht hat, und falls doch, hätte er sich wohl für eine bessere Marke entschieden.«

Jacob Colt tastete mit der freien Hand nach Notizblock und Stift, fand selbige und machte sich eine Notiz, während er das Handy zwischen Schulter und Wange klemmte. »Hmmm, Golden was, sagtest du?«

»Golden King. Aber ich habe noch mehr, worüber du dich vielleicht freuen wirst. Die Spuren im Bett weisen darauf hin, dass hier sehr viel passiert ist. Es gibt jede Menge Flecken, und Christer sucht gerade nach Haaren. Im Schlafzimmer befinden sich auch ein Fernseher, ein DVD-Spieler und eine Menge

Schwulenpornos, in denen anscheinend junge Knaben die Hauptrolle spielen …«

Jacob holte tief Atem. »Danke, Björn, das ist super! Macht weiter, wir sehen uns später im Dezernat. Ich glaube, es wird Zeit, dass wir den Burschen mitnehmen.«

Er steckte das Handy wieder in die Tasche, klopfte an das Bürofenster und gab Vadh ein Zeichen, herauszukommen.

Zwei Minuten später saßen die beiden Polizisten wieder auf den wackeligen Bürostühlen. Henrik Vadh fand, dass es keinen Grund gab, weiterhin mit Munition zu sparen. Je schneller sie den Jungen mitnehmen konnten, weg von der Werkstatt und dem Onkel, desto besser.

»Hamid. Ich weiß, dass du Alexander de Wahl kanntest, und du weißt, dass er tot ist, oder? Ich glaube nicht, dass du es warst, aber ich will wissen, was du vorgestern Abend bei ihm gemacht hast.«

Avzal Barekzi blickte zunächst verwundert drein, bevor er erneut aufbrauste. »Was reden Sie da? Wer ist dieser Wahl? Was hat mein Hamid …«

Vadh warf Barekzi einen strengen Blick zu. »Ich rede mit Hamid!«

Barekzi schien sich zu beruhigen und setzte sich langsam auf den Stuhl hinter dem Schreibtisch. Er blickte erschüttert drein und holte eine Schachtel Zigaretten aus der Tasche.

Jacob Colt lächelte Hamid freundlich an. »Rauch auch erst mal eine, Hamid, und entspanne dich ein wenig.«

Zum ersten Mal erwiderte Hamid seinen Blick. Über sein Gesicht huschte so etwas wie Dankbarkeit. Er holte eine Zigarettenschachtel hervor und fummelte mit den Fingern daran herum, um eine herauszuziehen. Vadh betrachtete die Schachtel. *Golden King.*

Henrik Vadh ließ Hamid ein paar tiefe Züge machen, ehe er mit der Vernehmung fortfuhr. »Also, Hamid, was möchtest du mir erzählen?«

Der Junge rauchte nervös und starrte auf den Boden. Plötzlich flüsterte er etwas Unverständliches. Henrik Vadh warf Colt einen Blick zu, worauf dieser nickte und die Befragung übernahm. »Verzeihung, Hamid, ich habe dich nicht verstanden.«

Hamid wirkte erleichtert darüber, dass er wieder mit Colt reden durfte. Er blickte auf und räusperte sich. »Ja, ich war bei Alexander zu Hause«, sagte er leise. »Aber … ich habe ihn nicht umgebracht – das müssen Sie mir glauben!«

Vadh sah den Jungen an. »Woher wusstest du, dass er tot ist?«

»Ich habe es in der Zeitung gelesen …« Hamids Stimme stockte.

Jacob Colt erhob sich. »Hamid, du musst mit uns ins Polizeipräsidium kommen. Wir müssen dir noch weitere Fragen stellen.«

Avzal sprang so heftig auf, dass der Bürostuhl hinter ihm umkippte. »Mein Neffe ist kein Mörder!«, schrie er. »Sie haben kein Recht, einfach hierherzukommen und …«

»Beruhigen Sie sich!«, brüllte Colt ihn an. »Sonst nehmen wir Sie auch gleich mit! Wir unterhalten uns nur ein bisschen mit dem Jungen, und selbstverständlich bekommt er einen Anwalt. Aber Sie bleiben hier, das ist wohl besser so.«

Avzal Barekzi ballte die Fäuste so fest, dass die Knöchel weiß hervortraten. Vermutlich wäre es keine gute Idee, in dieser Werkstatt die Bremsen an meinem Auto wechseln zu lassen, dachte Colt und bedeutete Hamid mit einer Handbewegung, aufzustehen.

»Darf ich mich umziehen, bevor wir losfahren?« Hamids Stimme klang schwach. Henrik Vadh sah seinen Kollegen fragend an.

Colt nickte. »Komm, ich gehe mit dir in den Umkleideraum.«

Zehn Minuten später fuhr Jacob Colt vom Werkstattgelände. Henrik Vadh saß auf dem Rücksitz neben einem äußerst schweigsamen Hamid Barekzi, der zum Seitenfenster hinausschaute. Vadh holte sein Handy hervor und drückte eine Schnellwahltaste.

»Rydh.« Der Kriminaltechniker antwortete kurz angebunden wie immer. Er war gerade voll damit beschäftigt, Zigarettenstummel in einen Plastikbeutel zu stopfen und diesen neben die Beutel mit den Gläsern zu legen. De Wahls Computer war bereits eingepackt, und Christer Ehn durchsuchte ein letztes Mal die Wohnung, um nachzusehen, ob es noch etwas gab, das sie zur Analyse ins Labor mitnehmen sollten.

»Hallo, ich bin's, Henrik. Wir bringen den Burschen jetzt zur Vernehmung. Er hat zugegeben, dass er vorgestern Abend bei de Wahl zu Hause war. Habt ihr noch was gefunden?«

Rydh zögerte, bevor er antwortete.

»Es gab wie gesagt viele Flecken auf den schwarzen Seidenlaken im Bett. Wir schicken sie natürlich ins Staatliche Kriminaltechnische Labor, aber es würde mich nicht überraschen, wenn sich bei der Analyse herausstellt, dass es sich um Sperma handelt. Wir haben auch schwarze Scham- und Kopfhaare in zwei unterschiedlichen dunklen Nuancen gefunden. Außerdem haben wir noch einen Haufen Schwulenpornos in einem Garderobenschrank entdeckt. Den Covern nach zu urteilen, sind einige davon ziemlich gewalttätig. Den Rest hat Jacob dir wohl schon erzählt?«

»Danke, Björn, bis gleich.« Vadh wandte sich Hamid zu und sagte in bedeutend freundlicherem Ton als zuvor: »Hamid, du erzählst uns am besten die ganze Wahrheit. Warst du Alexander de Wahls Liebhaber?«

Jacob Colt bog in den Essingeleden, lenkte den BMW in die Überholspur und kümmerte sich nicht um die Geschwindigkeitsbegrenzung, als er in Richtung Fridhemsplan fuhr, wo sich die Einfahrt in die Tiefgarage des Polizeipräsidiums befand. Henrik Vadh sah, wie dem Jungen plötzlich die Tränen kamen. Gleichzeitig schluchzte er.

»Nein, ich war nicht sein Liebhaber, ich war bloß seine dreckige Hure.«

Er fing hemmungslos zu weinen an. Henrik Vadh legte ihm beruhigend eine Hand auf die Schulter, verzog das Gesicht und lehnte sich zurück. *Was für eine beschissene, eklige, verdammte Welt!*

Hamid liefen die Tränen über die Wangen. Seine Gedanken überschlugen sich, und die Zeit wurde vor seinem geistigen Auge zurückgespult. *Ein halbes Jahr, vor gut einem halben Jahr musste das gewesen sein, denn es geschah ja an einem schönen Sommerabend.*

Hamid hatte früh gespürt, dass er homosexuell war. Abgesehen von einem einzigen tollpatschigen und missglückten Versuch mit einem fünf Jahre älteren schwedischen Mädchen – sie hatte ihn ausgelacht, als er zunächst keine Erektion bekam und dann abspritzte, ehe er bei ihr eingedrungen war –, hatten seine wenigen sexuellen Kontakte mit Männern stattgefunden. Warum er sich zu älteren Männern hingezogen fühlte, konnte er nicht erklären. Er wusste lediglich, dass es so war, dass er sich dafür schämte und dass sein Onkel und seine Cousins vollkommen durchdrehen würden, sollten sie jemals davon erfahren.

Er hatte mehrmals – vor allem im Internet – Annoncen für Klubs gesehen, wo er vielleicht die Typen von Männern treffen konnte, bei denen ihm innerlich warm wurde. Es hatte eine Weile gedauert, bis er ausreichend Mut aufbrachte, aber an jenem warmen Sommerabend hatte er sich nicht mehr zurückhalten können.

Der Klub hieß *Torso* und lag in einer der kleinen Seitenstraßen um den St.-Eriksplan. Der Mann an der Kasse hatte Hamid schmierig angegrinst, als er die hundertfünfzig Kronen Eintritt bezahlte, sowie zusätzliche hundert Kronen für die »Handtuchleihgebühr« in der Sauna.

Im Kinoraum lief ein harter deutscher Pornofilm, in dem ein paar dominante Männer in Lederunterhosen und Lederkäppis einen Jungen in Hamids Alter mehr oder weniger vergewaltigten. Seltsamerweise fand Hamid, dass ihn die brutale Handlung erregte, und als er versuchte, Details in der dunklen Umgebung auszumachen, sah er, dass er nicht allein war. Einige der Männer um ihn herum onanierten ganz offen, während andere sich gegenseitig mit den Händen und dem Mund befriedigten.

Eine Viertelstunde später saß er in der Sauna und stellte zu seiner Verwunderung fest, dass er dort der Einzige war. Vor dem Hineingehen hatte er gründlich geduscht und fühlte sich jetzt unsicher. Würde jemand kommen? Wie lief das Ganze ab und welche Regeln galten? Was, wenn jemand auftauchte, der ihm nicht gefiel, der aber mit ihm wollte? Was, wenn es jemand war, der ihm wirklich gefiel, sich aber nicht für Hamid interessierte?

Hamid schwitzte, schloss die Augen und lehnte sich zurück an die Saunawand.

In diesem Augenblick kam Alexander herein.

»Bist du etwa schwul, du Drecksau?«, rief einer von de Wahls Mitschülern im Internatsgymnasium Sandsjö viele Jahre zuvor, als dieser während eines Besäufnisses am späten Abend damit prahlte, dass er einen jüngeren Schüler im Gebäude nebenan penetriert hatte.

De Wahl lachte überlegen. »Mein lieber Freund, weißt du nicht, dass ein wahrer Kenner alle guten Früchte im Korb genießen sollte? Schon die alten Griechen und Römer beherrschten die Kunst, sich hin und wieder einen holden Knaben zu nehmen. Hier gibt es bekanntlich nicht so viele Mädchen, und ich lege Wert darauf, meine Bedürfnisse zu befriedigen, wann immer ich will. Außerdem sind Jungs meistens enger. Die meisten Mädchen sind ja schon in jungen Jahren ausgeleiert – igitt!«

Der Mitschüler sah ihn angewidert an. »Trotzdem – das ist doch widerlich und krank!«

De Wahl lächelte ihn ironisch an. »Mein lieber Bauernsohn – vielleicht im doppelten Sinn, ha, ha –, es geht doch darum, einen guten Geschmack zu entwickeln. Aber ich gehe davon aus, dass du lieber billige Huren bezahlst …«

Der Bauernsohn warf de Wahl einen wütenden Blick zu, stand auf und verließ das Zimmer. Wie viele andere in Sandsjö verabscheute er de Wahl. Eigentlich gab es nur einen Grund, warum niemand den widerlichen Schnösel mal so richtig in seine Schranken wies: Alexanders Vater hatte mehr Geld als die meisten anderen. In Sandsjö zählte Reichtum mehr als Wissen und Benehmen.

Alexander de Wahl hatte seine vielfältigen sexuellen Neigungen bereits im frühen Teenageralter entdeckt und nicht sonderlich darüber nachgedacht. Ihm ging es beim Sex nicht nur um Vergnügen, sondern in erster Linie um Machtausübung. Ob er nun einen Jungen oder ein Mädchen erniedrigte, spielte keine so große Rolle, solange er es richtig machte. Sein Interesse an sadomasochistischen Spielen hatte sich früh entwickelt. Genauso früh hatte er begriffen, dass er leider oft gezwungen war, für diesen Spaß zu bezahlen, zumindest, wenn er hübsche Jungs oder Mädchen schlagen wollte. Diejenigen, die freiwillig Schmerzen und Erniedrigungen über sich ergehen ließen, waren verlorene Seelen und kaputte Menschen, mit denen er nichts zu tun haben und die er schon gar nicht in seine Wohnung einladen wollte.

Hamid Chan Barekzi hätte zu keinem passenderen Zeitpunkt in Alexander de Wahls Leben auftauchen können.

Sie saßen mehr als zehn Minuten zusammen in der Sauna, ehe de Wahl den Jungen sanft, aber bestimmt am Genick packte und ihm den Kopf nach unten drückte. Weitere fünf Minuten später stöhnte der Finanzmann zufrieden.

»Dusch dich und zieh dich an«, sagte er mit einem Lächeln, das freundlich wirken sollte. »Wir gehen jetzt zusammen essen. Anschließend gehen wir zu mir und unterhalten uns ein wenig über die Zukunft.«

Hamid war voller gemischter, überwiegend positiver Gefühle gewesen. Alexander war zwar nicht wirklich so alt, wie er es gern gehabt hätte, aber er war deutlich älter als Hamid. Außerdem sah er gut aus und war dominant. Hamid hatte das Gefühl, dass dieser Mann die meisten seiner Wünsche befriedigen könnte, und wollte der Sache auf jeden Fall eine Chance geben.

Hamid schluckte, als der streng dreinblickende Kellner die Rechnung auf die weiße Tischdecke legte. Sein Mund wurde trocken, als er einen verstohlenen Blick darauf warf und feststellte, dass das Abendessen, die teuren Weine und die alkoholischen Getränke zum Kaffee mehrere tausend Kronen gekostet hatten.

De Wahl lächelte. »Na, Hamid, wie hast du dir vorgestellt, deinen Anteil an der Rechnung zu begleichen?«

Dem Jungen wurde ganz schwindlig im Kopf von dem Alkohol und der neuen, ungewohnten Situation. Er wusste genau, dass er nicht das nötige Geld hatte, und ahnte, welche Antwort Alexander hören wollte.

De Wahl warf dem Kellner lässig seine Goldkarte auf den Tisch, und als dieser mit dem Beleg zurückkam, kritzelte er seine Unterschrift darunter.

Der Kellner machte eine tiefe Verbeugung. »Tausend Dank, Sie sind uns immer wieder herzlich willkommen!«

Alexander de Wahl würdigte den Mann keines Blickes, sondern bedeutete Hamid mit einer Handbewegung, mitzukommen. Als sie zusammen in Richtung Torstenssonsgatan spazierten, legte de Wahl dem Jungen freundschaftlich die Hand auf die Schulter. »Du hast meine Frage noch nicht beantwortet, Hamid. Wie möchtest du deinen Anteil an der Rechnung bezahlen?«

Hamid wunderte sich erneut über seine eigene Reaktion. Er hatte Alexander in der Sauna befriedigt, war jedoch selbst nicht befriedigt worden. Er spürte, wie er eine Erektion bekam, als er zögernd antwortete: »Ich werde etwas Schönes mit dir machen, Alexander! Oder – vielleicht lasse ich mich von dir nehmen …?«

Alexanders Stimme wurde heiser, und Hamid sah, dass die Augen des Mannes leer waren, als er sich näher zu ihm beugte und flüsterte: »Ich glaube, dass wir uns darüber einig werden, was für uns am besten ist, Hamid. Du und ich, wir werden uns wirklich einig werden.«

Am nächsten Morgen war Hamid früh und unsanft von Alexander geweckt worden. Er erklärte ihm, dass er verschlafen hatte und dass Hamid die Wohnung sofort verlassen musste. Alexander musste sich für eine wichtige Besprechung fertig machen. Während Hamid sich verschlafen anzog und versuchte, sich die Ereignisse der letzten Nacht ins Gedächtnis zu rufen, verzog er vor Schmerz das Gesicht, als er in die Jeans schlüpfte. Er schaute schnell in den Spiegel hinter sich und stellte fest, dass die Pobacken voller dunkelroter Striemen waren. *Schmerz und – Genuss.* Er warf einen verstohlenen Blick auf Alexanders nackten Körper und sah, dass dieser ebenfalls deutliche Spuren von der Peitsche aufwies, mit der sie sich im Bett abgewechselt hatten.

De Wahl ging schnell zu dem Herrendiener neben seinem Bett, an dem er sorgfältig seine Hose aufgehängt hatte. Er griff in die Tasche, holte ein Bündel Geldscheine hervor, zählte vier Tausender ab und gab sie Hamid. Seine Stimme klang nicht mehr freundlich, als er sagte: »Hier, geh jetzt. Es gibt mehr zu holen, sowohl Geld als auch Vergnügen, wenn du dich richtig anstellst. Aber sag ja niemandem ein Wort, verstehst du? Und jetzt beeil dich – ich rufe dich später an!«

Draußen auf der Straße blieb Hamid stehen und stopfte die Scheine in die Hosentasche. Viertausend. Mehr, als er die ganze Woche bei Avzal verdiente. Es gibt mehr zu holen, hatte Alexander gesagt.

Alexander hatte Dinge mit ihm angestellt, die kein anderer gemacht hatte. Er hatte Hamid Scham, Erregung, Schmerzen und Genuss spüren lassen. Ihm mehrere Orgasmen verschafft und ihn gezwungen, Alexander auf eine Art und Weise zu befriedigen, die er bisher nicht einmal gekannt hatte.

Hamid schämte sich, dass es ihm so gut gefallen hatte.

Er stopfte die Scheine fest in die Tasche und verließ Östermalm schnellen Schrittes in Richtung U-Bahn.

Er wollte Alexander wiedersehen. Und zwar bald.

»Wie oft habt ihr euch getroffen?« Henrik Vadh bemühte sich um einen ruhigeren und freundlicheren Ton als in der Autowerkstatt.

Hamid, Vadh und Colt saßen in einem Vernehmungszimmer der Kriminalpolizei. Auf dem Tisch vor ihnen stand ein Aufnahmegerät mit Mikrofon. Auf einem vierten Stuhl saß ein öffentlicher Pflichtverteidiger, den man telefonisch gebeten hatte, bei der ersten Vernehmung von Hamid Barekzi anwesend zu sein.

Colt war erstaunt, dass der Anwalt mehrere Male gähnte. Hin und wieder warf er dazwischen – anscheinend nur der Form halber –, dass Colts oder Vadhs Frage in diesem Zusammenhang irrelevant sei. Vadh – in juristischen Angelegenheiten äußerst belesen und mit deren Irrungen und Wirrungen wohlvertraut – schlug jedes Mal wie eine Kobra zurück. Nun saß der Anwalt zusammengesunken auf seinem Stuhl und dämmerte in einer Art Halbschlaf dahin.

»Am Anfang vielleicht alle zwei Wochen. Zum Schluss öfter … das war auf eine … auf eine andere Art und Weise …«

Hamid senkte den Blick und ließ den Daumen der einen Hand über die Finger der anderen gleiten.

Er hatte alles erzählt. Als er im Auto zu weinen anfing, sprudelten die Worte aus ihm heraus. Im Polizeipräsidium hatte er sich wieder beruhigt. Man hatte ihm ein Käsebrötchen und einen Kaffee angeboten, und während sie auf den Anwalt warteten, hatte er in Ruhe rauchen dürfen. Anschließend wiederholte Hamid die ganze Geschichte, während das Aufnahmegerät jedes Wort aufzeichnete.

Ihm war klar, dass es nicht gut für ihn aussah. An und für sich hatten die Polizisten gesagt, dass sie nicht glaubten, dass er Alexander umgebracht hatte. Aber vielleicht war das nur ein Trick, um ihm ein Geständnis zu entlocken. Andererseits mussten sie verstehen, dass es für ihn keinen Anlass gegeben hatte, seinen Liebhaber zu töten und damit die Hand zu verlieren, die ihn fütterte.

Er hatte kein Alibi. Als er an jenem Morgen aufgewacht war, war Alexander bereits fort gewesen. Hamid hatte auf die Uhr geschaut und erschrocken festgestellt, dass er mehrere Stunden zu spät zur Arbeit in Avzals Werkstatt kommen würde, egal, wie sehr er sich beeilte. Er hatte sogar überlegt, ein Taxi zu nehmen – scheiße! Hätte er das getan, besäße er vermutlich ein Alibi. Aber dann hatte er entschieden, dass es keine besonders gute Idee war, bei der Werkstatt seines Onkels im Taxi vorzufahren.

»Was meinst du mit ›auf eine andere Art und Weise‹?« Vadh sah ihn forschend an.

Der Kerl ist so was von falsch. Dieser Colt war okay, aber Hamid verspürte jedes Mal Unbehagen, wenn er auf eine Frage von Vadh antworten musste. In der Werkstatt hatte der Typ sich wie ein Arschloch benommen, und jetzt machte er plötzlich einen auf guter Kumpel.

Der Junge zögerte mit der Antwort.

»Hamid, wir wollen dir wirklich nichts Böses, aber wenn wir den Fall lösen sollen, musst du uns helfen. Du willst doch sicher auch, dass wir Alexanders Mörder finden.« Jacob Colt sah Hamid freundlich an.

Hamid spürte, wie ihm erneut die Tränen kamen. Er schluckte hart. »Ich meine, am Anfang ging es mir hauptsächlich um den Kick – und natürlich um das Geld …«

Jacob Colt nickte ihm aufmunternd zu. Henrik Vadh tat so, als schaue er auf die Uhr, stand auf und verließ den Raum.

Der Anwalt reagierte nicht, und für einen Augenblick fragte sich Colt, ob der Mann eingeschlafen war.

»… aber dann war es eigentlich so, dass wir immer mehr Gefühle füreinander empfunden haben. Zum Schluss haben wir uns mehrmals die Woche getroffen und ich habe nicht mehr so viel Geld bekommen, das war mir nicht so wichtig …«

Colt nickte nachdenklich und saß lange schweigend da.

Er dachte an seinen eigenen Sohn.

Kapitel 10

Donnerstag, 1. Februar

Er legte vorsichtig den Rimowa-Koffer in den Kofferraum, schloss den Deckel und setzte sich ins Auto. Während er den Motor startete und von der Bordsteinkante wegfuhr, steckte er sich den Bluetooth-Kopfhörer ins Ohr und betätigte eine Schnellwahltaste auf dem Handy.

Es klingelte dreimal.

»Silfverbielke.« Die Stimme klang ruhig und gemessen.

»Hallo, Kumpel!« Hans Ecker lenkte den SUV gewohnt sicher durch die engen Straßen in Östermalm. »Bist du bereit für Abenteuer in Berlin?«

Silfverbielke lachte. »Absolut! Bist du unterwegs?«

»Yes, Sir. Ich bin in zehn Minuten bei dir, dann holen wir Johannes ab. Er sagte, er sei im Büro.«

»Schon so früh am Morgen? Wenn er daran denkt, das erste Mal in seinem Leben mit dem Arbeiten anzufangen, hat er sich dafür den falschen Tag ausgesucht!«, sagte Christopher. »Aber vielleicht will er bloß bei seinem Vater Eindruck schinden. Das wäre für uns alle gar nicht schlecht.«

Ecker grinste. »I see your point. Nur mal 'ne kurze Frage – hast du zufällig ein paar Medikamente für uns dabei?«

Silfverbielke schwieg einen Augenblick. »Ich habe genug, dass es bis heute Abend reicht. Es wäre wohl unklug, etwas mit über die Grenze zu nehmen. Wir kümmern uns vor Ort um den Rest.«

»Verdammt noch mal! Du Arschloch!«, schrie Ecker plötzlich.

»Was ist los?«, fragte Silfverbielke ruhig.

Ecker holte tief Atem. »Ach, nur so eine verrückte Östermalmtussi, die vor mir die Spur gewechselt hat, ohne zu blinken. Ich habe keine Lust, mit einer Karre, die nicht mal einen Monat alt ist, einen Unfall zu bauen. Ich sollte das blöde Weib umbringen!«

»Das lässt sich vielleicht arrangieren. Notier dir das Kennzeichen.«

Hans Ecker atmete aus und lachte. »Du bist wirklich nicht ganz dicht, Chris. Komm jetzt runter auf die Straße, ich bin bald da. Und vergiss bloß nicht du-weißt-schon-was!«

»Nur mit der Ruhe. Gib mir zwei Minuten.«

Das Gespräch brach ab. Ecker vergrößerte um der Sicherheit willen den Abstand zwischen seinem Mercedes und dem Chrysler mit der verrückten Frau.

Der Benz war sein Augenstern, und er konnte sich immer noch an den Text auf der Mercedes-Homepage erinnern. *Ein GL ist ein luxuriöser und geräumiger Geländewagen, der Ihnen das Optimum bietet, egal, ob Sie zu einer Vorstandssitzung oder zum Lagerfeuer unterwegs sind …*

Lagerfeuer, dass ich nicht lache!, dachte er grinsend. Camping war nicht sein Ding, eine Vorstandssitzung dafür umso mehr, und im Moment lief seine Karriere wie geschmiert.

Er hatte sich das Auto auf der Homepage zusammengestellt, bevor er eines Tages nahezu gleichgültig zum nächsten Händler gegangen war und das Modell bestellt hatte – einen obsidianschwarzen GL 500 4Matic mit 388 PS starkem V8-Motor und 7G-Tronic-Automatikgetriebe, 18-Zoll-Leichtmetallfelgen, kaschmirbeigen Lederbezügen,

Parameterlenkung sowie sämtlichem Zubehör, das er sich überhaupt wünschen konnte. Es war ihm schwergefallen, etwas auf der knapp bemessenen Liste der Extras zu finden, das man als wirklich notwendig betrachten konnte. Aber gut, wer konnte ohne elektrisches Schiebedach, elektrisch ausfahrbare Außenspiegel und Trittbrett aus rostfreiem Edelstahl leben? Der Kaufpreis hatte – inklusive Extras – 982.500 Kronen betragen, und der Verkäufer hatte sich vermutlich bei dem Gedanken an seine fette Provision ins Fäustchen gelacht, aber sei's drum. Der Grünschnabel würde trotzdem nie auch nur einen Bruchteil der Einkünfte verdienen, die Ecker selbst bezog, da konnte er noch so viele Mercedesse verscherbeln. *Scheiß auf dich, Junge!*

Dass dieses Zweieinhalb-Tonnen-Monster außerdem im Stadtverkehr zwanzig Liter und auf der Landstraße fast fünfzehn Liter verbrauchte, störte ihn auch nicht. Angesichts dessen, was er als Chefmakler bei der Fondsverwaltung Fidelis verdiente, konnte er sich den Standpunkt leisten, dass Benzin nie das kosten würde, was es wirklich wert war. Bei höheren Spritpreisen und Mautgebühren wäre es vielleicht auch erträglicher, mit dem SUV in der Stadt zu fahren und zu parken.

Mit einem Lächeln ließ er die Hand über das angenehme Leder des Beifahrersitzes gleiten, während er rechts abbog. Er konnte immer noch den Geruch erkennen, den er wahrgenommen hatte, als er sich zum ersten Mal in den Wagen gesetzt hatte.

Den Geruch von Macht.

Christopher Silfverbielke wartete wie vereinbart vor seiner Haustür auf der Straße. Neben ihm auf dem Boden stand ein Koffer von Zero Haliburton. Hans Ecker brachte den Wagen zum Stehen und ließ das Fenster auf der Beifahrerseite herunter.

»So ein Koffer, der zehntausend Kronen kostet, ist schon beeindruckend, aber wie zum Teufel schaffst du es, eine Blechkiste zu schleppen, die leer acht Kilo wiegt?«

»Wichtiges Gepäck ist nie zu schwer, mein Freund. Kannst du den Kofferraum von diesem Hitlerschlitten öffnen, oder muss man das mit der Hand machen?«

Ecker lachte aus vollem Halse. Eine halbe Minute später fuhren sie los und hielten auf den Valhallavägen zu.

Hans warf kurz einen Blick auf seinen Freund und stellte fest, dass Chris unter seinem schwarzen Mohairmantel ungewöhnlich legere Kleidung trug. Exklusive Lederschuhe, vermutlich von Brooks. Jeans, natürlich Acne. Einen leichten Kaschmirpullover ohne Markenlogo. *Verdammt noch mal, wie viel musste er wohl bezahlt haben, um es abtrennen zu lassen?*

Hans dachte zurück an die Zeit vor vierzehn Jahren, als sie sich im Internatsgymnasium Sandsjö kennengelernt hatten. Schon damals hatte Christopher einen sehr guten Geschmack bewiesen, obwohl seine Brieftasche zu jener Zeit deutlich dünner gewesen war als heute. Gewiss hatten sie beide Väter gehabt, die sowohl die Schulgebühren für das Internat als auch das eine oder andere Vergnügen bezahlten, aber von Geldströmen aus dem Füllhorn hatte keine Rede sein können.

Nach drei Jahren in Sandsjö hatten die beiden gleichaltrigen Freunde ein Urlaubsjahr eingelegt und waren in sporadischem Kontakt geblieben. Trotzdem waren sie erstaunt, als sie sich eines Tages an der Handelshochschule wiedertrafen und herausfanden, dass sie für die nächsten vier Jahre erneut Studienkollegen sein würden. Die finanzielle Unterstützung von daheim war für beide aus verschiedenen Gründen nun knapper, um nicht zu sagen gleich null. Sie wohnten in einem Studentenheim am Körsbärsvägen, und Nudeln standen allzu oft als Hauptgericht auf ihrem Speiseplan. Als nach einem Jahr Johannes Kruut in ihr Leben trat, hätte dies nicht zu einem passenderen Zeitpunkt geschehen können.

Johannes war drei Jahre jünger als Hans und Christopher und stammte aus einer wohlhabenden Familie. Sein Großvater Erwin Kruut hatte einen außerordentlichen Geschäftssinn besessen und Ende der 1930er, Anfang der 1940er Jahre ein kleineres Vermögen in der Forstwirtschaft aufgebaut. Anschließend hatte er einen Mischkonzern gegründet. Erwin brachte seinem Sohn John alles bei, was er im Geschäftsleben wissen musste, und überließ ihm nach und nach ein florierendes Unternehmen. John verwaltete seinerseits das Erbe geschickt und verleibte dem Konzern eine Anzahl kleiner, aber profitabler Industriebetriebe ein.

Erwin Kruut dachte langfristig, und als sein Enkel Johannes Erwin auf die Welt gekommen war, hatte er für den Jungen einen Fonds eingerichtet. Die nicht unbeträchtliche Summe wurde von Finanzexperten verwaltet, was dazu führte, dass der junge Johannes bereits mit zwanzig Jahren über ein Privatvermögen von fast achtzehn Millionen Kronen verfügte. Allerdings unter dem Vorbehalt, dass er zur Zufriedenheit seines Vaters im Familienunternehmen arbeitete. Johannes und sein Geld gaben John Kruut jedoch mehr Anlass zur Sorge als zur Freude.

»Ich weiß nicht, was ich mit Johannes machen soll«, sagte er mehr als einmal zu seiner Frau. »Er ist einfach nicht aus dem richtigen Holz geschnitzt, und ich kann mir nicht vorstellen, ihm eines Tages die Führung zu überlassen.«

Hans Ecker und Christopher Silfverbielke freuten sich dagegen über Johannes' Situation, die ihnen während der gemeinsamen Studienjahre eine große Hilfe war.

Johannes besaß ein Auto, eine eigene Wohnung und Geld. Er war kleinwüchsig, schwächlich und hatte einen rötlichen Teint. Außerdem tat er sich schwer, Freunde zu finden und Mädchen aufzureißen.

Der ideale Partner für die Herren Ecker und Silfverbielke.

Während der Jahre an der Handelshochschule finanzierte Johannes dem Trio mit einem Teil seines Vermögens das eine oder andere Vergnügen, was ihn nicht sonderlich bekümmerte. Vielmehr war er überglücklich, zwei Freunde zu haben, und es störte ihn nicht, dass sein Kontostand bisweilen ein wenig nach unten tendierte.

Das Betriebswirtschaftsstudium schien allerdings im Hinblick auf die Entwicklung von Johannes' Geschäftssinn nicht viel gebracht zu haben. Er war und blieb ein offenbar nicht besonders intelligenter, sondern naiver und unfokussierter Müßiggänger, dem alles in den Schoß fiel.

Nach Beendigung des Studiums gab ihm sein Vater ein paar Monate Urlaub. Anschließend bekam er ein eigenes Büro in der Konzernzentrale am Valhallavägen und einen begrenzten Aufgabenbereich zugewiesen.

Es dauerte nur ein paar Monate, bis Johannes es geschafft hatte, einen Großteil des Gewinns der Fabrik in Skara zu verschludern, wo er als Geschäftsführer tätig war – nach Auffassung seines Vaters ein verhältnismäßig pflegeleichter Betrieb. John Kruut sah sich gezwungen, seinen Sohn auf der Stelle zu versetzen und selbst die Geschäftsleitung zu übernehmen, um den Laden wieder in Schwung zu bringen.

Nach diesem Fiasko versuchte John Kruut, seinen Sohn auf verschiedenen Posten einzusetzen, in der Hoffnung, dass Johannes in irgendeinem Bereich eine Begabung an den Tag legen würde – meistens mit dem gleichen katastrophalen Ergebnis. Zuletzt durfte Johannes mit einem erfundenen Titel in seinem Büro sitzen – an den Tagen, an denen er Lust hatte, dort zu erscheinen –, während die anderen Mitarbeiter ihn schief ansahen und der Vater sich angesichts der Unzulänglichkeit seines einzigen Sohnes die Haare raufte.

Johannes machte sich über diese Situation und über das Leben im Allgemeinen weitaus weniger Sorgen als sein Vater. Er bewohnte eine schöne Zweizimmerwohnung in Östermalm und hatte genug Geld, um morgens ausschlafen und machen zu können, was er wollte. Außerdem hatte er zwei beste Freunde – coole Typen, die ihm Zugang zu angesagten Nachtklubs, tollen Partys und hübschen Mädchen verschafften.

Als Christopher und Hans sich nach dem Studium bei zwei verschiedenen Fondsverwaltungen bewarben, ihre Schäfchen ins Trockene brachten und irgendwann auf die Idee mit dem *Fonds* verfielen, kam ihnen Johannes' Vermögen sogar noch gelegener.

Silfverbielke und Ecker hatten eine in höchstem Grade brillante Idee, aber nicht ausreichend Startkapital. Unter Anwendung vieler Tricks gelang es ihnen, sich eine halbe Million Kronen pro Nase zu leihen, aber sie benötigten vier bis fünf weitere Millionen, damit das Projekt schon von Anfang an ordentlich in Fahrt kam.

Johannes Kruut hatte bereits genug Geld, weshalb ihn das Ganze zunächst kalt ließ. Schließlich sah er jedoch ein, dass das Projekt seinen beiden Freunden wichtig war und dass sein Einsatz ihm wahrscheinlich die Tür zu noch mehr aufregenden Abenteuern öffnen würde. Er hatte totales Vertrauen in Eckers und Silfverbielkes Geschäftstüchtigkeit und fand, dass eine Investition von sechs seiner achtzehn Millionen weder ein Risiko noch ein Problem darstellte.

Hans Ecker schielte unauffällig zu Christopher Silfverbielke hinüber, während der Wagen durch den Stadtverkehr von Stockholm glitt. *Wie viel mochte Christopher als Trader verdienen? Hunderttausend Kronen im Monat plus Bonus?* Silfverbielke war schon immer auf sein Aussehen und seine Kleidung bedacht gewesen. Die glänzenden schwarzen Haare waren glatt zurückgekämmt, und er roch gut.

»Was ist das für ein Aftershave, das du da hast? Das ist gar nicht übel.«

»Ein neuer Duft. Hummer. Du weißt schon, wie das Auto. Ja, der ist okay, auf jeden Fall besser als die Blechkiste, von der er den Namen hat.«

Ecker sah Christopher erstaunt an. »Was stimmt denn nicht mit dem Hummer? Du hättest bestimmt nichts dagegen, so einen zu fahren. Wie läuft übrigens der BMW?«

Silfverbielke zuckte mit den Schultern und betrachtete die Menschen, die durch den frisch gefallenen Schnee stapften.

»Der steht in der Garage. Ich fahre jetzt mit dem Taxi. Ich habe die Karre ziemlich satt.«

»Du hast sie satt? Du hast den Wagen doch gerade mal ein Jahr, oder?«

»Mhm, aber er ist mir nicht schnell genug. Ich habe wenig Geduld mit Autos. Aber Ferrari soll ein neues Modell rausbringen. Das wäre vielleicht was für mich. Oder warum nicht ein Bentley?«

Hans zog die Augenbrauen hoch. »Kannst du dir so was leisten?«

Christopher sah ihn ernst an. »Gute Frage. Und die bringt mich zufällig auf etwas, worüber wir reden sollten, bevor wir Johannes abholen.«

»Und das wäre?« Ecker blickte fragend drein.

»Unser kleines Gespräch vor zwei Wochen.«

»Das geht klar. Ich habe Johannes gleich danach angerufen. Am Anfang war er vielleicht nicht ganz mit von der Partie, aber ich habe ihn überzeugt. Allerdings hat es sich herausgestellt, dass es schwieriger ist, als ich gedacht habe, das Geld nach Berlin zu überweisen und es dort abzuholen. Drei Millionen sind zu viel, als dass die Leute keine Fragen stellen. Nach dem elften September hat das ganze Terrorismusgedöns die Banken total in Panik versetzt. Aber du kannst dich beruhigen – ich habe das Problem gelöst.«

Silfverbielke gab Ecker mit einem aufmunternden Nicken zu verstehen, er solle fortfahren.

»Ich musste Björn teilweise in die Sache einweihen und …«

Christopher Silfverbielke erstarrte auf dem Beifahrersitz. »Bist du noch ganz dicht? Das sollte doch niemand wissen!«

Ecker hob beschwichtigend die Hände. »Immer mit der Ruhe! Björn weiß nichts vom Fonds. Er weiß nur, dass wir einen guten Deal abgeschlossen haben und Bargeld mit nach Hause nehmen wollen, ohne hier darüber Rechenschaft ablegen zu müssen. Es ging leider nicht anders. Und warst nicht du derjenige, der mir am Telefon gesagt hat, dass er das Geld unbedingt haben will?«

Silfverbielke zuckte irritiert mit den Schultern. »Und was jetzt?«

»Es wird uns ein bisschen was kosten.« Ecker verzog das Gesicht. »Aber du kannst dir ja selbst ausrechnen, wie teuer es uns gekommen wäre, wenn wir versucht hätten, das Geld auf offiziellem Weg zu erhalten.«

»Daran will ich gar nicht erst denken.«

»Der Deal sieht so aus«, fuhr Ecker fort. »Björn hat einen verlässlichen Freund, der eine Import-Export-Firma besitzt ...«

»Und *was* genau importiert und exportiert er?« Silfverbielkes Stimme klang kalt.

»Björn sagte, dass sein Freund solche Fragen nicht mag«, antwortete Ecker grinsend. »Jedenfalls sieht der Deal so aus, dass wir das Geld an die Firma von Björns Freund überweisen. Der verwandelt es in Bargeld und gibt es Björn, und der wiederum bringt es zu uns ins Hotel.«

»Und das kostet?«

»Zehn Prozent?«

Silfverbielke blickte nachdenklich drein. »Klingt angemessen. Und was will Björn haben?«

Ecker lachte. »Er sagte, er würde sich mit einer Rolex und einem Mädel oder zweien begnügen.«

»Okay.«

Ecker nickte. »Nicht wahr?«

»Und wenn Björns Kumpel uns bescheißt und mit dem Geld durchbrennt? Wir wissen ja nicht einmal, wer er ist.«

»Ich bin ziemlich sicher, dass wir uns darüber keine Sorgen machen müssen.« Ecker zuckte mit den Schultern. »Ich verlasse mich vollkommen auf Björn, und er verlässt sich auf seinen Freund. Er sagt, der Typ ist ein viel zu großer Fisch, als dass es sich für ihn lohnt, uns um drei oder vier Millionen zu bescheißen. Offenbar sieht er das Ganze eher so, dass er Björn einen Gefallen tut. Trotz alledem ist es auch für ihn mit einem Risiko verbunden. Probleme mit der Buchführung, wenn nicht noch was anderes.«

Christopher hing eine Weile seinen Gedanken nach. Mithilfe von etwa zehn aggressiven Optionsgeschäften pro Jahr, alle auf Insidertipps beruhend, die Ecker und vor allem er selbst eingeholt hatten, hatte der Fonds ein beeindruckendes Wachstum hingelegt und war nun fast siebzig Millionen Kronen wert. Käufe und Verkäufe waren von Hans oder Christopher beauftragt worden, sobald sie sichere Tipps erhalten hatten. Über eigens zu diesem Zweck angeschaffte Prepaidhandys gaben sie Kauf- und Verkaufsorders diskret an einen Makler in Basel weiter. Das Kapital lag sicher verwahrt bei einer Bank in Zürich, und falls jemand Geld für etwas anderes als den Kauf von Aktien entnehmen wollte, war es erforderlich, dass sowohl Hans und Christopher als auch Johannes der Bank innerhalb eines bestimmten Zeitraumes ihre persönlichen Geheimcodes gaben.

Die drei hatten unmittelbar nach Gründung des Fonds einen Anwalt namens Måns Anderberg – für den Silfverbielke nach eigener Aussage die Hand ins Feuer gelegt hätte – aufgesucht und ihm ihr Anliegen erklärt. Jeder wollte einen Umschlag mit seinem persönlichen Geheimcode hinterlegen. Sollte einem von ihnen etwas zustoßen, konnten die beiden anderen sich von dem Anwalt den Umschlag mit dem Code des Toten aushändigen lassen. Falls zwei verunglücken sollten, hatte der Dritte das Recht, die Umschläge der beiden anderen zu erhalten. Sollten wider Erwarten alle drei gleichzeitig sterben, hatte der Anwalt Anweisung, die drei Umschläge ungeöffnet zu vernichten, sobald er davon Kenntnis erhielt.

Christopher drehte den Kopf und sah Ecker an. »Ursprünglich war abgemacht, dass wir den Gewinn durch drei teilen, abzüglich des Startkapitals. Im Klartext heißt das, dass jeder von uns bereits jetzt gut einundzwanzig Millionen besitzt.«

Hans nickte. *Worauf wollte Christopher hinaus? Steckte er finanziell in der Klemme? Er verdiente doch gut.* »Ja, und …?«

»Wir beide sind diejenigen, die dieses Rennen fahren. Johannes rafft sich nicht einmal dazu auf, jeden Morgen die *Dagens Industri* zu lesen, geschweige denn zu lernen, wie die Börse funktioniert. Der Fonds ist das Ergebnis von deinem und meinem Wissen, und wir tragen das Risiko. Dass er am Anfang den Großteil des Startkapitals investiert hat, ist eine Sache, aber wenn es herauskommt, dass wir von Insiderinformationen profitieren …«

Nein, nicht wir beide fahren dieses Rennen, dachte Silfverbielke. *Das Ganze war meine Idee, und ich bin derjenige, der die Sache am Laufen hält. Ohne meine Kontakte und mein Vorgehen wäre der Fonds heute nur ein Drittel wert. Ich sollte dafür belohnt werden. Oder genauer gesagt, wieso soll ich überhaupt mit jemandem teilen?*

Ecker verzog das Gesicht und hob beschwichtigend die Hand. »Das weiß ich alles, Chris. Aber wir sind gleich da. Give me the bottom line. Worauf willst du hinaus?«

Christopher sah ihn mit bestimmtem Blick an. »Wir wissen beide, dass wir das Projekt weiter voranbringen werden. Wenn alles gut geht, werden wir mit der Zeit auf einem sehr komfortablen Niveau landen. Aber ich finde, dass ich auf dem Weg dorthin eine kleine Belohnung gebrauchen könnte. Deshalb habe ich dich vor zwei Wochen angerufen. Ich muss mein Leben verbessern, Hans.«

Ecker nickte. »Denkst du an etwas ganz Bestimmtes? Investitionen?«

Christopher schüttelte den Kopf. »Nicht direkt. Vielleicht eine etwas größere Wohnung. Ein flotteres Auto. Mehr Bräute. Mehr Koks. Ein Wochenende in New York, was weiß ich? Ich will einfach Spaß haben, ich fühle mich oft richtig gelangweilt. Die Welt ist meistens furchtbar grau …«

Ecker trat vor einem Fußgängerübergang fest auf die Bremse und unterdrückte einen Fluch, als ein älterer Mann mit Rollator langsam die Straße überquerte. Chris hatte recht, *gelangweilt* brachte es auf den Punkt. Mit ihren gerade mal dreißig Jahren hatten sie bereits in sämtlichen Nobelrestaurants gespeist, sämtliche Markenklamotten gekauft, alle Bräute gevögelt, die es wert waren, Drogen ausprobiert und waren mit dem Champagnerglas in der Hand erster Klasse gereist. Chris war von seinem Leben gelangweilt, und er selbst hatte seines ebenfalls satt, auch wenn er sich Mühe gab, sich das nicht anmerken zu lassen. Er hatte einen Spitzenjob, fuhr ein tolles Auto und hatte eine Freundin, für die die meisten Kerle einen Arm geben würden. Aber er musste immer mehr trinken, um zu überleben, denn dass dieser verdammte Psychologe ihm keine große Hilfe gewesen war, wussten nur die Götter. Ein bärtiger Typ in Cordhosen, der Ecker in den Wahnsinn getrieben hatte, indem er ihn anglotzte, während er an einem Bleistift kaute und murmelte: »Mhm, und wie empfinden Sie das denn …?«

Hans wusste ehrlich gesagt nicht, warum er so lange zu diesem Idioten hingegangen war, ehe er ihm schließlich sagte, er solle sich zum Teufel scheren, und stattdessen Mariana Granath entdeckt hatte. Aber alle gingen ja zur Therapie, das war typisch für die Yuppies und Schickimickis vom Stureplan. Nein, er musste sein Leben wirklich in den Griff bekommen. Er hatte alles und trotzdem nichts. *Es gab keine Spannung mehr. Überhaupt keine Spannung.*

Er sah den Freund mit gespielter Verwunderung an. »Gelangweilt? Chris, wir sind auf dem Weg nach Berlin, um nachträglich unseren dreißigsten Geburtstag zu feiern und gleichzeitig Björn zu besuchen. Das Leben fängt doch gerade erst an, es geht uns beiden gut, und in ein paar Jahren bist du da, wo ich jetzt bin, und …«

Christopher verzog das Gesicht. »Ich weiß nicht einmal, ob ich überhaupt da sein *will*. Sicher, es ist schon toll, Chef zu sein und das Doppelte zu verdienen. Du hast eine absolut heiße Braut, und ihr redet bestimmt darüber, ein Haus zu kaufen, Kinder zu bekommen und …«

»Woher weißt du das, verdammt noch mal?«, unterbrach Ecker ihn lachend.

»Biiig surprise, Hans«, erwiderte Christopher grinsend. »Und ja, Veronica ist wirklich was, um das man dich beneiden kann, und ich wünsche dir mit ihr alles Glück der Welt. Aber ich bin mir nicht sicher, ob ich für das alles reif bin, für einen Chefposten oder eine feste Beziehung. Vor allem nicht für eine feste Beziehung …«, er lachte leise, »… wenn es so viele alleinstehende Frauen gibt, die ich bestimmt glücklich machen kann, oder vielmehr, die mich glücklich machen können.« Er wurde wieder ernst. »Aber ich will mir sämtliche Möglichkeiten offenhalten und freie Fahrt haben. Und dafür muss ich Kapital lockermachen, verstehst du?«

Hans Ecker wurde ernst und zuckte mit den Schultern. »Ich verstehe wirklich gut, was du mit *gelangweilt* meinst, Chris. Mir geht es genauso. Und was das Kapital angeht, so sehe ich kein Problem. Johannes macht, was wir ihm sagen, und er hat wie du der Bank den Code telefonisch übermittelt, nachdem wir mit unserem Gespräch fertig waren. Du hast mir ja gesagt, dass du diese Sache bereits geklärt hast. Ich habe am selben Tag wie Kruut angerufen. Wenn die Bank alle drei Codes hat, ist die Sache geritzt, und die Kohle wartet in Berlin auf uns. Rund eine Million netto pro Nase, wenn wir Björn und seinen Freund ausbezahlt haben. Abgemacht?«

Silfverbielke streckte schnell die behandschuhte Hand aus. »Abgemacht.«

Als der große Mercedes-SUV in den Valhallavägen einbog, wartete Johannes Kruut bereits lächelnd am Straßenrand.

»Hallo, Jungs! Das wird ein ganz toller Trip werden!«

Auf dem Beifahrersitz schloss Christopher Silfverbielke einen Moment lang die Augen. *Wenn du wüsstest …*

Er öffnete die Augen wieder, hörte, wie Kruut hinten seinen Koffer einlud und sagte scherzhaft über die Schulter hinweg: »Guten Morgen, Herr Geschäftsführer. Alles klar im Konglomerat?«

Hans Ecker beugte sich über das Lenkrad, unterdrückte ein Lachen und hoffte, dass Johannes seine Reaktion nicht sah.

»Ja, danke, kann nicht klagen. Und bei euch? Alles klar?«

»Alles klar!«, sagte Ecker gut gelaunt.

Silfverbielke antwortete nicht.

Ecker fuhr los. Johannes beugte sich leicht nervös nach vorn, während er die beiden Freunde auf den Vordersitzen betrachtete. Hans Ecker wirkte vergnügt und entspannt. Er trug Jeans, ein Hemd und einen Pullover von Lacoste mit V-Ausschnitt. Mit der Linken lenkte er den großen Mercedes, während die Rechte auf dem Schalthebel ruhte. Christopher wirkte steif und starrte durch die Windschutzscheibe nach draußen.

»Wie geht's, Christopher?«, versuchte es Johannes erneut.

Kurzes Schweigen, dann: »Mir geht es so gut, dass es mich gleich doppelt geben müsste, wenn es noch besser wäre.« Silfverbielke blickte über die Schulter nach hinten und lächelte Johannes an.

Johannes erstarrte. *Ich werd nicht richtig schlau aus dem Kerl. Er ist ein guter Kumpel, aber manchmal ist er schon ein bisschen komisch. Woran er wohl gerade denkt?*

Stau auf dem Valhallavägen. Ecker hatte gewendet und war auf dem Weg zurück nach Norden in Richtung Roslagstull, Norrtull, die E4, Freiheit.

Berlin.

Während sie im Stau standen, fasste sich Ecker plötzlich an den Kopf und verzog das Gesicht. Silfverbielke, der in seine eigenen Gedanken versunken war, nahm die Bewegung aus dem Augenwinkel wahr.

»Was ist los?«

Ecker drehte den Kopf und bewegte die Schultern. »Nur ein bisschen Kopfschmerzen. In den letzten paar Tagen war es ein bisschen zu viel. Ich musste vor unserer Reise noch einiges aus dem Weg räumen, weißt du, und allzu viel Schlaf habe ich auch nicht gehabt.«

Christopher Silfverbielke nickte. »Wenn du willst, kann ich fahren, dann kannst du dich ein bisschen hinlegen und ausruhen. Hast du Tabletten dabei? Wenn nicht, kannst du von mir welche haben.«

Ecker warf ihm einen kurzen Blick zu. »Meinst du das im Ernst? Von mir aus kannst du gern fahren. Versprich mir nur, dass du gut auf meinen Augenstern achtgibst.«

Christopher lächelte. »Ich werde ihn wie ein rohes Ei behandeln. Halt am Ostbahnhof an, dann wechseln wir uns ab. Wir gehen in den Laden und decken uns mit Wasser und etwas Proviant ein. Wir liegen ja gut in der Zeit.«

»Wann geht die Fähre?«, unterbrach ihn Johannes vom Rücksitz aus.

Silfverbielke drehte sich um und sah ihn ein paar Sekunden lang wortlos an.

Johannes Kruut fühlte sich sofort wieder unsicher. *Was für einen eiskalten Blick er nur hat! Ist er sauer auf mich? Hab ich ihm etwas getan? Ich war ja derjenige, der die ganze Rechnung bezahlt hat, als wir vor ein paar Wochen im East waren. Und er ist mit dieser geilen Braut nach Hause gegangen, die ich aufgegabelt habe. Was regt er sich da auf?*

»Spät, Johannes. Nur mit der Ruhe – ich sorge dafür, dass wir rechtzeitig dort ankommen.«

Silfverbielke lächelte, aber auf Johannes wirkte das Lächeln kalt.

Eine Dreiviertelstunde später näherte sich der Mercedes Södertälje. Die Stereoanlage lief mit angenehmer Lautstärke, und Hans Ecker schlief ausgestreckt auf dem Rücksitz, nachdem er zwei Schmerztabletten geschluckt und eine halbe Flasche Wasser getrunken hatte. Johannes Kruut saß jetzt auf dem Beifahrersitz und unternahm unbeholfene Versuche, mit Christopher ein Gespräch anzufangen. Nach einer Weile kam er zu dem Schluss, dass es besser war, damit zu warten. Irgendwann war auch er eingenickt und saß mit dem Kopf ans Seitenfenster gelehnt.

Ecker hatte seine Jacke ausgezogen, sie zusammengefaltet und auf die Mittelkonsole gelegt. Als Silfverbielke jetzt einen kurzen Blick darauf warf, sah er, dass sie mit dem Futter nach außen dalag und Eckers Brieftasche aus der Innentasche herausragte. Er blickte über die Schulter nach hinten auf den schlafenden Freund und anschließend auf Kruut, ehe er vorsichtig die Brieftasche herausfischte, auf seine Knie legte und aufklappte.

Die üblichen Kreditkarten, natürlich inklusive einer Platinum Card von American Express. Ein laminiertes Foto, das eine lächelnde Veronica zeigte. *Nice girl.* Ein paar Zettel, ein Führerschein, ein Firmenausweis von der Fondsverwaltung Fidelis. Und ein normaler Personalausweis.

Gut zu haben.

Silfverbielke zog in aller Ruhe den Ausweis aus der Brieftasche, ließ ihn in seine Brusttasche gleiten, klappte Eckers Brieftasche zu und steckte sie wieder zurück in die Innentasche von dessen Jacke.

Kapitel 11

Donnerstag, 1. Februar

Der Benz fraß Kilometer um Kilometer Asphalt auf der E4. Nachdem sie Nyköping passiert hatten, ging es schnell. Johannes Kruut war aufgewacht, sah verstohlen zu Christopher hinüber und schielte auf den Tacho, während er gleichzeitig versuchte, gleichgültig und entspannt dreinzublicken. *Er fährt ja fast zweihundert! Was, wenn jetzt die Bullen auftauchen?*

Gleich nach der lang gezogenen Kurve Richtung Norrköping, in einer verborgenen Nische neben der Autobahn, stand ein mit Radar ausgestatteter Streifenwagen der Verkehrspolizei von Östergötland.

Silfverbielkes scharfer Blick nahm das Polizeiauto wahr, bevor der Polizist es schaffte, mit dem Finger auf die Taste des Radargeräts zu drücken. Er sah auf den Tacho. Gut zweihundert.

Ein bisschen zu viel des Guten. Hundertfünfundsiebzig auf dem Radar wäre gerade richtig.

Er trat fest auf die Bremse. Die Luftfederung des Mercedes reagierte zur gleichen Zeit, als die Tachonadel einen Ruck machte.

Der Mercedes-SUV fuhr laut Radarmessung am Ende der Kurve hundertachtundsiebzig Stundenkilometer. Obwohl er einsah, dass es schwer sein würde, ihn einzuholen, legte Polizeiassistent Hultman mit dem Volvo einen Blitzstart hin, schaltete Blaulicht und Sirene ein und raste auf die Autobahn.

Christopher Silfverbielke bemerkte im Rückspiegel, wie das Blaulicht weit hinter ihm auf dem Asphalt auftauchte. Er lächelte schwach und drückte den rechten Fuß ein wenig nach unten.

»Chris! Was machst du da? Das ist doch die Polizei, mach langsam, verdammt noch mal!« Johannes Kruut klang nervös.

Silfverbielke antwortete nicht, packte das mit Leder bezogene Lenkrad noch fester und starrte geradeaus, während der Mercedes auf der Überholspur dahinraste.

»Mensch, Chris!« Kruut schluckte hart und hielt sich mit der Rechten am Handgriff fest.

Eine Delle im Asphalt rüttelte Hans Ecker auf dem Rücksitz wach. Benommen richtete er sich auf. Er schaute verwirrt umher, warf einen Blick nach hinten und sah in der Ferne das Blaulicht des Polizeiwagens, der ihnen folgte.

Ecker lachte leise. »Die Bullen sind unterwegs, Chris. Vielleicht solltest du ein bisschen langsamer fahren, damit sie nicht denken, dass sie hinter uns her sind …«

»Sie *sind* hinter uns her, Hans«, erwiderte Christopher ruhig.

Ecker schüttelte den Kopf. »Was zum Teufel sagst du da? Hinter uns? Wieso das denn?«

Silfverbielke lächelte ihm im Rückspiegel zu. »Nur mit der Ruhe, Hans, ich habe alles im Griff. Ich habe lediglich eine Kurve bei Norrköping ein bisschen zu schnell genommen. Das hier kann richtig lustig werden, du hast dir ja eine Rakete gekauft.«

»Du bist wirklich nicht ganz dicht, Chris!« Ecker setzte sich aufrecht hin, hielt sich an der Rückenlehne des Vordersitzes fest und warf einen Blick auf den Tacho. »Bist du wahnsinnig? Du fährst ja hundertachtzig! Die werden dir den Führerschein aus der Hand reißen, sobald sie uns anhalten. Sei wenigstens so vernünftig und nimm die nächste Ausfahrt, bevor sie einen Helikopter losschicken. Du kannst es immer noch auf der alten Straße runter nach Ödeshög versuchen, bis es sich hier wieder etwas beruhigt hat.«

Silfverbielke antwortete nicht, sondern hielt den Blick geradeaus auf die Straße gerichtet. Ecker blickte sich um. Das Polizeiauto hatte anscheinend Schwierigkeiten, aufzuholen. Als er wieder nach vorne auf den Tacho blickte, zeigte dieser zweihundertzehn an.

»Chris ...?«

»Leg dich hin und ruh dich aus, Hans«, erwiderte Silfverbielke leise. »Ich habe im Augenblick keine Lust auf Ausfahrten und alte Straßen. Ich kriege das schon hin, beruhige dich.«

Hans Ecker lehnte sich zurück und schloss die Augen. *Wie soll man sich bei Tempo zweihundertzehn beruhigen, wenn die Bullen mit Blaulicht und Sirene hinter einem her sind? Na ja, es ist zwar mein Auto – genauer gesagt, mein Geschäftswagen –, aber Christopher sitzt ja hinterm Steuer und muss seinen Führerschein vorzeigen.* Er hatte keine Ahnung, wie sein Freund sich in einer Diskussion mit den Bullen aus der Affäre zu ziehen gedachte, aber andererseits hatte er auch keine Angst, mit Christopher am Steuer schnell zu fahren, und ein bisschen Abwechslung machte das Ganze schließlich erst spannend.

Johannes Kruut hielt sich verkrampft am Handgriff fest, während seine Gedanken sich überschlugen. *Was wird die Polizei mit uns machen? Natürlich werden sie uns früher oder später einholen und anhalten – komme ich dann in die Zeitung? Was wird Papa sagen?* Die Reise fing nicht gut an, überhaupt nicht gut. Für einen Augenblick bereute er, dass er überhaupt auf diesen Berlintrip mitgekommen war.

Christopher Silfverbielke schaute ein weiteres Mal in den Rückspiegel und unterdrückte mühsam ein Gähnen. *Was für verdammte Amateure!* Musste er etwa anhalten und auf sie warten?

Offensichtlich.

Er nahm den Fuß ein wenig vom Gas und schaute erneut auf den Tacho. Hundertneunzig. Hundertfünfundsiebzig. Hundertsechzig. *Jetzt müssen sie sich aber zusammenreißen. Wofür zahlten die Leute Steuern?*

Polizeiassistent Hultman und sein Kollege Adolfsson hatten schon beinahe die Hoffnung aufgegeben, den Mercedes einzuholen und zu stoppen. Adolfsson saß auf dem Beifahrersitz und hielt das Mikrofon in der Hand. Er hatte gerade Verstärkung und einen Hubschrauber anfordern wollen, als er das Gleiche sah wie sein Kollege am Steuer: Der Wagen vor ihnen verlor an Geschwindigkeit. Was war da los? Ging ihm das Benzin aus? Hatte der Fahrer eingesehen, dass er unmöglich entkommen konnte?

Hultman drückte das Gaspedal bis zum Anschlag durch und stellte zufrieden fest, dass der Abstand zu dem SUV sich drastisch verringerte. Als er fünfzig Meter hinter ihm war, schaltete er das rote, blinkende Stopplicht ein, um dem Mercedes zu signalisieren, er solle auf dem Seitenstreifen anhalten.

Silfverbielke lächelte. Er bremste auf sechzig Stundenkilometer ab, fuhr auf den Seitenstreifen und zählte gleichzeitig. *Eins, zwei, drei …!*

Dann drückte er das Gaspedal durch, spürte die rohe Kraft des V8-Motors und etwas, das sich wie ein Tritt in den Rücken anfühlte, als der SUV wieder beschleunigte.

»Was zum Teufel!« Hultman packte das Lenkrad fester und drückte den rechten Fuß aufs Gaspedal.

Adolfsson warf ihm einen kurzen Blick zu. »Ich fordere Verstärkung an. Ove, der Kerl ist ja völlig verrückt!«

Hultman schüttelte den Kopf. »Nur mit der Ruhe, Bertil, wir schnappen ihn uns selbst, das sieht besser aus.«

Silfverbielke setzte das Spiel noch ein paar Minuten fort. Er verlangsamte die Fahrt und fuhr nach rechts, scheinbar um anzuhalten, gab dann plötzlich Gas und zog den Wagen auf die linke Spur. Ließ den Motor des Mercedes gegenüber dem lahmen Polizeivolvo seine ganze Power ausspielen, wie in einem Paarungsritual, bei dem der eine Teil immer wieder seine Überlegenheit zeigt.

Johannes Kruut war überrascht, als er vom Rücksitz plötzlich Hans Eckers Lachsalven hörte. »Chris, du verdammter Psychopath, was machst du da?« Noch eine Lachsalve. »Wie lange willst du noch mit den Jungs spielen? Willst du unbedingt deinen Führerschein loswerden, oder was?«

Silfverbielkes Grinsen wurde breiter. Er warf einen Blick auf Kruut, der jetzt so aussah, als müsse er sich jeden Moment übergeben. »Du hast recht, Hans, wir haben für so etwas keine Zeit. Dann werde ich mal das Spiel beenden ...«

Christopher lenkte den Wagen ruhig an den rechten Rand der Autobahn und nahm den Fuß vom Gaspedal.

Als der Mercedes ausgerollt war, schaltete Silfverbielke den Motor aus, legte zwei Finger auf das Lenkrad und sah lächelnd zu, wie der Polizeivolvo an ihm vorbeiglitt und vor ihm hielt.

»Verdammt! Ich würde viel darum geben, wenn ich jetzt eine Videokamera hätte!«, johlte Ecker vom Rücksitz, bog sich vor Lachen und legte sich wieder hin.

Johannes Kruut spürte Übelkeit in sich aufsteigen, doch just in dem Moment, als er glaubte, sich übergeben zu müssen, beruhigte sich alles, und er merkte zu seiner großen Verwunderung, wie er kurz davor stand, ebenfalls einen Lachanfall zu bekommen.

Christopher Silfverbielke schob den Schalthebel in den Parkmodus, lehnte sich ruhig zurück und starrte auf den Polizeiwagen, der mit rotierendem Blaulicht vor ihnen hielt. Langsam ließ er die linke Hand nach vorne zur Zentralverriegelungstaste gleiten. Mit einem leisen Klick schlossen sich die Türen des Mercedes.

Polizeiassistent Ove Hultman hatte zwei Jahre bei der Verkehrspolizei hinter sich und überlegte zum ersten Mal, ob er seine Dienstwaffe ziehen sollte. *Entspann dich, du hast zu viele Episoden von »Cops« gesehen*, dachte er beim Aussteigen. Immerhin hatte der Typ angehalten. Rede mit ihm und stelle ihm einen Strafzettel aus. Und anschließend wäre eine Kaffeepause nicht schlecht.

Bertil Adolfsson stieg ebenfalls aus und ließ den Blick einen Moment über die Felder von Östergötland schweifen, ehe er sich dem Mercedes zuwandte und hinter Hultman herging. Dabei gab er sich Mühe, cool auszusehen.

Perfekt. Ich könnte die beiden von hier aus abknallen. Zwei Schüsse, höchstens vier. Silfverbielke starrte geradeaus, vorbei an den beiden Polizisten, die sich vorsichtig näherten.

Hultman stand jetzt vor der Tür des Mercedes. Silfverbielke starrte immer noch geradeaus.

»Guten Tag, Verkehrspolizei Östergötland. Sie sind da hinten ein bisschen schnell gefahren. Kann ich mal Ihren Führerschein sehen?«

Silfverbielke verzog keine Miene. Hultman wand sich und wiederholte die Frage.

Schweigen. Die Sekunden tickten. Hultman wurde wütend. »Wir haben Sie in der Nähe von Norrköping mit einer Geschwindigkeit von hundertachtundsiebzig Kilometern pro Stunde gemessen. Ich will jetzt Ihren Führerschein sehen. Lassen Sie das Fenster herunter!«

Hans Ecker lag auf dem Rücksitz und gab sich größte Mühe, einen Lachanfall zu unterdrücken. Kruut hielt sich immer noch verkrampft am Handgriff auf der Beifahrerseite fest und konnte sich das Lachen nicht länger verkneifen. Er spürte, wie seine Wangen rot anliefen. Noch nie hatte er erlebt, dass jemand sich einem Polizeibeamten gegenüber derart benahm. Es war ein wunderbares Machtgefühl, obwohl er nicht die Hauptrolle spielte. Der Benz strahlte Macht aus, die Höhe des Fahrzeugs über dem Boden strahlte Macht aus, und die Tatsache, dass Chris sich den Polizisten gegenüber völlig gleichgültig benahm, strahlte mehr Macht aus, als Johannes seit Langem gesehen hatte.

»Es läuft nicht so, wie Sie sich das vorstellen.« Silfverbielkes Stimme klang eiskalt, als er langsam den Kopf nach links drehte und Hultmans Blick erwiderte.

Adolfsson zog die Augenbrauen zusammen und nahm neben seinem Kollegen eine straffe Haltung an. *Was ist da los? Ist der Typ psychisch krank?* Er versuchte vergebens, sich daran zu erinnern, was man ihm auf der Polizeihochschule über brenzlige Situationen beigebracht hatte. *Sei vorsichtig, Hultman. Wir haben es womöglich mit einem echten Verrückten zu tun …* Unbewusst wanderte die Hand in Richtung Holster, wo die Dienstwaffe steckte.

Ove Hultman wurde unsicher, unternahm jedoch einen neuen Versuch. »Ich will Ihren Führerschein sehen, und zwar sofort!«

Christopher Silfverbielke wandte den Blick von ihm ab und starrte erneut geradeaus durch die Windschutzscheibe. »Ich habe den Führerschein zu Hause vergessen.«

Hultman zögerte eine Sekunde. »Dann muss ich Sie bitten, sich anderweitig auszuweisen.«

Ecker kicherte auf dem Rücksitz, kauerte sich in Embryostellung zusammen und hielt sich wie ein Kind die Augen zu. Johannes Kruut spürte, wie die Wärme aus seinen Wangen wich und ihm allmählich das Lachen verging. *Das ist nicht mehr lustig. Was verspricht sich Christopher davon?* Johannes hatte nicht den blassesten Schimmer, wie sie hier heil herauskommen sollten, es sei denn, Christopher gab auf, ließ das Fenster herunter, zeigte dem Polizisten den Führerschein und unterschrieb den Strafzettel.

Hultman vernahm aus dem Inneren des Fahrzeugs ein Geräusch und beugte sich vor, um besser sehen zu können. »Wer liegt da auf dem Rücksitz?« Er bemühte sich weiterhin um einen bestimmten Ton.

Silfverbielke lehnte den Kopf gegen die lederne Nackenstütze und schloss für zwei Sekunden die Augen. Dann sagte er, ohne Hultman eines Blickes zu würdigen: »Das ist der böse Wolf. Er hat große Ohren, damit er dich besser hören kann, und eine große Nase, damit er riechen kann, wie es hier stinkt.«

Vom Rücksitz erklang Eckers schallendes Gelächter.

Hultman öffnete den Mund, aber Silfverbielke fuhr mit leiser Stimme fort. »Hören Sie gut zu, wenn Ihr Chef mit Ihnen redet – ich bin nämlich derjenige, der Ihr Gehalt bezahlt. Ich werde gleich meinen Ausweis ans Fenster halten, und Sie haben genau zwanzig Sekunden, um meine Personennummer und meinen Namen zu notieren. Mehr dürfen Sie nicht, und das wissen Sie.«

Hultman spürte Wut in sich aufsteigen und lief rot an. »Hören Sie endlich mit diesem Schwachsinn auf und öffnen Sie die Tür. Jetzt reicht es mir aber! Machen Sie auf und steigen Sie aus, oder …«

»Oder *was*?« Silfverbielkes eiskalte Stimme klang immer noch ruhig. »Sie können nichts machen, und das wissen Sie! Ich bin Rechtsanwalt, und wir beide wissen, wie das Ganze ausgehen kann, wenn Sie sich nicht an die Vorschriften halten. Niemand hier hat eine Straftat begangen, auf die Gefängnis steht. Ich denke nicht daran, das Fenster herunterzulassen oder die Tür zu öffnen. Sie haben kein Recht, sich ohne Durchsuchungsbeschluss Zutritt zu meinem Wagen zu verschaffen, und den haben Sie nicht und werden ihn auch nicht bekommen. Denken Sie an Polizeigesetz Paragraf acht – Verhältnismäßigkeitsprinzip.«

Hultman zögerte. *Rechtsanwalt. Nicht gut.* Verzweifelt versuchte er, sich an den Rechtskundeunterricht an der Polizeihochschule zu erinnern. Irgendwo zu Hause im Regal lag das Buch *Allgemeines Lehrbuch für den Polizeidienst*, eine Zusammenfassung in leicht verständlichem Schwedisch, was Polizeibeamte wissen mussten. Dreihundertfünfundvierzig Seiten. *Wer zum Teufel kann sich an das alles erinnern?*

Die Situation brachte ihn völlig aus dem Konzept. Er wusste nicht genau, was er durfte und was nicht. Der Mann hatte nichts getan, was das gewaltsame Eindringen in das Fahrzeug gegen den Willen des Fahrers rechtfertigte. Und Hultman hatte die Spezialausbildung, die es einem Beamten der Verkehrspolizei gestattete, eine sogenannte »fliegende Inspektion« vorzunehmen, nicht absolviert. Offensichtlich hatte er es mit einem Juristen zu tun, und ihm war klar, dass er sich später womöglich für sein Tun vor Gericht verantworten musste.

Nicht gut.

»… und aus reiner Freundlichkeit gebe ich Ihnen gleich Gelegenheit, die Angaben in meinem Ausweis abzuschreiben. Und dann fahre ich weiter, ist das klar?«

Hultman schluckte und sah Adolfsson verunsichert an, während Silfverbielke die Hand in die Brusttasche seines Hemds gleiten ließ. Der Kollege blickte genauso verunsichert drein wie Hultman. Offenbar war Adolfssons Gedächtnis nicht besser, wenn es um die Inhalte des Rechtskundeunterrichts ging. Zwischen dem, was man als Polizeibeamter tun zu dürfen glaubte, und dem, was man wirklich tun durfte, bestand ein großer Unterschied.

Adolfsson wusste es auch nicht. Er wusste nur, dass er unter keinen Umständen in der Zeitung oder in den Abendnachrichten im Fernsehen landen wollte, weil er und Hultman sich etwas gegen einen – womöglich prominenten – Anwalt hatten zuschulden kommen lassen. Sein Blick traf den von Hultman, und er glaubte, darin dieselben Gedanken zu lesen.

Ecker kicherte auf dem Rücksitz. »Verdammt noch mal, Chris, du bist mir vielleicht einer!«

Johannes Kruut spürte ein nervöses Lachen in sich aufsteigen. »Cool, Chris!«

Silfverbielke antwortete keinem von beiden. Er holte in aller Ruhe den Ausweis aus der Brusttasche und drückte ihn gegen das Seitenfenster, ohne die beiden Polizisten anzusehen.

»Zwanzig Sekunden, Henning. An Ihrer Stelle würde ich anfangen zu schreiben.«

»Ich heiße nicht …«

Silfverbielke fiel ihm ins Wort. »Fünfzehn Sekunden. Bei mir heißen alle Bullen Henning. Wollen Sie jetzt schreiben, oder nicht?«

Hultman hatte bereits zuvor Stift und Notizblock aus seiner Uniformtasche gefischt. Während seine Wut immer stärker wurde und sich mit Zweifel und Unsicherheit vermischte, kritzelte er die Informationen aus dem Ausweis auf seinen Block.

»Wie lautet Ihre Adresse?«, fragte er und gab sich erneut Mühe, energisch zu klingen.

Der Fahrer wandte ihm jetzt das Gesicht zu und starrte ihn durch das Seitenfenster an. Hultman erstarrte. Der Blick des Mannes war auf eine Art und Weise unangenehm, wie er es noch nie erlebt hatte. Stahlgraue, eiskalte Augen, die ihn zu durchbohren schienen.

»Die haben Sie in Ihrem Computer. Glauben Sie, ich zahle Steuern, damit Sie den ganzen Tag Zimtschnecken essen? Machen Sie gefälligst Ihre Arbeit, bevor ich sauer werde. Sie kennen die Vorschriften.«

Hultman wusste nicht mehr weiter. Während seiner Dienstjahre war ihm noch nie jemand begegnet, der es gewagt hatte, so mit einem Polizisten zu reden. Er sah sich nach seinem Kollegen um, doch der war hinter dem SUV verschwunden und notierte sich Kennzeichen und Fahrzeugmodell.

Plötzlich hatte Hultman eine Idee. »Ich will, dass Sie eine Atemprobe machen. Dazu sind Sie in einer solchen Situation gesetzlich verpflichtet. Wenn Sie sich weigern, müssen Sie zu einer Blutprobe mit auf die Wache kommen.«

»Sieh mal einer an.« Silfverbielke lächelte schwach. »Der kleine Henning ist auf einen Trick gekommen. Na gut, geben Sie mir Ihr bescheuertes Gerät, damit ich blasen kann. Aber beeilen Sie sich, ich habe nicht den ganzen Tag Zeit.«

Mit einem leichten Druck auf die Taste ließ Christopher Silfverbielke die Fensterscheibe zwei Zentimeter herunter, gerade ausreichend, damit das Röhrchen des Alkoholtestgeräts hindurchpasste.

»Stecken Sie das Röhrchen herein, damit ich blasen kann, aber nicht mehr, sonst gibt es Ärger.«

Hultman holte das Gerät aus der Tasche und versah es mit einem Röhrchen. *Wo ist Adolfsson? Hat er sich hinter dem Auto versteckt? Hat er Schiss?* Hultman musste sich widerwillig eingestehen, dass er ebenfalls Angst hatte, ohne richtig zu wissen, warum.

Er streckte die Hand aus und hielt das Gerät so nahe an die Fensterscheibe, dass das Röhrchen ins Auto gelangen konnte. »Blasen Sie, bis ich ...«

Silfverbielke bedachte ihn erneut mit einem eiskalten Blick. »Ich weiß, was ich tun muss.« Er holte tief Luft, setzte den Mund an das Röhrchen und blies hinein, bis das Gerät mit einem Piepton mitteilte, dass es die nötige Information erhalten hatte.

Im selben Moment, in dem Hultman das Gerät an sich nahm, ließ Silfverbielke das Fenster wieder hoch. Der Polizist warf einen Blick darauf und stellte fest, dass es nicht das geringste Anzeichen dafür gab, dass der Fahrer Alkohol im Blut hatte.

Das hat auch nicht geklappt. Was zum Teufel soll ich machen? Hultman riss sich zusammen und machte einen letzten Versuch. »Unser Radar hat gezeigt, dass Sie in einer Hundert-Kilometer-Zone hundertachtundsiebzig Kilometer pro Stunde gefahren sind. Geben Sie die Geschwindigkeitsübertretung zu? In diesem Fall brauche ich Ihre Unterschrift auf ...« Hultman fummelte in der Außentasche des rechten Hosenbeins nach einem Block. Als er wieder aufblickte und dem Fahrer in die Augen sah, verspürte er wachsendes Unbehagen.

»Ich gebe nichts zu. Wir sind miteinander fertig.«

Hultman hörte verwundert, wie der Motor des Mercedes mit einem Brummen startete, das schnell zu einem Dröhnen anwuchs. Ehe er darüber nachdenken konnte, was er als Nächstes tun sollte, setzte sich der SUV in Bewegung, fuhr um den geparkten Polizeiwagen herum und setzte seine Fahrt auf der E4 fort.

Hultmans Herz schlug fest in seiner Brust. Sein erster Impuls war, nach der Dienstwaffe zu greifen, einen Warnschuss abzugeben und, falls das nichts nützte, scharf zu schießen.

Dann sah er seinen Kollegen. Adolfsson stand stockstill und mit leerem Blick hinter der Stelle, wo soeben noch der große SUV geparkt hatte.

»Bertil …?« Hultman sah ihn an und fröstelte plötzlich.

Adolfsson zuckte zusammen. »Ähhh, ja, Ove?«

»Was zum Teufel machen wir jetzt?«

Adolfsson schüttelte leicht den Kopf und erwiderte den Blick des Kollegen. »Wir fahren weiter und machen Kaffeepause. Das machen wir, was, Ove?«

Allerhand Gedanken gingen Polizeiassistent Hultman durch den Kopf. Wenn er über diesen Vorfall einen Bericht schrieb, konnten er und Adolfsson Ärger bekommen. Schon jetzt konnte er sich die Fragen seines Vorgesetzten ausmalen. »Wieso haben Sie nicht Verstärkung angefordert? Wie konnten Sie ihn einfach laufen lassen? Wir hätten Ihnen einen Beamten mit der Befugnis für eine fliegende Inspektion schicken und diese Idioten aus dem Auto holen können. Woher wollen Sie übrigens wissen, ob der Wagen nicht mit Kokain oder Waffen beladen war? Und welche Beweise haben Sie, dass der Mann wirklich Jurist ist? Er hat Sie hinters Licht geführt, Hultman! Und jetzt wollen Sie auf der Basis Ihrer kümmerlichen Unterlagen einen Bericht zum Einzug des Führerscheins schreiben? Ich möchte nicht in Ihrer Haut stecken, wenn die Sache vor dem Amtsgericht landet …«

Nicht gut.

Er sah seinen Kollegen an. Der erwiderte kurz den Blick und schaute dann weg. Offensichtlich war ihm die Sache peinlich.

Hultman schlug den Notizblock an der Stelle auf, wo er das Kennzeichen des Mercedes und die Angaben im Führerschein des Fahrers notiert hatte. *Ecker, Hans Günther, geboren 1976 …*

»Ja, wir vergessen das Ganze und machen Kaffeepause, das ist wohl am besten.«

Adolfsson blickte erleichtert drein. »Ich lade dich ein.«

Hultman drehte den Kopf und ließ den Blick über die Autobahn wandern. Dann ging er zum Polizeiauto, nahm auf dem Fahrersitz Platz und ließ das Seitenfenster herunter. Der Geruch, der von den feuchten Äckern herüberwehte, fühlte sich plötzlich sauer an. Er riss den Zettel aus dem Block, knüllte ihn zusammen und drückte ihn mit einem Seufzer in das Ablagefach der Fahrertür. Dann fiel sein Blick erneut auf den Asphalt der E4.

Leer.

Als wäre der Mercedes nie dagewesen.

Kapitel 12

Donnerstag, 1. Februar

Anna Kulin hielt die Titelseite der Zeitung hoch, sodass alle rund um den Tisch sie deutlich sehen konnten.

> MÖRDER FREIGELASSEN –
> FINANZWELT ERSCHÜTTERT!

Sie blätterte irritiert ein paar Seiten weiter und las aus dem Artikel vor. »›Es ist vollkommen unakzeptabel, dass die Polizei nach über zwei Wochen anscheinend nicht die geringste Spur von dem Täter gefunden hat‹, sagt Lars-Olof Ek, Vorstandsvorsitzender der Banque Indochine, gegenüber der *Kvällspressen.* ›Ich kann dazu nur sagen, dass man dort wohl nicht ähnlich leistungs- und ergebnisorientiert ist wie bei uns in der Finanzbranche‹ …«

Nein, denn in unserer Welt spielt man nicht einfach Monopoly mit dem Geld anderer Leute und kommt nicht mit einem goldenen Fallschirm davon, wenn man Mist baut, dachte Jacob Colt verärgert. *In unserer Welt haben wir es mit Menschen zu tun, die sich selten so benehmen, wie man es erwartet. Und es ist ja immer einfach, gute Ratschläge zu erteilen, wenn man keinen blassen Schimmer hat, worum es geht …*

»Das hier ist nicht stichhaltig, wir müssen weiterkommen!«

Anna Kulin legte die Zeitung weg, zog ihren Stuhl mit einem kratzenden Geräusch näher an den Tisch und blickte in die Runde.

Die Männer saßen schweigend da. Jacob Colt erwiderte ihren Blick, Henrik Vadh hörte mit geschlossenen Augen zu, Sven Bergman, Magnus Ekholm und Björn Rydh blätterten in ihren Akten.

Jacob Colt wünschte, dass die Akten dicker wären und dass sie mehr Spuren hätten, die sie verfolgen konnten. Gleichzeitig seufzte er erleichtert bei dem Gedanken, dass Janne Månsson in Sachen Zeugenbefragung unterwegs war. Wenigstens würde es heute keine weitere Konfrontation zwischen Månsson und Kulin geben.

»Wir treten immer noch auf der Stelle«, fuhr Kulin fort. »Gibt es denn gar keine neuen Erkenntnisse?«

Colt dachte ein paar Sekunden nach. »Nein, nicht wirklich. Noch nicht. Wie Sie wissen, braucht man bei der Polizeiarbeit Geduld und Zeit. Manchmal muss man warten, dass der Täter einen einzigen kleinen Fehler begeht, der zu einem Durchbruch führt.«

Sie hatten genauso sorgfältig gearbeitet wie immer. Henrik und er hatten viele unkonventionelle Hypothesen durchgespielt, warum und von wem de Wahl ermordet worden war – und das nicht nur während ihrer Arbeitszeit.

Ohne zu irgendeinem Ergebnis zu kommen.

Bis jetzt deutete alles auf den Jungen, Barekzi, eine Hypothese, die Kulin anscheinend überhaupt nicht gefiel.

»Lassen Sie mich noch einmal zusammenfassen, was wir haben«, sagte Jacob ruhig und nahm ein paar Blatt Papier mit Notizen aus seiner Mappe.

Kulin sah ihn an und konnte ihren Frust nur mühsam verbergen. »Jacob, ich *weiß*, was wir haben, es sei denn, Sie zaubern plötzlich ein Kaninchen aus dem Hut. Die Frage ist, warum wir nicht mehr oder etwas anderes haben. Ist Ihnen eigentlich klar, wie viel Druck man mir in diesem Fall macht?«

Dann gib doch den Fall ab, wenn du den Druck nicht aushältst. Jacob war versucht, ihr dies ins Gesicht zu sagen, behielt den Gedanken aber für sich.

»Unmögliches wird sofort erledigt, Anna, aber Wunder dauern bei uns etwas länger. Falls Sie etwas wissen, das ich im Hinblick auf unsere weitere Vorgehensweise wissen sollte, können Sie es mir gern sagen. Die Finanzwelt funktioniert nun mal nicht so wie die Drogenszene am Sergels Torg, und manchmal waren wir gezwungen, behutsam zu agieren, um kein böses Blut zu wecken. Oder meinen Sie, ich soll sämtliche Chefs rund um den Stureplan zur Vernehmung vorladen, einfach nur, um ein bisschen im Ameisenhaufen zu stochern?«

Anna Kulin blickte auf einmal verlegen drein, was Jacob überraschte. Aber er nutzte die Gelegenheit und fuhr fort: »Der Obduktionsbericht sowie die Ergebnisse aus dem Staatlichen Kriminaltechnischen Labor und dem Rechtsmedizinischen Labor enthalten keine Überraschungen. De Wahl wurde bewusstlos geschlagen, vermutlich mit einem Stein, und anschließend ins Wasser geworfen, wo er ertrank. Es gibt Hinweise, dass er am Abend zuvor Alkohol getrunken hatte, was wir bereits vermuteten. Außerdem hat man Spermareste in seinem Anus gefunden, und dieses Sperma stammt laut DNA-Abgleich von Hamid Barekzi, der auch zugegeben hat, dass er mit de Wahl in der Nacht vor dem Mord Geschlechtsverkehr hatte.«

Keiner der um den Tisch Versammelten sagte etwas. Anna Kulin starrte auf den leeren Notizblock, der zwischen ihren Papieren lag. Jacob holte weitere Dokumente aus seiner Mappe.

»In der Wohnung fanden die Kollegen Fingerabdrücke von de Wahl selbst und von Hamid Barekzi, nicht zuletzt auf den Gläsern und Tellern, die herumstanden. Im Bett fanden sie Haare vom Mordopfer und von Hamid. Das Bettlaken enthielt Spuren von Haut, Kopfhaaren, Schamhaaren und

Sperma von allen beiden, samt Blut von Hamid. Der Junge hat erzählt, dass er beim Geschlechtsakt geblutet hat.«

Sven Bergman verzog das Gesicht und wandte den Kopf zur Seite. Vor seinem inneren Auge sah er, wie der betrunkene Finanzmann den Körper des Jungen zu seinem eigenen Vergnügen benutzte.

»Barekzi hat zugegeben«, fuhr Jacob fort, »dass er und Alexander de Wahl den Abend vor dem Mord zusammen verbracht haben. Sie haben gegessen, getrunken und bis weit in die Nacht hinein Sex gehabt. Der Junge behauptet, de Wahl sei verschwunden, als er aufwachte, und dass er dann selbst die Wohnung verlassen habe und direkt zur Autowerkstatt seines Onkels gefahren sei. Wir wissen, wann er dort auftauchte, aber das schließt natürlich weder das eine noch das andere aus. Hamid kann zur gleichen Zeit wie de Wahl aufgewacht sein, zusammen mit ihm die Wohnung verlassen und ihn am Strandvägen ermordet haben. Es kann auch sein, dass der Onkel lügt, um den Jungen zu schützen, und dass Hamid in Wirklichkeit zu spät zur Arbeit gekommen ist.«

Anna Kulin zeichnete gleich große Vierecke auf ihren Block, und zwar so fest, dass die Bleistiftspitze plötzlich abbrach.

»Aha. Und was ist mit dem Mantel? Und der Mütze?«

Sie sah Björn Rydh an, der ihren Blick ruhig erwiderte.

»An dem Mantel ließ sich keine DNA sicherstellen, vielleicht weil er im Wasser lag. An der Mütze fanden wir welche, aber die Suche im Register ergab keinen Treffer, weder bei bekannten Straftätern noch bei unaufgeklärten Fällen.«

»Genau!« Kulins Stimme klang wieder scharf. »Da der Junge Barekzi wegen seiner früheren Sünden im Register gespeichert ist und Sie ihm außerdem bei der Vernehmung eine DNA-Probe entnommen haben, hätte es einen Treffer geben müssen, wenn er der Mörder wäre.«

Colt schüttelte langsam den Kopf. »Nicht unbedingt. Das Problem ist, dass es zwei Zeugen gibt, die verschiedene

Abschnitte des Geschehens beobachtet haben. Der Zeuge, der am Morgen angerufen hat und den wir bisher nicht ausfindig machen konnten, hat einen Kerl gesehen, der einem am Boden liegenden Mann ins Gesicht schlug. Er sagte nichts darüber, wie der Angreifer gekleidet war. Der andere Zeuge – der Fotograf – hat von dem tätlichen Angriff überhaupt nichts mitbekommen. Er hat lediglich gesehen, wie ein Jogger stehenblieb, etwas aus der Manteltasche holte und auf den Boden warf, bevor er den Mantel auszog und ins Wasser schleuderte.«

Die Staatsanwältin sah Jacob skeptisch an. »Worauf wollen Sie hinaus?«

»Darauf, dass wir eigentlich nicht einmal wissen, ob der Jogger in irgendeinem Zusammenhang mit dem Mord steht. Wir wissen nicht, ob derjenige, der den Mantel ins Wasser geworfen hat, der Mörder ist. Und vor allem wissen wir nicht, ob die Mütze der Gegenstand war, den der Jogger laut Aussage des Fotografen weggeworfen hat. Die Mütze kann seit Tagen oder Wochen dort gelegen haben …«

Anna Kulin presste die Lippen zu einem dünnen Strich zusammen. *Kobra.* Jacob fuhr fort, bevor sie zuschlagen konnte.

»Dagegen wissen wir Folgendes: Barekzi hat gestanden, dass er seit längerer Zeit eine …«, Jacob zögerte, als er *homosexuelle* sagen wollte, fing sich aber schnell wieder, »… Beziehung mit Alexander de Wahl hatte. Er behauptet, Gefühle hätten dabei auch eine Rolle gespielt, beschreibt sich selbst aber gleichzeitig als de Wahls ›billige Hure‹. Er gibt zu, von de Wahl Geld als Gegenleistung für Sex erhalten zu haben. Ferner gibt er zu, dass er die Nacht vor dem Mord bei de Wahl verbracht hat, was auch die technischen Beweise bestätigen.«

»Das ist nicht stichhaltig!«

Wieder diese scharfe Stimme. Jacob Colt sah sie verwundert an. »*Was* ist nicht stichhaltig?«

»Er hat den Mord nicht gestanden und es gibt kein Motiv.«

Colt seufzte. »Wenn wir uns ausschließlich mit Personen zufriedengeben, die ein Geständnis ablegen und uns gleichzeitig ein Motiv geben, werden wir nicht viele Fälle lösen, und das wissen Sie! Wir werden ja sehen, was er uns nach ein paar weiteren Vernehmungen sagt. Vielleicht hat sein Onkel Druck auf ihn ausgeübt. Denken Sie daran, dass es zu einem großen Teil um Moral in der Familie geht, und dass Barekzi vielleicht gern gestehen würde, sich aber aus Angst vor dem Onkel nicht traut. Vielleicht hat er mehr Angst davor, dass der Onkel herausfindet, dass er …« Jacob zögerte erneut, fuhr aber fort: »… homosexuell ist, als dass er jemanden umgebracht hat!«

Anna Kulin sah Jacob Colt anklagend an. »Sie meinen also, dass Homosexuelle …«

»Ich *meine* gar nichts!« Jacob starrte sie an. »Ich will nur darauf hinweisen, dass verschiedene Lebensweisen in anderen Kulturen als der unseren völlig andere Konsequenzen haben können, ob uns das nun gefällt oder nicht.«

Jacob Colt fühlte sich plötzlich müde. Gewiss hegte er selbst – ohne genau sagen zu können, warum – tief in seinem Inneren nagende Zweifel, was Hamids Schuld anging. Obwohl alles darauf hindeutete, dass der Junge de Wahl umgebracht hatte, so … *war da irgendetwas, das nicht stimmte.* Es irritierte ihn, dass er und Anna Kulin die gleiche Ansicht vertraten, wenn auch aus unterschiedlichen Gründen. Er hatte keine Lust, ihr auf irgendeine Weise entgegenzukommen, und fragte sich manchmal, auf welcher Seite sie stand.

Kapitel 13

Donnerstag, 1. Februar

»Der böse Wolf …«, keuchte Ecker zwischen Lachsalven, »… der böse Wolf hat eine große Nase, damit er riechen kann, wie es hier stinkt! Wie zum Teufel kommst du bloß auf so was, Chris? Ich hätte gern das Gesicht von dem Bullen gesehen, als du das gesagt hast, aber ich musste so laut lachen, dass ich es nicht geschafft habe, mich aufzurichten.«

Johannes Kruut war vor lauter Lachen rot im Gesicht. »Ich habe den Bullen gesehen, Hasse, der hat ein verdammt langes Gesicht gemacht. Den hast du ganz schön verarscht, Chris!«

Christopher Silfverbielke saß zurückgelehnt auf dem Lederpolster und hatte die rechte Hand auf das Lenkrad gelegt. Ein schwaches Lächeln umspielte seine Lippen. »Was glaubt ihr wohl, meine Herren, was diese Ordnungshüter heute in ihrem Bericht schreiben werden?«

»Fahren mit überhöhter Geschwindigkeit natürlich«, antwortete Johannes eifrig, »aber sonst nichts, da brauchst du keine Angst zu haben, Chris.«

Ecker stützte die Ellenbogen auf die Lehne des Vordersitzes und schüttelte nur den Kopf, während er versuchte, sich zu beruhigen.

»Nichts.« Silfverbielkes Stimme klang für einen Augenblick wieder eiskalt. »Rein gar nichts. Wenn die Typen auch nur ein bisschen Verstand besitzen, schreiben sie über den Vorfall keine einzige Zeile.«

»Ich glaube, du hast recht, Chris«, sagte Hans. »Es ist wohl am klügsten, wenn sie es bleiben lassen. Übrigens, ich würde mich freuen, wenn du bei der nächsten Tankstelle anhältst. Ich muss nämlich mal …«

Christopher nickte ihm im Rückspiegel zu.

Johannes Kruut verfiel eine Weile lang in nachdenkliches Schweigen. Obwohl das Trio im Lauf der Jahre viele lustige Augenblicke miteinander erlebt hatte und er sicher war, dass Christopher und Hans ihn als Freund betrachteten, fühlte er sich manchmal ein bisschen ausgeschlossen. Unzählige Male hatte er notgedrungen einsehen müssen, dass die beiden intelligenter waren und mehr Lebenserfahrung und nicht zuletzt mehr Mut hatten als er. Genauso oft hatte er gedacht, dass er alles darum geben würde, aufzuholen und sich ihnen ebenbürtig zu fühlen. Außerdem hätte er gern ein festeres Band mit Christopher geknüpft. Hans gab sich ihm gegenüber stets freundlich und offen, aber Silfverbielke war ein Rätsel, ein spannendes Rätsel, das Johannes imponierte und das er ergründen wollte. Er unternahm erneut einen Versuch, ein Gespräch anzufangen.

»Was du da gemacht hast, verdient wirklich die volle Punktzahl, Chris!«

Zu Kruuts großer Freude lächelte Christopher ihn an.

In Silfverbielkes Hirn überschlugen sich die Gedanken. *Unerwartete Hilfe von Kruut, ohne dass er es weiß. Bingo.*

Er wusste nicht mehr genau, wie lange es schon her war, dass er auf die Idee mit dem Punktesystem gekommen war. Er hatte einfach nur auf den richtigen Zeitpunkt gewartet, um Johannes und Hans einzuweihen.

Offensichtlich war dieser nun gekommen.

»Findest du das wirklich, Johannes?« Christopher sah Kruut erneut an. »Ich wollte gerade sagen, fünf Punkte, aber okay.«

Kruut wurde augenblicklich unsicher. »Ähhh … wie meinst du das jetzt?«

»Fühlst du dich manchmal gelangweilt?« Silfverbielkes Stimme klang warm und freundlich wie schon lange nicht mehr.

Johannes Kruut überlegte. Sich gelangweilt fühlen? Nein, wieso sollte er das? Er hatte ja einen Spitzenjob im Familienunternehmen. Gewiss, einige der Angestellten schienen ein wenig neidisch auf ihn zu sein, aber damit konnte er leben. Das Verhältnis zu seiner Familie war gut, obwohl sein Vater sich manchmal Sorgen um ihn machte. Er hatte eine schöne Wohnung und …

Doch plötzlich traf ihn die Wahrheit wie ein Schlag. Sein Leben war beschissen, so einfach war das. Den Job behielt er nur, weil die Firma dem Herrn Papa gehörte, er hatte nie eine richtige Beziehung gehabt, außer Hans und Christopher hatte er keine Freunde, und er verbrachte einen Großteil seiner Freizeit mit Fernsehen und Surfen im Internet. Wenn er etwas war, dann gelangweilt!

Er gab sich Mühe, möglichst gleichgültig zu klingen. »Ich glaube, ich weiß, was du meinst. In unserer Situation hat man das meiste schon gemacht, und alles ist ein bisschen lahm. Gelangweilt? Ja, natürlich …«

Johannes sah Christopher fragend an. Der lächelte nur, ohne den Blick von der Straße zu nehmen.

»Wie praktisch, Johannes. Wir sind nämlich auch ziemlich gelangweilt, stimmt's, Hans?«

»Da hast du recht. Das Leben ist verdammt trist. Wir müssen irgendwas finden.«

»Ganz meine Meinung.« Christopher lächelte Hans kurz im Rückspiegel an, bevor er sich Johannes zuwandte. »Was du da vorhin über Punkte gesagt hast, ist in diesem Zusammenhang besonders interessant. Ich habe einen Vorschlag für euch beide …«

Während der nächsten paar Minuten erläuterte Christopher Silfverbielke ihnen in groben Zügen seine Idee. Die drei würden in Zukunft zusammen oder jeder für sich Punkte für diverse Taten bekommen, die hauptsächlich aus Gesetzesverstößen bestanden. Für jede Tat würde es Punkte geben, und derjenige, der bis Ende Oktober die meisten Punkte gesammelt hatte, würde zwanzig Millionen Kronen aus dem gemeinsamen Fonds ausbezahlt bekommen. Der Wert des Fonds würde bis zu diesem Zeitpunkt so kräftig gestiegen sein, dass die Auszahlung ihn kaum bedrohen oder nennenswert aushöhlen würde. Dagegen würden zwanzig Millionen in bar das Leben für denjenigen, der sie ausbezahlt bekam, bedeutend aufregender machen.

Ein paar Minuten lang herrschte Schweigen, ehe Hans Ecker als Erster einen Kommentar abgab. »Die Idee ist wirklich interessant, Chris. Aber wie viel muss man riskieren, um diese Punkte zu bekommen? Wie hast du dir das Ganze vorgestellt? Was sollen wir machen? Und wo liegt die Grenze?«

»Es gibt keine Grenze.« Silfverbielkes Antwort erfolgte blitzschnell. »Wie viele Punkte wir für was vergeben, darüber müssen wir uns noch einig werden, aber ich stelle mir eine ganz langsam ansteigende Skala vor, die im Lauf der Reise eventuell revidiert werden muss. Natürlich müssen wir uns auch darüber einig werden, wie einzelne Taten dokumentiert werden müssen, damit es Punkte dafür gibt. Aber ich denke mir zum Beispiel, dass die Sache mit der Polizeikontrolle fünf Punkte wert sein könnte.«

Johannes Kruut überlegte schnell. »Wie viel bekomme ich, wenn ich unterwegs etwas klaue?«

»Das hängt wohl davon ab, was du klaust.« Silfverbielke warf ihm einen Blick zu. »Aber versuch es einfach, dann werden wir schon sehen. Was hältst du davon, dass du uns bei der nächsten Tankstelle ein paar CDs oder DVDs besorgst? Fünf Punkte.«

Kruut nickte.

Idiot, dachte Silfverbielke und blickte erneut in den Rückspiegel. Ecker sah aus, als wäre er tief in Gedanken versunken.

»Was sagst du dazu, Hans? Bist du dabei?«

»Tja …«, Ecker klang ein wenig zögerlich, »… das klingt wie eine coole Idee. Aber wohl auch ein bisschen riskant, oder?«

»Nicht, wenn wir es richtig anstellen, und das tun wir ja auch.«

Ecker nickte. »Ich muss mir überlegen, wie ich gegen euch beide gewinne.« Er lachte leise.

»Tu das …«, erwiderte Silfverbielke, »…das hast du auch bitter nötig.«

Die Dunkelheit hatte sich bereits über die E4 gesenkt, als die drei Freunde ihr spätes Mittagessen in einer der unzähligen schlechten Raststätten einnahmen, zu denen es keine Alternative gab, wenn man nicht einen längeren Abstecher weg von der Autobahn in Kauf nehmen wollte.

Christopher Silfverbielke wäre eigentlich lieber in einem besseren Restaurant in Jönköping eingekehrt. Aber da er es unbedingt rechtzeitig zur Fähre schaffen wollte und niemand wusste, wie sich das Winterwetter in der Provinz Schonen entwickeln würde, ging er lieber auf Nummer sicher.

Da er Ecker angeboten hatte, weiterhin am Steuer zu sitzen, sah dieser keinen Grund, auf ein paar Gläser Starkbier zu verzichten. Christopher verließ bei Gränna die Autobahn und hielt an einer Tankstelle.

Als Silfverbielke aus der Toilette kam, ließ er den Blick durch den Laden schweifen und tat dabei so, als würde er ziellos zwischen den Regalen herumlaufen. Es gab zwei Überwachungskameras an der Decke, eine hier und die andere weiter hinten. Wie gewöhnlich waren sie mit Monitoren hinter dem Verkaufstresen verbunden, wo ein junges Mädchen und ein etwas älterer Mann standen. Der Mann war gerade damit beschäftigt, einem unrasierten Lastwagenfahrer in schmutzigen Jeans und einem hässlichen Karohemd eine dicke Wurst mit Kartoffelbrei und Gurkenmayonnaise zu servieren. *Was für ein Schwein! Ich könnte dem Fahrer draußen zwischen zwei Sattelschleppern eins mit dem Schraubenschlüssel überziehen und der Gesellschaft damit einen Dienst erweisen.* Das Mädchen nahm gerade von dem Kunden, der als Erster in ihrer Reihe stand, die Bezahlung für Benzin und allerhand Waren entgegen.

Ruhig.

Christopher blieb bei dem DVD-Ständer stehen. Auf dem Preisschild las er: *Nur 199 Kronen!*

Er lächelte. *Was für ein Witz.* So eine DVD zu pressen, kostete höchstens fünf Kronen. Hundertneunundneunzig konnten andere bezahlen, wenn sie wollten.

Er vergewisserte sich, dass er mit dem Rücken zur Kamera stand, und ließ die vier Filme, die er sich ausgesucht hatte, ruhig in die Manteltasche gleiten. Danach ging er zum Süßwarenregal, nahm drei Packungen Schokokekse und stellte sich bei dem Mädchen an. Als er an der Reihe war, ließ er sie keine Sekunde aus den Augen.

Sie war hübsch, richtig hübsch. Neunzehn, vielleicht zwanzig, blond, schlank, die Brüste okay. Obwohl man heutzutage nie wissen konnte ... Push-up-BHs und Silikonimplantate waren ein körperlicher Betrug, der ihn irritierte.

Sie wurde rot, als sie seine Blicke spürte.

»Viel los heute Abend?« Er lächelte, was sie noch mehr erröten ließ. Sie schluckte und nickte.

»Ja, das kann man wohl sagen ...« Sie spürte, wie sich die Hitze über ihre Wangen ausbreitete. *Mein Gott, wie attraktiv!* Und er kam aus Stockholm, das konnte man hören.

Silfverbielke senkte die Stimme. »Müssen Sie heut noch lange arbeiten?«

»Ich … ja, bis um zehn …« Sie war unsicher und blickte sich schnell um, um sich zu vergewissern, dass ihr Kollege Stig nicht mithörte. *Was will der Typ von mir? Will er mich einladen …?*

Er nickte verständnisvoll. »Schade, das wäre schön gewesen. Vielleicht ein andermal. Könnten Sie mir Ihre Telefonnummer geben?«

Helena Bergsten zögerte, aber nicht lange. Sie wünschte, ihre beste Freundin Mathilda hätte gesehen, wie attraktiv der Typ war, denn es würde schwierig werden, ihn mit Worten zu beschreiben. Sie zog einen Notizblock heran, kritzelte »Helena« und ihre Handynummer darauf, riss den Zettel ab und schob ihn mit zitternder Hand über den Verkaufstresen.

Der Schönling warf einen Blick auf den Zettel, faltete ihn sorgfältig zusammen und steckte ihn in die Tasche. Er sah ihr tief in die Augen. Ohne ein Wort legte er einen Hundertkronenschein auf den Verkaufstresen, drehte sich um und verließ schnellen Schrittes den Laden.

Helena sah ihm lange nach, als er zu dem großen Mercedes bei Zapfsäule vier ging.

Als sie eine Viertelstunde später in dem kleinen Aufenthaltsraum eine Kaffeepause einlegte, musste sie immer noch an ihn denken. Seine Stimme hatte ihr Schauer durch den Körper gejagt, und sein Blick hatte sich angefühlt, als würde er in ihr Innerstes vordringen und alles offenlegen. Er hatte schöne Hände gehabt, und Helena lief rot an, als sie daran dachte, dass sie überhaupt nichts dagegen gehabt hätte, diese auf ihrem Körper zu spüren.

Bisher hatte ihr Leben aus einer langen Routine ohne Überraschungen bestanden. Helena Bergsten war in Gränna geboren und aufgewachsen und dachte betrübt, dass sie im Leben wohl nie weiter kommen würde, zumindest nicht, wie es derzeit aussah. Nach einer Ausbildung als Krankenpflegeassistentin war sie wie so viele andere arbeitslos geworden, bis Claes, ein

Freund ihres Vaters, sich ihrer erbarmt und ihr einen Job in der Tankstelle gegeben hatte.

Gewiss, an der Tankstelle gab es eigentlich nichts auszusetzen. Claes war nett, und Stig, mit dem sie manchmal zusammenarbeitete, ebenfalls. Aber es reichte ihr nicht, mit netten Leuten zusammenzuarbeiten, Benzin und Bratwürste zu verkaufen und den Boden zu schrubben. Helena Bergsten wollte mehr, hatte aber bis jetzt keine Ahnung, wie sie diesem Gefängnis, das Gränna ihrer Meinung nach war, entrinnen konnte.

Und dann war da noch Niklas. Sie war mit ihm zusammen, seit sie sechzehn war, und es fing an, schwierig zu werden. Niklas war zwei Jahre älter und arbeitete im Fuhrunternehmen seines Vaters als Müllwagenfahrer. Als sie sich kennengelernt hatten, hatte sie ihn attraktiv gefunden, und außerdem hatte es sich befreiend angefühlt, ihren Mopedsitz gegen seinen Volvo 740 einzutauschen. Aber das war Schnee von gestern. Mehr als Tanzmusik aus dem Kassettenrekorder und Petting auf dem Autositz hatte Niklas ihr nicht bieten können, zumindest nicht bis zu dem Tag, als sie bei hastigem Sex in seinem Zimmer ihre Unschuld verloren hatte. Niklas hatte zufrieden gewirkt und überhaupt nicht verstanden, warum sie hinterher geweint hatte. Aber sie hatte erkannt, dass es sinnlos gewesen wäre, es ihm zu erklären.

In letzter Zeit war er immer eifersüchtiger geworden, vor allem seit sie sich von ihren Eltern Geld geliehen, sich einer Schönheitsoperation unterzogen und ihre ursprünglich winzigen Brüste durch zwei schöne, runde und sehr ansehnliche ersetzt hatte. Wenn Niklas arbeitete, tauchte er immer wieder unter irgendeinem Vorwand an der Tankstelle auf und rief sie vier oder fünf Mal während ihrer Schicht auf dem Handy an. Er wollte wissen, mit wem sie sich getroffen hatte und welche Kunden in die Tankstelle gekommen waren.

Er war einfach nur lästig.

Helena wohnte in einem Zimmer mit eigenem Eingang im Haus ihrer Eltern in Gränna. Sie liebte Abende, an denen sie allein war und einfach nur chillen, sich einen Film anschauen, im Internet surfen oder mit Mathilda telefonieren konnte. Dann gab es auch noch Abende, an denen sie zusammen mit Mathilda nach Jönköping fuhr, in einer Kneipe ein Bier trinken oder ins Kino gehen wollte.

Niklas gefiel das überhaupt nicht.

Helena Bergsten seufzte. Es war wohl Zeit, die Beziehung bald zu beenden. Gewiss, Niklas war ein feiner Kerl, aber wenn er sein Benehmen nicht ändern und ihr hin und wieder ein bisschen mehr Freiraum zugestehen würde, konnte sie es nicht mehr lange mit ihm aushalten.

Außerdem war sie neunzehn und hatte erst einen einzigen Freund gehabt. Und jetzt tauchte plötzlich dieser attraktive Typ mit der wunderbaren Stimme auf. Sie fragte sich, ob er sich wirklich bei ihr melden würde …

Kapitel 14

Donnerstag, 1. Februar

Christopher Silfverbielke drehte den Zündschlüssel um und warf einen Blick nach rechts. Als er Johannes sah, der schnellen Schrittes auf den Wagen zulief, fiel ihm auf, dass dessen Manteltasche ein wenig ausgebeult war.

Hans Ecker hatte bereits auf dem Rücksitz Platz genommen, und sobald Kruut die Tür zugeschlagen hatte, gab Christopher Gas und jagte den Mercedes wieder auf die E4.

»Schaut mal her!«, sagte Kruut zufrieden, leerte seine Taschen und hielt triumphierend zwei CDs und eine DVD hoch.

»Gut gemacht, Johannes!«, sagte Hans aufmunternd vom Rücksitz. »Aber gib mal her und lass mich sehen. Wir müssen wohl etwas für deinen Geschmack tun.« Er riss die Hüllen an sich und las laut: »*Ingemar Nordströms Saxofonparty Achtzehn* und *Best of Country & Western Hits*, verschon mich bloß damit, Johannes! Und was ist das für ein Film – ein deutscher Porno?« Ecker lehnte sich in den Sitz zurück und johlte vor Lachen.

Johannes klang beleidigt. »Ich dachte, die Mädels auf dem Cover sehen scharf aus!«

»Na ja«, sagte Silfverbielke, »wir können ihn uns morgen im Hotel anschauen. Ich glaube, du hast trotzdem fünf Punkte für diese kleine Aktion verdient. Oder was meinst du, Hans?«

Ecker nickte. »Das ist okay. Jetzt hat jeder von euch fünf Punkte, wenn du mit fünf für die Bullennummer zufrieden bist. Ich frage mich nur, was ich machen soll, um aufzuholen.«

Johannes Kruut drehte sich um. »Das wird schon, Hans«, sagte er, »dir wird schon noch was Gutes einfallen, da bin ich mir sicher.«

Ecker schwieg einen Augenblick, ehe er antwortete: »Ich mir eigentlich auch …« Er lehnte sich zurück und ließ die Gedanken schweifen. Er fühlte sich jetzt gut. Eine Line Kokain wäre übrigens nicht schlecht gewesen. »Ist einer von euch Herrschaften zufällig an ein bisschen Medizin interessiert?«

Kruut zuckte zusammen. Hans und Christopher waren diejenigen gewesen, die ihn in die Welt des weißen Pulvers eingeführt hatten. Er hatte die Droge nicht mehr als zehn oder höchstens fünfzehn Mal probiert, aber sie hatte jedes Mal – oft während langer Nächte in den angesagten Clubs um den Stureplan – Wunder im Hinblick auf sein Selbstbewusstsein und seine Potenz bewirkt. Leider hatte diese Kombination nicht dazu geführt, dass er mit ausreichend vielen Mädels, von denen er träumte, im Bett gelandet war, aber einige hatten angebissen, und er war sich sicher, dass es nur eine Frage der Zeit war, bis es mehr wurden. Er drehte sich auf dem Sitz um. »Hast du Koks dabei? Ich würde mir jetzt gern eine Line reinziehen.«

»Wir warten damit.« Silfverbielkes Stimme ließ keinen Raum für Diskussionen. »Wir haben nur ein paar Stunden bis zur Abfahrt der Fähre, und es wäre doch schade, wenn wir aus dem Takt kämen, oder?«

Ecker nickte. »Du hast recht. Wir ziehen uns das Zeug auf der Fähre rein, vielleicht brauchen wir das, um in Form zu kommen. Mein Bauchgefühl sagt mir, dass diese alte Kiste keine Garantie dafür ist, dass wir dort Spaß haben können.

Und ich will Spaß haben. Vor allem brauche ich einen ordentlichen Fick.«

Silfverbielke blickte in den Rückspiegel und zog eine Augenbraue hoch. »Ich dachte, du bekommst zu Hause alles, was du brauchst.«

»Versteh mich nicht falsch, Veronica ist in jeder Hinsicht spitze. Aber sie ist halt wie alle Weiber. Am Anfang ist bei uns im Bett die Post abgegangen und wir haben fast alles ausprobiert. Dann war bei ihr irgendwann die Luft raus, und jetzt ist es meist wie in einer typischen Ehe. Sie redet ständig davon, dass sie Kinder will, und ich würde gern mit ihr in einen Swingerklub gehen, aber das passt halt nicht zusammen. Und außerdem – es ist zwar toll, jeden Tag Rinderfilet zu essen, aber das heißt noch lange nicht, dass man nicht ab und zu eine Bratwurst mit Brot haben will, oder?«

Er lachte, und die anderen stimmten ein. »Ich weiß, was du meinst, Hans«, sagte Christopher. »Aber keine Angst, eine innere Stimme sagt mir, dass du auf dieser Reise alles bekommst, was du willst – wart einfach ab.«

Ecker lehnte sich zurück. Auf Chris war Verlass.

Als sie die Grenze zur Provinz Schonen erreichten, waren Johannes Kruut und Hans Ecker auf ihren Sitzen eingeschlafen. Sie wachten auf, als der Wagen anhielt, und richteten sich schlaftrunken auf.

»Was ist los, Chris?«, fragte Johannes.

Silfverbielkes Stimme klang ruhig. »Nichts Besonderes. Ich muss mir nur eine Packung Kaugummis besorgen und auf die Toilette gehen. Bin gleich wieder zurück.«

Er ging in den Tankstellenshop, sah sich um und fand schnell, wonach er suchte. Er nahm die Packung mit dem Mobiltelefon und ging damit zur Kasse. Als er sie auf den Verkaufstresen legte, stellte er zu seiner Verwunderung fest, dass die Verpackung aufgebrochen war.

Der Mann hinter der Theke lächelte ihn an. »Die meisten, die so ein Ding kaufen, wollen gleich damit telefonieren. Und dann sind die Akkus nicht aufgeladen, und der Kunde ist sauer. Ich will keine unzufriedenen Kunden, also lade ich die Akkus gleich auf.«

Silfverbielke sah den Mann verwundert an. Er war fett, sah aber in seiner Tankstellenuniform ordentlich aus. Er sprach ein gepflegtes Schonisch, aber was am wichtigsten war – er hatte *mitgedacht!* Eine Leuchte unter all diesen Idioten. Christopher nickte ihm wohlwollend zu. »Ausgezeichnet, das nehme ich. Und dazu eine SIM-Karte und eine Prepaidkarte.«

»Gern. Möchten Sie Telia oder Comviq?«

»Geben Sie mir Comviq und eine Karte über fünfhundert Kronen.«

»Nanu, da müssen Sie aber viel telefonieren, nehme ich an.«

Silfverbielkes Stimme klang niedergeschlagen und kühl. »Meine Mutter hat Krebs und liegt im Sterben in einem Krankenhaus.«

Der Tankstellenleiter blickte auf. »Oh, Verzeihung, ich wollte Ihnen keinesfalls zu nahe treten …«

Innerlich dachte er: Du hast ein fettes Bündel Scheine und fährst einen Mercedes-SUV, der mehr kostet, als ich in mehreren Jahren verdiene. Trotzdem hast du kein Handy, und plötzlich fällt dir ein, dass du eins kaufen musst, um deine krebskranke Mutter anzurufen …

Christopher nickte ihm beschwichtigend zu und fing an, Fünfhunderterscheine von dem Bündel abzuzählen. »Wie viel kostet die SIM-Karte?«

»Die geht auf mich. Das Telefon ist neunhundertfünfundneunzig, plus fünfhundert für die Prepaidkarte, macht zusammen vierzehnhundertfünfundneunzig Kronen.«

Christopher bezahlte. »Danke. Haben Sie auch einen extra Akku und ein Autoladegerät?«

Der Mann nickte und holte die gewünschten Gegenstände hervor. Weitere Geldscheine wechselten den Besitzer.

Christopher legte die SIM-Karte ein und lud Guthaben mit den Codes der vier Prepaidkarten auf.

Wortlos steckte er alles in seine Taschen, ging auf die Toilette und schloss die Tür ab. Er holte das Handy und den Zettel mit Helenas Nummer hervor, trug diese in das Handy ein und verfasste schnell eine SMS an sie:

> *Danke, dass du mir deine Telefonnummer gegeben hast. Ich muss ständig an dich denken. Bin geschäftlich nach Deutschland unterwegs, würde mich aber gern mit dir treffen, wenn ich zurück bin. Möchtest du mit mir essen gehen? Liebe Grüße, Hans.*

Als er in den Wagen stieg, sah Johannes Kruut ihn verwundert an. »Wieso hat das so lange gedauert?«

Silfverbielke sah ihn lange an. »Ich glaube nicht, dass du das so genau wissen willst.«

Er startete den Wagen und fuhr wieder auf die E4.

»Das macht bitte sechshundertsiebzig Kronen.« Helena Bergsten lächelte den Kunden an und nahm das Geld entgegen. Als ihr Handy auf dem Verkaufstresen vibrierte, zuckte sie zusammen, gab dem Kunden schnell das Wechselgeld und die Quittung und griff danach.

Eine Nachricht empfangen. Sie drückte auf »Zeigen« und las den Text.

Sie erkannte weder die Nummer noch den Namen, wusste aber sofort Bescheid. Ihr ganzer Körper wurde warm, aber sie zögerte einen Augenblick, ehe sie ihren Mut zusammennahm, auf »Antworten« drückte und schrieb:

> *Gern! Wann, wo, wie? Liebe Grüße, Helena.*

Sie drückte auf »Senden« und blieb lange mit dem Telefon in der Hand und einem Lächeln auf den Lippen stehen.

»Die Queen Mary ist es ja nicht gerade, aber für heute Nacht wird es wohl reichen.« Hans Ecker hielt die Kabinentür mit einer Hand offen und schaute hinein.

Silfverbielke sagte nichts, verzog nur das Gesicht und machte seine Tür auf. Johannes, dessen Kabine neben der von Christopher lag, klang etwas positiver. »Ja, aber so schlecht ist es doch nicht. Ich finde, sie sieht sauber und gut aus. Und wir halten uns sowieso nicht in den Kabinen auf, sondern machen Party, oder, Jungs?«

Eine Stunde später verließ die »Peter Pan«, ein Fährschiff der TT-Line, den Hafen von Trelleborg und nahm über dunkle Gewässer Kurs auf Travemünde. Die drei Freunde aßen vom Buffet in einem der beiden Bordrestaurants, und Kruut und Ecker bogen sich vor Lachen, als Christopher den kostenlosen Wein aus dem Zapfhahn als »eine tragische Mischung aus deutschem Traubensaft und französischer Ziegenpisse« beschrieb, bevor er ein paar bessere Flaschen Wein bestellte und sich bereit erklärte, dafür zu bezahlen.

Um das erbärmliche Essen zu überstehen, stärkten die drei sich mit ein paar Schnäpsen. Anschließend zog sich jeder in Eckers Kabine eine Line Kokain rein.

Im Duty-Free-Shop kauften sie eine Geschenkpackung mit Produkten von Hugo Boss sowie mehreren Flaschen Glengoyne-Whisky für Björn Hamberg. Dazu kamen fünfzehn weitere Flaschen Wein und Spirituosen unterschiedlicher Marken mitsamt einer halben Tüte mit dunkler Schokolade und Dosen mit Cashewnüssen. Sie brachten die Waren in Hans Eckers Kabine und begaben sich anschließend in den Salon und die Bar, in der Hoffnung, noch etwas aus dem Abend zu machen.

Doch die Hoffnung starb sofort. Im Salon saßen etwa zehn Personen an den kleinen Tischen rund um die lächerliche Fläche, die einen Tanzboden darstellen sollte. Vier der Anwesenden waren Lastwagenfahrer, von denen jeder ein Bier vor sich stehen hatte. In der Bar stand ein müder Barkeeper über den Tresen gebeugt und starrte auf zwei Fernsehbildschirme, auf denen ein Fußballspiel und eine deutsche Quizshow liefen.

Silfverbielke gab sich äußerste Mühe, um keinen Wutanfall zu bekommen. *Was für eine verdammte Spelunke!* Er hatte etwas Besseres verdient. *Ich haue gleich jemandem eins in die Fresse, und zwar fest.* Er schloss kurz die Augen, um sich zu beherrschen. »Setzt euch schon mal hin, Jungs, ich hole uns was zu trinken.«

Während Johannes und Hans sich auf Sesseln an den Tischen niederließen, ging Christopher zur Bar. Der müde Barkeeper blickte zu ihm auf. Silfverbielke lächelte. »Na, wann geht die Party los?«, sagte er scherzhaft.

Der Barkeeper war Mitte fünfzig, spärlich behaart und übergewichtig. Er hatte eine platte Boxernase und lückenhafte Zähne, denen man zu viele Zigaretten ansah.

»Hier war schon lange nichts mehr los«, sagte er in breitem Schonisch. »Jetzt sind hier nur noch Lastwagenfahrer. Das ist kein Partyschiff, wenn man das so sagen kann. Was darf es sein?«

Silfverbielke seufzte. *Das heißt nicht »Was darf es sein?«, du Idiot. Das heißt »Guten Abend, was wünschen Sie, mein Herr?«* »Drei Long Island Iced Tea, und machen Sie sie groß.«

Der Barkeeper blickte verwirrt drein. »Drei was?«

Christopher schloss die Augen und spürte die Wut in sich aufsteigen. Er musste sich mit äußerster Mühe beherrschen, um den Mann nicht mit einer rechten Geraden niederzustrecken. »Ich habe mich umentschieden – sechs Sechstel Whisky mit Wasser, bitte.«

Der Barkeeper zuckte mit den Schultern und holte eine Flasche Maker's Mark.

Silfverbielkes Stimme klang eiskalt. »Ich habe Whisky bestellt, kein Benzin!«

Der Barkeeper sah ihn mit leerem Blick an. »Ich dachte, es soll billig sein, die meisten wollen es billig ...«

»Geben Sie mir bitte sechs Sechstel zehnjährigen Glengoyne.«

»Ja, ja, geht in Ordnung.«

Christopher trug das Tablett zu dem Tisch, wo die anderen saßen. Ecker bemerkte, dass er grimmig dreinblickte. Er lächelte. »Na, der Barkeeper war wohl nicht der Hellste?«

Silfverbielke ließ sich in den Sessel sinken und leerte eines der Gläser zur Hälfte. »Wie viele Punkte kriege ich, wenn das Arschloch heute Nacht verschwindet?«

Johannes und Hans lachten und prosteten sich zu. Ecker deutete mit einem Kopfnicken diskret zu einem Tisch, an dem zwei blonde Frauen Mitte dreißig an ihren Weingläsern nippten. »Chris, das sind die einzigen Frauen auf dem ganzen Schiff. Sollen wir sie uns unter den Nagel reißen?«

Christopher warf einen müden Blick auf den Tisch mit den Frauen. »Hans, ich lese lieber ein Buch über Ausgrabungen in Ägypten. Ich will im Augenblick nichts weiter, als mich mit Whisky volllaufen zu lassen und dann die ganze Nacht auf diesem scheiß Schiff durchzuschlafen. Ich kann es kaum erwarten, bis wir nach Berlin kommen.«

Johannes hob sein Glas. »Ich stimme mit Chris überein. Ein Prosit auf Berlin, Jungs!«

Eine halbe Stunde später nahm Silfverbielke eine Dusche, ehe er nackt zwischen die Laken auf der viel zu schmalen Pritsche schlüpfte. Er holte sein neues Handy hervor, las Helenas SMS und schrieb eine Antwort:

Freut mich, dass du dich mit mir treffen willst. Wann? Sobald ich wieder in deine Gegend komme, aber du musst dich noch etwas gedulden. Wo? Vielleicht Jönköping? Wie? Wenn du nur wüsstest! Einen dicken Gutenachtkuss, Hans.

Er drückte auf die Sendetaste und lächelte bei dem Gedanken daran, wie sie wohl reagieren würde. Er knipste die Bettlampe aus und schlief kurz darauf zu dem fernen Vibrieren der Schiffsmaschinen ein.

Kapitel 15

Freitag, 2. Februar

Um 6.15 Uhr weckte ihn das schrille Läuten des Handys. Er streckte schlaftrunken die Hand danach aus und nahm den Anruf entgegen.

Johannes Kruut klang erschreckend munter. »Guten Morgen! Ich habe soeben Hans geweckt. Wir gehen gleich zum Frühstücksbuffet im Speisesaal. Kommst du?«

Silfverbielke seufzte. »Danke, Johannes, aber ich glaube, ich bleibe noch liegen. Ich ess normalerweise in der Früh nichts. Wir sehen uns unten auf dem Autodeck, wenn es so weit ist.«

Als Christopher sich aus dem Bett quälte, spürte er am ganzen Körper Schmerzen und verfluchte den mangelhaften Standard der Fähre. Er rasierte sich gründlich, nahm eine heiße Dusche und rieb sich das Gesicht mit Feuchtigkeitscreme ein. Er packte seine Habseligkeiten in den Metallkoffer, setzte sich auf die Pritsche und checkte sein Handy. Eine neue SMS von Helena, eingegangen vor vier Stunden.

> *Ich bin geduldig. Hatte auch das Gefühl, dass du irgendwie spesiell bist. Was siehst du in mir? Liebe Grüße, deine Helena.*

Deine Helena? Silfverbielke lächelte. Das hat ja nicht lange gedauert. Aber sie sollte Rechtschreibung lernen. Und *er* sollte ihr das eine oder andere beibringen. Das würde er auf jeden Fall.

Er überlegte einen Augenblick und formulierte eine Antwort.

> *Du bist hübsch und sexy, aber ich hatte das Gefühl, dass da noch mehr ist. Ich weiß nur, dass ich dich wiedersehen will – und zwar bald! Dein Hans.*

Das musste bei einer Neunzehnjährigen aus Gränna ankommen. Er lächelte und steckte das Handy wieder in die Tasche. Jetzt war sie am Zug, und es wurde Zeit, dass er sie auf die Folter spannte.

Als die Lautsprecherdurchsage sämtliche Fahrer aufforderte, sich auf das Autodeck zu begeben, saß Silfverbielke bereits hinter dem Steuer und rauchte.

Kurz bevor Hans und Johannes zum Mercedes auf dem Autodeck fanden, kam ein kleiner Dicker in blauer Hose und Sweatshirt mit einem TT-Lines-Logo auf der Brust zum Wagen und klopfte an das Seitenfenster.

Christopher ließ das Fenster herunter.

»Auf dem Autodeck ist Rauchen verboten. Sie müssen die Zigarette ausmachen!«

Silfverbielke musterte den Mann und kam in Sekundenschnelle zu dem Schluss, dass dieser als Symbol für alles stand, was er hasste. Er war kleinwüchsig, ungepflegt, unrasiert, schlecht gekleidet und sprach einen breiten schonischen Akzent.

Spring aus dem Auto und schlag ihn so lange, bis er sich nicht mehr rührt. Christopher kämpfte gegen seine innere Stimme, drückte die Zigarette im Aschenbecher des Wagens aus und lächelte liebenswürdig. »Kann ich noch etwas für Sie tun, mein Herr?«

Der Mann mit dem TT-Lines-Sweatshirt entfernte sich und ging langsam um den Mercedes herum. Im gleichen Augenblick gingen die Türen auf, und Johannes und Hans sprangen hinein und wünschten Christopher einen guten Morgen.

Christopher nickte, hörte ihnen aber nicht zu. Er konzentrierte sich vollständig auf den Mitarbeiter der Fähre, der jetzt nach seinem Rundgang um den Wagen zum Seitenfenster auf der Fahrerseite zurückkam.

»Sie werden in Deutschland Ärger bekommen«, sagte der Mann mit kaum verhohlener Schadenfreude.

Er grinste höhnisch. Silfverbielke verspürte einen starken Drang, ihn auf der Stelle umzubringen, beherrschte sich aber. »Wieso?«

»Sie haben Spikereifen.«

Silfverbielke fühlte sich plötzlich verunsichert. Hatte er etwas übersehen? »Und?«

»Das kostet mindestens zwölftausend Kronen Strafe, wenn man in Deutschland mit Spikereifen fährt. Mindestens!«

Christopher lehnte sich zurück und starrte den Mann an. »Danke für die Auskunft.«

Der Mann spuckte auf den Boden und entfernte sich. Silfverbielke knirschte mit den Zähnen, startete den Motor und verließ zusammen mit den anderen Autos die Fähre. Er lenkte den Wagen schweigend durch den Hafenbereich zum Terminal, fand einen Parkplatz, hielt an und schaltete den Motor ab.

Johannes Kruut saß mucksmäuschenstill auf dem Beifahrersitz. Silfverbielke wandte sich ihm zu. »Johannes, mein Freund, war es nicht deine Aufgabe, diese Reise zu organisieren, Fahrkarten zu buchen und alles bis ins kleinste Detail zu planen, bis wir in Berlin ankommen?«

Kruut blickte unglücklich drein. »Ähhh … ja.«

»Anscheinend hast du das mit den Spikereifen übersehen, und jetzt riskieren wir eine Strafe von etwa zwölftausend Kronen. Hast du ein paar gute Ideen?«

Es wurde still im Wagen.

Dank des Navigationssystems fand Silfverbielke rasch den Weg zu der Volkswagenwerkstatt, in der sich das Travemünder Büro des Autovermieters Hertz befand. Mithilfe von ein paar Handytelefonaten mit Hertz in Schweden, bei denen er die Nummer von Hans Eckers American Express Platinum Card angab, erhielt er die Antwort, dass Hertz in Deutschland ihm natürlich mit allen verfügbaren Mitteln zu Diensten stehen werde, und dass das deutsche Personal ihn ab acht Uhr erwartete.

Christopher Silfverbielke lenkte den Mercedes schweigend auf das Gelände der Autowerkstatt und wandte sich Johannes Kruut zu. »Johannes, ich bin müde. Ich will ein bequemes und großes Auto mit Reifen, die in diesem verdammten Hitlerland erlaubt sind, und zwar sofort. Ich verlasse mich auf deine Fähigkeit und dein gutes Urteil. Okay?«

Kruut blickte zutiefst unglücklich drein und drehte sich zum Rücksitz um. »Kommst du mit, Hans?«

Ecker seufzte, öffnete die Tür und ging zusammen mit Johannes ins Büro der Mietwagenfirma. Christopher lehnte sich in den Sitz zurück und schloss die Augen. Fünfzehn Minuten später riss ihn ein Klopfen an der Scheibe aus seinen Gedanken. Hinter Kruut und Ecker stand eine junge Frau. Christopher ließ das Fenster herunter. »Ja?«

»Schlechte Nachrichten, Chris«, stöhnte Hans und bog sich vor Lachen.

Silfverbielke sah Kruut an, der verlegen dreinblickte. »Tut mir wirklich leid, Chris, aber die haben zurzeit nicht so viele Autos mit Winterreifen …«

»Und das heißt?« Christopher starrte Johannes an, zog den Zündschlüssel ab, öffnete die Fahrertür und machte sich auf eine Überraschung gefasst.

Kruut räusperte sich. »Das heißt, dass … wir einen Volkswagen bekommen.«

Der Fox war eines der kleinsten Modelle, die Volkswagen zurzeit herstellte. Als Christopher Silfverbielke eine Viertelstunde später diese postgelbe Missgeburt vom Parkplatz fuhr, war er nicht gerade amüsiert. Die drei hatten mit Mühe und Not ihre Koffer, sämtliche Tüten mit den Einkäufen aus dem Duty-Free-Shop und Johannes Kruut auf den winzigen Rücksitz gezwängt. Christopher hatte sich hinters Steuer gesetzt und den Sitz so weit wie möglich nach hinten verstellt. Hans Ecker, der offenbar immer noch von dem letzten Rest Alkohol und Kokain berauscht war, kicherte hysterisch über Silfverbielkes schlechte Laune, während dieser den Kleinwagen in Richtung Berlin lenkte.

»Es tut mir wirklich leid, Chris«, unternahm Johannes einen zaghaften Beschwichtigungsversuch von seiner eingezwängten Sitzposition auf der Rückbank aus.

»Johannes …«, sagte Silfverbielke mit leiser und eiskalter Stimme, »tu mir bitte einen Gefallen und sei einfach nur still. Aber in der Zwischenzeit möchte ich dir sagen, dass du hiermit einen Zwangsauftrag verdient hast, der dir vielleicht ein paar dringend benötigte Punkte verschafft.«

Kruut nickte. Im Augenblick war er bereit, so ziemlich alles zu tun, um Christophers Laune zu verbessern. Er antwortete von seinem eingeklemmten Platz aus: »Klar doch, was soll ich tun?«

»Wie du sicher weißt, werden wir einen größeren Geldbetrag, ungefähr drei Millionen Kronen oder so, von Berlin mit nach Hause nehmen. Ich will, dass du unter Einsatz deines Lebens auf das Geld aufpasst, wenn wir das Auto verlassen, um auf die Toilette zu gehen. Außerdem will ich, dass du in Trelleborg den Koffer mit der Kohle durch die Zollkontrolle bringst, während Hans und ich den Wagen von der Fähre fahren. Kapiert?«

»Ja … ich hab's kapiert, aber warum?«

Silfverbielke verzog das Gesicht. »Kein Warum. Machst du es, oder nicht?«

Kruut zögerte. Was, wenn das Ganze schiefging? Wie um alles in der Welt sollte er erklären, warum er drei Millionen Kronen in bar bei sich trug, falls ihn ein Zollbeamter kontrollierte? Na ja, er musste sich irgendetwas einfallen lassen. Vielleicht konnte er behaupten, er habe in Deutschland im Spielkasino gewonnen. Das Wichtigste im Augenblick war, Christopher wieder wohlgesonnen zu stimmen.

»Keine Sorge, Chris, ich mache mit. Wie … wie viele Punkte kriege ich dafür?«

Christopher warf Ecker einen schnellen Seitenblick zu. »Darüber werden Hans und ich uns noch unterhalten. Fünf oder vielleicht sogar zehn Punkte wird es wohl wert sein.«

Kruut schaute durch das kleine Seitenfenster nach draußen. Allerlei Gedanken schwirrten in seinem Kopf herum. Silfverbielke drückte das Gaspedal bis zum Anschlag durch. Eine Geschwindigkeit von hundertvierzig Kilometern pro Stunde war das Beste, was er auf der Autobahn aus dem Wagen herausholte. Das schwer beladene Fahrzeug war träge und holperig und neigte sich bei dem geringsten Wind auf die Seite. Christopher blieb auf der rechten Spur und wurde ununterbrochen von Mercedessen, Audis und sogar anderen Volkswagen überholt. »Nazischweine«, stieß er zwischen zusammengepressten Zähnen hervor.

Er fand, dass er in diesem Augenblick im Großen und Ganzen jeden beliebigen Menschen hätte umbringen können.

Einschließlich Johannes Kruut.

Auf der Fahrt nach Berlin fiel kaum ein Wort. Silfverbielke blickte grimmig drein, und sowohl Kruut als auch Ecker sahen ein, dass es keine gute Idee war, ein Gespräch zu beginnen.

Als sie sich Berlin näherten, fischte Christopher ein tragbares Navigationsgerät aus der Tasche, befestigte es auf dem Armaturenbrett und folgte den Anweisungen, bis sie vor dem Ritz-Carlton am Potsdamer Platz 3 hielten, wo Björn Hamberg Zimmer für sie reserviert hatte. »Das ist ein standesgemäßes Hotel, wo ihr alles bekommt, was ihr wollt, und es liegt nur eine Minute zu Fuß von meiner Arbeit«, hatte Björn ihnen erzählt.

Ein Schwarzer in grüner Uniform und Zylinder kam zum Auto, öffnete höflich die Fahrertür und lächelte. »Welcome to Ritz-Carlton, Sir!«

Das soll standesgemäß sein? Was zum Teufel hat ein Neger am Eingang zu suchen?, fragte sich Silfverbielke angewidert. *Haben die überhaupt kein Gefühl für Klasse und Stil? Wir sind doch nicht in Afrika.*

Er kochte innerlich vor Wut, und außerdem war es ihm zutiefst peinlich, in einem VW Fox vor einem anständigen Hotel vorzufahren. Und an alledem war dieser Amateur Kruut schuld. Nun ja, um dieses Problem musste er sich später kümmern. Jetzt ging es nur ums Überleben.

Das Foyer des Ritz-Carlton ließ sich am ehesten mit einem gut entworfenen Kunstwerk vergleichen. Der Boden bestand aus schönem Marmor in hellen Farben, und die Treppe zu den oberen Etagen war aus weißem Marmor und breit wie eine Autobahn. Die Angestellten an der Rezeption waren schlau genug, ihre Verwunderung darüber zu verbergen, dass die neuen Gäste in einem der kleinsten Modelle von VW angekommen waren.

Man hieß die drei auf anständige Art und Weise willkommen und bot ihnen an, sich in der schönen Bar im Erdgeschoss einen Drink zu genehmigen. Danach brachte man das Gepäck in ihre Zimmer.

»Sieh mal einer an, was für ein Unterschied im Vergleich zur Fähre!«, sagte Ecker gut gelaunt, als er die ihm zugewiesene Minisuite betrat. »Was kostet der Spaß, Chris?«, rief er über die Schulter in den Flur hinaus.

»Nichts, womit wir nicht leben können«, antwortete Silfverbielke. »Vierhundertfünfzig Euro pro Nacht und Suite. Und dann müssen wir wohl noch etwas Trinkgeld drauflegen, weil ich darum gebeten habe, dass jede Suite mit einem Laptop ausgestattet ist.«

Johannes Kruut stand einfach nur sprachlos am Eingang zu seinem Zimmer. Er hatte an und für sich schon einige Geschäftsreisen mit seinem Vater unternommen, aber John Kruut war ein sparsamer Mann, der stets in sauberen, aber einfachen Hotels abstieg. Von einer Suite war da nie die Rede gewesen.

Der Zeiger hatte gerade ein Uhr nachmittags überschritten. Nachdem die drei ihre Zimmer bezogen hatten, begaben sie sich in die Bar im Erdgeschoss, wo jeder ein leichtes Mittagessen und Drinks bestellte.

Christopher Silfverbielke blickte sich um, und was er sah, gefiel ihm. Seine Lust, Johannes Kruut wegen des Fehlers heute Morgen etwas anzutun, ließ ein wenig nach.

In der mit Edelholz getäfelten Bar herrschte gedämpftes Licht. Die hübschen Kellnerinnen trugen indonesische Sarongs. Neben der Bar befand sich ein größerer Teesalon, wo ein mit einem Smoking bekleideter Mann Klavier spielte.

Christopher stand auf und erkundigte sich nach der Toilette. Eine der sarongbekleideten jungen Frauen zeigte ihm den Weg dorthin.

Die Toilette war mit grünem Marmor ausgelegt, und Christopher stellte zufrieden fest, dass auf der Marmorablage am Waschbecken Tabletts mit zusammengerollten Frotteehandtüchern standen.

Klasse und Stil. Gut.

Auf dem Rückweg fiel ihm ein Gegenstand in einer schönen Vitrine auf, die offenbar zu dem Souvenirladen gehörte. Made by Bentley. Silfverbielke überlegte. Ein Bentley. Vielleicht keine schlechte Idee. Nachdenklich betrachtete er die Modellautos, Krawatten mit Logos, Schlüsselringe und – Handschuhe. Dem Aussehen nach waren sie aus feinstem Leder, innen schwarz und außen braun, mit einem kleinen Handgelenkriemen, dessen Druckknopf das Bentleylogo aufwies.

Silfverbielke ging mit entschlossenen Schritten in Richtung Souvenirladen und blieb vor einer weiteren Vitrine stehen. Darin befanden sich zwei verschiedene Lederschuhe, ein Holzmodell eines Schuhs und ein Schild, auf dem stand, dass der renommierte Schuhmacher Mario Herzog auf Wunsch gern Maß nehmen und die Schuhe anschließend mit der Hand nähen würde.

Im Souvenirladen erfuhr Christopher, dass Herzog für das Maßnehmen hundertfünfzig Euro und für die Schuhe zwölfhundert Euro berechnete. Die handgenähten Meisterwerke würden sechs Wochen später geliefert werden. *Wer will schon sechs Wochen auf ein Paar Schuhe warten? Das ist doch krank!*, dachte Christopher, ehe er sich nach den Handschuhen von Bentley erkundigte. Eine elegante Dame in Hoteluniform begleitete ihn zu der Vitrine und schloss den Glaskasten auf. Fünf Minuten und hundertzwanzig Euro später – er ließ den Betrag auf Johannes Kruuts Zimmerrechnung schreiben – kehrte Christopher lächelnd zu seinen Freunden an die Bar zurück und trug dabei die Handschuhe.

Hans Ecker saß mit dem Mobiltelefon in der Hand da. »Björn kommt nach der Arbeit hierher, so gegen fünf. Wir haben also ein paar Stunden, um unsere Akkus aufzuladen. Ich schlage vor, wir machen ein Nickerchen. Was meinst du?«

Christopher sah zu Johannes Kruut hinüber, der schweigsam und zusammengesunken auf einem der Sessel saß. »Gute Idee. Ich glaube, diese Runde geht auf Johannes. Lass die

Rechnung auf sein Zimmer schreiben, und dann legen wir uns eine Weile aufs Ohr.«

Eckers Blick fiel auf Christophers Hände. »Was zum Teufel hast du denn da an, darf ich mal sehen?«

Silfverbielke streckte die behandschuhten Hände aus, damit seine Freunde sie näher betrachten konnten.

»Cool!«, sagte Kruut. »Verdammt hübsch!«

Christopher lächelte ihn an. »Danke, Johannes, in doppelter Hinsicht. Du hast sie gerade für mich gekauft. Das war wirklich nett von dir.«

»Was? Du meinst, du hast …«

Hans Ecker lehnte sich auf dem Stuhl zurück und lachte. »Das war aber wirklich nett von dir, Johannes. Und schau mal, wie Herr Silfverbielke auf einmal viel besser gelaunt ist.«

Hans Ecker lag auf seinem Bett, rief Veronica zu Hause an und teilte ihr mit, dass sie gut angekommen waren.

»Ist das ein gutes Hotel?«, fragte Veronica.

»Es ist das Ritz-Carlton, etwas Besseres gibt es kaum«, antwortete Hans und gab sich Mühe, gut gelaunt und entspannt zu klingen. In Gedanken war er bereits damit beschäftigt, wo und wie er schon heute Abend Frauen aufreißen konnte.

»Ihr macht hoffentlich nicht zu viel Unfug? Ihr müsst vorsichtig sein«, mahnte Veronica.

Ecker tat sein Bestes, um überzeugend zu klingen. »Keine Angst, Liebling, wir sind doch hier, um Björn zu treffen und unsere Geburtstage zu feiern. Heute Abend gehen wir einfach nur gut essen, glaube ich. Ist doch klar, dass wir es ruhig angehen lassen.«

»Das hoffe ich. Wie geht es übrigens Johannes?« Veronica Svahnberg hoffte, dass ihr Interesse echt klang.

»Ja, dem geht es wohl nicht schlecht. Wieso fragst du?« Hans Ecker klang überrascht.

»Ach, nur so, er tut mir irgendwie leid. Ist er immer noch Single?«

Ecker lachte. »Liebling, Johannes war schon immer Single und wird es wohl immer bleiben.«

»Oh, der arme Kerl. Ihr müsst ihm wohl ein bisschen auf die Sprünge helfen. Und …«, Veronica räusperte sich, »… was ist mit Christopher?«

»Wie meinst du das?«

Veronica holte tief Atem. In den Jahren, die sie mit Hans zusammen gewesen war, hatte sie Christopher mehrere Male getroffen, sowohl bei größeren Abendessen als auch auf privaten Partys. Bereits beim ersten Mal, als er sie mit diesem tiefen, fast durchdringenden Blick angesehen hatte, zu dem nur er fähig war, hatte sie sich zu ihm hingezogen gefühlt. Und das Interesse hatte im Lauf der Jahre nicht nachgelassen. Allerdings hatte sie schnell eingesehen, dass Christopher eine einzige große Warnleuchte war und dass sie einen Sicherheitsabstand zu ihm einhalten sollte. *Er war gefährlich.* Und damit auch höchst interessant. Sie hatte den Eindruck, dass er mehrmals mit ihr geflirtet hatte, war sich aber nicht sicher, ob er es ernst gemeint oder sie nur auf den Arm genommen hatte. Aber neulich auf der Silvesterparty waren ihre letzten Zweifel verflogen, als er ihren Duft gelobt und anschließend mit den Lippen ihren Hals gestreift hatte.

»Äh, ich meine nur … ich wollte einfach nur wissen, ob es ihm gut geht?«

Ecker lachte erneut. »Chris geht es blendend, Süße. Fragst du jetzt als Nächstes, ob er auch Single ist?«

»Was ist denn an dieser Frage so komisch? Wir Mädels sind halt so, hast du das noch nicht mitbekommen, Liebling?«

»Ja, das hätte ich mittlerweile wirklich merken sollen. Ich kann dir versichern, dass Chris Single ist, und das wird wohl noch eine ganze Weile so bleiben. Er ist ein richtiger Schürzenjäger. Das Aussehen dafür hat er ja, wenn man das so sagen kann.«

Veronica Svahnberg spürte einen Anflug von Eifersucht, den sie sich nicht logisch erklären konnte. Und gleichzeitig

– Erregung. Das Aussehen dafür hat er, ja, so konnte man Christopher Silfverbielke getrost beschreiben. Wäre sie selbst Single gewesen, hätte sie absolut nichts dagegen gehabt …

Sie versuchte, diese Gedanken zu verdrängen. Was wollte sie eigentlich? Sie strebte ein gutes und stabiles Leben an. Sie hatte sich in eine gute Position in der freien Wirtschaft hochgearbeitet. Sie liebte Hans, wollte mit ihm zusammenleben, ein Haus kaufen und Kinder kriegen. Außerdem war Hans im Gegensatz zu Christopher eine verlässliche Partie. Sie hatte keine Ahnung, wer Silfverbielke hinter seiner Maske wirklich war, und vermutete, dass andere es auch nicht wussten, auch wenn Hans ihr schon öfter versichert hatte, dass Chris sein bester und loyalster Freund war.

»Liebst du mich, Hans?«

»Natürlich liebe ich dich, Süße, für mich gibt es keine andere, das weißt du doch.« Ecker klang überrascht.

»Ja, aber manchmal will ich es einfach nur von dir hören, und du sagst es nicht so oft.«

Hans seufzte. »Verzeih mir, Liebling, vielleicht war ich in letzter Zeit einfach nur gestresst. Die Arbeit und das alles, du weißt schon. Aber ich liebe dich natürlich. Vielleicht könntest du mit der Pille aufhören, wenn ich nach Hause komme, was meinst du?«

Veronica war außer sich vor Freude, was man an ihrer Stimme hörte. »Das tu ich sofort! Komm schnell nach Hause. Ich will, ich will!«

Er versicherte ihr noch einmal, wie sehr er sie liebte. Kaum hatte er aufgelegt, griff er zu der Zeitung *Berlin this week* und blätterte neugierig darin, um herauszufinden, ob es dort Annoncen von Escortdamen gab.

Veronica Svahnberg saß noch lange mit dem Hörer in der Hand da. Obwohl ihr bei Hans' Worten warm ums Herz geworden war, kreisten ihre Gedanken eine ganze Weile um Christopher Silfverbielke.

Kapitel 16

Freitag, 2. Februar

Johannes Kruut zappte durch die Fernsehkanäle und stellte erfreut fest, dass er mit einem Knopfdruck rund um die Uhr deutsche Pornofilme bestellen konnte, was seinen Bedürfnissen sehr entgegenkam.

Silfverbielke griff zu seinem Prepaidhandy. Er hatte zwei SMS von Helena bekommen und sah, dass sie beide in der Nacht geschickt hatte.

Kannst wohl nicht schlafen, kleines Mädchen?

Er las die erste Nachricht.

Wow, was für ein Kompliment, danke! Du bist wirklich ein interessanter Mann. Liebe Grüße von deiner Helena.

Und zwei Stunden später:

Du hast bestimmt viel Erfahrung. Hast du schon viele Mädchen gehabt?

Christopher lächelte. Neugier, Eifersucht, oder beides? Er schrieb eine Antwort.

*Natürlich hab ich viel Erfahrung und natürlich hab ich schon viele Frauen gehabt. Ich schick dir ein leichtes Kitzeln im Nacken. Bist du Single? *neugierig* Dein Hans.*

Er legte das Handy weg, nahm eine schnelle Dusche und schlüpfte nackt zwischen die kühlen weißen Laken.

Gut eine Stunde vor der Verabredung mit Björn wachte er auf. Der Schlaf hatte ihm gutgetan, und er nutzte die verbleibende Zeit, um sich fit zu halten. Sechzig Liegestütze und vierzig Sit-ups, danach eine Dusche. Anschließend rasierte er sich sorgfältig das Gesicht, bevor er die Rasierklinge wechselte und mit der gleichen Sorgfalt sämtliche Schamhaare entfernte. Zuletzt rieb er sich mit Feuchtigkeits- und Gesichtscreme ein. Er packte den Koffer aus und hängte die Kleider ordentlich in die Garderobe. Kleidete sich elegant, aber diskret in weißes Hemd, hellgraue Krawatte und dunkelgrauen Anzug.

Das Handy zeigte zwei neue SMS an.

Du bist süß, und ich freu mich über deine netten Worte. Deine Helena. Und dann: *Ja, ich hab einen Freund, Niklas, aber das läuft nicht so gut zwischen uns, also mach ich vielleicht bald mit ihm Schluss. LG.*

Christopher drückte auf »Antworten« und schrieb:

Wenn du ein Fotohandy hast, schick etwas Schönes, das ich mir vor dem Einschlafen anschauen kann. Liebe Grüße, dein Hans.

Die Antwort kam schnell.

Okay, ich schau mal, was ich machen kann. Bist du übrigens auch Single?

Er antwortete schnell:

Ja!

Silfverbielke ging hinunter zur Bar, bestellte ein Glas Whisky und wartete auf die anderen. Als Björn Hamberg kurz nach sechs mit einem Aluminiumkoffer in der Hand in die Bar kam, hatten die drei bereits ihre Whiskygläser geleert.

»Hallo, Jungs, lange nicht gesehen. Willkommen in Berlin!«

Sie standen auf, schüttelten dem Freund die Hand und umarmten ihn.

Hinter Björn stand ein hochgewachsener, muskulöser Mann mit dunkelbrauner Hautfarbe und schwarzen Haaren. Björn wandte sich zu ihm und flüsterte ein paar Worte auf Deutsch. Der Mann nickte wortlos, drehte sich um und verschwand.

»Was war das denn?«, fragte Ecker amüsiert.

Björn Hamberg lächelte. »Im Hinblick auf den Inhalt von eurem kleinen Koffer hier wollte ich damit nicht einmal einen kurzen Spaziergang allein machen. Es wäre schließlich peinlich gewesen, wenn ich auf dem Weg hierher von irgendeinem Gesindel überfallen worden wäre, oder?«

»Klug«, sagte Silfverbielke. »Mir scheint, dass wir den nächsten Whisky auf dem Zimmer trinken und den Koffer an einem sicheren Ort verstauen sollten.«

Hamberg nickte. »Gute Idee.«

Christopher ging zur Bar und bestellte eine Flasche Whisky, Wasser und Kaffee auf sein Zimmer. Er kam zu den anderen zurück und hob den Metallkoffer vom Boden auf. »Meine Herren, ich lade euch zu einem Drink ein.«

Sie warteten, bis der Zimmerservice das Tablett gebracht hatte. Silfverbielke vergewisserte sich, dass die Tür abgeschlossen war, bevor er den Aluminiumkoffer aufs Bett legte und öffnete. Johannes Kruut pfiff durch die Zähne, als er die Geldscheinbündel sah.

»Dreihunderttausend Euro in verschiedenen Stückelungen, meine Herren«, sagte Björn Hamberg lächelnd. »Und mehr will ich natürlich nicht wissen.«

»Wir stehen tief in deiner Schuld, Björn«, sagte Ecker und drückte dem Freund die Hand.

Silfverbielke zählte schnell viertausend Euro ab und überreichte sie Björn Hamberg. »Zum Dank für die Hilfe und zur Erstattung der Auslagen und für – die Süßigkeiten, hoffe ich?« Er zwinkerte Hamberg verschwörerisch zu. Dann zählte er drei Bündel zu je zweitausend Euro in bar ab, gab eins Johannes, eins Hans und steckte das dritte in die eigene Tasche. Schließlich teilte er das restliche Geld in drei gleiche Teile auf und verstaute diese in durchsichtige Plastiktüten.

In den Suiten wurden die Tüten in den Hotelsafes des Trios eingeschlossen. Danach versammelten sich alle wieder bei Christopher und genossen den Whisky.

»Lasst uns feiern, Jungs. Hier sind die Süßigkeiten!« Björn Hamberg zog einen Plastikbeutel aus der Tasche, reihte sorgfältig vier Lines auf dem Glastisch vor ihnen auf und nahm einen Geldschein aus seiner Brieftasche. Die anderen holten ebenfalls Hunderterscheine hervor, beugten sich nach vorn und zogen sich das weiße Pulver in die Nase. Dann seufzten sie erleichtert und sanken in ihre Sessel. Ecker warf seinen zusammengerollten Geldschein zufrieden auf den Tisch, zündete sich eine Zigarette der Marke John Silver an und zog den Aschenbecher zu sich heran, sodass er in bequemer Reichweite stand.

»Das war wirklich nicht von schlechten Eltern.«

Christopher lächelte und nickte ihm zustimmend zu, ehe er der Runde mit seinem Glas zuprostete und sich schließlich an Björn Hamberg wandte. »Erzähl doch mal, Björn, wie ist Berlin?«

Björn Hamberg war ein fröhlicher und ungezwungener Mensch und gut vier Jahre älter als Hans und Christopher. Sie kannten sich von der Handelshochschule, aber Björn hatte nach dem Studienabschluss einen technischen Berufsweg eingeschlagen, anstatt sich wie die anderen Freunde in der Finanzbranche zu bewerben. Er hatte sich mit der Zeit zu einem vielversprechenden Talent in dem deutschen Technikunternehmen Schecke entwickelt und sich dort hochgearbeitet. Als man ihm vor acht Monaten eine Stelle als Entwicklungschef in der Berliner Firmenzentrale angeboten hatte, hatte er nicht lange gezögert. Er war Single, die Arbeit stellte für ihn eine Herausforderung dar, sein Gehalt verdoppelte sich auf einen Schlag, und es schien, als stünde er ganz allgemein auf der Sonnenseite des Lebens.

»Ich fühle mich sauwohl hier, abgesehen davon, dass die Sprache nicht so ganz mein Ding ist. Aber die Leute sind im Großen und Ganzen okay, wenn auch manchmal ein bisschen spießig. Berlin ist eine schöne Stadt, wo man viel unternehmen kann, und die Lebenshaltungskosten sind niedrig. Und …«, Björn zwinkerte verschwörerisch, »… es gibt jede Menge scharfe Bräute.«

Johannes Kruuts Miene hellte sich auf. »Das klingt ja vielversprechend!«

Silfverbielke stöhnte innerlich, und Ecker unterdrückte ein Lachen. »Das glaube ich dir gern. Was hast du für uns geplant, Björn?«

Hamberg trank einen Schluck Whisky und schnalzte anerkennend mit der Zunge. Er fasste sich ans Kinn und überlegte eine Weile. »Tja, ich glaube, wir gehen es der Reihe nach an. Berlin ist nicht wie Stockholm, in dem Sinn, dass es hier so etwas wie den Stureplan nicht gibt. Im Augenblick befinden wir uns mitten in dem pulsierendsten Geschäftsviertel – die Straßen um den Potsdamer Platz –, aber es gibt hier keine nennenswerten Lokale oder Nachtklubs, bloß einen großen Kinopalast, den Sony gebaut hat, und ein paar kleine Kneipen. Also habe ich mir gedacht, dass wir erst einmal in einem guten Lokal was essen. Der Laden heißt Brel und liegt am Savignyplatz.«

»Aha, also so ungefähr wie das Café Opera?«, fragte Johannes.

Björn lachte. »Nicht direkt, so was wie das Café Opera gibt es hier nicht. Brel ist ein kleines, trendiges, intimes Lokal, in das richtig viele Intellektuelle gehen. Es ist schön dort, und das Essen ist wirklich gut. Danach nehmen wir uns die Klubs vor.«

Die Uhr hatte gerade elf geschlagen, als das Trio und Björn Hamberg sich im Café Brel bei Kaffee, Cognac und Zigaretten entspannten. »Das hast du gut gemacht, Björn, das Essen war spitze!« Hans Ecker zündete sich eine Zigarre an.

»Danke, Hans. Aber ehrlich gesagt kann man in Berlin eigentlich nichts falsch machen. Es gibt so unfassbar viele gute Lokale, und da ich jeden Abend essen gehe, habe ich bereits viele getestet.«

Kruut wurde neugierig. »Gehst du wirklich jeden Abend essen? Wieso das denn?«

»Eine Kombination aus Bequemlichkeit und Genuss.« Björn Hamberg lächelte. »Teils repräsentiere ich ja viel bei der Arbeit, teils finde ich, dass es verdammt langweilig ist, daheim zu bleiben und für eine Person zu kochen. Hier kann man es sich ja leisten, jeden Abend essen zu gehen, und außerdem treffe ich in diesen kleinen Lokalen jede Menge interessante Leute. Berlin ist nach wie vor ein Mekka für Künstlertypen aus ganz Europa. Sie können hier billig leben, eine kleine Zweizimmerwohnung im ehemaligen Ostteil der Stadt mit fünfundvierzig Quadratmetern und toller Aussicht kostet umgerechnet etwa zweitausend Kronen Miete im Monat. Da müssen sie in der Regel kalt duschen und die Toilette mit den Nachbarn teilen, und sie leben von Nudeln und billigem Rotwein, während sie schreiben, malen und bildhauern. Und die Mädels sind auch nicht dumm, das könnt ihr mir glauben.

Es gibt hier viel linkes Geschwätz darüber, dass Frauen das Recht auf freien und ungehemmten Sex haben, was ja durchaus seine praktischen Seiten hat.«

Er unterbrach seine Ausführungen und zog ebenfalls eine Zigarre aus der Tasche. »Haben die Herrschaften Lust, den Abend woanders fortzusetzen?«

Ecker rieb sich die Hände. »Take us to the girls, bitte!«

»Das dürfte nicht schwer sein«, erwiderte Hamberg. »Wenn du es heute Abend nicht schaffst, eine Braut abzuschleppen, bin ich enttäuscht. Berlin ist voller Mädels, die auf attraktive Typen abfahren, und viele von ihnen sind extrem beeindruckt von ausländischen Geschäftsmännern. Ihr müsst also nur euren ganzen Charme ausspielen, dann kann nichts schiefgehen.«

Ecker paffte an seiner Zigarre und blies den Rauch langsam zwischen den Lippen heraus. »Das klingt richtig gut, Björn.«

Christopher Silfverbielke hatte plötzlich eine Idee. Er wandte sich an Björn Hamberg. »Entschuldige, wenn das für dich chinesisch klingt, aber wir haben zwischen uns ein heimliches Spielchen am Laufen …«

Björn schüttelte den Kopf. »Wieso überrascht mich das nicht? Na los, dann rede chinesisch.«

Christopher zwinkerte Hans schnell zu und wandte sich an Johannes. »Das ist vielleicht deine Chance, heute Abend ein paar Punkte einzuheimsen.«

Kruut fühlte sich von Wein und Whisky gestärkt und lächelte selbstsicher. »Kein Problem, was hast du dir gedacht?«

»Dass ich, Hans und Björn uns einer nach dem anderen heimlich aus dem Staub machen, während du hierbleibst und die Zeche prellst.«

»Du bist wirklich verrückt, Chris, aber ich bin dabei«, sagte Hamberg. »Ich gehe jetzt gleich. Hundertfünfzig Meter in dieser Richtung …«, er deutete diskret mit dem Daumen, »… befindet sich eine Bar, wo wir uns treffen können. Schalom!«

Er stand auf, nickte der Kellnerin zu und ging lässig in Richtung Ausgang.

Hans Ecker erhob sich gleichzeitig. »Meine Herren, ich muss mal auf die Toilette und komme nicht zurück.« Er entfernte sich gemächlichen Schrittes, fest entschlossen, das Lokal entweder durch das Toilettenfenster oder den Hintereingang bei der Küche zu verlassen.

Kruut wurde plötzlich bleich im Gesicht. »Aber Chris, wie soll ich …«

Silfverbielke fiel ihm leise ins Wort. »Johannes, die werden dich nicht erschießen, sondern dir höchstens ein Stück nachrennen. Unsere Rechnung beträgt ungefähr vierhundertfünfzig Euro, und deine Aufgabe besteht darin, dafür zu sorgen, dass wir sie nicht bezahlen müssen. Ich gehe jetzt.«

»Aber Chris …!«

Silfverbielke wartete nicht, sondern stand auf und ging zur Kellnerin. Er lächelte sie an und sagte in perfektem Deutsch: »Ich vermute, dass die Politessen auch um diese Zeit unterwegs sind? Ich parke nur eben mal meinen Wagen um und komme gleich wieder.«

Sie nickte und sah ihm lange nach, während er hinausging. Sie hoffte wirklich, dass er wiederkommen würde.

Das schallende Gelächter am Tisch im Panorama Club wollte scheinbar kein Ende nehmen. Der Anblick von Johannes Kruut, wie er auf die Bar zuhinkte, in der die anderen in aller Ruhe mit ihren Drinks in der Hand warteten, war unbezahlbar gewesen. Kruut standen die Haare zu Berge, und er schnaufte hörbar.

Er war im Brel auf Nummer sicher gegangen und hatte die Flucht ergriffen, als ihm klar wurde, dass seine Freunde sich alle aus dem Staub gemacht hatten. Er gelangte unbemerkt bis zur Tür, wo er in seinem betrunkenen Zustand über eine Schwelle gestolpert war, mit dem Knie gegen die Tür stieß und vor Schmerz aufschrie, was wiederum große Aufmerksamkeit bei dem verwunderten Personal erregte. Als er die Tür aufstieß und davonrannte, eilten sie ihm natürlich nach, und es gelang ihm nur mit größter Mühe, die Verfolger abzuschütteln, indem er die Zähne zusammenbiss und auf einem Zickzackkurs in ein anderes Stadtviertel flüchtete.

Als ihm die Flucht gelungen war, hatte er nicht die geringste Ahnung, wo er sich befand. Es blieb ihm nichts anderes übrig, als Björn Hamberg auf dem Handy anzurufen und sich den Weg erklären zu lassen.

Hans Ecker hob sein Champagnerglas und redete lauter, um die Geräuschkulisse im Panorama zu übertönen. »Und die Rechnung ...«, prustete er vor Lachen, »... du hattest ja immer noch die Rechnung in der Hand, als du in die Bar gerannt kamst!«

Kruut blickte gekränkt drein. »Was hätte ich denn sonst machen sollen? Ich musste ja beweisen, dass ich sie nicht bezahlt hab. Wie viele Punkte bekomme ich dafür?«

Ecker warf Silfverbielke einen Blick zu und verdrehte die Augen. »Ich glaube, deine Aktion ist fünf Punkte wert«, sagte Christopher ruhig. »Du hast jetzt also zehn Punkte, Johannes. Ich habe fünf und Hans hat null. Wird Zeit, dass du dich anstrengst, Hans.«

Ecker lachte und trank einen Schluck. »Ich glaube, das lässt sich arrangieren. Kriegt man auch Punkte fürs Vögeln?«

Silfverbielke überlegte. »Das kommt wohl darauf an, mit wem oder wie du es machst. Du musst uns später darüber berichten, dann werden wir schon sehen. Wir verlassen uns drauf, dass du als Gentleman die Wahrheit sagst, aber wenn du deine Erlebnisse mit Fotos dokumentierst, hat das natürlich mehr Gewicht. Du hast doch ein Fotohandy?« Er zwinkerte Hans zu.

Die Zeit verging wie im Flug, der Champagner floss in Strömen, und Björn Hamberg hatte vernünftigerweise noch mehr Kokain besorgt und unter den Freunden aufgeteilt. Das Trio und Björn hatten sich auf der Herrentoilette jeweils eine

Line genehmigt, und alle waren bester Laune. Björn Hamberg hatte zufällig eine alte Flamme wiedergetroffen und knutschte jetzt mit ihr in einer dunklen Ecke herum. Hans Ecker musterte hoffnungsvoll das ziemlich große Angebot junger und hübscher deutscher Frauen. Kruut tat dasselbe.

Christopher Silfverbielke drehte sein Champagnerglas zwischen den Fingern und schien tief in Gedanken versunken.

»Woran denkst du?« Johannes Kruut beugte sich über den Tisch, damit Silfverbielke ihn besser hören konnte.

Christopher blickte auf. »Ich überlege gerade stark, ob ich auf die Straße gehen und nach leichtfüßigen Damen suchen soll. Hier in Berlin gibt es fantastische Huren, und ich habe das Gefühl, dass ich in diesem Laden heute Abend keine Frau abschleppe. Was sagst du dazu, willst du mitkommen?«

Kruut überlegte. Der Alkohol und das Kokain hatten sein Selbstbewusstsein wieder gestärkt, aber er wusste, dass seine Fähigkeit, lohnende Kontakte mit dem anderen Geschlecht einzufädeln, begrenzt war. Wenn er etwas wollte, wäre es natürlich leichter, dafür zu bezahlen, und wenn Chris ohnehin dasselbe wollte, warum nicht? Er nickte. »Ich komme mit.«

Als das Taxi ein Stück weit die Oranienburger Straße entlanggefahren war und Christopher gefiel, was er sah, bat er den Taxifahrer, anzuhalten. Nachdem er bezahlt hatte, stiegen die beiden aus und spazierten die Straße entlang.

»Verdammt, sind die hübsch!«, rief Kruut und blieb stehen. »Aber wie läuft das Ganze rein praktisch? Wo geht man hin? Was kostet der Spaß?«

»Ich habe mich bei Björn erkundigt. Die meisten Mädchen verlangen einen Einheitspreis, dreihundert Euro für eine halbe Stunde, in bar und im Voraus. Das Mädchen geht mit dir in ein mehr oder weniger ordentliches Hotel, und das Zimmer ist im Preis inbegriffen. Küssen kostet vierzig Euro extra, und wenn du anal willst, musst du mit ihr verhandeln. Ich empfehle dir, eine Stunde zu nehmen, sonst lohnt es sich nicht.«

Kruut schluckte und blickte etwas unschlüssig drein. »Okay, ich verstehe. Aber Chris, ich … ich war praktisch noch nie bei einer Hure. Ist das gefährlich?«

Silfverbielke klopfte Johannes auf die Schulter. »Keine Angst, Johannes, das Schlimmste, was dir passieren kann, ist, dass du deine Brieftasche verlierst. Pass einfach ein bisschen auf. Und jetzt such dir ein Mädchen aus, dann rufen wir uns in etwa einer Stunde auf dem Handy an und sehen uns bei der Afterparty im Hotel.«

Plötzlich warf Kruut einen Blick auf seinen Freund und blickte verwundert drein.

»Wieso trägst du Handschuhe, es ist doch warm draußen?«

»Das ist manchmal einfach nur eine schlechte Angewohnheit von mir, Johannes. Ich habe noch keinem davon erzählt und wäre dir dankbar, wenn du nichts sagst. Wenn es rauskommt, ist es nämlich nicht gut für mein Image …«

Johannes gab ihm mit einem eifrigen Nicken zu verstehen, er möge fortfahren. »Keine Angst, Chris.«

»… aber manchmal leide ich unter einer Ansteckungsphobie und habe keine Lust, Türgriffe im Taxi oder woanders anzufassen. Ich weiß, es klingt albern, aber da trage ich lieber Handschuhe.«

»Okay, ich verstehe. Und du brauchst keine Angst zu haben, ich sage niemandem was.«

Sie gingen getrennte Wege. Kruut sah, wie Silfverbielke weiter südlich auf der Straße mit einer hübschen Blondine verschwand. Als er wieder geradeaus blickte, stand eine dunkelhaarige Schönheit vor ihm. Sie stellte sich ihm als Michelle vor und fragte, ob er für eine Weile Gesellschaft wollte. Johannes nickte stumm und folgte ihr.

Innerhalb der nächsten Stunde konnte Johannes Kruut viele seiner sexuellen Fantasien ausleben, die sich in den letzten Jahren in seinem Kopfkino abgespielt hatten. Nachdem Michelle ihm aus seinen Kleidern geholfen hatte, streifte sie ihr enges Seidenkleid und einen schwarzen Tangaslip ab und stand in schwarzem Spitzen-BH, Strumpfgürtel, schwarzen Strümpfen und hochhackigen Schuhen vor ihm. Sie brauchte weniger als fünf Minuten, um Kruut mit ihrer Hand zu einer ersten Ejakulation zu verhelfen. Danach unterhielt sie sich eine Viertelstunde lang freundlich mit ihm, bevor sie seinen Penis so lange liebkoste, bis er wieder hart war. Sie zog ihm mit geübter Bewegung ein Kondom über und ritt ihn rhythmisch, bis er stöhnend ein zweites Mal kam. Als sie ihn freundlich, aber bestimmt aus dem Hotelzimmer hinauskomplimentierte, waren genau zweiundvierzig Minuten vergangen. Sie hatte sechshundert Euro für eine Stunde und obendrein zweihundert Euro Trinkgeld bekommen.

Wenn ich nur mehr solche Kunden hätte, dachte Michelle seufzend, zog sich an und ging wieder hinaus auf die Straße.

Kapitel 17

Samstag, 3. Februar

Christopher Silfverbielke lehnte den Kopf an die Wand, schloss die Augen und spürte ein paar Tropfen kalten Schweiß auf der Oberlippe.

Die Wirkung des Kokains ließ allmählich nach. Eine Line wäre jetzt nicht schlecht gewesen.

Er griff in die Tasche und holte den Plastikbeutel mit dem weißen Pulver hervor. Aus der anderen Tasche holte er einen Geldschein und drehte ihn mit geübter Bewegung zu einem Röhrchen zusammen.

Er rutschte auf dem wackeligen Stuhl nach vorn, bis er auf der Kante saß. Als er den kleinen Tisch zu sich heranzog, fiel ihm auf, wie hässlich alles im Zimmer war. Er verzog das Gesicht und schüttete eine Line von dem Pulver aus. Als er sich das Röhrchen an die Nase hielt und sich vorbeugte, schweifte sein Blick durch das Zimmer. Eine plötzliche Übelkeit stieg in ihm auf, und er zog sich schnell die Line in die Nase, ließ den Geldschein in der Tasche verschwinden, lehnte den nackten Oberkörper zurück und schloss die Augen.

Es dauerte einige Minuten, bis er sie wieder öffnete und es fertigbrachte, der Wirklichkeit ins Auge zu sehen.

Besser. Viel besser.

Er fühlte sich wieder stark.

Sie sah komisch aus, wie sie da auf dem Bett lag. Nicht der Länge nach ausgestreckt, sondern mit seltsam verdrehtem Rücken, als hätte sie versucht, sich halb um die eigene Achse zu drehen. *Um zu entkommen.* Hier und da in ihrem Gesicht hatten sich kleine rote Punkte gebildet, genau wie in ihren Augen, die ausdruckslos an die Decke starrten.

Brustwarzen. Sie hatten ihm gefallen, als er sie das erste Mal geschwollen und steif gesehen hatte. Die eine, die jetzt noch übrig war, war eingefallen und schlaff. Dort, wo die andere gewesen war, sah man nur noch eine blutige Wunde. Er spürte immer noch den Geschmack im Mund. *Eklig.*

Blöde Drecksfotze!

Er griff zu einem der Fläschchen mit Whisky, die er auf der Fähre gekauft hatte, und nahm einen kräftigen Schluck, während er sie betrachtete.

Ihre Finger waren in einer Art Abwehrhaltung gekrümmt. Instinktiv fuhr er sich mit den eigenen Fingern über die Wange. Nur ein Riss, vielleicht ein paar Zentimeter lang, von ihren Nägeln. Nichts, was er nicht wegerklären konnte.

Der Bauch. Hübsch und flach. Nicht schlecht für eine deutsche Hure. Anscheinend hatte sie im Fitnessstudio gute Arbeit geleistet. Schade, dass sie nicht mehr lebte, um das Ergebnis genießen zu können.

Er betrachtete ihre nylonbestrumpften Beine und verspürte einen Anflug sexueller Erregung.

Plötzlich ertönten Geräusche draußen auf dem Flur und rissen ihn aus seinen Gedanken. Zeit zu verschwinden. Er schüttelte den Kopf und versuchte, sich zu konzentrieren. Die Boxershorts lagen auf dem Boden, zusammen mit dem Hemd, der Krawatte, den Socken und dem Sakko. Er konnte sich nicht erinnern, warum er so schlampig gewesen war und sich nur die Hose angezogen hatte, nachdem er sie getötet hatte.

Sie hatte sämtliche nur erdenklichen Fehler begangen. Vielleicht, um mehr Geld herauszuschinden, aber vielleicht war es echt gewesen.

Sie hatte ihm widerwillig und nicht besonders gut einen geblasen. Sie hatte herumgenörgelt, er solle die Handschuhe ausziehen, und sauer dreingeblickt, als er sich weigerte. Als er sie vögelte, hatte sie irgendwann den Eindruck erweckt, dass es ihr gefiel. Er war sich ziemlich sicher, dass sie gekommen war.

Dumme Kuh.

Eine Hure soll liefern, nicht genießen. Sie hatte für ihre Dummheit einen hohen Preis gezahlt.

Intelligenz. Der Unterschied zwischen Erfolg und Misserfolg. Intelligenz ist gleich Erfolg ist gleich Geld ist gleich Macht. Die Dummen in Berlin werden Verkäuferinnen oder Huren – was ist eigentlich der Unterschied? Die Intelligenten sind gefragt, reich und mächtig.

Als das Geschrei im Flur zunahm, stand er auf, zog die Hose hoch und kleidete sich in der richtigen Reihenfolge an. Ein Blick auf seine Breitling zeigte ihm, dass es 2.15 Uhr war.

Silfverbielke ließ den Blick im Zimmer umherschweifen. Das Kondom hatte er gründlich entsorgt, indem er es in mehrere Lagen Toilettenpapier eingewickelt und die Toilette hinuntergespült hatte. Anschließend hatte er sich vergewissert, dass es wirklich im Abfluss verschwunden war.

Während er mit Abscheu Toilettenpapier in Whisky tränkte und die Prostituierte so gut es ging um die abgebissene Brustwarze herum säuberte, dachte er, dass er vermutlich Spuren in Form von Haaren oder Hautfragmenten hinterlassen hatte.

Was soll's?, dachte er. *Ich habe schließlich mehr als einen Pfeil im Köcher.*

Nachdem die Freunde seine Suite verlassen hatten, hatte er aufgeräumt. Ecker hatte den zusammengerollten Hundert-Kronen-Schein zurückgelassen, mit dem er sich am

Tisch Koks in die Nase gezogen hatte. Silfverbielke hatte den Schein mit Handschuhen angefasst und ihn zusammen mit den Zigarettenstummeln aus dem Aschenbecher, den Ecker benutzt hatte, in einen Plastikbeutel gesteckt.

Das konnte sich später als nützlich erweisen.

Jetzt holte er den Plastikbeutel aus der Tasche, nahm den zusammengerollten Geldschein heraus und ließ ihn auf den Tisch fallen. Dann schüttelte er die beiden Zigarettenstummel in den kleinen Aschenbecher auf dem Tisch, entfernte die drei Stummel, die darin gelegen hatten, und ließ sie im Plastikbeutel verschwinden.

Er ließ den Blick erneut über sie gleiten. Empfand Verachtung in Kombination mit einem gewissen Grad an sexueller Erregung, was ihn gleichzeitig amüsierte und überraschte.

Im Bad sah er ein letztes Mal in den Spiegel und rückte den Krawattenknoten zurecht. Fuhr sich mit den Händen durchs Haar.

Bevor er das Zimmer verließ, warf er einen letzten Blick auf sie. Blond, langbeinig, hübsch und – geil?

Das war vorher gewesen.

Jetzt war sie nur noch blond, angeschwollen, hässlich und tot.

Tschüss, Simone, oder wie auch immer du heißt.

Draußen auf der Straße blieb er stehen und atmete die kühle Nachtluft ein. Warf erneut einen Blick auf die Uhr und stellte zufrieden fest, dass die Wirkung des Kokains nicht nachgelassen hatte und dass die Nacht noch jung war. Fragte sich, wo seine Freunde waren und was sie machten.

Plötzlich klingelte sein Handy. Er sah aufs Display. Es war Hans.

»Christopher.«

Ecker klang aufgeregt und nervös. »Chris, wo bist du? Ich brauche Hilfe!«

Silfverbielke konzentrierte sich, winkte ein Taxi heran und stieg hinten ein. »Was gibt's? Was ist passiert?«

»Ich habe eine Braut abgeschleppt und mit ins Hotel genommen. Am Anfang lief alles toll, aber dann fing sie auf einmal an zu schreien, ich hätte sie vergewaltigt. Plötzlich hat es an der Tür geklopft, und als ich aufgemacht habe, ist ihr Freund ins Zimmer gestürmt. Sie muss ihm wohl eine SMS geschickt haben, oder so. Er wirkt ziemlich bedrohlich, sagt, er werde mir in die Fresse hauen und die Polizei rufen!«

Christophers Stimme klang leise und kalt. »Sag ihnen, sie sollen auf dem Teppich bleiben. Ich bin in fünf Minuten da, dann lösen wir das Problem.«

Er forderte den Taxifahrer auf, Gas zu geben, und stellte ihm ein großzügiges Trinkgeld in Aussicht, wenn es schnell ginge.

Als Christopher in Hans Eckers Zimmer stürmte, herrschte dort das reinste Chaos. Auf dem Doppelbett lag eine junge Frau, die offenbar sturzbesoffen war und sich bemühte, in ihr Höschen zu schlüpfen. Ihre großen Brüste schlenkerten dabei. Hans hatte zerzauste Haare und war nur mit einem Paar Boxershorts bekleidet. Er führte eine laute Diskussion mit einem Typen Mitte zwanzig, der eine schwarze Jeans, ein T-Shirt und eine Lederjacke trug.

Silfverbielke hielt einen Augenblick inne, überblickte die Lage und fuhr sich mit den Händen durchs Haar. »Lass mich das machen, Hans. Hast du Fotos von ihr?«

Ecker grinste ihn nervös an. »Eine Menge, wir hatten ja Spaß miteinander, bevor dieser Idiot ...«

»Still!«, flüsterte Silfverbielke. »Wie hart sind die Fotos?«

»Ausreichend.«

»Gut.«

Der Deutsche richtete nun seine Aggression gegen Silfverbielke, der beruhigend lächelte und ihm mit einer Handbewegung zu verstehen gab, er möge ins Wohnzimmer der Suite kommen. Er warf einen Blick auf seine betrunkene Freundin und blickte unschlüssig drein, folgte Christopher aber, als dieser noch einmal winkte.

Die Unterhaltung wurde auf Englisch geführt, was der Deutsche nur mäßig beherrschte.

»Was ist das Problem?«, fragte Silfverbielke in neutralem Ton.

»Er hat meine Freundin vergewaltigt!« Der Deutsche fuchtelte aufgeregt mit den Händen. »Ich würde den Dreckskerl am liebsten umbringen! Ich rufe die Polizei und …«

»Du rufst niemanden, wenn du dir nicht eine Menge Ärger einhandeln willst!« Silfverbielkes Stimme klang wie ein Peitschenschlag. »Hör zu. Dein Mädchen ist mit meinem Kumpel hierhergekommen, um mit ihm zu vögeln. Es ist nicht unser Problem, dass du mit einer treulosen Schlampe zusammen bist. Außerdem hat er eine Menge Pornofotos von ihr gemacht. Willst du sie morgen im Internet sehen?«

Der Deutsche erstarrte. »Pornofotos?« Silfverbielke nickte. »Tut mir leid, Junge, aber mein Kumpel hat viele Fotos, auf denen deine Freundin ihm mit Lust einen bläst und eine Menge anderer cooler Sachen mit ihm anstellt, die man nicht macht, wenn man vergewaltigt wird. Du solltest sie bei Gelegenheit mal fragen, was sie so treibt, wenn du nicht in der Nähe bist. An deiner Stelle würde ich mit ihr Schluss machen. Wie heißt du übrigens?«

»Heinrich.« Der Deutsche blickte jetzt noch verwirrter drein, und Silfverbielke begriff schnell, dass der Bursche nicht gerade der Hellste war. Er beschloss, das Eisen zu schmieden, solange es heiß war.

Er lächelte überzeugend und legte dem jungen Mann die Hand auf die Schulter. »Das ist wirklich eine dumme Geschichte, Heinrich. Aber wir wurden alle schon mal von einem Mädchen reingelegt, oder?«

Heinrich nickte unglücklich. Christopher steckte die Hand in die Tasche und fuhr fort: »Ich habe eine Idee. Ich möchte dir etwas für die Unannehmlichkeit geben, die du auf dich genommen hast, weil du hierherkommen musstest. Ich schlage vor, dass du jetzt verschwindest und wir die Sache vergessen. Was hältst du davon?« Er holte ein paar Geldscheine aus der Tasche und drückte sie dem Burschen in die Hand.

Der Deutsche blickte auf seine Handfläche und riss die Augen auf, als er fünfhundert Euro sah. Er erwiderte Christophers freundlichen und verständnisvollen Blick.

»Danke …«, sagte er, drehte sich um und ging zur Tür. Als er am Schlafzimmer vorbeikam, murmelte er auf Deutsch: »Scher dich zum Teufel, du Dreckshure!«

Die Tür fiel hinter ihm ins Schloss. Christopher ging ins Schlafzimmer und zog das Sakko aus. Er legte es über einen Stuhl, löste die Krawatte und zog sie sich über den Kopf. Hans Ecker starrte ihn verwundert an. »Was machst du da? Wir müssen sie verdammt noch mal von hier wegbringen, bevor der Kerl mit den Bullen zurückkommt!«

Christopher lächelte ihn an, während er das Hemd auszog und die Hose aufknöpfte. »Er kommt nicht zurück, und die Bullen kommen auch nicht. Aber ich habe ihm Geld gegeben, und dafür bekommen wir jetzt eine Gegenleistung, oder?«

Ecker grinste verständnisvoll. Er beugte sich nach vorne und zog dem Mädchen das Höschen aus. Sie lallte etwas Unverständliches, leistete aber keinen Widerstand.

In der nächsten halben Stunde nahmen sie das Mädchen einzeln und zu zweit, bis sie sie weinend anflehte, aufzuhören. Anschließend halfen sie ihr in ihre Kleider, und Christopher zog sich schnell an. Er packte sie fest am Oberarm und lotste sie die Feuertreppe hinunter zum Notausgang. Als der Feueralarm ertönte, beschleunigte er seine Schritte. Mit der Hand immer noch fest um ihren Arm zerrte er sie die Straße entlang, ging um eine Ecke und blieb drei Straßen weiter stehen. Er packte sie an den Schultern und sah ihr tief in die Augen. »Vergiss alles, kapiert?«, zischte er auf Deutsch. »Vergiss, dass du uns jemals begegnet bist, wenn du leben willst!« Dann drehte er sie sieben, acht Mal um die eigene Achse, bis ihr schwindlig wurde und sie auf dem Gehsteig zusammenbrach.

»Frühstück? Du meinst wohl Brunch? Weißt du, wie spät es ist?« Johannes Kruut lachte, als Hans Ecker ihn anrief.

Kruut war glücklich. Die Zeit mit der dunkelhaarigen Michelle am Abend zuvor hatte ihm sehr gefallen, und er wollte mehr. Gern noch mal mit ihr. Als er wieder im Hotel angekommen war, hatte er mehrfach versucht, Hans und Christopher zu erreichen, aber da keiner der beiden ans Telefon ging, hatte er sich ins Bett fallen lassen, Pornofilme angeschaut, Champagner getrunken und die Erinnerung an Michelle genossen.

Das Trio traf sich in Eckers Zimmer. Alle waren leger in Jeans, Hemden, Sportsakkos und bequemen Schuhen gekleidet. Jeder trank zunächst eine Bloody Mary, bevor sie sich über das Tablett hermachten, das der Zimmerservice ihnen gebracht hatte. Eier, Speck, Lachs, Aufschnitt, Toast und vier Sorten Marmelade bester Qualität, dazu heißer und starker Kaffee. Anschließend bestellten sie weitere Bloody Marys und eine Flasche Champagner.

Silfverbielke zündete sich ein Zigarillo an. »Vielleicht wird es langsam Zeit, dass wir unseren Punktestand vergleichen, Jungs. Was könnt ihr vorweisen?«

Johannes Kruut blickte ein wenig verlegen drein. »Nichts, seitdem ich die Zeche geprellt habe. Es gibt ja wohl keine Punkte dafür, dass man eine Hure gevögelt hat, oder?«

Silfverbielke schüttelte den Kopf und blies den Rauch aus. »Nur, wenn du etwas sehr Spezielles mit ihr angestellt und davon geile Fotos gemacht hast. Da ich weiß, was Hans gestern Nacht gemacht hat, würde ich gern Bilder sehen …«

Kruut sah ihn fragend an, und Hans fasste kurz zusammen, was er in der Nacht erlebt hatte. »Ach du Scheiße!«, sagte Kruut. »Das hätte ja übel ausgehen können, was?«

»Das glaube ich nicht.« Silfverbielke nahm Eckers Handy entgegen, sah die Fotos durch und zeigte sie Kruut. »Was meinst du, Johannes, sollten wir Hans nicht trotz allem zehn Punkte dafür geben? Ich habe ihm zwar aus der Patsche geholfen, aber er hat die Fotos ja vorher gemacht.«

Johannes nickte eifrig. »Absolut, das ist zehn Punkte wert! Jetzt hast du also fünf, ich habe zehn, und Hans hat zehn. Aber wie willst du jetzt aufholen, Chris? Und wie lief es mit deiner Tussi in der Oranienburger Straße?«

Christopher Silfverbielke blickte plötzlich leicht besorgt drein und zog noch einmal an seinem Zigarillo, ehe er antwortete. »Die ist definitiv ein abgeschlossenes Kapitel.«

Ecker runzelte die Stirn. *Definitiv?* Was meinte Christopher damit? Er hatte ja schon früher Anzeichen gesehen, dass sein Freund erschreckend zynisch sein konnte, zumindest dann, wenn es um Menschen ging, die er verachtete.

»Wie meinst du das, Chris?«, fragte er.

»Ich meine, dass ihr euch die Onlineausgabe der Berliner Zeitung anschauen solltet. Schaut mal, ob ihr ein paar Spalten über eine junge Dame findet, die in der Oranienburger Straße Pech hatte …«

Johannes wurde weiß im Gesicht. »Chris, du hast doch nicht etwa …« Er sprach nicht aus, was er dachte, sondern starrte Christopher nur an. Ecker sah den Freund ebenfalls abwartend an.

Silfverbielke zuckte mit den Schultern. »Mir blieb praktisch nichts anderes übrig. Sie hat mich bedroht und hätte zu einem Problem für uns alle werden können, wenn sie und ihre türkischen Zuhälter mir hierher gefolgt wären. Ihr wisst sehr wohl, was in den Safes liegt. Wir haben zu viel zu verlieren. Man kann sagen, ich habe in Notwehr gehandelt.«

Hans und Johannes blickten weiterhin abwartend drein.

»Wir leben nun mal in einer schlimmen Welt, und manchmal muss man eben ein bisschen beim Saubermachen nachhelfen«, fuhr Silfverbielke fort. »Und keine Angst, niemand wird mich oder uns mit der Sache in Verbindung bringen. Apropos Punkte … wie viele kriege ich für eine tote Nutte? Zwanzig müsste das wohl wert sein …« Er zog noch einmal am Zigarillo.

Kruut hatte sich im Stuhl aufgerichtet und war so nervös, dass ihm die Worte im Hals stecken blieben. »Verdammt, Chris!«, sagte er schließlich. »Wie kannst du dir so sicher sein, dass die Bullen nicht …«

Christopher hob beschwichtigend eine Hand und schnitt ihm das Wort ab. »Johannes, so einfach ist das. Erstens wird die Polizei sich keinen Fuß ausreißen, um nach jemandem zu fahnden, der eine Nutte ins Jenseits befördert hat. Zweitens wissen sie ganz einfach nicht, wonach sie suchen sollen. Ich bin in keiner kriminalpolizeilichen Datenbank in Deutschland erfasst, also selbst wenn ich Spuren hinterlassen hätte, gäbe es nichts, womit sie die abgleichen können, verstehst du? Die meisten Morde werden aufgeklärt, weil der Mörder aus dem näheren Umfeld des Opfers stammt, und das trifft hier nicht zu.«

Kruut schien nachzudenken und nickte schließlich. Ecker spürte, wie seine Hände zitterten, und er starrte Christopher sprachlos an.

Was zum Teufel macht Chris nur? Es war von einem Punktewettkampf die Rede, nicht davon, Leute umzubringen! Kapiert er nicht, welches Risiko wir alle damit eingehen? Was zum Teufel soll ich jetzt machen, ins Auto springen und verschwinden?

Die Gedanken überschlugen sich weiterhin in seinem Kopf. Er beugte sich vor, hob sein Bloody-Mary-Glas und trank einen kräftigen Schluck. »Also, der Tag fängt wirklich interessant an. Jetzt hast du also schon von Anfang an dein Punktesystem auf den Kopf gestellt. Das ist ja eine, wie sollen wir sagen, Herausforderung?«

Christopher lachte. »Betrachte es, wie du willst, Hans. Der Ball ist ins Rollen gekommen. Ich schlage vor, dass wir uns fertig machen, Björn anrufen und einen kulturellen Stadtrundgang machen, bevor wir uns den Abendvergnügungen widmen. Ihr könnt, wie gesagt, gern meine Angaben im Internet überprüfen. Sie war blond und hieß Simone, glaube ich. Aber wir sind uns doch wohl einig, dass wir Björn nicht in unser kleines Geheimnis einweihen?«

Kruut fröstelte innerlich. Ihm war auf einmal übel.

»Darauf kannst du dich verlassen!« Ecker stand auf, ging zum Computer auf dem kleinen Schreibtisch und loggte sich ins Internet ein. Silfverbielke blieb mit seinem Zigarillo sitzen, während Johannes sich neben Hans stellte, ihm über die Schulter schaute und mitlas.

Das einzige Geräusch, das man hörte, war, als Hans Ecker die Nachrichtenseiten der Berliner Zeitung hinunterscrollte. Dann hielt er inne, las und übersetzte laut: *»Heute früh am Morgen wurde die Polizei zu einem Hotel in der Nähe der Oranienburger Straße gerufen, nachdem das Personal eine fünfundzwanzigjährige Frau tot in einem der Zimmer aufgefunden hatte. Die Frau wurde als Renate Steiner identifiziert, eine Prostituierte, die nach Angaben anderer Prostituierter in der Umgebung unter dem Namen Simone auftrat. Eine vorläufige Untersuchung ergab, dass Steiner durch Erwürgen ums Leben kam. Die Polizei konnte eine Anzahl Spuren im Hotelzimmer sicherstellen, die anschließend zur DNA-Analyse geschickt wurden. ›Bisher haben wir keine Spur und keinen Tatverdächtigen, aber es besteht Anlass zur Hoffnung, dass wir ihn finden‹, sagte Kriminalkommissar Wulf Weigermüller zur Berliner Zeitung. ›Wir vermuten, dass ein Tourist dahintersteckt, und der Mörder hat sogar einen schwedischen Geldschein im Zimmer hinterlassen …‹«*

Ecker fuhr ruckartig herum. »Du bist wirklich nicht ganz dicht, Chris! Wieso hast du nicht gleich deine Visitenkarte und unsere hiesige Adresse hinterlassen, damit sie uns gleich abholen können? Was zum Teufel hast du da gemacht? Ist dir eigentlich klar, was ich riskiere, wenn du festgenommen wirst?«

Er sprang vom Stuhl auf, sodass dieser beinahe umkippte, und ging ein paar Schritte auf die Sofagruppe zu, wo Silfverbielke seelenruhig weiterrauchte und den Wutanfall seines Freundes beinahe amüsiert beobachtete. Die Adern an Eckers Stirn traten hervor, er atmete heftig und ballte vor Wut die Fäuste. Einen Augenblick lang sah es so aus, als wollte er sich auf den Freund stürzen und mit den Fäusten auf ihn einprügeln.

Johannes Kruut stand immer noch neben dem Computer und betrachtete die beiden nervös. Wie hatte es nur so weit kommen können? Sein Magen verkrampfte sich. Mord. Christopher hatte sie erwürgt. Er hatte einen Menschen umgebracht. *Das war kein Spiel mehr.*

»Immer mit der Ruhe. Setz dich, Hans, ich erkläre es dir.«

Hans Ecker gab sich Mühe, seine Atmung unter Kontrolle zu bringen. Er setzte sich und warf Silfverbielke einen finsteren Blick zu. »Also …?«

»Du brauchst keine Angst zu haben, Hans, das verspreche ich dir.« Christophers Stimme klang leise und kühl. »Wie ich vorhin schon sagte – mir blieb nichts anderes übrig. Die dumme Nutte hat mich bedroht. Und du hattest ja gestern Nacht ebenfalls Ärger mit einem Mädchen, stimmt's?«

Ecker blickte verlegen drein, nickte und nahm mehrere tiefe Züge von seinem Zigarillo, ohne zu antworten. Johannes Kruut schloss diskret die Webseite, ging zu der Sofagruppe zurück und setzte sich. Er fühlte sich extrem unwohl. Eigentlich waren sie doch hier, um Spaß zu haben. Er selbst hatte heute Morgen Wunschfantasien darüber nachgehangen, Michelle so schnell wie möglich wiederzusehen. Vielleicht hatten die Jungs nichts dagegen, wenn er sie zum Abendessen mitnahm. In diesem Fall könnte er später mit ihr diskret die Runde verlassen und den Abend in seiner Suite ausklingen lassen. Das wäre auf jeden Fall schöner als in diesem schäbigen Stundenhotel.

Aber jetzt hatte sich die Situation verändert. Christopher hatte getötet. *Gemordet.* Das ließ sich nicht mehr rückgängig machen.

Christophers Stimme riss Johannes aus seinen Gedanken. »Es gibt absolut nichts, was mich mit dieser Sache in Verbindung bringt, Hans. Selbst wenn sie Haare, Hautschuppen oder Sperma gefunden haben, haben sie nichts, womit sie es abgleichen können. Und einen schwedischen Geldschein kann jeder dort verloren haben. Was sollen sie machen, sämtliche Ausfallstraßen sperren und die ganze Stadt nach Schweden durchsuchen? Vergiss es, die haben keine Chance.«

Ecker dachte schweigend nach und zog noch ein paarmal an seinem Zigarillo, bevor er ihn ausdrückte. Dann blickte er zu Silfverbielke auf. »Okay, ich hoffe, du hast recht. Aber du musst verstehen, dass ich nervös bin. Versprich mir jetzt verdammt noch mal, dass du nichts mehr anstellst, wofür man uns schnappen kann.«

Christopher nickte ihm überzeugend zu. Gleichzeitig dachte er nach. *Was ist nur mit dir los, Hans? Verlierst du langsam den Schneid? Haben wir nicht eine Menge Spaß zusammen gehabt? Du bist gelangweilt und bekommst zu Hause nichts, aber sobald man mal was macht, wirst du nervös. Vielleicht muss ich dich ein bisschen mehr auf Trab bringen. Was gestern Nacht passiert ist, war doch nur ein guter Anfang. Du brauchst Spannung, Hans, jede Menge Spannung …*

»Absolut. Mir liegt genauso viel daran wie dir, dass wir und der Koffer mit dem Geld sicher nach Stockholm kommen, also verlass dich auf mich.«

Ecker biss die Zähne zusammen, griff nach der Champagnerflasche und füllte alle Gläser bis zum Rand. »Na dann, Jungs«, sagte er mit neutraler Stimme. »Was haben wir für den heutigen Tag und den Abend geplant?«

Zwei kurze Pieptöne auf Christophers Handy meldeten ihm, dass er eine Mitteilung erhalten hatte. Er sah aufs Display. *MMS eingegangen.* Er drückte auf »Anzeigen« und lächelte, als das Foto erschien. Helena war wirklich auf Draht. Es war ein gutes Porträtbild, aus der Nähe aufgenommen. Vielleicht von einer Freundin, vielleicht von ihrem Freund. Christopher hoffte, dass Letzteres der Fall war. Die Vorstellung, dass er sie dazu bringen konnte, private Bilder zu verschicken, die ihr Freund aufgenommen hatte, erregte ihn unheimlich. Er lächelte sich selbst im Spiegel an und dachte: *Du bist schon ein Teufelskerl.* Dann las er ihre SMS.

Hallo, was machst du? Ich arbeite und mir ist langweilig. Schreib mir, wenn dir das Foto gefallen hat. LG H.

Er drückte auf »Antworten«.

Endlich hab ich etwas Schönes zum Anschauen! Kannst mir gern mehr Fotos schicken. Ich kann dein Guthaben aufladen, wenn ich wieder in Schweden bin. Liebe Grüße, Hans.

Die Antwort kam flugs.

Echt? Wie süß! Ich hab Comviq Kompis. Ich schick dir bald mehr. LG, H.

Er sah auf die Uhr. In gut zwei Stunden würden sie sich mit Björn Hamberg an der Rezeption treffen und einen Spaziergang durch Berlin machen. Er beschloss, hinunter an die Bar zu gehen und dort zu warten. Er wollte gerade das Zimmer verlassen, als es leise an der Tür klopfte.

Christopher sah Hans Ecker verwundert an, als dieser lautlos das Zimmer betrat, und schloss die Tür hinter dem Freund.

Hans nahm auf einem der Sessel Platz, schlug die Beine übereinander und faltete die Hände.

»Ich habe gründlich nachgedacht, Chris …«

Silfverbielke antwortete nicht, sondern sah ihn nur freundlich an.

»Ich verstehe, dass du gestern Nacht keine andere Wahl hattest. Und ich selbst hätte ja auch alt ausgesehen, wenn du nicht gekommen wärst. Diese Arschlöcher, die gestern in meinem Zimmer waren, dürfte es eigentlich gar nicht geben. Verdammtes Dreckspack! Es gab keinerlei Probleme, als ich sie abgeschleppt und gevögelt habe. Der Ärger ging erst los, als ich sie in den Arsch ficken wollte. Da hat sie zuerst protestiert, dann wollte sie Geld, und am Schluss war es auf einmal eine Vergewaltigung. Was für ein Drecksluder!«

Christopher setzte sich ihm gegenüber und sah ihn schweigend an.

Ecker fuhr fort: »Ich war zunächst etwas erschüttert, als mir klar wurde, was du getan hast. Aber hinterher habe ich eingesehen, dass ich bestimmt ähnlich reagiert hätte. Ich will dir nur sagen, dass ich auf deiner Seite stehe. Wir werden es gemeinsam noch weit bringen und müssen zusammenhalten.«

Silfverbielke nickte. »Ja. Und du hast recht: Einer für alle, alle für einen.«

»Aber was ist mit Johannes?«

»Was meinst du damit?« Silfverbielke gab sich Mühe, verwundert dreinzublicken, obwohl er schon lange dieselben Gedanken gehabt hatte, die Ecker jetzt äußerte.

»Können wir uns auf ihn verlassen, egal was passiert?«

»Ich glaube schon. Johannes ist im Grunde genommen ein unheimlich loyaler Mensch. Er ist vielleicht kein besonderer Draufgänger, aber andererseits hat er außer dir und mir keine Freunde. Er hat allen Grund, diese Freundschaft nicht aufs Spiel zu setzen, und sollte er sich wider Erwarten verplappern, kümmern wir uns darum, wenn es so weit ist.«

Ecker zuckte zusammen. »Du meinst doch nicht etwa …?«

»Ich meine nichts anderes, als dass wir die Dinge nehmen, wie sie kommen, okay?«

»Okay, gut, dann sind wir uns einig. Ich gehe jetzt duschen, bevor wir uns mit Björn treffen. Was machst du?«

»Auf keinen Fall dusche ich mit dir zusammen«, sagte Silfverbielke scherzhaft. »Ich hole mir ein paar Zeitungen. Wir sehen uns dann unten.«

Kapitel 18

Samstag, 3. Februar

Ehe Christopher Silfverbielke sein Zimmer verließ, suchte er die Unterlagen der Mietwagenfirma Hertz in Travemünde. An der Hotelrezeption erkundigte er sich nach der Adresse des nächsten Polizeireviers und bat den Mann hinter dem Tresen, ihm ein Taxi zu bestellen.

Der Mann in der grünen Hoteluniform blickte besorgt drein und fragte, ob etwas nicht stimmte und ob Herr Silfverbielke Hilfe benötigte.

Christopher versicherte ihm, dass er nur ein paar Auskünfte von der Polizei benötigte, wie man am besten deutsche Luxusautos schützen konnte, die man nach Schweden importieren wollte.

Auf dem Polizeirevier berichtete Christopher, was geschehen war. Er und seine Freunde hätten in Travemünde ein Auto gemietet, da sie ihr eigenes nicht mit nach Deutschland nehmen wollten. Am Freitagnachmittag habe er den Wagen in einer Seitenstraße am Potsdamer oder möglicherweise Leipziger Platz geparkt. Nein, an den genauen Straßennamen könne er sich leider nicht erinnern. Er habe den Wagen einfach nur auf einem Parkplatz abgestellt, da es ihm zu teuer und umständlich gewesen sei, ihn in der Hotelgarage zu lassen, zumal er und seine Freunde oft damit fahren wollten. Als er heute Morgen das Fahrzeug holen wollte, sei es verschwunden gewesen, und das hier – er wedelte mit dem Schlüsselbund mit dem Hertzlogo herum – sei der einzige Nachweis, dass das Auto überhaupt existiert habe. Nein, Gott sei Dank hätten sie keine Wertsachen darin hinterlassen.

Der Polizeibeamte hinter dem Tresen seufzte, gab die Angaben in seinen Computer ein, druckte eine Kopie der Diebstahlsanzeige aus und ließ sie von Christopher unterschreiben. Silfverbielke erhielt eine Kopie zur Vorlage bei Hertz, und der Polizist erklärte ihm mit müdem Blick, dass es wohl am besten sei, wenn er sich einen neuen Mietwagen besorgte. Die Chance, den gelben Fox wiederzufinden, sei nämlich sehr gering. Vermutlich sei er bereits umlackiert, mit neuen Nummernschildern versehen, nach Polen verschoben und dort verkauft worden.

Christopher bedankte sich, verließ das Polizeirevier und nahm ein Taxi zurück zum Hotel. Er ließ die Autoschlüssel und den Mietvertrag in der Schublade der Kommode zurück und steckte die Kopie des Polizeiberichts in ein Dokumentenfach seines Koffers. Als Johannes, Hans und Björn nach und nach in der Bar des Ritz-Carlton eintrudelten, wartete Silfverbielke mit einem Glas Whisky in der einen und seinem Handy in der anderen Hand.

> *Wie lange arbeitest du heute und was machst du nach Feierabend? Ich muss mit ein paar langweiligen Geschäftsleuten zu Abend essen. Würde mich lieber mit dir treffen. Liebe Grüße, Hans.*

Er drückte auf »Senden«.

Die vier schlenderten die Straße Unter den Linden entlang in Richtung Brandenburger Tor und Reichstagsgebäude und bewunderte die prunkvollen Bauwerke.

»Hier spürt man wirklich den Flügelschlag der Geschichte«, sagte Johannes Kruut und betrachtete mit offenem Mund die Hausfassaden.

Björn Hamberg lachte. »Das tut man allerdings, aber wenn du beim Verlassen des Hotels nach links anstatt nach rechts gegangen wärst, hättest du den Flügelschlag noch stärker wahrgenommen.«

Kruut blickte verwundert drein. »Was meinst du damit?«

»Nur ein paar Meter von eurem Hotel entfernt stehen die letzten Reste der Berliner Mauer. Man hat daraus eine kleine Ausstellung mit Fakten zur Mauer und zu den Geschehnissen während des Kalten Krieges gemacht. Und wenn du hier die Straße hinunterschaust, kannst du praktisch sehen, wo sie genau verlief.«

»Merkst du in deinem Alltagsleben etwas davon?«, fragte Hans Ecker.

Hamberg zuckte mit den Schultern. »Ja und nein. Diese Stadt hat ja seit dem Mauerfall unglaubliche Veränderungen durchlaufen, und man kann sagen, dass Berlin immer noch eine Stadt im Umbruch ist. Als die Mauer fiel, brach auch der gesamte Ostblock zusammen. Der Kapitalismus hat alles übernommen und platt gemacht. Ostdeutsche Fabriken und Lagerhallen wurden im Großen und Ganzen über Nacht stillgelegt und ließen Massen von Ostdeutschen verzweifelt und arbeitslos zurück. Arbeitslosigkeit ist immer noch ein großes Problem in Berlin, die letzte Zahl, die ich gehört habe, war siebzehn Prozent. Und trotzdem ist der Ostteil der Stadt angesagt wie sonst was. Dort gibt es die besten Klubs, und es gilt als chic, dort zu wohnen.«

Silfverbielke ging zwei Schritte hinter den anderen her und hörte nur mit halbem Ohr zu, während er seinen eigenen Gedanken nachhing. Er spürte ein Vibrieren in der Tasche, holte das Handy hervor und las.

Wollte mit meiner Freundin in eine Kneipe in Jönköping gehen, aber mein Freund will unbedingt, dass wir uns sehen. Das ist scheiße, aber was soll man machen? LG, H.

Er drückte auf »Antworten«.

Schläfst du bei ihm oder kann ich dich später anrufen?

Oh, das wäre toll! Weiß noch nicht. Schicke dir heute Abend eine SMS. Deine H.

»Gleichzeitig …«, hörte Christopher, wie Hamberg fortfuhr, »… führen die Leute hier die ganze Zeit interessante Gespräche. In Schweden reden die Leute darüber, was in der letzten Seifenoper passiert ist, oder worüber – wie heißt sie doch gleich wieder? – Linda Skugge in der gestrigen Ausgabe der *Expressen* geschrieben hat. Hier dagegen drehen sich die Gespräche um existenzielle Dinge. Die Deutschen empfinden immer noch eine große Kollektivschuld wegen Hitler, und das merkt man, wenn die Leute sich unterhalten. Sie können stundenlang reden, wenn es um Themen wie Werte, Ethik, menschliche Moral und Ursprung …«

Christopher Silfverbielke hörte nicht weiter zu. *Ich habe diese Gedanken und Diskussionen längst hinter mir*, dachte er. *Jeder muss sich seine eigene Moral, seine Gerechtigkeit und seine Ambitionen schaffen. Das Leben ist kurz, und dieser existenzielle Schwachsinn bringt einen nicht weiter.*

»Wie weit gehen wir eigentlich?«, fragte er.

Hamberg drehte sich um. »Schon müde, Chris? Ich dachte, du hättest eine gute Kondition. Wir gehen noch ein Stück weiter, das Brandenburger Tor und das Reichstagsgebäude musst du dir einfach anschauen.«

»Falsch, Björn«, sagte Christopher. »Das Einzige, was ich mir wirklich anschauen muss, ist diese Ferrariausstellung auf der anderen Straßenseite. Ich laufe mir doch nicht die

Schuhsohlen ab, um vor einem Haus Schlange zu stehen, das in Brand gesteckt wurde, als Hitler in diesem Land die Macht ergriffen hat.«

Björn Hamberg grinste. »Mensch, Chris, du bist immer noch der Alte. Aber okay, gehen wir rüber und schauen uns eine Weile Ferraris an, damit du wieder ein bisschen munterer wirst. Danach ist es wohl Zeit für einen kleinen Nachmittagsdrink, oder was meint ihr?«

Johannes versuchte, gleichgültig zu klingen. »Kultur in allen Ehren, aber das war das Klügste, was du heute in deinen paar Stunden als Stadtführer gesagt hast, Björn.«

Die Stimmung war bereits früh am Samstagabend ausgelassen und angeheitert.

Im Lauf des Nachmittags hatten sich die vier mehrere Drinks in verschiedenen Bars genehmigt. Björn Hamberg hatte eine Reisetasche mit Kleidung zum Wechseln mitgenommen und Hans Eckers Zimmer zum Duschen und Umziehen benutzt. Danach hatten sie sich alle mit Anzügen bekleidet wiedergetroffen und einen weiteren Spaziergang unternommen, diesmal im Ostteil der Stadt. Als sie über den Alexanderplatz gingen und Hans Ecker das Hochhaus des Park Inn Hotel erblickte, rief er aufgekratzt: »Wir müssen uns einen hinter die Binde gießen, ich krieg 'nen trockenen Hals!«

Nach dem Abendessen verbrachten sie eine Stunde in der Spielbank ganz oben im Hotel. Silfverbielke bemerkte trocken, dass es schon fantastisch war, eine halbe Hitlerstadt von oben sehen zu können, während man sein Geld loswurde. Anschließend äußerte er den Verdacht, dass das Roulette bestimmt manipuliert wurde.

Die vier ließen sich auf tiefen Sesseln um einen Tisch nieder. »Worauf habt ihr jetzt Lust, Jungs?«, fragte Björn Hamberg.

»Mädchen natürlich!«, sagte Kruut grinsend und hob sein Glas so schnell, dass er Alkohol verspritzte.

Die anderen lachten ihm zu. »Keine Angst, Johannes, du wirst heute Abend schon noch einen wegstecken. Aber im Ernst, Björn, was schlägst du vor?«, fragte Hans.

Hamberg überlegte einen Augenblick. »Tja, ich glaube, wir sollten die angesagtesten Klubs in der Stadt abklappern – die Panorama Bar, das Felix und vor allem das Marrakesch, das ist der beste von allen. Aber wir haben es ja nicht eilig, die sind alle bis sieben oder acht Uhr morgens geöffnet. Also könnten wir vielleicht unterwegs noch in einen Sexklub gehen.« Er lächelte Hans und Christopher an.

Christopher richtete sich im Stuhl auf. »Wie läuft das dort ab?«

»Ganz einfach. Im Michelle am Ku'damm zahlst du vierzig Euro Eintritt. Darin sind zwei beschissene Drinks inbegriffen. Es sind etwa fünfzehn bis zwanzig Mädchen anwesend, die nonstop auf der Bühne strippen. Natürlich kannst du sie vögeln, wenn du willst. Für eine Stunde nehmen sie gewöhnlich zwischen hundertsechzig und zweihundert Euro.«

Christopher nickte nachdenklich. Björn fuhr fort. »Aber eigentlich sollten wir lieber ins Artemis reinschauen. Das ist ein Saunaklub auf drei Etagen mit sechzig Mädchen, und die meisten sehen richtig gut aus. Man muss sich ausziehen und im Bademantel herumlaufen, und es gibt mehrere Bäder und Spas, wo man plantschen kann. Bad und Massage sind im Eintritt inbegriffen, und die Mädels kosten sechzig Euro für eine halbe Stunde.«

Johannes sah Hans und Christopher aufgeregt an. »Ich finde, wir sollten dem Artemis eine Chance geben, was meint ihr, Jungs?«

Der Besuch im Artemis fiel deutlich kürzer aus, als Johannes erwartet hatte. Das Erscheinungsbild und die Gegebenheiten des Klubs stimmten ziemlich gut mit Björns Schilderung überein, aber das reichte offensichtlich nicht, um Christopher zu beeindrucken. Er stand im Bademantel und mit einem Drink in der Hand herum und winkte jedes Mal ab, als ein Mädchen nach dem anderen zu ihm kam und ihn fragte, ob er ein bisschen persönlichen Service in einem der Privatzimmer haben wolle.

Johannes Kruut war frustriert. Jeder von ihnen hatte sich eine Line Kokain reingezogen, bevor sie zum Artemis aufbrachen, und jetzt hatte er beim Anblick der leichtbekleideten Mädchen einen Dauerständer.

Hans Ecker lachte, als er diesen Umstand bemerkte. »Keine Sorge, Johannes, geh nach oben und zieh eine schnelle Nummer durch, wir trinken hier solange.«

Johannes blickte glücklich drein und verschwand. Silfverbielke führte ein ernstes Gespräch mit einem Kellner und teilte ihm mit, dass er gewillt sei, für etwas Besseres zu trinken extra zu bezahlen. Während Johannes sich knapp eine halbe Stunde mit einem Mädchen vergnügte, verbrachten Hans, Björn und Christopher die Zeit damit, nackten Mädchen zuzusehen, wie sie sich um die Tanzstange auf der Bühne schlängelten und versuchten, dabei so viel wie möglich von ihren Körpern zu zeigen, in der Hoffnung auf mehr und bessere Geschäfte.

Zu leicht, dachte Christopher. *Viel zu leicht. Heute Abend wird es etwas mit Finesse geben, etwas mit mehr Herausforderung.*

Er lächelte in der düsteren Beleuchtung in sich hinein.

Es war gut zwei Uhr morgens, als eine bestens gelaunte Gruppe das Marrakesch im Osten von Berlin betrat, nachdem sie zuvor das Felix und den Panorama Klub besucht hatte.

Der exklusive Klub, der sich über zwei Etagen erstreckte, war orientalisch eingerichtet, mit schönen Farben, vielen luftigen Flächen mit grünen Bäumen und Pflanzen. Die untere Etage beherbergte zwei Tanzlokale mit Bar. In dem einen spielte man House, Techno und Indie, in dem anderen überwiegend Rock und Pop. Die obere Etage bestand aus einem Pianosalon mit mehreren Bars. Es gab auch mehrere Separees für Gäste, die auf eine private Atmosphäre Wert legten. Ein dezentes Aroma exotischer Gewürze hing in der Luft, und die hübschen Kellnerinnen trugen traditionelle marokkanische Festkleider.

Silfverbielke beugte sich zu Björn Hamberg. »Wie läuft das mit diesen privaten Separees?«

Hamberg zwinkerte ihm zu. »Das Geld macht die Musik. Gib deinem Kellner oder der Kellnerin ein ordentliches Trinkgeld, dann lassen sie die Tür zum Separee geschlossen, ohne dass du extra darum bitten musst. Du kannst da drinnen machen, was du willst …«

Silfverbielke blickte nachdenklich drein. *Verdammt, ich werde aus dem Kerl nicht richtig schlau*, dachte Björn Hamberg. *Auf der Handelshochschule war er der beste Kumpel, den man sich wünschen konnte, und es ist toll, dass es ihm jetzt so gut geht. Aber er ist ein zwielichtiger Typ. Bin ich froh, dass meine Schwester nicht seine Freundin ist!*

Sie lümmelten sich in die tiefen Ledersessel in einer der Bars und ließen sich von hübschen, dunkelhaarigen jungen Frauen bedienen. Die Unterhaltung am Tisch drehte sich der Reihe nach um Mädchen, Mädchen und – Mädchen.

Silfverbielke spürte ein Vibrieren in der Tasche und las die Nachricht.

Sorry, konnte nicht früher schreiben. Musste bei meinem Freund schlafen. Er schläft jetzt. Mir ist kotzlangweilig. Was machst du? LG H.

Er schrieb eine schnelle Antwort. *Musste mit Geschäftsleuten in eine Bar. Wäre lieber bei dir. Melde mich morgen. Dein Hans.*

Hans Ecker und Björn Hamberg konzentrierten sich beide darauf, Frauen abzuschleppen, und es dauerte weniger als vierzig Minuten, bis jeder von ihnen ein Mädchen gefunden hatte.

Bevor sie mit ihrer Beute verschwanden, frotzelte Christopher mit Hans. »Geht es diesmal ohne Notruf vom Hotelzimmer? Denk daran, Fotos zu machen, aber zeige sie niemandem, bevor ich etwas sage. Ich muss schließlich Johannes auch ein paar Extrapunkte sammeln lassen.« Ecker nickte zustimmend. »Keine Sorge, Chris, bis später.«

Christopher lächelte Heidi zu, einer blonden Deutschen Mitte zwanzig, die auf dem Sessel neben ihm Platz genommen hatte, und in die er in der letzten halben Stunde beträchtliche Energie, viele Komplimente und mehrere Drinks investiert hatte. Gemäß dem Wechselkurs, der für Schlampen am Stureplan galt – Drinks gegen Sex –, hätte sie jetzt für seine Avancen empfänglich sein müssen. Sie war hübsch, schlank und trug ein eng anliegendes schwarzes Seidenkleid. Dass sie dazu schwarze Strümpfe und hochhackige Schuhe trug, machte sie in Christophers Augen nur noch interessanter. *Ich muss Johannes loswerden!*

Silfverbielke sah sich um. Drei Tische weiter erhob sich plötzlich ein äußerst gut gekleideter junger Mann, der ziemlich betrunken wirkte. Er hielt die Hand vor den Mund und torkelte in Richtung Toilette. Seine Brieftasche, ein Handy und einen schwarzen Terminkalender ließ er auf dem Tisch liegen.

Christopher lächelte Heidi entschuldigend an und beugte sich zu Johannes. »Es gibt Punkte zu holen, Johannes. Schnapp dir die Brieftasche, das Handy und den Kalender drei Tische hinter dir. Wir werden sehen, ob die Aktion fünf oder zehn Punkte wert ist. Ich verschwinde gleich und vögle diese Braut hier. Was sind deine Pläne?«

Johannes warf einen Blick über die Schulter. Nach dem Besuch im Sexklub fühlte er sich stark und unschlagbar.

Er beugte sich vor und flüsterte. »Ich glaube, hier gibt es für mich nicht viel zum Aufreißen. Ich gehe wohl wieder zurück in die Oranienburger Straße und schaue, ob ich die Tussi finde, die ich gestern hatte. Die war wirklich spitze! Wir sehen uns dann im Hotel.«

Johannes stand auf, gab Heidi höflich die Hand und sagte, er müsse gehen. Auf dem Weg nach draußen blieb er scheinbar zufällig an dem Tisch etwas weiter weg stehen, steckte seelenruhig die Brieftasche, das Handy und den Kalender ein und verschwand pfeifend in Richtung Ausgang.

Christopher Silfverbielke lächelte Heidi an. Ihr Blick war leer vom Alkohol und dem Kokain, das sie sich wahrscheinlich zuvor reingezogen hatte. Er beugte sich vor. »Ich habe das Gefühl, dass du auch Lust auf ein Abenteuer hast«, flüsterte er. »Ich mache dir einen Vorschlag – wir stärken uns auf der Toilette mit ein bisschen Koks, und dann miete ich uns ein privates Separee und mache ein paar richtig schöne Fotos von dir. Du bist ja unwiderstehlich.«

Er küsste ihren Hals und ließ die Zungenspitze über ihr Ohr gleiten. Sie schloss die Augen, und er merkte, dass sie eine Gänsehaut bekam. Als sie die Augen wieder halb öffnete, sprach ihr Blick eine unmissverständliche Sprache. Sie nickte, zwinkerte ihm zu und stand auf.

Sie schlossen sich in einer der zahlreichen Toilettenkabinen ein. Silfverbielke holte den Beutel mit dem Kokain aus der Tasche, schüttete genug für beide auf dem Toilettendeckel aus und reihte es sorgfältig in Lines auf. Er ging in die Hocke und zog sich das weiße Pulver schnell und gierig in die Nase und schloss die Augen, als sich in seinem Hirn eine kleinere Explosion abspielte.

Als Heidi sich nach vorne beugte, um mit der Nase näher an den Toilettendeckel zu kommen, fuhr er mit der Hand unter ihr knisterndes Seidenkleid und liebkoste sanft ihr Geschlechtsteil durch den dünnen Slip. Als er spürte, dass sie bereits feucht war, lächelte er und ließ seine Hand über die weiche Haut unterhalb ihres Slips gleiten. Er stellte zufrieden fest, dass sie halterlose Strümpfe trug. *Eine richtige Frau.*

Sie stand auf, drehte sich um, schlang die Arme um seinen Hals und küsste ihn leidenschaftlich. »Ich will dich«, stöhnte sie.

»Das bekommst du auch«, flüsterte er, während er ihr Geschlechtsteil durch die Kleidung liebkoste. Er stellte fest, dass sich ihre Brustwarzen nun geschwollen und steif unter dem dünnen Stoff abzeichneten. *Schlampe!* Seine Erregung wuchs. »Du kriegst alles, was du willst, aber zuerst … Komm!«

Er nahm sie bei der Hand, zog sie aus der Toilettenkabine und hielt auf die Bar zu. Zwei Minuten später gab er einer der lächelnden Kellnerinnen ein üppiges Trinkgeld dafür, dass sie ihnen eine Flasche Champagner und zwei Gläser in ein privates Separee brachte, die Tür hinter sich schloss und sie in Ruhe ließ, bis er klingelte.

Das Kokain vermittelte Silfverbielke das Gefühl, alles unter Kontrolle zu haben. Heidi dagegen wirkte vollkommen vernebelt. Aber sie gehorchte, und nur darauf kam es ihm an. Er setzte sie auf ein großes weinrotes Sofa, holte sein Handy hervor, aktivierte die Kamera und erteilte ihr Anweisungen. Mit leeren Augen warf sie ihm verführerische Blicke zu, während sie das Kleid herunterzog und die vollen Brüste mit den steifen Brustwarzen entblößte. Danach ließ sie das knappe Kleid unten aufreizend immer höher gleiten. Als die schwarzen, mit schönen Spitzen besetzten Strumpfränder sichtbar wurden, atmete Silfverbielke heftiger und drückte eifrig auf den Auslöser der Kamera.

Sie zog den minimalen Stringtanga aus, spreizte die Beine und zeigte ihm bereitwillig ihr Geschlecht. Inzwischen atmete auch sie heftig, und die Worte kamen ihr stoßweise über die Lippen. »Komm, komm schon … ich kann es kaum noch erwarten …«

Silfverbielke knöpfte sich die Hose auf, ließ sie auf den Boden fallen und stieg aus ihr heraus. Die Boxershorts folgten. Er ging auf sie zu und hielt immer noch die Kamera in der Hand. Während sie ihn oral befriedigte, machte er weitere Fotos.

Vielleicht lag es an dem Kokain, dass sie ihren ersten Orgasmus bekam und vor Lust schrie, kurz nachdem er in sie eingedrungen war und auf dem Sofa halb über ihr lag. Er hatte eine Erektion wie schon lange nicht mehr und rammelte sie kräftig, während er mit der freien Hand ihre Brustwarzen zwickte. Sie kam noch einmal, bevor er ihr befahl, sich auf alle viere zu stellen. Er drang von hinten in sie ein und wies sie an, über die Schulter nach hinten zu blicken und in die Kamera zu lächeln, während er fotografierte. Er nahm sie ordentlich ran, und als sie sich plötzlich beschwerte, dass er zu tief eingedrungen war und dass es ihr wehtat, schwoll sein Penis noch härter an, und er stieß noch fester zu und ignorierte ihre Schmerzensschreie.

Als er spürte, dass er gleich kommen würde, zog er den Schwanz heraus und drückte ihn gegen ihren Anus. Sie wandte sich mit empörtem Gesichtsausdruck zu ihm um. »Was soll das? Hör auf, ich will das nicht … nicht da!«

Er drückte schnell mehrmals hintereinander auf den Auslöser, ehe er das Handy neben sich auf das Sofa fallen ließ, stemmte sich gegen sie und drang tief in sie ein. Mit einer Hand hielt er ihr fest den Mund zu, um die Schreie zu dämpfen, und rammelte drauflos, bis es so weit war.

Sie brach schluchzend auf dem Sofa zusammen. Er betrachtete sie mit Abscheu. Während sie betrunkener und zugedröhnter wirkte als je zuvor, fühlte er sich nach wie vor klar im Kopf und voll bei Sinnen. Er hatte Durchblick.

Er wollte weg von dieser dummen Nutte.

Aber – er beschloss, sie leben zu lassen.

Er schlüpfte schnell in Boxershorts und Hose, strich sich die Haare zurecht und ließ das Handy in die Tasche gleiten.

»Was machst du?«, quengelte sie. »Du kannst mich nicht einfach hier lassen … du Schwein!«

Christopher langte in die Hosentasche, holte ein Bündel Geldscheine hervor, entnahm ihm einen Zehneuroschein und ließ ihn auf den Boden fallen.

»Auf Wiedersehen, Liebling«, sagte er mit ironischem Tonfall, verließ schnell das Separee und vergewisserte sich, dass die Tür hinter ihm ins Schloss fiel.

Fünf Minuten später saß er in einem Taxi und ließ sich zurück zum Hotel bringen.

Kurz nach vier Uhr morgens war die Party abermals in vollem Gang, diesmal in Hans Eckers Suite. Ecker hatte sich vom Zimmerservice Champagner und Essen bringen lassen. Die Freunde aßen, tranken und rauchten Zigarillos. Hamberg bot jedem, der daran interessiert war, eine Line Kokain an. Alle waren zugegen, außer Johannes Kruut.

»Wo zum Teufel steckt Johannes?«, fragte Björn.

Silfverbielke blätterte zerstreut durch die Fotos von Heidi auf seinem Handy. »Er wollte noch mal in die Oranienburger Straße und die Liebe seines Lebens suchen, die er gestern dort getroffen hat. Schaut euch mal das hier an, Jungs.« Er reichte Björn sein Handy.

Hans Ecker griff nach seinem eigenen. »Dann kannst du dir ja solange die hier anschauen. Björn und ich hatten einen flotten Dreier mit seinem Mädchen. Meine war dafür nicht zu haben, also haben wir sie ziemlich früh rausgeschmissen.«

»Ohne dass ihr mit ihr ein bisschen gespielt habt?« Silfverbielke klang überrascht.

Ecker zeigte mit dem Daumen nach oben. »Doch, ich habe sie hier drinnen gefickt, während Björn sich im Schlafzimmer um die andere gekümmert hat. Aber dann hat sie auf einmal rumgenölt, es seien keine Gefühle mit im Spiel gewesen und es sei pervers, dass es die anderen gleichzeitig nebenan getrieben haben, und lauter so ein Scheiß. Als ich mit ihr fertig war, habe ich ihr einfach gesagt, sie soll abhauen.«

Björn lachte. »Gott sei Dank war die Tussi, die ich aufgerissen habe, dafür umso geiler, wie du auf den Fotos sehen kannst. Sie hat sich um uns beide gleichzeitig gekümmert.«

»Was meinst du, Hans …«, fragte Christopher lächelnd, »… fünf Punkte für jeden von uns, oder eher zehn?«

Ecker überlegte. »Wenn man sämtliche Umstände in Betracht zieht – hier ein Dreier und du im Separee im Klub – nein, das sind wohl zehn für jeden. Jetzt wird Johannes bestimmt ziemlich nervös.«

Just in diesem Moment klopfte es an der Tür. Ecker öffnete einem betrunkenen und glücklichen Johannes, dem die Haare zu Berge standen. Er nahm auf einem Sessel Platz und berichtete, während er sich das Essen und den Champagner schmecken ließ, von seinen Abenteuern. Er hatte sich wieder in die Oranienburger Straße begeben, wo er Glück gehabt und seine Michelle wiedergefunden hatte. Ja, er hatte beim Sex mit ihr Fotos gemacht und zeigte den Freunden zum Beweis sein Handy. Da sie ihn bereits kannte, war sie damit einverstanden gewesen, dass er hinterher bezahlte – sie wussten ja nicht, wie lange die Nummer dauern würde. Als sie fertig waren, war Michelle ins Bad gegangen, um schnell zu duschen. Kruut hatte seinen ganzen Mut zusammengenommen und sich davongemacht, ohne zu bezahlen. Die Flucht entlang der Oranienburger Straße hatte einem Spießrutenlauf geglichen, als empörte Mädchen und wütende Zuhälter ihm aus der Ferne hinterherschrien.

Christopher, Hans und Björn wechselten verwunderte Blicke miteinander und brachen schließlich in Gelächter aus. Die Geschichte war zu gut, als dass jemand sie erfunden haben könnte – am allerwenigsten Johannes –, und sie glaubten ihm, dass er wirklich die Wahrheit erzählte.

»Okay, Johannes, gut gemacht«, sagte Christopher. »Und jetzt zeig uns, was du aus dem Klub mitgenommen hast.«

Kruut nickte und kramte in seinen Taschen herum. Christopher streckte sofort die Hand nach der Brieftasche aus und bat Hans, sich den Inhalt des Handys anzusehen. Er öffnete die Brieftasche, blätterte darin herum und pfiff anerkennend. »Gut viertausend Euro in bar und eine Menge Kreditkarten. Der Typ hatte wirklich keinen Durchblick, oder?«

Christopher teilte das Geld unter den Freunden auf und warf einen Blick in den Kalender, fand aber nichts von Interesse. »Nichts im Handy, Hans?«

Ecker schüttelte den Kopf. »Kein einziges Foto. Was für ein langweiliger Typ.«

»Das bedeutet also …«, fasste Silfverbielke zusammen, »… dass der aktuelle Punktestand folgendermaßen aussieht. Johannes bekommt zehn dafür, dass er die Brieftasche und das Handy im Klub geklaut hat, und zehn dafür, dass er die Nutte beschissen hat. Er hat also jetzt insgesamt dreißig Punkte. Ich bekomme fünf für mein Abenteuer mit Heidi im Klub, also habe ich ebenfalls dreißig. Hans bekommt zehn für die Nummer im Schlafzimmer und hat damit insgesamt zwanzig. Du musst dich mächtig ins Zeug legen, Hans.« Christopher prostete seinem Freund mit dem Champagnerglas zu.

»Das hört sich nach einem coolen Wettkampf an«, sagte Björn Hamberg interessiert. »Wie weit wollt ihr gehen und was bekommt der Gewinner?«

Silfverbielke, Ecker und Kruut tauschten verstohlene Blicke miteinander aus, und die Stimmung in der Suite wurde plötzlich ernst.

»Das willst du lieber nicht wissen«, sagte Hans Ecker.

Kapitel 19

Sonntag, 4. Februar

Es dauerte eine ganze Weile, bis er begriff, woher das durchdringende Geräusch kam, und er hätte den Verursacher am liebsten umgebracht. Es pochte kräftig in seinem Schädel, und die Zunge klebte am Gaumen. Durch das Schlafzimmerfenster drang gleißendes Sonnenlicht und blendete ihn, als er versuchte, die Augen zu öffnen.

Er schloss die Lider, tastete neben dem Bett, fand den Telefonhörer und hielt ihn sich ans Ohr. »Ja?«

Hans Ecker klang verzweifelt. »Chris, verdammt noch mal, wir haben verschlafen! Weißt du, wie spät es ist?«

Silfverbielke versuchte, seine Gedanken zu sortieren. »Äh, nein.«

»Es ist vier Uhr nachmittags!«

»Äh … ja … und?« Christopher kam langsam zu sich und überlegte, welche Pillen wohl am schnellsten den Mann mit dem Hammer aus seinem Kopf vertreiben würden. Okay. Es war Sonntag. Er war in Berlin. Sie waren in Berlin. Sie mussten nach Travemünde, um die Fähre nicht zu verpassen. Sie durften nicht vergessen, das Geld mitzunehmen.

»Was, und?« Ecker klang sauer. »Die Fähre geht um zehn Uhr abends, die Fahrt dorthin dauert in diesem verdammten kleinen Postauto mindestens drei Stunden, und wir brauchen mindestens eine Stunde, um meinen Wagen zu holen, einzuchecken und an Bord zu fahren. Das wird knapp, verstehst du?«

Christopher setzte sich im Bett auf und warf einen Blick auf seine Breitling auf dem Nachttisch. »Okay, weckst du Johannes? Gib mir eine Viertelstunde, dann bin ich reisefertig. Wir sehen uns unten. Und vergiss verdammt noch mal das Geld nicht. Das gilt auch für Johannes!«

Er legte auf, stieg aus dem Bett und sah sich um. Sowohl im Schlaf- als auch im Wohnzimmer herrschte Chaos, was für ihn untypisch war, und er betrachtete das Ganze mit Abscheu. Normalerweise war er sehr gründlich und hängte seine teuren Kleider auf – jetzt lagen sie überall verstreut herum, und er hatte keine Zeit, sie pfleglich zu behandeln.

Er hatte nur fünfzehn Minuten. Scheiße!

Er setzte sich in Bewegung.

Silfverbielke beugte sich in den gelben Volkswagen, befestigte das Navi am Armaturenbrett und schaltete es ein. Dann zwängte er sich in den Fahrersitz und startete den Motor.

»Wir müssen uns beeilen!« Er lenkte den Fox aus der Parkgarage des Hotels, so schnell er konnte, und behielt mit halbem Auge das Navi im Blick, um so schnell wie möglich aus der Stadt herauszukommen.

Niemand protestierte. Hans Ecker war fast weiß im Gesicht und sah aus, als müsste er sich jeden Moment übergeben. Johannes Kruut saß neben dem Gepäck eingezwängt auf dem engen Rücksitz, den Metallkoffer mit drei Millionen Kronen unter seinen Füßen.

Christopher fuhr aus der Stadt hinaus, fand die Autobahnauffahrt und nahm die A 24 nach Norden. Er schimpfte darüber, wie langsam der Wagen war, schaffte es aber schließlich, ihn auf gut hundertfünfzig Stundenkilometer zu beschleunigen.

»Ohhhh …«, stöhnte Ecker angsterfüllt auf dem Beifahrersitz, »… ich will sterben. Mir brennt der Schwanz! Stell dir vor, ich habe mir was geholt! Was wird Veronica dazu sagen?«

Silfverbielke beruhigte ihn. »Dafür gibt es Pillen, mein Freund. Ich kann dir welche geben. Du musst sie ein paar Tage lang nehmen, bevor sie ihre volle Wirkung entfalten. In der Zwischenzeit darfst du halt nicht mit Veronica schlafen.«

»Ja, aber sie will bestimmt Sex, sobald ich zur Tür hereinkomme. Sie hat es ja verdammt eilig damit, ein Kind zu bekommen.«

Christopher lachte. »Schieb es auf Kopfschmerzen oder späte Vorstandssitzungen. Damit kannst du sie bestimmt ein paar Tage hinhalten.«

Er fasste sich an die Stirn und kramte anschließend in den Taschen. Die zwei Schmerztabletten, die er im Hotel eingenommen hatte, hatten die Kopfschmerzen abgemildert, aber nicht vollständig beseitigt. Er fand zwei weitere und verzog das Gesicht, als er versuchte, sie trocken hinunterzuschlucken. Er musste eine Tankstelle finden und sich etwas zu trinken besorgen.

Silfverbielke wusste nur zu gut, dass heute nicht der beste Tag zum Autofahren war. Die Party in Hans Eckers Suite hatte bis halb sieben in der Früh gedauert, und er wollte gar nicht daran denken, wie viel Champagner, Wein, Whisky und Kokain er und die anderen in den letzten vierundzwanzig Stunden konsumiert hatten. Im Augenblick hatte er das Gefühl, dass eine ganze Woche vergehen müsste, ehe er es sich leisten konnte, in ein Röhrchen zu blasen. Er musste sich zusammenreißen, bis er wieder in Schweden war. Allzu viel stand auf dem Spiel.

Johannes Kruut saß schweigend und nachdenklich auf dem Rücksitz und starrte über die Felder, die die Autobahn säumten. Er dachte über die Ereignisse der letzten Tage nach. Die Polizeikontrolle in Schweden, die Erlebnisse in Berlin.

Christopher hatte eine Hure getötet und war damit durchgekommen! Er schauderte bei dem Gedanken.

Er selbst hatte unbeschreiblich guten Sex bekommen – genau das, wovon er stets träumte, wenn er sich Pornofilme anguckte – und besaß Fotos davon auf seinem Handy. Die würde er ein paar von den Jungs in der Firma zeigen. Nein, das war vielleicht keine gute Idee. Womöglich würde Papa davon Wind bekommen.

Ja, Papa. Johannes hatte jeden Tag zu Hause angerufen, genau wie Mama und Papa es von ihm verlangt hatten. Er hatte ihnen versichert, dass es ihm ausgezeichnet ging, dass er und seine Freunde jeden Abend gut essen gingen und dass sie vielleicht ins Theater oder zu einem Konzert gehen würden, um die Geburtstage von Christopher und Hans zu feiern.

Er unterdrückte ein Kichern, als er daran dachte, dass Michelle und ihre Freundinnen von Kultur Lichtjahre entfernt waren. Gleichzeitig hatte er ein schlechtes Gewissen, weil er Michelle um ihr Geld geprellt hatte. Aber wenn schon! Immerhin war sie eine Hure, und er hatte ihr ja am Abend zuvor ein großzügiges Trinkgeld gegeben. Er verdrängte sie aus seinen Gedanken und drückte stattdessen den rechten Fuß vorsichtig nach unten, bis er den Aluminiumkoffer spürte. Drei Millionen Kronen. Und eine Million gehörte ihm. Eine Million, von der niemand außer den Freunden etwas wusste. Was sollte er mit dem Geld machen? Er lächelte und träumte weiter.

Der Verkehr auf der Autobahn verdichtete sich plötzlich, und Christopher musste den Fuß vom Gaspedal nehmen. Er sah, wie sich vor ihm Schlangen bildeten, und fluchte.

»Was soll das hier? Ärgerlich, für so etwas haben wir keine Zeit!« Er warf einen Blick auf seine Armbanduhr und stellte erneut fest, dass er heute keinen Spielraum hatte.

Er sah das Schild mit dem Hinweis, dass es bis zur Ausfahrt Nummer zweiundzwanzig nach Neuruppin noch fünfhundert Meter waren, und überlegte schnell, was er tun sollte. Mit ein bisschen Glück war der Verkehrsstau nur vorübergehend – vielleicht nur ein Lastwagen mit einer Reifenpanne – und würde sich nach ein paar hundert Metern auflösen. Wenn sie Pech hatten, handelte es sich um einen dieser berüchtigten Massenauffahrunfälle, wie sie auf den deutschen Autobahnen öfter vorkamen. Dann konnte es passieren, dass die Polizei die gesamte Straße sperrte, und sie würden stundenlang festsitzen.

Die Alternative bestand darin, sofort die Autobahn zu verlassen und auf einer schlecht erhaltenen ostdeutschen Landstraße voller Schlaglöcher weiterzufahren. Das war nicht gerade verlockend, aber dafür sicherer.

Als er etwa eine Minute später eine größere Anzahl Einsatzfahrzeuge mit rotierenden Blaulichtern sah, die ein paar hundert Meter weiter standen, verschwanden seine letzten Zweifel.

»Scheiße!«, murmelte er und lenkte den Fox nach rechts.

Kruut beugte sich vor. »Was ist los, Chris?«

»Da vorn sind jede Menge Bullen. Und ich habe keine Lust, ins Röhrchen zu blasen oder unser Gepäck durchsuchen zu lassen. Wir müssen runter von der Autobahn, und zwar sofort!«

Just in diesem Moment sah er einen Polizeiwagen mit rotierendem Blaulicht nur zwanzig Meter weiter auf dem Standstreifen. Christopher spürte, wie sich auf seiner Stirn Schweißperlen bildeten, als er den Fox langsam vorwärts rollen ließ. Ein deutscher Polizist winkte den Verkehr energisch vorwärts, und Christopher hatte den Eindruck, als blicke er besonders lange auf ihn und die Nummernschilder des Fox. *Das bildest du dir nur ein. Reiß dich zusammen!*

Die Ausfahrt befand sich ein paar hundert Meter vor der Sperre durch Einsatzfahrzeuge der Polizei und Feuerwehr – ein Zeichen, dass ein größerer Unfall passiert war. Christopher riss das Steuer herum und gab Gas.

Ein paar Minuten später fuhr er auf einer Landstraße, die in genauso schlechtem Zustand war, wie er es sich vorgestellt hatte, nach Nordosten. Die großen Schlaglöcher waren notdürftig mit verschiedenen Materialien geflickt, und dort, wo die Winterkälte Risse im Asphalt verursacht hatte, befanden sich immer noch große Dellen, auf denen der Fox vom Boden abhob, wenn er zu sehr aufs Gaspedal drückte.

»Dieses verfluchte, dreckige Naziland!«, schrie Silfverbielke wutentbrannt auf. Das kleine Auto hüpfte zwischen den Schlaglöchern und Dellen auf und ab, und die Ortschaften, an denen sie vorbeifuhren, lieferten sich einen Wettbewerb, welche von ihnen die hässlichste war. Ein schlechter Geruch hing in der Luft, und das Ticken der Uhr versetzte alle drei in Angst. Die Fähre würde kurz nach sieben Uhr morgens in Trelleborg ankommen, und wenn alles reibungslos lief, konnten sie gegen vier Uhr nachmittags in Stockholm sein. Für Ecker war das ein Muss, da er zu einer Vorstandssitzung musste. Christopher fand, dass er vor den vier bevorstehenden harten Arbeitstagen dringend einen ruhigen Abend brauchte.

Christopher warf einen Blick auf die Armbanduhr. Sie kamen zu langsam voran und würden die Fähre verpassen. Er drückte das Gaspedal bis zum Anschlag durch und starrte mit zusammengebissenen Zähnen durch die Windschutzscheibe. Die Winterdunkelheit hatte sich bereits über die Straße gelegt, und er schaltete das Fernlicht ein.

Als er durch Rägelin fuhr, verlangsamte er die Fahrt. Danach kamen gerade Strecken, auf denen er trotz der Schlaglöcher schneller fahren konnte. Die Geraden wurden von kurzen, plötzlich in Sicht kommenden Kurven unterbrochen, vor denen er gerade noch rechtzeitig fluchend auf die Bremse trat und vermied, dass der kleine Volkswagen umkippte.

Nach einer Kurve gab er erneut Vollgas und beschleunigte den Fox auf hundertvierzig Stundenkilometer. Weiter vorne sah er rote Lichter, denen sie sich schnell näherten.

»Was zum Teufel!?« Er trat fest auf die Bremse und stellte irritiert fest, dass alle drei gegen ihre Sitzgurte gedrückt wurden. Ein fünfzehn Jahre alter Opel Kadett schlich mit siebzig Stundenkilometern vor ihnen her. Silfverbielke blinkte mit den Scheinwerfern und hupte, was den Fahrer des Kadetts nicht beeindruckte.

Ohne ein Wort schwenkte Silfverbielke den Fox auf die Gegenfahrbahn und drückte das Gaspedal durch. Zu seiner Verwunderung stellte er fest, dass der Fahrer des Kadetts ebenfalls zu beschleunigen schien. Vor ihnen lag eine Kurve, der sie rasch näherkamen, und Silfverbielke sah ein, dass seine einzige Chance darin lag, noch davor zu überholen.

Der Lastwagen fuhr mit nur einem Scheinwerfer und tauchte überraschend ungefähr in der Mitte der scharfen Kurve auf. Christopher hatte den Kadett fast überholt, aber nicht ganz. Instinktiv riss er das Steuer nach rechts herum.

»Verdammte Scheiße!«, schrie Ecker auf dem Beifahrersitz und hielt sich die Augen zu.

Der Aufprall geschah zeitgleich mit dem knirschenden Geräusch von Blech gegen Blech. Der Fox wurde durchgeschüttelt, und Silfverbielke hielt das Lenkrad krampfhaft fest, als der Lastwagen den linken Außenspiegel abrasierte. Christopher steuerte stärker nach rechts, vernahm ein paar scharfe Knalle und spürte, wie der Fox noch ein paarmal durchgeschüttelt wurde, bis er das Gleichgewicht wiedererlangte und geradeaus weiterfuhr.

Silfverbielke fuhr langsamer und schaute auf die Straße vor sich.

Leer.

Er warf einen Blick in den Rückspiegel und sah, wie die roten Rücklichter des Lastwagens in der Ferne verschwanden. Wohin war der Kadett gefahren?

»Chris, wir sind mit dem anderen Auto zusammengestoßen und haben es von der Straße gedrängt!«, schrie Johannes von seinem engen Platz am rechten Heckfenster.

Silfverbielke brachte den Wagen zum Stehen und blickte erneut in den Rückspiegel.

»Was … was zum Teufel ist da passiert, Chris …?« Eckers Stimme klang belegt.

»Das Arschloch wollte mich nicht überholen lassen. Er hat genau in dem Moment beschleunigt, als ich an ihm vorbeifuhr, und dann ist plötzlich dieser Lastwagen aus dem Nichts aufgetaucht. Scheiße! Schauen wir uns die Sache mal an …«

Er legte den Rückwärtsgang ein und ließ den Fox langsam etwa hundert Meter rückwärts rollen. Er zog die Handbremse an, setzte den rechten Blinker und stieg aus. Hans Ecker stieg auf seiner Seite aus, gefolgt von Johannes, der sich aus dem Rücksitz schälte.

Etwa dreißig Meter weiter, in einem Gehölz, konnten sie ein schwaches Licht von einem der Scheinwerfer des Kadetts sehen, das in einem seltsamen Winkel nach unten auf den Boden gerichtet war. Silfverbielke konzentrierte sich, als er plötzlich eine leise Kinderstimme hörte.

Er machte einen großen, entschlossenen Schritt in den Straßengraben und hielt durch das lichte Wäldchen auf das Licht zu. Dabei verfluchte er sich dafür, dass er keine Taschenlampe hatte. Er hörte, wie hinter ihm Zweige zerbrachen, als Hans und Johannes ihm folgten.

Es war dunkel, und sogar im Wald roch die Luft schlecht. Johannes Kruut fror und wünschte, er hätte seine Jacke angezogen. Er hoffte innig, dass niemand verletzt war.

Eckers Angst nahm Sekunde um Sekunde zu. Er hasste diesen abscheulichen Ort. Die Nässe des Waldbodens drang durch seine Segelschuhe und durchnässte seine Socken. Er wollte schleunigst weg von hier. Er wollte nach Hause. Und vor allem wollte er mehr Alkohol.

Christopher Silfverbielke blieb ein paar Meter von dem Kadett entfernt stehen. Er konnte sehen, dass der Wagen auf dem Dach lag. Der eine Scheinwerfer war erloschen, der andere leuchtete schräg auf den Boden. Es qualmte seitlich unter der eingedrückten Motorhaube hervor, und man konnte deutlich den Benzingestank riechen.

Das kleine Mädchen, das im schwachen Scheinwerferlicht stand, war höchstens sechs oder sieben Jahre alt. Sie trug derbe Schnürstiefel, eine schmutzige Hose, eine dicke Stoffjacke und eine Mütze mit Ohrenklappen. Die Augen waren voller Tränen, und über die eine Wange lief Blut.

»Papi … Papi!«, schluchzte sie und versuchte, die Tränen und das Blut wegzuwischen.

Silfverbielke starrte sie an und sagte auf Deutsch: »Wo?«

Das Mädchen hob die Hand und zeigte mit dem Finger. Christopher kniff die Augen zusammen. Plötzlich sah er es. Ein Männerkopf hing durch die zersplitterte Windschutzscheibe nach draußen.

»Hoppla …«, murmelte er und ging vorsichtig näher.

Hinter sich hörte er, wie Ecker plötzlich würgte und zu kotzen anfing. Johannes schrie: »Chris, wir müssen sofort einen Krankenwagen rufen. Wählt man hier auch 112?«

»Hilfe, Hilfe!«, schluchzte das Mädchen.

Silfverbielke drehte sich um und sah, dass Johannes das Handy in der Hand hielt. Einen Meter hinter ihm stand Ecker in die andere Richtung gewandt und leerte seinen Mageninhalt auf das weiche Moos.

»Steck das Ding ein, Johannes«, sagte Christopher mit kalter Stimme. »Wir rufen nirgendwo an!«

»Aber …«

»Kein aber! Tu einfach, was ich dir sage!«

Kruut schluckte hart und ließ das Handy zurück in die Tasche gleiten. Er traute sich nicht, näher heranzutreten. Er konnte den Kopf des Mannes nur undeutlich ausmachen und hatte Angst, in Ohnmacht zu fallen, wenn er konkrete Details sah.

Silfverbielke ging langsam ein paar Schritte auf das Wrack zu. Als er den demolierten Kotflügel erreichte, ging er in die Hocke, um besser sehen zu können.

Blut lief vom Hals des verdrehten, nach unten hängenden Kopfs über Kinn und Wangen. Die Augen starrten leer, und Christopher konnte keine Anzeichen sehen, dass der Mann sich bewegte oder atmete.

»Hilfe, bitte! Papi, mein Papi!« Das Mädchen weinte jetzt hemmungslos und kam langsam auf Christopher zu.

Er drehte sich langsam zu ihr um und blieb in der Hocke. Sie hatte eine Schnittwunde an der rechten Wange davongetragen, aber soweit er sehen konnte, blutete sie nicht stark. Er erwiderte ruhig ihren Blick und flüsterte: »Ja, ja, ich will dir helfen. Nur ruhig. Ich rufe einen Krankenwagen.«

Sie nickte stumm und schluchzte weiter.

Christopher stand auf und ging schnellen Schrittes an Johannes und Hans vorbei. Letzterer hatte sich inzwischen ausgekotzt und stand gegen einen Baum gelehnt.

»Komm, wir fahren jetzt!«

Er ging schnell weiter in Richtung Auto und hörte hinter sich die Kommentare der Freunde. »Was soll das, Chris? Sollten wir nicht auf den Krankenwagen warten?« Johannes klang verzweifelt.

»Und was geschieht mit dem Mädchen? Wir können sie doch nicht einfach hierlassen, der Vater scheint ernsthaft verletzt!«, rief Hans.

Christopher öffnete die Fahrertür und sprang ins Auto. »Kommt ihr, oder nicht? Ich fahre jetzt los!«

Johannes ließ sich auf den Rücksitz fallen, Ecker kippte den Sitz nach hinten und schlug die Tür zu. Christopher startete den Motor, legte den Gang ein und fuhr los, ohne sich umzusehen. Das Letzte, was er hörte, waren die herzzerreißenden Schreie des kleinen Mädchens aus dem feuchten, dunklen Wald.

»Du bist wirklich nicht ganz dicht! Hast du überhaupt kein Mitgefühl?« Hans Ecker schlug mit der Faust auf das Armaturenbrett, als Christopher beschleunigte. »Halt an, verdammt noch mal, wir müssen ihnen helfen!«

Kruut jammerte auf dem Rücksitz. »Ich stimme mit Hans überein, wir können sie doch nicht einfach hier zurücklassen!«

Silfverbielkes Stimme klang kalt und kontrolliert. »Jetzt hört mal gut zu. Will einer von euch ins Röhrchen blasen, wenn die Polizei kommt? Will einer von euch das Kokain aus der Tasche holen und auf die Motorhaube legen? Will einer von euch den Koffer aufmachen und erklären, woher das Geld kommt? Es geht jetzt nicht darum, was wir tun sollten. Wir haben keine andere Wahl. Außerdem herrscht auf dieser Straße ziemlich viel Verkehr. In ein paar Minuten findet jemand das Mädchen.«

»Aber …«, stammelte Kruut, »… aber was ist mit dem Mann?«

Christopher warf einen Blick in den Rückspiegel und gab ein wenig Gas. Nichts hinter ihm. Er sah, wie zwei Scheinwerfer sich von vorne näherten, und konzentrierte sich darauf, den Fox so weit rechts wie möglich zu halten.

»Der ist tot.«

Kaum hatte Christopher das gesagt, hörte er, wie Johannes auf dem Rücksitz würgte. Er bremste hart, blieb am Straßenrand stehen und starrte Ecker an. »Hol ihn schnell aus dem Auto, bevor er es vollkotzt!«

Während Johannes sich über den Straßengraben beugte, behielt Christopher gründlich die Straße in beiden Richtungen im Auge. Hinter ihm war nichts. Die wenigen Autos, die inzwischen gekommen waren, hatten bestimmt am Unfallort gehalten. Bisher war ihnen nur ein Auto entgegengekommen, und nun sah er, wie sich ein weiteres Paar Scheinwerfer näherte.

»Mach schnell!«, schrie er Johannes wütend an, worauf dieser sich mit entschuldigendem Blick wieder auf den Rücksitz zwängte.

Er drückte das Gaspedal bis zum Anschlag durch und passierte bald die Ortschaft Rossow. Als er den nächsten Wegweiser zur Autobahn sah, änderte er ruhig den Kurs. Eine

Viertelstunde später fuhr er auf der rechten Autobahnspur und jagte den Fox auf hundertfünfzig Stundenkilometer hoch.

»Aber was ist mit unserem Auto?«, sagte Hans Ecker nach einer langen Zeit des Schweigens. »Stell dir vor, jemand hat uns gesehen.«

Silfverbielke warf ihm einen kurzen Blick zu. *Wird er schon wieder weich? Ich muss ihn im Auge behalten. Wenn er sich in die Enge getrieben fühlt, kann es schlecht ausgehen.*

»Erstens hat niemand das Auto oder das Nummernschild gesehen, nicht einmal das Mädchen«, erwiderte er ruhig. »Als wir von dort weggefahren sind, waren keine Autos hinter uns, und bevor wir wieder auf die Autobahn gefahren sind, kamen uns nur vier entgegen. Zweitens ist das Auto als gestohlen gemeldet, und es führt somit keine Spur zu uns.«

Ecker zuckte zusammen und starrte ihn an. »Das Auto ist was?«

»Als gestohlen gemeldet.« Christopher lächelte in der Dunkelheit. »Nicht schlecht, was?«

Ecker schloss die Augen. »Wer hat das gemacht? Wann war das, und warum?«

»Das war ich, und zwar am Samstag. Wollte einfach mal sehen, ob wir es in einem gestohlenen Auto zur Fähre schaffen würden. Wie viele Punkte kriege ich dafür?«

Ecker starrte ihn in der Dunkelheit an. Zuerst blickte er wütend drein, dann sank er mit teilnahmslosem Gesichtsausdruck zusammen und schüttelte langsam den Kopf. »Du bist wirklich krank. Was sagst du, wenn uns die Polizei anhält?«

»Natürlich, dass das Ganze ein Missverständnis sein muss. Wir haben ja den Mietvertrag, die Autoschlüssel und den Wagen. Wie kann er also gestohlen sein?«

Er drückte noch fester aufs Gaspedal.

Ecker lehnte sich zurück, schloss die Augen und versuchte, gegen die wachsende Angst in seinem Innern anzukämpfen.

Am Stadtrand von Travemünde bog Christopher in eine kleine Seitenstraße, hielt an und studierte für ein paar Sekunden das Navi. Er gab eine Adresse ein und wartete, während der Computer arbeitete.

»Okay, wir lassen das Auto hier und gehen zu Fuß weiter. Bis zur nächsten größeren Straße sind es nur zehn Minuten. Dort finden wir bestimmt ein Taxi.«

Kruut beugte sich vor. »Aber wieso fahren wir nicht zu Hertz? Wir müssen es doch dort abgeben.«

Silfverbielke schloss die Augen. *Wie bescheuert ist der Kerl eigentlich?*

»Das Auto ist als gestohlen gemeldet, Johannes. Außerdem hat es Blechschäden, okay?«

»Ja sicher, ja, habe ich vergessen …«

Silfverbielke entfernte das Navi vom Armaturenbrett und stieg aus.

»Let's go. Die Party ist vorbei.«

Christopher blieb stehen und ließ den Blick über den Hof der Volkswagenwerkstatt schweifen, in der sich das Büro von Hertz befand.

Leer.

Die Werkstatt hatte um sechs Uhr abends geschlossen, und jetzt war es kurz nach neun. Alles war ruhig. Er ging mit entschlossenen Schritten zu Eckers korrekt geparktem Mercedes-SUV, schloss ihn auf und verstaute seinen Koffer im Laderaum. Hans folgte seinem Beispiel, und Johannes legte sein eigenes Gepäck und den Geldkoffer hinein. Silfverbielke musterte ihn geduldig. »Nein, Johannes, nein.« Als würde er mit einem Hund reden. »Auf den Boden, Johannes, unter deinen Füßen.«

Er wandte sich Hans Ecker zu. »Willst du fahren, oder soll ich?«

Hans sah immer noch matt und bleich aus. »Nein danke, wenn du Lust hast, kannst du fahren. Ich wäre dir dankbar.«

Christopher nickte, setzte sich hinters Steuer und startete den Motor.

Als sie an der Reihe waren, um an Bord der Fähre zu fahren, zuckte Christopher zusammen. Der Mann, der die Autos nach vorne winkte, war derselbe dicke, dumme Typ mit dem schonischen Akzent, der sich bei der Herfahrt mit ihm angelegt hatte. Er ließ das Seitenfenster herunter. *Der Kerl trägt immer noch seine hässliche blaue Hose und sein hässliches TT-Lines-Sweatshirt*, dachte Silfverbielke. *Er ist immer noch klein, schmutzig, unrasiert und schlecht angezogen. Er hat immer noch gelbe, hässliche Zähne. Und jetzt wird er mir bestimmt wieder dumm kommen. Ein Fehler.*

»Ist das nicht schon wieder der Stockholmer? Ging es gut mit den Spikereifen?« Er grinste bösartig.

Silfverbielke lächelte ihn freundlich an. »Das ging sehr gut. Wir haben ein Luxusauto mit Sommerreifen gemietet.«

Das Grinsen des Typen aus Schonen erstarrte, und er blickte enttäuscht drein. »Das ist ja schade …«

»Wieso, wenn ich fragen darf?«

Der Mann drehte sich um und spuckte auf den angestrichenen Stahlboden. Dann grinste er Christopher erneut bösartig an. »Ja, weil man euch Stockholmern hin und wieder einen Dämpfer verpassen muss, damit ihr nicht zu arrogant werdet. Parken Sie da hinten …« Er deutete auf einen Platz in der rechten Reihe, hinter einem VW-Bus.

Silfverbielke ließ das Fenster hoch, nahm den Fuß von der Bremse und ließ den Mercedes zu dem angegebenen Platz rollen.

»Wir können uns in etwa einer Stunde im Restaurant treffen«, sagte Christopher, als sie ihr Gepäck herausnahmen. »Ich passe bloß auf, dass das Auto ordentlich befestigt ist, und dann lege ich mich ein bisschen hin. Lasst den Koffer nicht aus den Augen.« Er warf einen verschwörerischen Blick auf den Aluminiumkoffer.

»Keine Angst, ich bleibe in Johannes' Nähe«, sagte Hans mit einem Nicken.

Sobald die Freunde sich außer Sichtweite befanden, sprang Christopher in den Mercedes und legte sich auf den Rücksitz. Er spürte, wie die Fähre ins Wanken geriet, als schwere Lastwagen an Bord fuhren, und hörte die Klopfgeräusche, als Personenwagen über die Kante auf das Autodeck rollten. Die Geräusche und das Wanken des Schiffs wurden immer weniger, bis sie ganz aufhörten.

Dann hörte er ein schweres, dumpfes Geräusch, setzte sich halb auf und sah, dass das große Tor zum Autodeck geschlossen wurde. Er legte sich hin und wartete noch zehn Minuten. Dann öffnete er leise die Tür und schlich sich zwischen den geparkten Autos davon.

Er brauchte weniger als zwei Minuten, um den Typen aus Schonen ausfindig zu machen. Er stand in der Nähe der Stahlwand, neben etwas, das wie der Eingang zu einem kleineren Büro aussah, und schrieb auf einem Block.

Silfverbielke musterte ihn ein paar Sekunden lang mit Abscheu. *Früher war es einfacher*, dachte er, *da brauchte man nur jemandem mit einem weißen Handschuh ins Gesicht zu schlagen und zu sagen ›Wir sehen uns in der Morgendämmerung‹. Und am nächsten Tag konnte man die Sache ein für alle Mal klären.*

Er schlich sich leise von hinten an den Mann an, packte ihn mit festem Griff, drehte ihn herum und warf ihn mit einem dumpfen Knall gegen die Stahlwand.

»Verdammt, was zum Teufel machen Sie da?«

»Schnauze!« Silfverbielkes Stimme klang leise und eiskalt. »Hör gut zu, du Arschloch, wir werden uns jetzt ein bisschen unterhalten.« Christopher packte den Mann am Kinn, sodass sein Gesicht sich vor Schmerz verzerrte.

»Was machen Sie da, sind Sie noch ganz dicht?«, stöhnte er.

»Nein, und genau da liegt das Problem. Ich bin wirklich nicht ganz dicht. Ich mache, was ich will, und scheiße auf die

Konsequenzen, kapiert?« Ohne eine Antwort abzuwarten, fuhr er fort. »Du bist dumm und hässlich, und das ist keine gute Kombination, vor allem, weil du auch noch frech bist. Aber hier ist die gute Nachricht – heute ist dein absoluter Glückstag.«

Er packte den Mann noch fester am Kinn. »Wieso … wieso das?«, brachte der Typ stöhnend hervor.

»Weil ich beschlossen habe, dich am Leben zu lassen. Aber das hängt von einer Voraussetzung ab, und die lautet, dass ich auf dieser Reise nie wieder deine hässliche, fette Fresse sehe. Solltest du dich nicht an deinen Teil dieser Abmachung halten, halte ich mich nicht an meinen. Ist das klar?«

Er ließ das Kinn los und verpasste dem Typen einen rechten Haken ins Zwerchfell. Der Mann stöhnte, klappte wie ein Taschenmesser zusammen und fiel auf die Knie. Silfverbielke schob ihm schnell den Fuß unters Kinn und hob ihn an, sodass der Kerl zu ihm aufsehen musste.

»Ob das klar ist, habe ich dich gefragt. Ich schwöre, dass ich dich umbringe, wenn ich dich noch mal sehe!«

Jegliche Farbe war aus dem Gesicht des Dicken gewichen. Er hielt sich den Bauch und nickte lautlos.

Silfverbielke drehte sich ohne ein Wort um, ging zurück zum Wagen, holte sein Gepäck und verließ das Autodeck.

Das Trio ging abends früh ins Bett und versammelte sich am nächsten Morgen zum Frühstück, bevor die Fähre Trelleborg anlief.

Während Hans und Christopher ihr Gepäck einluden und den Mercedes von der Fähre lenkten, ging ein äußerst nervöser Johannes Kruut mit seinem Koffer in der einen und dem Geldkoffer in der anderen Hand den langen, verwinkelten Landungssteg entlang.

Als er sah, dass sich in dem Zollhäuschen, das heutzutage meistens unbesetzt war, vier Zollbeamte und ein Schäferhund befanden, schlug ihm das Herz bis zum Hals. Bestimmt ein Drogenhund. *Erkennt der auch den Geruch von Geld?*

Kruut hielt einen Augenblick lang inne. *Ich muss mich zusammenreißen. Jetzt hängt alles von mir ab. Und ich brauche die Punkte.*

Er wischte sich diskret den Schweiß von der Stirn und ging mit ruhigen, aber bestimmten Schritten durch den Zoll. Er warf einem der Zollbeamten einen Blick zu und lächelte.

Just in dem Moment, als er an dem Beamten vorbeiging, zog der Hund an der Leine und bellte.

Johannes hatte das Gefühl, als würde ihm das Herz stehen bleiben, zwang sich aber dazu, ruhig weiterzugehen. Gleichzeitig wartete er darauf, dass die Beamten ihm nachriefen oder, was noch schlimmer gewesen wäre, nachliefen.

»Ruhig, Jacko, sitz!«, hörte er den Zollbeamten sagen. Er atmete auf und ging hinaus in die frische Winterluft außerhalb des Terminals. Als er ein Stück weiter den Benz mit Hans am Steuer sah, winkte er ihm erfreut zu.

Sie waren zu Hause. Mit drei Millionen.

Johannes verstaute das Gepäck, setzte sich auf den Rücksitz, atmete tief aus und versuchte, lässig zu klingen. »Hey, Jungs, das lief ja wirklich gut. Und wie viele Punkte bekomme ich für diese kleine Heldentat?«

Christopher warf einen schnellen Seitenblick auf Hans und zwinkerte ihm fast unmerklich zu. »Ich glaube, das ist zehn Punkte wert. Drei Millionen sind immerhin drei Millionen. Was meinst du, Hans?«

»Einverstanden«, erwiderte Ecker. »Sieht so aus, als ob ich langsam mächtig ins Hintertreffen gerate, oder? Wenn ich mich richtig erinnere, hattest du zuvor dreißig, Johannes. Jetzt hast du vierzig, ich habe zwanzig, und Chris hat dreißig. Ich glaube, ich muss mir allmählich was richtig Gutes einfallen lassen«, sagte er lachend.

Es spielt keine Rolle, wie es läuft, dachte er. *Chris wird es so hinbiegen, dass er und ich auf jeden Fall das Geld teilen. Johannes hat ja schon genug.*

Johannes' Gedanken gingen gleichzeitig in eine ganz andere Richtung. Die zehn Punkte, die er sich verdient hatte, kamen ihm höchst gelegen. Er benötigte einen Vorsprung, der ihm ausreichend Zeit verschaffte, darüber nachzudenken, wie er noch mehr Punkte bekommen konnte. Wohl wissend, dass er vielleicht nicht aus demselben Holz wie Hans und Christopher geschnitzt war, war er trotzdem darauf erpicht, den Wettkampf zu gewinnen. Er hatte zwar bereits genug Geld, aber das war an Bedingungen geknüpft, und niemand wusste, was künftig geschehen würde. Ein Puffer von zwanzig Millionen extra konnte überhaupt nicht schaden.

Ecker legte den Gang ein, und der SUV setzte sich in Bewegung. Genau sechs Stunden und fünfundvierzig Minuten später passierten sie das Ortsschild von Stockholm.

Hans Ecker verbrachte den Abend in einer langen Vorstandssitzung und schlief anschließend erschöpft in seinem Bett ein, obwohl Veronica versuchte, ihn zu verführen.

Johannes Kruut hörte Musik und sah sich lange die Fotos von Michelle auf seinem Handy an.

Christopher Silfverbielke ging zu Fuß zum 7-Eleven, kaufte eine Prepaidkarte für hundert Kronen und schickte den Aktivierungscode an Helena, zusammen mit der Nachricht:

Bin wieder zu Hause und müde. Vermisse deine SMS. LG, dein Hans.

Dann schlug er die Bettdecke zurück, leerte den Koffer mit den Euroscheinen auf das Laken, zog sich nackt aus, onanierte und schlief anschließend acht Stunden lang zwischen den raschelnden Scheinen.

Kapitel 20

Mittwoch, 7. Februar

»Colt.«

»Jacob, hier ist Angela van der Wijk!«

Der Kommissar setzte sich im Stuhl auf und lächelte. Seit ihrer Begegnung auf einer Konferenz zum Thema Internetkriminalität in London vor ein paar Jahren hatten sie mehrmals miteinander telefoniert, sich aber nicht persönlich getroffen. Sie hatten Erfahrungen über eine große, weltweite Serie von unaufgeklärten Mordfällen ausgetauscht, die schließlich von Jacob Colt, Hector Venderaz vom FBI in Miami und Wladimir Karpov von der Polizei in Sankt Petersburg gelöst wurden. Zusammen war es ihnen gelungen, eines der schlimmsten internationalen Verbrechersyndikate zu zerschlagen und …

»Jacob, bist du noch dran?«

»Entschuldige, Angela, ich war in Gedanken versunken. Schön, von dir zu hören, es ist ja schon eine ganze Weile her. Wie geht's dir?«

»Geht so. Es ist ja nicht gerade so, dass wir zu wenig zu tun haben, du weißt ja selbst, wie das ist.«

Ja, Jacob wusste, wie das war. Und er wusste nur zu gut, wie es um Angela van der Wijk stand. Schlimmer, viel schlimmer.

Angela war eine äußerst kompetente und zudem sehr attraktive Polizistin, die sich in Rekordzeit hochgearbeitet hatte und schließlich Kommissarin bei der Mordkommission von Amsterdam geworden war. Sie hatte glücklich zusammen mit ihrem Mann und ihren Zwillingskindern gelebt, bis zu dem verhängnisvollen Abend vor gut zwei Jahren, als ihr Mann und die Kinder auf dem Heimweg von einem betrunkenen Autofahrer überfahren wurden. Sie waren sofort tot gewesen.

Angela hatte die unerhört schwierige Trauerarbeit mit großer Mühe bewältigt. Sie weinte nachts und nahm sich tagsüber zusammen, um ihre Arbeit professionell zu erledigen. Ihr Job war das Einzige, was sie noch bei der Stange hielt, nachdem der Rest ihres Lebens binnen weniger Sekunden zusammengebrochen war. Deshalb stürzte sie sich in die Arbeit und winkte ab, wenn Freunde ihr rieten, die Situation auf eine andere Weise zu bewältigen – wenn sie nicht untergehen und unter der Last erdrückt werden wollte. Schließlich waren es ihr Mann und ihre Kinder, die ums Leben gekommen waren. Sie allein wusste, wie sich das anfühlte.

Jacob lachte. »Ja, danke, ich weiß, wie das ist. Es sieht ja nicht gerade so aus, als könnten wir in unserer Branche arbeitslos werden. Im Augenblick arbeite ich an einem verzwickten Mord an einem schwedischen Finanzmann, und die Spuren, die wir haben, führen uns nur in die Irre. Die Staatsanwältin ist verrückt, der Polizeichef ebenso. Kommt dir das irgendwie bekannt vor?«

»Absolut. Aber ich habe ausnahmsweise von meinen eigenen Fällen ein bisschen frei bekommen. Ich bin eine Woche lang auf Studienbesuch bei einem Kollegen bei der Kriminalpolizei in Berlin, Kommissar Wulf Weigermüller. Er hat seit ein paar Tagen einen Mord am Hals, und da wollte ich dich gern um Rat bitten.«

»Mich?« Jacob klang verwundert und fügte hinzu: »Was Morde in Berlin angeht, bin ich ziemlich nutzlos.«

»Witzbold!«, erwiderte Angela lachend. »Ich erzähle dir, worum es geht. Das Opfer, eine fünfundzwanzigjährige Prostituierte namens Renate Steiner, wurde in einem dieser Hotels gefunden, wo käufliche Damen und ihre Kunden stundenweise Zimmer mieten, gegen Vorauskasse und in bar. Sie wurde erwürgt, und außerdem hat ihr jemand – wahrscheinlich der Mörder – eine Brustwarze abgebissen. Die wurde übrigens nicht gefunden.«

Colt schauderte. Er fragte sich, wie manche Menschen ticken mussten, damit sie so eine Wahnsinnstat begehen konnten. In den letzten Jahren hatte er allzu viele Beispiele gesehen, wo es nicht genug gewesen war, jemanden, den man nicht mochte, umzubringen. Nein, dem Mord mussten bestialische Handlungen vorausgehen, beziehungsweise sie mussten ihn ergänzen. Menschen zerschnitten und zerstückelten ihre Opfer, verbrannten, zermahlten oder zermalmten sie …

Er verdrängte diese Gedanken. »Klingt ja wie ein netter Kerl, denn ich vermute mal, dass ihr von der Hypothese ausgeht, dass der Täter ein Mann war?«

»Richtig. Aber jetzt kommt der Clou. Die Deutschen haben am Tatort DNA sichergestellt, genauer gesagt, von mindestens zwei Personen.«

Jacob zog die Augenbrauen hoch. »Ist es dort üblich, dass Prostituierte mehrere Männer gleichzeitig mit aufs Zimmer nehmen?«

»Laut meinem Kollegen Wulf ist in diesem Viertel um die Oranienburger Straße so einiges üblich«, antwortete Angela van der Wijk seufzend. »Das Verblüffende dabei ist, dass eine andere Prostituierte, eine der besten Freundinnen der Ermordeten, gesehen hat, wie Steiner ihren letzten Kunden aufgegabelt hat. Sie konnte keine ausführliche Personenbeschreibung abgeben, behauptet aber, dass es ein ziemlich hochgewachsener, dunkelhaariger und gut gekleideter Mann war und dass er auf jeden Fall allein war. Eine andere Zeugin, ebenfalls eine Prostituierte, hat einen Mann, auf den diese Beschreibung passt, aus Schneiders

Zimmer kommen sehen, als sie selbst mit einem Kunden das Hotel betrat. Wir haben also niemanden, der einen weiteren Mann gesehen hat. Und es klingt nicht gerade wahrscheinlich, dass zwei Männer mit identischem Aussehen zu verschiedenen Zeitpunkten heimlich das Hotel betreten und wieder verlassen haben könnten.«

»Aber ihr habt zwei DNA?« Jacob kratzte sich am Kopf. »Andererseits, wie viele Männer fertigt so eine Frau an einem Abend ab? Ist es nicht wahrscheinlich, dass sie an ihrem Körper Haare, Flüssigkeiten und andere Spuren von mehreren Männern haben kann?«

»Ja, natürlich. Aber da ist noch etwas. Die eine DNA wurde unter ihren Fingernägeln sichergestellt. Man fand Hautreste und sogar etwas Blut. Die Deutschen schließen daraus, dass sie versucht hat, sich zu wehren, indem sie den Mörder im Gesicht gekratzt hat. Ferner fand man an der Leiche ein dunkles Haar mit derselben DNA wie die der Hautreste.«

Jacob warf einen Blick auf die Uhr. Er fühlte sich allmählich gestresst. Er mochte Angela van der Wijk und wollte ihr wirklich helfen, sofern er konnte, aber er musste sie ein bisschen zur Eile ermahnen und sie bitten, zur Sache zu kommen.

»Angela«, unterbrach er sie, »ich stehe ein bisschen unter Stress. Wenn du dich bitte kurz fassen könntest …«

»Okay, ich verstehe. Worauf ich hinauswill, ist Folgendes. Die zweite DNA wurde ein paar Meter von dem Bett gesichert, auf dem das Opfer lag, und zwar auf Zigarettenstummeln in einem Aschenbecher und auf einem Geldschein, mit dem sich jemand Kokain in die Nase gezogen hat. Und jetzt halt dich fest, Jacob – der Schein war ein schwedischer Hundertkronenschein, und die Zigarettenstummel waren von der Marke John Silver!«

Colt hatte sich beim Zuhören auf den Stuhl gefläzt, aber diese Information ließ ihn hochfahren. Gewiss stieß man bei Ermittlungen auf Zufälle, aber wenn man in der Nähe eines Mordopfers einen schwedischen Hunderter fand, gab es offensichtlich Grund zu der Annahme, dass der Mörder ein Schwede sein könnte.

»Interessant! Was soll ich für dich tun, Angela?«

»Die Bürokratie umgehen, natürlich!«, erwiderte sie mit einem Lachen. »Ich frage mich, ob du vielleicht irgendwelche Abkürzungen in das schwedische DNA-Register kennst? Wir wollen natürlich die gefundene DNA so schnell wie möglich mit dem schwedischen Register abgleichen, um voranzukommen, aber du weißt ja selbst, was passiert, wenn wir über Interpol gehen müssen.«

Jacob seufzte. »Ich weiß, ich weiß, aber leider sehe ich hier keine richtig gute Abkürzung.« Innerlich verfluchte er bestimmt zum tausendsten Mal die Unfähigkeit der Polizeibehörden auf dieser Welt, in halbwegs annehmbarem Tempo zusammenzuarbeiten. Er kratzte sich am Kopf und dachte nach. Vielleicht, vielleicht gab es eine andere Möglichkeit.

»Ich habe eine Idee. Wenn du bei Interpol eine Anfrage stellst, kontaktiere ich das Staatliche Kriminaltechnische Labor, das die Datenbanken verwaltet. Ich habe dort gute Kontakte, und wenn ich ein bisschen herumtelefoniere und darum bitte, dass eure Ergebnisse Priorität bekommen, weil der Mörder möglicherweise ein Schwede ist, glaube ich, dass wir zumindest einige in der Warteschlange überholen.«

»Das klingt toll, Jacob. Wann, meinst du, kannst du dort anrufen?«

»Sobald wir unser Gespräch beendet haben.«

»Super! Ich halt dich natürlich darüber auf dem Laufenden, wie es weitergeht. Ich bleibe noch ein paar Tage hier bei Wulf, aber er wird mir Bescheid sagen, wenn ich wieder daheim in Amsterdam bin.«

»Das klingt spitze. Wir mailen oder telefonieren. Ich will natürlich wissen, ob wir einen verrückten Schweden haben, der dort unten in Berlin herumläuft und Prostituierte umbringt.«

»Das hatte ich mir gedacht. Ich verspreche dir, dass ich mich melde, sobald ich mehr weiß. Ich will dich nicht länger aufhalten, aber tausend Dank für deine Hilfe, Jacob!«

»Gern geschehen, pass auf dich auf!«

Jacob legte auf, lehnte sich zurück und dachte nach. Ein schwedischer Mörder in Berlin? Oder ein ausländischer Mörder, der schwedisches Geld bei sich hatte? Es wäre unglaublich interessant gewesen zu erfahren, ob es einen Treffer gab, wenn man die DNA aus Deutschland mit dem SKL-Register abglich.

Die Datenbank bestand aus zwei Unterabteilungen. Eine, in der man DNA von festgenommenen und verurteilten Tätern speicherte, und eine für DNA, die im Zusammenhang mit unaufgeklärten Verbrechen stand.

Jacob griff zum Hörer und wählte die Nummer des Staatlichen Kriminaltechnischen Labors in Linköping. Sune Jonsson, einer der dortigen Chefs und ein langjähriger Bekannter, konnte ihm bestimmt helfen.

Zehn Minuten später hatte er Sune das Versprechen abgerungen, nach den Proben aus Deutschland Ausschau zu halten und sich so schnell wie möglich um sie zu kümmern. Jacob wusste allerdings, dass es keine gute Idee war, ihn darum zu bitten, als Erster die Ergebnisse des Abgleichs zu erfahren. Sune war ganz einfach zu professionell, um die Regeln zu brechen.

Zum Glück gab es noch Leute mit Berufsehre, dachte Jacob, während er irritiert zwischen Schreibtisch und Fenster auf und ab ging. Sein sechster Sinn war plötzlich zum Leben erwacht, und er hatte ein unangenehmes Gefühl, dass Angelas Anruf ihm auf die eine oder andere Weise noch mehr Probleme bereiten würde.

Kapitel 21

Donnerstag, 8. Februar

Bamm!

Der kleine schwarze Ball prallte mit einem Knall hart gegen die Wand. Henrik Vadh fiel auf, dass Jacob Colts Aufschlag viel heftiger als gewöhnlich ausfiel.

Irritiert? Frustriert? Ernsthafte Probleme oder nur schlechte Laune am frühen Morgen?

Vadh warf sich nach vorn, traf den Ball mit einer starken Rückhand und einem Schlag, der Colt gleich von Anfang an aus dem Spiel warf.

Sie spielten sich schweigend ein paar Bälle zu. Die einzigen Geräusche waren das Knallen des Balls gegen die Wand, das Keuchen der beiden Spieler, als sie nach dem Ball rannten, und das Quietschen der Gummisohlen auf dem Boden.

»Bist du nicht in Form, Chef?«, frotzelte Vadh, nachdem er vier Ballwechsel hintereinander gewonnen hatte.

Colt hielt inne, beugte sich vor, stützte sich mit den Händen auf den Knien ab und verschnaufte ein paar Sekunden lang. Er schüttelte den Kopf.

»Ich kann mich heut nicht konzentrieren, Henrik. Ich habe die letzten Nächte ständig an den Fall de Wahl gedacht. Mir kommt es so vor, als ob wir im Schlamm schwimmen.«

Vadh nickte. »Die Hypothese mit dem Jungen bekommt Risse, was?«

»Sollte man meinen.« Colt blickte ernsthaft drein. »Kulin hatte die Taktlosigkeit, am Freitag in mein Büro zu kommen, als ich gerade gehen wollte. Sie hat mir mitgeteilt, dass sie sich nicht vorstellen kann, Anklage gegen Hamid Barekzi zu erheben, wenn wir ihr nicht bessere Ergebnisse als bisher liefern.«

»Warum überrascht mich das nicht?« Henrik Vadh blickte düster drein und schüttelte den Kopf. »Aber was will sie eigentlich noch? Wir haben ihr gezeigt, dass Barekzi eine sexuelle Beziehung mit dem Opfer hatte und dass er vermutlich auf die eine oder andere Weise von dem Geld, das de Wahl ihm gegeben hat, abhängig war. Er hat zugegeben, dass er den ganzen Abend und die ganze Nacht vor dem Mord bei de Wahl zu Hause war und Sex mit ihm hatte. Und seine Fingerabdrücke befinden sich auf de Wahls Aktenkoffer.«

Colt nickte. »Mhm, aber der Junge streitet den Mord hartnäckig ab. Und Kulin meint, dass er kein ausreichend starkes Motiv hat. Das Schlimmste daran ist, dass ich geneigt bin, ihr recht zu geben.«

»Ich glaube, ich denke genauso wie du, aber erzähl!« Vadh ging zur Bank an der Wand, setzte sich hin und wischte sich mit dem Frotteehandtuch, das dort lag, den Schweiß von der Stirn. Jacob folgte seinem Beispiel und trank einen kräftigen Schluck aus seiner Wasserflasche.

»Der Junge hat einen festen Job, verdient sein eigenes Geld und wohnt zu Hause bei seiner Mutter«, fuhr Jacob fort. »Finanziell kommt er damit gut über die Runden.«

Vadh runzelte die Stirn. »Mag sein, aber Menschen begehen auch aus anderen Gründen Morde. Eifersucht? Angst, einen Laufpass zu bekommen? Der Junge hat offenbar für de Wahl stärkere Gefühle empfunden als umgekehrt.«

»Sicher, bestimmt gibt es Hunderte von Gründen. Aber Kulin weist auf simple Logik hin. Falls der Junge den Mord geplant oder de Wahl bei einem Streit umgebracht hat, hätte er dies in dessen Wohnung tun können, wo er sicher sein konnte, dass es keine Zeugen gab. Warum um alles in der Welt sollte er de Wahl folgen und ihn ein paar hundert Meter von der Wohnung entfernt töten, noch dazu mitten auf einem Kai, wo er gesehen und festgenommen werden konnte? Außerdem stimmt die DNA, die von der Mütze in der Pfütze sichergestellt wurde, nicht mit der des Jungen überein.«

Henrik Vadh lachte. »Logik in allen Ehren, aber Kulins Argumentation ist nicht die einzig logische. Wie du weißt, gibt es keine absolute Wahrheit. Denkbar wäre auch, dass de Wahl beim Verlassen der Wohnung etwas gesagt hat, das Hamid verzweifelt, wütend, eifersüchtig oder alles zusammen gemacht hat. Und dann ist er ihm nachgerannt. Außerdem, wie du selbst neulich gesagt hast, als du dich mit Kulin gestritten hast – wer sagt denn, dass die Mütze unbedingt dem Mörder gehört hat?«

»Absolut, aber dann haben wir das kleine Problem mit der Mordwaffe. Bodnár sagt in seinem Gutachten, dass de Wahl starke äußere Gewalt zugefügt wurde, vermutlich mit einem Stein. Freilich kann der Junge einen Stein gefunden und ihn ins Wasser geworfen haben, nachdem er de Wahl damit eins übergebraten hatte. Aber dann ist da noch etwas, das gegen Barekzi spricht. Laut dem Zeugen – du weißt schon, der Fotograf – hatte der Mann, der vom Tatort weggejoggt ist, einen langen Mantel an, und das passt irgendwie nicht zu dem Jungen. Ich habe auch den Eindruck, dass der Jogger ziemlich groß war, und Barekzi ist klein. Aber vor allem muss der Jogger unglaublich ruhig und gelassen gewesen sein, als er vom Tatort verschwand. Wenn Barekzi seinen Liebhaber erschlagen hätte, wäre er vermutlich in Panik geflüchtet.«

Vadh dachte eine Weile nach, bevor er antwortete. »Ja, ich kann deinen Theorien folgen, aber es gibt ja praktisch immer noch nichts, was die Hypothese stützt, dass der Jogger wirklich derjenige war, der de Wahl getötet hat. Schade, dass wir den Mann nicht fragen können, der die Polizei angerufen hat. Dann könnten wir nämlich seine Angaben mit denen des Fotografen vergleichen. Wie es jetzt steht, können wir ja nicht sicher sein.«

Sicher. Wie oft konnte man in diesem Beruf sicher sein? Wurden Menschen in unserem Rechtssystem immer zu Recht verurteilt? Colt wusste nicht mehr, wie oft er sich unwohl gefühlt hatte, wenn sein sechster Sinn ihm sagte, dass bei einer Ermittlung oder sogar bei einem Gerichtsverfahren vermutlich etwas gewaltig falsch lief.

Henrik Vadh, stets der hartnäckige Analytiker, pflegte in ihren vielen Diskussionen zu argumentieren, dass man theoretisch nie bei irgendeiner Sache sicher sein konnte. Diese These trug er stets mit einem leicht schelmischen Lächeln vor, und oft dann, wenn er und Jacob zusammen Wein tranken.

Jacob konterte stets mit dem Argument, dass man einigermaßen sicher sein konnte, wenn zehn Zeugen gesehen hatten, wie ein Mensch einen anderen Menschen erschossen hatte, und der Mörder ein paar Minuten später an Ort und Stelle festgenommen wurde. Vadh räumte dann ein, dass dies zweifelsfrei richtig war, aber wie oft war das bei ihrer Arbeit der Fall?

Allzu oft war es anders. Zu viele potenzielle Täter. Eine ganze Palette möglicher Motive. Eine Menge Fragen, die sich hartnäckig einer Antwort verweigerten. Menschen, die bei einer Vernehmung das Blaue vom Himmel logen, obwohl sich später herausstellte, dass sie mit dem Verbrechen nichts zu tun hatten. Manche logen aus Angst, dass zufällig andere Dinge ans Tageslicht kommen könnten. Schwarzarbeit, Untreue, Steuerhinterziehung, Missbrauch.

Die beiden Freunde Colt und Vadh waren unzählige Male – oft gegen zwei Uhr morgens, ziemlich betrunken und ein bisschen desillusioniert – gemeinsam zu dem Schluss gekommen, wie ein Rechtssystem aussehen müsste, in dem garantiert niemand unschuldig verurteilt wurde.

Es müsste alle freisprechen.

Das war natürlich eine utopische Vorstellung. Wer wollte schon ernsthaft in einer Gesellschaft leben, die sämtliche Gewalttäter frei herumlaufen ließ, nur weil sie ihre Schuld trotz überzeugender Beweise und Zeugenaussagen bestritten? Wie glaubwürdig wäre eine solche Gesellschaft?

Colt ließ seinen Schläger irritiert auf den Boden fallen. »Genau, wir können nicht sicher sein, und Kulin will deshalb Barekzi aus der Liste der Verdächtigen streichen. Ich glaube, sie hat eine Riesenangst, dass die Presse wie eine Meute Wölfe über sie herfällt. Die Sensationsmedien würden liebend gern ein großes Aufhebens darum machen, dass wir einen jungen Burschen so hart unter Druck setzen, vor allem wenn es sich später herausstellt, dass er unschuldig ist. Ich kann ihr jetzt auf keinen Fall mehr mit Argumenten kommen. Du weißt, was sie mir sagen wird, wenn ich ihr widerspreche.«

Vadh grinste. »Dass es eine Geschlechterfrage ist. Und möglicherweise, dass du dich von Frauen bedroht fühlst und nicht akzeptierst, dass sie homosexuell ist. Ich glaube, ich habe das schon mal gehört.«

»Etwas in der Art, ja. Und du weißt genauso gut wie ich, dass das Unsinn ist. Mir ist es scheißegal, ob sie ein Mann, eine Frau oder irgendwas dazwischen ist, und was für eine sexuelle Orientierung sie hat. Mir geht es vielmehr darum, dass wir diesen Fall lösen, bevor der Reichspolizeichef und die Presse uns durch den Fleischwolf drehen. Anscheinend hat de Wahls Familie bedeutend größeren Einfluss, als ich mir vorgestellt habe, und sie macht mächtig Druck, dass wir den Mörder finden.«

Vadhs Humor schlug erneut zu. »Aber Jacob, das ist doch schön, dass die Familie de Wahl und wir die gleichen Interessen haben.«

Colt sah ihn finster an und knurrte. Dann lächelte er. »Was meinst du, sollen wir duschen, ins Polizeipräsidium fahren und etwas für unser Gehalt tun? Ich glaube nicht, dass wir heute noch viel mehr spielen.«

Jacob Colt verbrachte eine Stunde damit, gründlich die Berichte zu lesen, die Magnus Ekholm, Sven Bergman, Janne Månsson und Niklas Holm verfasst hatten.

Sie zeichneten ein ziemlich düsteres Bild.

Die Vernehmungen von de Wahls neuen Kollegen in der Banque Indochine hatten keine brauchbaren Anhaltspunkte ergeben, genauso wenig wie die Befragung der Nachbarn in de Wahls Haus. Die älteren Damen im Treppenhaus bekräftigten, dass Herr de Wahl ein freundlicher und höflicher junger Mann mit guten Manieren gewesen sei, stets hilfsbereit, wenn eine von ihnen sich vor dem Eingangstor mit ihren Einkaufstüten abmühte. Aus seiner Wohnung hörte man selten störende Geräusche, und wenn es doch gelegentlich vorkam, nun ja, dann drückte man eben ein Auge zu. Schließlich musste man einem jungen Mann zugestehen, dass er sich hin und wieder ein bisschen amüsierte.

Als Sven Bergman diesen Kommentar zu hören bekam, hatte er vor seinem inneren Auge gesehen, wie de Wahl sich mit Hamid Barekzis nacktem Körper amüsierte, und grimmig gegrinst.

Magnus Ekholm war die Aufgabe zugefallen, de Wahls Eltern zu befragen, und Jacob hatte Henrik Vadh gebeten, ihn zu begleiten. Ekholm war ein tüchtiger Kollege, besaß jedoch nicht Henriks Fähigkeit, kleine Veränderungen im Tonfall oder im Blick seines Gegenübers zu registrieren und zu deuten – Anzeichen, die darauf hindeuten konnten, dass jemand log.

Die beiden Ermittler waren zusammen zur Villa der Familie de Wahl gefahren, nachdem Herman de Wahl ihnen am Telefon kurz angebunden mitgeteilt hatte, er habe zwischen zwei und drei Uhr nachmittags eine Viertelstunde Zeit für sie. *Schloss wäre vielleicht eine zutreffendere Bezeichnung*, hatte Vadh gedacht, als sie durch das große Tor auf das Anwesen in Djursholm einbogen.

Aber nicht einmal mit Vadhs Hilfe hatte der Besuch etwas ergeben. Herman de Wahl, der in der Stockholmer Finanzwelt fast schon legendäre Multimillionär, zeigte zu

Vadhs Verwunderung keinerlei Anzeichen von Trauer, sondern benahm sich arrogant.

Nachdem er den Polizisten die Tür geöffnet und sie zurückhaltend begrüßt hatte, machte er auf dem Absatz kehrt und ging ihnen durch den prunkvollen Flur voraus in einen Salon, dessen Boden mit dicken Teppichen ausgelegt war und dessen Wände eine Menge zweifellos teurer Kunstwerke zierten.

Mit einer gleichgültigen Geste bat er sie, auf zwei Sesseln gegenüber seinem Lehnstuhl Platz zu nehmen, bot ihnen jedoch nicht einmal ein Glas Wasser an.

Als Henrik Vadh die einleitende Frage stellte, sah de Wahl ihn an, als wäre er ein Idiot. Nein, die Polizei müsste doch wohl verstehen, dass sein Sohn keine Feinde gehabt haben konnte. Wie kamen sie nur auf so eine bescheuerte Idee? Erstens gehörte die Familie de Wahl einer gesellschaftlichen Schicht an, in der man nicht mit solchen primitiven Menschen verkehrte, die zu Gewaltanwendung neigten. Zweitens kam es in der Finanzwelt wohl schon mal vor, dass man Konkurrenten mit Bewunderung oder Neid betrachtete, aber *Feindschaft* im wahrsten Sinn des Wortes existierte in den besseren Kreisen nicht. Man kämpfte ja trotz allem für das gleiche Ziel, falls der Herr Wachtmeister verstand, nämlich Kapitalvermehrung.

Während Vadh ihm ruhig erklärte, dass sein Dienstgrad nicht Wachtmeister, sondern Kriminalinspektor lautete, fragte er sich, in welchem Jahrhundert Herman de Wahl eigentlich lebte. Falls es überhaupt in der Geschichte der Menschheit jemals ein Jahrhundert gegeben hatte, das de Wahls Fantasien entsprach.

Magnus Ekholm saß die meiste Zeit einfach nur schweigend herum und stellte hin und wieder vereinzelte Fragen, machte sich dafür aber umso mehr Notizen. Er musste sich bitter eingestehen, dass dies einer der wenigen Momente war, wo sogar Henrik Vadh sich die Zähne ausbiss.

De Wahls Arroganz führte dazu, dass Vadh auf die Rücksichtnahme verzichtete, die er normalerweise den Angehörigen eines Mordopfers entgegenbrachte. Deshalb stellte er nur trocken fest: »Der Liebhaber Ihres Sohnes, ein junger Automechaniker afghanischer Herkunft …«

»*Was* sagen Sie da?«, rief Herman de Wahl und fuhr von seinem bequemen Lehnstuhl hoch. »Wollen Sie damit andeuten, dass Alexander …«

»Homosexuell war? Ja, in allerhöchstem Maße.« Henrik Vadh musterte den Finanzmann ruhig.

»Das ist eine Lüge! Nichts als eine verdammte Lüge! Wer behauptet …«

Vadh fiel ihm erneut ins Wort. »Der siebzehnjährige Junge, den ich soeben erwähnte, hat uns erzählt, dass Alexander einen Annäherungsversuch in einem sogenannten Saunaclub, also einem Treffpunkt für homosexuelle Männer, unternommen hat. Die beiden gingen ein Verhältnis ein, und unsere spurentechnische Untersuchung der Wohnung Ihres Sohnes hat ergeben, dass sie in der Nacht vor dem Mord Geschlechtsverkehr hatten. Der Junge hat das übrigens zugegeben. Außerdem besaß Ihr Sohn eine umfangreiche Sammlung pornografischer Filme mit homosexuellem Inhalt und …«

Sämtliche Farbe wich aus Herman de Wahls Gesicht. Er sank auf dem Lehnstuhl zusammen, hielt sich eine Weile lang die Hände vors Gesicht und murmelte zu sich selbst: »Alexander … mit einem Ausländer … das darf doch nicht wahr sein …«

Henrik Vadh hatte mehr oder weniger sämtliche Hoffnung aufgegeben, dem Finanzmann brauchbare Informationen zu entlocken. Deshalb versuchte er es auf gut Glück.

»Nun ja, Herr de Wahl, so schlimm ist das doch nicht. Homosexualität ist ja in der heutigen Zeit gesellschaftlich akzeptiert. Inzwischen gibt es sogar ein Gesetz, das Homosexuellen erlaubt, Kinder zu adoptieren. Aber ich möchte Sie gern fragen, ob Sie zufällig einen von den früheren Liebhabern Ihres Sohnes kennen. Es könnte ja sein, dass …«

»Nein!« Herman de Wahl gewann etwas von seiner Kraft wieder und schrie erneut. Dann sank er zurück gegen die

Lehne und sah die Kriminalpolizisten mit leerem Blick an. Er hob langsam und abwehrend eine Hand, und plötzlich klang seine Stimme sehr schwach.

»Das … das darf unter keinen Umständen herauskommen. Unter *keinen* Umständen, verstehen Sie?«

Henrik Vadh erklärte ihm, dass er darauf keinen Einfluss hatte, und dass die Ermittlung, soweit er wusste, keiner Geheimhaltungspflicht unterlag, außer vielleicht, was den Jungen betraf.

Herman de Wahl nahm die Erklärung mit angewidertem Blick entgegen und begleitete anschließend Vadh und Ekholm ohne ein Wort zur Tür.

Henrik Vadh teilte ihm in seinem arglosesten Tonfall mit, dass ein erneuter Besuch keineswegs ausgeschlossen war.

Jacob Colt konnte sich ein Grinsen nicht verkneifen, als er den Bericht über den Besuch bei Herman de Wahl las, den Magnus Ekholm geschickt formuliert hatte. Er konnte sich nur zu gut vorstellen, wie Vadh sich über den arroganten Finanzmann aufgeregt hatte, bevor er ihm die Wahrheit über seinen Sohn auftischte.

Er legte das Papier zur Seite und nahm sich den Bericht von Niklas Holm vor.

Der Bursche hatte mit seinem Computer wie immer gründliche und hervorragende Arbeit geleistet und nichts dem Zufall überlassen.

Alexander de Wahl hatte ein paar Jahre lang das Eliteinternat Sandsjö besucht, bevor er, wie Holm in seinem Kommentar mutmaßte, ins Ausland geschickt wurde, um eine gute Ausbildung zu erhalten, die ihn auf seine zukünftige Karriere vorbereiten sollte. Er hatte zuerst in Kalifornien und anschließend in England Betriebswirtschaft studiert. An beiden Universitäten hatte er mit Spitzenleistungen geglänzt und nach seiner Rückkehr nach Schweden in der Finanzbranche schnell Karriere gemacht.

Niklas Holm hatte auch sämtliche zugängliche Datenbanken nach Informationen über de Wahl durchforstet, ohne irgendwelche größeren Überraschungen zu finden.

Die Daten in den Polizeiregistern waren dünn. Abgesehen von Bußgeldern für Falschparken und Fahren mit überhöhter Geschwindigkeit war de Wahl einmal als Jugendlicher wegen öffentlicher Trunkenheit festgenommen und von der Polizei nach Hause gefahren worden, ohne dass es für ihn unangenehme Folgen nach sich zog.

Der Finanzmann war Mitglied in einem Schützenverein und besaß einen Waffenschein für zwei Jagdgewehre, die auf seinen Namen registriert waren. Seinen Wehrdienst hatte er mit guten Zeugnissen geleistet, aber danach hatte er nie mehr mit den Streitkräften zu tun gehabt.

Jacob las weiter, fand aber nichts von Interesse.

Scheiße! Jetzt müssen wir wieder bei null anfangen.

Das Telefon klingelte.

»Colt.«

Angela van der Wijks Stimme, ein Licht in der Finsternis.

»Jacob, hier ist Angela. Ich habe eine Antwort vom SKL in Schweden auf unsere Anfrage wegen der DNA erhalten und ich glaube, das wird dich interessieren.«

Colt legte Holms Bericht beiseite und griff zu Stift und Notizblock. »Schieß los!«

»Wir haben einen Treffer zu einer der DNA-Proben von der Prostituierten bekommen. Nicht die von den Hautfragmenten unter ihren Fingernägeln oder von dem Haar, sondern die von den Zigarettenstummeln und dem Geldschein, mit dem Kokain geschnupft wurde. Das SKL hat Kommissar Weigermüller eine Aktennummer gegeben und auf dich verwiesen.«

Jacob verspürte einen Adrenalinschub. »Okay, gib sie mir.«

Sein Herz schlug schneller, noch bevor Angela die gesamte Ziffernkombination zu Ende gelesen hatte. Er kannte sie nur zu gut und wusste, um welchen Fall es sich handelte.

Der Mord an Alexander de Wahl!

Seine Gedanken überschlugen sich. Wie konnten die Morde an einem schwedischen Finanzmann und einer deutschen Prostituierten zusammenhängen? Hatte der Mörder sich nach Berlin begeben, um dort zu feiern?

»Jacob, bist du noch dran?«

»Ja, natürlich, entschuldige bitte. Ich war einfach nur überrascht. Der Fall, auf den du dich beziehst, ist derselbe, in dem ich mittendrin stecke, nämlich der Mord an dem schwedischen Finanzmann, von dem ich dir erzählt habe, und …«

Er hörte, wie Angela van der Wijk am anderen Ende tief Luft holte. Ihrem Ausruf »Wow!« folgte ein leises Pfeifen.

»Mhm …«, erwiderte Jacob. »Wow ist wirklich das richtige Wort dafür. Ich weiß nicht wirklich, was ich glauben soll.«

Er schilderte kurz die Situation mit den beiden verschiedenen Zeugenaussagen, der unsicheren Aussage, dass der Jogger die Mütze aus der Tasche gezogen und weggeworfen hatte, und die verschiedenen Hypothesen, mit denen er und seine Kollegen spielten.

»Ich verstehe«, sagte Angela nachdenklich. »Das heißt, wir können nicht sicher sein, ob dein Mörder dieselbe Person ist, die das Mädchen in Berlin umgebracht hat. Aber es riecht gewaltig danach.«

»Das tut es zweifellos, aber ich schlage mich hier mit einer Staatsanwältin herum, die sich mit bloßen Gerüchten nicht zufriedengibt. Außerdem glaube ich, dass die Fragezeichen jetzt noch mehr geworden sind.«

Jacob kritzelte schnell die Information, die er erhalten hatte, auf den Block.

»Wie meinst du das?«, fragte Angela.

»Zunächst einmal können wir nicht sicher sein, dass unser und euer Mörder ein und dieselbe Person sind. Wir können lediglich vermuten, dass derjenige, der die Mütze am Kai weggeworfen oder verloren hat, *wahrscheinlich* derselbe ist, der das Mädchen in Berlin umgebracht hat. Aber gleichzeitig finde ich, dass die Sache mit den Zigarettenstummeln und vor allem dem Geldschein irgendwie zu gut ist, um wahr zu sein.«

»Du meinst, da hat jemand bewusst eine falsche Fährte gelegt? Schaust du dir nicht ein bisschen zu viele amerikanische Krimiserien an?«

Jacob lächelte, als er ihr herzhaftes Lachen hörte.

»Ich stimme mit dir überein«, fuhr sie fort. »Man könnte den Eindruck bekommen, dass das Ganze gut vorbereitet war, und außerdem wundert es mich, dass die DNA an den Zigarettenstummeln nicht mit der von den Hautfragmenten identisch ist. Aber theoretisch könnte es sein, dass die Hautreste unter den Fingernägeln und sogar das Haar von einem Kunden stammen, den sie davor hatte, und dass in Wirklichkeit der Typ mit den Zigarettenstummeln und dem Geldschein der Mörder ist.«

»Absolut, in dieser Situation gibt es ja leider viele Möglichkeiten …« Jacob seufzte und hielt einen Augenblick inne, ehe er fortfuhr. »Was passiert jetzt an eurer Front? Wie lange bleibst du noch in Berlin?«

»Leider nicht so lange, wie ich gern möchte. Berlin ist eine aufregende Stadt, und außerdem hat dieser Fall mein besonderes Interesse geweckt, nicht zuletzt deshalb, weil er mir die Gelegenheit gibt, mit dir Kontakt zu haben, wenn auch nur über eine größere Entfernung hinweg …«

Jacob versuchte angestrengt, herauszuhören, ob Angelas Antwort irgendwelche Untertöne enthielt. Bei ihrer Begegnung in London war er nicht der Einzige gewesen, der sich für sie interessierte. Obwohl sie nicht offen geflirtet hatte, hatte er den Eindruck gehabt, dass ihr Interesse mehr als nur kollegialer Natur gewesen war. Aber es hatte sich nie eine Gelegenheit ergeben, herauszufinden, wie viel eventuell dahintersteckte. Eines Abends wurde das gesellige Beisammensein der Polizisten aus mehreren europäischen Ländern auf furchtbare Weise unterbrochen, als ihr russischer Kollege Wladimir Karpow einen

Anruf erhielt und erfuhr, dass seine Frau und seine Kinder bei einem Bombenanschlag ums Leben gekommen waren.

Jacob lachte leise. »Ich schau mal, ob ich euch ein paar schwedische Mörder nach Amsterdam schicken kann. Oder du exportierst ein paar holländische Halunken hierher«, witzelte er.

Er liebte Melissa und betrachtete sie als seine allerbeste Freundin. Der Gedanke, ihr untreu zu werden, war ihm nie gekommen, obwohl er im Lauf der Jahre weiß Gott wie viele Gelegenheiten gehabt hatte. Auch jetzt hatte er nicht vor, sein Treuegelübde zu brechen, indem er sich auf ein Techtelmechtel mit einer holländischen Witwe einließ, und mochte sie auch noch so attraktiv sein. Aber er hatte absolut nichts dagegen, Angela wiederzusehen.

»Spaß beiseite«, fuhr er fort, »wie geht ihr weiter vor und wie gehen wir zusammen weiter vor, rein formell gesehen? Mein Schuldeutsch ist leider nicht das beste.«

»Meins auch nicht, und Wulfs Englisch ist ungefähr so gut wie mein Deutsch, und deshalb haben wir während meines Besuchs hier auch viel zu lachen gehabt. Aber Wulf ist ein prima Kerl, und ich glaube nicht, dass es da Probleme geben wird. Übermorgen fahre ich zurück nach Amsterdam, und offiziell seid natürlich du und Wulf diejenigen, die in dieser Sache Kontakt zueinander halten. Aber inoffiziell kann ich mir vorstellen, dass es so laufen wird wie damals, als wir die Geschichte mit dem russischen Mordnetzwerk gelöst haben. Wir bleiben in Kontakt und stecken erst recht unsere Nasen in alles.«

Als Jacob das Gespräch mit Angela beendet hatte, wählte er Henrik Vadhs Kurzwahlnummer.

»Komm mal schnell zu mir ins Büro, du glaubst nicht, was ich dir gleich erzählen werde!«

Ein paar Stunden später saß nicht Henrik Vadh auf Jacobs Besucherstuhl, sondern Anna Kulin.

Sie sieht so begeistert aus wie immer, dachte Jacob. *Ob ihr ihre Arbeit überhaupt Spaß macht?* Er hätte zu gern gewusst, wie Kulins Leben war und ob sie überhaupt echte Freunde hatte.

Die Staatsanwältin schlug einen Block auf und nahm einen Stift zur Hand. »Wenn ich richtig verstehe, haben Sie neue Informationen zum Fall de Wahl?« Sie sah ihn auffordernd an.

Colt nickte. »Ja und nein. Wie sehr die Sache tatsächlich mit dem Mord an de Wahl zusammenhängt, kann ich noch nicht mit Sicherheit sagen, aber …«

Er berichtete ihr von dem Telefongespräch mit Angela van der Wijk und gab die Information aus Deutschland weiter. Kulin machte sich eifrig Notizen und stellte hin und wieder eine Frage. Jacob spürte, worauf sie hinauswollte.

»Sie verstehen doch wohl …«, sie starrte ihn an, »… dass dies für mich die Angelegenheit entscheidet, was Hamid Barekzi betrifft?«

Colt starrte zurück. »Eigentlich nicht. Ob es zwischen Barekzi und der Mütze eine Verbindung gibt, steht jetzt per Definition weder mehr noch weniger fest als zu dem Zeitpunkt, bevor wir diese Information erhielten.«

»Okay, wollen Sie damit sagen, dass Hamid sich aus heiterem Himmel nach Berlin begeben hat, von einem Tag auf den anderen heterosexuell geworden ist und eine Prostituierte ermordet hat? Ihre Haltung gegenüber sexuellen Orientierungen …«

»Ich sage es jetzt ein für alle Mal, Anna«, fiel Jacob ihr ins Wort. »Sexuelle Orientierung spielt für mich in diesem Fall keine Rolle, denn sie hat nichts damit zu tun. Außerdem habe ich natürlich sicherheitshalber Barekzis Alibi für den Abend überprüft, an dem der Mord in Berlin stattfand. Er saß zu Hause in Fittja bei seiner Mutter und seinen Schwestern und hat Fernsehen geschaut. Ich wollte Ihnen lediglich die neuesten Informationen geben.«

Anna Kulin blickte verwundert drein, als Jacob plötzlich aufstand, seine Lederjacke von der Stuhllehne nahm und sich anzog. Sie wollte etwas sagen, doch er kam ihr mit lauter Stimme zuvor. »Und falls es Sie interessiert, ich habe einen Sohn, der homosexuell ist, und das ändert meine Einstellung zu ihm nicht im Geringsten!«

Jacob Colt würdigte sie keines Blickes, als er mit raschen Schritten das Büro verließ.

Er musste einen Spaziergang machen, um seine Wut abkühlen zu lassen. Und er musste nachdenken.

Kapitel 22

Montag, 19. Februar

»Na, Christopher, wie geht's? Es ist ja schon eine Weile her, dass wir uns das letzte Mal gesehen haben. Und wie war übrigens die Reise? Sie und Ihre Freunde wollten doch irgendwohin fahren.«

Mariana Granath dachte intensiv nach, während sie auf eine Antwort wartete. In den letzten Wochen hatte sie mehrere Termine mit Hans Ecker gehabt und wusste, dass dieser ebenfalls auf der Berlinreise dabeigewesen war. Aber als sie ihn danach fragte, war es ihm anscheinend unangenehm gewesen, und sie hatte nicht weiter nachgehakt. Und er hatte Christopher Silfverbielke mit keinem Wort erwähnt.

Wie funktionierte die Freundschaft zwischen den beiden? Wie beeinflusste jeder die Psyche des anderen? Obwohl Ecker nach außen hin zunehmend hart und aggressiv wirkte, gab es Anzeichen, dass der höfliche und sich gewählt ausdrückende Silfverbielke die treibende Kraft war und seinen Freund womöglich manipulierte.

Christopher lächelte sie an. Ein entspanntes Lächeln, fand sie. War er vielleicht auf dem Weg der Besserung?

»Schön, danke. Ich habe mir den Ausweis meines besten Freundes angeeignet, einem Polizisten den Tag ruiniert, eine nicht besonders intelligente Neunzehnjährige angebaggert, jede Menge Champagner getrunken, Kokain genommen, eine Prostituierte umgebracht, drei Millionen Kronen in bar abgeholt, einen Deutschen überfahren und einen hässlichen Kerl aus Schonen verprügelt, der …«

Granath seufzte. »Können Sie nicht mal versuchen, ernst zu sein, Christopher? Wenn wir weiterkommen wollen, müssen Sie sich auf Ihre Probleme konzentrieren …«

Das tue ich doch! Trägst du übrigens halterlose Nylonstrümpfe? Bestimmt.

Es ging ihm sofort besser. »Ich verstehe. Aber ich weiß nicht richtig, wo ich heute beginnen soll.«

Er erwiderte ihren Blick mit einem amüsierten Lächeln.

Sie schaute in ihre Notizen und beschloss, das Thema zu wechseln. »Bei Ihrem letzten Besuch habe ich Sie etwas zu Ihrem Vater gefragt und …«

»Sie wissen doch, dass ich nicht über meinen Vater sprechen will!«

Sein Lächeln erstarb und die entspannte Körperhaltung – vorher hatte er sich auf den Sessel vor ihrem Schreibtisch gefläzt – war weg. Seine Stimme klang hart und sein Blick war kalt.

Zwei Schritte zurück. »Okay, okay.« Sie nickte beschwichtigend. »Dann lassen wir das. Aber ich suche nach wie vor nach einem … wie soll ich sagen … Wendepunkt in Ihrem Leben, wenn Sie verstehen, was ich meine.«

Silfverbielke sah sie mit hochgezogenen Augenbrauen an.

»Ähhh, Sie sind anscheinend der Meinung, dass Ihre Kindheit und Jugend gut waren …?«

War das wirklich so? Was war ihm widerfahren? Einmal hatte er angedeutet, er habe ein gutes Verhältnis zu seinem Vater gehabt, aber er wolle nicht mehr über ihn reden. Die Mutter hat er nie erwähnt. Geschwister auch nicht. War er gemobbt, ausgegrenzt, unterdrückt worden? Wenn ja, von wem?

Er zuckte mit den Schultern und wartete darauf, dass sie fortfuhr. Dann lächelte er und musterte sie von Kopf bis Fuß, was sie ein bisschen irritierte.

Plötzlich piepste Christophers Handy zweimal. Er holte es aus der Tasche und rief die SMS auf.

Mir ist es in der Tankstelle stinklangweilig. Will gern nach Stockholm und dich besuchen. Oder kommst du bald zu mir? LG Deine Helena.

Er schrieb in aller Ruhe eine Antwort, ohne sich um Marianas hochgezogene Augenbrauen zu kümmern.

Ich hoffe, ich kann bald kommen. Habe im Augenblick ein wenig Stress. Bussi, H.

Während er auf dem Handy tippte, dachte Mariana Granath nach und wog das Für und Wider ab. Christopher war einer der schwierigsten Patienten, die sie in ihrem Berufsleben erlebt hatte, und sie hatte schon mehrmals überlegt, die Behandlung abzubrechen. Rein vernunftmäßig schätzte sie die Wahrscheinlichkeit, dass ihm die Therapie half, als niedrig ein. Aber trotzdem. Sie war Ärztin, und es war ihre berufliche Pflicht, es zu versuchen.

Christopher steckte das Handy in die Tasche und sah sie an.

Sie wusste, dass sie vorsichtig vorgehen musste. Dass seine Stimmung unerwartet und blitzschnell kippen konnte.

»Sie haben mir noch nie von Ihrer Zeit in diesem Internat erzählt. Wie haben Sie die erlebt?«

Er zuckte zusammen, fing sich aber schnell wieder.

Ein heikles Thema! Was war an dieser Schule passiert? Sie kritzelte ein paar Worte auf ihren Block.

»Doch, das war eigentlich ganz nett …«

Silfverbielke verstummte, lehnte sich im Stuhl zurück und schloss die Augen. Er verspürte beginnende Kopfschmerzen und wusste, dass diese sich leicht zu einem heftigen Migräneanfall ausweiten konnten, wenn er keine Tabletten nahm.

Das Letzte, was er jetzt brauchte, war eine Erinnerung an die Schule.

Internatsgymnasium Sandsjö, vor vierzehn Jahren

Christopher Silfverbielke hatte bereits am ersten Tag gespürt, dass er mit diesem Ort nicht klarkam, dass er dort nicht hingehörte.

Die anderen waren reicher. *Alle* anderen waren reicher.

Man hatte ihm das Zimmer gezeigt, das er mit einem gewissen van der Laan teilen sollte, dem er noch nicht begegnet war. Das war ihm gleichgültig. Wer ihn jedoch mit einer Mischung aus Angst und Hass erfüllte, bevor er ihm überhaupt über den Weg lief, war Alexander de Wahl.

Christopher hatte die Nächte auf der Intensivstation nicht vergessen, wo sein Vater bleich in einem Krankenbett lag, nach dem dritten Selbstmordversuch innerhalb von zwei Jahren. Mit Schande bedeckt, betrogen und wirtschaftlich ruiniert.

Olof Silfverbielke hatte den größten Teil seines Erwachsenenlebens dem Aufbau eines Unternehmens gewidmet, das sich auf den Import und Verkauf von hochqualitativen Elektronikprodukten aus den USA, Deutschland und einigen anderen europäischen Ländern spezialisierte. Während der Achtzigerjahre hatte er mit Sorge feststellen müssen, dass die Menschen im Allgemeinen dazu neigten, Qualitätsdenken über Bord zu werfen und stattdessen kurzsichtig auf Billigprodukte aus Asien zu setzen. Widerwillig änderte er seinen Kurs und fing an, aus Billigländern zu importieren, um wettbewerbsfähig zu bleiben.

Seine grundlegende Philosophie war, dass man Dinge und Zusammenhänge am besten versteht, wenn man sich selbst an den Orten aufhält, wo sie geschehen. Also investierte er beträchtliche Mengen Zeit und Geld in Reisen in die Regionen, in denen sich die neue Produktion konzentrierte.

Eine kluge Investition, die seinem Unternehmen einen Vorsprung verschaffte.

Während andere weiterhin aus Japan, Hongkong und bis zu einem gewissen Grad aus Taiwan importierten, fand Olof Silfverbielke gleichwertige, aber deutlich billigere Produkte, die in Ländern wie China und der Dominikanischen Republik hergestellt wurden.

Plötzlich konnte er – wenn auch widerwillig – den schwedischen Verbrauchern moderne Technik zu nahezu erschreckend niedrigen Preisen anbieten, und der Umsatz des Unternehmens stieg sprunghaft an. Aber genauso plötzlich befand er sich in einem vorübergehenden Liquiditätsengpass.

Silfverbielke benötigte einen kurzfristigen Kredit von zehn Millionen Kronen, um zusätzliche Mitarbeiter einzustellen, die Logistik zu rationalisieren und damit die überaus großen Produktmengen zu bewältigen, die er zu vorteilhaften Konditionen einkaufen konnte.

Er wandte sich mit vollem Vertrauen an die Bank, mit der er seit über zwanzig Jahren Geschäfte gemacht hatte.

Die Bank, deren Direktor Herman de Wahl war.

De Wahl hieß ihn wie immer willkommen, bot ihm eine Tasse Kaffee an und erging sich in höflichem Smalltalk, ehe die beiden Männer zur Sache kamen. Olof Silfverbielke trug sein Anliegen in Form eines sorgfältig ausgearbeiteten Businessplans vor.

Der Bankdirektor erwiderte mit vertrauenerweckendem Lächeln: »Olof, wir machen schon seit vielen Jahren Geschäfte miteinander, und ich weiß, dass Sie auf dem richtigen Kurs sind. Das hier dürfte kein Problem sein, aber ich muss die Sache intern besprechen. Geben Sie mir ein paar Tage, dann können wir Ihnen eine Antwort präsentieren.«

Sie gaben sich die Hand, und Silfverbielke verließ zuversichtlich die Bank. Der Kredit und die neuen Geschäfte würden seine Position in einem in absehbarer Zeit hart umkämpften Markt stärken.

Es kam darauf an, der Erste zu sein.

Er war verwundert, als Herman de Wahl ihn knapp eine Woche später anrief und in deutlich kühlerem Ton bat, so schnell wie möglich in die Bank zu kommen.

Die Zusammenkunft fand nicht wie gewöhnlich in de Wahls Büro statt, sondern im Vorstandsbüro der Bank, wo eine Anzahl von Leuten, die Silfverbielke nicht kannte, mit ernsten Mienen um einen großen Mahagonitisch saßen.

Olof Silfverbielke beschlich sofort ein unangenehmes Gefühl, das sich bestätigte, sobald er sich setzte. Herman de Wahl war auf einmal nicht mehr der freundliche Bankdirektor, Golfpartner und Rotarykollege. Sein Blick und seine Stimme waren eiskalt, als er den Standpunkt der Bank erläuterte. Silfverbielkes Unternehmen sei nach Auffassung der Bank schlecht geführt und zahlungsunfähig. Die Bank sehe keine andere Möglichkeit, als die umgehende Rückzahlung sämtlicher Kredite zu fordern. Silfverbielke könne zwischen zwei Optionen wählen – entweder verkaufe er das Unternehmen mit sofortiger Wirkung an die Bank oder die Bank leite als Hauptgläubiger ein Insolvenzverfahren ein.

Plötzlich drehten sich der Tisch, die Gesichter der Banker und der ganze Raum vor Olof Silfverbielkes Augen, und er spürte, wie ihm der kalte Schweiß ausbrach. Er bekam feuchte Handflächen und seine Hände zitterten, als ihm klar wurde, dass sein gesamtes Lebenswerk bedroht war und er sich in einer ausweglosen Lage befand.

»Aber Herman, wir haben uns doch erst vor ein paar Tagen darüber unterhalten! Ich habe Ihnen einen gründlichen Businessplan vorgelegt. Sie wissen nur zu gut, dass das Unternehmen solide ist und eine starke Expansion und höhere Marktanteile vorweisen kann …«

Er schwieg, als er sah, wie Herman de Wahl bedauernd den Kopf schüttelte. Der Bankdirektor warf einen Blick auf die anderen Männer am Tisch, ehe er antwortete. »Tut mir leid, Olof, tut mir wirklich leid. Aber wir haben uns Ihre Zahlen näher angesehen, und es sieht keinesfalls so gut aus, wie wir dachten. Banken legen heutzutage bei ihren Risikoanalysen deutlich strengere Kriterien an als noch vor ein paar Jahren und …«

De Wahl breitete entschuldigend die Arme aus und lehnte sich in seinem Stuhl zurück. »Ich habe keine andere Wahl, Olof. Ich kann Sie nur bitten, unser Angebot betreffend den Verkauf Ihrer Firma anzunehmen, sodass wir die Sache reibungslos abwickeln und ein Insolvenzverfahren mitsamt den damit verbundenen negativen Schlagzeilen vermeiden können.«

Olof Silfverbielke schloss die Augen und schluckte hart. Er spürte, wie die Zunge am trockenen Gaumen klebte, und er versuchte angestrengt, schnell zu denken. Er brauchte dringend mehr Zeit, irgendetwas stimmte hier nicht!

Er öffnete die Augen wieder und gab sich Mühe, de Wahls Blick gefasst zu erwidern. »Und wie sieht Ihr Angebot zum Kauf meiner Firma aus?«

Herman de Wahl schob ihm wortlos einen Vertrag zu. Silfverbielke riss das Dokument an sich und überflog den Text, bis er die betreffende Zeile fand: »… zum Kaufpreis von 1 (in Worten: einer) Krone …«

Silfverbielke sprang so heftig auf, dass der Stuhl beinahe umkippte, und verließ fluchtartig den Raum in Richtung Toilette, die gleich nebenan lag. Er klappte den Toilettendeckel hoch, beugte sich vor und spürte, wie sich sein Mageninhalt in kräftigem Schwall aus seiner Kehle ergoss. Fast eine halbe Minute lang kotzte er, was das Zeug hielt, bevor er sich mühsam aufrichtete, die Spülung betätigte und sich am Waschbecken den Mund abwusch.

Dann kehrte er ins Vorstandsbüro zurück, wo ihn die Anwesenden ausdruckslos ansahen, holte seinen goldenen

Füllfederhalter hervor, unterschrieb den Vertrag und verließ anschließend wortlos den Raum.

Gut zwei Stunden später unternahm Olof Silfverbielke seinen ersten Selbstmordversuch.

Christopher wusste nicht, wie sein Vater es genau angestellt hatte, aber irgendwie hatte er es geschafft, eine Summe Geld auf die Seite zu legen. Von dem Todesstoß der Bank erholte er sich nie mehr, aber er war fest entschlossen, dass Christopher eine gute Ausbildung erhalten und sich zu einem brillanten Geschäftsmann wie er selbst entwickeln sollte.

Hätte Olof Silfverbielke gewusst gehabt, dass Herman de Wahl seinen Sohn auf das Internatsgymnasium Sandsjö geschickt hatte, hätte er sich vermutlich anders entschieden. Aber als die Wahrheit ans Licht kam, war es zu spät gewesen. Olof Silfverbielke hatte darauf bestanden, dass Christopher drei Jahre an der bekannten und renommierten Schule verbringen sollte.

»Alle …«, flüsterte er Christopher von seinem Krankenbett aus zu, »… alle, die im Leben wirklich etwas erreichen wollen, durchlaufen Sandsjö. Wenn nicht aus einem anderen Grund, tu es mir zuliebe, Christopher …«

Der Sohn hatte daraufhin mit Tränen in den Augen die Hand seines Vaters ergriffen und stumm genickt.

Und jetzt war er dort.

Alle anderen sind reicher.

Es graute ihm, aber er riss sich zusammen und beschloss, sich der Herausforderung zu stellen. Früher oder später würde er auf irgendeine Weise die Ehre seines Vaters wiederherstellen.

Und ihn vielleicht rächen.

Der größte Teil des ersten Schuljahrs war problemlos verlaufen, und lange danach fragte er sich, warum Alexander de Wahl so lange mit seinen Übergriffen gewartet hatte.

Christopher Silfverbielke teilte ein Zimmer mit Jean van der Laan, und nur ein paar Tage später zog auch Hans Ecker ein. Christopher und Hans wurden schnell beste Freunde, aber mit van der Laan verband ihn nichts weiter, als dass die beiden sich freundlich grüßten und das Notwendige miteinander teilten.

Schulisch lief alles gut. Hans und Christopher lernten fleißig zusammen und erzielten beide hervorragende Ergebnisse.

Im ersten Schuljahr beachtete Alexander de Wahl ihn kaum. Der Bankierssohn war ein Jahr älter, ging in eine Klasse höher, gab sich mit anderen ab und wohnte in einem anderen Gebäude.

Aber nach den Weihnachtsferien fing es an. Ohne einen ersichtlichen Grund, ohne dass Christopher verstand, warum just zu diesem Zeitpunkt. Zunächst Sticheleien. Kommentare über seine Kleidung. Schimpfworte, gefolgt von höhnischem Gelächter: »Habenichts! Armer Schlucker! Machst du Reklame für Versandklamotten?«

Und jedes Mal, wenn de Wahl lachte, fiel sein Gefolge in das Gelächter ein. Er umgab sich mit einer Schar verwöhnter Millionärssöhnchen, die auf ihn aufpassten, seinen Winken folgten und taten, was er ihnen sagte. Gerüchte über de Wahls Homosexualität verbreiteten sich schnell in der Schule, und Christopher zweifelte nicht daran, dass einige aus der Schar auch als Liebhaber herhalten mussten, ob sie wollten oder nicht.

»Was für ein Arschloch!« Christopher warf seinen Stift weg und sprang vom Stuhl auf. Hans Ecker und Jean van der Laan, die an ihren Schreibtischen saßen und lasen, blickten verwundert auf.

»De Wahl, dieses Ekel! Habt ihr nicht gesehen, was er heute mit Nilssonne gemacht hat? Wie er ihn verprügelt hat, während die anderen ihn festgehalten haben? Einfach nur zum Kotzen!«

Van der Laan wirkte unangenehm berührt und vertiefte sich wortlos in sein Buch. Ecker musterte seinen Freund. »Du hasst ihn wirklich, was?«

Silfverbielke erwiderte seinen Blick auf eine Weise, die Hans Ecker zusammenfahren ließ. »Was würdest du tun, wenn sein Vater *deinen* Vater ruiniert und in den Selbstmord getrieben hätte?«

Ecker seufzte. »Ja, ja, du hast ja recht. Die Frage ist nur, was willst du machen?«

»Er lässt mich ja nicht in Ruhe. Er beschimpft mich immer öfter, und ich weiß, dass er bei den Lehrern und im Schülerrat schlecht über mich redet. Irgendwann reicht es.«

Die Konfrontation ließ nicht lange auf sich warten, schon am nächsten Tag war es in der Pause so weit. Silfverbielke hatte einen Spaziergang im Wald außerhalb von Sandsjö gemacht, um seine Gedanken zu zerstreuen. Als er aus dem Wald heraustrat und sich dem Schulgelände näherte, sah er sie.

De Wahl und sein Pack warteten auf ihn.

Christopher wich ihnen keinen Millimeter aus, sondern ging schnurstracks weiter, bis sie ihm den Weg versperrten.

»Was willst du?« Er blieb vor de Wahl stehen und sah ihm direkt in die Augen.

»Aber wen haben wir denn da? Ist das nicht der arme Schlucker persönlich?« De Wahls Stimme triefte vor Verachtung. »Bezahlt Papa dir die Schule? Aber Papa hat doch nicht genug Kohle, oder?« Er blickte sich um, und die fünf Jungs quittierten seinen Kommentar mit böswilligem Grinsen. Er fuhr fort: »Mensch, was bin ich blöd, Papa lebt ja gar nicht mehr!«

Christophers harter Faustschlag erfolgte von unten aus der Hüfte heraus und traf astrein. De Wahl taumelte rückwärts, und aus seiner Nase tropfte Blut auf den dunklen Mantel. Er fasste sich an die Nase, blickte auf seinen Handschuh und dann wieder auf Christopher.

Silfverbielke stand einfach nur reglos da.

De Wahl sah sich schnell um und vergewisserte sich, dass kein Lehrer in Sichtweite war. »Haltet ihn fest!«, zischte er und machte ein paar schnelle Schritte vorwärts.

Christopher wehrte sich nach Kräften, aber es half nichts. Vier von de Wahls Freunden hielten ihn mit eisernem Griff fest, während Alexanders Fäuste auf Weichteile und Rippen eindroschen. Zum Schluss rammte er Christopher das Knie zwischen die Beine, worauf dieser vor Schmerzen stöhnend zusammenbrach.

»So, du Habenichts …«, de Wahl stieß die Worte heftig zwischen den Zähnen hervor, »… vielleicht kapierst du jetzt endlich, wo wir stehen. Oder muss ich mich deutlicher ausdrücken?«

Nach dem Hodentritt wälzte Christopher sich auf dem Boden und krümmte sich vor Schmerzen. »Scher dich zum Teufel, du schwule Sau!«, stöhnte er.

Er spürte einen letzten festen Tritt an den Kopf, bevor ihm schwarz vor Augen wurde.

Obwohl Ecker und van der Laan ihn fragten, was passiert war, als sie das Blut und die blauen Flecken sahen, sagte er ihnen kein Wort.

Am nächsten Tag fing er an, vorsichtig und gründlich de Wahls Gewohnheiten und Tagesablauf zu studieren. Es dauerte nicht lange, bis er herausfand, dass Alexander jeden Abend alleine auf einem Waldweg spazieren ging.

Christopher wartete ein paar Wochen, bevor er etwas unternahm.

»Ich geh noch mal raus, ein bisschen Luft schnappen«, teilte er eines Abends seinen Zimmergenossen mit. Dann zog er sich Jacke und Handschuhe an und ging hinaus.

Er sah auf die Uhr und beeilte sich. Wenn de Wahl sich an seine übliche Routine hielt, musste er sein Gebäude vor ein paar Minuten verlassen haben.

Nach weniger als zehn Minuten holte Christopher ihn ein. Es hatte zu regnen begonnen, und vielleicht war das der Grund, warum de Wahl die weichen Gummisohlen erst hörte, als es zu spät war.

Christopher packte ihn von hinten, wirbelte ihn herum und verpasste ihm eine rechte Gerade, die ihn rückwärts vom Kiesweg in den Wald taumeln ließ. Bevor de Wahl sich von der Überraschung erholte, war Christopher bei ihm, packte ihn fest am Mantelkragen und prügelte auf ihn ein.

De Wahl stöhnte vor Schmerzen, versuchte sich loszureißen und unternahm unbeholfene Versuche, zurückzuschlagen, aber Christophers Wut ließ keine effektive Gegenwehr zu. Silfverbielke gab sich Mühe, die meisten Schläge gegen den Körper zu richten, verlor aber zeitweise die Kontrolle und traf ein paarmal de Wahls Nase und Lippe.

Als de Wahl sich nicht mehr bewegte, hörte er auf zu schlagen, schleifte seinen Feind in das weiche Moos und zischte: »Versuch es nie wieder, du Schwein! Nie wieder, merk dir das!«

Dann wandte er sich um und kehrte ins Wohnheim und in sein Zimmer zurück, wo seine Freunde auf ihn warteten.

»Regnet es?«, fragte Ecker verwundert. »Wie war dein Spaziergang?«

Christopher lächelte. »Schön! Jetzt bin ich richtig gut drauf.«

Noch drei Wochen bis zum Ende des Schuljahrs. Hans Ecker und Jean van der Laan waren beide über das Wochenende nach Hause gefahren. Christopher Silfverbielke war knapp bei Kasse und wollte außerdem ein extra großes Lernpensum bewältigen, um bei der Abschlussprüfung Bestnoten zu erhalten und vielleicht sogar Klassenbester zu werden. Also blieb er allein in seinem Zimmer in Sandsjö, genoss die Ruhe und verbrachte die Zeit mit konzentriertem Lernen, einzig unterbrochen durch kurze Mahlzeiten im großen Speisesaal der Schule.

Er stellte zu seiner Verwunderung fest, dass de Wahl und dessen Anhang ebenfalls das Wochenende über im Internat geblieben waren, aber das taten viele andere Jungs auch. Die Stunde der Wahrheit rückte schließlich immer näher, nicht zuletzt für de Wahl und die anderen Schüler des Abschlussjahrgangs.

Sie mussten lernen.

Christopher wusste nicht, wie lange er geschlafen hatte, als die Tür aufflog und sie sich auf ihn stürzten. Er tastete im Dunkeln nach dem Lichtschalter, fand ihn aber nicht rechtzeitig, bevor ihn die ersten Schläge ins Gesicht trafen. Ihm wurde schwindlig und er hatte nicht einmal die Kraft, die Decke und das Laken festzuhalten, als sie diese wegzogen und seinen nackten Körper entblößten.

»Macht das Licht an, damit wir den Habenichts sehen ...« Christopher erkannte de Wahls flüsternde Stimme.

Er hörte, wie die Rollos vollständig heruntergelassen wurden. Dann schaltete jemand eine Nachttischlampe neben van der Laans Bett an, die das Zimmer in ein schwaches Licht tauchte. De Wahl hatte drei gleichaltrige Jungs aus seinem Gefolge dabei, und Christopher wusste, dass er ordentlich Prügel beziehen würde. Um Hilfe zu schreien war zwecklos, denn er war das Wochenende über weitgehend allein in seinem Gebäude. Außerdem galt Petzen als das schlimmste Verbrechen, das jemand in Sandsjö begehen konnte, weshalb er kaum mit unterstützenden Zeugenaussagen rechnen konnte, was auch immer geschah.

Die drei hielten ihn mit eisernem Griff fest, während de Wahl höhnische Bemerkungen über Christophers nackten Körper und das entblößte Geschlechtsteil machte. Silfverbielke schloss die Augen und rechnete seine Chancen aus, sich loszureißen, während er auf den ersten Schlag wartete.

Doch der kam nicht.

Zu seiner Verwunderung spürte er stattdessen, wie einer der Jungs ihm die Nase zuhielt. Instinktiv öffnete er den Mund und holte tief Luft. Gleichzeitig öffnete er die Augen.

De Wahl stand mit offenem Hosenschlitz weniger als einen halben Meter vor ihm und rieb sich grinsend im Halbdunkel den Schwanz. »So, Jungs …«, flüsterte er, »… jetzt bekommt der arme Schlucker was zum Schlucken.«

Ehe Christopher richtig wusste, wie ihm geschah, setzte de Wahl sich rittlings auf ihn und drückte ihm den Schwanz in den Mund. Silfverbielke spürte einen Brechreiz, begriff jedoch instinktiv, dass er vermutlich an seinem Erbrochenen ersticken würde, falls er sich übergeben musste. Der Griff um seine Nase wurde fester, während gleichzeitig kräftige Hände seine Arme und seinen Oberkörper festhielten. Er unternahm mehrmals den Versuch, de Wahl in den Rücken zu treten, doch dann packte ihn jemand fest an den Waden und drückte sie aufs Bett.

In den nächsten Minuten, die ihm wie eine Ewigkeit vorkamen, fiel er in einen Dämmerzustand, in dem das Hirn nicht richtig funktionierte. Wie aus weiter Ferne vernahm er de Wahls verächtliches Flüstern: »Lutsch, du kleiner Habenichts, lutsch ordentlich, sonst muss ich dir vielleicht auch deine Unschuld rauben …«

Das ausgelassene Gelächter der anderen steigerte seinen Hass nur noch mehr.

Als de Wahl mit zufriedenem Grunzen abspritzte und seinen Schwanz schnell herauszog, kotzte Christopher sich selbst voll.

»Pfui Teufel, was für eine Drecksau! Das ist ja ekelhaft!« Der geschockte Ausruf kam von schräg rechts. Gleichzeitig lösten sich die Griffe an seinen Armen und seinem Oberkörper.

Das Letzte, was Christopher hörte, bevor er in Ohnmacht fiel, war ein Geräusch, das er nie vergessen würde.

Das Geräusch, das entstand, als Alexander de Wahl den Reißverschluss seiner Hose hochzog und flüsterte: »Beim nächsten Mal bekommst du mehr …«

Demütigung hat einen üblen Nachgeschmack.

Jemand, der noch nie zutiefst gedemütigt wurde, hat nie den faden, faulen Geschmack in der Mundhöhle gespürt, der sich weder mit der Zahnbürste noch mit Alkohol entfernen lässt.

Eine solche Demütigung schürt außerdem einen Hass, den man ebenfalls nie wieder loswird.

Kapitel 23

Dienstag, 20. Februar

»Was ist los, Liebling? Ich finde, du bist ungewöhnlich still.«

Jacob Colt blickte von seiner Morgenzeitung auf, hob die Kaffeetasse zum Mund und schaute zum Küchenfenster hinaus. Die Gehsteige vor den Reihenhäusern waren mit einer dünnen Schneeschicht bedeckt. Das Thermometer zeigte zwei Grad minus an.

Es war kalt und dunkel, und im Augenblick fühlte sich fast alles wie eine einzige Sisyphusarbeit an. In den letzten Wochen hatten die Zeitungen – allen voran *Kvällspressen* mit ihrem Polizeireporter Anders Blom – zur Treibjagd auf ihn geblasen. Und als ob es nicht genug war, dass die Polizei keine stichhaltigen Ergebnisse bei ihrer Suche nach dem Mörder von Alexander de Wahl vorweisen konnte, waren außerdem neue Mordfälle auf Colts Schreibtisch gelandet.

Melissa musterte ihn aufmerksam. »Dir geht wohl der Mord an dem Finanzmann nicht aus dem Kopf, was?«

»Wie man's nimmt …« Jacob zuckte mit den Schultern, erwiderte ihren Blick und trank noch einen Schluck Kaffee. »Ich *will* nicht, dass er mir aus dem Kopf geht. Ich will erst dann nicht mehr daran denken, wenn wir den Mord aufgeklärt haben. Aber klar, die Sache irritiert mich. Es sah ganz so aus, als hätten wir eine einfache, sonnenklare Lösung vor uns gehabt.«

Melissa nickte. »Du meinst diesen Jungen?«

»Mhm, aber die Hypothese ist ja geplatzt. Zumindest nach Anna Kulins Auffassung, und leider muss ich ihr rechtgeben. In dem Puzzle fehlen ein paar wichtige Teile.«

Jacob warf einen Blick auf die Uhr. »Oh, ich muss mich beeilen, Henrik holt mich gleich ab!«

»Stimmt, ich hatte völlig vergessen, dass das Auto in der Werkstatt ist. Könnt ihr mich zum Sveavägen mitnehmen?«

»Kein Problem, wenn du es aushältst, auf dem ganzen Weg Polizeigespräche zu hören.« Er zwinkerte ihr zu.

»Das macht nichts«, sagte Melissa lächelnd. »Ich nehme einfach einen guten Krimi mit, den ich während der Fahrt auf dem Rücksitz lesen kann. Ich muss mich nur schnell anziehen, bin in zehn Minuten fertig. Ach ja, wir sollten auch langsam mal über den Urlaub reden, du weißt ja, wie schnell die Zeit vergeht. Ich finde, es wäre schön, wenn wir diesen Sommer nach Savannah fliegen. Wir waren schon lange nicht mehr dort, und Mama und Papa werden alt und …«

»Ich weiß, daran habe ich auch schon gedacht. Zum Teil hängt es ja ein wenig von unseren Finanzen ab, und zum Teil … ich weiß nicht, ob du daran gedacht hast, aber es gibt ja jetzt neue Dinge, auf die wir Rücksicht nehmen müssen.«

»Du meinst Stephen?«

»Mhm …«

Melissa nickte.

»Das ist in der Tat ein Problem. Mama und Papa mögen ihn ja, aber gleichzeitig ist mir klar, dass sie nie akzeptieren werden …« Sie seufzte tief. »Du weißt ja, Homosexualität, Georgia und deren Generation, das passt alles nicht so gut zusammen.«

»So ähnlich habe ich mir das auch gedacht. Wir müssen die Dinge einfach eins nach dem anderen nehmen. Und jetzt zieh dich an, Henrik kann jeden Moment hier sein.«

»Wie toll wird der heutige Tag wohl werden?«, fragte Henrik Vadh, ohne den Blick von der Straße abzuwenden.

Jacob hatte sich bequem auf dem Beifahrersitz zurückgelehnt und starrte durch die Windschutzscheibe auf den leichten Schneeregen, während Henrik den Wagen durch den zähflüssigen Verkehr auf der E4 in Richtung Stockholmer Innenstadt lenkte. Melissa saß auf dem Rücksitz, in ihr Buch vertieft.

»Ich weiß es wirklich nicht. Es ist jetzt ein zäher Kampf. Wir haben um zehn eine Besprechung mit Anna Kulin, und soviel ich weiß, können wir ihr nicht viel Neues berichten. Ich habe viel über diese Sache nachgedacht und …« Er verstummte mit einem Seufzer, als gäbe es nichts mehr zu sagen.

Henrik warf einen Blick in den Rückspiegel, ehe er die Spur wechselte. »Ja, danke, ich habe auch die eine oder andere schlaflose Stunde damit verbracht, diese Sache mit de Wahl zu Tode zu analysieren. Sosehr es mir auch gegen den Strich geht, aber ich glaube, wir können uns diesen Barekzi völlig abschminken. Theoretisch kann er es gewesen sein, aber wir können ihm nichts nachweisen, jedenfalls nicht ohne Zeugen oder irgendwelche neuen technischen Beweise. Und ich weiß nicht, woraus die bestehen sollen.«

»Richtig, und außerdem ist es scheiße, dass der Typ, der gleich am Anfang die Polizei angerufen hat, sich nicht meldet«, sagte Colt irritiert.

Die Polizei hatte via Presse und Radio bekanntgegeben, dass der Zeuge, der die Notrufzentrale am fünfzehnten Januar um kurz nach sieben Uhr morgens angerufen und den Überfall auf de Wahl geschildert hatte, sich melden solle. Der Mann hatte von einem nicht registrierten Prepaidhandy aus angerufen, und weder Polizei noch Notrufzentrale konnten den Anruf zurückverfolgen.

Herman de Wahl hatte nach reiflicher Überlegung eine Belohnung von einer Million Kronen für sachdienliche Hinweise ausgesetzt, die zur Ergreifung des Mörders seines Sohnes führten. Presse, Rundfunk und Fernsehen hatten dieser Nachricht viel Platz eingeräumt.

Trotzdem hatte der anonyme Anrufer nichts von sich hören lassen.

»Was hat man wohl zu verbergen, wenn einen eine Belohnung von einer Million kalt lässt?«, philosophierte Vadh.

»Ich bin mir nicht sicher, ob der Typ unbedingt was zu verbergen hat«, erwiderte Colt. »Wäre das der Fall, hätte er uns wahrscheinlich gar nicht erst angerufen. Dass er sich seitdem nicht mehr gemeldet hat, hat bestimmt andere Gründe. Falls er für einen Monat auf irgendeiner Insel in Thailand Urlaub macht, kann er ja die ganze Aufregung hier verpasst haben. Oder vielleicht gehört er zu denen, die weder Zeitung lesen noch Fernsehen gucken. Oder er ist an einer Überdosis Drogen gestorben. Oder er liegt im Krankenhaus im Koma. Oder …«

»Deine Hypothesen gefallen mir, Jacob. Wieso schreibst du nicht einfach schlechte Krimis? Die kannst du ja jederzeit an deine Frau verkaufen«, frotzelte Vadh.

Vom Rücksitz ertönte auf der Stelle belustigter Protest. »Ich bin eine Frau, Henrik, und gut im Multitasking. Ich kann euch zuhören und gleichzeitig lesen. Und die Krimis, die ich lese, sind übrigens überhaupt nicht schlecht!«

»Das mag ja sein, Melissa, aber ich kann mir nun mal nicht vorstellen, ein Buch mit dem Titel *Der Mann, der aus dem dunklen See auftauchte* zu lesen.«

Melissa lachte. »Du kannst es dir ausleihen, wenn ich fertig bin, Henrik. Ob du es glaubst oder nicht, aber es ist wirklich gut. Was liest du eigentlich zurzeit? *Ägyptische Philosophie, Band 4*, oder?«

»So was in der Richtung«, murmelte Vadh. »Wenn ich überhaupt Zeit dazu habe. Ich glaub, zurzeit lese ich nur noch

Obduktionsbefunde und Polizeiberichte. Was ich ›ätzend‹ finde, wie es meine elfjährige Tochter ausdrücken würde.«

Jacob und Melissa lachten. »Was sagt sie sonst noch, was ist das Neueste?«, fragte Melissa.

Es war nicht das erste Mal, dass Henrik Pernilla zitierte, seine und Gunillas spät geborene Tochter. Und das meist mit gerunzelter Stirn, da Henrik sich über den Sprachverfall, der heute an den Schulen herrschte, Sorgen machte.

»Selbst sagt sie nicht so viel, aber sie ist ziemlich gut darin, andere zu zitieren, und das ist schlimm genug. Abgesehen davon, dass ›Hure‹ anscheinend ›guten Morgen‹ ersetzt hat, fallen ziemlich oft Worte wie ›Arschloch‹, ›Wichser‹ oder, was ich wirklich nicht ausstehen kann, ›Spasti‹. Wenn diese Kids wüssten, was das bedeutet, würden sie es sich vielleicht zweimal überlegen. Aber leider«, fügte Henrik zum Scherz hinzu, »darf man Kinder heute nicht mehr schlagen.«

Zwei Stunden später wiederholten Jacob und Henrik ihre Hypothesen zum Fall de Wahl, während Anna Kulin zuhörte und hin und wieder auf ihrem Block Notizen machte.

Sie war wie gewöhnlich mit Verspätung im Besprechungszimmer erschienen, hatte die Kripobeamten mit einem kurz angebundenen »Morg'n« begrüßt und sich an den Tisch gesetzt. Dann hatte sie ihren Block aus der Aktentasche geholt, Jacob Colt angeblickt und gefragt, ob es im Fall de Wahl etwas Neues gab.

Jacob schüttelte den Kopf. »Leider nichts, was uns weiterbringt. De Wahls Hintergrund sieht – zumindest im Auge des Gesetzes – makellos aus.«

Die Staatsanwältin warf ihm kurz einen bösen Blick zu, und Jacob rechnete schon mit einem Kommentar hinsichtlich der Diskriminierung von Homosexuellen, aber der blieb aus.

»In unseren Datenbanken gibt es nichts über ihn, außer dass er einen Waffenschein für zwei Jagdgewehre besitzt«, fuhr Colt fort. »Und in seinem neuen Job hatte er sich noch keine Feinde geschaffen. Bei den Nachbarn war er beliebt, und die Vernehmungen seiner Eltern und Freunde haben keinen Aufschluss darüber gegeben, dass er in irgendwelche Auseinandersetzungen verwickelt gewesen sein könnte.«

Jacob legte eine kurze Pause ein und sammelte seine Kräfte für das, was jetzt bestimmt kommen würde.

»Unter dem Strich heißt das, dass ich persönlich nur an drei Hypothesen glaube, die es weiterzuverfolgen gilt.«

»Schießen Sie los.« Kulin sah ihn nicht einmal an, sondern kritzelte weiterhin Notizen auf ihren Block.

»Eins.« Colt reckte den Daumen hoch. »Es war eine Wahnsinnstat. Ein psychisch kranker Täter ist über de Wahl hergefallen, vielleicht sogar mit der Absicht, ihn auszurauben. Nachdem ein Zeuge oder etwas anderes ihn erschreckt hat, ist er abgehauen.«

»Ist das nicht vielleicht ein bisschen zu abwegig?« Die Ironie in Kulins Stimme war nicht zu überhören.

»Schon möglich«, nickte Jacob. »Aber ich versuche, alle denkbaren Szenarien aufzulisten, und ich habe schon seltsamere Dinge gesehen. Was möglicherweise dagegen spricht, ist, dass die wirklich kranken Mörder oft am Tatort bleiben und warten, bis wir kommen und sie festnehmen.« Er hob den Zeigefinger. »Zwei: Der Mörder gehört trotz allem zu einem engeren Kreis um de Wahl, den wir nur noch nicht gefunden haben. Wir müssen tiefer graben und weiter in die Vergangenheit zurückgehen. Möglicherweise existiert ein altes Rachemotiv, das schon seit vielen Jahren unter der Oberfläche schwelte, zum Beispiel ein Vorfall in der Wehrdienstzeit, oder was weiß ich?«

Anna Kulin schrieb eine Zeile, blickte auf und wartete. Jacob streckte den Mittelfinger aus, hütete sich aber, ihn so zu halten, dass er in die Richtung der Staatsanwältin zeigte. »Drei: Es besteht vielleicht ein Zusammenhang zwischen dem Mord und de Wahls sexuellen Neigungen. Wie Sie wissen, haben wir guten Grund zu der Annahme, dass er auf sadomasochistische

Spiele stand, und in diesen Kreisen gibt es Menschen, die aus bedeutend härterem Holz als de Wahl geschnitzt sind. Vielleicht hatte er außer Barekzi noch andere Liebhaber. Einer davon hat womöglich von der Beziehung Wind bekommen und wusste, dass der Junge die Nacht bei de Wahl verbracht hat. Er ist eifersüchtig geworden, hat de Wahl in der Früh aufgelauert und ihn ermordet.«

Die Staatsanwältin schluckte und wartete darauf, dass der Kommissar fortfuhr.

»Es wäre bei Weitem nicht das erste Mal, dass Eifersucht in Verbindung mit sexueller Untreue hinter einem Mord liegt«, erklärte Jacob. »Ich glaube zwar nicht, dass homosexuelle Sadomasochisten mehr zu Mord neigen als andere. Aber eben auch nicht weniger. Also ist das eine Möglichkeit, die wir in Erwägung ziehen müssen.«

Anna Kulin stützte sich mit den Ellenbogen auf dem Tisch auf und hielt eine Hand vor den Mund. Sie fixierte eine Stelle an der Wand, hinter Jacobs Schulter.

Sie sagte nichts.

»Eine heikle Sache«, warf Henrik Vadh dazwischen. »Wenn Jacobs erste Hypothese wider Erwarten stimmen sollte, müssen wir nur nach einem von Tausenden psychisch Kranken suchen, die unsere Gesellschaft frei herumlaufen lässt. Die Wahrscheinlichkeit, dass wir den richtigen finden, ist ziemlich gering.«

Colt nickte. »Wir arbeiten teilweise mit Hypothese Nummer zwei, indem wir tiefer in de Wahls Vergangenheit graben, aber bisher hat das nichts ergeben. Niklas?«

Niklas Holm, der in seine Computerausdrucke vertieft war, blickte verwirrt auf. »Ähhh … was?«

»De Wahl. Vergangenheit. Tiefer graben.«

»Ja, ja genau, ja.« Niklas Holm grinste. »Ich hätte überhaupt nichts dagegen, aber ich bezweifle, dass ihr mich machen lasst, was ich gern tun würde. De Wahl hat seine Ausbildung zum Teil an der University of California in Los

Angeles und zum Teil in Cambridge absolviert. Natürlich ist es eine harte und undankbare Aufgabe, nach Kalifornien und England zu reisen, um sämtliche ehemaligen Studienkollegen zu vernehmen, aber ich wäre bereit …«

Anna Kulin hob eine Hand. Sie lächelte auch jetzt nicht.

»Danke, Niklas. Schön, dass Sie bereit sind, sich für die Gerechtigkeit zu opfern.«

Bitch!, dachte Holm. *Sie versteht überhaupt keinen Spaß, egal, worum es geht. Was für ein Glück, dass sie nicht bei der Kripo arbeitet! Stell dir vor, sie rennt jeden Tag im Gang herum – um Gottes willen!*

Die Staatsanwältin dachte eine Weile lang nach. »Was gibt es in seiner Vergangenheit sonst noch, was man untersuchen könnte?«

Holm schaute in seine Unterlagen. »Die Grundschule natürlich. Acht Monate Wehrdienst. Drei Jahre auf dem Internatsgymnasium Sandsjö, Sie wissen schon, diese Schnöselschule. Was danach kam, weiß ich nicht. De Wahl scheint nicht sportlich oder in Vereinen aktiv gewesen zu sein.«

Anna Kulin machte sich Notizen auf ihrem Block.

»Die dritte Hypothese ist auch kein leichtes Spiel«, fuhr Colt fort. »Ich weiß nicht genau, in welchen Kreisen wir nach einem Mörder suchen sollen, der möglicherweise eine Liebesbeziehung oder sexuelle Beziehung mit de Wahl hatte.«

Sowohl Jacob als auch Henrik hatten insgeheim mit einer neuen Attacke seitens der Staatsanwältin gerechnet. Deshalb fiel ihre Antwort für die beiden ziemlich überraschend aus.

»Das weiß ich eigentlich auch nicht«, sagte Anna Kulin mit einem Seufzer und schlug ihren Notizblock zu.

Kapitel 24

Mittwoch, 21. Februar

Christopher Silfverbielke betrachtete gelangweilt den Computermonitor vor sich. *Ich hab schon wieder meinen eigenen Rekord übertroffen. Wie oft muss man sich beweisen? Ich scheiß auf diesen Job. Ich will das ganz große Geld. Ich will Spaß haben.*

Es kam ihm vor, als seien seit der netten Auszeit in Berlin Jahre vergangen und als hätte er seit Monaten keinen Alkohol mehr getrunken und sich mit Frauen amüsiert. Aber noch war er nicht so weit, dass er es sich leisten konnte, nicht mehr um sechs Uhr morgens aufzustehen, um sieben im Büro zu erscheinen und seine außerordentlichen Fähigkeiten als Trader zu beweisen. Seine Konkurrenten waren wie Bluthunde hinter ihm her, und an der Börse herrschte seit einiger Zeit extreme Unruhe. Da bedurfte es voller Konzentration, um weiterhin an der Spitze zu bleiben. Ergo: kein Alkohol, kein Koks, keine Frauen. *Shit!*

Er fläzte sich in den Sessel, der nach neuem Leder duftete. Das Möbelstück gehörte zu den Extravaganzen, die Martin Heyes ihm eine Woche nach dem Mitarbeitergespräch als Bonus zugestanden hatte. Heyes hatte die Verhandlung alles andere als angenehm gefunden.

Dieses Mal hatte Silfverbielke den Ton angegeben. Er wollte kein Teamleiter für eine Gruppe Trader sein, keine Verantwortung für die Taktiken und Gewinne von anderen übernehmen. Er wollte so arbeiten wie bisher und versprach, weiterhin gute Ergebnisse zu liefern. Im Gegenzug verlangte er ein Monatsgehalt von hundertfünfzigtausend anstatt der ursprünglich in Aussicht gestellten hundertdreißigtausend Kronen. Außerdem bestand er auf einem höheren Bonus, einem schnelleren Computer, einem besseren System, einem schnelleren Backoffice und schnelleren Abstimmungen. Bekäme er dies nicht, sähe er sich zu seinem tiefen Bedauern gezwungen, sich bei Martin Heyes für die Zeit in der Firma zu bedanken und zu dem Mitbewerber zu gehen, der ihm ein Angebot gemacht hatte.

Heyes hatte innerlich getobt, doch die Anweisung der Geschäftsleitung war eindeutig gewesen: *»Geben Sie ihm, was er verlangt. Geben Sie ihm genau das, was er – verdammt noch mal – verlangt! Sie müssen dafür sorgen, dass dieser Mann bleibt. Das ist Ihnen doch wohl klar, Martin.«*

Er fluchte innerlich. Silfverbielkes Monatsgehalt von neunzig- auf hundertfünfzigtausend Kronen zu erhöhen, war angesichts von dessen Ergebnissen kein Problem. Ein höherer Bonus ebenfalls nicht. Aber wenn sich das Verhandlungsergebnis auf den Fluren von Craig International Brokers herumsprach, riskierte Heyes endlose Diskussionen mit einer Reihe von Tradern, die sich für ebenso gut wie Silfverbielke hielten, bis er sie daran erinnerte, dass Ergebnisse und Belohnungen Hand in Hand gingen.

Würde er auf Silfverbielke Druck ausüben, riskierte er, dass sein Startrader kündigte, was wiederum die Geschäftsleitung verärgern würde. Scheiße!

Christopher hatte seine Bedingungen mit freundlicher Stimme und einem Lächeln genannt, worauf Heyes erfolglos versucht hatte, ihm die Information zu entlocken, welche andere Firma den Abwerbungsversuch unternommen hatte.

Heyes war auf sämtliche Bedingungen eingegangen, hatte eine Verschwiegenheitserklärung unterzeichnen lassen und anschließend der Geschäftsleitung Bericht erstattet.

Und Christopher hatte seinen Sieg am nächsten Tag gefeiert.

Der Verkäufer in der exklusiven Bentley-Ausstellung am Strandvägen war natürlich überaus freundlich gewesen. Silfverbielke hatte ihm erklärt, dass er einen fabrikneuen Continental GT bestellen wollte – nach seiner Auffassung eines der schönsten Autos, das Bentley produzierte. Der Wagen wog fast drei Tonnen, verfügte über Allradantrieb, 6-Gang-Automatikgetriebe und eine Leistung von 552 PS. Das Monster beschleunigte von null auf hundert in 4,8 Sekunden und hatte eine Höchstgeschwindigkeit von 318 Stundenkilometern.

Ein standesgemäßer Wagen, der außerdem, dachte Christopher mit amüsiertem Lächeln, zu den Handschuhen passte, die er in Berlin auf Johannes' Rechnung erstanden hatte, und zu dem Bentleywein, von dem er hin und wieder ein paar Kisten bestellte.

Der Spaß kostete rund zwei Millionen Kronen. Mit dem Bargeld, das er aus Berlin mitgebracht hatte, konnte Christopher eine Anzahlung von einer Million in bar leisten. Den Rest würde er mit dem Verkauf seines BMW, der zu Hause in der Garage stand, und ein paar günstigen Krediten abdecken.

»Christopher?«

Silfverbielke wurde aus seinen Gedanken gerissen und blickte auf. Pernilla Grahn stand lächelnd im Türrahmen.

Sie hatte das Ganze sorgfältig geplant. Hatte besondere Sorgfalt auf ihr Make-up verwendet und ein eng anliegendes Kleid gewählt, das bis knapp oberhalb der Knie reichte, ohne jedoch ordinär zu wirken. Dazu trug sie eine schwarze Strumpfhose und die hübschen schwarzen Stiefel, die sie vor einiger Zeit gekauft hatte.

Ihr Plan war einfach, aber in ihren Augen kühn. Sie würde Christopher ganz einfach dazu bringen, sie zum Mittagessen einzuladen, oder, falls das nicht ging, ihn einladen. Wohin ihre Gespräche beim Essen führen würden, wusste sie natürlich nicht sicher, aber wenn es nach ihr ginge, dann …

Er lächelte sie an und breitete die Arme aus. »Wow! Sie sehen aber toll aus. Und was für ein schönes Kleid! Die Stiefel sind auch hübsch … und sexy.«

Pernilla spürte, wie sie leicht errötete, und räusperte sich. »Äh, ja … also, ich wollte nur fragen …«

In diesem Moment klingelte Silfverbielkes Telefon. Er hob lächelnd den Zeigefinger, um ihr zu signalisieren, dass sie bleiben und warten sollte. »Christopher Silfverbielke.«

Sie sah, wie sein Lächeln für einen Augenblick zu erstarren schien, ehe er fortfuhr. »Na, das ist ja eine Überraschung! Hallo, Johannes, alles klar? Was sagst du? Mittagessen? Ja, das klingt gut, hast du schon mit Hans gesprochen? Wir haben ja noch einiges zu besprechen, also warum nicht? Wenn du einen Tisch im Sturehof reservierst, können wir uns dort in …«, er warf einen kurzen Blick auf seine Armbanduhr, »… sagen wir, einer Stunde treffen? Gut, dann machen wir das so.«

Als Christopher erneut aufblickte, stellte er zu seiner Verwunderung fest, dass Pernilla verschwunden war. Er zuckte mit den Schultern. Wenn es etwas Wichtiges gewesen war, würde sie wohl wiederkommen. War es Zufall gewesen, dass sie in einem ungewöhnlich kurzen Kleid, schwarzen Strümpfen und hochhackigen Stiefeln in sein Büro gekommen war?

Natürlich nicht.

Er spann den Gedanken weiter. Vielleicht sollte er sie bitten, heute Abend Überstunden zu machen. Ein bisschen mit ihr spielen. Natürlich würde sie ihm nicht widerstehen können. Andererseits war sie zu langweilig, eine allzu leichte Beute angesichts ihrer gegenwärtigen Situation. Außerdem hatte er keine Lust auf Techtelmechtel am Arbeitsplatz. Niemand durfte ihn in der Hand haben.

Niemand.

Johannes wartete bereits am Tisch, als Silfverbielke den Sturehof betrat. Kurz darauf war das Trio vollständig, und jeder genoss ein Glas trockenen Champagner, während sie die Speisekarte studierten.

»Wie läuft's bei dir, Johannes?«

Kruut blickte verwundert auf. Christopher klang freundlich wie schon lange nicht mehr, überhaupt nicht ironisch. Und sein Interesse wirkte echt.

»Ja, danke, gut.« Johannes bemühte sich, entspannt zu klingen. »Sieht so aus, als ob ich bald neue und verantwortungsvollere Aufgaben bekomme.«

Silfverbielke nickte nachdenklich. »Das klingt ja spitze. Aber mir ist nicht richtig klar, was für Aufgaben du eigentlich jetzt hast.«

Christopher sah aus dem Augenwinkel, wie Hans Ecker so tat, als unterdrücke er mit der Hand einen Husten, während er in Wirklichkeit ein breites Grinsen verbarg.

»Ich habe … man könnte sagen, ich bin so eine Art Controller.«

Silfverbielke legte den Kopf ein wenig schief. »Eine *Art* Controller? Was meinst du damit, Johannes?«

»Äh, ich meine natürlich Controller. Ich … ich bin Controller … also …«, stammelte Kruut.

»Und was für neue, spannende Aufgaben bekommst du demnächst?« Christopher lächelte ihn immer noch freundlich an.

Johannes Kruut dachte an die Begegnung mit seinem Vater am Vortag zurück, und an ein Gespräch, das alles andere als ermutigend gewesen war. John Kruut hatte seinem Sohn kurz und bündig erklärt, dass er nicht länger einfach nur in seinem Büro herumsitzen und Däumchen drehen konnte, und das bei vollem Gehalt. Kruut senior hatte beschlossen, Johannes noch eine Chance zu geben, und hoffte, dass er diese als Herausforderung betrachtete. Die Firma Johnssons Mekaniska in Linköping gehörte zu dem Geschäftsbereich metallverarbeitende Industrie innerhalb des Kruut-Konzerns. Johnssons war ein gut geführtes Unternehmen, das John Kruut fünf Jahre zuvor aufgekauft hatte. Die Firma hatte vierzig Mitarbeiter und erwirtschaftete einen Jahresumsatz von gut fünfunddreißig Millionen Kronen, ein ordentliches Ergebnis. John Kruut war jedoch der Auffassung, dass dieses Ergebnis noch verbessert werden konnte. Mit ein paar einfachen Feinschliffen müsste es möglich sein, die Effektivität des Unternehmens zu erhöhen und die Betriebskosten zu senken.

Diese Aufgabe sollte jetzt Kruut junior übernehmen.

Johannes hatte verlegen dreingeblickt. Es war ziemlich lange her, dass er richtig hatte arbeiten müssen, und seine Kenntnisse des Geschäftslebens waren eingerostet. Außerdem haftete ihm sein letztes Ergebnis noch frisch im Gedächtnis, und das war nichts, worauf er stolz sein konnte.

»Aber Papa, wäre es nicht besser, wenn ich mich erst noch ein bisschen weiterbilde? Vielleicht sollte ich noch mal auf die Uni und …«

»Johannes, du hast genug studiert!« John Kruut schlug mit der Faust auf den Tisch. »Du hast die Ausbildung bekommen, die du brauchst, und die Aufgaben, die du jetzt hast, sind so leicht, dass sie ein Praktikant erledigen könnte. Es wird endlich Zeit, dass du die Ärmel hochkrempelst und zeigst, dass du ein echter Kruut bist. Stell dir vor, was dein Großvater gesagt hätte!«

Noch am selben Tag hatte eine Sekretärin ihm eine dicke Mappe mit Informationen gebracht, der ein von seinem Vater beschriebener Zettel beilag. Darauf stand: »Johannes, mache dich mit dem Unternehmen vertraut, statte ihm einen Besuch ab und arbeite anschließend konkrete Vorschläge zu schrittweisen Verbesserungsmaßnahmen aus, insbesondere in der Verwaltung. Wie können wir die Betriebskosten senken etc? Offiziell übernimmst du ab Montag den Posten des Geschäftsführers.«

Johannes streckte sich und trank einen Schluck Champagner. »Ich trete am Montag eine Stelle als Geschäftsführer eines mittelständischen Unternehmens in der metallverarbeitenden Industrie an. Der Betrieb liegt in Linköping, also muss ich wohl in Zukunft viel reisen.«

Silfverbielkes Lachen klang herzlich, als er das Glas hob und Ecker ansah. »Hans, dann schlage ich vor, dass wir anstoßen und Johannes zu dem Geschäftsführerposten gratulieren.«

Ecker schaffte es nur mit größter Mühe, nicht laut loszulachen. Er lächelte zustimmend. »Prost, Johannes, und herzlichen Glückwunsch!« Innerlich dachte er: *Dass dich die langen Reisen nach Linköping bloß nicht zu sehr beanspruchen!*

Das Trio bestellte, trank noch mehr Champagner und erging sich in Smalltalk. Silfverbielke fühlte sich plötzlich entspannt und gut gelaunt. Er hatte einen guten Vormittag gehabt und einen richtig guten Geschäftsabschluss verbucht. Eigentlich musste er heute nicht mehr in die Firma. Aber schon nach den ersten Schlucken des edlen, perlenden Getränks hatte er seine Meinung darüber geändert, wie er die Sache mit Pernilla Grahn handhaben sollte. Vielleicht sollte er nach einem späten Mittagessen zurück ins Büro, eine Stunde arbeiten und sie dann zum Abendessen einladen. Sich von ihr ordentlich einen blasen zu lassen, wäre trotz allem nicht schlecht.

Hans Ecker wandte sich Christopher zu. »Ein Prost auch für dich, Chris! Ein Vögelchen hat mir gezwitschert, dass du dir neulich eine kräftige Gehaltserhöhung ausgehandelt hast.«

Silfverbielke lächelte. »Ich habe keine Ahnung, wovon du redest, aber Prost. Wie läuft's bei dir?«

»Danke, gut. Nur viel Arbeit zurzeit. Wir planen mehrere Fusionen und es gibt viele Angebote. Ich muss morgen Nachmittag einen Abstecher nach London machen und bin übers ganze Wochenende weg.«

Silfverbielke nickte verständnisvoll und runzelte die Stirn. »Aber du warst doch erst letzte Woche in Paris und Brüssel, oder war das vorletzte?«

»Vorletzte. Brüssel ist übrigens eine echte Scheißstadt, EU-Hauptstadt hin oder her. Und die Belgier sind hässlich und essen fetttriefende Pommes, die sie in Mayonnaise tunken – igitt!« Ecker hielt sich Zeige- und Mittelfinger an die Lippen.

Johannes Kruut lachte. »Klingt nicht besonders gut. Aber was sagt Veronica eigentlich dazu, dass du so viel herumreist?«

»Na, was glaubst du wohl?« Ecker seufzte tief. »Sie ist zurzeit schwierig. Manchmal frage ich mich wirklich, ob ich durchhalten oder mit ihr Schluss machen soll und …«

Johannes hörte den Satz nicht zu Ende, denn die Worte verschwanden wie in einem Nebel. Er hatte Veronica Svahnberg ein paar Mal getroffen, und für ihn stand fest: Veronica verkörperte alles, was ein Mann sich nur wünschen konnte. Sie war blond, hatte blaue Augen, ein süßes Gesicht, und sah unglaublich sexy aus. Außerdem war sie intelligent und humorvoll. Und sie war bestimmt fantastisch im Bett. Bei dem Gedanken, dass er schon öfter über sie fantasiert hatte, errötete Johannes leicht.

»Mit ihr Schluss machen? Wieso das denn?« Die Worte kamen Johannes über die Lippen, ohne dass er es verhindern konnte.

In diesem Augenblick erschien die Kellnerin mit den Vorspeisen, und die Unterhaltung verstummte, während sie die Teller abstellte.

Sobald sie den Tisch verlassen hatte, trank Hans Ecker einen Schluck Champagner, schloss die Augen und schnalzte genüsslich mit der Zunge. »Johannes, Veronica ist in jeder Hinsicht wunderbar, aber gleichzeitig ist sie wie alle anderen Frauen, die auf die dreißig zugehen – sie will die Gardinen aufhängen, wenn du verstehst, was ich meine. Sie ist mehr oder weniger bei mir eingezogen und will nicht einmal, dass wir uns eine gemeinsame Wohnung in Östermalm suchen. Nein, es muss ein Haus in Djursholm oder schlimmstenfalls Danderyd sein. Und außerdem will sie Kinder. Sie hat die Pille abgesetzt, und ich traue mich kaum noch, sie zu vögeln.«

Ecker verstummte und schweifte in Gedanken zurück. Kurz nach seiner Rückkehr aus Berlin hatte ein brennender Schmerz ihm zweifelsfrei klargemacht, dass er sich während des Besuchs in Deutschland eine Geschlechtskrankheit eingefangen hatte. Christopher hatte ihm, wie versprochen, schnell zwei Packungen Tabletten gegeben, die die Beschwerden garantiert beseitigen sollten. Hans sollte lediglich vier oder fünf Tage auf Sex mit Veronica verzichten, dann hätte es keine Probleme geben dürfen.

Aber es hatte Probleme gegeben. Sobald er wieder zu Hause gewesen war, hatte Veronica sich wie eine liebestolle Katze benommen, und er hatte keinen Zweifel, dass dies größtenteils mit ihrem Wunsch zusammenhing, schwanger zu werden. Die ersten beiden Abende war es ihm gelungen, sich ihren Attacken zu entziehen, aber am dritten hatten beide zu viel Chardonnay getrunken, und sobald sie im Bett lagen, hatte Veronica ihn ohne viel Federlesens verführt. Aus reinem Selbsterhaltungstrieb hatte er es immerhin vermieden, in ihr zu kommen.

Aber trotzdem. Hatte er ihr womöglich Chlamydien angehängt? Der Gedanke keimte in ihm und sorgte für Unruhe. Wie würde er ihr das beibringen?

»Ja, aber das wäre doch spitze!«

Johannes' fröhlicher Ausruf riss Hans Ecker aus seinen Gedanken. Er blickte auf.

»Ich meine … Veronica hat doch alles, was ein Mann sich wünschen kann, oder? An deiner Stelle würde ich ihr ein Kind machen und ein geiles Haus in Djursholm kaufen. Das ist doch eine Traumlage, Hans!«

Ecker warf einen Blick nach links. Christopher Silfverbielke aß ruhig vom Vorspeisenteller und nippte hin und wieder an seinem Glas Champagner. Er nickte Hans zu. »Absolut! Ich stimme Johannes zu. Traumlage, Hans, Traumlage.«

Du bist echt krank!, dachte Ecker. *Das mit der Traumlage glaubst du doch nicht im Ernst. Selbst hättest du dich nie in meine Lage hineinmanövriert!*

»Meinst du das wirklich, Chris? Willst du mit mir tauschen?« Hans machte sich über die Vorspeise her.

Silfverbielke kaute langsam und tat so, als überlege er. »Ich werde darüber nachdenken, Hans.« Gleichzeitig keimte ein Gedanke in seinem Hirn auf. *Das werde ich wirklich tun. Vielleicht betrachte ich das Ganze sogar als eine freundschaftliche Einladung.*

Ecker lachte laut, und Johannes sah die beiden verwundert an, ohne zu verstehen, was für ein Spiel sie spielten.

Silfverbielke erwähnte beiläufig, dass er ein neues Auto bestellt hatte. Johannes und Hans sperrten beide verwundert den Mund auf.

»So ein Schlitten kostet verdammt noch mal zwei Millionen, Chris!«, rief Hans. »Du spinnst wohl. Jetzt muss ich mir auch einen teureren Wagen kaufen, das geht ja gar nicht!«

Johannes blickte leicht verunsichert drein. »Cool, Chris, so ein Bentley ist echt cool. Aber ich glaub, ich bleib noch eine Weile bei meinem Lexus, das ist auch ein ziemlich cooler Schlitten.«

Das Trio ging zum Hauptgericht über und hatte bereits entschieden, dass der Champagner weiterhin fließen sollte. Hans Ecker war zu dem gleichen Schluss wie Christopher gekommen und fand, dass er am Nachmittag eigentlich nicht mehr in die Firma musste. Johannes Kruut beschloss, dass ihm noch genug Zeit blieb, um seinen neuen Geschäftsführerposten anzutreten, und er sah einfach nicht ein, wieso er deswegen auf ein paar schöne Stunden mit seinen einzigen richtigen Freunden verzichten sollte.

Hans und Johannes fanden beide, dass Christopher Silfverbielke richtig gut drauf war. Er war wie immer tadellos gekleidet. Das gestärkte weiße Hemd bildete einen starken Kontrast zu dem schwarzen Anzug, der jedoch durch den Farbton der Seidenkrawatte, der zwischen lila und taubengrau lag, abgeschwächt wurde. Die Kellnerin hatte bereits gierige Blicke auf Christopher geworfen, wie Johannes neidisch feststellte.

»Meine Herren!« Christopher prostete den anderen zu. Johannes und Hans wunderten sich, wie ihr Freund es immer wieder schaffte, doppelt so viel wie sie selbst zu trinken, ohne dass der Alkohol die gleiche Wirkung wie bei ihnen zeigte.

»Ich schlage vor«, fuhr Christopher fort und nippte kurz an seinem Champagnerglas, »dass wir uns so bald wie möglich nach Hans' Rückkehr aus dem Britischen Königreich zu einem besseren Abendessen treffen, zum Beispiel in der Altstadt, und ein wenig Pläne schmieden.«

Er holte das Handy aus der Brusttasche seines Blazers und blätterte im Terminkalender. »Was haltet ihr von … Samstag, den dritten März?«

Ecker grinste. »Tolle Idee, Chris. Ich muss von der Arbeit und von meiner anspruchsvollen Frau oder Lebensgefährtin – oder wie man auch immer dazu sagt – für einen Abend wegkommen.«

»Dann machen wir es so«, sagte Christopher mit einem Nicken. »Kann der Herr Direktor Kruut sich darum kümmern, einen Tisch für uns zu reservieren, zum Beispiel im Restaurant Den Gyldene Freden?«

Johannes holte einen Palm Pilot aus der Tasche und machte sich eine Notiz. »Yes, Sir, wird gemacht!«

Ecker reckte den Daumen hoch. »Super! Seit wir von Berlin zurück sind, habe ich keinen Spaß mehr gehabt. Du, Johannes?« Ohne auf eine Antwort zu warten, fuhr er fort: »Schauen wir, dass wir etwas Spannendes erleben. Hast du irgendwelche Ideen, Chris?«

Johannes' Herz schlug schneller. Seit ihrer Rückkehr aus Berlin hatte er viele Stunden – sowohl tagsüber als auch nachts

– damit verbracht, über ihre Erlebnisse dort nachzudenken. War das alles wirklich passiert, oder hatte er nur geträumt? Hatte er die sexuellen Ausschweifungen, die er mit der Handykamera festgehalten hatte, selbst erlebt? Hatte Christopher wirklich eine Nutte getötet, oder war das nur ein Scherz gewesen? War der Autounfall auf der Heimfahrt tatsächlich so ernst gewesen, wie er zu dem Zeitpunkt geglaubt hatte, oder hatte es nur einen kleineren Zusammenstoß gegeben?

Wirklichkeit, Traum, Gedanken und Fantasie waren miteinander zu einem Nebel verschmolzen, den er nicht mehr richtig auflösen und durchschauen konnte oder vielleicht auch gar nicht wollte. Das Einzige, was er wusste, war, dass es sich unwirklich anfühlte, dass es das Krasseste war, was er in seinem bisherigen Leben erlebt hatte. Dass er mehr davon wollte. Mehr Aufregung, mehr Partys, mehr Koks, mehr Bräute.

Und er wusste nur zu gut, dass Christopher und Hans die Eintrittskarten dafür in der Hand hielten.

Das Gespräch mit seinem Vater am Tag zuvor – und die neue Bestrafung in Form eines anstrengenden Geschäftsführerjobs – hatte seiner Laune einen Dämpfer verpasst, aber er glaubte trotzdem, dass es möglich sein musste, das Angenehme mit dem Nützlichen zu verbinden.

Wenn Johannes Kruut sich im Spiegel betrachtete, sah er einen stinkreichen jungen Mann im Alter von achtundzwanzig, dem alle Möglichkeiten offenstanden. Papa und sein Konzern in allen Ehren – möglicherweise blieb Johannes nichts anderes übrig, als sich in der Firma für eine Weile ins Zeug zu legen, wenn auch nur, um sein Erbe zu sichern –, aber diese unvergesslichen Erlebnisse und Genüsse konnten ihm nur seine Freunde verschaffen.

Silfverbielke tupfte sich den Mund mit der Leinenserviette ab. »Ideen«, sagte er nachdenklich, »ja, ich habe ein paar gute Ideen. Und wir dürfen unser kleines Punktesystem nicht vergessen. Immerhin liegen zwanzig Millionen im Pott für den, der am besten zeigt, was er draufhat.«

Ecker rieb sich die Hände. »Die Kohle käme mir äußerst gelegen für ein Haus in Djursholm, vorausgesetzt, ich will überhaupt raus in diesen Sumpf. Und man könnte sich überlegen, ob man nicht in der Firma kündigt und eine eigene gründet. Wieso den Rest des Lebens andere reich machen?«

»Das sehe ich auch so«, gab Christopher zurück und nickte zustimmend. »Und was würdest du mit dem Geld machen, falls du den Pott gewinnst, Johannes?«

Kruut überlegte, während er kaute und das Essen mit Champagner runterspülte.

Eigentlich würden zwanzig Millionen Kronen an seinem Leben nicht viel ändern.

Nachdem er sechs Millionen in den gemeinsamen Fonds des Trios investiert hatte, waren ihm noch gut elf Millionen geblieben. Den Großteil davon hatte er auf Anraten des Vaters einem tüchtigen Vermögensverwalter anvertraut, der das Kapital um fast vierzig Prozent vermehrt hatte. Sein Vermögen war also auf über fünfzehn Millionen gewachsen. Da er gut von seinem Gehalt lebte und das Geld in den letzten Jahren nicht hatte anrühren müssen, konnte er mit ziemlicher Sicherheit davon ausgehen, dass er in ein paar Jahren über zwanzig Millionen wert war. Außerdem hatte er ja rund neunhunderttausend Kronen in bar in seinem Bankschließfach – ein nettes Souvenir aus Berlin.

»Eigentlich brauche ich ja kein Geld«, sagte er zögernd, »aber …«

»Aber?« Ecker beugte sich vor und sah ihn erwartungsvoll an.

»Ähhh … aber ich finde, das ist echt krass, was wir da machen, das mit dem Punktesystem. Tolle Idee, Chris!«

Silfverbielke nickte. »Aber was meinst du damit, dass du kein Geld brauchst, Johannes? Brauchen wir nicht alle mehr Geld?«

Johannes ließ den Blick nervös zwischen den Freunden hin und her huschen. »Ähh, ja, ihr wisst ja, dass ich von meinem

Großvater ein Vermögen geerbt habe, und das rühre ich praktisch nicht an. Ich komme gut mit meinem Gehalt klar und bin ziemlich zufrieden mit dem, was ich habe.«

»Zufrieden?« Ecker klang leicht irritiert. »Wie kannst du verdammt noch mal zufrieden sein?«

»Entschuldigt mich für einen Augenblick, ich muss mal auf die Toilette«, warf Christopher dazwischen und stand auf. Er verließ schnellen Schrittes den Tisch und ließ die Hand diskret in die rechte Tasche seines Blazers gleiten.

Auf der Herrentoilette schloss er sich in eine Kabine ein, ging in die Hocke und zog das Plastiktütchen aus der Tasche. Er wischte gründlich den Toilettendeckel sauber, legte eine kurze Line darauf, rollte einen Geldschein fest zusammen und zog sich das Koks in die Nase. Er wischte mikroskopische Reste des Pulvers mit der Handfläche weg, öffnete den Toilettendeckel und spülte den Geldschein hinunter.

Silfverbielke lehnte sich gegen die kühle Kachelwand, fuhr sich mit den Händen durchs Haar und schloss die Augen. *»Eigentlich brauche ich ja kein Geld.«* Kruuts Worte hallten in seinem Kopf nach. *Herrgott, der Bursche hat es nie schwer gehabt, ist nie ohne Geld gewesen, hat nie kämpfen müssen. Er hat null Ahnung, wie es sich anfühlt, mit dem Gesicht in die Scheiße gedrückt, verhöhnt und übergangen zu werden, wie es sich anfühlt, jeden Tag ums nackte Überleben kämpfen zu müssen. Und er hat keinen blassen Schimmer, wie viel Spaß man mit zwanzig Millionen haben kann. Ich muss rausfinden, wie der Junge tickt. Er kann noch zum Problem werden.*

Allerhand Gedanken gingen ihm durch den Kopf, und er lächelte, als er allmählich die Wirkung des Kokains spürte. Auf einmal erschien alles in einem neuen Licht. *Muss wohl meine Arbeits- und Geschäftsprinzipien ändern, was Pernilla Grahn betrifft.*

Er holte das Handy aus der Tasche und rief ihren Direktanschluss an. »Pernilla, hier ist Christopher …«

»… interessant aus einer anderen Perspektive, meine ich. Selbst wenn Kapital nicht unbedingt einen eigenen Wert hat, ist es doch interessant zu sehen, wie viel Freiheit man sich für zwanzig Millionen kaufen kann, oder?« Hans Ecker lächelte Johannes an.

»Worüber redet ihr denn jetzt?«, fragte Silfverbielke neugierig, als er sich wieder an den Tisch setzte.

»Ich habe gerade zu Johannes gesagt, dass man sich mit zwanzig Millionen Kronen viel Freiheit kaufen kann.«

»Das kann man wohl sagen«, stimmte Christopher zu. »Und selbst wenn du bisher keine Verwendung für das große Geld gehabt hast, kann sich das ja ändern, Johannes. Vielleicht ist es nicht so toll, das ganze Leben zu Papas Bedingungen zu arbeiten.«

Kruut blickte nachdenklich drein, sagte jedoch nichts.

Chris hatte sicher recht, wie immer. Und gewiss war Johannes klar, wie viel Spaß man für zwanzig Millionen haben konnte. Sein Problem hatte stets darin bestanden, dass er außer Hans und Chris niemanden gehabt hatte, mit dem er gemeinsam hätte Spaß haben können. Und wie toll war es schon, allein in Monte Carlo zu frühstücken und in Paris Mittag zu essen? Andererseits konnte er mit einigen Millionen jedes Auto kaufen, das ihm gefiel, wohnen, wo er wollte, und sämtliche Bräute haben, nach denen ihn gelüstete. Zwanzig Millionen plus seine eigenen – bald würden es achtzehn sein. Macht zusammen achtunddreißig. Ein guter Vermögensverwalter musste mindestens zehn Prozent Jahresrendite erzielen. 3,8 Millionen. 2,6 Millionen nach Steuern. Natürlich nur, wenn er die ganze Kohle nicht außer Landes schaffte und im Ausland anlegte. Oder die Hälfte in Schweden und die Hälfte …

»Johannes, bist du wach?«

Kruut zuckte zusammen. »Entschuldige, Chris, ich habe nur nachgedacht. Aber natürlich hast du recht. Das wäre schon krass, wenn man eine größere Wohnung, ein geileres Auto und Champagner und Bräute zum Frühstück hätte.«

Ein geileres Auto? Idiot! Autos sind nicht »geil«, und außerdem fährst du bereits einen Lexus GS 430 für siebenhunderttausend Kronen! Silfverbielke gab sich Mühe, ruhig zu bleiben. *Ich muss herausfinden, was zum Teufel der Typ eigentlich will. Ob auf ihn Verlass ist oder nicht. Klartext ohne Schöngerede.*

»Da wäre nur noch eine Sache, die mir zu denken gibt, und das ist natürlich das Risiko.« Kruut senkte die Stimme ein wenig und sah sich um. Er blickte unschlüssig drein. »Was sollte man sagen, falls plötzlich die Bullen anrufen und …«

Silfverbielkes beschwichtigende Handbewegung ließ ihn verstummen.

»Nur mit der Ruhe, Johannes. Erstens haben wir keine Spuren hinterlassen, die man zu uns zurückverfolgen kann, und das werden wir auch in Zukunft nicht. Zweitens suchen die Bullen in erster Linie nicht am Stureplan oder in Östermalm nach Verbrechern. Das tun sie eher in Alby, Fittja oder wo das ganze Gesindel sonst noch wohnt. Drittens ist es ein Leichtes, sich aus einer Vernehmung herauszureden.«

Hans Ecker beugte sich interessiert vor. »Wie meinst du das, Chris?«, murmelte er.

Silfverbielke legte leicht den Kopf schief. »Im Polizeipräsidium gibt es bestimmt nicht viele Nobelpreisträger oder sonstige Genies. Was hat jemand schon in der Birne, der freiwillig für dreißigtausend Kronen im Monat Gauner jagt, anstatt so zu leben wie wir? Ich bin überzeugt, dass man jeden Polizeiinspektor bei einer Vernehmung hinters Licht führen kann, wenn man ausreichend vorbereitet ist und einen kühlen Kopf bewahrt. Es wäre ziemlich interessant, das mal auszuprobieren.«

Ist der Kerl noch ganz dicht? Er wird doch jetzt wohl keine Risiken eingehen, um die Bullen herauszufordern? Ecker fröstelte plötzlich innerlich. *Sollte ich mir vielleicht trotz allem überlegen, mich von Christophers Spielchen fernzuhalten?* Gewiss, sein Freund bot Kicks, die das allzu schablonenartige Dasein auflockerten, aber trotzdem. Es stand viel auf dem Spiel, und er hatte zu viel zu verlieren.

»Chris, du hast doch nicht etwa vor …?«

»Keine Sorge, Hans. Ich habe nicht gesagt, dass ich so etwas machen will, natürlich nicht. Ich habe gesagt, ich bin mir ziemlich sicher, dass ich es *könnte*, und zwar gut.«

Christopher senkte die Stimme und fixierte Johannes mit seinem Blick. »Was wir jetzt noch wissen müssen, Johannes, ist, ob wir uns bei unserem Spielchen wirklich auf dich verlassen können. Willst du mitmachen und Spaß haben, oder nicht?«

Hans Ecker runzelte besorgt die Stirn. *Was zum Teufel führt Chris nur im Schilde? Schlafende Hunde sollte man lieber nicht wecken. Was den Fonds angeht, so brauchen wir Johannes – zumindest bis auf Weiteres. Ohne seine Einwilligung kommen wir nicht an das Geld ran, und die Idee mit dem Punktesystem war trotz allem brillant.*

Johannes nickte. »Ich bin dabei, Chris. Wir haben schließlich eine Menge Spaß zusammen, und das Ganze fühlt sich irgendwie wie *Die drei Musketiere* an …«

Ja, dachte Silfverbielke. *Mit einem Unterschied. Wenn du dich nicht zusammenreißt, ist die Gefahr groß, dass wir bald nur noch zwei sind.*

Er lächelte Kruut freundlich an. »Ich hab's doch gewusst, Johannes. Auf dich ist Verlass.«

Christopher warf Hans einen einvernehmlichen Blick zu. *Das wäre endlich geklärt. Jetzt kann es richtig losgehen.*

Ecker lehnte sich zurück und trank einen Schluck Champagner. Wenn er die Freundschaft und seinen Stolz wahren wollte, blieb ihm wohl nichts anderes übrig.

Kapitel 25

Mittwoch, 21. Februar

Sieben Stunden später lag Christopher Silfverbielke ausgestreckt auf dem großen Bett in einem Zimmer im Grand Hotel und lauschte amüsiert den Geräuschen aus dem Bad. Sie hatte den Wasserhahn am Waschbecken voll aufgedreht, damit er nicht hören konnte, wie sie pinkelte. *Was für ein Quatsch.* Jetzt konnte er mit nur geringer Anstrengung hören, wie sie in der kleinen Schminktasche wühlte, die er in ihrer Handtasche gesehen hatte.

Du brauchst dich nicht mehr zu schminken. Komm her und blas mir lieber einen!

Mit einem Seufzer streckte er sich nach dem Champagnerglas auf dem Nachttisch. Er hatte zwei Flaschen Moët aufs Zimmer bestellt. Das musste sowohl für den äußerlichen als auch innerlichen Gebrauch mehr als genug sein. Er hatte sie beim Abendessen kräftig abgefüllt, und es wäre schön, wenn sie noch eine Weile wach bliebe.

Pernilla Grahn war überglücklich gewesen, als Christopher am Nachmittag angerufen und sie zum Abendessen eingeladen hatte. *Auf die Außenterrasse des Grand Hotel!* Du lieber Gott, sie hatte das Grand Hotel noch nie von innen gesehen, geschweige denn dort gegessen. Eine Vorspeise kostete bestimmt mehr als das, was sie in einem ganzen Monat für den Inhalt ihrer Lunchbox ausgab.

Sie hatte zunächst geplant, nach der Arbeit nach Hause zu fahren und sich umzuziehen, aber Christopher hatte ausdrücklich darauf hingewiesen, dass sie hübsch und sexy aussah, so wie sie war, und dass er sie in genau dieser Aufmachung sehen wollte. Dafür war sie schnell in die Wohnung in Farsta gefahren, wo sie unter die Dusche gesprungen war und sich gründlich die Beine und Achselhöhlen rasiert hatte. Außerdem hatte sie neues Make-up aufgetragen und frische Unterwäsche angezogen. Sie hatte sich noch einmal im Spiegel gemustert, ehe sie die Wohnung verließ, aus der Patrik vorläufig ausgezogen war, während jeder von ihnen sich eine neue suchte. Das Spiegelbild und ihr pochendes Herz teilten ihr mit, dass sie in Bestform war. Sollte Patrik dorthin gehen, wo der Pfeffer wächst. Jetzt war Christopher angesagt. Vielleicht, vielleicht. Ihr war klar, dass das, was heute kommen würde, wider besseres Wissen geschah, aber nichts in der Welt konnte sie davon abhalten.

Als sie eintraf, wartete Christopher bereits auf sie. Das Abendessen, der Wein und die Drinks waren ganz ausgezeichnet. Ihr gefielen die weißen Tischdecken, die Kerzen, der Service und die Aufmerksamkeit des Personals. Dies war die Welt, in der Christopher regelmäßig verkehrte. Sie hätte ihren rechten Arm dafür gegeben, in dieser Welt leben zu dürfen, und sei es nur für eine Woche.

Er war höflich und freundlich wie immer und plauderte über dies und jenes, dabei sorgfältig darauf bedacht, die unerfreulichen Details ihrer gescheiterten Beziehung nicht anzusprechen. Pernilla entging nicht, dass er manchmal den Blick über ihren Körper gleiten ließ, was ein Kribbeln in ihr auslöste.

Nach dem Nachtisch erklärte er ihr seine Situation. Aufgrund eines plötzlichen Wasserschadens in seiner Wohnung war er gezwungen gewesen, ein Zimmer im Grand Hotel zu nehmen, während die Installateure die Wohnung wieder auf Vordermann brachten. Das Ganze nervte ihn ungemein, und er hatte nicht einmal Kleider und Toilettenartikel mitnehmen können, aber das Hotel stand ihm mit Zahnbürsten und sauberen Hemden zu Diensten.

»Christopher, das ist ja ärgerlich! Und bestimmt auch teuer. Wird die Versicherung für den Schaden aufkommen?«

Er lächelte sie an. »Das glaube ich leider nicht. Es war nämlich nicht das Wasserrohr, sondern … äh … mein Aquarium. Das Glas ist zersprungen.«

»Aquarium? Aber da war doch wohl nicht so viel Wasser drin?«

»Dreitausend Liter.«

»Oh je …«

Herrgott, wie bescheuert sie ist! Merkt sie denn nicht, dass meine Behauptung nicht stimmen kann? Ein Aquarium so groß wie ein Öltanker! Gibt es einen Nobelpreis für Dummheit? Wer hat diese dumme Tussi bloß eingestellt?

»Zuerst hatte ich Goldfische und Piranhas zusammen …«

»Verstehe, ja …« Sie nickte interessiert.

»… aber das hat nicht so gut funktioniert, also bin ich dazu übergegangen, nur noch Piranhas zu halten.«

»Oh! Aber sind die nicht ziemlich gefährlich? Was ist mit ihnen passiert?«

Silfverbielke verspürte plötzlich Lust, sie zu verprügeln. Er lächelte traurig.

»Sie sind gestorben.«

»Oh! Einfach so?«

»Ja. Das haben Fische so an sich, wenn sie nicht im Wasser sein können. Ziemlich traurig, ich mochte sie wirklich. Ich hatte sie viele Jahre lang, und das ist wie mit einem Hund, man wird miteinander vertraut und kommt sich näher.«

»Ja, das kann ich gut verstehen. Aber was machen Sie jetzt mit ihnen? Piranhas sind doch groß, oder? Man kann sie doch nicht einfach … ich meine, man wirft sie doch nicht einfach so in den Müll?«

»Gefrierfach.«

»Wie bitte?«

»Ich habe sie ins Gefrierfach gesteckt. Ich werde sie bei Gelegenheit essen. Piranhas schmecken unheimlich gut, vor allem, wenn man sie ein bisschen paniert.«

Pernilla Grahn kicherte unsicher und trank mehr Wein. »Sie meinen, so wie Fischstäbchen ...?«

Um Himmels willen! Ich kann mir das nicht länger anhören. Höchste Zeit, etwas aus dieser Sache herauszuholen. Wenn sie weiterhin so dummes Zeug redet, muss ich sie umbringen, da bleibt mir nichts anderes übrig.

Plötzlich piepste Silfverbielkes Handy. Eine SMS von Helena.

Hallo, mir ist so langweilig. Möchte mich bald mit dir treffen. Was machst du? LG Deine Helena.

Er schrieb schnell eine Antwort.

Habe natürlich schöne Fantasien über dich!

Pernilla Grahn sah ihn neugierig an. »War das was Wichtiges? Vielleicht die Arbeit?«

Er schaltete das Handy aus. »Nichts Wichtiges. Was halten Sie davon, wenn wir den Abend bei einem Glas Champagner in meinem Zimmer ausklingen lassen?«

Pernilla lief rot an.

Als sie aus dem Bad kam, sah sie ihn auf dem Bett liegen. Er hatte das Jackett und die Krawatte ausgezogen und das Hemd am Hals aufgeknöpft. Am liebsten wäre sie über ihn hergefallen, aber sie wollte, dass er die Initiative ergriff, und zwar so bald wie möglich.

Obwohl ihr von den Drinks und dem Wein bereits ziemlich schwindlig war, nahm sie das Glas, das er ihr reichte, dankend entgegen.

»Mmmm …«, sie nippte an dem Getränk, »… der Champagner ist ja sooo gut!«

»Nicht wahr? Ich habe übrigens eine Idee. Wie wär's mit einer aufregenden Geschmackssensation?«

Pernilla sah ihn fragend an. Plötzlich erhob er sich vom Bett und kam zu ihr. Zog sie wortlos an sich heran und küsste sie. Er ließ seine Hand ihren Schenkel hochgleiten und fasste ihr unters Kleid, während seine Küsse ihr gleichzeitig den Atem raubten. Er wartete erregt darauf, dass seine Finger einen Strumpfrand erreichten, aber …

Was? *Eine Strumpfhose!* War das nur ein Scherz oder war sie pervers?

Er zog ihr hastig das Kleid über den Bauch, tastete nach dem Bund der Strumpfhose und zog ihn ein bisschen hinunter. Ein weißes Höschen zu einer schwarzen Strumpfhose und einem schwarzen Kleid? Was kam jetzt noch – ein roter BH? Diese Tussi musste wirklich noch viel lernen.

Sein perverses Hirn konzentrierte sich schnell wieder auf das Kleidungsstück, das ihn am meisten erregte. Er spürte, wie er hart wurde, und schob die Hand unter ihr Höschen.

Schamhaare!

Silfverbielke konnte sich nicht mehr daran erinnern, wann er zuletzt mit einer Frau Sex gehabt hatte, die im Intimbereich nicht vollkommen rasiert gewesen war. Die Pornomode hatte sich vor ein paar Jahren auf breiter Front durchgesetzt, und Schamhaar war immer weniger geworden und irgendwann ganz verschwunden.

Er zog ihr das Kleid über den Kopf und stellte fest, dass der BH wenigstens weiß war. Als er sah, dass sie statt eines Stringtangas ein normales Höschen trug, kannte seine Erregung keine Grenzen. *Pervers!*

Er küsste sie erneut leidenschaftlich und spürte, wie ihre Hände seinen Körper erkundeten. Sie befreite ihn von seiner Hose und seinem Hemd und atmete heftiger, als sie seine

Erektion unter dem Stoff der Boxershorts spürte. Sie zerrte die Unterhose herunter und griff an seinen Schwanz.

»Oh!«, hauchte sie ihm ins Ohr. »Ist der hart!«

Du darfst gleich von meinem harten Schwanz kosten. Er schob sie rückwärts auf das Bett zu, ließ sich darauf nieder und zog sie zu sich hinab. Griff nach der Flasche Moët und hielt sie sich über den Schwanz. Sie sah ihm atemlos dabei zu, wie er den Champagner langsam auf seine Erektion goss. Dann fasste er sie mit der anderen Hand sanft, aber bestimmt am Nacken und drückte sie nach unten.

Er zog mehrmals den Schwanz aus ihrem Mund, um Champagner darauf zu gießen, und hörte, wie sie voller Wollust mit der Zunge schnalzte. Als er gekommen war, bedeutete er ihr mit der Hand, sie solle nicht aufhören, sondern ihn erneut hart machen.

»Zieh mich aus!« Sie ließ sich auf den Rücken fallen und streckte die Arme nach ihm aus.

Nein, nein, ich habe was anderes mit dir vor.

Sie protestierte nicht lautstark, sondern stieß einen leisen fragenden Laut aus. Er ließ sie den BH und die Stiefel anbehalten, zog die Strumpfhose ein Stück weit bis zu den Oberschenkeln hinunter und schob das Höschen ein wenig zur Seite. Dann drang er in sie ein.

»Willst du mir nicht …«, stöhnte sie, »… das Höschen ausziehen …?«

Er stieß ein paar Mal fest zu. »Nein«, flüsterte er, »das kitzelt so schön.«

Der Sex war kurz und intensiv. Er hörte, wie sie mehrmals kurz vor einem Orgasmus stand, kümmerte sich aber nicht darum, sondern konzentrierte sich auf sein eigenes Vergnügen. Als er den Blick senkte und den BH, das weiße Höschen, ihre Schamhaare und die Strumpfhose sah, konnte er sich nicht mehr zurückhalten. Mit einem Stöhnen entleerte er sich in ihr, zog den Schwanz schnell heraus und drehte sich auf den Rücken.

Er hörte, wie sie vor Enttäuschung heftig atmete. »Bitte, Christopher, noch ein bisschen mehr, ich habe mich so danach gesehnt … ich bin … noch nicht so weit!«

Silfverbielke winkte ab, verzog das Gesicht und stöhnte vor Schmerz.

»Was ist los?«, flüsterte sie erschrocken.

»Mein Rücken!«, stöhnte er. »Eine alte Verletzung, nichts Schlimmes.«

»Oh je! Kann ich irgendwas für dich tun? Ich meine, soll ich …«

Er schüttelte den Kopf. »Nein, das geht vielleicht vorbei. Gib mir nur ein bisschen mehr Champagner. Und schenk dir selbst auch was ein.«

Es dauerte keine halbe Stunde, bis der Alkohol, die Anspannung und die Müdigkeit ihren Tribut forderten. Pernilla Grahn lag mit leicht gespreizten Beinen auf dem Rücken und schlief fest, die Strumpfhose immer noch heruntergezogen und das Höschen zur Seite verrutscht.

Silfverbielke spielte eine Weile im Schein der Nachttischlampe mit der Handykamera, wusch sich schnell im Bad und zog sich lautlos an. Er ließ den Blick ein letztes Mal durch das Zimmer schweifen, ehe er es verließ. Gewiss wäre es nett gewesen, das Höschen als Souvenir mitzunehmen, aber man konnte halt nicht alles haben.

An der Rezeption murmelte er, er müsse am nächsten Morgen früh auschecken, bezahlte die Rechnung in bar und steckte die Quittung in die Tasche. Draußen auf der Straße blieb er kurz stehen und atmete die frische Nachtluft ein.

Dann nahm er ein Taxi nach Hause.

Pernilla Grahn schaute beunruhigt in Christophers Büro.

Leer.

Was war passiert? Wieso war er mitten in der Nacht ohne ein Wort verschwunden? War er krank?

Es kam ihr vor, als vergingen die Stunden so langsam wie Jahre, und sie kaute nervös auf ihren Fingernägeln. Sie versuchte zu arbeiten, konnte sich aber nicht konzentrieren. Alle zwanzig Minuten suchte sie nach einem Vorwand, hinaus in den Flur zu gehen und nachzusehen, ob er inzwischen erschienen war. Als sie plötzlich sah, dass das Licht in seinem Büro brannte, schlug ihr Herz schneller.

»Christopher!« Sie schlug die Hände vor der Brust zusammen. »Du lieber Gott, ich habe mir solche Sorgen um dich gemacht!« Sie trat ein paar Schritte ins Büro und senkte die Stimme. »Was ist passiert? Als ich aufgewacht bin, warst du weg.«

Silfverbielke war wie immer tadellos gekleidet und lächelte sie an. Ihm fiel auf, dass sie dieselben Kleider anhatte wie am Abend zuvor. Also hatte sie lange geschlafen und es nicht geschafft, vor der Arbeit zu Hause vorbeizuschauen.

Sein Blick wurde wieder ernst. »Das war meine Mutter. Das Krankenhaus hat mich angerufen. Ich war fast die ganze Nacht bei ihr auf der Intensivstation. Es tut mir leid, aber …«

»Um Gottes willen, das ist ja furchtbar!« Pernilla hielt erschrocken die Hand vor den Mund. »Wie geht es ihr?«

»Das Herz. Ich glaube, sie ist im Moment stabil, aber man weiß ja nie. Sie ist alt und … falls ich heute früher gehe, weißt du, warum.«

»Ja sicher, ich verstehe.« Sie zögerte einen Augenblick. »Christopher, danke für das Essen und den wunderschönen Abend! Es war so … du warst fantastisch! Ich hoffe … meinst du, wir können uns wiedersehen?«

Er zwinkerte ihr zu und lächelte ein wenig, gab ihr jedoch keine Antwort.

»Und was macht übrigens dein Rücken? Hast du immer noch Schmerzen?«

»Nein, das ist vorbei. Wenn du mich jetzt bitte entschuldigst, ich muss arbeiten, ich bin ja ein bisschen später gekommen.«

»Ja, natürlich, entschuldige. Und sag mir Bescheid, wenn ich dir irgendwie helfen kann.«

Er hielt inne. »Ja, jetzt wo du es sagst …«

Silfverbielke holte seinen Kalender aus der Tasche und blätterte darin herum. Er fuhr mit dem Finger über eine Seite und blickte nachdenklich darauf. »Ich sehe gerade, dass wir vergessen haben, einige Überstunden für die interne Buchführung einzutragen. Das betrifft uns beide. Oder …«, er lächelte sie an, »… vielleicht sollte man das eher Unterstunden nennen, weil wir ja schon so früh am Morgen hier waren. Ich rede vom fünfzehnten, sechzehnten und siebzehnten Januar, da haben wir eine Zeitlang ziemlich hart gearbeitet.«

Pernilla nickte und nahm einen Notizblock und einen Stift von seinem Schreibtisch.

»Laut meinen Aufzeichnungen kam ich am Montag, den fünfzehnten um 6.35 Uhr ins Büro, und da warst du bereits hier. Herrgott, du musst ja mitten in der Nacht aufgestanden sein!«

Sie lächelte ihn an. Sie konnte sich nicht erinnern, an diesen Tagen so früh gearbeitet zu haben, aber wenn Christopher es sagte, dann war es so, und bestimmt hatte er sie darum gebeten. Bei ihrem Gehalt hatte sie absolut nichts gegen ein bisschen bezahlte Überstunden einzuwenden. Sie machte sich schnell Notizen, während er aus dem Kalender vorlas. »Am nächsten Tag waren wir zur gleichen Zeit hier, und am Mittwoch kamen wir etwas später, so gegen 7.30 Uhr. Trägst du diese Zeiten bitte noch ein?«

»Natürlich, ich kümmere mich gleich darum und schicke es an die Lohn- und Gehaltsabteilung.«

Nachdem sie sein Büro verlassen hatte, griff Silfverbielke zum Telefonhörer und wählte eine Nummer auswendig.

»Hallo, Mama, hier ist Christopher. Alles klar bei dir?«

Er hörte ihr munteres Lachen am anderen Ende.

»Ja danke, mir geht's gut. Und ich bin froh, dass ich in meinem Alter so gesund bin. Und wie geht's dir?«

»Blendend, Mama. Ich wollte heute Abend nach der Arbeit bei dir vorbeikommen und schauen, ob ich dir irgendwie helfen kann.«

»Ach, Christopher, du bist so aufmerksam. Ruf vorher an, dann koche ich dir was Leckeres. Und wenn du schmutzige Wäsche hast, kannst du sie auch vorbeibringen.«

Die Kleider, die ich trage, gehören chemisch gereinigt, Mama.

»Danke, Mama, ich rufe dich am Nachmittag an, bevor ich losgehe.«

Christopher legte auf, lehnte sich zurück und dachte nach. Er hatte plötzlich eine richtig gute Idee, aber deren Durchführung erforderte einiges an Ausrüstung.

Wo bekam er ein schnelles Auto, ein paar Kilo Sprengstoff und drei automatische Schusswaffen her?

Kapitel 26

Donnerstag, 22. Februar

»Hast du mal einen Moment Zeit?«

Jacob Colt blickte auf. Niklas Holm stand an den Türrahmen gelehnt und hielt einen Stapel Computerausdrucke in der Hand.

»Klar, setz dich!«

Holm nahm auf einem der Besucherstühle auf der anderen Seite des Schreibtischs Platz und blätterte in seinen Papieren herum.

Colt musterte ihn, während er darauf wartete, dass Niklas etwas sagte. Er mochte Holm und wünschte manchmal, dass er ihn klonen könnte. Der Bursche war im Dezernat noch neu, hatte vorher jedoch binnen weniger Jahre eine Vielzahl von Talenten gezeigt. Er war Computer- und Internetfreak sowie Experte beim Einsatz der entsprechenden Hilfsmittel zu Ermittlungszwecken. Gleichzeitig war er sportlich und durchtrainiert und besaß außerdem soziale Kompetenz. Mit ein bisschen Training würde bestimmt ein guter Vernehmer aus ihm werden, aber Jacob brauchte ihn mehr vor dem Computer als draußen auf der Straße. Deshalb hatte er Holm größtenteils im Innendienst eingesetzt, was diesen nicht zu stören schien.

Niklas blickte auf. »Ich habe ein bisschen in de Wahls Vergangenheit herumgewühlt. Bis zur Grundschule bin ich noch nicht gekommen, und ich habe alles übersprungen, was mit UCLA und Cambridge zu tun hat. Unsere Frau Staatsanwältin schien ja nicht besonders erpicht darauf, meine Flugtickets zu bezahlen.«

»Du Ärmster«, erwiderte Colt grinsend. »Wir werden wohl sehen, was aus dieser Sache wird, aber bis auf weiteres beschränken wir uns auf die Heimatfront. Was hast du herausgefunden?«

»Wenn wir mit dem Militärdienst anfangen, so habe ich ein interessantes Detail erfahren. In seinen Papieren steht ja, dass de Wahl acht Monate draußen in Kungsängen abgeleistet hat. Mir schien das ein bisschen zu kurz, denn so ein Typ ist ja wie geschaffen für die Ausbildung zum Reserveoffizier. Also habe ich dort angerufen und einen Major ans Telefon bekommen, der anscheinend sein halbes Berufsleben in dem Regiment verbracht hat. Das Interessante war, dass er sich an de Wahls Namen erinnerte, obwohl seitdem so viele Jahre vergangen sind. Er hat in seinem Archiv nachgeforscht und mich zurückgerufen …«

Colt beugte sich interessiert vor. »Und?«

»Es gab keine Reserveoffiziersausbildung für de Wahl.« Niklas Holm lächelte. »Tatsache ist, dass er nicht mal acht Monate als Wehrpflichtiger ohne Waffendienst geleistet hat. Schon nach ein paar Wochen wurde de Wahl gemeldet, weil er zwei Kameraden, die mit ihm eine Stube geteilt haben, unsittlich berührt hat. Es gab eine Untersuchung, und als man ihn direkt fragte, ob er homosexuell sei, antwortete de Wahl mit ja.«

»Aber was für eine Bedeutung hatte das? Schon zu der Zeit hätte es wohl als Diskriminierung gegolten, jemanden wegen seiner sexuellen Orientierung vom Militärdienst freizustellen.«

Holm nickte. »Gewiss. Er wurde auch nicht deswegen freigestellt, sondern vielmehr wegen sexueller Belästigung.

Man kann beim Militär seine Kameraden nicht einfach begrapschen. Geschlechtszugehörigkeit und sexuelle Orientierung spielen dabei keine Rolle. Aber jetzt kommt das Interessante …«

Niklas blätterte schnell in seinen Computerausdrucken weiter. »Der Major war ziemlich sauer, als er mir das erzählte, denn als er sich die Unterlagen ansah, erinnerte er sich wieder. Ursprünglich hieß es, Alexander de Wahl solle wegen der Grapscherei nach Hause geschickt und ganz einfach vom Militärdienst freigestellt werden. Aber anscheinend war de Wahl senior gut Freund mit einem ganz hohen Tier im Regiment und wollte nicht, dass sein Sohn aus der Armee entlassen wurde, weil er schwul war.«

Colt nickte. »Und dann …?«

»Dann gab es einen Befehl von oben, die Angelegenheit zu vertuschen. Gleichzeitig entstanden zwei falsche Versionen. Offiziell leistete de Wahl acht Monate als gewöhnlicher Soldat ab und wurde mit gutem Zeugnis entlassen. Aber in Wirklichkeit hat man ihn bereits nach einem Monat beurlaubt und das Gerücht in Umlauf gesetzt, dass er wegen einer Knieverletzung vom Militärdienst befreit wurde.«

Jacob pfiff durch die Zähne. »Herr de Wahl hat also Theater gespielt, als Magnus und Henrik bei ihm waren. Da hat er so getan, als wüsste er nicht, dass sein Sohn homosexuell war, obwohl es ihm sehr wohl bekannt sein musste. Henrik wird sich bestimmt freuen, wenn er das erfährt.«

»Und da sieht man mal wieder, wie wichtig es ist, dass der Vater die richtigen Beziehungen hat«, murmelte er. »Aber was hat de Wahl junior die ganze Zeit gemacht, als er eigentlich den Wehrdienst hätte ableisten müssen?«

»Es sieht so aus, als hätte er ein halbes Jahr lang in Los Angeles Urlaub gemacht, bevor er mit dem Studium an der UCLA anfing. Ich kann mir gut vorstellen, dass er sich in den Nachtclubs in Beverly Hills amüsiert hat und mit dem Cabriolet in der Sonne herumgefahren ist.«

Colt verzog das Gesicht. »Es tut mir weh zu hören, dass er außerdem meine Alma Mater allein dadurch besudelt hat, dass er dort war. Aber okay, was hast du sonst noch gefunden?«

»Ja, ich habe die Zeit noch mehr zurückgedreht und in de Wahls Schulzeit auf dem Internatsgymnasium Sandsjö herumgewühlt.«

»Die Schnöselschule, hast du sie nicht vor ein paar Tagen so genannt?«, gab Jacob lachend zurück.

Holm nickte. »Genau, anders kann ich es nicht nennen. Das ist eine Welt, mit der ich mich ein bisschen schwertue, obwohl ich ansonsten für alles bin, was mit Privatisierung zu tun hat, also Privatschulen und so.«

»Ich glaube, davon werden wir noch viel mehr sehen, ob wir wollen oder nicht«, erwiderte Jacob. »Das sogenannte Volksheim wird ja in einem Wahnsinnstempo demontiert. Man braucht nur zu schauen, was von unserer Krankenversorgung übrig ist. Und über die Betreuung psychisch Kranker brauchen wir wohl erst gar nicht zu reden, oder?«

Niklas schüttelte betrübt den Kopf. »Erinnere mich bloß nicht daran. Mir wird angst und bange, wenn ich an all die kranken Typen denke, die in der Stadt herumirren, anstatt betreut zu werden. Da wundert man sich, warum nicht mehr passiert, als ohnehin der Fall ist. Aber zurück zu Sandsjö. Die waren längst nicht so kooperativ wie der Major im Regiment, aber …«

Colt unterbrach ihn. »Wieso nicht?«

»In diesen Schulen existiert eine sehr lange Tradition, dass man dichthält, egal, was passiert. Schüler, die gemobbt oder misshandelt werden, wissen, dass es ihnen noch schlimmer gehen wird, wenn sie petzen. Der Pennalismus blüht dort, unter anderem in Form von alten Initiationsritualen, die nichts anderes als reine Erniedrigung sind. Die Lehrer und die Schulleitung schauen weg und lassen es geschehen. Nach außen halten alle zusammen und schweigen, egal, wer fragt oder warum.«

Jacob schüttelte betrübt den Kopf. »Hört sich ja nach einer tollen Kaderschmiede für unsere Politiker und Wirtschaftsbosse an.«

»Wenn du mich fragst, ist das total krank. Aber ich habe mir auf jeden Fall Listen mit den Namen derer geben lassen, die im selben Jahrgang waren wie Alexander de Wahl, und habe sie aufgespürt. Die meisten von ihnen haben heute gute Positionen in der Wirtschaft, und manche sind Politiker oder hohe Beamte geworden. Na ja, jedenfalls musste ich nicht lange herumtelefonieren, um mir ein ziemlich klares Bild zu machen.«

»Und wie sieht das aus?«

»Es sieht so aus, als ob unser Mordopfer ein richtig sadistisches Schwein war.«

Christopher Silfverbielke wartete bis sechs Uhr abends und wählte dann Hans Eckers Privatnummer. Er ließ es sechs bis sieben Mal läuten und wollte schon auflegen, aber genau in dem Moment nahm jemand ab, und am anderen Ende erklang die Stimme, die er erwartet hatte.

»Bei Hans Ecker, hier ist Veronica.«

»Hallo, Veronica, ich bin's, Christopher.«

Veronica Svahnberg spürte, wie das Adrenalin durch ihre Adern schoss und das Herz schneller schlug. Sie war gerade aus der Dusche gekommen und stand nackt am Telefon. Von ihren blonden Haaren tropfte Wasser und bildete auf dem Fliesenboden im Flur kleine Pfützen.

»Hallo, Christopher.« Unbewusst senkte sie die Stimme zu einem Flüstern. »Lange nicht mehr gesehen.«

»Silvester, oder? Vielleicht viel zu lange ...« Er lachte leise, und allein der Klang seiner Stimme ließ sie vor Lust und Sehnsucht schaudern. »Wäre wirklich schön, dich wiederzusehen.«

Veronica bekam plötzlich einen trockenen Mund, und es verschlug ihr die Sprache. Sie wartete darauf, dass er fortfuhr.

»Ist alles in Ordnung bei dir?«

»Wie bitte? Ähhh, ja, danke, mir geht's gut.«

In ihrem Kopf drehte sich alles, und vor ihrem geistigen Auge tauchten Bilder von Christopher und der Silvesterparty auf. Die Gefühle, die sie damals empfunden hatte. Der Duft seines Aftershaves. Ihre Reaktion …

»Klingt gut. Ist Hans zufällig in der Nähe?«

»Nein, Hans ist in London. Er ist heute geflogen und kommt erst Montagmorgen wieder.«

»Wie praktisch.« Christopher senkte seine Stimme noch mehr.

Veronicas Gedanken überschlugen sich. »Wie bitte? Wie meinst du das?«

Hatte sie wirklich richtig gehört? Wie kam es, dass ihr beim Klang seiner Stimme jedes Mal ganz schwummrig wurde? Ärgerlich. Aber gleichzeitig auch schön.

»Ja natürlich, wie blöd von mir! Wir haben ja gestern zusammen Mittag gegessen, und da hat er mir erzählt, dass er verreisen wird.« Christopher lachte. »Wie konnte ich das nur vergessen? Na ja, ist ja nicht so wichtig. Dann bist du jetzt also ganz allein in der großen Stadt, oder?«

»Ähm, ja, das kann man so sagen.«

»Ist das nicht ein bisschen schade?«

Sie tat so, als zögere sie. »Wie meinst du das?« Augenblicklich sah sie ein, dass sie wie eine Idiotin klang, die immer wieder die gleiche Frage stellte.

»Ich meine, dass wir vielleicht zusammen zu Abend essen sollten. Allein essen ist doch langweilig, findest du nicht?«

»Schon.«

»Sollen wir es jetzt oder sofort machen?« Silfverbielke klang wie ein Junge, dem nach Unfug zumute war, und Veronica Svahnberg war sich ziemlich sicher, dass er genau das war.

Sie gab sich Mühe, sich zusammenzureißen.

Veronica versuchte, ihre Gefühle zu analysieren, etwas, was sie schon tausend Mal getan hatte und immer wieder tun würde. Christopher war ein gefährlicher Typ und die Personifizierung all dessen, wovon eine Frau sich so weit wie möglich fernhalten sollte. Gleichzeitig war er unwiderstehlich. Sie zitterte und geriet ins Fantasieren, wenn sie nur an ihn dachte.

Schwarzes, gefährliches, verbotenes Wasser. Ohne Schwimmweste, ohne Rettungsboot in der Nähe. Nur ein Idiot springt unter solchen Umständen hinein.

»So bald wie möglich, finde ich.« Sie merkte, dass ihre Stimme heiser klang.

»Schön.«

Veronica versuchte, klar zu denken. »Im Ernst, Christopher, was beabsichtigen wir damit? Mein Freund und zukünftiger Ehemann ist gerade geschäftlich nach London gereist, und auf einmal ruft rein zufällig einer seiner besten Freunde an und …«

»… will dich zum Essen einladen? Genau das beabsichtigen wir. Oder hast du an was anderes gedacht, Veronica?«

Seine Stimme klang neckisch. Hätte er jetzt vor ihr gestanden, sie hätte ihn mit Vergnügen geschlagen.

»Wenn du ein Problem damit hast, mit mir zu Abend zu essen, ist es wohl besser, wenn wir das Ganze vergessen.«

Du Mistkerl!

»So war das nicht gemeint.« Sie seufzte. »Du weißt, was ich meine, Christopher. Natürlich will ich gern mit dir essen. Aber es ist vielleicht keine so gute Idee, dass man uns zusammen in einem Restaurant am Stureplan sieht.«

Einen Augenblick lang herrschte Schweigen. Dann: »Ich habe da eine bessere Idee, Veronica.«

Sie wartete schweigend.

»Möchtest du heute oder morgen zu Abend essen?«

Veronica zögerte keine Sekunde. »Heute.«

»Und nicht am Stureplan, wenn ich dich richtig verstehe?«

Hör endlich auf, mit mir Katz und Maus zu spielen, du weißt genau, was ich will!

»Genau. Am besten überhaupt nicht in irgendeinem Restaurant, weil uns da jemand sehen könnte, und das wäre vielleicht nicht so gut.«

»Aber Veronica, was ist daran so schlimm?« Silfverbielke klang unschuldig. »Mein bester Freund ist auf Geschäftsreise, und ich kümmere mich um seine zukünftige Ehefrau, sorge dafür, dass sie was Gutes zu essen bekommt und einen schönen Abend hat, und bringe sie anschließend nach Hause. Ich habe kein Problem damit, dass Hans davon erfährt. Du etwa?«

»Ja.« Sie zögerte nicht.

Sie hörte ihn wieder leise lachen. »Verstehe. Dann machen wir es eben anders.«

Veronica hörte seinen Vorschlägen zu. Eins: Sie aßen in ihrer Wohnung, aber er würde kochen. Zwei: Sie aßen in Hans Eckers Wohnung, und er würde sich ebenfalls um das Essen kümmern. Drei: Sie aßen bei Christopher zu Hause. Welche Variante bevorzugte sie?

»Bei dir zu Hause. Wann soll ich kommen?«

Veronica hatte sich bereits entschieden, nicht nur, was das Abendessen betraf. Aber in Hans' Wohnung wäre es unklug gewesen, und in ihrer eigenen hatte sie sich in den letzten sechs Monaten so selten aufgehalten, dass es ihr dort beinahe ungemütlich vorkam.

»Passt es dir um acht?«

Sie warf einen Blick auf ihre Armbanduhr, die auf dem Flurtisch lag. »Das passt ausgezeichnet. Soll ich was mitbringen?«

Silfverbielke schwieg einen Augenblick.

»Ja. Denselben Duft wie an Silvester. Und damit meine ich nicht das Parfüm.«

Veronica schloss die Augen und holte tief Luft. Vor ihrem geistigen Auge sah sie sich selbst wieder, wie sie in dem schönen Kleid aus der Toilette kam, wie er sie abfing, an die Wand drängte und ihr neckische Worte zuflüsterte – sicherlich wohl wissend, welche Reaktionen er bei ihr auslöste. *Ich bring dich um, Christopher. Aber ich werde es mit meinem Körper tun!*

»Gibst du mir bitte deine Adresse? Ich hatte nämlich noch nie das Vergnügen, bei dir zu Hause eingeladen zu sein.«

»Linnégatan 27.« Er gab ihr den Zahlencode für die Pforte. »Hast du irgendwelche besonderen Wünsche?«

»Ich verlasse mich auf dich.«

Wieder dieses leise Lachen. »Das kann gewisse Risiken beinhalten.«

»Ich weiß.«

»Gut, dann um acht bei mir.«

»Danke.« Veronica Svahnberg legte auf.

Sie trocknete sich ab, gelte die Haare nach hinten und trug ein ziemlich kräftiges Make-up auf. Dann ging sie in die Garderobe und zog sich ein Paar hautfarbene Nylonstrümpfe, ein weinrotes, enges Seidenkleid und ein Paar dazu passende hochhackige Schuhe an.

Sonst nichts.

Sie rauchte nervös, während sie auf das Taxi wartete. Ihre Gedanken überschlugen sich erneut. *Wie klug war das Ganze? Überhaupt nicht. Konnte sie es sein lassen? Nein. Ging sie irgendwelche Risiken ein? Vielleicht. Muss man immer so verdammt vernünftig sein? Nein. Ging es um Loyalität? Nicht mehr zwangsläufig. Vielleicht ging es genauso viel um Planung und … business as usual.*

Eine Woche, nachdem sie Hans nach seiner Rückkehr aus Berlin verführt hatte, war ihr aufgefallen, dass etwas nicht stimmte. Ein Besuch beim Gynäkologen hatte ihr eine klare Antwort verschafft.

Sie hatte sich Chlamydien eingefangen.

Veronica Svahnberg war noch nie im Leben untreu gewesen und wusste sehr gut, woher Geschlechtskrankheiten kamen.

Hans hatte in Berlin mit irgendeiner Schlampe gevögelt.

Na gut. Veronica hatte eine klare Meinung von Männern im Allgemeinen und machte sich keine Illusionen darüber, die goldene Ausnahme zu finden. Manche Regeln der Männerwelt akzeptierte sie bereitwillig, andere verabscheute sie. Aber sie sah ein, dass das Leben in vielerlei Hinsicht ein Spiel war, zumindest wenn man zu den besseren Kreisen gehören wollte.

Bitter? Nein. Realistisch? Ja. Männer waren Schweine. Männer taten gewisse Dinge. Männer wollten immer mehr.

Und jetzt war Hans fremdgegangen. Sie hatte nicht vor, viel Wirbel um diese Sache zu machen. Eigentlich wollte sie gar keinen Wirbel machen. Sie hatte ihren Entschluss gefasst. Hans Ecker war in vielerlei Hinsicht eine gute Partie. Sie mochte ihn, und sie hatten Spaß zusammen. Er war intelligent, sah gut aus, hatte eine gute Position und würde in ein paar Jahren noch viel weiter kommen. Er würde einen guten Vater abgeben und ihr ein angenehmes Leben in der gesellschaftlichen Schicht bieten, zu der sie gehören wollte.

Veronica hatte sich von dem Gynäkologen ein Medikament verschreiben lassen und Hans nichts gesagt. Sie ging davon aus, dass er dasselbe getan hatte – vermutlich hatte er gemerkt, dass er sich was geholt hatte. Sie hatte nicht vor, ihm eine Szene zu machen, zu schreien oder ihm den Laufpass zu geben. Aber sie zog für sich die Konsequenz, dass er die Spielregeln geändert hatte und ihr damit die Freiheit gab, das zu tun, wonach sie sich sehnte.

Wie du mir, so ich dir.

Sie lächelte, als sie den Finger auf die Klingel an Christopher Silfverbielkes Tür drückte.

Drei Stunden später lag Veronica Svahnberg nackt bis auf die Nylonstrümpfe und Schuhe, die sie auf seine Anweisung anbehalten hatte, neben Christopher in dessen großem Doppelbett. Alles war schnell und hitzig gegangen, und es war wunderbar gewesen. Nicht einmal eine halbe Stunde nach ihrem Eintreffen hatten sie sich leidenschaftlich geküsst. Dann war sie auf dem Boden in der Diele gelegen, das enge Seidenkleid hochgezogen, ihr Bauch entblößt. Und er war wie ein wildes Tier über sie hergefallen.

Mit zerzausten Haaren und zitternden Beinen hatte sie sich von ihm ins Esszimmer führen lassen, wo Kerzen in silbernen Ständern den gedeckten Tisch in ein warmes Licht tauchten: Hummer, Champagner, Käse, Oliven, Parmaschinken, Gänseleber und andere Leckereien.

»Du musst entschuldigen, aber dein Besuch war ja etwas spontan, da konnte ich nicht selbst kochen.«

Seine Blicke im Halbdunkel. Christopher nackt, ehe er sich mit einer entschuldigenden Geste in einen langen weißen Bademantel aus flauschigem Frottee hüllte.

In der folgenden Stunde hatte er sie mit kulinarischen Genüssen, Champagner, Wein, Spirituosen, unterhaltsamen Geschichten und Lachen bei guter Laune gehalten, während im Hintergrund die ganze Zeit klassische Musik spielte. Danach hatte er sie bei der Hand genommen, ihr tief in die Augen geblickt, sie ins Schlafzimmer geführt, ihr das Seidenkleid über den Kopf gezogen und eine Line Kokain angeboten. Er hatte ihr Komplimente wegen ihres Körpers gemacht und der Tatsache, dass sie unter dem Kleid nichts anhatte. Dann hatte er sie ins Bett gelegt und während der nächsten Stunde Dinge mit ihr angestellt, die sie noch nie erlebt hatte.

Sie war ziemlich betrunken gewesen und hatte ihm vertraut, hatte ihn machen lassen, was er wollte – aus Gründen, die nicht einmal sie selbst verstand. Er hatte Veronica abwechselnd Augenbinden und Handschellen angelegt. Sie hatte leise im Dunkeln gelacht, sich ihm hingegeben, gekeucht, gestöhnt, geschrien und mehrmals völlig die Kontrolle über ihren Körper verloren.

Als ihr Spiel sich dem Ende näherte, hatte sie keuchend zu bedenken gegeben, sie nehme zurzeit nicht die Pille, worauf er ihr ebenfalls schwer atmend versichert hatte, er benutze ein Kondom. Benebelt vom Alkohol und Kokain hatte sie den Unterschied nicht gespürt und sich auf ihn verlassen.

Christopher war grinsend im Dunkeln in ihr gekommen.

Und nun lag sie entspannt auf dem Rücken, den Nacken auf seinen nackten Arm gebettet, genoss die klassische Musik im Hintergrund und hatte das Gefühl, gleich einzuschlafen.

»Ich hätte nie gedacht …«, flüsterte sie, »dass ich jemanden solche Sachen mit mir machen lasse.«

»Das Leben ist voller spannender Überraschungen.« Sein Flüstern löste erneut Reaktionen in ihrem Körper aus. »Wie hat es sich angefühlt?«

»Gut. Ich will mehr, aber nicht jetzt …«

Eine Weile herrschte Schweigen. Veronica versuchte, die Gedanken in ihrem zugedröhnten Hirn zu sortieren. »Chris, war das eigentlich eine gute Idee? Halten wir dicht? Ändert das etwas?«

Flüstern im Dunkeln. »Wer weiß, was langfristig eine gute Idee ist oder nicht? Man kann seine Gefühle nicht steuern.«

Veronica nickte mit geschlossenen Augen.

Christopher fuhr spielerisch mit der Kuppe seines Zeigefingers über ihre Lippen. »Das ist unser Geheimnis, oder?«

Sie nickte.

»Und nur du und ich entscheiden, ob es mehr davon geben wird oder nicht.« Er fuhr mit der Fingerspitze über ihren nackten Bauch.

Veronica seufzte schwer. »Nimm mich …«, flüsterte sie aufgewühlt, »… noch einmal, so wie du es vorhin gemacht hast.«

Silfverbielke lächelte im Dunkeln und drehte sie auf den Bauch.

Kapitel 27

Freitag, 23. Februar

»Sie sind verhaftet!«

Jacob Colt hielt die Dienstwaffe mit ruhigen Händen auf die Brust des Mannes gerichtet. Der hochgewachsene Dunkelhaarige hob langsam die Hände. Zu Jacobs Verwunderung spielte ein leises Lächeln um seine Lippen. »Ich nehme an, es ist jetzt vorbei …«

Colt nickte. »Henrik, leg ihm Handschellen an.«

Vadh machte ein paar schnelle Schritte nach vorne, zog dem Mann die Handgelenke hinter den Rücken und ließ die Handschellen zuschnappen. Dann gingen sie zum Wagen, setzten den Festgenommenen auf den Rücksitz und fuhren zum Polizeipräsidium.

Endlich. Der Fall de Wahl war gelöst, der Mörder gefangen. Colt würde als Held Schlagzeilen machen. Vielleicht.

Er wachte auf, als eine Fingerkuppe sanft über seine Lippen fuhr, seine Wange streichelte und ihn am Nacken und an der nackten Brust kitzelte.

König Müdigkeit kämpfte gegen Prinz Erregung. Der König war auf gutem Weg zu gewinnen, bis zu dem Augenblick, als die ersten Küsse auf seinem Bauch landeten und die warme Decke zur Seite gezogen wurde.

Er schaffte es nicht, die Augen zu öffnen, sondern genoss es einfach, als die feuchten, warmen Lippen sich um seinen Penis schlossen.

Beim Frühstück lächelte er sie an. »Nenn mir bitte einen einzigen Grund, warum ich nicht jeden Morgen auf diese Weise geweckt werde.«

Melissa stellte ihm zwei gekochte Eier hin. Sie war frisch geduscht, trug einen Bademantel, und ihre dunklen Haare, noch nass von der Dusche, fielen herab und rahmten ihr Gesicht ein.

»Weil du mich nicht jeden zweiten Morgen auf die gleiche Art weckst, Schlafmütze.«

Colt grinste. »Sorry, Baby, ich wollte, ich wäre immer noch zwanzig und hätte keine Sorgen. Aber ich verspreche dir, dass ich mich bald revanchiere.«

Melissa lächelte ihn an, aber er sah auch etwas anderes in ihren Augen. »Dieses Versprechen höre ich schon seit Jahren, Jacob. Wie geht es dir eigentlich?«

Er atmete tief durch die Nase ein und schaute zum Fenster hinaus auf den Gehsteig. Hob die Tasse und atmete das Aroma des frisch gebrauten Kaffees ein.

Eine berechtigte Frage. Wie ging es ihm eigentlich?

Meistens gut. Aber nicht im Augenblick. Der Frust wegen des Falls de Wahl durchdrang sein gesamtes Dasein, wenn er wach war. Er hätte gern die Arbeit im Polizeipräsidium gelassen, wusste aber, dass dies unmöglich war.

»Ich weiß nicht. Okay, glaube ich. Ich würde nie im Leben dich, unsere Kinder, unser Leben und unser Haus gegen ein anderes Leben eintauschen wollen, das weißt du. Aber die Arbeit? Ich weiß nicht. Manchmal fällt es mir schwer, zu akzeptieren, dass es keine einzige und wahre Gerechtigkeit gibt. Dass es nicht darum geht, wer recht *hat*, sondern wer recht *bekommt.* Dass Gangster frei herumlaufen dürfen, weil uns ein Haar oder ein Zeuge fehlt, obwohl wir monatelang hart gearbeitet haben, um zu zeigen, wer was getan hat.«

Melissa hielt die dampfende Kaffeetasse in den Händen. Sagte nichts, wartete.

Jacob fuhr sich mit den Händen übers Gesicht und schloss die Augen. »Manchmal weiß ich wirklich nicht, was richtig und was falsch ist, in was für einer Gesellschaft wir leben und warum sie so wurde, wie sie ist.«

Er öffnete die Augen und sah sie an.

»Und dann gibt es Tage, an denen ich einsehe, dass es heute wohl nicht viel schlimmer ist als vor vierzig Jahren, obwohl wir uns das einbilden. Damals gab es ebenfalls Vergewaltiger, Räuber, Diebe, Mörder und Pädophile. Die Statistiken zeigen, dass die Kriminalitätsrate heute nicht so schlimm ist, wie wir glauben. Vielleicht ist es nur so, dass die moderne Informationsgesellschaft uns einredet, dass es so viel schlimmer ist.«

Sie trank mehr Kaffee, lächelte ihn liebevoll an und wartete. Jacobs Gerechtigkeitssinn war einer der Gründe, warum sie sich in ihn verliebt hatte, als sie sich an der University of California in Los Angeles begegnet waren. Der schlichte Konservatismus, mit dem sie in ihrer Heimatstadt Savannah aufgewachsen war, hatte ihr im Leben ein Gefühl von Sicherheit vermittelt. Diese Werte mochten seltsam und spießig wirken, waren es aber nicht und sollten es auch nicht sein. Recht war Recht und Unrecht war Unrecht. Man sollte und durfte nicht böse und neidisch sein, nicht lügen, stehlen, rauben, vergewaltigen, töten.

Einfach. Oder?

Die Gesellschaft, in der sie aufgewachsen war, verwandelte sich selbst in Georgia in etwas ganz anderes als die Normen, die ihr Eltern, Verwandte und deren Freunde während ihrer Kindheit eingetrichtert hatten. Vielleicht hatte Jacobs

Lebensphilosophie ihr gerade deshalb eine neue und starke Sicherheit vermittelt, als sie sich kennenlernten.

Eine Philosophie, die ihn damals stark und glücklich gemacht hatte. Und die ihn vielleicht auch jetzt noch davon abhielt, sich innerlich auffressen zu lassen, wenn er jeden Tag feststellen musste, dass das, was er als Kind gelernt hatte, nicht mehr galt und nicht mehr funktionierte. Dass vernünftige Gerechtigkeit gegen unvernünftige Ungerechtigkeit ausgetauscht wurde, und dass beide vor dem Gesetz gleich gut abschnitten.

Melissa wusste, dass diese Einsicht ihm jeden Tag wehtat, und sie wünschte, sie könnte etwas dagegen tun. Gleichzeitig sah sie keine Alternative. Die Weltentwicklung und das Weltgeschehen ließen sich nicht im Handumdrehen ändern, und man konnte von einem Mann, der seit einem halben Menschenalter Polizist war, nicht verlangen, dass er den Job kündigte und stattdessen als Busfahrer arbeitete.

»I know, honey, and I love you. Darf ich dich daran erinnern, dass bald unser Hochzeitstag ist?«

Jacob kämpfte mit seinem schlechten Gewissen. In den ersten fünf bis zehn Jahren ihrer Ehe hatte er Gedenktage genauso gut im Kopf behalten wie Melissa. Danach hatte er es schleifen lassen, und Melissa hatte diese Aufgabe übernommen. Unzählige Male hatte er sich gefragt, warum das so war, und gelangte jedes Mal zu dem gleichen Schluss: Faulheit oder möglicherweise ein falsches Sicherheitsgefühl. Er *musste* nicht darauf achten, sie machte das schon.

Er trank einen Schluck Kaffee und lächelte sie an. »Das weiß ich doch, Liebling, und ich habe eine Idee. Was hältst du von einem netten Abendessen an einem gemütlichen Ort?«

»Und an welchem Datum ist unser Hochzeitstag?« Sie lächelte und deutete vielsagend auf ihn.

Die Antwort kam wie aus der Pistole geschossen. »Am dritten März! Glaubst du, ich hätte das vergessen?« Er zwinkerte ihr zu.

»Okay, du hast den Test bestanden. Ich finde, wir sollten den Ehevertrag um ein Jahr verlängern.« Melissa warf ihm eine Kusshand zu.

Colt schüttelte den Kopf. »Ich fordere eine Neuverhandlung. Ich will mindestens drei oder fünf Jahre. Am liebsten einen Vertrag auf Lebenszeit.«

Das Handy summte.

Christopher lächelte. Helena ließ mit dem Simsen nicht locker. Er musste sich bald mit ihr treffen. Gewiss, sie fand ihr Leben langweilig und war von ihm beeindruckt, aber es bestand die Gefahr, dass eines Tages jemand anders in die Tankstelle kommen und seinen Platz einnehmen würde.

Er war überrascht, als er die Nachricht las.

Bist du beschäftigt oder kann ich dich anrufen? Kuss, V.

Er war früh aufgestanden, und als er die Wohnung verließ, hatte sie immer noch nackt und in Bauchlage in seinem großen Bett geschlafen. Einen Augenblick war er verlockt gewesen, sie noch einmal zu nehmen, bevor er ging. Aber er hatte viel zu tun und war sich ziemlich sicher, dass er noch öfter die Gelegenheit dazu bekommen würde. Vielleicht schon am Wochenende. Er tippte eine Antwort.

Alles okay, ruf an.

Kaum hatte Christopher die Nachricht gelöscht, vibrierte das Handy erneut.

»Guten Morgen«, sagte er leise. »Gut geschlafen?«

Sie lachte. »Natürlich, aber das war nichts dagegen, wie gut es mir davor ging.« Sie zögerte. »Vielleicht ein bisschen *zu* gut, gefährlich gut. Danke für den schönen Abend. Für alles.«

»Gern geschehen.« Er wartete darauf, dass Veronica den nächsten Schritt machte.

Sie klang ein bisschen verlegen, aber es war offensichtlich, dass sie sich nicht zurückhalten konnte. »Sehen wir uns … ich meine, möchtest du dich wieder mit mir treffen?«

»Absolut. Wann?«

»Du weißt, wie es ist. Wir haben wahrscheinlich nicht mehr so viele Gelegenheiten. Hans kommt Montagmorgen nach Hause und …«

»Also heute Abend oder morgen Abend, oder beides?«, fiel er ihr ins Wort.

Veronica holte tief Luft. »Du spinnst!«, flüsterte sie heiser. »Beides … heute und morgen Abend.«

»Gut. Sag mir, wann es dir passt, und wo.«

»Bei dir. Um sieben?«

»In Ordnung. Ich koche. Aber was sagst du, wenn Hans bei dir anruft?«

»Das wird er nicht tun.« Einen Augenblick lang glaubte er, Bitterkeit in ihrer Stimme zu hören. »Ich rufe ihn an und sag ihm, dass ich am Wochenende bei einer Freundin übernachte, weil ich mich einsam fühle. Dann bekommt er ein schlechtes Gewissen und ruft nur an, wenn es etwas Wichtiges gibt. Außerdem habe ich meine Vermutungen, was er so treibt, wenn er auf Reisen ist. Vielleicht weißt du mehr darüber.«

Christopher schloss die Augen. »Ich verstehe nicht richtig, was du meinst.«

»Hans hat mir nach eurem kleinen Trip nach Berlin Chlamydien angehängt.«

Shit. Hans hatte also nicht mal diese Kleinigkeit gebacken bekommen. Na ja, das spielte ihm jetzt wohl in die Hände. *Muss von nun an auch Antibiotika nehmen, damit ich mir nicht ebenfalls den Scheiß hole.*

»Das tut mir leid, Veronica, ich weiß wirklich nicht, was ich dazu sagen soll. Ich habe keine Ahnung, ob er dort unten was mit einer hatte. Aber er ist ja erwachsen und muss die Verantwortung für sein Handeln übernehmen.«

»Genau. Und in meinen Augen hat er mir damit die gleichen Rechte zugestanden wie sich selbst.«

Christopher lachte leise. »Verstehe. Bis um sieben dann.«

»Da ist noch was, und es ist wichtig. Nachdem ich von dir wegging, bin ich in Hans' Wohnung, um mich umzuziehen. Als ich dort war, hat so ein Typ von der Kripo angerufen und nach Hans gefragt. Ich habe ihm gesagt, er ist in London. Dann wollte der Polizeibeamte seine Handynummer, und ich musste sie ihm geben. Hast du eine Ahnung, worum es da geht?«

Silfverbielke erstarrte, und seine Gedanken überschlugen sich. *Die Verkehrskontrolle? Wohl kaum, deswegen würde nicht die Kripo anrufen. Die Mütze am Strandvägen oder die Nutte in Berlin? Keine Chance, die Bullen hatten Hans' DNA nicht. Der Verkehrsunfall in Deutschland? Unmöglich. Worum ging es dann?*

Er tat verwundert. »Keinen blassen Schimmer. Aber vielleicht hat es irgendwas mit seiner Arbeit zu tun, Betrug oder so. Wäre Hans ein Verdächtiger, hätten sie wohl kaum angerufen und ihn gewarnt.«

Veronica atmete auf. »Schön zu hören, dann vergesse ich die Sache einfach. Er wird es mir wohl selbst sagen, wenn er mehr weiß. Bis heute Abend.« Ihre Stimme klang plötzlich heiser. »Ich freue mich …«

»Ich mich auch.«

Jacob Colt steckte neugierig den Kopf in Niklas Holms Büro. »Wie geht's, Junge, kommst du mit den Schnöseln voran?«

Holm grinste. »Das mache ich schon noch, aber alles braucht seine Zeit. Wie ich dir schon erzählt habe, habe ich ja mit einer Reihe von Schülern aus de Wahls Jahrgang gesprochen, und alle haben mir ungefähr dasselbe berichtet. Nämlich dass er ein überhebliches, arrogantes Arschloch war, das mit dem Vermögen seines Vaters geprotzt und nicht davor zurückgeschreckt hat, andere zu unterdrücken und zu erniedrigen. Er stand ziemlich offen zu seiner Bisexualität und hat anscheinend einige der jüngeren Schüler ausgenützt. Viele wussten davon, aber niemand hat sich getraut, zu protestieren oder etwas dagegen zu unternehmen. Teils lag das an der ungeschriebenen Regel, nicht zu petzen, teils an dem Einfluss, den de Wahls Vater hatte. Er hätte locker einen Schüler von der Schule verweisen lassen können, wenn er gewollt hätte.«

»Pfui Teufel!« Colt verzog das Gesicht. »Hast du sonst noch was rausgefunden?« Er hielt inne. »Warte, wir gehen in mein Büro. Nimm deine Papiere mit. Ich möchte, dass Henrik das auch hört, dann muss ich es ihm später nicht noch erzählen.«

»Okay, ich komme.«

In Colts Büro fasste Niklas für Henrik Vadh kurz zusammen, was er Jacob am Morgen zuvor berichtet hatte, und Colt fügte hinzu, was er soeben von Niklas gehört hatte.

»… und außerdem wusste de Wahl, dass sein Sohn schwul war, und hat es dir und Magnus gegenüber geleugnet.« Jacob wiederholte die Einzelheiten, die Niklas Holm über Alexander de Wahls Militärdienstzeit ausgegraben hatte.

Henrik Vadh hatte seine gewöhnliche Haltung eingenommen, wie immer, wenn er konzentriert zuhörte: bequem zurückgelehnt, die Augen geschlossen, die Fingerspitzen einander berührend.

»Hab ich's mir doch gedacht«, murmelte er. »Die Reaktion von Herrn de Wahl wirkte nicht besonders echt. Vielleicht vertuscht er noch mehr …«

Plötzlich stand Sven Bergman im Türrahmen.

»Mir kam es so vor, als hätte ich den Namen de Wahl gehört. Darf man dabei sein?«

Er trat ein, ohne auf eine Antwort zu warten, lehnte sich an die Wand und verschränkte die Arme. Holm berichtete weiter.

»Mehrere von de Wahls Mitschülern haben mir das gleiche Bild vermittelt. Wenn ich sie richtig verstanden habe, hatte de

Wahl zwei Mobbingopfer, auf die er es öfter als auf andere abgesehen hatte. Der eine hieß Fredrik Hahne, und er nahm sich ein Jahr, nachdem er Sandsjö verlassen hatte, das Leben. Ob de Wahl indirekt dafür verantwortlich war, weiß ich nicht.«

Colt seufzte tief. »Na, das hört sich ja toll an. Und wer war der andere?«

»Ein Typ namens Christopher Silfverbielke. Er war ein Jahr jünger als de Wahl. Anscheinend hatten die beiden während ihrer Jahre an der Schule mächtig Streit miteinander. De Wahls Klassenkameraden wussten nicht genau, ob es nur ein Gerücht war, aber es gab da eine Geschichte, dass der Bankdirektor Herman de Wahl – also Alexanders Vater – Silfverbielkes Vater ruiniert hatte, indem er ihm die Firma wegnahm. Indirekt soll er damit dazu beigetragen haben, dass Silfverbielke senior später Selbstmord beging.«

Vadh öffnete die Augen. »Nette Familie, diese de Wahls. Jeder zweite, der in ihre Nähe kommt, scheint sich anschließend das Leben zu nehmen. Andererseits wundert mich das nicht besonders. Herman de Wahl war eines der arrogantesten Arschlöcher, die mir seit Langem begegnet sind.«

»Ja, das war mir schon klar«, sagte Jacob lächelnd. »Und ich glaube, du wirst bald wieder das Vergnügen mit ihm haben, zumindest telefonisch. Aber erst will ich hören, was Niklas herausgefunden hat.«

Holm nickte. »Es kursierten mehrere Geschichten über den Konflikt zwischen Alexander de Wahl und diesem Silfverbielke. Es ist schwer, Fakten von Märchen zu trennen, weil es fast nie Augenzeugen gab. Aber dass de Wahl Silfverbielke lange Zeit verhöhnt und ihn eines Tages auf dem Schulhof verprügelt hat, während seine Freunde das Opfer festhielten, scheint klar zu sein. Dann gab es Gerüchte, dass Silfverbielke sich gerächt hat, indem er de Wahl bei einem Spaziergang aufgelauert und ordentlich vermöbelt hat. Ein anderes Gerücht lautet, dass de Wahl sich dafür revanchierte, indem er Silfverbielke vergewaltigt hat, während andere ihn festhielten. Angeblich geschah das an einem Wochenende, als die Schule mehr oder weniger verlassen war …«

Henrik Vadh und Jacob Colt saßen eine ganze Weile schweigend da und ließen sich das soeben Gehörte durch den Kopf gehen.

»Tja«, sagte Vadh, »ich weiß nicht, was ich glauben soll. Dass sie sich miteinander gekloppt haben, klingt wohl plausibel, aber das mit der Vergewaltigung?«

Colt zuckte mit den Schultern. »Man kann nie wissen, aber andererseits sind seitdem verdammt viele Jahre vergangen. Wenn dieser Silfverbielke sich rächen wollte, wieso hat er es dann nicht schon früher getan?«

»Du kennst doch wohl das alte Sprichwort«, sagte Holm, »dass Rache ein Gericht ist, das man am besten kalt serviert.«

Jacob nickte. »Wir können in dieser Situation nichts ausschließen. Hast du noch etwas anderes herausgefunden?«

»Ja. Während seiner drei Jahre in Sandsjö hat Silfverbielke ein Zimmer mit zwei Klassenkameraden geteilt, einem Jean van der Laan und einem Hans Ecker. Van der Laan, ein gebürtiger Holländer, der in Schweden aufwuchs, ist ein paar Jahre nach dem Internat mit seiner Familie zurück nach Holland gezogen. Mir ist es sogar gelungen, ihn aufzuspüren – er wohnt zurzeit in Rotterdam. Er war freundlich und entgegenkommend, hat aber nur gesagt, das Ganze sei schon so lange her und er könne sich nur noch daran erinnern, dass es mal Streit zwischen de Wahl und Silfverbielke gab. Und von einer Vergewaltigung hat er nie etwas gehört.«

Henrik Vadh nickte. »Selbst wenn man mit jemandem ein Zimmer teilt, erzählt man ihm vielleicht nicht gleich, dass man Opfer einer homosexuellen Vergewaltigung war.«

»Oder man tut im Gegenteil genau das«, erwiderte Colt. »Wie peinlich es auch sein mag, so ist es wohl wichtig, in einem solchen Milieu loyale Freunde zu haben. Und wenn man Opfer wird, erzählt man es dann nicht jenen, denen man am meisten vertraut?«

»Keine Ahnung«, sagte Holm. »Ich habe noch nie einen Fuß in ein Internat gesetzt und weiß nicht, was dort für Regeln gelten und wie man sich verhält.«

»Und wie war das mit dem anderen Mitbewohner?«

Niklas Holm blätterte wieder in seinen Unterlagen. »Hans Günther Ecker, geboren 1975. Ja, er und Silfverbielke sind anscheinend nach ihrer Schulzeit gemeinsame Wege gegangen. Sie haben ein paar Jahre zusammen an der Handelshochschule studiert. Ich habe versucht, ihn telefonisch zu erreichen, aber er ist auf Geschäftsreise in London und kommt am Montag zurück. Soll ich versuchen, ihn auf dem Handy zu erwischen?«

»Ja«, sagte Colt. »Sag ihm einfach, wir hätten ein paar Fragen im Zusammenhang mit dem Mordfall de Wahl, und vereinbare mit ihm einen Termin für nächste Woche. Wir unterhalten uns mit ihm, bevor wir uns Silfverbielke persönlich vornehmen, das könnte interessant sein. Was machen die Herren eigentlich beruflich?«

»Stureplanfuzzis, alle beide. Ecker ist Chefmakler bei einer Firma namens Fondsverwaltung Fidelis ...«

»Hans Ecker?«, unterbrach ihn Sven Bergman. »Sein Gesicht habe ich schon ein paarmal in *Dagens Industri* gesehen ...«

Colt zwinkerte ihm zu. »Liest du *Dagens Industri*? Willst du die Branche wechseln?«

»Man kann ja nie wissen«, grinste Bergman.

Niklas Holm fuhr fort: »Silfverbielke ist Eigenhändler bei einer Firma namens Craig International.«

»Eigenhändler, was zum Teufel ist das denn?«, fragte Vadh.

Holm lächelte. »Ein Makler ist jemand, der Kundengelder für eine Bank oder eine Fondsverwaltung managt. Ein Eigenhändler dagegen arbeitet mit dem eigenen Geld der Fondsverwaltung und macht an der Börse Geschäfte, natürlich um Gewinne zu erzielen und das Kapital der Firma zu mehren.«

»Also einer, der mit dem Geld anderer Leute spielt.« Vadh verzog das Gesicht.

Colt lachte. »Jetzt werd bloß nicht neidisch, Henrik. Kauf dir lieber ein paar Anteile an einem Aktienfonds, dann gehörst du ebenfalls zu den Gewinnern. Mein Fonds hat in letzter Zeit richtig gut abgeschnitten.«

Er wandte sich wieder an Niklas Holm. »Okay. Bleib an Ecker dran und sag Bescheid, wann wir ihn treffen können, am liebsten Anfang nächster Woche. Gib mir die Nummer von diesem Silfverbielke, dann rufe ich ihn später selbst an. Henrik, ich möchte, dass du deinen Freund de Wahl senior anrufst.«

Vadhs Mund verwandelte sich in einen dünnen Strich, und Jacob fuhr lächelnd fort: »Wusste doch, dass du dich darüber freust. Frage ihn, ob diese Geschichte stimmt, dass er Silfverbielkes Vater ruiniert hat.«

Zehn Minuten, nachdem er Colts Büro verlassen hatte, wählte Henrik Vadh Herman de Wahls Nummer und bekam ihn persönlich an den Apparat.

»Wachtmeister Vadh? Ich hatte Ihnen doch gesagt, dass wir miteinander fertig sind. Sie haben von mir die Informationen erhalten, die Sie brauchen.«

»*Kriminalinspektor* Vadh. Und wir sind noch nicht richtig miteinander fertig. Wir haben herausgefunden, dass Sie vor fünfzehn oder sechzehn Jahren eine Geschäftstransaktion mit einem gewissen Olof Silfverbielke abgewickelt haben.«

»Daran kann ich mich überhaupt nicht erinnern.« De Wahls Antwort erfolgte zu schnell, als dass sie für Vadh natürlich geklungen hätte.

Henrik blätterte in den Unterlagen, die Niklas ihm gegeben hatte. Der hatte wie immer seine Hausaufgaben gründlich gemacht und die wesentlichen Details der Geschichte übersichtlich aufgelistet.

»Erlauben Sie mir, dass ich Ihr Gedächtnis ein wenig auffrische, Herr de Wahl. Olof Silfverbielke und seine Firma hatten bei Ihrer Bank hohe Kredite aufgenommen. Plötzlich haben Sie die Kredite ohne Vorwarnung eingefordert und anschließend die gesamte Firma für eine Krone übernommen.«

»Sie haben keinen Anlass, in dieser Angelegenheit herumzuwühlen!«

Vadh zog amüsiert die Augenbrauen hoch. »Wirklich nicht? Ich versuche, den Mord an Ihrem Sohn aufzuklären, und alle Informationen, die …«

»Dann tun Sie das gefälligst, anstatt in Dingen herumzuwühlen, die Sie nichts angehen und von denen Sie keine Ahnung haben. Machen Sie Ihre Arbeit, sonst sehe ich mich gezwungen, den Reichspolizeichef persönlich anzurufen!«

Interessant. Erst wirkt er gefühlskalt, obwohl sein Sohn ermordet wurde. Außerdem tut er so, als wüsste er nichts von der Homosexualität seines Sohnes, obwohl das für die Ermittlungen wichtig ist. Und wenn man bei seinen Geschäften nachbohrt, vertuscht er lieber, anstatt uns zu helfen, den Mordfall zu lösen.

Vadh krakelte etwas auf den Notizblock, der vor ihm lag. »Ich glaube, das ist eine ausgezeichnete Idee. Der Reichspolizeichef kann uns vielleicht bei der Suche nach dem Mörder Ihres Sohnes helfen, indem er uns mehr Ressourcen zur Verfügung stellt. Ich bitte Sie, für weitere Fragen zur Verfügung zu stehen. Guten Tag.«

Das Handy vibrierte. Silfverbielke checkte die Nummer auf dem Display und nahm den Anruf an.

»Hallo, Hans, wie läuft's im England der Königin?«

»Gut, und das Wetter ist für die Jahreszeit ungewöhnlich schön. Aber eigentlich telefoniere ich nicht, um über das Wetter zu reden.«

»Nein?«

»Chris, mich hat gerade ein Bulle von der Kripo Stockholm angerufen.«

Silfverbielke gab sich Mühe, aufrichtig erstaunt zu klingen. »Was? Wieso das denn? Was hast du schon wieder angestellt?«

»Überhaupt nichts, soviel ich weiß. Er sagte, es gehe um den Mord an Alexander de Wahl. Mehr wollte er nicht sagen. Ich habe natürlich gefragt, ob ich irgendwie verdächtig bin …«

Silfverbielke erstarrte. *Die Mütze?* Hatte er einen Fehler begangen? Hatte die Polizei trotz allem aus irgendeinem Grund Hans' DNA?

»Ja?«

»… aber er hat mir versichert, dass ich das nicht bin. Von einer Vernehmung war nicht die Rede, aber ein paar Kriminalinspektoren möchten mich gern Anfang nächster Woche treffen und mir ein paar Fragen stellen. Sie sagten, es handle sich um Sandsjö.«

Wieso ausgerechnet Hans? Wenn sie aus irgendeinem Grund herausgefunden hatten, was damals in Sandsjö passiert war, hätten sie eigentlich ihn fragen müssen.

»Na, das klingt aber seltsam. Was hast du ihnen gesagt?«

»Dass ich erst ab Mittwoch für sie Zeit habe. Ich dachte mir, es wäre gut, wenn wir uns vorher sehen könnten.«

Silfverbielke klang vollkommen ruhig, als er antwortete: »Gute Idee. Aber ich glaube nicht, dass du dir Sorgen machen musst.«

Ecker zögerte. »Chris, ich habe dich zwar schon vor einer Weile gefragt, aber … hast du etwas mit dem Mord zu tun? Du weißt, allzu viel steht auf dem Spiel, als dass …«

»Hans«, seufzte Christopher laut, »dir ist doch wohl klar, dass ich damit nichts zu tun habe. Für wie dumm hältst du mich? Ich war an dem Tag, an dem der Mord geschah, bei der Arbeit. Außerdem hatte ich diese Scheiße von damals schon lange vergessen, bis ich in der Zeitung über ihn gelesen habe.«

»Ja, okay … gut, ich wollte nur noch mal genau nachfragen. Ähhm, wie geht's sonst?«

»Super. Ich habe ein paar gute Geschäfte für uns abgeschlossen und gestern eine hübsche junge Dame beglückt.«

»Nett. Erzähl.«

Silfverbielke lächelte, als er daran dachte, dass Veronica seit dem Telefongespräch am frühen Morgen bereits vier SMS geschickt hatte. Die letzte lautete:

Muss ständig daran denken, was du mit mir gemacht hast. Wunderbar! Mehr! V.

»Da gibt's nicht viel zu erzählen. Eine hübsche, schlanke Blondine, die ich im East aufgerissen habe.«

»Klingt wie Veronica«, witzelte Hans.

»Tja, jetzt wo du es sagst, erinnert sie mich ein bisschen an sie. Allerdings scheint mir diese Braut ein bisschen wilder zu sein als Veronica, so wie du sie mir beschrieben hast. Sie ist ein Tier.«

»Verdammt, ich bin richtig neidisch auf dich.«

»Neidisch? Du bist doch in London. Da gibt es jede Menge Bräute.«

»Ja, aber die sind schweineteuer. Hier reicht es nicht, dass man sie mit ein paar Drinks abfüllt oder ihnen eine Prise Koks gibt. Hatte letzte Nacht eine, und der Spaß hat mich fast tausend Pfund gekostet.«

»Oh je! Aber ich hoffe, sie war es wert.«

Ecker lachte leise. »Absolut. Hör zu, Chris, ich muss jetzt Schluss machen, wir sprechen uns später. Was machst du am Wochenende?«

»Ich glaube, ich treffe mich wieder mit der jungen Dame.«

»Du Sau!«, kicherte Ecker. »Gut, dass sie nicht meine Schwester ist.«

»Danke für das Kompliment. Und was machst du am Wochenende?«

»Offiziell – mehr Business. Inoffiziell – mehr Bräute, Koks und Alkohol.«

»Richtig so. Wir telefonieren, wenn du wieder zu Hause bist. Mittagessen am Dienstag?«

»Abgemacht. Reservierst du einen Tisch im Riche? Aber ohne Johannes, oder?«

»Mach ich. Und ja, ohne Johannes.«

»Pass auf dich auf.« Ecker legte auf.

Silfverbielke saß eine Weile nachdenklich da, das Handy immer noch in der Hand.

War das nur ein Zufall, oder zieht das Netz sich langsam zu?

Dafür war es in diesem Fall noch viel zu früh.

Kapitel 28

Freitag, 23. Februar

Eine neue SMS. Silfverbielke las sie.

Nur noch wenige Stunden, dann ist es so weit … V.

Er ging den Nachrichtenordner durch, las amüsiert die letzten drei SMS von Helena und schrieb ein paar Antworten, die bei dem Mädchen als niedlich und gleichzeitig erregend rüberkommen mussten. Dann wandte er sich dem Computermonitor zu und arbeitete ein paar Stunden konzentriert. Berechnete Risiken. Kalkulierte. Nahm Positionen in kurzfristigen Termingeschäften ein und machte schnelle Abschlüsse. Holte Gewinne heim.

Am späten Nachmittag stand Pernilla gegen seinen Türrahmen gelehnt.

»Hallo!«

Christopher sah sie fragend an und lächelte schwach. »Hallo.«

»Ähh … fällt dir was auf?«

Sie ist wohl beim Frisör gewesen oder hat sich ein neues Kleid gekauft. Wie zum Teufel soll ich das im Blick behalten?

Er breitete entschuldigend die Arme aus und senkte die Stimme. »Pernilla, du hast so tolle Beine, also kann ich mir nur denken, dass du wunderschöne Nylonstrümpfe trägst. Das sind Halterlose, stimmt's?«

Pernilla blickte verwirrt drein und schaute an sich herab. »Ähh, nein, das ist eine ganz normale Strumpfhose. Mensch, Christopher, ich habe mir die Haare färben lassen, siehst du das denn nicht? Sie sind doch ganz rot.«

Er lächelte breit. »Ja klar, *jetzt* sehe ich es. Entschuldige bitte. Ui, das sieht wirklich toll aus.«

»Findest du wirklich?«

»Wirklich.« Er nickte überzeugend. »Toll. Der Farbton hat Klasse. Damit siehst du noch eleganter aus.«

»Ach, das ist wirklich lieb von dir, danke. Was machst du übrigens am Wochenende?« Sie neigte den Kopf ein wenig zur Seite.

Ich werde eine Frau so richtig durchficken, die dreimal so hübsch ist wie du, die weiß, wie man sich kleidet, und die wenigstens über eine Andeutung von Intelligenz verfügt.

Sein Lächeln verflog schnell und er seufzte. »Ja, da ist ja diese Sache mit meiner Mutter. Es geht ihr wieder schlechter.«

»Oh nein! Tut mir leid, das zu hören. Liegt sie immer noch im Krankenhaus?«

Nein, sie spielt Bowling in Barcelona, du dumme Gans. Um Himmels willen, ich muss diese blöde Tussi so bald wie möglich rauswerfen.

»Ja, leider ist sie wieder auf der Intensivstation. Ich werde wohl den Großteil des Wochenendes an ihrem Bett sitzen. Wir stehen uns sehr nahe.«

Pernilla blickte enttäuscht drein, nickte aber. »Ich verstehe. Es gibt also keine Möglichkeit, dass wir … ich meine, vielleicht nur ein schnelles Mittagessen oder so?«

»Tut mir leid, Süße«, er schüttelte den Kopf, »aber ich würde mir nie verzeihen, wenn ihr etwas passiert und ich nicht bei ihr bin. Sie wirkt wesentlich ruhiger, wenn ich ihre Hand halte.«

Eine Träne quoll aus Pernillas rechtem Auge. Sie wischte sie weg. »Du bist so ein guter Mensch, Christopher. Ich hoffe wirklich, dass es deiner Mutter bald wieder besser geht. Vielleicht können wir nächstes Wochenende zusammen Mittag essen?«

Nächstes Wochenende arbeitest du nicht mehr hier. Als ob du nie existiert hättest.

Er nickte ernst. »Das hoffe ich auch. Schönes Wochenende, Pernilla.«

Sobald ihre Schritte im Flur verhallt waren, griff er zum Telefonhörer und wählte eine Nummer.

»Hallo, Johannes, hier ist Christopher. Wie geht's?«

Ohne auf die Antwort zu hören, senkte er die Stimme und fuhr fort: »Du, ich habe einen interessanten Vorschlag für dich. Du brauchst nicht zufällig eine äußerst tüchtige Sekretärin, jetzt, wo du Geschäftsführer bist?«

Ein paar Stunden später öffnete Christopher Silfverbielke einer hübsch geschminkten Veronica Svahnberg die Tür. Sie hatte die Haare nach hinten gegelt und trug ein äußerst kurzes, schwarzes, hautenges Kleid, schwarze Stiefel und schwarze Nylons. Er vermutete, dass das alles war.

Sie lächelte ihn neckisch an und fuhr sich mit der Zungenspitze über die Oberlippe.

Silfverbielke zog sie schnell in die Wohnung und schloss die Tür. »Schlampe!«, flüsterte er ihr ins Ohr und biss sie leicht ins Ohrläppchen.

Sie atmete tief ein und keuchte: »Nimm mich!«

Er hieß sie auf die gleiche Weise willkommen wie am Abend zuvor – wenn auch grober – und besorgte es ihr auf dem Fußboden im Flur. Die folgenden fünfundfünfzig Stunden waren eine einzige ununterbrochene Orgie, bestehend aus

Essen, Champagner, Kokain und wildem, bisweilen ziemlich brutalem Sex.

Als sie ihm einmal mit ihrem Blick folgte, zog Silfverbielke sich vor ihren Augen ein Kondom über. Kurz darauf machte er sie mit seiner Zunge wahnsinnig. Gleichzeitig entfernte er heimlich das Kondom und ließ es unter dem Bett verschwinden.

Um Viertel vor drei in der Nacht von Sonntag auf Montag schlüpfte sie in das schwarze Kleid und wartete auf ihr Taxi. Ihre Haare waren zerzaust, und die Tränen, die ihr die Kombination aus Schmerzen und Lust in die Augen getrieben hatte, hatten ihr Mascara verwischt. Silfverbielke beugte sich vor, küsste ihren Nacken und spürte, wie sie erschauderte.

»Schluss jetzt, Christopher, du machst mich wahnsinnig. Ich will einfach nur mehr. Was hast du mit mir gemacht?«

»Nichts.« Er setzte eine unschuldige Miene auf. »Aber wie willst du Hans diese roten Striemen auf deinem Hintern erklären?«

Veronica Svahnberg errötete. »Ich sage ihm einfach, dass ich meine Tage habe, und zieh mir ein großes Höschen an. Dann will er nichts weiter wissen und sehen. Aber wann können wir uns wieder treffen?«

»Das weiß ich genauso wenig wie du. Wir müssen jetzt aufpassen, wir wollen ja schließlich nicht, dass etwas schiefgeht, oder? Wann wollt ihr übrigens heiraten?«

Sie biss sich auf die Lippe und sah ihn an. Er bemerkte, wie ein paar Tränen in ihren Augen glänzten.

»Das weiß ich nicht«, flüsterte sie, »noch steht nichts fest. Manchmal scheint es mir, als ob er gar nicht will, und manchmal weiß ich selbst nicht, was ich will, und … das ist alles so durcheinander. In meinem Innersten will ich ja eigentlich dich. Was soll ich tun, Christopher?«

Sie fing an zu weinen, und er fluchte innerlich. *Verdammt, kann man nicht mal in Ruhe vögeln, ohne Psychologe, Friedensstifter oder weiß Gott was spielen zu müssen? Höchste Zeit, dass sie verschwindet!*

Er drückte sie fest und flüsterte: »Du musst jetzt runtergehen, Süße, sonst ist dein Taxi weg. Aber keine Angst, alles wird sich regeln. Ich weiß, dass Hans dich liebt, wirklich. Er hat in Berlin darüber geredet, wie sehr er mit dir zusammen ein Haus kaufen und Kinder haben will.«

Veronica blickte mit glänzenden Augen zu ihm auf. »Hat er das wirklich gesagt?«

»Gesagt? Er hat so oft damit angefangen, dass wir ihn bitten mussten, endlich aufzuhören.« Christopher lachte. »So, jetzt aber los, Süße. Wir telefonieren morgen. Schlaf gut!«

Sie küsste ihn ein paarmal auf den Mund, ehe sie die Treppe hinunter verschwand.

Kapitel 29

Samstag, 24. Februar

»Verdammt, tut mir der Arm weh! Wessen Idee war das eigentlich?«

»Deine.« Henrik Vadh grinste ihn an und trank einen kräftigen Schluck aus der Wasserflasche.

Jacob Colt massierte den rechten Arm und verzog das Gesicht.

»Ich habe mal irgendwo gelesen, dass man für jedes Jahrzehnt, das man älter wird, doppelt so hart trainieren muss, um seine Form zu behalten«, frotzelte Vadh.

»Danke, Henrik, du bist wirklich ein echter Freund.« Jacob Colt setzte eine saure Miene auf, als er Vadh ansah.

Sie befanden sich im Umkleideraum in der Squashhalle in Sollentuna, wo sie sich eine Stunde lang beim Badminton verausgabt hatten und jetzt vollkommen durchgeschwitzt waren. Henrik Vadh zog die Sportklamotten aus und ging in den Duschraum. Jacob folgte seinem Beispiel. Unter der Dusche warf er einen verstohlenen Blick auf Vadh und stellte fest, dass sein Kollege körperlich fitter aussah. Keine fünf Kilo zu viel, kein Bauchansatz. *Ich muss mich zusammenreißen und mehr trainieren. Vielleicht in ein Fitnessstudio gehen. Oder mir einen Hund anschaffen?*

Colt schloss die Augen, wandte das Gesicht nach oben und ließ das heiße Wasser über sich hinwegspülen. Musste man psychisch ausgeglichen sein, um beim Training richtig abzuschalten? Würde er, falls er eine solche Ausgeglichenheit erreichen sollte, sämtliche Gedanken an die Arbeit verdrängen können, wenn er nach Hause ging?

Womöglich verhielt es sich so, dass die besten Polizisten stets ihre Fälle, Fäden und Gedanken im Hinterkopf hatten. Oder war das Gegenteil der Fall? War derjenige in Wirklichkeit ein Idiot, der einen Fall so persönlich nahm, dass dieser ihn auch nachts und am Wochenende verfolgte?

Sie teilten sich die Arbeit untereinander auf: Jacob würde sich um den Wein kümmern, Henrik das Essen planen, Lebensmittel einkaufen und kochen. Melissa und Gunilla konnten sich als Luxusfrauen betrachten – sie hatten an diesem Abend frei und konnten gemütlich miteinander Wein trinken und plaudern. Um achtzehn Uhr würden sie sich im Hause der Colts am Hollywoodvägen treffen.

Abgemacht.

Jacob stellte amüsiert fest, dass er und Henrik in der Küche genauso gut zusammenarbeiteten wie im Dezernat. Es bedurfte nicht vieler Worte, damit etwas passierte. Der eine folgte den Gedanken des anderen, machte mit, agierte. Während Champignons und Zwiebeln in den Pfannen angebraten wurden und die Rindersteaks im Blätterteigmantel im Backofen schmorten, kam wieder das Thema Polizeiphilosophie auf. Jacob teilte seinem Freund die Gedanken mit, die ihm in der Dusche nach dem Badmintonspiel durch den Kopf gegangen waren.

Henrik Vadh zog verwundert eine Augenbraue hoch. »Ich dachte, wir hätten diese Sache längst geklärt.«

»Das haben wir auch.« In Jacobs Stimme schwang Irritation mit – über sich selbst, sein Denken, seine Defizite.

»Aber trotzdem gibt es immer wieder Tage, an denen diese Überlegungen zurückkehren.«

»Glaub bloß nicht, dass es nur dir so geht. Und wie ich schon mal gesagt habe – der Kriminalpolizist, der einen erwürgten Zwölfjährigen auf seinem Schreibtisch hat und den Fall einfach beiseitelegen kann, nur weil es Freitag fünf Uhr ist, ist einfach nicht menschlich.«

»Ich weiß. Und hier geht es nicht einmal um einen Kindermord. Ich habe einfach eine Stinkwut, weil wir keine einzige Spur finden, die uns weiterbringt.«

Henrik trank einen Schluck Wein und schlug Jacob freundschaftlich auf die Schulter. »Geduld, mein lieber Holmes, nur Geduld. Du kennst meine Philosophie.«

Jacob kannte sie sehr wohl. Henrik Vadh war überzeugt, dass die allermeisten Kriminalfälle nicht durch Glück, Zufall oder die Fehler anderer gelöst wurden, sondern durch lange, hartnäckige und äußerst gründliche Polizeiarbeit. »Wir haben gegenüber dem Täter einen unglaublichen Vorteil«, pflegte er zu sagen. »Wir haben alle Zeit der Welt, um den Tathergang zu rekonstruieren und den Täter zu ermitteln. Und er hat keine Möglichkeit, das Geschehene rückgängig zu machen. Selbst wenn es den einen oder anderen Deppen gibt, der versucht, Dinge zu ändern oder Spuren zu verwischen.«

Vadh hatte recht, das wusste Jacob nur allzu gut. Aber trotzdem. Äußere Faktoren, wie zum Beispiel Druck von oben oder von der Presse, konnten in ihm Stress auslösen, der ihn vorübergehend daran hinderte, logisch zu denken und zielgerichtet zu arbeiten.

»Servierst du schon mal den Wein, das Essen ist gleich fertig?«

Jacob nickte, nahm die Weinflaschen, die er vorher geöffnet hatte, und brachte sie zu dem gedeckten Tisch im Wohnzimmer. Melissa und Gunilla saßen auf dem Sofa und waren anscheinend in ein tiefschürfendes Gespräch über Kinder, das Leben und alles Mögliche verwickelt.

»Wie geht's den Damen? Prost übrigens!«

»Mir ging's schon deutlich schlechter«, sagte Gunilla Vadh lächelnd und hob ihr Aperitifglas. »Du hältst Henrik wohl ziemlich auf Trab, hoffe ich?«

»Yes, Ma'am, Henrik ist mein Fels in der Brandung. Wenn wir in Pension gehen, biete ich ihm eine Vollzeitstelle als Koch an.«

Melissa lachte. »Ich glaube, Jacob hält in der Küche so ziemlich jeden auf Trab.«

»Jetzt bist du aber unfair!« Colt gab sich Mühe, verletzt dreinzublicken. »Willst du damit sagen, dass ich nicht gut koche?«

»Aber ja doch!« Melissa reckte den Daumen hoch. »Restepfanne ›Felix Krögarpytt‹ à la Jacob würde sämtliche Rekorde brechen, wenn du nicht vergisst, eine Dose Rote Bete dazuzugeben. Und Liebling – ein Spiegelei könnte auch nicht schaden.«

Colt versuchte, ein beleidigtes Gesicht aufzusetzen, was ihm jedoch nur schlecht gelang. Stattdessen warf er seiner Frau einen Handkuss zu und ging wieder in die Küche.

»Was hältst du von diesen neuen Spuren, Henrik?«

Vadh stand mit dem Rücken zu ihm gewandt und behielt konzentriert drei Pfannen und deren Inhalte im Auge. »Wir reden von de Wahl, stimmt's?«

»Richtig. De Wahl.«

Henrik drehte sich um, das Weinglas in der Hand. Er dachte einen Augenblick nach, ehe er antwortete.

»Ich halte ziemlich viel davon. Es scheint, als hätten wir uns von Anfang an von der Sache mit Barekzi in die Irre führen lassen. Das Ganze ging ein bisschen zu schnell und zu einfach. Als die Hypothese platzte, wussten wir auf einmal nicht mehr weiter. Aber Niklas hat eine verdammt gute Hintergrundrecherche gemacht und viel Interessantes herausgefunden. Wenn nur die Hälfte davon stimmt, gibt es ein oder zwei Personen, die ein annehmbares Motiv gehabt haben, um de Wahl umzubringen. Ich bin ziemlich neugierig, was Ecker und Silfverbielke für Typen sind. Ich hoffe, du lässt mich bei ihrer Vernehmung dabei sein.«

»Tut mir leid, Henrik, aber ich habe beschlossen, dass du an dem Tag runter in die Garage gehst und Polizeiautos wäschst. Spaß beiseite … wenn es jemanden gibt, der unbedingt bei der Vernehmung dabei sein soll, dann bist du das. Ich kenne niemanden, der schärfere Vernehmungstechniken beherrscht als du, solange Herman de Wahl nicht derjenige ist, der vernommen wird.«

Jacob brach in schallendes Gelächter aus. Henrik Vadh sah ihn grimmig an. »Möchtest du ein rohes Ei auf die Birne?«

»Hey!« Jacob hob beschwichtigend die Hände. »Ich weiß, dass niemand ihn besser gehandhabt hätte als du, Henrik, und ich weiß, dass er nicht gerade der angenehmste Mensch ist, mit dem wir diesen Monat zu tun hatten. Wir setzen wohl stattdessen auf die neuen Herren?«

»Herman de Wahl vertuscht andauernd, da bin ich mir ziemlich sicher.« Henrik Vadh gab sich nicht die geringste Mühe, den Abscheu in seiner Stimme zu verbergen. »Aber ich glaube nicht, dass er etwas mit dem Mord zu tun hat. Ich habe die Situation wirklich gründlich überdacht, aber dass er seinen eigenen Sohn aus dem Weg geräumt haben könnte, scheint mir zu weit hergeholt. Außerdem findet man nur schwer ein glaubhaftes Motiv dafür. Also bleibt er bis auf Weiteres nur ein arrogantes Arschloch.«

»Dann nehmen wir das zur Kenntnis. Was meint der Chefkoch, ist es Zeit, dass Essen zu servieren?«

Vadh ließ den Blick über die Pfannen auf dem Herd wandern und schaute im Ofen nach. »Sogar die Tomaten sehen schön und fertig aus, also bieten wir unseren hungrigen Damen eine Überraschung.« Sie brachten das Essen ins Wohnzimmer und bekamen sowohl für das Menü als auch die Planung Komplimente. Alle ließen es sich schmecken und stießen miteinander auf Gesundheit, Wohlergehen und den nächsten gemeinsamen Urlaub an.

»Habt ihr schon etwas für diesen Sommer geplant?«, fragte Gunilla.

Jacob und Melissa schwiegen gleichzeitig, und das Ehepaar Vadh sah sie fragend an.

»Ist irgendwas nicht in Ordnung?«, fragte Henrik vorsichtig.

Melissa warf Jacob einen vielsagenden Blick zu. Er seufzte und wischte sich den Mund mit der Serviette ab. »Ja und nein, eigentlich nicht. Die Situation ist folgende: Wir hatten uns gedacht, im Sommer nach Georgia zu fliegen und Melissas Familie zu besuchen, falls wir das Geld zusammenbekommen. So weit, so gut. Aber vor einem Monat kam Stephen nach Hause und ...«

Jacob hielt inne, als wüsste er nicht, wie er fortfahren sollte.

Melissa warf ihm einen forschenden Blick zu und übernahm den Stab. »Stephen kam vor einem Monat nach Hause und hat uns seinen ... Freund vorgestellt.«

Sie machte eine Pause, um die Botschaft einsinken zu lassen. Was, wie sich herausstellte, nicht notwendig gewesen wäre.

»Ja, und?«, fragte Gunilla fröhlich.

»Ja, er ist also schwul.«

»Ja, das hat ein Mann, der einen Freund hat, wohl so an sich.«

Jacob lächelte Gunilla Vadh an. »Gunilla, schön zu hören, dass du das so locker siehst, aber es ist nicht für alle so einfach.«

Henrik sah ihn fragend an.

»Es geht um meine Familie«, erklärte Melissa. »Ich komme aus einem extrem konservativen Bundesstaat, wo man weit davon entfernt ist, Homosexuelle zu akzeptieren. Stephens Großeltern lieben ihn, aber wir machen uns Sorgen darüber, was sie denken werden, wenn sie es erfahren. Gleichzeitig lieben wir Stephen natürlich, und es ist uns egal, wie er lebt, solange es ihm dabei gut geht. Uns ist klar, dass man nicht eines Morgens aufwacht und sich einfach so aus Spaß entscheidet, schwul zu sein. Aber wie gesagt, es fällt nicht allen gleichermaßen leicht, das zu verstehen.«

Henrik nickte nachdenklich, sagte aber nichts.

»Heißt das, dass diesen Sommer aus Savannah nichts wird?«, fragte Gunilla.

Jacob und Melissa wechselten schnell einen Blick.

»Wir haben uns noch nicht richtig entschieden«, antwortete Jacob. »Habt ihr eine andere Idee?«

Kapitel 30

Montag, 26. Februar

»Wie geht's, Chris? Alles klar?«

Johannes Kruut war besser gekleidet als sonst und sah aus, als wäre er in Topform.

Silfverbielke rückte diskret die Krawatte zurecht und blickte sich um. Er hatte das Restaurant Villa Källhagen als Treffpunkt vorgeschlagen, was Johannes freudig akzeptiert hatte, ohne zu verstehen, welche Absicht dahintersteckte.

Ich will nicht mit Johannes in der Nähe des Stureplans gesehen werden. Nicht gut für mein Image.

Sie studierten die Speisekarte und bestellten.

»Danke, gut? Und selbst?«

Kruut zuckte mit den Schultern. »Tja, du weißt ja, Geschäftsführer ist Geschäftsführer, das bringt deutlich mehr Arbeit mit sich als zuvor.«

»Ich verstehe, aber das ist doch wohl langfristig gut für dich, oder nicht?«

»Sicher. Aber in einem Familienunternehmen zählt in der Regel, was Papa will, wenn du verstehst, was ich meine.«

Ich verstehe. Papa hält dich für einen Taugenichts, dem er eine Chance geben muss. Du denkst, das Leben ist am angenehmsten, wenn du nichts tun musst.

Christopher nickte. »Genau aus diesem Grund habe ich dich am Freitag angerufen, Johannes. Du musst wissen, dass ich bei mir in der Arbeit eine Sekretärin habe, Pernilla. Sie ist nicht nur unheimlich tüchtig und nett, sondern auch wahnsinnig sexy, aber …«

Silfverbielke verdrehte verschwörerisch die Augen, und Johannes' Miene hellte sich auf. Christopher hielt mitten im Satz inne, und Kruut sah ihn fragend an.

»Ja? Aber was willst du mir damit sagen, Chris?«

Silfverbielke seufzte und blickte betrübt drein.

»Glaub mir, das Mädel ist wirklich spitze und hat Besseres verdient, als bei uns zu versauern. Ginge es nach mir, hätte ich sie längst zur Chefsekretärin befördert. Pernilla ist klug, nett, hat den vollen Durchblick und ist wie gesagt hübsch und sexy. Aber zwischen ihr und meinem Chef, der übrigens ein gefühlskaltes Schwein ist, ging etwas schief, und er hat nun mal das Sagen, verstehst du?«

»Du meinst, sie sitzt in einer ungerechten Falle?«

»Ich hätte es selbst nicht besser ausdrücken können.« Silfverbielke musste seine gesamte Selbstbeherrschung aufbieten, um nicht ein Messer in den Tisch zu rammen. *Ungerechte Falle? Gibt es gerechte Fallen, du Idiot?* Er sah an Kruut vorbei und fuhr fort: »Und da kam mir der Gedanke, dass du vielleicht ein Mädel brauchst, das nicht auf den Kopf gefallen ist, jetzt, wo du schwierigere Aufgaben hast. Es wird dich nicht allzu teuer kommen, sie von uns abzuwerben, das verspreche ich dir. Und natürlich wird es mir schwerfallen, sie gehen zu lassen, aber in dieser Situation will ich nur ihr Bestes. Sie hat nämlich viel für mich getan.«

Ganz zu schweigen davon, was ich für sie getan habe.

Christopher musterte Johannes aufmerksam und versuchte, dessen Reaktion abzuschätzen. Kruut lehnte sich zurück und lächelte. »Klingt nach einem astreinen Deal für mich, Christopher. Gib mir ihre Durchwahl, dann schmeichle ich ihr ein wenig und gebe ihr das Gefühl, dass sie umworben wird, so, wie wenn ein Headhunter bei ihr anruft. Wie sieht's mit dem Gehalt aus?«

»Peanuts. Ich nehme an, sie kriegt bei uns knapp fünfundzwanzigtausend Kronen, plus Überstunden. Kostenlose Gesundheitsvorsorge und vielleicht eine kleine Betriebsrente, aber nichts Großes. Biete ihr die gleichen Leistungen und siebenundzwanzig- oder achtundzwanzigtausend im Monat, dann hast du ein richtig loyales Mädchen für alles, eine, die dir in jeder Lage den Rücken freihält.« Silfverbielke zwinkerte verschwörerisch. »Und vielleicht ein bisschen mehr, wenn du verstehst, was ich meine. Du bist absolut ihr Typ.«

Kapitel 31

Mittwoch, 28. Februar

»Willkommen, die Herren. Nehmen Sie bitte Platz.« Hans Ecker deutete mit einladender Geste auf die bequemen Besuchersessel.

Während Jacob Colt sich setzte, blieb Henrik Vadh einen Augenblick stehen und musterte das Büro. Groß, straff organisiert, exklusiv eingerichtet. Es strahlte Klasse aus, ohne protzig zu wirken.

»Ich habe Ihre Dienstgrade nicht richtig verstanden ...« Ecker sah sie forschend an.

»Jacob Colt, Kriminalkommissar.« Er deutete auf Henrik. »Und das ist Kriminalinspektor Vadh.«

Der interne Trick hatte schon viele Male gut funktioniert. Der freundliche, aber etwas überlegene Kommissar stellte seinen Kollegen vor, als wäre er nur ein Anhängsel. Wenn dann die Überraschung erfolgte und es sich herausstellte, dass Vadh der Mann mit der Peitsche war, war es oft schon zu spät.

Hans Ecker nickte. »Ja, ein Kollege von Ihnen hat mich letzte Woche angerufen. Er erwähnte irgendwas darüber, dass es um den Mord an Alexander de Wahl geht. Natürlich habe ich darüber in der Zeitung gelesen. Eine furchtbare

Geschichte, aber ich verstehe nicht ganz, wie ich Ihnen in dem Zusammenhang helfen kann.«

»Reine Routine.« Jacob lächelte Ecker an. »Wie Sie sicher verstehen, müssen wir bei einer Mordermittlung jeder noch so winzigen Spur nachgehen. In diesem Fall wollen wir sehen, ob es jemanden aus de Wahls Zeit in Sandsjö gibt, der einen Grund hatte, ihn zu hassen.«

Ecker setzte eine empörte Miene auf. »Aber Sie glauben doch nicht etwa, dass ich …?«

Er spielte das Spiel genau so, wie er es mit Christopher am Tag zuvor beim Mittagessen im Riche abgesprochen hatte. Sie waren die Sache mehrmals durchgegangen, hatten sie gedreht und gewendet und waren zu verschiedenen Szenarien und Schlussfolgerungen gelangt. Chris war die ganze Zeit seelenruhig und gefasst geblieben. »Keine Sorge, ich habe die Geschichte in den Zeitungen verfolgt. Zunächst sah es so aus, als hätten sie einen Tatverdächtigen, aber das verlief ziemlich schnell im Sand. Die Bullen waren wohl tollpatschig wie immer, was weiß ich. Du brauchst also keine Angst zu haben. Ich bin schließlich derjenige, der für sie interessant ist, weil ich mich mal mit de Wahl geprügelt habe, und nicht du.«

Christophers Ausführungen hatten Hans beruhigt. Sie hatten zusammen zu Mittag gegessen und waren anschließend in ihre Büros zurückgekehrt.

Und jetzt saß dieser freundliche Kommissar auf einem Sessel und sein schweigsamerer, etwas seltsamer Partner auf dem anderen. Ecker entspannte sich allmählich. Vermutlich war es so, wie Christopher gesagt hatte. Ein Spaziergang.

Colt lächelte ihn an und schüttelte beschwichtigend den Kopf. »Nein, wir glauben nicht, dass Sie etwas mit dem Mord zu tun haben. Aber Sie waren doch zur gleichen Zeit wie Alexander de Wahl in Sandsjö, oder?«

Hans Ecker nickte. »Das stimmt. Er war ein Jahr älter und hatte folglich ein Jahr früher als ich begonnen, aber wir waren zwei Jahre zusammen dort.«

Eine Weile herrschte Schweigen. Colt blickte auf seinen Notizblock und nickte wieder. »Mhm, genau, ja. Kannten Sie irgendwelche Freunde von de Wahl?«

»Das kann ich nicht behaupten.« Ecker schüttelte den Kopf. »Sie müssen wissen, dass die Gruppierungen an dieser Schule ziemlich voneinander abgeschottet waren. Normalerweise hatte man Umgang mit denen, die mit einem zusammenwohnten und in dieselbe Klasse gingen – mit anderen Worten, Jahrgangskameraden. Es war ungewöhnlich, privat mit jemandem zu verkehren, der älter oder jünger war.«

»Traf das auch auf Alexander de Wahl zu?« Henrik Vadhs Frage kam unerwartet, und Ecker zuckte zusammen. Er fand, dass die Stimme des Mannes schneidend klang, überhaupt nicht freundlich wie die des Kommissars.

Er riss sich zusammen. *Taktik?*

»Ähh … ja, ich glaube schon.«

»Sie glauben? Sie erinnern sich also nicht?«

Ecker lächelte. »Sie müssen mich entschuldigen, aber wir reden hier von etwas, das vierzehn Jahre her ist. Seitdem ist viel Wichtiges passiert, daher sind nicht alle Details aus dieser Zeit glasklar.«

Colt, der Freundliche, übernahm wieder. »Wir verstehen sehr wohl, dass es nicht leicht ist, sich daran zu erinnern. Aber wir haben eine Menge übereinstimmender Aussagen erhalten, dass Alexander de Wahl an der Schule Umgang mit jüngeren Knaben hatte. Er war ja homosexuell, das wissen Sie vielleicht.«

Eine verfängliche Frage? Nein.

»Ja, natürlich habe ich diese Gerüchte gehört. Man munkelte, dass er schwul war und … ja, jetzt, wo ich daran denke …, ich habe gehört, dass er was mit einigen jüngeren Knaben hatte, aber das sind nur vage Erinnerungen. Und damals hat man über solche Dinge nicht geredet, vor allem nicht in Sandsjö. Das war eine … geschlossene und sehr eigene Welt.«

Der Kommissar nickte verständnisvoll und lächelte wieder, ehe er den Blick senkte und in seinem Block blätterte. *Er erinnert mich an einen englischen Kommissar in einer schlechten Krimiserie, abgesehen davon, dass er nicht so alt und fett ist. Aber er hat anscheinend null Durchblick. Chris hatte wohl recht. Es besteht keine Gefahr.*

»Aha, ja.« Ecker fand, dass der Kommissar unsicher klang, als er fortfuhr. »Und mit wem hatten Sie während Ihrer Zeit an der Schule Umgang?«

Ecker lehnte sich in dem Ledersessel zurück. »Tja, mit den Klassenkameraden im gleichen Jahrgang, und mit denen, die im gleichen Gebäude, im gleichen Flügel wie ich gewohnt haben.«

»Jean van der Laan war einer davon, wenn ich richtig verstehe?« Jetzt legte der Kommissar den Kopf schief und lächelte.

Ist dieser Bulle geistig zurückgeblieben oder einfach nur völlig harmlos?

»Mhm, genau, Jean, ja. Er war Holländer. Wir haben ein Zimmer miteinander geteilt, waren aber nie enge Freunde. Er war ein Sonderling, ein Eigenbrötler. Sie wissen schon, so ein Typ, den es nur dort gibt ...«

Colt nickte und machte eine Notiz auf seinen Block.

Hans Ecker fühlte sich langsam gelangweilt und schaute schnell auf seine Armbanduhr. *Wie viele dämliche Fragen haben die noch?* Er hatte zu tun, und außerdem – er musste innerlich grinsen – verstand er allmählich die Kritik an der ineffektiven schwedischen Polizei. Diese Typen schienen nicht besonders intelligent zu sein, und wenn das alles war, was die Kripo Stockholm zu bieten hatte, dann ...

»Christopher Silfverbielke war Ihr Zimmergenosse in Sandsjö. Er hatte eine Fehde mit de Wahl. Dessen Vater hatte Christophers Vater um sein Lebenswerk gebracht und ihn damit indirekt in den Selbstmord getrieben, nicht wahr? Und das Ganze endete damit, dass Alexander de Wahl Christopher an einem Wochenende, an dem dieser allein in seinem und Ihrem Zimmer geblieben war, vergewaltigt hat. Wie haben Sie darauf reagiert?«

Ecker zuckte zusammen und schaffte es nicht, seine Reaktion zu verbergen. Der Kriminalinspektor, der auf dem Sessel neben dem Kommissar saß, war erneut zum Leben erwacht und hatte wie aus der Pistole geschossen Behauptungen von sich gegeben, die Eckers Welt aus den Fugen brachten. Vergewaltigung? Was war das für ein Unsinn? Gewiss, de Wahl war ein Gelegenheitshomosexueller gewesen, aber …

»Wie haben Sie darauf reagiert?« Der Kriminalinspektor fixierte ihn mit einem Blick, der Hans Ecker ganz und gar nicht gefiel. Die Stimme des Mannes klang hart, als wolle er damit ausdrücken, dass er keine Lügen als Antwort akzeptierte.

Ecker stellte irritiert fest, dass seine eine Hand, die eine ganze Weile lässig mit einem Stift gespielt hatte, zu zittern anfing.

»Ich verstehe nicht ganz, was Sie …«

»Was genau verstehen Sie nicht?« Vadh lächelte böse – so kam es Ecker jedenfalls vor – und starrte auf den Stift in seiner Hand, ehe er ihm direkt in die Augen sah. »Es war wohl kein Geheimnis, dass Alexanders Vater Olof Silfverbielke ruiniert und in den Selbstmord getrieben hat. Sie wollen doch nicht etwa behaupten, dass Christopher Ihnen gegenüber nichts darüber erwähnt hat? Und wollen Sie mir auch weismachen, dass Christopher die Vergewaltigung durch de Wahl vertuscht hätte?«

Ecker gab sich Mühe, stillzusitzen und normal dreinzublicken, bewirkte aber das genaue Gegenteil. Für einen Augenblick schien es, als drehe sich das Zimmer um ihn, und seine Gedanken überschlugen sich. *Was denn, Vergewaltigung? Hatte de Wahl, diese Drecksau, Christopher wirklich gefickt? Herrgott noch mal, das hätte er dem Kerl nie verziehen, der hätte das nicht überlebt!*

Plötzlich setzte er sich kerzengrade im Stuhl auf und starrte auf einen Punkt an der Wand hinter den beiden Polizisten. *Der hätte das nicht überlebt …* Ecker spürte, wie ihm der Schweiß auf die Stirn trat.

»Das sind doch wohl Dinge, von denen Sie wissen mussten …«

Vadh fixierte Ecker mit seinem Blick. Der nette Kommissar schien sich vollkommen abgekapselt zu haben. Er saß auf seinem Sessel und blickte teilnahmslos an Hans vorbei zum Fenster hinaus.

»… da Sie ganze drei Jahre ein Zimmer in Sandsjö miteinander geteilt …«

Verdammt noch mal, Christopher! Wenn nur ein Drittel davon stimmt, wieso hast du mir nichts gesagt? Dann hätte ich dir vielleicht helfen können. Was zum Teufel soll ich jetzt bloß sagen?

»… und außerdem danach mehrere Jahre lang zusammen auf der Handelshochschule studiert haben.«

Der Mann mit der schneidenden Stimme ließ ihn keine Sekunde lang aus den Augen. Ecker spürte, wie ihm die Zunge am Gaumen klebte. Er wollte raus aus dem Büro und Wasser trinken. Er wollte Christopher anrufen. Jetzt gleich.

Er riss sich zusammen und schüttelte den Kopf. »Selbst wenn das alles stimmen sollte, ich weiß wirklich nichts darüber!«

Vadh schien ihm nicht zuzuhören, sondern fuhr fort: »Und wenn ich es richtig verstehe, haben Sie beide derzeit viel gemeinsam, sowohl beruflich als auch privat?«

»Nun ja, wir begegnen uns manchmal bei der Arbeit. Aber eins möchte ich betonen: Christopher ist der netteste Kerl auf der ganzen Welt, ein richtig zuverlässiger Freund. Er würde keiner Fliege etwas zuleide tun.«

Vadh schlug augenblicklich zu. »Wie können Sie ihn als richtig zuverlässigen Freund beschreiben, wenn Sie nur beruflich mit ihm zu tun haben?«

Langes Schweigen im Raum. Ecker versuchte, sich zu sammeln. Vadh tat so, als mache er Notizen auf seinem Block. Colt lächelte Ecker entwaffnend an, während er gründlich jede Regung im Gesicht des Mannes beobachtete.

Hans Ecker verbarg etwas.

»Was für ein verdammter Blödsinn ist das denn? Rein gar nichts davon ist wahr. Wie kommen die bloß auf so was? Ich glaube, die haben das alles nur erfunden, damit jemand sich verplappert.«

Silfverbielke sah wütend aus.

Hans Ecker hatte Christopher angerufen und ihn gebeten, nach der Arbeit in die Pianobar Anglais zu kommen. Nach ein paar Gläsern Whisky fühlte sich vieles ein bisschen leichter an.

Aber nicht alles.

Ecker zuckte mit den Schultern. »Ich kann nur wiederholen, was sie zu mir gesagt haben, Chris. Dass de Wahls Vater deinen Vater reingelegt und in den Selbstmord getrieben hat. Außerdem haben sie behauptet, de Wahl habe dich an einem Wochenende vergewaltigt, als die meisten nach Hause gefahren waren.«

»Besser als Astrid Lindgren«, zischte Silfverbielke. »Es ist schon richtig, dass dieses Schwein und ich uns ein paarmal geprügelt haben, aber glaubst du im Ernst, dass ich es zugelassen hätte, dass de Wahl mich fickt? Es war schon schlimm genug, dass er die Kleinen im ersten Flügel rangenommen hat.«

Ecker zuckte zusammen. Er griff nach dem Whiskyglas und nahm einen kräftigen Schluck. Es stimmte also, dass de Wahl sich an den jüngeren Knaben sexuell vergangen hatte. Es stimmte, dass er eine Fehde mit Christopher ausgetragen hatte, aus Gründen, die Hans damals nicht verstanden hatte. Und es stimmte, dass es Wochenenden gegeben hatte – viele Wochenenden sogar –, an denen er und van der Laan heimgereist waren, während Christopher im Internat geblieben war. Was hätte rein theoretisch de Wahl und sein Gefolge daran gehindert, Christopher zu überfallen, ihm die Scheiße aus dem Leib zu prügeln und ihn zu vergewaltigen? Und falls es wirklich passiert war, hätte Christopher jemals einem anderen davon erzählt? Nie im Leben.

Hans Ecker spürte Übelkeit in sich aufsteigen, entschuldigte sich und ging auf die Toilette.

Hatte Chris trotz allem de Wahl ermordet? Immerhin war er zynisch genug gewesen, eine Nutte in Berlin zu töten, hatte die Geschichte mit der Tussi im Hotelzimmer auf eine erschreckend kalte Art gehandhabt und hatte ihn und Johannes vorsätzlich dazu gebracht, ein kleines Mädchen im Stich zu lassen, dessen Vater festgeklemmt und vermutlich tot in einem Autowrack saß. Hatte er sich vollkommen von einem Christopher blenden lassen, der sich im Lauf der Jahre derart verändert hatte? Wenn das der Fall war – was bedeutete das für ihre Freundschaft und ihre Beziehung? Und für – den Fonds?

Hans Ecker stürzte in eine Kabine und beugte sich gerade noch rechtzeitig über die Toilettenschüssel, als es ihm hochkam. Er würgte, bis sein Magen sich so weit beruhigt hatte, dass er sich am Waschbecken säubern und in die Bar zurückkehren konnte.

Silfverbielke saß ruhig auf seinem Barhocker, in der einen Hand sein Handy, in der anderen ein Glas Champagner. Im Lauf des Tages hatte er mehrere SMS von Veronica und Helena erhalten. Das Spielchen mit dem Mädchen in Gränna amüsierte ihn, und er machte sich im Kopf eine Notiz, dass er bald zur Tat schreiten musste.

Das Spiel mit Veronica war etwas anderes und erregte ihn deutlich mehr, und zwar in vielerlei Hinsicht. Sie war verbotenes Terrain und damit auch doppelt so interessant. Aber nicht nur dies, sie war eine Frau, die ein Doppelleben führte, und das brachte ihn in Fahrt. Von außen betrachtet war sie Abteilungsleiterin in einem renommierten Schweizer Versicherungskonzern – eine kühle, professionelle Geschäftsfrau, bei der sich niemand auch nur trauen würde, ein unanständiges Wort zu äußern.

Doch wenn sie bei ihm zu Hause auf dem Fußboden lag, war sie vollkommen devot, bettelte um mehr und ließ ihn machen, was er wollte. Silfverbielke formulierte eine neckische SMS an sie.

Nur ich kann dir die harte Hand geben, die du brauchst. Wann soll ich dir wieder einen Geschmack davon geben?

Kaum hatte er auf Senden gedrückt, kam Hans zurück. Christopher blickte auf.

»Wie geht's dir?«

Ecker konnte seinem Freund nur mit Mühe in die Augen sehen. »Alles in Ordnung.«

»Gut.« Christopher musterte ihn mit einem unangenehm durchdringenden Blick, ehe er fortfuhr: »Ich habe gründlich über diese Sache nachgedacht. Ich glaube, die Bullen sind mit ihrem Latein am Ende und greifen jetzt nach Strohhalmen. Seit dem Mord ist eine Menge Zeit vergangen, und sie haben immer noch keinen Verdächtigen. Die Zeitungen und de Wahls Familie machen Druck. Jetzt versuchen sie verzweifelt, eine neue Fährte zu finden, egal, ob die irgendwohin führt oder nicht.«

Hans Ecker lehnte sich zurück, schloss die Augen und überlegte. Das klang nicht ganz logisch, es gab immer noch zu viele Fragezeichen. Er öffnete die Augen und erwiderte Christophers Blick. Fand immer noch, dass er kälter und härter war als sonst, obwohl sein Freund lächelte.

»Sie haben mich angerufen, kurz nachdem sie bei dir waren«, sagte Silfverbielke, führte das Champagnerglas zum Mund und trank einen Schluck. Dann fuhr er fort: »Sie wollen morgen um fünfzehn Uhr bei mir vorbeikommen.«

Ecker sah ihn an. »Und was hast du gesagt?«

Christopher Silfverbielke steckte das Handy in die Tasche, ehe er antwortete. »Dass sie das gern tun können.«

Kapitel 32

Donnerstag, 1. März

»Was zum Teufel … fängt der Feierabendverkehr jetzt schon um halb drei an? Den Leuten geht es zu gut, die verdienen zu viel Geld. Ich habe gelesen, dass irgend so ein Wirtschaftsguru meint, dass der Dreistundentag schneller kommen wird, als wir glauben, dank des Kapitalismus. Aber er meinte auch, dass wir deswegen nicht glücklicher werden, denn je mehr wir in kürzerer Zeit und mit weniger Arbeitsaufwand verdienen, desto mehr arbeiten wir. So wichtig ist die Arbeit in unserem Leben.«

Jacob Colt lenkte den BMW durch den Verkehr vom Polizeipräsidium in Kungsholmen zum Stureplan. Die größte Herausforderung des heutigen Tages bestand wahrscheinlich darin, dort einen Parkplatz zu finden.

»Außerdem habe ich immer mehr den Eindruck, dass die Top-Performer in der Geschäftswelt nicht ganz normal im Kopf sein können«, fuhr er fort. »Sie haben Familie und machen gleichzeitig Karriere. Sie arbeiten siebzig bis achtzig Stunden die Woche oder mehr, plus Wochenenden. Sie spielen mit Millionenbeträgen, schaffen es aber nicht einmal, ihren Kleinen einen Gutenachtkuss zu geben, weil die nämlich längst schlafen, wenn ihr Papa, der Chef, nach Hause kommt.«

»Und«, ergänzte Vadh, »wenn sie dann mit der Familie eine Luxusreise in die Südsee machen, haben sie ihren Laptop dabei und arbeiten in ihrem Hotelzimmer, während die Familie in der Sonne liegt. Was für ein Vergnügen!«

Sie schwiegen eine Weile, bevor Vadh fortfuhr. »Ja, an all dem ist wohl etwas dran. Aber das wird dir und mir wohl nie passieren, ob wir nun von Millionengehältern, Dreistundentagen oder mehr Geld für weniger Arbeit reden.«

Colt grinste. »Wir arbeiten in der falschen Firma, so einfach ist das. Man hätte wohl – wie hat Holm das doch gleich wieder genannt – Eigenhändler werden sollen.« Er kratzte sich nachdenklich am Kinn. »Aber was sollen wir jetzt von dieser Sache halten?«

»Tja«, Vadh zuckte mit den Schultern, »das kann man nie wissen. Aber etwas sagt mir, dass Hans Ecker gestern teils sehr verwundert war, teils seine tatsächliche Beziehung zu Silfverbielke uns gegenüber nicht offenlegen wollte.«

»Du meinst, wie er reagiert hat, als du Olof Silfverbielkes Selbstmord, die Vergewaltigung und das alles erwähnt hast?«

»Mhm. Und wieso sollte er uns verschweigen, dass er und Silfverbielke befreundet sind und privat miteinander verkehren, wenn er nicht etwas anderes zu verbergen hätte, das etwas mit diesem Umstand zu tun hat? Aber ich glaube, dass die heutige Vernehmung weniger ergiebig sein wird. Ich bin mir ziemlich sicher, dass die Herren sich nach unserem gestrigen Besuch bei Ecker untereinander abgesprochen haben.«

»Das haben sie bestimmt.« Colt bog in die Birger Jarlsgatan und lenkte den BMW in Richtung Stureplan. »Außerdem habe ich so ein komisches Bauchgefühl, dass Silfverbielke aus bedeutend härterem Holz geschnitzt ist als Ecker.«

Vadh sah ihn an. »Was führt dich zu der Annahme?«

»Ich weiß nicht. Vielleicht seine Vergangenheit. Er hat es schließlich schwerer gehabt, egal, ob das mit der Vergewaltigung stimmt oder nicht. Wir wissen zumindest, dass er gemobbt wurde. Wir wissen auch, dass de Wahl senior seinen Vater ruiniert hat, und dass dieser sich das Leben nahm. Silfverbielke junior ist vermutlich eine Kämpfernatur, einer, der sich mehr anstrengen musste als andere, um dorthin zu gelangen, wo er heute ist.«

Henrik Vadh dachte eine Weile nach. »Ich glaube, du hast recht. Sollen wir ungefähr so wie gestern beginnen, aber mit dem Unterschied, dass ich früher und ein bisschen härter eingreife? Ich glaube, dass könnte ziemlich gut funktionieren.«

»Versuchen wir's. Schau dich nach Parkplätzen um, es ist ja immer sauschwer, hier einen zu finden.«

Christopher Silfverbielke hatte Pernilla Grahn Bescheid gegeben, dass er Besuch von zwei Polizeibeamten erwarte, und ihr versichert, dass überhaupt kein Anlass zur Sorge bestehe. Es sei natürlich denkbar, dass die Herren ein paar Informationen haben wollten, um die er sie bitten müsste, aber ...

Sie hatte ihm beflissen versichert, dass dies absolut kein Problem sei und dass sie ihm gern zu Diensten stünde. So dumm war Pernilla auch wieder nicht, dass sie nicht ahnte, dass sie Christopher den tollen Job verdankte, den ihr dieser junge Firmenchef Johannes Kruut angeboten hatte. Der Mann hatte so nett geklungen, und außerdem würde sie über dreitausend Kronen mehr im Monat bekommen. Dreitausend!

»Willkommen, die Herren. Wenn Sie mir bitte folgen würden, dann ...« Pernilla lächelte und wies Jacob Colt und Henrik Vadh den Weg zu Christophers Büro.

Silfverbielke stand auf, als sie eintraten, ging um den Schreibtisch herum und streckte ihnen die Hand entgegen. Als sie sich vorgestellt und Platz genommen hatten, beugte Christopher sich über den Schreibtisch vor, faltete die Hände und lächelte. »Was kann ich für Sie tun?«

»Wie ich gestern bei unserem Telefongespräch schon erwähnte, geht es um den Mord an Alexander de Wahl.«

Während Jacob das Gespräch eröffnete, arbeitete Vadhs Hirn hart, um sich ein Bild von Christopher Silfverbielke zu machen. Er hatte Holms Hintergrundmaterial gründlich gelesen und wusste, dass der Mann unheimlich tüchtig auf seinem Gebiet war. Er war alleinstehend und hatte keine näheren Angehörigen außer seiner gealterten Mutter. Bisher war er nicht polizeilich aktenkundig geworden, und ein Vergleich zwischen seinem Einkommen und seinem Lebensstil wies auf keine Unregelmäßigkeiten hin.

Vadh ließ den Blick durch den Raum schweifen. Sauber, hübsch und diskret. Im Gegensatz zu Hans Eckers Büro gab es hier nicht den geringsten persönlichen Touch. Keine Fotos, keine eingerahmten Diplome an den Wänden. Nichts von dem persönlichen Kram, den man meistens auf Schreibtischen oder Bücherregalen sieht.

Silfverbielke war äußerst elegant gekleidet, ohne protzig zu wirken. Dunkelgrauer Anzug, weißes Hemd und unauffällig gemusterte Krawatte. Die Haare waren glatt zurückgegelt, ein Look, der heutzutage die einzige Alternative zu einem rasierten Schädel schien, der einen wie einen KZ-Häftling aussehen ließ.

Der Mann lächelte Jacob Colt häufig an, aber Vadh entdeckte auch einen stahlgrauen Blick, der alles andere als freundlich wirkte.

»Reine Routine sozusagen. Wir möchten lediglich die Informationen bestätigen, die wir bereits haben.« Jacob nickte Silfverbielke ruhig zu. »Kannten Sie Alexander de Wahl?«

Christopher lehnte sich im Sessel zurück, faltete die Hände über dem Bauch und sah aus, als würde er kurz überlegen. Er presste die Luft zwischen den Lippen hervor. »Das«, sagte er schleppend, »kann man wohl nicht sagen. Wir sind ein paar Jahre lang zur gleichen Zeit auf das Internat Sandsjö gegangen, aber er war ja ein Jahr älter, und man hatte zu anderen Jahrgängen nicht so viel Kontakt. Später habe ich natürlich einiges über ihn in den Finanzzeitungen gelesen, aber das ist auch schon alles.«

»Wirklich?« Vadh musterte ihn gründlich, während er sich vorbeugte und einen Stapel Papiere aus seiner Aktentasche nahm.

»Ja.« Silfverbielkes Stimme klang ruhig und feststellend.

Jacob schaute zum Fenster hinaus, während Henrik auf seine Papiere starrte, als suche er nach einer wichtigen Information.

Ihr müsst euch schon mehr anstrengen, Jungs, dachte Silfverbielke. *Das habe ich schon im Kino gesehen. Der Good Cop zuerst, dann der Bad Cop. Mit ein bisschen Glück kommt der Good Cop am Schluss wieder und bietet mir eine Zigarette an, damit ich alles gestehe. Gähn.*

»Da habe ich aber einen ganz anderen Eindruck, basierend auf dem, was uns Zeugen erzählt haben.«

Christopher zog die Augenbrauen hoch und lächelte schwach. *Soso. Dann lass mich doch mal sehen, was du hast …*

»Zunächst einmal hat eine Reihe von ehemaligen Sandsjö-Schülern berichtet, dass es zwischen de Wahl und Ihnen eine Fehde gab, die mindestens zwei Jahre dauerte. Man sagte uns, de Wahl habe Sie misshandelt, während seine Freunde Sie festhielten. Wir haben auch Informationen, die besagen, dass Sie sich später an ihm gerächt haben, indem Sie ihn an einem späten Abend im Wald neben der Schule verprügelt haben.«

Henrik Vadh musterte Silfverbielkes Gesicht aufmerksam. Nicht die geringste Veränderung.

»Soso, das hat man Ihnen also gesagt«, erwiderte er amüsiert. »Und was den ersten Teil anbelangt, so stimmt das auch. De Wahl war in vieler Hinsicht ein unangenehmer Mensch, der seine eigenen Klassenkameraden und auch ein paar von den jüngeren Schülern gemobbt hat. Es stimmt auch, dass er mir mal eine Tracht Prügel verpasst hat. Aber so etwas kommt an dieser Art von Schule vor, das gehört gewissermaßen dazu. Es ist jedenfalls nichts, an das man sich Jahre danach noch groß erinnert. Ich hatte die Sache praktisch vergessen, bis Sie sie erwähnt haben.«

Vadh konterte sofort. »Und was ist mit der Aussage, Sie hätten de Wahl im Wald niedergeschlagen?«

Christopher antwortete schnell. Ein bisschen zu schnell, dachte Vadh.

»Das ist natürlich nichts weiter als ein Ammenmärchen, obwohl es für mich schmeichelhaft klingt. Ich verschwende auf solche Menschen weder Zeit noch Energie – wenn man mich nicht dazu zwingt, versteht sich.«

Da! Ein Zucken in den Augenmuskeln. *Wenn man mich nicht dazu zwingt …*

»Ich bin übrigens nicht der Typ, der einfach so andere Menschen schlägt. Ich finde, im Allgemeinen ist Gewalt ein Zeichen mangelnder Intelligenz.«

Colts Miene hellte sich auf. »Da stimme ich Ihnen voll zu. Wenn nur alle Menschen so dächten.«

Silfverbielke konnte nicht mehr an sich halten und massierte sich leicht die Stirn mit den Fingerspitzen. *Ist dieser Trottel wirklich Kommissar? Er wäre besser als Hausmann für Pernilla Grahn geeignet. Zahle ich tatsächlich mit meinen Steuern seinen Lohn?*

»Wenn man Sie nicht dazu *zwingt*, sagten Sie?« Vadh sah ihn forschend an. »Hat Alexander de Wahl Sie jemals zu irgendetwas gezwungen?«

»Nein. Was sollte das gewesen sein?« Silfverbielkes Stimme klang weiterhin träge, beinahe gleichgültig.

»Eine homosexuelle Vergewaltigung.«

Ein Zucken – und noch eins.

Ohne dass er es verhindern konnte, spielte sich das gesamte Szenario erneut auf Christophers Netzhaut ab. Er schäumte innerlich vor Wut und musste seine ganze Selbstbeherrschung aufbieten. Er brauchte dringend etwas zu trinken, aber jetzt war absolut nicht der richtige Moment, um nach einem Glas Wasser zu fragen. *Halte durch. Du bist klüger als diese Knaben.*

»Eine ho-mo-se-xu-el-le Ver-ge-wal-ti-gung?« Silfverbielke betonte jede einzelne Silbe und blickte amüsiert drein. »Nein, so etwas ist wirklich nicht passiert.«

Bist du dir ganz sicher?, dachte Vadh. *Fass dir noch mal an den Arsch. Ich sorge dafür, dass du früher oder später darauf landest.*

Etwas stimmte hier ganz und gar nicht, das sagte ihm sein Gefühl. Der Mann war zu gut, zu beherrscht. Jemand, der nie einer homosexuellen Vergewaltigung ausgesetzt gewesen war, hätte auf eine solche Frage ganz anders reagiert.

Setz ihn noch ein bisschen unter Druck.

»Komisch …«, murmelte Vadh und schaute auf seine Papiere.

Der Trick funktionierte.

Silfverbielke beugte sich vor, und als Vadh wieder aufblickte, stellte er fest, dass der Mann nicht mehr lächelte.

»Was soll daran so komisch sein?«

Vadh wühlte weiter in seinen Papieren, ohne Silfverbielkes Blick zu erwidern. »Mehrere von de Wahls Klassenkameraden behaupten, dass Alexander Sie mithilfe von ein paar Jungs, die Sie festgehalten haben, in Ihrem Zimmer vergewaltigt hat, und zwar an einem Wochenende, an dem sich nur wenige Schüler im Internat aufhielten.«

Silfverbielke entwich ein tiefer Seufzer, und als Vadh aufblickte, nahm er erneut ein kaum merkliches Zucken an einem Auge wahr.

»De Wahls Klassenkameraden irren sich.« Christopher klang jetzt fast gelangweilt. »Sie müssen wissen, dass es in unserer Branche leider sehr viel Neid gibt. Ich will nicht angeben, aber ich bin ziemlich gut auf meinem Gebiet. Wenn ich auf alles reagieren würde, was die Leute über mich behaupten, käme ich nicht dazu, meine Arbeit zu machen.« Er lehnte sich wieder zurück und sah genauso entspannt aus wie zuvor.

Henrik Vadh befielen plötzlich Zweifel. Hatte er sich trotz allem getäuscht? Die Zuckungen am Auge konnten ja eine ganz andere Ursache haben, und der Mann ließ sich nicht von unbequemen Fragen provozieren, bei denen alle, die sich schuldig fühlten, ausflippen würden.

»Können Sie etwas zu der Behauptung sagen, Herman de Wahl habe Ihren Vater ruiniert und in den Selbstmord getrieben?«

Colts erste Frage nach längerer Zeit löste bei Silfverbielke eine Reaktion aus. Henrik Vadh kam es so vor, als würde der Mann erstarren und sorgfältig seine Hände betrachten, die er immer noch über dem Bauch gefaltet hatte. Wurden sie nicht ein wenig weiß?

»Wie bitte?«

Jacob beugte sich vor. »Unseren Informationen zufolge hat Herman de Wahl in seiner Eigenschaft als Bankdirektor auf Ihren Vater Druck ausgeübt, seine Firma augenblicklich und unerwartet der Bank für eine Krone zu überlassen. Das machte ihn so deprimiert, dass er sich später das Leben nahm.«

»Ja, diese Version habe ich ebenfalls gehört. Und …«, Silfverbielke blickte auf einmal betrübt drein, »… vielleicht wäre es auch am besten gewesen, wenn es sich wirklich so zugetragen hätte.«

Vadh runzelte die Stirn. »Wie meinen Sie das? Das mit der Bank und der Firma stimmt doch, oder?«

»Natürlich stimmt das, aber es fehlen gewisse Details. Ich erzähle es Ihnen gern, aber mit Rücksicht auf meine Mutter wäre ich Ihnen dankbar, wenn Sie es nicht an die große Glocke hängen.«

Colt nickte. »Fahren Sie fort.«

»Als mein Vater gezwungen wurde, seine Firma der Bank zu überlassen, war er bereits schwer depressiv. Er kam nicht damit klar, dass sämtliche Geschäftsprinzipien, an die er sich gehalten hatte, wegen der brutalen Konkurrenz durch die Niedriglohnländer nichts mehr wert waren. Er hat dafür gekämpft, die Firma auf den richtigen Kurs zu steuern, aber das Ganze hat ihm einfach keinen Spaß mehr gemacht.«

Silfverbielke verzog das Gesicht. »Aber das war nicht alles, es gab auch noch andere Probleme. Die Ehe meiner Eltern lief seit einigen Jahren schlecht und entwickelte sich mit der Zeit zu einer reinen Katastrophe. Mein Vater hat immer mehr getrunken. Tagsüber konnte er es verheimlichen, aber meine Mutter hat es gemerkt und ihn deswegen verachtet. Zu der Zeit wohnte ich ja noch zu Hause, also habe ich das meiste von dem mitbekommen, was zwischen ihnen lief.«

Henrik Vadh machte sich Notizen. Colt hörte aufmerksam zu und forderte Silfverbielke mit einem Kopfnicken auf, fortzufahren.

»Eines Abends hörte ich durch die Wand, wie sie aufgeregt gestritten haben. Ich habe mich näher herangeschlichen und gelauscht. Wie sich herausstellte, hatte meine Mutter hinter dem Rücken meines Vaters ein Verhältnis mit einem anderen Mann begonnen.« Christopher seufzte schwer. »Entschuldigen Sie, aber mir fällt es ziemlich schwer, diese Geschichte zu erzählen.«

»Ich verstehe«, sagte Vadh, »aber es ist wichtig, dass wir uns von der Gesamtsituation ein Bild machen.«

Silfverbielke nickte. »Auf jeden Fall schien mein Vater nach diesem Zwischenfall völlig die Selbstbeherrschung zu verlieren. Er hat ziemlich schwer getrunken, und ich vermute, dass er den einen oder anderen geschäftlichen Fehler gemacht hat. Auch wenn er mir etwas anderes erzählt hat, kann ich mir vorstellen, dass de Wahl aus rein risikoanalytischen Erwägungen richtig gehandelt hat, als er meinem Vater den Kredit kündigte.«

»Wie viel hat Ihr Vater Ihnen davon erzählt?«, fragte Colt.

»Nichts, zumindest nicht, während die Sache andauerte. Aber wie Sie sicher wissen, ging er danach aus gesundheitlichen Gründen in eine Art frühzeitigen Ruhestand und unternahm während der folgenden zwei Jahre mehrere Selbstmordversuche, bis es schließlich geklappt hat. Ich habe damals viel Zeit mit ihm verbracht, sowohl zu Hause als auch im Krankenhaus, als er ein paarmal auf der Intensivstation lag.

Da hat er mir das mit der Firma und der Bank erzählt, aber für mich klang es fast so, als wäre er erleichtert gewesen, den ganzen Kram los zu sein und die nötigen Entscheidungen nicht selbst fällen zu müssen. Denn was ihm wirklich das Genick gebrochen hat, war die Geschichte mit meiner Mutter und ihrer Untreue. Sie hat zwar das Verhältnis beendet und ist wieder zu meinem Vater zurückgekehrt, aber er kam nie darüber hinweg. Er hatte feste Prinzipien, wenn es um Moral und Loyalität ging, und dass ausgerechnet der Mensch, den er am meisten liebte, ihn im Stich ließ, war zu viel für ihn. Er hatte ganz einfach nicht mehr die Kraft, weiterzuleben.«

Christopher Silfverbielke atmete tief ein und stieß die Luft langsam wieder aus. Jetzt saß er völlig still da und senkte traurig den Blick.

»Hat er irgendetwas gesagt, was darauf hindeutete, dass er gegenüber Herman de Wahl Wut oder Bitterkeit verspürte?«, fragte Vadh.

Silfverbielke schüttelte langsam den Kopf und hielt den Blick immer noch gesenkt. »Nein, daran würde ich mich bestimmt erinnern. Es war eher so, dass er erleichtert darüber wirkte, alles los zu sein, den Druck und die Zukunftsängste.«

Colt blickte nachdenklich drein. »Aber wieso sollte er Angst vor der Zukunft gehabt haben? Er war doch der Ansicht, dass er eine gut geführte Firma besaß, die gut lief, nicht wahr?«

»Seinetwegen wünsche ich mir, dass es so war, aber da bin ich mir nicht sicher. Gefahren in der Form unerwarteter und harter Konkurrenz lauerten die ganze Zeit um die Ecke. Außerdem bin ich mir sicher, dass die Bank niemals so hart reagiert hätte, wenn die Firma wirklich so gut geführt gewesen wäre.«

»Wie ist Ihr Verhältnis zu Ihrer Mutter heute?«, fragte Vadh.

Silfverbielke zögerte für ein paar Sekunden. »Es ist … okay, würde ich sagen. Sie ist ja trotz allem meine Mutter, und es steht mir nicht zu, sie für ihr damaliges Verhalten zu verurteilen. Gleichzeitig weiß ich, dass dies die indirekte Ursache für den Tod meines Vaters war, aber das lässt sich ja leider nicht mehr rückgängig machen.«

Colt warf Vadh einen kurzen Blick zu. »Ja, Henrik, damit sind die meisten unserer Fragen wohl beantwortet, oder?«

Sie wollen, dass ich mich jetzt entspanne. Silfverbielke bemühte sich, weiterhin mitgenommen und ernst dreinzublicken. *Aber ich glaube, die spielen »Ach ja, da wäre noch etwas«.*

»Ja, da hast du wohl recht. Aber da wäre noch etwas, eine reine Formsache. Wo waren Sie am Morgen des fünfzehnten Januar?«

Christopher runzelte die Stirn und sah ihn verwundert an. »Das weiß ich jetzt nicht aus dem Stegreif. Welcher Wochentag war das?«

»Ein Montag.«

»Aha. Tja, dann gehe ich mal davon aus, dass ich entweder auf dem Weg zur Arbeit war oder gerade ins Büro gekommen bin. Montags fange ich immer früh an. Von welcher Zeit reden wir?«

»Ungefähr Viertel vor bis Viertel nach sieben. Das ist das Zeitfenster, in dem Alexander de Wahl ermordet wurde.«

Keine Reaktion von Silfverbielke. Er zuckte mit keiner Wimper.

»Ich verstehe, lassen Sie mich das nachprüfen.« Er griff zum Telefon und drückte auf eine Kurzwahltaste. »Hallo, Pernilla, hier ist Christopher. Könntest du bitte die Zeiterfassung für den fünfzehnten Januar ausdrucken und zu mir kommen? Danke.«

Ein paar Minuten darauf betrat Pernilla das Büro. »Hier ist der Ausdruck, Christopher«, flötete sie. »Das war doch die Woche, wo wir so unheimlich viele Überstunden gemacht haben. Am Montag bist du schon um fünf nach halb sieben gekommen, da war ich bereits hier.«

Sie legte ihm das Papier auf den Schreibtisch.

»Danke, Pernilla, das ist alles.« Er nickte ihr freundlich zu.

Perfekte Show, du dumme Kuh. Und du hast es nicht einmal gemerkt.

Er nahm den Ausdruck, warf einen Blick darauf und reichte ihn an Henrik Vadh weiter. »Wir tragen sämtliche Zeiten ein, zu denen unsere Mitarbeiter kommen und gehen, aus Sicherheitsgründen und wegen der Lohn- und Gehaltsabrechnung. Hier sehen Sie eine Liste mit den Kollegen, die in derselben Gruppe wie ich arbeiten.«

»Danke.« Vadh nahm das Papier entgegen und studierte den Inhalt gründlich. Dann gab er Jacob mit einem Nicken zu verstehen, dass die Party vorbei war.

Zumindest für dieses Mal.

Kapitel 33

Samstag, 3. März

»Liebling, das war echt lecker. Love you!«

Melissa beugte sich über den Tisch vor. Das Kerzenlicht ließ ihre Augen mehr als gewöhnlich glänzen. Jacob hatte einen Tisch im Restaurant Grill in der Drottninggatan reserviert, und sie hatten Vorspeise und Hauptgericht genossen, dazu einen guten Wein.

»Ja, das hat wohl nirgendwo wehgetan, oder?« Jacob lächelte seine Frau an.

Er spielte nachdenklich mit dem Salzstreuer auf dem weißen Tischtuch, und das Lächeln verschwand.

»Was ist los?« Melissa klang plötzlich besorgt.

Jacob zögerte. »Das Übliche halt. Manchmal wächst mir einfach die Arbeit über den Kopf. Ich kann nicht richtig abschalten, wenn ich frei habe. Du weißt schon, diese Sache mit dem Finanzmann kommt mir so vor, als ob wir auf der Stelle treten. Und manchmal frage ich mich, ob die ganze Welt verrücktspielt oder ob es schon immer so schlimm war.«

»Jacob, die Menschen waren zu allen Zeiten brutal, und alles, was heute passiert, gab es früher auch. Gruppenvergewaltigungen oder Zerstückelungsmorde sind nichts Neues, auch wenn die Abendzeitungen uns das weismachen wollen. Aber ich glaube, dass die Unsicherheit der Menschen wohl zugenommen hat. Eigentlich ist das paradox, denn sie sind in vielerlei Hinsicht heute sicherer als je zuvor.«

Jacob seufzte. »Du hast recht. Die Menschen haben bessere Kommunikationsmöglichkeiten, mehr Polizei und Zugang zu besserer Gesundheitsvorsorge und Medizin als früher.«

Melissa nickte.

»Erst vor kurzem habe ich gelesen, dass über fünfzig Millionen Amerikaner sich keine Krankenversicherung leisten können. Ich habe ja selbst gesehen, wohin das führen kann. Daheim in Georgia gab es viele Menschen, die kein Geld hatten, um zum Arzt zu gehen.« Melissa schauderte. »Aber können wir nicht über angenehmere Dinge reden? Und Jacob, ich finde, du musst versuchen, in deiner Freizeit nicht ständig an die Arbeit zu denken. Du willst doch bestimmt nicht einer von diesen verbitterten Bullen werden, über die ich in meinen Krimis lese, oder?«

Ihr Lachen wirkte auf Jacob ansteckend. »Eins zu null für dich. Prost, Liebling, auf ein weiteres gutes Jahr mit uns beiden!«

Kaum hatten sie die Gläser erhoben, kam auch schon der Kellner mit Kaffee und Nachtisch.

»Findest du nicht, dass wir den Abend zu Hause ausklingen lassen sollten?« Melissa zwinkerte ihrem Mann verschwörerisch zu.

»Du bist eine kluge Frau. Und aus purem Zufall habe ich heute eine Flasche Champagner gefunden und auf Eis gelegt. Ich kümmere mich nur mal eben um die Rechnung, dann können wir gehen.«

Melissa warf einen Blick auf die Uhr. »Es ist ziemlich spät und es ist Samstag. Wie kommen wir nach Hause? Ich bin mir nicht sicher, ob ich um diese Zeit mit den öffentlichen Verkehrsmitteln fahren will.«

»Das werden wir auch nicht. Wir machen einen schönen Spaziergang runter zum Sveavägen und nehmen dort ein Taxi.«

»Klingt gut. Hast du dir übrigens überlegt, wie wir das mit dem Urlaub machen?«

Colt schüttelte den Kopf. »Ich habe mir natürlich einige Gedanken wegen Savannah gemacht. Ich würde wirklich sehr gern dorthin, aber ich habe nicht den blassesten Schimmer, wie wir das mit Stephen und deinen Eltern hinbiegen sollen. Und dann ist es ja auch eine Frage des Geldes.«

»Ich glaube, dass es für beide Probleme eine Lösung gibt, Jacob.«

Er sah sie fragend an.

»Elin hat gestern angerufen«, fuhr Melissa fort. »Sie sagte, dass sie diesen Sommer nirgendwohin fahren kann oder will. Sie hat es nicht direkt gesagt, aber ich habe das Gefühl, dass sie einen Mann kennengelernt hat und verliebt ist. Sie hat es darauf geschoben, dass sie besonders viel lernen muss und außerdem im Sommer arbeiten will, um sich was dazuzuverdienen. Sie ist jetzt ein großes Mädchen, Jacob.«

»Und Stephen?«

»Ich habe ihn heute angerufen. Er ist mit seinem Leben glücklich und fühlt sich in jeder Hinsicht wohl. Und am meisten freut er sich darüber, dass er eine Praktikantenstelle für drei Wochen bei einer Designfirma in Mailand gefunden hat. Er kann also ebenfalls nicht mit uns nach Savannah kommen.«

»Also nur wir beide? Eine Feigheitslösung?«

Melissa lächelte. »Nenn es, wie du willst, Mr Colt. Auf jeden Fall wäre das eine Möglichkeit, eine schöne Reise zu unternehmen, wo wir beide allein sind. Und ich will wirklich gern rüber und meine Eltern sehen. Wer weiß, wie lang sie noch leben.«

»Du hast recht, wir sollten es uns überlegen.« Jacob nickte dankbar. »Und jetzt gehen wir nach Hause und machen es uns gemütlich.« Er beugte sich vor und küsste sie.

»Die Frau redet verdammt noch mal über nichts anderes, als dass sie ein Haus kaufen und Kinder kriegen will!«

Hans Ecker trank sein Whiskyglas in einem Zug leer und stellte es mit lautem Knall auf den Tisch, während er gleichzeitig Silfverbielkes Frage zu Ende beantwortete. »Als wir locker darüber geredet haben, war es ja okay, aber jetzt ist es bei ihr blutiger Ernst, und ich weiß nicht, ob ich reif dafür bin. Im Augenblick passiert bei der Arbeit sehr viel, und vielleicht eröffnen sich bald neue interessante Möglichkeiten für mich.«

Silfverbielke hielt sich bewusst zurück. Ihm war nicht entgangen, dass Ecker betrunken und irritiert zu dem Abendessen im Restaurant Den Gyldene Freden erschienen war, zu dem das Trio sich verabredet hatte. Und da er vorhatte, den Freunden einen neuen Plan vorzuschlagen, wollte er ihn nicht unnötig reizen.

Johannes Kruut sah Ecker skeptisch an und dachte erneut, dass er sich alle zehn Finger abschlecken würde, wenn er eine Frau wie Veronica hätte. Andererseits verspürte er im Augenblick Rückenwind und das Gefühl, dass er bald Glück haben würde. Er konnte sich ja jetzt Geschäftsführer nennen, und das machte einen bei den Bräuten nicht gerade uninteressant, wie er bereits festgestellt hatte.

Christopher klopfte Hans auf die Schulter. »Keine Angst, Junge, du weißt doch, wie Frauen sind. Auf einmal bekommt sie selbst ein besseres Angebot, und dann zählt nur noch die Karriere. Aber warst du eigentlich nicht selbst ziemlich erpicht darauf, in ein Haus zu ziehen?«

Ecker bedeutete dem Kellner mit einer Handbewegung, dass er noch einen Whisky wollte. »Klar, vorstellen könnte ich es mir schon. Aber wenn ich aus der Innenstadt wegziehe, dann verdammt noch mal nicht nach Täby, Sollentuna oder in so ein Nest. Und Lidingö ist ja wirklich das Allerletzte, das ist ein richtiges Unterschichtenkaff. Für mich kommt nur Djursholm infrage, oder vielleicht noch Danderyd. Alles andere kann man vergessen.«

Silfverbielke zog die Mundwinkel hoch. »Und?«

»Und dafür braucht man bedeutend mehr Kapital, als mir im Augenblick zur Verfügung steht.«

»Dann kommt es vielleicht gelegen, dass ich eine Idee habe, die für ein wenig Spannung und Geld sorgen könnte.«

Johannes Kruuts Reaktion ließ nicht auf sich warten. »Chris, willst du damit sagen, dass du endlich eine steinreiche Braut gefunden hast, die wir uns teilen können?«

Auf den Tag, an dem ich eine Braut mit dir teile, kannst du lange warten, Johannes.

Christopher ließ sich Zeit und kostete von der Vorspeise. »Nicht wirklich, Johannes. Ich finde, es ist besser, wenn wir die Damen jeder für sich behalten, aber das Geld teilen, das wir einnehmen. Du verstehst, was ich meine?«

Kruut runzelte die Stirn. »Ähhh, was hast du da am Laufen?«

Silfverbielke wischte sich mit der Serviette über den Mund und trank einen Schluck von dem gekühlten Chardonnay. »Vor ein paar Wochen saß ich im Grodan …«

Er war nach der Arbeit ins Restaurant Grodan gegangen, um sich ein gutes Abendessen und ein paar Drinks zu gönnen und in Ruhe über ein paar Dinge nachzudenken. Während er aß und gleichzeitig zerstreut in den Abendzeitungen blätterte, hörte er plötzlich eine Stimme.

»Mensch, Chris! Das ist ja eine Ewigkeit her!«

Als er aufblickte, sah er ein bekanntes Gesicht, das ihn anlächelte. Er brauchte ein paar Sekunden, um den Mann einzuordnen.

Christopher stand auf und streckte ihm die Hand entgegen. »Calle! Wir haben uns wohl das letzte Mal auf der Handelshochschule gesehen, oder?«

Calle Rehnberg lachte. »Wir sind uns wohl bei dem einen oder anderen Vortrag über Finanzen über den Weg gelaufen, aber das war auch schon alles. Wie geht's dir? Darf ich mich zu dir setzen, oder wartest du auf jemanden?«

»Nein, nur zu, setz dich.« Christopher machte eine einladende Handbewegung.

Er musterte schnell den alten Studienkollegen von der Handelshochschule. Christopher hatte gehört, dass Calle bei verschiedenen Banken gearbeitet hatte, ehe er eine Stelle bei der SEB antrat.

»Ich bin Eigenhändler bei Craig«, sagte Silfverbielke. »Das ist kein schlechter Job, also bleibe ich wohl noch eine Weile dort, falls mir niemand ein interessantes Angebot macht. Und was machst du zurzeit?«

Rehnberg fuhr mit dem Zeigefinger über die Speisekarte.

»Ich … hast du übrigens schon bestellt?«

»Mhm, heute habe ich mich für Fisch entschieden.«

»Gute Wahl. Ich glaube, das nehme ich auch.«

Sie winkten eine Kellnerin herbei und Rehnberg bestellte.

»Ich bin irgendwann bei der SEB gelandet und dort geblieben«, fuhr er dann fort. »Es dauert, bis man aufsteigt, aber wenn man seine Arbeit gut macht, landet man irgendwann in einer guten Position. Aber …«, er seufzte tief, »… im Augenblick mache ich die reinste Strafarbeit …«

Silfverbielke führte sein Weinglas zum Mund und zog die Augenbrauen hoch.

»Das klingt nicht so gut.«

Rehnberg grinste. »Na ja, ganz so schlimm ist es auch wieder nicht, wenn man bedenkt, dass manche Leute um sechs in der Früh an der Bushaltestelle Schlange stehen müssen, um zu ihrem Job in der Küche eines Kindergartens zu kommen, aber trotzdem. Es ist so, dass der Chef eines unserer Büros in Arlanda plötzlich aufgehört hat, wahrscheinlich wegen einer Herzgeschichte. Sie haben nicht schnell genug einen geeigneten Nachfolger gefunden, also musste ich solange einspringen, während die Personalabteilung noch sucht.«

»Verstehe. Das ist ja eine ziemliche Fahrerei jeden Tag.«

»Nicht nur das, es ist auch stinklangweilig. Das Einzige, was dort im Großen und Ganzen passiert, ist, dass Kunden Geld abheben oder wechseln.«

Silfverbielke schüttelte anteilnehmend den Kopf. »Klingt nicht gerade wie der aufregendste Job der Welt.«

»Das kannst du laut sagen. Ich hocke da jetzt schon seit drei Monaten, und das Spannendste ist, sich zu fragen, ob der Werttransport heute zu einer anderen Zeit kommt als gestern.«

»Und? Tut er das?«

»Fehlanzeige.« Rehnberg fasste sich an die Stirn. »Glaub mir, ich habe aufgepasst. Kein Unterschied, nur dass er an drei von zehn Tagen nicht um Viertel vor vier kommt, sondern um Viertel nach drei. Clever, was?«

»Das klingt ja verrückt. Ich verstehe, dass das nicht deine Aufgabe ist, aber müssten sie nicht ein bisschen vorsichtiger sein?«

»Die müssten vieles.« Rehnberg grinste wieder. »Zunächst einmal müssten sie besser ausgerüstete Autos fahren als diese Blechbüchsen, die man mit einem Dosenöffner aufmachen könnte. Das sind ja stinknormale Mercedesbusse mit dünnem Blech und beschissenen Motoren. Zweitens wäre es schön, wenn die Wachleute besser aufpassen würden. Die kommen rein, holen den Geldkoffer und trotten zurück zu ihrem Auto, ohne sich umzuschauen.«

Rehnberg legte eine Pause ein, als die Kellnerin ihnen das Essen und den Wein brachte.

»Einmal bin ich aus purer Neugier mit dem Typen zum Auto gegangen. Sein Kollege hat die Tür aufgemacht, dann haben sie den Koffer hinten in einem Fach verstaut, und ich habe gesehen, dass dort fünf oder sechs Koffer lagen. Dann haben sie mir zugewunken und sind losgefahren. Da könnte die Firma gleich ein Schild anbringen mit der Aufschrift: ›Hallo, hier haben wir ein paar Millionen – kommt und raubt uns aus!‹ Ich verstehe nicht, warum sie nicht wenigstens in unmarkierten Fahrzeugen herumfahren.«

Silfverbielke lachte kurz. »Das klingt ja total grotesk. Aber dann kommt es bestimmt hin und wieder zu Raubüberfällen, oder?«

Calle Rehnberg nickte. »Ja, da gab es in den letzten Jahren einige da draußen in Arlanda. Aber der größte war der, wo es ein Auto erwischt hat, das Devisen für eine Wechselstube holen sollte. Die haben das Geld direkt aus dem Flugzeug geklaut, und bei solchen Transporten liegt das Geld nicht in Koffern, sondern ganz offen herum. Ich habe gehört, die haben sich mit irgendwas zwischen vierzig und sechzig Millionen aus dem Staub gemacht.«

Christopher zog die Augenbrauen hoch. »Ja, ab solchen Summen lohnt sich die Mühe.«

»Mhm …«, Rehnberg kostete von dem Fisch und spülte ihn mit Wein hinunter, »… aber da braucht man Hilfe von innen. Das war eindeutig eine Insidergeschichte. Die Bullen wissen genau, wer es war, aber sie können ihnen nichts nachweisen.«

»Wieso nicht?«

»Sie finden das Geld nicht. Die Beute ist immer noch weg. Und nicht nur die.«

Christopher sah Rehnberg fragend an. Der fuhr fort: »Das ist wirklich eine interessante Geschichte. Die Typen, die den Raub geplant und durchgeführt haben, hatten jemanden, der sich gleich nach der Aktion um die Beute kümmern sollte, also das Geld gerecht aufteilen und anschließend an verschiedenen sicheren Orten verstecken. Dafür sollte er seinen Anteil bekommen. Er hat das auch getan, ist dann aber mit etwas mehr Geld verschwunden, als ihm zustand. Die Räuber haben das Gerücht in Umlauf gesetzt, dass sie hinter ihm her sind, und auf seinen Kopf eine Belohnung von mehreren Millionen ausgesetzt. Der Typ hat sich mit seiner Freundin in die Türkei abgesetzt und von dort die schwedische Polizei kontaktiert.«

Christopher Silfverbielke hörte sich die Geschichte amüsiert an, während er nebenbei aß und trank. Gleichzeitig keimte in seinem Hirn ein Gedanke.

»Die Bullen«, fuhr Rehnberg fort, »haben versucht, dem Typen zu verklickern, dass man ihn umbringen wird, und ihm eine geschützte Identität angeboten, wenn er mit ihnen zusammenarbeitet. Seine Freundin hat angebissen und ist nach Hause gekommen. Sie steht heute unter Zeugenschutz. Aber der Typ musste unbedingt den Helden spielen und hat sich bei ein paar Freunden in Finnland versteckt. Das Problem war nur, dass seine finnischen Freunde die Belohnung verlockend fanden.« Rehnberg grinste vielsagend.

»Du meinst, sie haben ihn kaltgemacht?«, fragte Christopher.

Calle nickte. »Die Polizei weiß das sicher von einem Informanten, aber sie haben die Leiche nie gefunden und werden es wohl auch nie. Da hast du also das Ergebnis. Kein Geld, keine Leiche, nichts. Die Räuber lachen die Polizei aus, weil die nichts machen kann. Aber du kannst Gift darauf nehmen, dass die Bullen sie im Auge behalten, und sollten sie auf die Idee kommen, das Geld auszugeben, haben sie ein Problem.«

»Das glaube ich gern«, sagte Christopher. »Und sechzig Millionen sind ja nicht gerade Kleingeld, das man ohne Weiteres ins Ausland bringt und dort wechselt.«

»Nein, vor allem nicht heutzutage, wo die Banken so übertrieben ängstlich sind. Die Amis haben ja mit ihren Theorien, wie al-Qaida Geldwäsche betreibt, eine wahre Hysterie ausgelöst. Und keine Bank, die diesen Namen verdient, will auf die schwarze Liste der USA kommen.«

Die beiden plauderten beim Essen und danach weiter. Christopher redete lange über den Stureplan, die Finanzwelt und Bräute, ehe er scheinbar zufällig das Gespräch wieder auf das Thema Werttransporte lenkte. Ohne dass es ihm bewusst war, gab Rehnberg während der nächsten fünfzehn Minuten eine Menge Details über Abläufe, Geldkoffer, Höhe der Beträge und Werttransportrouten preis. Wesentlich mehr, als Christopher nach wochenlanger Recherche herausgefunden hätte. *Danke.*

»Aber der Grund, warum es nicht mehr solcher Raubüberfälle gibt, ist doch wohl, dass die Wachleute ordentlich bewaffnet sind?« Silfverbielkes Blick fiel plötzlich auf eine aufsehenerregend hübsche junge Frau, die durch das Restaurant lief. *Typische Stureplanschlampe. Ich sollte …* Aber gleichzeitig hörte er Rehnberg aufmerksam zu.

Calle Rehnberg grinste. »Du machst wohl Witze? Bestenfalls laufen sie mit lächerlichen Gaspistolen herum, und selbst wenn sie richtige Waffen hätten, würden sie nie davon Gebrauch machen. Die Burschen haben eine Riesenangst und außerdem klare Anweisungen, sich zu ergeben und den Räubern das Geld zu überlassen, anstatt ihr Leben zu riskieren. Wenn man also erst einmal im Auto drin ist, ist es kein Problem, sich die Kohle unter den Nagel zu reißen. Es ist wohl schwieriger, einen solchen Koffer zu öffnen, ohne dass man dabei die Farbpatronen auslöst und die Scheine ruiniert. Aber ich habe Gerüchte gehört, dass diese Farbpatronen oft defekt sind und nicht platzen. Weiß der Teufel, wie …«

»Er hat dir das alles einfach so erzählt?«

Hans Ecker verdrehte die Augen und trank einen Schluck Wein.

Das Trio hatte ein Drei-Gänge-Menü verspeist und war gerade mit dem Nachtisch fertig. Jetzt nippten sie an ihren Cognacs.

»Ja, er war so freundlich«, sagte Christopher lächelnd.

»Donnerwetter!« Kruut klang verwundert über das lockere Mundwerk des Bankers.

»Wenn ich ihn richtig verstanden hab, ist nicht so wahnsinnig viel Geld in diesen Autos«, fuhr Silfverbielke fort. »Insgesamt zwischen einer halben und fünf bis sechs Millionen, je nachdem, wo sie sich gerade auf ihrer Route befinden und an wie vielen Abholorten sie bereits waren. Aber bestimmt wäre das ein Kick, der uns allen ein paar schöne Punkte einbringen sollte.«

Er nippte an seinem Wein und ließ die Worte bei seinen Freunden wirken.

Nach einer Weile des Schweigens ergriff Hans Ecker das Wort. »Was hast du dir gedacht, Chris?«

»Dass wir uns einen schönen Nachmittag machen, natürlich. Wäre es nicht unterhaltsam, einen Werttransport um das Geld zu erleichtern?«

Kruut blickte plötzlich nervös drein. »Natürlich wäre das krass, aber ist das Risiko nicht verdammt groß, dass man erwischt wird?« Für einen Augenblick dachte er daran, was sein Vater sagen würde, wenn sein Sohn wegen eines Raubüberfalls in Haft säße. Auf dieses Gespräch konnte er gern verzichten. Johannes sah Hans fragend an.

Eckers Wut auf Veronica war trotz des guten Abendessens nicht ganz verraucht, und jetzt brauste er wieder auf: »Du hast sie wohl nicht alle, Chris! Ich habe keinen Bock, im Knast zu landen, wenn bei so einer Aktion etwas schiefgeht. Vergiss es!«

»Immer mit der Ruhe, meine Herren«, erwiderte Silfverbielke mit einem leisen Lachen, blickte sich im Lokal um und senkte die Stimme. »Ich bin mir ziemlich sicher, dass euch mein Plan gefallen wird, und natürlich wird man uns nicht erwischen. Ich habe genauso wenig Lust wie ihr, mehrere Jahre in Kumla zu sitzen. Aber vergesst nicht, dass wir das um des Kicks willen machen, nicht wegen des Geldes. Denn selbst wenn wir an die Kohle rankommen, ohne sie zu zerstören, handelt es sich um einen so marginalen Betrag, dass es sich für uns überhaupt nicht lohnt.«

Ecker starrte Christopher an und versuchte, seine Gedanken in seinem betrunkenen Zustand zu sortieren. Natürlich war es vollkommen wahnsinnig, einen Werttransport auszurauben, vor allem wenn dabei keine große Beute heraussprang, mit der man etwas anfangen konnte. Andererseits fühlte er sich frustrierter als je zuvor. Der Druck, den Veronica auf ihn ausübte, machte ihm Angst. Festes Zusammenleben, Ehe, Haus, Kinder – das war zu viel auf einmal. Er brauchte einen Kontrast, ein Ventil. Und dieses Ventil hieß Christopher.

Er versuchte, sich zu beruhigen, beugte sich vor und stützte sich auf die Ellenbogen. »Und wie hast du dir das vorgestellt?«, fragte er leise.

Christopher musterte ihn amüsiert. »Die Frage lautet, bist du dabei oder nicht? Sonst hat es keinen Sinn, Zeit mit langen Erklärungen zu verschwenden.«

Ecker nickte. »Ich bin … ich bin dabei. Aber du musst mir garantieren, dass man uns nicht erwischt.«

»Es gibt keine Garantie auf Werttransportraub, Hans. Auf andere Dinge im Leben übrigens auch nicht. Aber vertrau mir, okay?« Silfverbielke wandte sich Johannes zu. »Und was ist mit dir?«

Johannes schluckte. »Ja, natürlich könnt ihr auf mich zählen. Aber was soll ich tun?«

»Das werde ich ein wenig später noch näher erläutern. Aber ich finde, wir sollten jetzt weiterziehen und uns noch ein paar hinter die Binde gießen. Was meint ihr dazu, meine Herren?«

»Ausgezeichnete Idee, ich habe Lust, mich volllaufen zu lassen«, murrte Ecker. »Ich habe noch jetzt eine Stinkwut, wenn ich an meine zukünftige Frau und ihr Gelaber denke. Wir hatten eine zwei Stunden lange Diskussion, bevor ich hierherkam, und die endete damit, dass ich ihr sagte, sie könne eine Weile in ihrer eigenen Wohnung pennen. Und dann bin ich gegangen und habe die Tür hinter mir zugeknallt. Ich muss mir diese Sache durch den Kopf gehen lassen.«

Silfverbielke nickte verständnisvoll. »Ich muss nur mal kurz auf die Toilette, dann können wir gehen. Übernehmt ihr die Rechnung, dann gehen die Drinks im nächsten Laden auf mich.«

In der Kabine der Herrentoilette holte Christopher sein neues Prepaidhandy aus der Tasche und schrieb schnell eine SMS.

Keine Lust, allein zu sein? Ich kann dir einen Schlafplatz anbieten.

Er rief Veronicas Nummer auf und drückte auf »Senden«. Bevor er auf der Toilette fertig war, vibrierte das Gerät.

Ich komme! Wann?

Silfverbielkes Finger tippten schnell.

Weiß nicht. Nach Mitternacht, vielleicht um zwei.

Dreißig Sekunden später:

Okay. Sag mir Bescheid, wenn du die Innenstadt verlässt, dann fahr ich los. Vermisse dich. V.

Hans und Johannes hatten sich bereits Mäntel und Handschuhe angezogen und warteten. Silfverbielke schlüpfte schnell in seine Winterjacke, und sie gingen hinaus in die kalte Abendluft. Kaum waren sie draußen auf der Österlånggatan, rutschte Ecker aus. Er war ziemlich betrunken, und Christopher war klar, dass die Irritation seines Freundes wegen Veronica immer mehr zunahm.

»Verwöhnte Tussi«, murmelte er und bemühte sich, sein Gleichgewicht wieder zu erlangen.

Kruut eilte herbei und stützte ihn. »Pass auf, Hans, auf dem Kopfsteinpflaster hier ist es arschglatt.«

Silfverbielke betrachtete halb amüsiert die Szene. »Was haltet ihr davon, wenn wir runter zur Skeppsbron gehen und von dort ein Taxi zum Stureplan nehmen. Zu Fuß ist es zu weit und zu kalt.«

»Gute Idee«, sagte Ecker. »Hoffentlich läuft uns dort nicht Veronica über den Weg. Ich habe gerade keine Lust, sie zu sehen.«

Das wirst du auch nicht, mein Freund. Sie sitzt nämlich zu Hause und wartet auf mich.

Silfverbielkes Miene war im Schein der Straßenlaterne unergründlich. »Beruhig dich, Hans, und hör auf damit. Alles wird gut. Sie ist ja eine tolle Frau, und ich bin sicher, dass ihr im Augenblick nur eine kleine Meinungsverschiedenheit habt. Und diese Diskussion hat wohl nichts damit zu tun, dass du nach dem Berlintrip ein kleines Problem hattest, oder?«

»Du meinst die Chlamydien? Nein, da war nichts. Ich habe deinen Rat befolgt und Tabletten geschluckt. Zum Glück hat sie nichts gemerkt.«

»Dann ist es ja gut. Gehen wir?«

Das Trio ging langsam die Österlånggatan entlang. Es war ein paar Grad unter Null, und auf dem Kopfsteinpflaster lag eine dünne Schicht Eis. Sie gelangten zur Pelikansgränd, bogen nach rechts ab und gingen im Halbdunkel vorsichtig die enge abfallende Gasse hinunter. Als sie ein Stück weit gekommen waren, hörten sie vor sich ein Geräusch. Jemand stöhnte. »Scheiße … scheiße. Gibt mir denn keiner ein paar Kronen … verdammt noch mal …«

Fast am unteren Ende der Gasse lehnte ein Mann in halb liegender Stellung mit dem Rücken gegen ein solides Holztor. Er hatte zottelige Haare, einen ungepflegten Bart, klobige Schuhe, eine schmutzige Hose und eine ebenso schmutzige, ziemlich mitgenommene Thermojacke. Der Mann konnte nur mit Mühe geradeaus schauen und stank nach billigem Fusel, Urin, Schweiß und Erbrochenem.

Christopher blieb vor ihm stehen. »Sieht nicht so aus, als wären die Geschäfte in letzter Zeit gut gelaufen, was?«

Kruut brach in schallendes Gelächter aus. Ecker stand still und wankte langsam vor und zurück. Seine Miene verdüsterte sich.

»Wassagsduda, du Arschloch? Hassu 'n paar Kronen?«, lallte der Mann auf dem Boden.

Silfverbielke stieß leicht mit seinem blank polierten Schuh gegen den Fuß des Mannes. »Glaubst du wirklich, du hast das verdient? Wieso sollte jemand wie ich, der arbeitet, einem wie dir, der nicht arbeitet, Geld geben? Ich würde auch lieber den halben Tag auf der faulen Haut liegen und mich volllaufen lassen, aber so läuft die Welt nun mal nicht, verstehst du?« Er verpasste dem Mann einen gezielten Tritt gegen das Schienbein, worauf dieser aufschrie. »Aua! Was zum Teufel soll das …«

Plötzlich verlor Hans Ecker die Fassung. Die Aggression, die sich den ganzen Abend in ihm aufgestaut hatte, platzte aus ihm heraus. Er stieß Johannes von sich weg, machte einen Schritt nach vorne und trat dem Mann mit voller Wucht gegen die Brust. »Du Arschloch! Liegst hier rum und bettelst, während andere sich abrackern. Du hast dir sogar in die Hose gepisst, du Sau!«

Auf den ersten Tritt folgte ein zweiter, diesmal in den Bauch. Der Mann jammerte. »Lass das … hör auf … Scheiße …«

»Scheiße?«, schrie Ecker wütend. »Auch noch in meiner Gegenwart fluchen, du Idiot! Dir werde ich den Marsch blasen!« Er verpasste dem Mann einen Tritt in die Rippen und verlor dabei das Gleichgewicht.

Kruut erkannte, dass er ins Hintertreffen geriet. Er kam näher heran und trat dem Besoffenen an den Oberschenkel. »Hier, du Arschloch!« Er setzte mit mehreren festeren Tritten gegen Beine und Bauch nach und lachte nervös, als der Säufer vor Schmerzen stöhnte. Gefühle, die Johannes nie zuvor erlebt hatte, machten sich in ihm breit und erschreckten und erregten ihn zugleich. Hans und Chris hatten recht. Mit welchem Recht fiel dieses vollgepisste Ekel der Gesellschaft zur Last und besaß noch dazu die Dreistigkeit, andere um Geld anzuschnorren? Wut stieg in ihm auf, und er verpasste dem Mann ein paar kräftige Tritte in den Bauch und gegen die Beine.

Silfverbielke stand ruhig und mit verschränkten Armen im Dunkeln und beobachtete die Szene. *Will man auf dieser Welt etwas bewegen, muss man es selbst machen, aber heute Abend bekomme ich Hilfe beim Aufräumen.*

»Dir werde ich's zeigen, du Drecksau!« Ecker zog die Handschuhe aus und versuchte, sie sich in die Manteltaschen zu stecken. Der eine fiel herunter und landete auf dem Pflaster. Ecker machte einen Schritt nach vorn und schlug dem Mann ins Gesicht.

»Gut, Hans, gib dem Dreckskerl, was er verdient! Es gibt viel zu viel von diesem Gesindel.« Kruut hüpfte aufgeregt auf und ab und trat dem am Boden Liegenden hin und wieder gegen Schienbein und Schenkel.

Zwischen den einzelnen Schlägen und Tritten drangen schwache Proteste aus der Kehle des Mannes. »Scheiße … lasst mich in Ruhe … hört auf!«

Aber Ecker hatte sämtliche Beherrschung verloren und schlug mit einer schnellen Rechts-Links-Rechts-Kombination auf den Mann ein. Die Schläge trafen ihn abwechselnd im Bauch, an der Brust und im Gesicht. Mühsam versuchte er, die Arme in einer Abwehrgeste zu heben. Plötzlich schaffte er es, seine letzten Kräfte zu einem Schrei zu mobilisieren.

»Hilfe, die bringen mich um!«

Sven Bergman blieb stehen und erstarrte. Er und seine Freundin Johanna hatten beschlossen, ausnahmsweise auswärts zu essen, und ein paar Stunden in einem gemütlichen italienischen Restaurant in der Altstadt verbracht. Jetzt spazierten sie satt, zufrieden und ein wenig beschwipst Arm in Arm die Österlånggatan entlang und suchten nach einer Seitenstraße, die hinunter zur Skeppsbron führte, wo es leicht sein musste, ein Taxi zu finden.

Der Schrei kam aus einer Gasse in der Nähe, und Sven beschleunigte seine Schritte. Johanna lief ihm nach. »Svenne!«, rief sie besorgt, »lass dich nicht in irgendwas reinziehen. Du bist ja nicht im Dienst.«

Ohne auf sie zu hören, bog Bergman in die Pelikansgränd und spähte die Gasse hinunter. Nach ein paar Sekunden hatte er die Situation erfasst. Zwei Männer schlugen und traten auf eine am Boden liegende Person ein, während ein dritter dabei zusah.

Da gab es für ihn nur eines. »Polizei!«, schrie er. »Aufhören!« Er drehte sich schnell zu Johanna um. »Ruf 112 an und sag ihnen, ich brauche schnell eine Streife und einen Krankenwagen!«

Dann bewegte er sich, so schnell er ohne auszurutschen konnte, die abfallende Gasse hinunter. Er wünschte, er hätte Jacob, Henrik und die anderen Kollegen dabei, aber es war eben so, wie es war.

»Kommt jetzt, verschwinden wir. Du auch, Hans!« Silfverbielkes Stimme klang energisch. Er wandte sich um und rannte, dicht gefolgt von Johannes, um die Ecke in die Gaffelgränd und weiter die kurze Strecke Richtung Skeppsbron.

Aber Ecker war noch nicht fertig. Er schlug dem Mann noch ein paarmal an den Kopf und sah zu, wie der Schädel jedes Mal gegen die Steinwand knallte. In blinder Wut holte er aus der Hüfte heraus zu einem letzten Schlag aus und verpasste dem Säufer einen Kinnhaken. Der Kopf schnellte zurück und stieß gegen eine spitze Eisenstange, die zehn Zentimeter aus der Hauswand herausragte.

Ein schmerzerfülltes Stöhnen, dann ein seltsamer Gurgellaut. Kurz darauf verstummte der Säufer, und sein Kopf blieb in derselben Position.

Als wäre er plötzlich an etwas aufgespießt worden.

Ecker warf schnell einen Blick nach rechts. Wie in einem Nebel hatte er das Wort »Polizei« gehört, und als er sah, wie ein

Mann sich ihm schnell näherte, begriff er, dass er schleunigst wegmusste.

Vielleicht war es schon zu spät.

Er machte schnell auf dem Absatz kehrt und verschwand um die Ecke. Zu seiner Rechten sah er die Gaffelgränd, aber trotz seines betrunkenen Zustands war ihm klar, dass der Bulle ihn einholen würde, bevor er die Skeppsbron erreichte. Von Christopher und Johannes keine Spur. Ihm blieb nur noch eine Option.

Kämpfen.

Er drückte sich in einen Torbogen, der im Dunkeln lag, und wartete. Die Schritte des Verfolgers kamen näher. Der Mann atmete schwer. Ecker ballte die Linke zur Faust und hielt sich mit der Rechten an einem Pfosten fest.

Genau in dem Augenblick, als der Bulle um die Ecke kam, sprang Ecker aus dem Torbogen und schlug ihm mit voller Wucht ins Gesicht.

Sven Bergman war auf diesen Angriff von links total unvorbereitet. Die Faust traf ihn wie ein Hammerschlag. Er schrie und spürte einen heftigen Schmerz, als ob ihm jemand ein Messer ins Gesicht gerammt hätte. Er taumelte rückwärts und nahm den hochgewachsenen, schwarz gekleideten Mann nur verschwommen wahr.

Vor seinen Augen drehte sich alles, und Bergman verfluchte seine Dummheit. Er war überzeugt gewesen, dass alle drei in Richtung Skeppsbron flüchten würden, und dass er ihnen nachrennen konnte, bis Verstärkung eintraf.

Er bemühte sich, etwas zu sehen, und spürte gleichzeitig, wie ihm warmes Blut aus der Nase und über die Wangen lief. *Speichere dir das Gesicht im Gedächtnis ab, verdammt noch mal! Wie groß ist er?* Sven stieß instinktiv die Hände nach vorne, krümmte die Finger und kratzte dem Angreifer über das Gesicht.

Der Mann schrie vor Schmerz. »Aua! Was zum Teufel? Dir zeig ich's, du Arschloch!«

Ein erneuter Schlag traf Sven am Kinn. Er taumelte nach hinten und verlor beinahe das Gleichgewicht, schaffte es aber mit einer Kraftanstrengung, sich auf den Beinen zu halten. Plötzlich trat sein Gegner in den schwachen Schein einer Straßenlaterne, und Sven sah für eine Sekunde dessen Gesicht, wenn auch nur verschwommen. Er versuchte instinktiv, zurückzuweichen und zur Abwehr einen Arm zu heben, aber es ging alles zu schnell. Als Nächstes spürte er einen heftigen Schmerz, als die Faust ihn am Kiefer traf. Dann packten ihn zwei Hände am Kragen und schleuderten ihn einen Meter nach hinten gegen eine Stahlplatte, die aus irgendeinem Grund an der Hauswand montiert war. Er fiel gegen die Wand und sank zu Boden. Das Letzte, was er hörte, waren schnelle Schritte, die sich entfernten.

Dann wurde es um ihn herum dunkel.

Johanna hatte in der Zwischenzeit 112 angerufen und hysterisch in ihr Handy geschrien, dass man die Polizei und einen Krankenwagen zu dem angegebenen Ort schicken solle. Die Frau in der Notrufzentrale hatte versucht, sie zu beruhigen und weitere Auskünfte zu erhalten, aber Johanna hatte nur gestammelt, dass ihr Freund Polizist war und überfallen wurde. Dann hatte sie das Handy in die Tasche gesteckt und war so schnell sie konnte die Gasse hinuntergeeilt.

Johanna sah, wie Sven am unteren Ende der Gasse nach hinten taumelte und hinter einer Wand verschwand. Sie rannte, so schnell es das glatte Pflaster zuließ. »Lasst ihn in Ruhe, ihr Schweine!«, schrie sie und hielt eine Hand nahe an der Wand, um sich wenn nötig abstützen zu können.

In dem Augenblick, als sie um die Ecke bog, sah sie, wie der hochgewachsene Mann in dem dunklen Mantel Sven gegen die Hauswand schleuderte.

»Neeeiiinnn!«, schrie Johanna.

Für eine Sekunde traf ihr Blick den des Mannes, und ein Bild seines Gesichts brannte sich in ihrem Gehirn ein. Bevor er sich umdrehte und die Gaffelgränd hinunter flüchtete, konnte sie erkennen, dass er an der Wange blutete.

Hans Ecker rannte, so schnell es sein betrunkener Zustand zuließ. Er strauchelte, fiel hin und schrie vor Schmerz, als er mit dem Knie aufschlug. Er rappelte sich auf und setzte seine Flucht entlang der Gaffelgränd fort, bis er die Skeppsbron erreichte. Dort bog er nach links und hinkte weiter, so schnell er konnte. Er schnaufte vor Anstrengung, sein Hirn arbeitete unter Hochdruck, und das angeschlagene Knie pochte heftig. Er spürte, wie unter seiner Hose etwas Warmes am Bein hinunterlief.

Plötzlich hörte er Sirenen und konnte durch den Nebel weiter weg Richtung Innenstadt rotierende Blaulichter erkennen. Er blieb stehen und blickte sich panisch um. Wo waren Christopher und Johannes? Als er ein Brennen an der Wange spürte, fasste er dorthin und sah sich die Hand an. Er blutete. Verdammt, das Arschloch hatte ihm das Gesicht zerkratzt. Ecker suchte in seiner Tasche und fand ein Taschentuch. Er spuckte darauf und wischte sich so gründlich es ging die Wange ab.

Die Sirenen und Blaulichter kamen näher.

Er hatte fast den Slottsbacken erreicht und lief hastig zu einer Mauer, die tiefe Schatten über die Pflastersteine warf. Dicht an die Wand gedrückt, holte er Atem, zog das Handy aus der Tasche und drückte die Kurzwahltaste für Christophers Nummer.

»Polizeieinsatzzentrale, was ist passiert?«

Sein Herz machte einen Salto in seiner Brust. Instinktiv drückte er auf die rote Taste.

Wie zum Teufel hab ich die Bullen angerufen?

Er überprüfte das Anrufprotokoll, und plötzlich ging ihm ein Licht auf. Er wählte erneut die Kurzwahlnummer und hörte, wie sich eine belustigte Stimme meldete: »Christopher.«

Ecker atmete schwer. »Du … Arschloch. Wenn du mich noch mal so verarschst, bringe ich dich um. Verdammt, Chris, ich stecke in Schwierigkeiten. Es gab eine Schlägerei mit dem Bullen, und ich musste ihn niederschlagen. Das Arschloch hat mir auch das Gesicht zerkratzt. Dann kam seine Alte angerannt, und ich bin abgehauen, aber ich weiß nicht, ob sie mich gesehen hat.«

Eckers Stimme ging im Sirenenlärm unter, als zwei Krankenwagen und zwei Polizeiwagen auf der Skeppsbron vorbeirasten.

»Das ist ein richtiger Großeinsatz hier«, flüsterte Ecker.

»Wo bist du?« Silfverbielkes Stimme klang ruhig und beherrscht.

»Ich stehe an einer Mauer unterhalb vom Slottsbacken. Wo seid ihr?«

Silfverbielke konnte die Panik in der Stimme seines Freundes hören.

»Augenblick …«

Er gab Kruut mit einem Augenzwinkern zu verstehen, sitzen zu bleiben, und ging schnell auf die Herrentoilette im Café Opera, wo er sich in einer freien Kabine einschloss.

»Warum antwortest du nicht? Wo seid ihr?« Eckers Stimme ging beinahe hoch ins Falsett.

»Immer mit der Ruhe. Ich konnte gerade nicht reden, es ging schlecht. Wir sind im Café, aber wie's aussieht, wäre es wohl keine gute Idee, wenn du hierherkommst.«

Ecker wimmerte vor Schmerz. »Hier kann ich auf keinen Fall bleiben. Mein Knie tut höllisch weh, und ich blute im Gesicht. Was soll ich bloß machen, verdammt noch mal?«

Silfverbielke überlegte schnell. Das war nicht gut. Sie hatten große Dinge am Laufen, und es durfte einfach nicht sein, dass ein Besoffener ein paar geschmiert bekam und ausgerechnet in dem Moment ein Bulle auftauchte. Herrgott, wie groß war eigentlich die Wahrscheinlichkeit, dass so etwas passieren konnte?

»Du machst jetzt Folgendes. Geh die Skeppsbron entlang Richtung Innenstadt bis zur Oper und nimm dort ein Taxi. Am besten eins von diesen unabhängigen Kanakentaxis, auf gar keinen Fall Taxi Stockholm, Kurir oder Taxi 020. Setz dich hinten rein und versuche, dich so wenig wie möglich zu zeigen. Gib als Fahrtziel eine Adresse zwei oder drei Straßen von deiner Wohnung entfernt an. Dann zahlst du in bar und gehst das letzte Stück zu Fuß. Wir gehen in fünf Minuten hier los und treffen uns bei dir zu Hause. Okay?«

Ecker zögerte. »Aber was, wenn mich jemand sieht?«

»Was bleibt dir anderes übrig? Willst du warten, bis die Bullen die halbe Altstadt sperren, weil einer ihrer Kollegen zusammengeschlagen wurde? Verschwinde verdammt noch mal, solange du noch kannst. An einem Samstagabend torkeln jede Menge Leute mit Blut im Gesicht auf der Straße herum. Keiner wird sich an dich erinnern. Wichtig ist nur, dass du dich nicht von dem Taxi bis vor die Haustür fahren lässt und nicht mit Kreditkarte bezahlst, kapiert?«

Eine lange Weile herrschte Schweigen. Plötzlich hörte Silfverbielke ein Geräusch, das wie Schluchzen klang. »Hans, bist du noch dran?«

Würgen und Schluchzen. Dann ein Flüstern: »Ja ...«

Plötzlich gaben Silfverbielke zwei diskrete Signale den Eingang einer SMS bekannt. »Hans, reiß dich gefälligst zusammen! Verschwinde und such dir ein Taxi, dann sehen wir uns bald. Der Rest erledigt sich von alleine, das verspreche ich dir.«

»Aber was, wenn sie ...«

»Kein Aber! Beeil dich, sonst haben wir alle ein Problem.«

»Okay, ich bin schon weg.«

»Gut. Bis später.«

Silfverbielke beendete das Gespräch und drückte dann auf »Anzeigen«.

Wie sieht es bei dir aus? Dauert es noch lange? Ich warte sehnsüchtig. V.

Er schrieb eine Antwort.

> *Müsste gegen zwei Uhr zu Hause sein. Sag dir Bescheid, wenn es so weit ist. Werd es dir besorgen.*

Johanna kniete neben Sven, während die Lichter der Einsatzfahrzeuge die Gasse und die Pflastersteine in ein blassblaues Licht tauchten. Sie beugte sich über sein Gesicht, nahm es in beide Hände und schüttelte ihn. Mit tränenüberströmtem Gesicht schrie sie ihn an: »Sven, antworte! Antworte mir doch! Du darfst nicht sterben!«

Ein paar Hände zogen sie behutsam zur Seite, damit die Rettungssanitäter mit ihrem Notfallkoffer an den Verletzten herankamen. Ein Arzt aus einem soeben eingetroffenen Notarztwagen bahnte sich schnell einen Weg, kniete neben Sven Bergman und fühlte den Puls am Handgelenk. Dann sah er Johanna an. »Was ist hier passiert?«

Johanna zitterte am ganzen Körper. Ein Rettungssanitäter legte ihr eine dicke Wolldecke um Schultern und Rücken, während sie nach Worten rang. »Svenne wollte eingreifen, als der Mann dort drüben verprügelt wurde«, sie deutete nach hinten, »und dann wurde er selbst niedergeschlagen. Ein Mann hat ihm ins Gesicht geschlagen und ihn dann gegen die Wand da geworfen.«

Der Arzt nickte und holte ein Stethoskop hervor. »Und Ihr Mann ist Polizeibeamter?«

»Mein Freund … ja.«

»Setzen Sie sich bitte in den Rettungswagen, dann bringen wir ihn so schnell wie möglich ins Krankenhaus.«

»Aber – lebt er?« Johannas Stimme ging hoch ins Falsett. »Ich muss wissen, ob er lebt!«

Der Arzt warf einem der Sanitäter einen kurzen Blick zu. Der nickte einvernehmlich und ging zum Wagen, um ein Beruhigungsmittel zu holen. »Ja, er lebt. Mehr kann ich im

Augenblick leider nicht sagen. Es sieht so aus, als hätte er ein paar kräftige Schläge abbekommen.«

Ein anderer Arzt kam zu ihnen und kniete ebenfalls neben Bergman. »Wie geht's ihm?«

»Ja, er kommt durch. Wie sieht's bei dem dort drüben aus?«

Der zweite Arzt schüttelte den Kopf.

Johanna hielt erschrocken die Hand vor den Mund. »Wollen Sie damit sagen, er ist … tot?«

Der Arzt nickte.

Die Rettungssanitäter halfen ihr auf die Beine und brachten sie in die Wärme des Krankenwagens, wo sie eine Beruhigungsspritze bekam. Johanna sah, dass es in der Gaffel- und der Pelikansgränd von Polizisten, Sanitätern, Ärzten und Einsatzwagen mit rotierenden Blaulichtern nur so wimmelte. Man hatte über den zu Tode geprügelten Mann eine Decke gelegt, und jetzt wurde er auf eine Tragbahre gehoben. Gleichzeitig spürte sie, wie der Krankenwagen schaukelte, als die Sanitäter die Trage, auf der Sven lag, neben sie schoben. Der Krankenwagen fuhr schnell rückwärts auf die Skeppsbron, und der Fahrer schaltete die Sirene ein. Der Sanitäter, der neben Johanna saß, setzte Bergman eine Sauerstoffmaske auf Mund und Nase und fing an, den Blutdruck zu messen.

»Gib ein bisschen Gas, wenn du kannst«, sagte er zum Fahrer. »Der Blutdruck sieht nicht so gut aus.«

Johanna beugte sich vor, nahm Svens Hand und küsste ihn auf die Wange.

»Lieber Gott …«, flüsterte sie, »lieber Gott, mach, dass er nicht stirbt!«

Kapitel 34

Sonntag, 4. März

Silfverbielke warf einen Blick auf seine Armbanduhr.

Es war halb ein Uhr nachts.

In Eckers großem Wohnzimmer herrschte eine gedrückte Stimmung. Hans Ecker fläzte in Boxershorts und mit einem Glas Whisky in der Hand auf einem Sessel, während Johannes Kruut Krankenpfleger spielte und die Kratzwunde an der Wange sowie die massive Schürfwunde am Knie mit Wattebäuschen und Desinfektionsmittel reinigte.

»Ich glaube, das sieht jetzt okay aus«, sagte Johannes.

Silfverbielke nickte, ging zum Fenster und schaute auf die menschenleere Straße hinaus. »Morgen bekommst du von mir ein paar super Hautcremes. Damit kriegst du die Schramme an der Wange in ein paar Tagen weg. Du musst dir eine gute Erklärung einfallen lassen und auf jeden Fall zur Arbeit gehen. Es würde vielleicht nicht so gut aussehen, wenn du dich wegen dieses Vorfalls krankschreiben ließest.«

»Was zum Teufel meinst du damit?« Ecker zuckte zusammen und setzte sich mühsam im Sessel auf.

»Eigentlich nichts. Ich habe nur so ein schlechtes Gefühl, weil diese Sache so kurz nach unserer Vernehmung durch die Polizei passiert ist. Natürlich haben die keinen Grund, mich,

Johannes oder dich zu verdächtigen, aber weißt du eigentlich, ob der Bulle dich sehen konnte?«

Ecker dachte still nach. »Keine Ahnung. Du weißt, wie das in der Hitze des Gefechts ist. Alles, woran ich gedacht habe, war, dass ich ihn umnieten muss, weil ich es nicht mehr schaffe, davonzurennen. Aber ich glaube nicht, denn in der Gasse war es ja ziemlich dunkel.«

»Ja, und überhaupt, wieso sollten sie uns verdächtigen?«, warf Johannes dazwischen. »Hat nicht einer von euch gesagt, dass man Verbrecher unter dem Pack in Alby sucht, und nicht unter den bessergestellten Leuten in Östermalm?«

Silfverbielke lachte, schenkte sich ein großes Glas Whisky ein und nippte daran. *Muss weg von hier. Sie wartet auf mich. Ich werde mit ihr spielen und mir morgen über diese Sache hier Gedanken machen.*

Eine Dreiviertelstunde später nahm Silfverbielke getreu seiner neuen Angewohnheit Veronica Svahnberg auf dem Fußboden im Flur, nachdem er dafür gesorgt hatte, dass sie eine Line Kokain in ihre schöne Nase bekam.

Als sie später nackt nebeneinander im Bett lagen, fragte Veronica: »Wieso hat es so lang gedauert, bis du gekommen bist? Soviel ich weiß, hast du mitbekommen, dass Hans und ich Streit hatten.« Sie trank einen kräftigen Schluck von dem Champagner, den Christopher besorgt hatte.

»Mhm, ich weiß. Ja, Hans hatte in der Stadt ein bisschen … ähm … Ärger, und ich habe ihm geholfen.«

Veronica stützte sich auf den Ellenbogen und sah ihn forschend an. »Ärger in der Stadt? Was meinst du damit? Er ist doch nicht etwa mit jemandem aneinandergeraten?«

»Nein, nein, nichts in der Art. Aber du kannst ihn ja selbst fragen, wenn ihr euch seht. Es war nichts Bedeutendes. Du und ich, wir haben Wichtigeres zu tun.«

Er richtete sich auf, drückte sie auf den Rücken und setzte sich rittlings auf sie.

Die Spiele im Bett dauerten bis in die frühen Morgenstunden, ehe die beiden erschöpft unter der Decke einschliefen.

Bevor er einschlummerte, lächelte Christopher im Dunkeln. Veronica hatte gemerkt, dass er kein Kondom benutzt hatte, aber er hatte sie beruhigt.

»Ich konnte keine mehr kaufen, bevor ich hergekommen bin. Aber das macht nichts, Süße, ich bin nie in dir gekommen. Übrigens glaube ich, dass ich unfruchtbar bin.«

In ihrem betrunkenen Zustand hatte sie nur genickt und sich wieder hingelegt.

Die Polizei war bis in die frühen Morgenstunden in der Pelikans- und der Gaffelgränd beschäftigt. Als die Einsatzzentrale über Funk bekanntgab, dass ein Kollege zusammengeschlagen worden war, meldeten sich so viele Streifenwagen, dass die Zentrale längst nicht alle berücksichtigen konnte. Trotzdem eilten mehr Wagen als nur die angeforderten an den Ort. Einer von ihnen war ein Einsatzleiter namens Patrik Holmberg, dem schnell klar wurde, wer das Opfer war. Er rief sofort zu Hause bei Jacob Colt an und versuchte anschließend vergebens, den Kommissar auf dem Handy zu erreichen. Bei Henrik Vadh in Upplands-Väsby hatte er mehr Glück.

Vadh schaffte es von zu Hause in die Altstadt in weniger als fünfzehn Minuten und ließ unterwegs sein Handy glühen. Er erreichte schnell Magnus Ekholm, der sich auf den Weg in die Stadt machte. Janne Månsson ging nicht ran, worauf Henrik beschloss, Holm anzurufen, obwohl der im Innendienst arbeitete.

Bei den Kriminaltechnikern hatte er Glück. Christer Ehn antwortete sofort, und Björn Rydh war zufällig das Wochenende über in Stockholm geblieben, anstatt nach Hause an die Westküste zu fahren. Beide versprachen, so schnell wie möglich in die Altstadt zu kommen.

Als Henrik Vadh am Tatort eintraf, wies er sich aus, ging durch die Absperrung und suchte Patrik Holmberg auf. »Danke für deinen Anruf. Was ist hier passiert?«

Vadh blickte sich um. Eine Schar Schaulustige drängte sich vor dem Absperrungsband am Anfang der Pelikansgränd, Ecke Österlånggatan. Dem Anschein nach waren es überwiegend betrunkene und laute Jugendliche.

»Bisher wissen wir fast nichts. Die Streifenbeamten, die als Erste vor Ort eintrafen, fanden einen Mann, offensichtlich einen Obdachlosen, der erschlagen dort drüben an der Hauswand lag.« Er deutete in die Richtung. »Bergman lag genau hier an der Ecke, bei dieser Stahlwand da, und seine Freundin saß in der Hocke neben ihm.«

Vadh hob eine Hand und unterbrach ihn. »Wo ist sie jetzt?«

»Sie ist mit Bergman im Krankenwagen mitgefahren. Ich glaube, der fuhr ins Karolinska-Krankenhaus.«

»Augenblick.« Henrik Vadh holte sein Handy aus der Tasche und rief bei sich zu Hause an. »Gunilla, Sven Bergmans Freundin Johanna ist anscheinend mit ins Krankenhaus gefahren, ins Karolinska. Kannst du hinfahren und sie unterstützen, wenn ich dir in zehn Minuten einen Streifenwagen vorbeischicke?«

Er hörte kurz zu und nickte. »Gut, ich kümmere mich darum. Bis später. Küsschen.«

Vadh drückte auf eine Kurzwahltaste, sprach mit der Einsatzzentrale und arrangierte eine Mitfahrgelegenheit für seine Frau. Dann wandte er sich wieder Holmberg zu. »Gibt es Zeugen?«

Der Kollege schüttelte den Kopf. »Nein, nur Bergmans Freundin, und mit ihr konnte ich noch nicht sprechen. Sie stand dermaßen unter Schock, dass die Rettungssanitäter ihr eine Beruhigungsspritze gegeben haben.«

»Du stiefelst doch schon eine Weile hier herum. Hast du schon irgendwelche Hypothesen?«

»Ja, oder vielmehr eine Vermutung. Da der Tote dort lag«, er deutete wieder in die Richtung, »und Bergman hier, könnte ich mir vorstellen, dass Bergman und seine Freundin dort oben in der Österlånggatan vorbeigegangen sind und gesehen haben, wie jemand den Mann hier unten verprügelt hat. Bergman ist dann wohl herbeigeeilt und hat versucht, einzugreifen, und dann lief die Situation aus dem Ruder.«

Vadh nickte nachdenklich. »Kann gut sein. Ich muss das später mit Johanna klären.«

Plötzlich hörten sie Stimmen hinter sich. Vadh drehte sich um und sah, dass sein halbes Dezernat ungefähr gleichzeitig eingetroffen war.

»Das ist wirklich schlimm«, sagte Holm aufgeregt.

Ekholm stimmte dem Kollegen zu. »Dreckspack! Aber früher oder später kriegen wir die Burschen.«

»Wieso sagst du ›die Burschen‹?«, fragte Vadh interessiert. »Bis jetzt haben wir keine Ahnung, ob es einer oder mehrere waren.«

Magnus Ekholm zuckte mit den Schultern. »Ich konnte es nicht länger aushalten und habe auf dem Weg hierher im Krankenhaus angerufen und gefragt, wie es Svenne geht. Dann habe ich kurz mit Johanna gesprochen.« Er gab den Hergang wieder, den Johanna ihm am Telefon kurz geschildert hatte.

»Da steht uns wohl eine Menge Arbeit ins Haus.« Björn Rydh fasste sich nachdenklich an den Bart und betrachtete die Umgebung. »Es ist ja ein schönes Stück von der Österlånggatan bis hier runter, und dann etwa noch mal so weit bis zur Skeppsbron.« Er wandte sich Christer Ehn zu. »Hast du ein paar Sachen dabei?«

Ehn deutete auf einen Koffer, der neben ihm stand. »Ich habe den Notkoffer von daheim mitgebracht, aber der reicht ja nicht. Ich habe den Bereitschaftsdienst angerufen, und die haben mir versprochen, jemanden abzukommandieren, der unseren Spurensicherungsbus direkt hierher fährt.«

»Gut.« Rydh nickte. »Dann können wir uns ja schon mal ein bisschen umsehen.«

Henrik Vadh schwieg einen Augenblick und sagte dann: »Gut. Björn und Christer, ihr tut, was ihr könnt. Niklas, sag den Uniformierten, sie sollen die Jugendlichen befragen, die an der Absperrung herumstehen. Vielleicht hat einer von denen was gesehen.«

Er blickte die dunklen Hauswände empor. »Hier gibt es anscheinend keine Wohnungen, nur Büros, aber man kann ja nie wissen. Magnus und Niklas, ihr geht von Tür zu Tür, und zwar von der Österlånggatan bis hier unten. Redet mit Holmberg dort drüben, er soll euch ein paar Uniformierte mitgeben, dann geht es schneller. Macht, solange ihr könnt. Ich bleibe eine Weile hier und fahre dann ins Karolinska. Dort warte ich an Svens Bett, bis er zu sich kommt.«

Rydh hielt den Finger hoch, um auf sich aufmerksam zu machen. »Hast du was dagegen, wenn ich später auch vorbeischaue?«

Henrik Vadh schüttelte den Kopf. »Das kannst du gern machen, Björn. Ich bin sicher, Sven wird sich freuen, wenn er dich sieht, sobald er seine blauen Augen öffnet.«

Nicht ganz zehn Minuten später ging Björn Rydh in die Hocke, hob behutsam einen dünnen Lederhandschuh von der Straße auf und steckte ihn in einen Plastikbeutel. »Nur ein klein bisschen Glück, dann …«, murmelte er und fügte hinzu: »… und das können wir in dieser Situation gebrauchen.«

Bei dem Gedanken, dass Sven Bergman schwer verletzt worden war, machte sich Unbehagen in ihm breit. Rydh starrte eine ganze Weile geistesabwesend in die Ferne.

Was lief hier nur ab?

Henrik Vadh sprang ins Auto und verließ die Altstadt in Richtung Solna, wo sich das Karolinska-Universitätskrankenhaus befand.

Plötzlich kam ihm eine Idee.

Vielleicht war es ausnahmsweise nicht schlecht, ordentlich im Topf umzurühren und zu schauen, ob man jemanden dazu verleiten konnte, einen Fehler zu begehen. Er sah sich beim Fahren gründlich um und entdeckte nach ein paar Minuten einen der wenigen Münzfernsprecher, die es in Stockholm noch gab.

Die Straßen lagen verlassen da, und er konnte direkt vor dem Münzfernsprecher parken. Er steckte eine Karte in den Schlitz, nahm den Hörer ab und wählte die Telefonnummer der Zeitung *Kvällspressen*.

»Kvällspressen, Nachrichtentipps, Anders Blom.«

Vadh verzog das Gesicht. Blom war einer der schlimmsten Reporter in ganz Stockholm. Ein schmieriger Schleimer, der sich für nichts zu schade war, um auf der Titelseite zu landen. Er nahm keinerlei Rücksicht auf die Opfer und veröffentlichte gern Namen und Fotos von Verdächtigen, bevor feststand, ob sie überhaupt schuldig waren. Der schwedische Presserat hatte seine Vorgehensweise schon oft verurteilt, und die Zeitung hatte in einigen Fällen Schmerzensgeld an die Betroffenen zahlen müssen. Andererseits hatten Bloms reißerische Artikel für eine Auflage in Millionenhöhe gesorgt.

»In der Altstadt hat es einen Vorfall gegeben …«, begann Vadh.

»Geben Sie mir doch bitte Ihren Namen und eine Telefonnummer, unter der ich Sie erreichen kann. Sie wissen sicher, dass Sie für Ihren Tipp Geld bekommen, wenn er das Zeug zu einem Artikel hat?«

Vadh unterbrach ihn. »Hören Sie, ich will kein Geld. Ich will nur, dass Sie über die Sache schreiben. Hören Sie mir zu oder soll ich lieber die Fernsehnachrichten anrufen?«

»Ich höre.« Schweigen am anderen Ende.

»Gegen Mitternacht wurde ein Mann in der Altstadt von drei Männern totgeschlagen. Ein Kripobeamter, der zufällig vorbeikam und eingreifen wollte, wurde ebenfalls brutal zusammengeschlagen und ins Krankenhaus gebracht.«

Blom fiel ihm aufgeregt ins Wort. »Woher wissen Sie das? Waren Sie vor Ort? Wer sind Sie? Gibt es noch andere Zeugen? Wissen Sie, wer der Tote war? Und wie heißt der Polizeibeamte?«

»Schnauze! Entweder hören Sie mir zu und schreiben mit, oder ich lege auf. Sie erfahren genau das, was ich Ihnen jetzt sage. Den Rest müssen Sie selbst herausfinden. Das Einzige, was ich Ihnen sagen kann, ist, dass ich sehr gute Kontakte bei der Polizei habe. Ich weiß also, wovon ich rede.«

Henrik hörte, wie der Reporter am anderen Ende aufgeregt atmete. »Erzählen Sie weiter!«

In der Redaktion fuchtelte Anders Blom wild mit seiner freien Hand herum, um den Chef der Nachtredaktion auf sich aufmerksam zu machen. Er kritzelte ein paar Sätze auf einen Zettel und gab ihn dem Mann. Der Chef las ihn, runzelte die Stirn, ging schnell zu einem Telefon und wählte die Nummer der Fotoredaktion. Er hoffte, dass dort noch jemand anwesend war, der sich umgehend auf den Weg in die Altstadt machen konnte. Noch hatten sie eine Chance, vor der Konkurrenz dort zu sein.

»Ich habe keine Ahnung, wer der Tote ist, vermutlich ein Obdachloser oder Alkoholiker. Der Polizeibeamte heißt Sven Bergman und arbeitet bei der Kripo im Team von Kommissar Colt. Ein paar äußerst glaubwürdige Zeugen haben drei Männer gesehen, und der Polizeibeamte hat eine gute Beschreibung des Mannes abgegeben, der am meisten an dem Vorfall beteiligt war. Außerdem hat die Polizei technische Beweismittel am Tatort gefunden …«

Henrik Vadh gab dem Reporter ein paar weitere Fakten, legte trotz Bloms Protesten auf und ging zurück zu seinem Wagen.

Es war gewagt, aber vielleicht würde es funktionieren.

Sven Bergman wurde von einem dumpfen Schmerz geweckt, der irgendwo im Zwerchfell begann und sich nach oben ausbreitete. Sein Schädel pochte, die Nase tat weh, und es brannte förmlich im Kiefer. Er ließ die Zunge im Mund herumgleiten und fand, dass einige Zähne sich komisch anfühlten. Es brannte in den Beinen und …

Mühsam öffnete er die Augen und atmete langsam und flach. Er erblickte eine weiße Zimmerdecke, weiße Wände, ein paar Geräte und schließlich – Johanna.

»Svenne, Liebling!« Sie beugte sich zu ihm herab, lächelte und streichelte ihm sanft die Wange. »Schön, dass du endlich zu dir kommst. Ich war wahnsinnig vor Angst. Wie fühlst du dich?«

Sein Mund war zu trocken, um zu antworten. Sie half ihm, ein Glas Saft mit Strohhalm an den Mund zu führen.

»Ich fühle mich … beschissen«, antwortete er mit heiserer Stimme. »Ungefähr so, als hätte mich ein Lastwagen überfahren.«

Johanna nickte. »So was in der Art ist wohl auch passiert.«

»Wie spät ist es?«, krächzte Sven. »Und was für einen Tag haben wir heute? Wie lange liege ich schon hier?«

»Nicht so lange, wie du denkst.« Sie warf einen Blick auf ihre Armbanduhr. »Es ist jetzt kurz vor zehn am Sonntagvormittag. Wir sind zwischen zwölf und halb ein Uhr nachts hier angekommen.«

»Warst du die ganze Zeit hier? Du bist bestimmt todmüde.«

Johanna lächelte. »Ich dachte, ihr Polizisten könnt euch gut Details merken. Vielleicht fällt dir auf, dass ich dieselben Klamotten anhabe wie das Mädchen, mit dem du gestern Abend beim Essen warst …«

Bergman versuchte, das Lächeln zu erwidern, wurde aber von einem heftigen Schmerz daran gehindert und stöhnte. »Scheiße, das tut vielleicht weh. Was ist eigentlich mit mir los?«

Johanna wurde wieder ernst. »Ich glaube, du hattest einen Schutzengel, Svenne. Der Arzt sagte, du hättest tot sein können, als du gegen diese Stahlplatte gestürzt bist. Du hast eine leichte Gehirnerschütterung, eine kleinere Fraktur im Hinterkopf, eine gebrochene Nase und einen stark geschwollenen Kiefer. Außerdem hast du einen Zahn verloren und starke Schürfwunden an den Beinen.«

Bergman schwieg einen Augenblick. »Wann darf ich nach Hause?«, flüsterte er.

»Liebling …«, sie beugte sich vor und küsste ihn auf die Wange, »… so bald wie möglich, hoffe ich, aber das Wichtigste ist, dass es dir wieder besser geht. Ich glaube, der Arzt wird gleich mit dir reden, aber da sind noch andere, die dich sehen wollen. Henrik, seine Frau Gunilla und Björn Rydh sind hier. Sie sind nur schnell weg, um Kaffee zu holen. Die kommen bestimmt bald wieder.«

Die Tür ging auf, und das eben erwähnte Trio kam herein. Die Mienen aller drei hellten sich auf, als sie sahen, dass Sven bei Bewusstsein war. Sie rückten Stühle heran und setzten sich zu ihm ans Bett.

Henrik Vadh legte seine Hand auf die von Sven. »Schön, dass es nicht schlimmer ausging, Sven, obwohl es schlimm genug ist. Ich habe Jacob angerufen, konnte ihn aber nicht erreichen. Ich weiß, dass er und Melissa gestern Abend in einem Restaurant waren, um ihren Hochzeitstag zu feiern. Aber du kannst sicher sein, dass wir alle Register ziehen, um den Kerl zu schnappen.«

Bergman nickte vorsichtig. »Ich konnte auf jeden Fall einen Schlag landen, das weiß ich noch.«

»Wie meinst du das?«

»Ich habe dem Dreckskerl das Gesicht zerkratzt, bevor er mir eins verpasst hat.«

Henrik drehte sich um und warf Björn Rydh einen Blick zu. »Was meinst du, Björn, besteht wenigstens eine kleine Chance?«

Rydh nickte. »Vielleicht. Ich frage mal, ob ich mir ein paar Sachen ausleihen kann. Sven, ich will schauen, ob ich unter deinen Fingernägeln ein paar Hautreste sicherstellen kann.«

Bergman lächelte und verzog gleichzeitig das Gesicht. »Ich glaube, ich bin das kooperativste Opfer, das dir seit Langem begegnet ist, Björn.«

Die Tür ging auf und ein ernst dreinblickender Mann um die vierzig trat ein, gefolgt von einer Krankenschwester. Er reichte Sven die Hand.

»Hallo, Sven, ich bin Jan Berger. Wie fühlen Sie sich?«

»Beschissen.«

Berger nickte ihm zu und studierte ein paar Papiere auf einem Klemmbrett.

»Das wundert mich nicht, Sie haben ja ziemlich Prügel bekommen. Und wie ich schon zu Ihrer Freundin sagte, hatten Sie anscheinend einen Schutzengel. Sie haben eine leichte Gehirnerschütterung und eine kleine Fraktur am Hinterkopf. Ihre Nase war etwas schief, als Sie hier ankamen, also habe ich mein Bestes getan, sie wieder geradezurichten, während Sie bewusstlos waren. Die Röntgenaufnahme zeigt, dass der Kiefer aufgrund der Schläge geschwollen ist, aber er ist nicht gebrochen. Dafür haben Sie einen Zahn verloren, aber das müssen Sie später mit Ihrem Zahnarzt klären. Übrigens sind Ihre Werte erstaunlich gut, wenn man bedenkt, was Sie durchgemacht haben.« Bergman ließ die Information einen Augenblick wirken. »Wann, glauben Sie, kann ich nach Hause?«

Doktor Berger fasste sich ans Kinn. »Ich möchte Sie sicherheitshalber noch zwei bis drei Tage zur Beobachtung hierbehalten. Aber wir können die Frage wohl offenlassen und einen Tag nach dem anderen angehen. Ich verstehe, dass Sie vielleicht so schnell wie möglich wieder arbeiten wollen, aber ich würde Ihnen raten, sich für ein paar Wochen krankschreiben zu lassen.«

Nachdem Berger gegangen war und die Krankenschwester ein paar Schälchen mit Tabletten neben Svens Bett gestellt hatte, gingen die Gespräche noch eine Weile weiter. Gunilla Vadh sprach leise mit Johanna, während Sven, Henrik und Björn darüber diskutierten, was passiert war. Björn streifte sich Gummihandschuhe über, untersuchte Svens Fingernägel und schabte jeden mit einem Zahnstocher gründlich aus. Das, was er zutage gefördert hatte, gab er in ein Plastikröhrchen mit Schraubverschluss, das ihm die Krankenschwester gegeben hatte.

Henrik beugte sich vor und erzählte Sven leise von seinem Anruf bei der Zeitung *Kvällspressen*. »Ich habe lange gezögert, aber ich hatte nur eine Chance, da dachte ich mir, jetzt oder nie. Wie ich Blom kenne, wird er das Ganze ordentlich aufblasen. Vielleicht wird jemand nervös und begeht einen Fehler.«

Bergman zuckte mit den Schultern. »Ich glaube, das hast du richtig gemacht, Henrik. Auf jeden Fall kann es nicht schaden. Und mit ein bisschen Glück führt es uns auf eine Fährte …«

Sven spürte, wie ihn die Müdigkeit übermannte. Er schloss die Augen und versuchte, sich an den Hergang des Vorfalls von letzter Nacht zu erinnern. Aus Fragmenten wurden größere Stücke, die sich mit anderen zusammenfügten. Aber es gab immer noch zu viele Lücken, und er sah seufzend ein, dass sich manche vielleicht nie würden füllen lassen.

Das Ehepaar Vadh bot Johanna an, sie nach Hause zu fahren, damit sie sich ausruhen konnte. Am Abend würde sie wieder ins Krankenhaus kommen. Björn Rydh versprach, die Proben von Svens Fingernägeln im Eiltempo ins Staatliche Kriminaltechnische Labor bringen zu lassen und Vorrang für die Untersuchung auf DNA-Material zu beantragen – was man ihm bestimmt gewähren würde.

Als die Besucher sich verabschiedet hatten und gerade zur Tür hinausgehen wollten, fiel es Sven plötzlich wieder ein.

»Henrik!«

Vadh drehte sich um. »Ja?«

»Zuerst war ich mir nicht ganz sicher, aber jetzt schon.«

»Was meinst du damit?«

»Der Typ, der mich geschlagen hat …«

Henrik Vadh wartete schweigend darauf, dass Sven Bergman fortfuhr.

»Ich habe den Dreckskerl schon mal gesehen.«

Kapitel 35

Sonntag, 4. März

Gleich nach dem Mittagessen am Sonntag betrachtete Veronica Svahnberg ihren nackten, von roten Striemen überzogenen Hintern in dem großen Spiegel in Christophers Bad.

Sie hatte darum gebettelt, und er hatte es wieder getan.

Als sie aus dem Bad kam, stand er mit dem Handy am Ohr da und blickte besorgt drein. Veronica sah ihn fragend an.

»Ja, Mama, ich verstehe. Tut es sehr weh? Leg dich hin und sei ganz ruhig, ich komme, so schnell ich kann. Tschüss.«

Er tat so, als drücke er auf die rote Taste, und sah Veronica an.

»Nicht gut, meine Mutter hat wieder Herzschmerzen. Ich muss sofort zu ihr.«

»Oh je! Verstehe. Ähhh … das ist okay, ich ziehe mich schnell an und winke mir auf der Straße ein Taxi. Duschen kann ich zu Hause.«

Sie küssten sich im Türrahmen, bevor sie ging. Veronica sah ihm tief in die Augen.

»Willst du … noch mal?«

Er erwiderte ihren Blick. »Du bist meine Sklavin, Veronica.«

Sie nickte stumm.

»Du kannst dein Leben leben, und ich meins«, fuhr er fort, »aber wir werden nicht ganz ohne einander klarkommen.«

Aus ihren Augen quollen Tränen. Sie biss sich auf die Lippe, drehte sich um und ging.

Silfverbielke lehnte sich an die Tür, schloss die Augen und seufzte. Er wusste nicht genau, ob ihm das Ganze überhaupt noch Spaß machte.

Aber sie war gut. Richtig gut. Und sie machte, was er sagte.

Er brauchte so eine Frau.

Diesmal hatte sie ihn gebeten, er solle sie fester schlagen, und er war ihrer Bitte nachgekommen. Die Intensität ihrer Orgasmen, herbeigeführt durch eine Kombination aus Unterwerfung, Genuss und Schmerz, hatte ihn überrascht.

Er war immer noch nackt, als er in das Zimmer ging, das ihm als Büro diente, und sich an den Computer setzte. *Kvällspressen* hatte die Geschichte bereits. Die fettgedruckte Schlagzeile sprang ihm ins Auge.

> BRUTALER MORD HEUTE NACHT – POLIZIST SCHWER VERLETZT!

Silfverbielke grinste schief. Die Pressefritzen beherrschten die Kunst, den Leuten Halbwahrheiten vorzusetzen und damit Geld zu verdienen.

Doch dann erstarrte er. Was für ein Mord? Hans und Johannes hatten den Besoffenen ein paarmal getreten, und Hans hatte ihm anschließend noch einige Fausthiebe verpasst. Aber Mord? War das alte Ekel an den Schlägen gestorben? Na ja, die Welt wäre deshalb auf keinen Fall ein schlechterer Ort gewesen, aber die Sache konnte eine Menge Komplikationen verursachen.

Christopher las den gesamten Artikel, und was er las, gefiel ihm nicht. Dass ein Teil davon reine Lüge war, konnte er sich denken – der Mann, der herbeigerannt war, konnte weder ihn noch Johannes richtig gesehen haben, da war er sich sicher. Aber technische Beweise? Woraus sollten die bestehen?

Er stand vom Computer auf, ging in den Flur, inspizierte sorgfältig seinen Mantel und schaute in den Taschen nach, ob die Handschuhe noch dort steckten. Die Schuhe überprüfte er ebenso gründlich. Dann ging er ins Schlafzimmer und nahm sich Hemd und Anzug vor. Nichts war kaputt, kein einziger Knopf fehlte. Das Taschentuch befand sich immer noch in der Hosentasche.

Muss das alles sicherheitshalber wegwerfen. Scheiße!

Der Anzug war aus Kaschmir und hatte ein kleines Vermögen gekostet. Der Mantel war in der Savile Row in London maßgeschneidert worden und auch nicht umsonst gewesen. Aber er konnte es sich nicht leisten, Risiken einzugehen.

Der Rest des Artikels bestand aus Füllmaterial, und ihm war klar, dass der Journalist äußerst knappe Informationen erhalten hatte. Andererseits hätte er wohl kaum so selbstsicher geschrieben, wenn er keine zuverlässige Quelle gehabt hätte.

Einer von ihnen hatte also Spuren hinterlassen.

Er war es jedenfalls nicht gewesen.

Christopher griff zum Telefon und wählte Hans Eckers Nummer.

Als das Trio sich am späten Sonntagnachmittag im Sturehof versammelte, in erster Linie, um den Kater mit ein paar Bloody Marys zu kurieren, hatte Christopher bereits seine Runde hinter sich. Er hatte den Mantel, den Anzug und die Schuhe in drei verschiedenen Plastiksäcken verstaut. Den mit dem Mantel hatte er in einen Müllcontainer in Upplands-Väsby geworfen, den mit dem Anzug in eine ähnliche Blechbüchse in Sollentuna. Auf dem Rückweg in die Stadt hatte er in Solna haltgemacht, die Schuhe so weit er konnte in den Råstasee hinausgeworfen und anschließend die Handschuhe in einen Abfalleimer im Zentrum von Solna gedrückt.

Christopher sah, dass Hans Eckers Hände leicht zitterten.

»Wie geht's dir, Hans?«

»Könnte besser sein. Du hast es wohl gelesen?«

»Mhm.«

Kruut saß schweigend da und rutschte nervös auf dem Stuhl hin und her. Christopher sah ihn an.

»Hast du es gelesen?«

Johannes nickte und schaute unglücklich drein. »Ja, aber wir haben ihn doch nicht mit Absicht getötet.«

»Schsch!« Silfverbielke runzelte die Stirn und blickte sich schnell um. Sie saßen fast alleine in ihrem Bereich des Restaurants, aber er hatte keine Lust, Risiken einzugehen. Die Jungs machten einen nervösen Eindruck, und er musste versuchen, die Wogen zu glätten. Die Frage war, ob Kruut die Nerven behalten würde.

Als sie Essen, Wein und je eine weitere Bloody Mary bestellt hatten, ergriff Silfverbielke das Wort. »Wie ich die Lage einschätze, besteht kein Grund zur Unruhe. Hätte es sich lediglich um den Betrunkenen gehandelt, hätte die Polizei sich nicht einmal darum gekümmert. Es war einfach Pech, dass der Bulle aufgetaucht ist, aber das können wir jetzt nicht mehr ändern. Hinterher ist man immer schlauer, was man hätte tun können und sollen, aber nun ist es so, wie es ist.«

Er machte eine Pause. Ecker saß steif da und starrte auf seine Knie. Kruut sah weiterhin unglücklich aus und ließ den Blick nervös zwischen den beiden Freunden hin und her huschen.

»In dem Artikel«, fuhr Silfverbielke fort, »steht, dass die Polizei technische Beweise gefunden hat. Mir fällt es an und für sich schwer, das zu glauben, aber …«

»Mein einer Handschuh ist weg.« Eckers Feststellung klang trocken und kalt.

»Was sagst du da?« Christopher beugte sich vor.

»Ich habe gesagt, mein Handschuh ist weg. Ich habe die Handschuhe ausgezogen und in die Taschen gesteckt, als ich dem besoffenen Penner in die Fresse hauen wollte. Aber als ich später am Schloss war und dich angerufen habe, wollte ich sie wieder anziehen. Und da war der eine weg.«

»Aber du kannst ihn ja auch dort verloren haben, oder auf der Skeppsbron, als du davongerannt bist?«

Ecker verzog das Gesicht. »Sicher. Oder auch direkt bei dem Penner oder dem Bullen. Wer weiß?« Er zuckte mit den Schultern und blickte sich im Lokal um. »Wie hoch ist das Risiko, dass die Bullen uns mit dieser Sache in Verbindung bringen? Was meinst du, Chris?«

»Was meinst du mit ›uns‹?«, warf Johannes dazwischen. »Du warst doch derjenige, der …«

Ecker hob die Hand. »Jetzt mach mal halblang, Johannes. Chris hat ihn einmal getreten, aber du hast mir kräftig geholfen, als ich losgelegt habe. Weißt du nicht mehr, dass du ihn getreten hast?«

»Vielleicht einmal, nur ein bisschen …« Kruut klang kläglich.

»Mehrmals und fest. Johannes, du bist in die Sache genauso verwickelt wie ich. Wir wissen nicht, wer oder was am Tod dieses Burschen schuld war. Aber das ist jetzt scheißegal, er ist tot.«

Silfverbielke nickte. »Ich glaube, das Risiko ist gering, wenn nicht sogar gleich null. Das Einzige, was mir ein wenig Kummer bereitet, ist die Tatsache, dass der Bulle, den du niedergeschlagen hast, anscheinend mit den Typen arbeitet, die uns vernommen haben. Im Internet stand, dass er zum Team von Kommissar Colt gehört.«

»Vernommen?«, fragte Kruut. »Ihr habt mir nichts von einer Vernehmung erzählt. Wozu hat er euch vernommen?«

»Nichts, was der Rede wert wäre, Johannes. Es ging um einen Vorfall in Sandsjö, du weißt schon, das Internat, auf das Hans und ich gegangen sind. Eigentlich war es keine Vernehmung, sondern nur eine Routinebefragung. Aber in dem Zusammenhang haben ich und Hans diesen Bullen Colt getroffen. Das war doch der, der die meiste Zeit geschwiegen und nahezu geistig behindert gewirkt hat.«

Eckers ernste Miene hellte sich zu einem Lächeln auf. »Geistig behindert, du bist vielleicht 'ne Marke, Chris! Aber mal im Ernst, besteht ein Risiko, dass sie uns finden?«

Christopher fasste sich ans Kinn und überlegte. »Wegen der technischen Beweise und der DNA brauchen wir uns keine Sorgen zu machen. Es spielt keine Rolle, was sie gefunden haben, solange der Handschuh kein Etikett mit deinem Namen hat, verstehst du?«

Ecker schüttelte den Kopf. Es fiel ihm schwer, einen klaren Kopf zu bewahren. *Herrgott, und ich dachte, Chris ist ein Monster, weil er die Nutte in Berlin umgebracht hat. Und jetzt habe ich jemanden getötet. Scheiße! Scheiße! Scheiße! Wie konnte das nur passieren?!*

Silfverbielkes Worte rissen ihn aus seinen Gedanken und brachten ihn in das Hier und Jetzt zurück. »Gut. Die können am Tatort so viel DNA finden, wie sie wollen. Keiner von uns ist in einer polizeilichen DNA-Datenbank. Also führt diese Spur in eine Sackgasse. Es gab keine anderen Zeugen vor Ort, also bleibt nur noch das Risiko, dass der Bulle dich gut genug gesehen hat, um dich identifizieren zu können. Glaubst du, das hat er?«

Ecker zuckte mit den Schultern. »Wie ich heute Nacht schon sagte, du weißt, wie es in der Hitze des Gefechts ist. Ich kann mich überhaupt nicht erinnern. Aber es ging alles so schnell, also glaube ich nicht, dass er mich richtig gesehen hat. Ich habe ihm ja ein paarmal ordentlich in die Fresse gehauen, ihn gegen die Wand geworfen und bin dann abgehauen.«

Christopher betrachtete die Schramme an Hans' Wange. »Aber er war ja nahe genug an dir dran, um dein Gesicht zu zerkratzen?«

»Ja, aber da hatte er bereits ein oder zwei Schläge eingesteckt. Ich glaube, er hat blindlings reagiert, hat einfach nur getan, was er konnte. Aber ich hatte nicht den Eindruck, dass er mich angeglotzt hat …«

Kruut wirkte erleichtert. »Ja, uns beide hat er auf jeden Fall nicht gesehen, oder, Chris? Wir waren ja längst weg.«

»Ja, das war übrigens unheimlich nett von euch, einfach abzuhauen und mich im Stich zu lassen«, zischte Ecker.

»Reiß dich zusammen, Hans.« Silfverbielkes Stimme klang plötzlich kalt. »Ich bleibe doch nicht stehen und prügle mich, wenn die Bullen im Anmarsch sind. Du hättest auch früher aufhören können. Sieh es positiv. Immerhin hast du dir damit eine Menge Punkte verdient. Ich finde, du solltest fünfzehn bekommen, dafür, dass du den Penner kaltgemacht hast, und zehn dafür, dass du den Bullen niedergeschlagen hast. Johannes kriegt zehn Punkte für seine Tritte. Das heißt, er hat jetzt fünfzig, du liegst mit fünfundvierzig an zweiter Stelle, und ich habe dreißig.«

Ecker beruhigte sich wider Willen. »Okay, das klingt gut. Sieht so aus, als hinkst du hinterher, Chris.«

»Das lässt sich schon irgendwie regeln«, sagte Silfverbielke lächelnd. *Wenn ihr wüsstet, was ich getan habe, wäre das Punkterennen längst gelaufen, meine Herren. Aber es ist noch nicht vorbei.*

Johannes saß schweigend da und sah aus, als wäre er tief in Gedanken versunken.

»Woran denkt der Herr Geschäftsführer?«, fragte Ecker halb ironisch und trank einen Schluck von seiner Bloody Mary. Er konnte sich nicht richtig mit dem Gedanken anfreunden, dass Kruut sich wie ein Feigling aus dem Staub gemacht hatte, aber trotzdem Punkte für sein Mitwirken bekam. Nun ja, das würde sich, wie gesagt, später regeln lassen.

Kruut nippte an seinem Drink. »Ich habe mir nur ein bisschen darüber Gedanken gemacht, was man mit zwanzig Millionen anstellen kann.«

»Schöner Gedanke«, sagte Silfverbielke.

»Immer mit der Ruhe«, sagte Ecker. »Noch sind wir nicht so weit. Klar, im Augenblick führst du, aber bist du bereit, dich ausreichend reinzuhängen und Risiken einzugehen, um den Vorsprung zu halten?«

Kruut zögerte einen Augenblick, ehe er antwortete: »Ja. Hast du was am Laufen, Chris?«

Silfverbielke nickte. »Ja, aber das besprechen wir nicht hier. Ich schlage vor, dass wir zu mir gehen, uns einen Drink genehmigen und ein paar Richtlinien ausarbeiten. Aber bevor ich es vergesse … ihr solltet aus Sicherheitsgründen sämtliche Klamotten wegwerfen, die ihr heute Nacht anhattet, Anzüge, Mäntel, Schuhe, Handschuhe, das ganze Zeug. Ich habe meine bereits entsorgt.«

»Aber das war doch mein bester Anzug!« Kruut blickte unglücklich drein.

Christopher sah ihn müde an. »Das war ebenfalls mein bester Anzug, und ich war bei dem Spaß gar nicht dabei. Alles hat seinen Preis, Johannes. Sollten die Bullen wider Erwarten eines Tages auf dich zurückkommen, willst du dann, dass irgendeine DNA aus der Gasse mit der von einem Haar an deinem Anzug oder von Hautresten an deinen Handschuhen übereinstimmt?«

Kruut schüttelte schweigend den Kopf.

»Gut. Dann tu, was ich dir sage. Und schmeiß die Sachen nicht daheim in die Mülltonne, sondern sei ein bisschen kreativ.«

»Wie kreativ warst du selbst?«, fragte Ecker.

Silfverbielke zuckte mit den Schultern. »Tumba, Tullinge, Farsta. Drei verschiedene Container.«

Ecker pfiff anerkennend. »Gut gemacht. Ich glaube, ich mache heute Abend auch noch eine Spritztour mit dem Auto. Kommst du mit, Johannes?«

»Ja, gern, das ist eine gute Idee.«

Silfverbielke winkte die Kellnerin herbei und bat um die Rechnung.

Das Trio betrat Silfverbielkes Wohnung und hängte die Überbekleidung an die Garderobe. Als sie sich ins Wohnzimmer begaben, ging Christopher direkt zur Hausbar und schenkte jedem ein Glas Whisky ein. Hans Ecker hielt bei der Türöffnung zum Schlafzimmer inne und pfiff.

»Hoppla, da muss es ja wild zugegangen sein. Das ist ja das reinste Chaos.«

Plötzlich rümpfte er die Nase. Der Geruch kam ihm bekannt vor, aber er konnte ihn nicht einordnen.

»Hattest du letzte Nacht eine Braut hier, Chris? Wie war's? Du warst ja die halbe Nacht bei mir.«

Silfverbielke stand an der Hausbar und wandte ihm den Rücken zu. Er schüttelte den Kopf.

»Du machst wohl Witze? Ich war fast tot, als ich von dir nach Hause gekommen bin. Nein, ich habe allein geschlafen, aber da drinnen sieht es chaotisch aus, ich weiß. Ich habe ein paar Tage das Bett nicht mehr gemacht und in letzter Zeit unruhig geschlafen.«

Ecker lachte. »Du solltest dir 'ne Braut anschaffen, Chris, eine wie Veronica. Die weiß, wie man Ordnung hält.«

Sie weiß auch, wie man ein paar andere Dinge macht, dachte Silfverbielke. Er antwortete in neckischem Ton: »Aha, das hört sich ja gut an. Vertragt ihr euch wieder?«

»Tja, was zum Teufel, wir hatten heute ein langes Gespräch. Ich meine, sie ist ja total in mich verknallt, und ich mag sie ja auch, also werden wir das mit dem Hauskauf wohl trotz allem machen. Aber ich werde die Innenstadt ganz schön vermissen.«

»Das ist kein Problem, Hans, du kannst jederzeit bei mir übernachten, wenn wir ausgehen und feiern«, sagte Johannes.

Gut, dachte Silfverbielke, *hier kannst du nämlich nicht pennen. Das wäre ein bisschen kompliziert, wenn wir alle drei im gleichen Bett lägen.*

Christopher kochte Kaffee, und das Trio machte es sich um den Couchtisch im Wohnzimmer bequem.

»Ihr erinnert euch vielleicht, was ich euch gestern beim Abendessen erzählt habe?«, sagte Christopher.

Kruut nickte. »Du meinst, das mit den Werttransporten? Ich habe darüber nachgedacht, das klingt interessant.«

»Bist du immer noch dabei, Hans?«, fragte Christopher.

Eckers Gedanken überschlugen sich. *Das ist wirklich verrückt, ich sollte abspringen, ich hab zu viel zu verlieren. Aber Chris scheint die Risiken voll im Griff zu haben, und bisher hat er keinen Mist gebaut. Und – wir sind noch nicht wegen irgendeiner Sache aufgeflogen.*

»Ist der Papst katholisch?«, erwiderte Ecker grinsend. »Du kannst dich auf mich verlassen. Ich brauche die Kohle, jetzt wo ich mir ein Haus kaufen will.«

Silfverbielke lächelte. »Mach dir keine allzu große Hoffnung. Wie ich schon sagte, der kritische Teil sind die Geldkoffer. Sie enthalten Farbpatronen, und wenn man den Koffer aufbricht, platzen sie meistens. Gewiss funktioniert die eine oder andere mal nicht, und dann stehen wir mit ein paar Geldbündeln da. Aber wie ich schon sagte, wir machen das wegen des Kicks.«

»Wie viele Punkte gibt es dafür?«, fragte Johannes.

»Das kommt darauf an, wer was macht und wer sich auf irgendeine Art auszeichnet.« Christopher sah Johannes eindringlich an. »Hast du womöglich daran gedacht, Wachmänner der Firma Securitas zu erschießen, Johannes?«

Johannes saß schweigend da. Seit Christopher von den Werttransporten erzählt hatte, hatten seine Gedanken oft darum gekreist. Er spürte einen Adrenalinschub, wenn er daran dachte, dass er – Johannes – in schwarzem Overall, Skimütze und mit automatischer Schusswaffe in den Händen auf der Straße stehen würde. Er hatte während seines Wehrdienstes mit dem Sturmgewehr AK 5 geschossen und war einer der Besten seines Trupps gewesen, also dürfte das kein Problem sein.

Die Ereignisse der letzten Zeit hatten sein Selbstbewusstsein gestärkt. Er hatte angefangen, sich flotter zu kleiden, und hatte die paar Male, die er versucht hatte, auf eigene Faust Mädchen abzuschleppen, mehr Glück gehabt. Er fühlte sich zunehmend wie ein Gewinner, und wenn er jetzt nur noch seinem Vater beweisen konnte, dass er ein kompetenter und entschlossener Geschäftsführer war, wäre er am Ziel angelangt.

Dass das Trio bereits drei Todesopfer hinterlassen hatte, versuchte er nach bestem Vermögen zu verdrängen oder sich zumindest schönzureden. Das Mädchen war ja bloß eine Nutte gewesen. Von ihr war eine unmittelbare Gefahr ausgegangen, und außerdem war es Christophers Problem, nicht seins. Der Typ im Opel war lebensgefährlich gefahren, und es war ein Unfall gewesen. Und der Penner in der Altstadt wäre nie von ein paar Faustschlägen gestorben, wenn er nicht ein wertloser Säufer gewesen wäre, ein Loser.

In den vielen Stunden, in denen er im Bett gelegen, Rockmusik gehört und an die Decke gestarrt hatte, waren seine Gedanken darum gekreist, wie weit er gehen würde, wenn es wirklich darauf ankam.

Ziemlich weit. Viel weiter, als er sich noch vor einem halben Jahr hätte vorstellen können.

»Tja, man soll niemals nie sagen«, sagte Johannes schließlich und grinste Christopher an.

»Da hast du recht«, erwiderte Christopher. »Allerdings ist es nicht unsere Absicht, dass jemand zu Schaden kommt, wenn es nicht unbedingt notwendig ist. Aber nichtsdestotrotz brauchen wir Waffen und noch ein paar andere Sachen. Und da kommt ihr ins Spiel, meine Herren. Jetzt kommen wir zu den Aktionen, bei denen man Punkte verdienen kann.«

Ecker blickte interessiert drein. »Was hast du dir gedacht? Was sollen wir machen?«

»Mein Vorschlag zur Aufgabenverteilung sieht so aus: Ich kümmere mich um die gesamte Planung und finde heraus, wie die Securitas-Werttransporte fahren und was die Abläufe sind. Hans, du besorgst drei AK-5-Gewehre oder gleichwertige Waffen mitsamt Munition, und drei brauchbare Pistolen, ebenfalls mit Munition. Scheiß drauf, ob sie Seriennummern oder so was in der Art haben, wir entsorgen sie anschließend an einem sicheren Ort. Außerdem beschaffst du ein Kilo Plastiksprengstoff und Lunten.«

»Aber wie zum Teufel …?« Ecker verstummte und dachte nach. »Ah, ich glaube, ich weiß, wie …«

Silfverbielke wandte sich Kruut zu. »Johannes, deine Aufgabe besteht darin, ungefähr zweihundert Krähenfüße zu beschaffen und ein Auto zu klauen, das gut fährt, aber alt genug ist, dass es keine Startsperre hat. Am besten einen alten Ford Sierra oder so was Ähnliches. Die Karre muss sich auf die altmodische Art kurzschließen lassen. Kriegst du das hin?«

Johannes legte die Stirn in Falten. »Krähenfüße, was zum Teufel ist das? Du meinst wohl spanische Reiter?«

»Nein, Johannes, ich meine *Krähenfüße.*« Silfverbielke stieß einen tiefen Seufzer aus. »Spanische Reiter sind etwas völlig anderes und viel größer. Die hat man vor langer Zeit im Krieg verwendet, um angreifende Kavallerie zu stoppen. Krähenfüße sind kleine, spitze Gegenstände aus Metall, die man auf die Straße streut, um Reifenpannen zu verursachen.«

Kruuts Miene hellte sich auf. »Ah, okay, aber da meinen wir dasselbe. Ich glaube nicht, dass das ein Problem sein wird. Ich kenne einen Typen, der eine Werkstatt hat und ein bisschen zu tief ins Glas schaut. Der müsste wohl diese Krähenfüße herstellen können. Und das Auto – tja, ich war ja auf einem technischen Gymnasium, das dürfte also auch nicht schwer sein.«

»Gut. Aber da wäre noch was. Ich will, dass du außerdem Nummernschilder von einem etwa gleich alten Auto derselben Marke und mit derselben Farbe klaust. Wir brauchen etwas zur Tarnung, wenn du verstehst, was ich meine?«

Kruut nickte. »Klar doch.«

»Ich schlage vor«, fuhr Silfverbielke fort, »dass ihr mit den Vorbereitungen anfangt, so bald ihr könnt.«

Ecker warf ihm einen Blick zu. »Wann hast du dir gedacht, dass wir …«

»Im Großen und Ganzen ist der Zeitpunkt egal. Diese Transporte fahren ja jeden Werktag, da müssen wir uns nur einen aussuchen. Ich brauche eine Woche oder zwei, um die Sache ein bisschen auszukundschaften, dann bin ich bereit.«

»Wie sieht es mit der Punkteverteilung aus?«, fragte Johannes.

»Mein Vorschlag ist folgender: Ihr bekommt jeder zwanzig Punkte dafür, dass ihr sämtliche Ausrüstung besorgt, die wir brauchen …« Er hielt inne. »Moment, ich habe noch etwas vergessen. Wir brauchen auch drei schwarze Overalls aus festem Material, die groß genug sind, sowie drei Skimützen. Darum muss sich einer von euch kümmern.« Er fuhr fort: »Was mich betrifft, so sieht es so aus: Wenn alles klappt und wir einen Koffer mit unbeschädigtem Geld erbeuten, bekomme ich dreißig Punkte für Planung und Durchführung. Wenn aus irgendeinem Grund etwas schiefgeht, bekomme ich keine.«

Kruut rechnete im Kopf. »Das heißt, dass der Punktestand 70-65-60 beträgt, wenn die Aktion gelingt?«

»Genau.«

Ecker zuckte mit den Schultern. »Klingt vollkommen okay, was mich betrifft.«

»Ich würde gern etwas machen, das mir eine Chance gibt, meinen Vorsprung zu vergrößern«, sagte Kruut grinsend.

Silfverbielke überlegte ein paar Sekunden. »Bist du damit einverstanden, Hans?«

Ecker nickte.

»Gut, dann machen wir es so, dass du den Plastiksprengstoff und die Lunten besorgst, Johannes, und Hans kümmert sich nur um die Schusswaffen. Dann ziehen wir bei Hans fünf Punkte ab und geben sie dir. Klingt das fair?«

Kruut nickte. »Dann steht es 75-60-60, wenn alles gut geht?«

»Genau.«

»Okey dokey«, sagte Kruut und grinste.

Silfverbielke seufzte. »Johannes, ›okey dokey‹ sagen nur Jugendliche beim Chatten und verzweifelte alleinstehende Frauen auf Flirtportalen. Achte bitte ein bisschen auf deine Sprache.«

Ecker brach in Gelächter aus. »Ist Herr Silfverbielke jetzt auch noch Sprachwächter geworden?«

»Das war ich schon immer. Ich habe die Schnauze voll von jeglichem Verfall und von sämtlichem wertlosen Geschwätz. Ich habe es satt, mir anzusehen, wie die Leute in billigen Trainingsanzügen herumlaufen und zunehmend verblöden von dem Schund, der den ganzen Tag im Fernsehen läuft. Das sind alles Verlierer, und leider werden sie in unserem Land überwiegen, bevor wir richtig wissen, wie uns geschieht. Von den Kanaken will ich gar nicht erst reden. Jemand muss dieser Entwicklung Einhalt gebieten, bevor alles den Bach runtergeht, und ich bin einer davon.«

»Du hast ja recht«, erwiderte Hans mit einem Nicken. »Und apropos sich das Pack vom Leib halten, wie machen wir das mit der Tenniswoche in Båstad?«

Christopher sah Johannes fragend an.

»Kein Problem«, erwiderte Kruut. »Wie ihr euch vielleicht erinnert, habe ich gleich nach unserem Besuch letztes Jahr versucht, Hotelzimmer zu reservieren, aber das war aussichtslos. Ich habe es dann noch ein paarmal versucht, aber ohne Erfolg. Aber das macht nichts. Wir haben ein Ferienhaus am Hafen in Torekov, nur dreizehn Kilometer von Båstad. Mit anderen Worten, in Taxireichweite. Ich habe meinen Vater gefragt, und das geht in Ordnung, wir können das Haus benutzen.«

Silfverbielke und Ecker wechselten ein paar schnelle Blicke.

»Wie groß ist dieses Haus, Johannes?«

»Weiß nicht genau, vielleicht hundertachtzig Quadratmeter oder so. Auf jeden Fall hat es vier ordentliche Schlafzimmer, ein Wohnzimmer, eine Küche, ein Bad und eine separate Toilette.«

Ecker atmete auf und lächelte. »Okay, ich dachte schon, wir reden von einer Hütte mit Plumpsklo, aber ich hatte vergessen, dass es das Ferienhaus der Familie Kruut ist. Das klingt ja standesgemäß und gut. Ich habe nämlich keine Lust, mit Chris in einem Bett zu schlafen.«

»Das klingt super«, sagte Silfverbielke lächelnd. »So machen wir das.«

Johannes warf einen Blick auf die Uhr. »Ich glaube, wir müssen langsam los, wenn wir noch die Klamotten entsorgen wollen, was meinst du, Hans? Morgen ist ja auch ein Arbeitstag, da muss ich nach Linköping, Geschäftsführer spielen.«

»Scheiße!« Ecker setzte sich auf dem Sofa auf. »Ich kann heute nicht fahren. Ich habe was getrunken, bevor ich in den Sturehof gekommen bin, und dort hatte ich zwei Bloody Marys, und hier noch mal zwei große Gläser Whisky. Da kann ich es mir auf keinen Fall leisten, bei einer Verkehrskontrolle ins Röhrchen zu blasen.«

Kruut lachte. »Keine Sorge, Hans, ich fahre. Ich hatte nur eine Bloody Mary im Sturehof, und ein paar Tropfen Wein. Außerdem habe ich kaum etwas von dem Whisky hier getrunken.« Er hielt das Glas hoch und zeigte es den Freunden.

»Gut.« Ecker seufzte erleichtert. »Aber ich brauche ein bisschen Zeit. Fahr du solange nach Hause und pack deine Sachen zusammen, dann rufe ich dich auf dem Handy an, wenn ich so weit bin.«

Als Johannes gegangen war, spürte Christopher, wie sein Handy zweimal vibrierte.

»Entschuldige mich einen Augenblick.« Er stand auf und ging auf die Toilette. Schloss die Tür ab, holte das Handy aus der Tasche und las.

> *Will dich bald treffen, aber schlafe wieder bei Hans. Was machen wir? V.*

Er drückte auf »Antworten«.

Geht es auch in der Mittagspause?

Er fügte einen Smiley hinzu und schickte die SMS ab.

Die Antwort kam sofort.

Morgen?

Er schrieb:

Klar. Bei mir?

Das Handy vibrierte erneut.

Ich komme um 12.15, hab aber maximal 45 Min.

Christopher lächelte und schrieb:

Das reicht.

Er steckte das Handy in die Tasche, betätigte die Klospülung und ging zurück ins Wohnzimmer. Ecker saß immer noch auf dem Sofa. Sein Whiskyglas war bereits leer.

»Na, Hans, wie fühlst du dich jetzt?«

Ecker seufzte. »Ich weiß nicht, Chris. Einerseits fühlt es sich verdammt gut an, dass ich das mit Veronica wieder einrenken konnte. Ich habe zu Hause einen Haufen Geld in einer Plastiktüte, in unseren Fonds geht demnächst mehr Geld ein, und in den nächsten Monaten eröffnen sich vielleicht bei der Arbeit neue Möglichkeiten.« Er trank einen Schluck Whisky. »Andererseits bin ich natürlich wegen der Sache von letzter Nacht mächtig nervös. Ist dir eigentlich klar, wie viel ich zu verlieren habe, wenn ich auffliege? Dann bricht mein ganzes Leben wie ein Kartenhaus zusammen.«

Christopher nickte. »Aber das wird nicht passieren, Hans. Du glaubst doch nicht, dass der Polizist dich erkannt hat. Und wie sonst sollten sie dich, mich oder Johannes finden?«

Kurzes Schweigen. Dann: »Ich hoffe, du hast recht.«

»Da bin ich mir sicher. Schmeiß die Klamotten weg und schmier dich gründlich mit dieser Creme ein, die ich dir im Sturehof gegeben habe. Die Schramme wird im Großen und Ganzen schon morgen weg sein. Wenn jemand fragt, sag einfach, du hättest dich beim Rasieren geschnitten. Und dein zerschrammtes Knie sieht man ja nicht, oder?«

Ecker nickte zustimmend und warf einen Blick auf die Uhr. »Ich muss dann wohl los, wenn ich bei Johannes mitfahren will. Aber da wäre noch eine andere Sache – hast du immer noch Lust auf einen Segeltörn in Griechenland diesen Sommer?«

»Klar doch.«

»Hast du vor, irgendeine Braut mitzunehmen? Ich habe ja Veronica dabei.«

»Das weiß ich noch nicht, ich habe ja nichts Festes, wie du weißt. Aber das spielt wohl keine größere Rolle, zumindest jetzt noch nicht, oder?«

Ecker schüttelte den Kopf. »Überhaupt nicht. Ich wollte mich nur schon mal um das Boot, das Hotel und solche Sachen kümmern. Mit dem Flug können wir ja noch ein paar Wochen warten, bis du es sicher weißt. Aber ich werde ein Boot nehmen, das groß genug für uns alle ist, mit geräumigen Kajüten vorne und achtern.«

»Das klingt super. Aber ich kann ja nur für zehn Tage weg. Sagen wir also, wir übernachten die ersten zwei Nächte im Hotel, segeln eine Woche lang und ruhen uns die letzte Nacht vor dem Heimflug noch mal im Hotel aus. Wo soll die Tour deiner Meinung nach losgehen?«

Ecker zuckte mit den Schultern. »Weiß ich noch nicht genau, aber ich glaube, Chania auf Kreta ist ein guter Tipp. Ich habe gehört, dort gibt es eine ordentliche Auswahl an Booten. Und«, er grinste Silfverbielke schelmisch an, »es gehen ja auch Charterflüge dorthin, dann wird es billiger.«

»Das ist überhaupt nicht witzig, mein lieber Hans.« Christopher zeigte mit dem Finger auf ihn. »Du weißt doch, dass ich nicht Charter fliege. Wir fliegen regulär mit SAS nach Athen und weiter auf die Insel mit irgend so einer Tzatziki-Gesellschaft, da bleibt uns wohl nichts anderes übrig. Aber du regelst das alles, okay?«

»Ja. Das wird echt cool werden, wieder mit dir einen Segeltörn zu machen, Chris.«

Silfverbielke lächelte. »Das glaube ich auch.«

Nachdem Hans gegangen war, war er richtig gut drauf.

Kapitel 36

Dienstag, 13. März

»Guten Morgen, Liebling, Zeit, aufzustehen und sich dem Alltag zu stellen …«

Melissa küsste ihn sanft auf die Wange.

Colt zog ihren warmen, nackten Körper näher an sich heran.

»Oh no, Mister, dafür haben wir jetzt keine Zeit. Wenn du munter genug für Sex bist, bist du das sicher auch für die Polizeiarbeit.«

Sie löste sich neckisch von ihm und stand auf. Er blieb liegen und musterte sie, während sie zur Garderobe ging und einen Bademantel holte. Sie war immer noch schlank und durchtrainiert und hatte einen flachen, schönen Bauch. Trotz ihrer neunundvierzig Jahre und zwei Geburten fand er ihre Brüste schöner als je zuvor. Sie waren jetzt etwas schwerer, und die Brustwarzen hatten nach den Geburten einen dunkleren Farbton angenommen. Es gefiel ihm, sie zu liebkosen, zu küssen …

Jacob Colt verdrängte diese Gedanken, als er spürte, wie sich unter der Bettdecke eine Erektion anbahnte. Er zog die Decke weg, begab sich direkt unter die Dusche und stellte das eiskalte Wasser an.

Sobald er von der Sache mit Sven erfahren hatte, hatte er ihn im Krankenhaus besucht. Jacob war unangenehm berührt gewesen, als er den Kollegen sah und erfuhr, was passiert war. Der Arzt hatte seine Meinung geändert und entschieden, Bergman noch ein paar Tage im Krankenhaus zu behalten, und Sven würde sich offenbar für eine ganze Weile krankschreiben lassen müssen.

Da Sven plötzlich in einen Fall von Körperverletzung verwickelt und Zeuge eines Mordes war, musste er außerdem von den Ermittlungen im Fall de Wahl abgezogen werden. Ein tüchtiger Polizist weniger im Dezernat.

Wut machte sich in Colt breit. Es gab Dinge, die man einfach nicht tat. Darunter zählte der Angriff auf einen Polizisten. *Ich werde den Dreckskerl schnappen, der Bergman umgenietet hat!*

In den Tagen nach dem ersten Besuch im Krankenhaus war Jacob jeden Abend lange spazieren gegangen, um frische Luft zu schnappen und seinen Gedanken freien Lauf zu lassen. Er war von seinem Haus am Hollywoodvägen zum Golfplatz von Sollentuna gegangen, und von dort aus mehrere Kilometer entlang der beleuchteten Skiloipe durch den Wald. Jedes Mal, wenn ihm ein Hundebesitzer begegnete – diese Typen sahen oft unverschämt gesund und munter aus –, dachte er, dass die Lösung vielleicht darin bestand, sich einen Hund anzuschaffen. Dann wäre er gezwungen, sich mehr zu bewegen.

»Wie fühlst du dich jetzt wegen der Sache mit Sven?«, fragte Melissa beim Frühstück.

»Beschissen. Es hätte ja genauso gut mich treffen können. Stell dir vor, wir beide hätten in der Altstadt zu Abend gegessen, anstatt in der Drottninggatan. Ich will gar nicht daran denken. Und es ist doch wohl klar, dass ich total frustriert bin. Wir haben in diesem Fall keinerlei Anhaltspunkte.«

Jacob und Henrik hatten Johanna gebeten, ins Polizeipräsidium zu kommen und sich Fotos von polizeilich bekannten Gewalttätern anzusehen. Sie hatte stundenlang die verschiedensten Männergesichter betrachtet – schmale, breite, derbe, entstellte, schöne. Männer mit schwarzen Haaren, buschigen Augenbrauen und dicken Nasen. Blonde Männer mit blauen Augen und schmalem Mund. Rothaarige Männer mit …

Das viele Hinschauen ermüdete sie. Henrik Vadh saß geduldig neben ihr, brachte ihr Kaffee und wartete auf die kleinste Spur einer Reaktion.

»Keiner dabei, den du wiedererkennst?«, fragte er in regelmäßigen Abständen.

Sie schüttelte jedes Mal den Kopf. Irgendwo in ihrem Hirn war immer noch ein – wenn auch sehr diffuses – Bild des Mannes abgespeichert, der Svenne niedergeschlagen hatte. Sie erinnerte sich sehr gut daran, dass er groß und dunkelhaarig war. Aber genauere Details fehlten.

»Meinst du nicht, dass einer von diesen Männern dem Typen, den du gesehen hast, einigermaßen ähnlichsieht?«, fuhr Henrik Vadh fort. »Wenn du nämlich so einen findest, haben wir eine Grundlage und können von unserem Spezialisten ein Phantombild anfertigen lassen.«

Johanna schüttelte den Kopf. »Leider nicht.«

Henrik war gelinde gesagt frustriert. Seit dem Angriff auf Bergman waren inzwischen zehn Tage vergangen. Die Befragung der Anwohner in der Umgebung des Tatortes hatte nichts ergeben. Björn Rydh hatte mitgeteilt, dass das Staatliche Kriminaltechnische Labor zurzeit so überlastet war, dass man den DNA-Proben aus der Altstadt keine Priorität einräumen konnte. Also würde es noch eine Weile dauern, bis er über seine eigene technische Untersuchung berichten konnte.

Daheim am Hollywoodvägen erwiderte Melissa Jacobs Blick über die Kaffeetasse hinweg. »Du bist wohl nicht der Einzige, der frustriert ist. Ich habe diese Woche ein paarmal mit Gunilla telefoniert. Sie sagt, dass Henrik zu Hause wie ein Tiger im Käfig herumläuft.«

Jacob trank einen Schluck Kaffee. »Dann versuche ich mal, den Tiger ein bisschen zu beruhigen. Wir haben in einer Stunde Besprechung.«

Als Jacob ins Polizeipräsidium kam und zu den Fahrstühlen ging, lief ihm ein Kollege aus dem Betrugsdezernat über den Weg.

»Hallo, Colt. Habe von der Sache mit dem Kollegen Bergman gehört. Schrecklich.«

Colt nickte. »Keine Angst, früher oder später kriegen wir den Dreckskerl.«

Jacob schaffte es noch, in seinem Büro vorbeizuschauen und die Post und die gelben Post-it-Haftnotizen durchzusehen, die sich während seiner Abwesenheit angesammelt hatten. Eine kurze Mitteilung auf einem Zettel wies ihn darauf hin, dass man Anna Kulin mit der Leitung der Ermittlungen zu dem Tod des Mannes in der Altstadt und dem Angriff auf Sven Bergman beauftragt hatte. Jacob seufzte und knüllte den Zettel zusammen. Als er das Besprechungszimmer betrat, saßen bereits alle an ihrem Platz. Zu seiner Verwunderung sogar Anna Kulin.

Kaum hatte Jacob sich hingesetzt, ergriff sie das Wort. »Schön, dass Sven es trotz allem einigermaßen gut überstanden hat, das hätte richtig böse ausgehen können. Ein Angriff auf einen Polizeibeamten ist eine ernste Bedrohung für die Demokratie und die gesamte Gesellschaft, die wir zu schützen versuchen. Wir müssen tun, was wir können, um den Fall aufzuklären. Es ist wichtig, dass wir Flagge zeigen.«

Jacob sah sie an. »Wo beginnen wir?«

Henrik Vadh hielt einen Bleistift hoch. »Ich kann das übernehmen.«

Kulin nickte.

»Eine Hypothese ist, dass es sich um eine Verkettung unglücklicher Umstände handelt. Gleichzeitig aber auch nicht, denn Björn hat etwas zu berichten, das auf das Gegenteil hindeutet. Aber bevor er das tut, möchte ich das Ganze in groben Zügen schildern.«

Henrik berichtete, dass es den Kripobeamten und Uniformierten vor Ort nicht gelungen war, Zeugen zu finden, die den Vorfall beobachtet hatten. Die Befragung der Anwohner hatte ebenfalls nichts ergeben, vielleicht hauptsächlich deshalb, weil sich in einem Großteil der umliegenden Häuser Büros befanden, die am Samstagabend verlassen waren. Man hatte bei sämtlichen größeren Taxiunternehmen nachgefragt, aber keiner der Fahrer hatte um diese Zeit einen aufgeregten oder blutenden Fahrgast im Bereich der Skeppsbron aufgenommen. Eine Befragung der Busfahrer, die die Skeppsbron befuhren, hatte ein ähnlich dürftiges Ergebnis geliefert.

Colt nickte. »Das deutet möglicherweise auf eine Person mit Selbstkontrolle hin, die mehrere Schritte vorausdenken kann. Es wäre ja nicht so schlau, blutüberströmt in ein Taxi zu springen, nachdem man einen Mord begangen und einen Polizisten niedergeschlagen hat.«

»Aber glaubst du, dass der Täter wirklich gewusst hat, dass der Mann tot war?«, fragte Magnus Ekholm.

»Vielleicht nicht, was weiß ich?« Colt breitete die Arme aus. »Vielleicht war alles nur purer Zufall, wie Henrik andeutete. Aber lasst hören, was ihr sonst noch habt.«

»Der Tote …«, Vadh blickte in seine Unterlagen, »… ist Erkki Lahtinen, geboren 1944 in Åbo in Finnland. Lahtinen lebte seit 1974 in Schweden und hat siebzehn Jahre lang in verschiedenen Fabriken gearbeitet, bis er eine Rückenverletzung erlitt und eine Erwerbsunfähigkeitsrente erhielt. Anscheinend fing er zur selben Zeit zu trinken an, und danach ging es nur noch bergab. Er ist bei der Sozialbehörde wohlbekannt und war in den letzten vier Jahren bei keiner festen Adresse gemeldet. Er hatte Schulden beim Gerichtsvollzieher – Mietrückstände und dergleichen – in Höhe von gut dreißigtausend Kronen. Keine Familie, keine Kinder. Keine Verwandten in Schweden. Ob er welche in Finnland hat, habe ich noch nicht herausgefunden.«

Colt stieß Luft zwischen den Lippen hervor. »Mit einem Motiv sieht es also schlecht aus?«

»Mhm. Wer will schon einen obdachlosen Alkoholiker umbringen, der nichts als Schulden hat? Meine Hypothese war von Anfang an – und ist eigentlich immer noch – folgende: Drei Männer sind auf dem Weg von der Altstadt in die City. Vielleicht sind sie nur spazieren gegangen, vielleicht hatten sie eine Kneipentour hinter sich. Sie entscheiden sich zufällig, durch die Pelikansgränd hinunter zur Skeppsbron zu gehen, und von dort aus weiter in die Innenstadt. Lahtinen lag in der Gasse vor einem Hauseingang und hat getrunken. Wir haben nämlich neben ihm eine fast leere Viertelflasche gefunden. Als die drei Männer an ihm vorbeigingen, kam es aus irgendeinem Grund zu einem Wortwechsel zwischen ihnen und Lahtinen. Vielleicht hat er sie um Zigaretten oder Geld für Alkohol angeschnorrt, was weiß ich? Sie waren sauer auf ihn und haben ihm ein paar Tritte verpasst. Dann ist das Ganze eskaliert, und sie haben die Kontrolle verloren.«

Nach einer kurzen Pause fuhr Henrik Vadh fort. »Unglücklicherweise war Sven zu Fuß in der Gegend unterwegs und hörte Lahtinens Schreie. Als er den Männern zurief, dass er Polizist ist, flohen zwei von ihnen auf der Stelle. Der dritte schlug jedoch aus mir unverständlichen Gründen weiter auf sein Opfer ein. Als Sven nahe genug herankam, begriff der Mann, dass er unmöglich entkommen konnte, und entschied sich stattdessen zu bleiben und zum Angriff überzugehen.«

»Das klingt gar nicht so abwegig«, sagte Anna Kulin und machte, wie es ihrer Gewohnheit entsprach, fleißig Notizen auf einem Block. »Aber gleichzeitig sagten Sie, dass es widersprüchliche Informationen gibt?« Sie sah Vadh fragend an.

Henrik nickte. »Ja, es gibt auf jeden Fall ein paar Dinge, die ich nicht verstehe. Willst du uns von deinen Erkenntnissen berichten, Björn?«

Sämtliche Blicke wandten sich Björn Rydh zu. Er war wie immer gut organisiert und hatte seine Unterlagen sorgfältig vor sich gestapelt. Rydh hob den Kopf und ließ den Blick über die versammelte Mannschaft schweifen.

»Fangen wir mit der Obduktion an. Sie wurde von Laszlo durchgeführt, und Magnus und ich waren anwesend.« Rydh nickte Magnus Ekholm zu. »Um es kurz und verständlich auszudrücken, war Lahtinens Allgemeinbefinden ausgesprochen schlecht. Er war schwer alkoholkrank und hatte schwere Schäden an Leber und anderen lebenswichtigen Organen. Laszlo entdeckte ein Krebsgeschwür, das sich bis zur Lunge ausgebreitet hat. Wahrscheinlich hätte er sowieso nicht mehr lange gelebt. Er hat heftige Schläge abbekommen sowie Tritte gegen Beine und Bauch. Dabei erlitt er ein paar gebrochene Rippen und einen Milzriss. Vermutlich wäre er auch ohne diese Schläge an den Schäden und der Kälte gestorben. Aber die entscheidende Todesursache bestand darin, dass sein Kopf nach hinten gegen eine spitze Eisenstange schlug, die in Schädel und Hirn eindrang.«

Anna Kulin zog hastig die Schultern hoch, als fröstelte sie. Björn Rydh warf ihr einen Blick zu, ehe er fortfuhr.

»Bei der technischen Untersuchung fanden wir an der Hauswand und der Eisenstange, gegen die der Mann mit dem Kopf fiel, Blut, das wie erwartet vom Opfer stammte. Weder dort noch an der Stelle, wo Sven niedergeschlagen wurde, konnten wir Blut von anderen Personen sicherstellen.«

Kulin bedeutete ihm mit einer Handbewegung, fortzufahren.

»In unmittelbarer Nähe des Opfers befanden sich auch einige Zigarettenstummel, aber die waren so durchnässt oder von Frost und Eis überzogen, dass sie nicht frisch genug sein konnten, um etwas mit dem Vorfall zu tun zu haben. Sie mussten schon einige Tage dort gelegen haben. Ich hab's nachgeprüft, es hatte in den Stunden vor der Prügelattacke nicht geregnet.«

»Aber dafür …«, Rydh ließ den Blick wieder über die anderen schweifen, »… fanden wir etwas anderes, das sehr interessant ist. Direkt neben Lahtinens Leiche lag ein exklusiver Lederhandschuh der Größe XL, an dem wir DNA sicherstellen konnten. An Lahtinens Kleidern fand ich außerdem zwei Haare mit derselben DNA. Als Sven außerdem berichtete, dass er dem Angreifer über das Gesicht gekratzt hatte, habe ich Proben unter seinen Fingernägeln entnommen, und auch die wiesen dieselbe DNA auf.«

Anna Kulin starrte Rydh an. »Haben Sie einen Treffer erzielt?«, fragte sie.

Jacob setzte sich kerzengerade auf.

Björn Rydh nickte. »Ja, aber nicht im Register bekannter Straftäter, sondern in dem anderen. Die DNA, die wir in der Altstadt sichergestellt haben, ist identisch mit der von der Mütze, die wir am Strandvägen im Zusammenhang mit dem Mord an Alexander de Wahl gefunden haben. Und damit ebenfalls identisch mit der DNA-Probe von der ermordeten Prostituierten in Berlin.«

»Was zum Teufel?!« Colt fiel beinahe vom Stuhl. »Was sagst du da, Björn? Kann das nicht ein Fehler sein?«

Alle in der Runde blickten gleichermaßen verwundert drein. Björn Rydh schüttelte ernst den Kopf. »Das war auch mein erster Kommentar, als ich mit den Leuten im SKL gesprochen habe. Aber die Ergebnisse sind todsicher, da gibt es nicht den geringsten Zweifel. Es ist dieselbe DNA.«

»Und welche Schlüsse soll ich daraus ziehen?« Colt klang verwirrt.

Björn Rydh lächelte freundlich und antwortete ruhig: »Woher soll ich das wissen, ich bin doch nur ein unbedeutender Göteborger.«

Alle Anwesenden lachten, einschließlich Anna Kulin, und die Stimmung lockerte sich ein wenig.

Eine halbe Stunde später versammelten sich die Kripobeamten in Jacobs Büro. Jacob fragte, wo Janne Månsson war.

»Im Urlaub«, antwortete Niklas Holm. »Er hat einen Charterflug nach Mallorca gebucht. Ob das wohl gutgehen wird …«, murmelte er.

Colt lachte. »Du meinst, weil die Bevölkerung dort unten nicht aus blonden Menschen besteht, die seit zwanzig Generationen Urschweden sind?«

»So ungefähr, ja.«

»Tja«, sagte Colt, »vielleicht wird es ein bereicherndes Kulturerlebnis für ihn. Ich bin sicher, dass wir anschauliche Berichte erhalten, wenn er wieder zurückkommt. Ist er alleine geflogen?«

Holm nickte. »Ich glaube nicht, dass da irgendwas mit einem neuen Mädchen läuft, wenn er das überhaupt will.«

»Na ja, das wird sich wohl früher oder später herausstellen«, erwiderte Jacob. »Aber zurück zu unserem Fall. Die Sache stört mich gewaltig. Wie kann es sein, dass wir dieselbe DNA am Strandvägen, in Berlin und in der Altstadt finden? Und der Bursche ist in keinem Register? Was hat das zu bedeuten?«

»Das Problem ist«, sagte Magnus Ekholm, »dass wir nicht wissen, ob ein Zusammenhang zwischen der Mütze am Strandvägen und dem Mord an de Wahl besteht. Streng genommen können wir auch nicht sicher sein, ob dieser Typ hier die Prostituierte in Berlin ermordet hat, nur weil sich seine DNA in dem Zimmer befand. An ihrer Leiche wurde ja eine andere DNA gefunden.«

Henrik Vadh kratzte sich am Kopf. »Wenn wir für einen Augenblick davon ausgehen, dass ein Zusammenhang besteht, gibt es für den Anfang mindestens zwei gute Alternativen. Entweder haben wir einen deutschen Jogger, der den Strandvägen entlanglief, nach Berlin heimkehrte und anschließend zurück nach Stockholm kam, wo er sich in Schale geworfen und Lahtinen zu Tode getreten hat. Klingt nicht gerade plausibel.«

Er fuhr fort: »Oder wir haben einen Schweden, der am Strandvägen gejoggt und anschließend aus irgendeinem

Grund nach Berlin gefahren ist, und dann wieder zurück nach Stockholm.«

Colt nickte. »Wir wissen, dass die Mütze am Strandvägen von einer guten Marke war. Unser Mann konnte sich offenbar eine Reise nach Berlin leisten. Wir wissen auch, dass er sich gut kleidet und sich teure Lederhandschuhe leisten kann. Wir haben es also nicht mit irgendeinem Cracksüchtigen aus Flemingsberg zu tun.«

»Genau«, sagte Henrik Vadh. »Und damit hat Kulin wohl einen weiteren Grund, Barekzi ganz aus der Liste der Verdächtigen zu streichen. Er ist ja ein bisschen zu klein, als dass die Personenbeschreibung auf ihn passt, und er war wohl kaum in Berlin und hat sich dort mit Huren abgegeben, oder?«

Jacob Colt seufzte. »Nein, ich glaube, wir müssen wieder bei Null anfangen. Aber für den Anfang müssen wir wohl die Frage klären, ob unser Freund Lahtinen mit Absicht totgeschlagen hat oder ob es nur Zufall war. Niklas, ich möchte, dass du dir Lahtinen noch mal gründlich vornimmst. Prüfe sicherheitshalber nach, ob er nicht vielleicht als Aushilfe in Barekzis Autowerkstatt in Huddinge gearbeitet hat, oder so was in der Art. Und schau im Unternehmensregister nach, ob er als Strohmann für irgendeine Briefkastenfirma fungiert hat. Es ist ja nicht ungewöhnlich, dass gewissenlose Typen Alkoholiker anheuern, damit sie für ein paar Hunderter irgendwelche Unterlagen unterschreiben.«

»Okay, ich frage sicherheitshalber auch bei den Kollegen in Åbo nach, man weiß ja nie«, sagte Holm.

»Gut«, erwiderte Colt. »Aber wenn du nichts Spezielles rausfindest, gehe ich davon aus – um es mit Henriks Worten auszudrücken –, dass wir es mit einer Verkettung unglücklicher Umstände zu tun haben. Nichtsdestotrotz spukt diese wiederkehrende DNA herum. Aber kein Treffer im richtigen Register und keine Verdächtigen. Wir haben ja bereits zwei von de Wahls Klassenkameraden aus dem Internat vernommen, aber ich glaube nicht, dass uns das weiterbringt. Was meinst du, Henrik?«

Vadh schüttelte leicht den Kopf. »Silfverbielke wirkte meiner Ansicht nach glaubwürdig, und was er uns erzählt hat, steht eigentlich in keinem Widerspruch zu dem, was wir bereits wussten. Es waren lediglich Variationen eines Themas, und er muss es ja besser wissen als wir. Dieser Ecker dagegen verbirgt etwas, da bin ich mir ziemlich sicher. Aber das muss ja für unsere Ermittlungen nicht unbedingt etwas bedeuten.«

»Nein, nicht unbedingt«, sagte Colt. »Außerdem ist Silfverbielke derjenige der beiden, der ein Motiv gehabt hätte, de Wahl umzubringen, und er hat ja ein Alibi, wie uns die Sekretärin und die Zeiterfassungslisten bestätigt haben.«

»Und was machen wir jetzt?«, fragte Henrik Vadh.

Colt dachte einen Augenblick nach. »Wir stecken unsere schlauen Köpfe zusammen und fangen mit dem Fall de Wahl wieder von vorne an.«

Er wandte sich Holm zu. »Niklas, ich möchte auch, dass du weiter zurück in de Wahls Vergangenheit herumwühlst. Die Studienjahre im Ausland müssen wir nach wie vor überspringen, aber schau mal, ob du etwas findest, das noch länger zurückliegt. Die Grundschule? Irgendwelche Vereine? Frühere Arbeitsplätze? Sieh auch nach, ob es im Unternehmensregister etwas über ihn gibt. Dreh jeden Stein um, den du finden kannst, okay?«

Nachdem alle gegangen waren, schlug Jacob sein Telefonbuch auf, fand die Nummer und wählte sie. Von dem Kauderwelsch am anderen Ende verstand er nur das Wort »Kriminal«, ehe der Rest kam.

»Angela van der Wijk.«

»Hallo, ich bin's, Jacob.«

»Jacob! Schön, deine Stimme zu hören. Ich habe mich schon gewundert, warum du dich nicht mehr gemeldet hast.«

Colt berichtete ihr mit knappen Worten, wie die Ermittlungen in Schweden liefen, was mit Sven Bergman gut eine Woche zuvor passiert war, und von dem neuen DNA-Fund.

Angela klang entsetzt. »Nein, wie schrecklich! Wie geht es deinem Kollegen jetzt?«

»Langsam, aber sicher besser. Aber da ist noch etwas, was ich dich fragen wollte. Ist dein deutscher Freund Weigermüller bei den Ermittlungen zum Mord an der Prostituierten Renate Steiner weitergekommen?«

»Nicht, soviel ich weiß. Ich habe neulich mit ihm telefoniert, aber er hat nichts darüber erwähnt. Dafür wäre es bestimmt interessant für ihn, von deiner neuen DNA-Fährte zu erfahren. Wieso rufst du ihn nicht direkt an?«

»Weil mein Schuldeutsch noch schlechter ist als dein Schwedisch.«

Angela lachte. »Du bist echt ein Witzbold. Aber gut, wenn du mir sämtliche Informationen mailst, rufe ich ihn gleich an und melde mich wieder bei dir.«

»Danke.«

Weniger als eine Stunde später klingelte das Telefon, und Jacob hatte erneut Angela am Apparat. Sie seufzte.

»Tut mir leid, Jacob, aber Wulf hat absolut nichts Neues zu berichten. Er tappt völlig im Dunkeln, und außerdem hat er einen Haufen neuer Fälle mit höherer Priorität auf seinem Schreibtisch.«

»So was Ähnliches hatte ich mir schon gedacht, aber fragen kostet ja nichts. Wie geht es dir übrigens?«

Angela stöhnte. »Ich stecke bis über beide Ohren in Arbeit. Der Chef und die Presse sitzen mir im Nacken, und ich arbeite an einem ungewöhnlichen Fall. Es sieht so aus, als hätten wir zwei Serienkiller, die zusammenarbeiten.«

Sie unterhielten sich noch eine Weile und beendeten das Gespräch wie gewöhnlich mit dem Versprechen, in Kontakt zu bleiben. Jacob lehnte sich auf seinem Stuhl zurück, verschränkte die Hände hinter dem Kopf und schloss die Augen.

Er dachte an Angela und daran, wie ihr Leben sich wohl seit dem Tod ihres Mannes und der Kinder verändert hatte. Daran, wie viel sie arbeitete. Und nun – zwei Serienkiller …

Zwei.

Er setzte sich auf und starrte auf den Computermonitor. Ein Mörder am Strandvägen und gleichzeitig jemand anderes, der DNA – dieselbe DNA wie in Berlin und in der Pelikansgränd – nur ungefähr zehn Meter vom Tatort entfernt hinterlässt. Zwei DNA bei der ermordeten Renate Steiner in Berlin. Drei Männer in der Altstadtgasse.

Hatte er sich die ganze Zeit geirrt? Jagte er womöglich nicht nur einen Mörder, sondern zwei?

Oder gar drei …?

Kapitel 37

Freitag, 16. März

Veronica Svahnberg kaute geistesabwesend an einem Fingernagel und schaute über den Computermonitor zum Fenster hinaus auf den Karlavägen. Sie war voller widersprüchlicher Gefühle und wusste nicht genau, wie sie damit umgehen sollte. Mit einem Seufzer stellte sie fest, dass Gefühle und Logik bei Weitem nicht immer gut zusammenpassten.

Was trieb Hans eigentlich? Sie versuchte seit zwei Wochen pflichtschuldigst, sich sonntagabends mit ihm zu treffen, aber er hatte sie jedes Mal mit Ausreden abgespeist. Sie hatte ihn gefragt, ob etwas Besonderes passiert sei – Christopher hatte ja erwähnt, dass Hans in der Stadt Ärger gehabt hatte –, aber er hatte dies verneint. Am Montagnachmittag hatte er angerufen und mit liebevoller Stimme ein Treffen vorgeschlagen. Jetzt war sie mit einer Ausrede an der Reihe, denn sie hatte nur wenige Stunden zuvor eine kurze aber heftige Begegnung mit Christopher gehabt. Sie war ganz einfach während der Mittagspause mit dem Taxi zu seiner Wohnung gefahren. Er hatte im Flur auf sie gewartet, sie wild geküsst und mit dem Gesicht gegen die Wand gedrückt, um sie dann von hinten zu nehmen. Hart und brutal – genau wie sie es in letzter Zeit zu lieben gelernt hatte.

Christopher hatte in ihr Gefühle geweckt, für die sie sich geschämt und die sie viele Jahre lang versteckt und unterdrückt hatte. Sie hatte Fantasien ausgelebt, die sie schon lange gehabt, aber sich nie zu offenbaren getraut hatte, am allerwenigsten gegenüber Hans.

Denn wer will schon eine Schlampe heiraten?

Als sie sich schließlich am Dienstag mit Hans getroffen hatte, war ihr die leichte Schramme an seiner Wange aufgefallen. Auf ihre Frage hatte er gleichgültig geantwortet, das sei ihm passiert, als er sich schlampig rasiert habe.

Stimmte das? Oder hatte er hinter ihrem Rücken eine Affäre mit einer anderen Frau? Er hatte Sex gewollt, aber sie hatte Müdigkeit vorgetäuscht. Ihr Sexleben war übrigens aus dem Rhythmus geraten. Wenn sie wollte, hatte er entweder keine Lust oder konnte nicht abspritzen. Angeblich kam dies daher, dass er bei der Arbeit angespannt und nervös war, aber für sie klang das nach einer schlechten Ausrede. Und die paar Male, bei denen er kam, tat er es nie in ihr. Irritierend.

Hinterher hatte sie sich selbst hinterfragt und in ihrer eigenen Wohnung geschlafen. Hatte die halbe Nacht wachgelegen und über sich, ihr Leben und das gemeinsame Leben mit Hans nachgedacht. Egal, wie oft sie sich diese Fragen stellte und Alternativen erwog, die Antwort war stets dieselbe.

Veronica Svahnberg war auf der Insel Lidingö als einziges Kind eines Selbständigen und einer Steuerberaterin aufgewachsen. Sie hatte eine gute Ausbildung absolviert und ungewöhnlich schnell Karriere gemacht, zuerst in einer Finanzfirma und danach in der Versicherungsbranche. Ihr winkten gute Aussichten auf ein weiteres berufliches Fortkommen, und sie wusste nur zu gut, was für eine wichtige Rolle das Aussehen bei Beförderungen spielte.

Nicht zuletzt deshalb hatte Hans Ecker sich als eine gute Partie erwiesen und war es immer noch. Er wusste sich zu benehmen, sah gut aus, hatte bereits eine beachtliche Position erreicht und würde zweifellos weiter aufsteigen. Zusammen konnten sie sich ein gutes Leben einrichten, zum Beispiel in Danderyd oder Djursholm. Und Kinder bekommen.

Pling! Eine neue Mail. Ihre leitende Stelle bei Sigma verlangte von ihr ein hohes Arbeitstempo und perfekte Kontrolle über ihre Aufgabenbereiche. An manchen Tagen kam sie damit hervorragend zurecht, aber in letzter Zeit war sie verwirrt und unkonzentriert gewesen. Daran war Christopher schuld. *Hol ihn der Teufel!*

Ihre Gefühle sagten Christopher. Der gesunde Menschenverstand sagte Hans. Am Ende hatte sie beschlossen, sich für Hans zu entscheiden, das Beste aus der Situation zu machen und sich nicht mehr mit Christopher zu treffen.

Nach dieser Entscheidung hatte sie die letzten zwei Wochen drei weitere heimliche Begegnungen während der Mittagspause gehabt, und zwar jedes Mal bei ihm zu Hause. Begegnungen, die mit wildem Sex begannen und damit endeten, dass sie seine Wohnung mit roten Striemen am Hintern, Tränen in den Augen, zitternden Beinen und einem rauschhaften Glücksgefühl verließ, das ihr Angst machte.

Sie konnte es nicht sein lassen. Er war ihr Herr und Gebieter.

Die Gedanken an die hemmungslose und verbotene Sexualität, die er in ihr hatte aufblühen lassen, erschreckten und erregten Veronica zur gleichen Zeit. Sie hatte keine Lust, die Gründe dafür zu analysieren, warum sie diese Perversionen genoss, obwohl sie tief in ihrem Inneren die Antwort kannte. Sie wusste bereits jetzt, dass sie nicht warten konnte, bis Hans wieder verreiste. Vermutlich konnte sie nicht einmal bis nächste Woche warten.

Veronica Svahnberg holte ihr Handy hervor und schrieb eine SMS.

Brauche deine harte Hand. Wann?

Es dauerte nicht lange, bis zwei Piepstöne verkündeten, dass eine Antwort eingetroffen war.

Wenn ICH will.

Hans Ecker saß tief in Gedanken versunken in seinem Büro. Mit einem Seufzer stellte er fest, dass das Wochenende vermutlich teils für Veronica, teils für den unvermeidlichen Besuch bei seinen Eltern in ihrer Villa außerhalb von Uppsala draufgehen würde. Na ja, man konnte halt nicht immer nur Spaß haben. Er hatte sich entschieden, was die gemeinsame Zukunft mit Veronica anging. Zwar liebte er sie nicht so sehr, wie man vielleicht einen Menschen lieben sollte, den man heiraten, mit dem man Kinder zeugen und ein Haus kaufen wollte. Andererseits fragte er sich manchmal, ob er jemals jemanden so sehr geliebt hatte und ob er dazu überhaupt in der Lage war.

Veronica war nett und aufmerksam. Gewiss, sie stellte hohe Ansprüche bezüglich Lebensstandard und Finanzen, aber das tat er im Grunde genommen auch. Sie war intelligent, attraktiv und eine gute Partie. Sie war einigermaßen gut im Bett, obwohl er fand, dass sie sich in letzter Zeit seltsam benommen und Sex mit ihm ein bisschen zu oft vermieden hatte.

Einen Ersatz zu suchen, würde Zeit in Anspruch nehmen und sich als schwierig erweisen. Sie kannten sich gut genug, um miteinander klarzukommen, und warum eigentlich nicht? Was zum Teufel! Er sollte es einfach tun. Er hatte ja bereits die dreißig überschritten, und Veronica war auf dem besten Weg dorthin. Er wusste nur zu gut, dass ihre biologische Uhr nicht nur tickte, sondern raste. Da bestand durchaus das Risiko, dass sie ihn verlassen und ihr Glück woanders suchen würde, wenn er ihr nicht klar sagte, was er wollte.

Gleichzeitig machte ihm der Gedanke an Kinder mächtig Angst. Sicher war so etwas auf seine eigene Art und Weise nett, aber sie würden viel in ihrem Leben ändern und einschränken müssen. Sie würden nicht mehr das gleiche soziale Leben genießen, in Restaurants essen oder genauso viel reisen können. Und ein Vaterschaftsurlaub war doch wohl ein Witz, oder? Er malte sich aus, wie sein Chef ihn ansehen würde, wenn er ihm gegenüber diese Idee auch nur erwähnte.

Seit seiner Rückkehr aus Berlin hatte er auf verschiedene Weise vermieden, beim Sex in Veronica zu kommen. Er war überzeugt, dass sie nichts gemerkt hatte, und er beabsichtigte, diese Taktik noch eine gute Weile beizubehalten. Er ging ins Internet und machte sich erneut daran, Immobilienannoncen zu durchforsten. Es war jammerschade, dass er sich nicht ausreichend Kapital aus dem Ärmel schütteln konnte, denn es gab Traumhäuser für zehn bis fünfzehn Millionen Kronen – der Eintrittspreis in eine Gesellschaftsschicht, der er gern zusammen mit Veronica und später eventuell mit Kindern angehören wollte.

Es kam nur Danderyd infrage.

Während er weitersurfte, dachte er an sein anderes Projekt. Schusswaffen aufzutreiben, hatte sich als einfacher erwiesen, als er ursprünglich gedacht hatte. Er hatte auf ein paar halbseidenen Internetseiten einige anonyme Fühler ausgestreckt und die eine oder andere Antwort erhalten. Anscheinend war es in erster Linie eine Frage des Geldes, Angebote gab es genug.

Das einzige Problem, das er noch nicht gelöst hatte, war die Durchführung der Übergabe und Bezahlung. Typen, die in Stockholm mit Waffen handelten, akzeptierten selten Platin-Kreditkarten, und selbst wenn, wäre es eine unkluge Methode gewesen. Es kam also nur Bargeld infrage, und er hatte keine Lust, Außenstehende in die Transaktion einzubeziehen. Ihm blieb nichts anderes übrig: Sobald das Geschäft eine beschlossene Sache war, musste er die Ware selbst abholen. Oder vielleicht konnte er ein Paket mit Geld hinterlassen und gleichzeitig ein Paket mit Waffen abholen? Ja, das würde er vorschlagen.

Johannes Kruut langweilte sich, als er seinen Lexus auf der E4 in Richtung Stockholm lenkte. Er hatte drei Tage in Linköping verbracht, um zu demonstrieren, dass er von nun an der Geschäftsführer der Firma Johnssons Mekaniska war. In einem der vielen Lehrgänge für Führungskräfte, die er besucht hatte, hatte ein amerikanischer Businessguru erklärt, die wichtigste Aufgabe eines neuen Chefs bestehe darin, unverzüglich klarzustellen, wer jetzt den Kurs bestimmte. Dies geschah am besten mittels tatkräftiger Sofortmaßnahmen. Johannes hatte die Botschaft verinnerlicht und seine neue Karriere damit begonnen, das dreiköpfige Führungsteam mit sofortiger Wirkung zu entlassen. Anschließend hatte er seinen Vizegeschäftsführer angewiesen, »tatkräftige und kompetente Leute« anzuwerben, die »nicht an einem Steinzeitkomplex litten«.

Der Vizegeschäftsführer hatte genickt, aber eine zutiefst bekümmerte Miene aufgesetzt.

Johannes hatte sich in vier langen Arbeitstagen mit der Firma vertraut gemacht und herauszufinden versucht, was falsch lief. Dabei war er zu der Erkenntnis gelangt, dass er nicht richtig verstand, wie der Betrieb tatsächlich funktionierte. Er stellte fest, dass Johnssons Mekaniska im ersten Quartal des Jahres wie gewöhnlich ein anständiges Ergebnis erwirtschaftet hatte, auch wenn es nicht ganz so gut gewesen war wie im gleichen Zeitraum ein Jahr zuvor.

Damit ließ er die Sache auf sich beruhen. Gewinn war Gewinn, und bis jetzt lief alles gut. Er wohnte im Hotel Radisson SAS und verbrachte die Abende damit, in den besseren Restaurants der Stadt Champagner zu trinken und Annäherungsversuche gegenüber jungen Damen zu unternehmen.

Das mit dem Champagner lief ausgezeichnet. Das mit den jungen Damen eher weniger.

Er stellte die Stereoanlage lauter. Einen Teil des Wochenendes würde er mit Ausgehen und Feiern verbringen und einen weiteren Teil damit, Material für den Überfall auf den Werttransport zu beschaffen.

Johannes hatte viel über seine Aufgabe und den bevorstehenden Raubüberfall nachgedacht. An manchen Tagen schrillten bei ihm sämtliche Alarmglocken, wenn er daran dachte, was passieren würde, wenn etwas schiefging. Aber er erinnerte sich daran, dass alles, was Christopher bisher getan hatte, gut ausgegangen war. Und er dachte an die vielen Millionen, die auf ihn warteten, wenn er seine Karten richtig spielte.

Er hatte ein Treffen mit dem versoffenen Werkstattbesitzer verabredet, dem er den Auftrag erteilen würde, zweihundert Krähenfüße herzustellen, und er dachte bereits daran, in den Vororten umherzufahren und Parkplätze nach einem alten Ford Sierra oder einem ähnlichen Modell auszukundschaften. Noch hatte er nicht herausgefunden, wo er ein Kilo Plastiksprengstoff und eine Lunte bekommen würde, aber auf irgendeiner Baustelle gab es wohl immer einen Trottel, der daran interessiert war, bare Münze zu verdienen. Kruut lächelte vor sich hin.

Mariana Granath blätterte in ihrem Notizheft herum, um ihr Gedächtnis aufzufrischen, und schrieb das heutige Datum auf eine neue Seite. Dann blickte sie auf.

Christopher Silfverbielke starrte auf ihre Beine unter dem Schreibtisch.

»Christopher …«

Er fiel ihr ins Wort. »Ich liebe wirklich Beine. Wissen Sie, Mariana, solange ich mich erinnern kann, faszinieren mich Frauenbeine. Und Nylonstrümpfe, also richtige Nylons. Und hochhackige Schuhe. Was kann das bedeuten, rein psychologisch, meine ich?«

Mariana seufzte. »Christopher, wir sollten heute weder über Beine noch über Schuhe reden, sondern lieber über die Zeit vor dem Internat. Das haben wir letztes Mal ausgemacht, wissen Sie das noch? Oder möchten Sie lieber über die Zeit danach reden? Vielleicht über … Ihre Wehrdienstzeit?«

Silfverbielke saß nur stumm da und lächelte sie an. Ihr fiel erneut auf, wie attraktiv er war und wie er, was sein Äußeres betraf, auf das kleinste Detail achtete. Kein einziges Haar saß an der falschen Stelle, und sie konnte nicht den geringsten Bartschatten erkennen. Weißes Hemd, champagnerfarbene Krawatte und ein dazu passendes Taschentuch in der Brusttasche, sowie ein dunkelgrauer Anzug, der bestimmt maßgeschneidert war und ein kleines Vermögen gekostet hatte. Schwarze Socken und blank polierte Schuhe.

Sie ertappte sich selbst dabei, wie sie sich fragte, was er wohl darunter anhatte. Natürlich Boxershorts. Einige ihrer potenziellen Liebhaber der letzten Jahre waren verwundert bei ihr abgeblitzt, als sie beim Entkleiden feststellte, dass sie lange Baumwollstrümpfe mit blauen Rändern, gelbgepunktete Unterhosen oder rosa Boxerhorts mit Kaninchenohren trugen. Herrgott, fehlte es den Männern heutzutage völlig an Geschmack oder Fähigkeit zur Selbstkritik?

Christopher Silfverbielke hatte Geschmack und Stil. Er hatte alles. Verdammt!

»… über Beine und Nylonstrümpfe …«

Mariana wurde aus ihren Gedanken gerissen. Diese Therapiesitzung lief völlig aus dem Ruder, und sie musste unbedingt die Kontrolle darüber wiedergewinnen und das Gespräch in die richtige Richtung lenken. »Verzeihung, Christopher, ich war gerade in Gedanken woanders. Was sagten Sie?«

Er lächelte immer noch. »Ich sagte, ich möchte über Beine reden. Und über Nylonstrümpfe. Über nichts anderes heute.«

Mariana Granath beugte sich vor, faltete die Hände und erwiderte fest seinen Blick. »Gut, dann machen wir das, Christopher. Wir reden über Beine und Nylonstrümpfe. Wo wollen Sie anfangen, und warum?«

Silfverbielke gefiel ihr amüsierter Gesichtsausdruck nicht. Für einen Augenblick kam er sich dumm vor, als wären die Rollen plötzlich vertauscht.

Verflixte Schlampe.

Kapitel 38

Samstag, 24. März

Er hatte seine Hausaufgaben gemacht und sich gründlich vorbereitet. Bereits vor ein paar Wochen hatte er die Autoropa-Niederlassung am Narvavägen das erste Mal besucht, um sich den Leckerbissen näher anzusehen. Die Tatsache, dass er vor nicht allzu langer Zeit Bentleys schönstes Modell bestellt hatte, hinderte ihn nicht daran, beim Anblick des Ferrari ein Gefühl zu empfinden, das man am besten mit sexueller Erregung vergleichen konnte.

Den will ich haben. Den werde ich haben! Auf die eine oder andere Weise.

Der Preis legte nahe, dass es wohl auf eine alternative Art und Weise geschehen würde, zumindest auf absehbare Zeit.

Drei Millionen Kronen und ein paar Zerquetschte für ein Sommerauto, jedenfalls mit dem gewünschten Zubehör. Er hatte die Fotos in den Autozeitschriften gesehen, als der Wagen auf dem Genfer Autosalon im Februar 2006 vorgestellt worden war. Das erste Modell sollte im Juni nach Schweden kommen, und danach würde Autoropa Schätzungen zufolge ungefähr zehn Stück pro Jahr verkaufen.

Der Ferrari 599 GTB war das neueste in einer Reihe von V12-Berlinetta-Modellen und der Nachfolger des 575

Maranello, der wiederum den 550 Maranello abgelöst hatte. Obwohl die Vorgängermodelle ebenfalls Schönheiten gewesen waren, fand er, dass dieses Modell bedeutend mehr Biss hatte. Schönheit und Power in wunderbarer Harmonie vereint. Kein Allerweltsauto. *Genau das Richtige für mich.*

Der V12-Motor hatte eine Leistung von 620 PS bei 7600 Umdrehungen pro Minute. Da Fahrgestell und Karosserie aus Aluminium bestanden, betrug das Leistungsgewicht nur 2,6 kg/PS.

Ein Monster.

Er war ein wenig überrascht gewesen, als er sah, wie chaotisch es im Verkaufsraum von Autoropa zuging. Es herrschte ein Andrang von Leuten, von denen er die meisten verabscheute – lauter Billigheimer, denen man nie und nimmer gestatten durfte, einen Ferrarischlüssel in der Hand zu halten. Die Firma lag im Erdgeschoss eines gewöhnlichen Mietshauses, in dem es auch eine Parkgarage gab. Die Einfahrt war eng, und Christopher stellte fest, dass der Verkäufer mehrmals um Haaresbreite an den Außenspiegeln Kratzer in den Lack machte, wenn er Autos auf die Straße oder in die Garage fuhr. Außerdem wurde die Einfahrt oft von Falschparkern blockiert, die das Halteverbot auf dem Narvavägen ignorierten und ihre Blechkisten einfach am Straßenrand stehen ließen. Das Ferraripersonal verfluchte diese Leute, und manchmal blieb ihm nichts anderes übrig, als die teuren Modelle auf der Straße zu parken.

Wie praktisch.

Bereits drei Monate zuvor war ihm eines Abends, als er Hans Ecker nach Hause begleitet hatte, aufgefallen, dass einer von Eckers Nachbarn einen roten Ferrari besaß, der mit einer dicken Staubschicht bedeckt und mit dem Heck zur Wand in der Tiefgarage parkte. Zwar nur ein 275 GTB, aber trotzdem – ein Ferrari. Er hatte sich aus Neugier nach dem Besitzer erkundigt und als Antwort erhalten, dass der Wagen einem reichen

Exzentriker gehörte, der ihn höchstens ein paar Wochen im Sommer ausfuhr, und auch nur bei perfektem Wetter.

Drei Tage später hatte er ungefähr um die Zeit, zu der die Leute von der Arbeit nach Hause kamen, ein paar Runden um die Garageneinfahrt in Eckers Wohnhaus gedreht und nicht lange warten müssen. Eine Frau war mit einem Mercedes in die Garage gefahren, ohne das Tor hinter sich zu schließen. Christopher war hineingeschlichen und hatte regungslos gewartet, bis sie ihr Auto abgeschlossen und die Garage verlassen hatte. Er benötigte weniger als drei Minuten, um sich hinter den Ferrari zu schleichen, das hintere Nummernschild abzuschrauben und es unter seinem Mantel zu verstecken. Dann spazierte er ruhig aus der Garage und ging nach Hause.

Endlich würde das Nummernschild zur Anwendung kommen.

Am Freitagnachmittag war er früher von der Arbeit nach Hause gekommen und zu Fuß zu Autoropa gegangen. Wie zuvor waren auch dieses Mal sehr viele Leute im Verkaufsraum. Ein Verkäufer war anscheinend mit einem Kunden auf Probefahrt unterwegs, während ein anderer ziellos hin und her lief und versuchte, gleichzeitig zu telefonieren und Fragen zu beantworten. Plötzlich drang von draußen auf der Straße ein tiefes Brummen in Silfverbielkes Ohr. Er drehte sich um und schaute zum Fenster hinaus.

Da kam er.

Ein Kunde, der den 599er Probe gefahren hatte, parkte den Wagen auf der anderen Straßenseite und schlenderte in den Verkaufsraum. Er blickte sich nach dem Verkäufer um und sah irritiert auf die Uhr. Mit einer Grimasse legte er den Schlüssel auf einen Tresen, machte auf dem Absatz kehrt und ging wieder hinaus.

Christopher blickte sich schnell um. Der Verkäufer war in sein Büro am anderen Ende des Verkaufsraums verschwunden, vielleicht, um zu telefonieren. Außerdem standen zwei Männer im Türrahmen und warteten darauf, dass er ihre

Fragen beantwortete. Christopher ging mit ein paar schnellen Schritten zum Tresen, legte die Hand scheinbar zufällig auf den Schlüssel und ließ ihn unauffällig in seiner Tasche verschwinden. Gleichzeitig nahm er mit der anderen Hand eine Broschüre. Dann ging er ruhig auf die Straße hinaus, holte das Handy hervor und rief Johannes Kruut an.

»Hallo, Christopher, schön, dass du anrufst. Wie geht's?«

»Ausgezeichnet, danke. Du, ich hatte gerade eine Idee – wie wär's, wenn wir zusammen schnell ein Bier trinken? Ich habe in zwei Stunden eine Besprechung, aber …«

»Super!«, fiel Johannes ihm ins Wort. »Gehen wir ins Grodan? Ich kann dich abholen.«

Silfverbielke überlegte schnell. Er kannte eine Kneipe, die nur ein paar Straßen von seinem gegenwärtigen Standort entfernt war, und es war lebenswichtig, dass Kruut sein Auto richtig parkte.

Er schlug Johannes vor, dorthin zu gehen, worauf dieser ausrief: »Kein Problem, ich kann um zehn dort sein.«

Silfverbielke beendete das Gespräch und blickte sich um. Während er auf Kruut wartete, behielt er die Tiefgarageneinfahrt von Autoropa sorgfältig im Auge. Als Johannes vorfuhr, trat Christopher auf die Straße und lotste ihn mit einer Handbewegung in die Lücke. Er sah auf die Uhr. Zehn vor sechs.

»Aber hier kann ich doch nicht parken. Das ist ja eine Garageneinfahrt.«

Silfverbielke lächelte ihn überzeugend an. »Das geht ausgezeichnet, Johannes. Ich war gerade da drinnen und habe mit dem Autohändler gesprochen. Die schließen in zehn Minuten, und bis dahin fährt niemand ein und aus. Und wir sind ja nur ungefähr eine Stunde weg.«

Sie gingen zu Fuß zu der Kneipe, und Silfverbielke lud Kruut auf ein Bier ein. Johannes freute sich. Es war wirklich nicht alltäglich, dass Christopher ihn anrief und vorschlug, zusammen ein Bier zu trinken. Und er konnte sich nicht erinnern, jemals mit Christopher unterwegs gewesen zu sein, ohne dass Hans dabei war.

»Wolltest du über unser bevorstehendes Abenteuer reden?« Johannes trank einen Schluck Bier und lehnte sich zufrieden zurück. »Bisher habe ich Folgendes ge…«

Silfverbielke hob abwehrend die Hand und sagte leise: »Über die Details reden wir lieber später, Johannes.« Er blickte sich um. »Hier drinnen gibt es zu viele große Ohren. Ich wollte mich eigentlich nur auf ein Bier mit dir treffen.« Er redete über dies und jenes, bis er irgendwann anfing, wiederholt auf die Armbanduhr zu schauen. »Du, tut mir leid, aber ich muss langsam los, wenn ich es rechtzeitig zu meiner Besprechung schaffen will.«

Kruut nickte eifrig. »Verstehe, Chris, aber ich kann dich mitnehmen.«

»Danke, das ist lieb, aber das brauchst du nicht. Die Besprechung ist ganz in der Nähe. War wirklich nett, ich hoffe, wir können das bald wieder machen.«

Johannes stand auf. »Das hoffe ich auch, Chris. Ruf mich heute Abend an, falls du nichts vorhast – ich habe Zeit.«

Warum überrascht mich das nicht?, dachte Silfverbielke, hob die Hand zum Abschied und verließ die Kneipe.

Johannes Kruut ging pfeifend zu seinem Auto zurück, erfreut und stolz darüber, Chris als Freund zu haben.

Und ohne zu wissen, dass er soeben lediglich dazu gedient hatte, mit seinem Wagen die Einfahrt zu blockieren.

Er hatte sorgfältig eine Reisetasche mit dem Notwendigsten für einen schönen Wochenendausflug nach Kopenhagen gepackt. Unterwäsche, ein Armani-Anzug, Hemden, Krawatten, eine Henry-Kissinger-Biografie, Kokain, ein schwarzer Seidenschal, den man auch als Augenbinde verwenden konnte, zwei Paar Handschellen und eine mehrschwänzige Gummipeitsche. Ein Totschläger mit Stahlkugeln, fünfzehntausend Kronen in bar und eine Flasche Absinth rundeten das Gepäck ab.

Am Samstagmorgen duschte er schnell und zog sich an. Dann spazierte er auf der Linnégatan bis zum Narvavägen, bog nach links ab und heftete den Blick auf die Schönheit. Die Straße war im Großen und Ganzen verlassen, und Autoropa hatte noch nicht geöffnet. Er ging ohne zu zögern zu dem Ferrari, schloss ihn auf und stieg ein. Die Reisetasche warf er auf den Beifahrersitz.

Er konnte sich lebhaft vorstellen, wie die Autoverkäufer am Freitagnachmittag geflucht hatten. Zum einen konnten sie die Wagen nicht in die Garage fahren, weil Kruuts Auto die Einfahrt blockierte. Zum anderen fehlte auch noch der Schlüssel zu dem 599er, was sie sich bestimmt damit erklärten, dass ihn in dem Durcheinander ein Kollege an sich genommen hatte. Sie mussten ja immerhin mehrere Schlüssel im Auge behalten.

Man kann die Menschen gar nicht genug verachten, dachte er. *Wenn ich einen Ferrari hätte, der vier Millionen Kronen kostet, würde ich sicherstellen, dass ihn niemand klaut.*

Christopher Silfverbielke sah auf die Uhr. Bis die Autoropa-Angestellten auftauchten, blieb ihm genügend Zeit. Er startete den Motor und nahm die E4 in südlicher Richtung. Machte einen Abstecher ins Gewerbegebiet Västberga, wo er in einer verlassenen Straße hielt und das Nummernschild des Ferraris mit demjenigen vertauschte, das er zuvor in Eckers Garage gestohlen hatte. Er zweifelte stark daran, dass ein Durchschnittspolizist, falls er das Kennzeichen prüfte, in der Lage war, zwischen einem 275er und einem 599er Ferrari zu unterscheiden. Er setzte sich hinters Steuer, fuhr auf die E4 und passierte ein paar Ausfahrten, ehe er einen schnellen Entschluss fasste und die Autobahn wieder verließ.

Silfverbielke trank einen Schluck Kaffee und sah zum Fenster hinaus. Während er im McDonald's in Alby ein spätes und für ihn ungewöhnliches Frühstück einnahm, hatte sich auf dem Parkplatz vor dem Fenster eine Gruppe junger Migranten um den Ferrari versammelt und musterte ihn mit bewundernden Blicken.

Kanaken. Schaut nur gut hin, denn einen besseren Blick werdet ihr nie bekommen. Im Irak gibt es bestimmt nicht viele Ferraris.

Er trank den Kaffee aus und verzog das Gesicht. Dann ging er zur Tür hinaus und fischte den Autoschlüssel aus der Tasche.

»Cooler Schlitten, Alter«, sagte einer der Migranten bewundernd und machte mit der Hand ein Gangzeichen. »Wie viel kostet?«

Silfverbielke sah ihn voller Verachtung an. »Mehr, als deine Familie in acht Generationen verdient hat. Lern gefälligst Schwedisch!« Dann wandte er den Blick ab und stieg ein. Zwanzig Sekunden später verließ er den Parkplatz mit quietschenden Reifen. Im Rückspiegel sah er, wie die Gruppe ihn mit obszönen Gesten verabschiedete, was ihn jedoch nicht bekümmerte.

Seid froh, dass ihr noch lebt.

Nachdem er Södertälje hinter sich gelassen hatte, fuhr er mit einer Geschwindigkeit von hundertfünfzig bis hundertsechzig Stundenkilometern nach Süden. Als er in Östergötland das Polizeiauto sah, machte er sich nicht einmal die Mühe, abzubremsen.

Beim letzten Mal war es ganz lustig gewesen. Dieses Mal konnte es noch viel mehr Spaß machen.

»Ich habe erfreuliche Nachrichten, Ove.«

Der Streifenwagen der Verkehrspolizei parkte an einer Kontrollstelle auf der E4. Die Schicht würde noch gut eine Stunde dauern, und die Kollegen hatten beschlossen, eine passive Überwachung durchzuführen, falls nichts Unvorhergesehenes geschah. Bertil Adolfsson lächelte. Ove Hultman sah den Kollegen fragend an.

»Ich werde Vater. Ingela ist im fünften Monat schwanger. Ich wollte nur noch nichts sagen, weil wir es schon mehrmals versucht haben, und da ging es jedes Mal schief, das waren Fehlgeburten.«

Hultman räusperte sich. »Mensch, das wusste ich nicht. Dann habt ihr wohl Tests machen lassen?«

»Ja, und das ist nicht so toll, das kann ich dir sagen. Wir waren sogar ein paarmal im Sophiahemmet-Krankenhaus in Stockholm. Und da muss man sich hinter einer dünnen Toilettentür mit schmutziger Lektüre einen runterholen, während zwei Krankenschwestern draußen miteinander herumblödeln und warten, bis man mit der Ladung in einem Behälter rauskommt. Pfui Teufel, wie erniedrigend!«

Hultman bekam eine Gänsehaut und nickte verständnisvoll. »Ja, das war bestimmt nicht so toll. Aber ist jetzt alles okay?«

Adolfsson lächelte. »Ja, die Ärzte sagen, dass alles in Ordnung ist. Verstehst du, Ove – ich werde Vater.«

»Glückwunsch, Bertil, das ist ja toll. Jetzt hast du etwas, worauf du dich freuen kannst. Du weißt ja, dass ich weiß, wovon ich rede.«

Bertil Adolfsson lächelte und nickte. Hultman und seine Lebensgefährtin hatten ein dreijähriges Kind und Zwillinge, die gut ein Jahr alt waren, und das Paar hatte daheim alle Hände voll zu tun. Immer wieder mal musste der Streifenwagen während der Arbeitszeit beim Supermarkt Halt machen, einen Noteinkauf Windelpackungen tätigen und diese auf schnellstem Weg zum Reihenhaus der Hultmans bringen. Keinen der Kollegen störte das, denn Ove war ein guter Polizist und ein guter Freund.

»Obwohl, ein bisschen Schiss kriegt man natürlich schon«, fuhr Adolfsson fort. »Das ist ja eine ziemliche Verantwortung, und ich habe sogar Angst davor, bei der Geburt dabei zu sein.«

Hultman fiel ihm ins Wort. »Ach, das packst du locker. Vorher denkt man sich, das ist gruselig, aber wenn man dort ist, ist es eine verdammt tolle Sache, das garantiere ich dir, Bertil.«

Adolfsson nickte nachdenklich. »Ja, das ist es wohl, und dann …«

Die Unterhaltung wurde von einem schnell herannahenden, grollenden Motorengeräusch unterbrochen. Hultman hob reflexartig das Lasergerät und richtete es auf die Fahrbahn.

Wenn Ove Hultman auch nur den geringsten Verdacht gehabt hätte, dass der Fahrer des roten Ferraris derselbe Mann war, den sie vor fast zwei Monaten in einem Mercedes-SUV gestoppt hatten, hätte er möglicherweise anders reagiert.

»Ach du Scheiße! Wie schnell war das denn?« Adolfsson sah Hultman an, der gerade das Lasergerät senkte. Er legte den Gang ein, schaltete das Blaulicht ein und fuhr auf die Autobahn, noch bevor Hultman geantwortet hatte.

»Hundertdreiundsechzig!«, rief Hultman aufgeregt. »Gib Gas, verdammt noch mal!«

Christopher Silfverbielke fuhr mit gleichmäßigem und gerade richtigem Abstand vor dem Polizeiwagen her, blickte regelmäßig in den Rückspiegel und dachte über Möglichkeiten, Lösungen und Herausforderungen nach. Dieses Spiel sollte Spaß machen, aber er durfte es nicht so weit kommen lassen, dass ihm Polizeistreifen, Straßensperren und Hubschrauber den Weg abschnitten.

Intelligenz. Planung. Wer gewinnen will, muss schlauer sein und wissen, was er tut.

Langweilig. Manchmal musste man sich im Leben wie beim Pokerspiel verhalten. *Setzen, bluffen, erhöhen, den Mitspielern in die Karten schauen.*

Er zweifelte keine Sekunde daran, dass er den Typen im Polizeiwagen hinter sich in die Karten schauen konnte. Wären sie intelligent genug gewesen, wären sie nicht Verkehrspolizisten geworden.

Trotzdem. Er wollte nicht erwischt werden.

Er erhöhte die Geschwindigkeit ein wenig und vergrößerte damit auch den Abstand zu dem Polizeiwagen. Dadurch verschaffte er sich die extra Sekunden, die er brauchte, um bei der Ausfahrt Ödeshög abzubremsen und die Kurve zu nehmen.

»Wir müssen auf jeden Fall Verstärkung herbeirufen!« Ove Hultman streckte die Hand nach dem Mikrofon aus.

Adolfsson schloss die Hände fester um das Lenkrad. »Warte noch ein bisschen. Er biegt ab, vielleicht gibt er auf. Aber mach eine Fahrzeughalterabfrage.«

Hultman drückte auf die Sendetaste des Mikrofons. »50 von 2128, kommen.« Die Zentrale meldete sich sofort, und er fuhr fort: »Eine Fahrzeughalterabfrage zu CGH …«

Die Stimme im Polizeifunk stellte trocken fest: »2128, Ferrari 275 GTB, rot, der Name des Halters lautet Eriksson, Claes Roland, wohnhaft in Stockholm. Keine Einträge. Kommen.«

»Verstanden, Ende.« Hultman bedankte sich und hängte das Mikrofon in die Halterung.

Im Kreisverkehr nach der Ausfahrt legte Silfverbielke mit dem Ferrari eine elegante Handbremsendrehung hin und fuhr in gemächlicherem Tempo in Richtung Ödeshög weiter. Die Straßenverhältnisse waren gut und größtenteils trocken, nur hier und da gab es noch ein paar Eisflächen. Die Sonne schien von einem blauen Himmel und verdrängte die kleinen Schneeinseln, die auf den Feldern und Wiesen zu sehen waren. *Treibhauseffekt*, dachte Silfverbielke. Der war vielleicht gar nicht so schlecht. Er hasste Schnee, Eis und Kälte, und seinetwegen konnte es gern das ganze Jahr über warm sein.

Das Polizeiauto näherte sich jetzt von hinten, und während er mit neunzig über die Landstraße bretterte, wo nur fünfzig erlaubt war, ließ er es noch näher herankommen.

Aber nur manchmal.

Hinter Ödeshög veränderte sich die Straße schnell und unaufhörlich. Kurze Kurven wechselten sich mit langen Geraden ab, auf denen Christopher den Ferrari problemlos auf fast zweihundert hochjagen konnte, bis er vor der nächsten Kurve abbremsen musste. Er lächelte, als er im Rückspiegel sah, wie der Polizeivolvo bei den harten Bremsmanövern ins Schleudern geriet. Plötzlich kam ihm eine Idee.

Sobald Christopher eine Kuppe passiert hatte und außer Sichtweite war, bremste er hart, um das Polizeiauto aufholen zu lassen. Vor ihm erstreckte sich eine mehrere hundert Meter lange Gerade. Jenseits der Straßengräben befanden sich wasserdurchtränkte und teilweise gefrorene Äcker. Hier und da säumten massive Telefonmasten aus braunem Holz und kleine Gruppen von Birken den Straßenrand. Die großen, moosbewachsenen Felsbrocken waren zu scharfkantig, als dass es ratsam gewesen wäre, mit ihnen in Berührung zu kommen.

Als der blau-weiße Volvo erneut im Rückspiegel auftauchte, gab er leicht Gas, ließ aber die Polizisten weiterhin aufholen. Sein scharfer Blick musterte die vor ihm liegende Strecke gründlich. Er stellte fest, dass sie bis auf zwei oder drei größere Eisflächen vollkommen trocken war. Jetzt kam es nur auf Planung und Timing an. Seine behandschuhten Hände umschlossen das Lenkrad fester, während er immer häufiger in den Rückspiegel blickte und rückwärts zählte. *Drei, zwei, eins – jetzt!* Er nahm blitzschnell den rechten Fuß vom Gaspedal und drückte auf die Bremse. Die Reifen des Ferraris quietschten auf dem Asphalt, und Christopher wurde so fest gegen den Sicherheitsgurt gedrückt, dass ihm die Brust wehtat.

»Scheiße!« Bertil Adolfsson drückte das Bremspedal bis zum Anschlag durch und fand, dass es sich schwammig anfühlte. Er begriff, dass sie kurz davorstanden, mit vollem Tempo ein Luxusauto von hinten zu rammen, und fragte sich, wie er das in dem Bericht erklären sollte, den sie zu gegebener Zeit schreiben mussten.

Die Natur ist groß, und dasselbe galt für die Eisfläche, die unter einem Teil des Polizeiautos erschien. Hätte Bertil Adolfsson nicht instinktiv reagiert, sondern die ganze Zeit das Bremspedal bis zum Anschlag durchgedrückt und gleichzeitig gelenkt und sich ganz auf das Antiblockier- und Antischleudersystem verlassen, wären seine Chancen vielleicht größer gewesen. Stattdessen tat er instinktiv das, was er einmal in der Fahrschule über gefährliche Bremssituationen gelernt hatte. *Vorsichtig das Bremspedal pumpen, aber auf keinen Fall bis zum Anschlag durchdrücken, damit die Bremsen nicht blockieren.*

Silfverbielke gab erneut Gas und hatte das Gefühl, als verpasse ihm jemand einen Tritt in den Rücken, als der Ferrari einen Satz nach vorne machte und Spielraum ließ für den Tanz, der sich hinter ihm abspielte. Er verringerte das Tempo wieder und sah im Rückspiegel, wie das blau-weiße Verfolgerfahrzeug plötzlich gewaltsam zur Seite geschleudert wurde und direkt auf den Graben rechts von der Straße zuschoss.

Silfverbielke bremste abrupt und wandte sich um, sobald der Ferrari vollständig zum Halten gekommen war.

Was folgte, war für Christopher Silfverbielke eine Unterhaltung in Zeitlupe. Der Polizeiwagen krachte erst gegen eine Birke, dann noch gegen eine andere, bevor er sich im tiefen Straßengraben überschlug und weiter auf das von Wasseransammlungen und Eisflächen übersäte Feld rollte. Das Geräusch von zusammengepresstem Blech und Knautschzonen, die fast genauso funktionierten, wie es sich die Konstrukteure vorgestellt hatten, vermischte sich mit dem schrillen Klirren von zerschmetterndem Glas.

Der Volvo schlitterte die letzten Meter auf dem Dach auf eine mit einer dünnen Eisschicht bedeckte Wasserfläche zu. Fasziniert beobachtete Silfverbielke, wie die weiße Fläche langsam in Hunderte kleinerer Teile zerbrach, als das Eis sich teilte und der Blechrumpf zu sinken begann.

Ui, ui, ein Unglück kommt selten allein, dachte er und konnte sich ein Schmunzeln nicht verkneifen.

Die Seitenfenster des Wagens verschwanden außer Sicht, und Christopher sah, wie das erdschwarze Wasser über die Aufschrift »Polizei« spritzte.

Und dann war alles still.

Silfverbielke zog die Handbremse an, stieg aus, lehnte sich mit einem Arm an das Dach des Ferraris und betrachtete nachdenklich das Schauspiel, das sich ihm bot. Der Volvo lag vielleicht fünfzehn Meter von der Straße entfernt auf den Kopf gestellt und zur Hälfte unter Wasser und Eis. Der eine Vorderreifen machte eine letzte Umdrehung und blieb stehen.

Vogelgezwitscher durchbrach die Stille. Silfverbielke blickte sich um, konnte aber nirgendwo einen Vogel sehen. Es wurde wieder still. Keine Schreie. Keine Hilferufe.

Kapitel 39

Samstag, 24. März

Bertil Adolfsson schnappte in dem umgekippten Polizeiauto mühsam nach Luft und spürte, wie ihm das eiskalte Wasser bis zum Hals stand. Er stöhnte vor Schmerzen und begriff, dass er schwer verletzt war. Das eine Bein brannte wie Feuer, und er hatte das Gefühl, als steckten mehrere Messer in seiner Brust und in den Seiten. Aber er durfte nicht aufgeben. *Ingela, das Kind! Ich werde ja bald Vater, alles wird gut …*

Er versuchte angestrengt, den Kopf zu seinem Kollegen zu drehen und flüsterte: »Ove, Ove, verdammt noch mal, lebst du noch? Antworte mir, Ove …« Aber als er das entstellte und blutüberströmte Gesicht sah, wusste er, dass Ove Hultman nie mehr antworten würde.

Bertil Adolfsson machte ein paar unbeholfene Versuche, an das Messer in seiner Polizeiuniform zu kommen. *Muss das Messer finden … mich losschneiden …*

Aber sein Körper hing schwer im Sicherheitsgurt, seine Kräfte ließen schnell nach, und plötzlich spürte er, wie das schmutzige, mit Erde vermischte Wasser in Augen, Nase und Mund drang.

Sein letzter Gedanke, bevor er starb: Das Leben war unfair.

Christopher Silfverbielke sprang in den Ferrari, blickte nach vorne und anschließend in den Rückspiegel.

Leer.

Er legte den Gang ein und gab Gas. Nach wenigen Minuten erreichte er die Auffahrt zur E4 bei Tällekullen.

Silfverbielke konnte keine unmittelbaren Risiken erkennen. Aufgrund seines Interesses für die – seiner Ansicht nach höchst mangelhafte und ineffiziente – Organisation und Ausstattung der schwedischen Polizei wusste er unter anderem, wo die sieben Polizeihubschrauber des Landes stationiert waren. Die nächsten von ihnen mussten im Augenblick in Malmö, Göteborg und außerhalb Stockholms stehen, und ehe einer davon die Rotoren in Bewegung setzte, war er längst über alle Berge.

Plötzlich kam ihm eine Idee, und er hielt an einer Tankstelle, bevor er den Wagen auf die Autobahn lenkte. Ein paar junge Burschen auf Mopeds warfen bewundernde Blicke auf den roten Sportwagen, während Christopher in aller Ruhe das Prepaidhandy aus der Tasche holte. Eine Minute später hatte er die Zeitung *Aftonbladet* via SMS benachrichtigt, dass ein Polizeiauto bei einer Verfolgungsjagd zwischen Ödeshög und Gränna schwer verunglückt war. Anschließend schickte er zwei SMS mit identischem Wortlaut an Hans Ecker und Johannes Kruut.

> *Ich bin richtig gut drauf. Schaut in eineinhalb Stunden bei Aftonbladet.se rein. Verunglücktes Polizeiauto. Wie viele Punkte gibt es dafür? C.*

Er legte wieder den ersten Gang ein, ließ die Kupplung kommen und fuhr auf die E4. Während der Fahrt in Richtung Jönköping blieb er brav in der rechten Spur und überschritt zur Verwunderung der anderen Verkehrsteilnehmer kein einziges Mal die zulässige Höchstgeschwindigkeit.

Ruhiger Übergang zu Plan B.

Obwohl Polizisten sich ganz allgemein schwertaten, einen Ferrari von einem anderen zu unterscheiden, gab es in Östergötland zu viele Zeugen, die einen roten Supersportwagen hatten vorbeirasen sehen. Wenn die Rettungsfahrzeuge am Unfallort eintrafen und man begriff, was geschehen war, würde es zu einem Großeinsatz kommen. Außerdem konnte er nicht sicher sein, dass die Bullen in dem verunglückten Wagen nicht bereits seine Autonummer an die Zentrale durchgegeben hatten. Wechselte er wieder zu dem alten Nummernschild, würde er auf einmal in einem auffälligen Wagen herumfahren, der inzwischen – er warf einen Blick auf die Armbanduhr – wahrscheinlich als gestohlen gemeldet war. Zumindest konnte er dieses Risiko nicht außer Acht lassen.

Kopenhagen musste warten. Er musste sich – hoffentlich – mit einem netten Abend mit einem jungen Mädchen aus Gränna begnügen. Seit seiner Rückkehr aus Berlin hatte er in regelmäßigen Abständen Prepaidkarten gekauft und Helena die Codes gegeben. Ihre Dankbarkeit kannte keine Grenzen.

Oh Hans, du bist so lieb. Ich hoffe, ich kann für dich etwas Gutes tun, wenn wir uns sehen. LG deine H.

Er hatte ihr per SMS mitgeteilt, dass er gern mehr Fotos von ihr hätte, und lächelnd festgestellt, dass ihre MMS immer schärfer wurden. Die neueste zeigte ein Ganzkörperfoto, auf dem sie nur einen BH und ein Höschen trug. Sie hatte ihn gefragt, wie ihm ihre neue Unterwäsche gefiel.

Gut.

Jetzt wählte er, ohne auf die Tastatur schauen zu müssen, die Kurzwahlnummer von Helenas Handy.

Sie hatte ihr Handy auf lautlos gestellt. Als es plötzlich auf dem Tresen neben der Kasse vibrierte, warf sie einen kurzen Blick aufs Display. Bestimmt Niklas. Es nervte, dass er sie ständig während der Arbeit anrief, wenn er frei hatte.

Aber es war nicht Niklas. Es war Hans!

Sie blickte auf. Im Laden waren nur zwei Kunden, und Stig stand ebenfalls hinter dem Tresen. Sie warf dem Kollegen einen entschuldigenden Blick zu, ging in Richtung Büro und nahm den Anruf an. »Helena.«

»Hallo, ich bin's, Hans.«

Ihr Herz machte einen Sprung und schlug schneller. Sein Besuch in der Tankstelle lag schon eine ganze Weile zurück, aber sie erkannte die kühle, unwiderstehliche Stimme sofort.

»Wie geht es meinem hübschen Mädchen?«

Ihre Kehle fühlte sich trocken an, und sie spürte, wie sie rot anlief. »Ähhh, ja, super. Bist du … ich meine … bist du in der Nähe?«

»Mhm, das kann man so sagen. Ich bin geschäftlich nach Malmö und Kopenhagen unterwegs, aber ich werde in Jönköping übernachten. Hättest du Lust, heute Abend mit mir gut essen zu gehen?«

Und ob sie die hatte! Sie schrie förmlich danach.

Für einen Augenblick hatte Helena Bergsten das Gefühl, in Ohnmacht zu fallen. Der Tag, von dem sie geträumt, aber nie zu hoffen gewagt hatte, dass er kommen würde, war da. Was sollte sie jetzt machen? Natürlich wollte sie sich mit ihm treffen, aber bei dieser kurzen Vorlaufzeit würde es eine Menge Probleme geben. Sie musste sich eine glaubwürdige Ausrede für Niklas einfallen lassen und …

»Hallo? Bist du noch dran?«

Sie räusperte sich. »Äh, ja, entschuldige, das kam einfach nur so plötzlich, ich war ein bisschen überrascht …«

»Willst du dich nicht mit mir treffen?« Die Stimme klang amüsiert.

»Doch!« Sie wurde verlegen, als sie feststellte, dass sie beinahe schrie. Hoffentlich hatte Stig drinnen im Laden nichts gehört. »Doch, natürlich will ich das. Sollen wir uns in Jönköping treffen?«

»Mhm, ich glaube, das wäre am besten. Ich werde im Stora Hotellet wohnen. Du weißt, wo das ist?«

Auf ihrer Stirn bildeten sich Schweißperlen. »Klar weiß ich das!«

»Gut. Dann komm doch um, sagen wir, neunzehn Uhr dorthin. Ruf mich an, wenn du da bist, dann komme ich runter und treffe dich. Wir können zunächst was trinken und anschließend richtig gut zu Abend essen. Geht das in Ordnung?«

»Geil! Ich komme um sieben. Bis dann. Küsschen!«

Silfverbielke beendete das Gespräch. *Geil*, dachte er und verzog das Gesicht. Na ja, korrekten Sprachgebrauch würde er ihr heute Abend nicht beibringen, er hatte schließlich andere Dinge mit ihr vor.

Auf dem gesamten Weg nach Jönköping hielt er sich peinlich genau an das Tempolimit und blickte oft in den Rückspiegel und nach oben in den Himmel, um nach Polizeistreifen und eventuell einem Hubschrauber Ausschau zu halten. Außerdem suchte er im Radio nach einem lokalen Nachrichtensender, hörte jedoch nichts von dem Unfall.

Silfverbielke nahm die Ausfahrt zum A6-Einkaufszentrum und fuhr auf den Parkplatz. Seit er in Stockholm losgefahren war, hatte er Handschuhe getragen und wusste, dass er keine anderen Spuren im Wagen hinterlassen hatte. Er nahm die Reisetasche an sich, ließ den Schlüssel im Zündschloss stecken, machte die Tür zu und schlenderte ruhig davon. Mit ein bisschen Glück würde jemand das Auto klauen und damit weiterfahren. Sollte der Betreffende in eine Verkehrskontrolle geraten, hatte er der Polizei einiges zu erklären.

Silfverbielke betrat das große Einkaufszentrum, um ein bisschen die Zeit totzuschlagen und das Notwendigste für die Aktivitäten des bevorstehenden Abends sowie vielleicht ein

Geschenk für Helena zu besorgen. Mit einem Lächeln auf den Lippen schrieb er eine SMS an sie.

Was ist deine Unterwäschegröße?

Die Antwort kam bereits nach einer Minute.

Die Gedanken tobten unkontrolliert in ihrem Kopf. Sie lächelte und summte eine ihrer Lieblingsmelodien, während sie überlegte, wie sie vorgehen sollte.

»Was ist los mit dir, bist du frisch verliebt, oder was?« Stig sah sie neckisch an und grinste.

Um Gottes willen! Er durfte wirklich nicht ahnen, dass etwas im Gang war, denn er würde es Niklas weitererzählen, und das wäre eine Katastrophe. »Nee, das war nur … ähhh, Mathilda hat angerufen, und ich freue mich immer, wenn ich ihre Stimme höre.«

Stig blickte enttäuscht drein. »Ach so.«

Helena sah auf die Uhr. Ihr Herz schlug immer noch heftig. Laut Dienstplan musste sie bis um sechzehn Uhr arbeiten. Niklas hatte sie heute Morgen angerufen und gesagt, sie solle gleich nach Feierabend zu ihm kommen und den Abend und die Nacht bei ihm verbringen. Sie verzog das Gesicht zu einer Grimasse. In letzter Zeit war das Verhältnis nicht besser geworden, und das lag wohl unter anderem daran, dass sie immer häufiger Fantasien über Hans nachhing, auch dann, wenn sie mit Niklas zusammen war.

Ich bin doch wirklich blöd, dachte sie manchmal. *Er ist ein reicher und erfolgreicher Geschäftsmann aus Stockholm, und ich bin nur eine Tussi, die in Gränna in einer Tankstelle arbeitet. Wieso sollte er sich für mich interessieren?*

Aber trotzdem. Ihre Gedanken waren weit umhergeschweift, und es gab Augenblicke, in denen sie im Geiste bereits bei Hans in Stockholm eingezogen war und ihn ins East und die anderen angesagten Clubs begleiten durfte, die sie bisher nur aus den Klatschspalten der Zeitungen kannte. Jetzt musste sie sich schnell eine gute Notlüge einfallen lassen, die Niklas ihr abkaufen würde. Sie fand, dass er zunehmend eifersüchtig geworden war, ein hoffnungsloser Fall und Langweiler. Er legte keinen Wert auf sein Äußeres, war fast immer unrasiert, rülpste und furzte, und das Einzige, was er von ihr wollte, wenn sie sich trafen, war Pornos gucken und vögeln.

Sie hatte die Schnauze voll davon, von ihm, von der Tankstelle, von Gränna.

Um Punkt sechzehn Uhr verabschiedete sie sich von Stig, verließ die Tankstelle und stieg in ihren Nissan Micra. Auf dem Heimweg griff sie zum Handy und rief Niklas an. Sie sagte ihm, dass sie sich nicht wohl fühlte, sich zu Hause ausruhen wollte, und dass sie sich heute Abend nicht sehen konnten.

Wie erwartet, reagierte er stocksauer. Sie hörte, wie er den Kautabak ausspuckte, bevor er ihr antwortete, und verspürte plötzlich Ekel. Er spülte nicht einmal den Mund mit Mundwasser aus, bevor sie sich küssten, und dann gab es noch einen anderen Körperteil, den er ebenfalls nicht gründlich wusch.

»Was soll das denn? Du kannst doch auch bei mir daheim chillen. Ich kümmere mich um dich. Koch dir was Schönes zu essen, und hinterher können wir uns einen Porno angucken und …«

Sie fiel ihm ins Wort. »Niklas, ich meine es ernst, ich fühle mich beschissen. Wir müssen es auf morgen oder einen anderen Tag verschieben.«

»Was geht da ab, triffst du dich mit jemand anderem, oder was?«

»Hör auf, du bist dauernd so schrecklich eifersüchtig. Ich hab's dir doch gesagt, mir geht es nicht gut.«

»Dann scheiß drauf! Aber ich glaube trotzdem, dass du heute Nacht ausgehst.«

Sie klang beleidigt. »Ach so? Dann ruf doch heute Abend meine Mutter an und frag sie, ob ich wirklich zu Hause bin.«

Er legte auf, und zum ersten Mal war sie darüber richtig froh. Das Verhältnis zwischen Niklas und ihrer Mutter war alles andere als gut, und die Gefahr, dass er bei ihr anrief, war gleich null. Ein Problem weniger.

Christopher Silfverbielke hatte zwei Flaschen Launois Vintage Blanc de Blancs Brut aus dem Jahr 2000 eingekauft. Er fand den Champagner äußerst preiswert und schätzte den trockenen und frischen Geschmack mit schwachem Zitroneneinschlag. Er hatte diese Marke aus rein egoistischen Gründen gewählt – Helena würde vermutlich keinen Unterschied erkennen, das hätte sie selbst dann nicht, wenn er Apfelschaumwein gekauft und einen Schuss Wodka dazugegeben hätte.

Nach dem Besuch im staatlichen Alkoholladen hatte er bei Lindex für Helena eine Garnitur Unterwäsche gekauft, bestehend aus Höschen und BH, und sie mit Schleifchen als Geschenk verpacken lassen. Er hatte das Einkaufszentrum durch einen anderen Ausgang verlassen, ein Taxi bestellt und sich zum Stora Hotellet fahren lassen. Dort hatte er sicherheitshalber unter dem Namen Hans Ecker eingecheckt, eine Minisuite für eine Nacht bezogen und im Voraus bar bezahlt mit der Begründung, er müsse am nächsten Morgen leider sehr früh aufstehen.

Die junge Dame an der Rezeption hatte verständnisvoll genickt und gefragt, ob er einen Wagen habe, für den er Valet-Parken wünschte. Er hatte ihr mit seinem charmantesten Lächeln geantwortet: »Nein, leider nicht, der hatte unterwegs eine kleine Panne.«

Jetzt lag er nackt im Bett und starrte zur Decke empor, während im Fernsehen der Musiksender MTV lief. Er zappte mit der Fernbedienung gelangweilt durch die Kanäle, bis er einen mit Nachrichten fand.

Nichts.

Er warf einen Blick auf die Uhr. Es war Zeit, sich schön zu machen. Er stieg aus dem Bett und ging in die Dusche.

In einer anderen Dusche einige Kilometer entfernt hielt Helena Bergsten den Nassrasierer in der einen Hand und hielt sich mit der anderen am Duschhahn fest. Das heiße Wasser prasselte auf sie und rötete ihre Haut. *Mein Gott, worauf habe ich mich da eingelassen?*, dachte sie sich.

Zunächst hatte sie sich eingeredet, dass sie mit Hans lediglich zu Abend essen und nüchtern bleiben werde, damit sie anschließend nach Hause fahren konnte. Und sie würde auf gar keinen Fall mit ihm ins Bett gehen, egal, was passierte. *Niemals am ersten Abend, sonst denken die Männer, du bist eine Schlampe.*

Danach war sie sorgfältig ihren Unterwäschebestand durchgegangen und hatte sich für einen fast durchsichtigen Stringtanga und einen dazu passenden Bügel-BH entschieden, der ihre operierten Brüste noch mehr zur Geltung brachte. Zuletzt hatte sie einen kurzen Rock und ein enges Oberteil mit tiefem Ausschnitt sowie ein paar Schmuckstücke ausgewählt, die gut dazu passten.

In der Dusche hatte sie sich gründlich die Achselhöhlen rasiert und ihr Schamhaar auf einen minimalen Streifen zurechtgestutzt. Sie wusste, dass sie mit ihm Sex haben würde. Und eigentlich war es ja auch nicht ihr erster Abend, das konnte man nach all den netten SMS nun wirklich nicht behaupten.

Sie drehte die Dusche zu, trocknete sich ab und schminkte sich vor dem Spiegel. Als sie gut eine halbe Stunde später die Treppe herunterkam, sah ihre Mutter sie verwundert an. »Wolltest du heute Abend nicht zu Niklas?«

Helena schüttelte den Kopf. »Nein, daraus wird nichts, ich habe momentan keinen Bock, ihn zu sehen. Ich fahre mit Mathilda nach Jönköping. Wenn er anruft, sag ihm, ich bin krank und schlafe schon.«

Die Mutter nickte und lächelte. »Das mache ich mit dem größten Vergnügen, Kleine. Viel Spaß, und fahr vorsichtig. Du fährst doch hoffentlich nicht, wenn du Alkohol getrunken hast?«

»Keine Angst, Mama, ich trinke nur ein Glas Leichtbier und anschließend nur noch Cola. Übrigens, ich übernachte wahrscheinlich bei Mathilda.«

Wenn sie wüsste, dachte Helena, als sie ihrer Mutter zum Abschied winkte und zur Tür hinausging. Kaum saß sie in ihrem Auto, spürte sie, wie ihre Beine zitterten. Sie startete den Motor.

Endlich!

Wie versprochen, rief sie Hans an, als sie ein paar Blocks vom Hotel entfernt war, und ihr Herz hüpfte erneut vor Freude, als sie ihn vor dem Haupteingang warten sah.

Als er auf sie zukam, lief sie rot an. Er war genauso attraktiv, wie sie ihn in Erinnerung hatte, wenn nicht sogar attraktiver. Die schwarzen Haare waren glatt zurückgegelt, seine Augen musterten sie intensiv, und sie roch den schwachen Duft eines wunderbaren Aftershaves. Er trug einen dunklen Anzug, ein weißes Hemd und eine leicht glänzende graue Krawatte, die bestimmt sehr teuer war.

Christopher Silfverbielke lächelte, schlang die Arme um sie und zog sie an sich heran. »Endlich können wir uns in Ruhe treffen«, flüsterte er.

Sie bekam eine Gänsehaut, als er sie leicht auf den Hals küsste

Er schlug vor, den Abend auf seinem Zimmer mit einem Glas Champagner zu beginnen und anschließend im Hotelrestaurant zu essen, das für seine gute Küche bekannt war. Als er das sagte, drehte sich ihr alles im Kopf. Champagner!

Als sie sich zuprosteten und von dem edlen Getränk kosteten, fasste er ihr ohne Vorwarnung sanft ans Kinn, hob es ein wenig und küsste sie.

Es hat keinen Sinn, Zeit zu verschwenden, dachte Silfverbielke. *Falls sie wider Erwarten kein Interesse hat, ist es besser, ich weiß es gleich und erwische noch den letzten Zug nach Hause. Wer zum Teufel will in Jönköping übernachten?*

Aber sie wollte. Sie presste ihre Zunge gegen seine, tastete vorsichtig nach dem Tisch, damit sie das Glas abstellen konnte, ohne etwas zu verschütten, schlang die Arme um seinen Hals und küsste, so gut sie konnte.

Oh Gott, er küsste wirklich fantastisch, nicht so schnell, grob und eklig wie Niklas, und außerdem roch sein Mund frisch. Am liebsten hätte sie ewig weitergemacht, aber er löste sich aus ihrer Umarmung mit einem Lächeln, von dem ihr ganz schwach wurde. »Nicht so schnell, Hübsche, wir haben eine Menge Zeit«, flüsterte er und prostete ihr erneut mit dem Glas zu.

Der Nachrichtensprecher im Fernsehen unterbrach sie.

»Ein schwerer Unfall kostete heute zwei Polizeibeamte das Leben, als ihr Wagen sich überschlug und in einem Wassergraben liegen blieb. Die Polizei verdächtigt …«

Helena schauderte. »Oh Gott, wie furchtbar!«

Christopher nickte und legte ihr beruhigend den Arm um die Schultern. »Ja, zurzeit passieren wirklich scheußliche Sachen«, sagte er und schüttelte betrübt den Kopf. Er griff zur Fernbedienung und schaltete schnell den Fernseher aus. »Aber jetzt machen wir uns einen schönen Abend und reden nicht über unangenehme Dinge, oder? Mir gefällt es wesentlich besser, über dich zu reden.«

Ihr wurde von dem Kompliment warm. »Ja, und über dich, du bist ja so ein interessanter Mann.«

»Über uns«, flüsterte er und küsste sie erneut. Dann nahm er sie bei der Hand und führte sie behutsam aus dem Zimmer und zum Fahrstuhl, der sie hinunter ins Restaurant brachte.

Weißes Tischtuch, flackerndes Kerzenlicht, ein fantastisches Drei-Gänge-Menu mit Weinen, deren Namen Helena Bergsten nicht aussprechen konnte, wenn sie es mal versuchte. Silfverbielke lächelte sanft, unterhielt sie mit interessanten Geschichten über trendige Clubs in Stockholm und machte ihr mehr Komplimente, als sie in der ganzen Zeit mit Niklas erhalten hatte. Er sagte, sie sei schön und intelligent und werde es im Leben bestimmt weit bringen, wenn sie nur von der Tankstelle in Gränna wegkomme. Er zeigte sich absolut überzeugt davon, dass sie das Zeug zum Fotomodell hatte, und ja, er kannte sogar einige Talentscouts in Stockholm, aber um sie ihnen vorzustellen, musste er erst ein paar Fotos von ihr machen.

»Vielleicht können wir nachher welche auf meinem Zimmer machen«, sagte er leise und prostete ihr mit seinem Glas zu.

Helena fühlte sich warm und berauscht von dem edlen Wein. Sie hob ihr eigenes Glas, beugte sich vor und flüsterte: »Du kannst jedes beliebige Foto von mir machen.«

Eine halbe Stunde später lag Helena Bergsten nackt auf dem Rücken im Doppelbett in Christophers Suite. Sie hatten es mit knapper Not ins Zimmer geschafft und noch mehr Champagner getrunken, bevor er sie ununterbrochen küsste und gleichzeitig sanft ihrer Kleider entledigte. Er dämpfte die Beleuchtung und flüsterte ihr ins Ohr, dass er eine kleine Überraschung für sie hatte. Danach überreichte er ihr das schöne Präsent von Lindex, und ein Ausruf des Entzückens entwich ihrem Mund, als sie den Spitzen-BH und den kleinen Stringtanga – beide in schönen Champagnerfarben – auspackte.

Dann flüsterte er, dass er noch eine Überraschung für sie habe, und fragte, ob sie ihm vertraute.

Sie bejahte.

Er bat sie, die Augen zu schließen, und sie hob gehorsam den Kopf ein wenig, damit er ihr eine Augenbinde aus weichem Seidenstoff anlegen konnte. Helena fühlte sich angenehm warm, berauscht, entspannt und gleichzeitig furchtbar erregt. Ihr Körper hatte bereits reagiert, als er sie zum ersten Mal geküsst hatte. Das Gefühl war beim Abendessen noch stärker geworden, und in dieser Situation war ihre Sehnsucht nahezu unerträglich.

Sie konzentrierte sich und hörte es rascheln, als er sich seiner Kleider entledigte. Sie wollte unbedingt seinen Körper sehen, die geschmeidigen Muskeln spüren, ihn schmecken und küssen – Liebe machen auf eine Art und Weise, wie sie es mit dem ungeschickten und groben Niklas nie erlebt hatte. Aber als sie die Hände nach ihm ausstreckte, lachte er nur leise und neckisch in der Dunkelheit und ließ den Zeigefinger sanft über ihren Bauch gleiten. »Ruhig, Liebling«, flüsterte er, »du kommst schon noch auf deine Kosten.«

In den Stunden, die folgten, hatte Helena Bergsten mehr, wilderen und besseren Sex als je zuvor. Silfverbielke goss zunächst Champagner über ihren nackten Körper und leckte ihn ab, ehe er kühner wurde und Tropfen des edlen Getränks auf ihre Brustwarzen, ihren Bauch und zwischen ihre Schenkel rieseln ließ. Mit seinem Mund sorgte er dafür, dass kein einziger Tropfen verloren ging.

Helena seufzte, wimmerte und jammerte.

Er stellte Dinge mit ihr an, die sie sich in ihren kühnsten Träumen nicht hätte vorstellen können. Obwohl sie sich beim Sex mit Niklas stets schwergetan hatte, einen Orgasmus zu bekommen, kam sie gleich mehrmals. Sie hatte absolut nichts dagegen, dass er Bilder von ihr machte. Es fühlte sich einfach nur schön an, überhaupt nicht wie Pornographie, obwohl er fast alles fotografierte, was sie miteinander trieben. Als sie daran dachte, wurde sie rot, gleichzeitig jedoch fand sie es aufregend, etwas Verbotenes zu tun.

Zwischendurch machte er Pause und ließ sie mehr Champagner trinken. Schließlich bekam sie die Gelegenheit, sich bei diesem genussvollen Spiel zu revanchieren. Sie war zwar nicht so erfahren, zog jedoch alle Register, um ihn richtig in Fahrt zu bringen. Und dann drang er endlich in sie ein.

Er bewegte sich lange und immer schneller in ihr, und sie genoss es in vollen Zügen. Zu seiner Verwunderung bekam sie noch einen Orgasmus, bevor er sich plötzlich aus ihr herauszog, sich rittlings auf ihren Oberkörper setzte und den harten, pulsierenden Schwanz auf ihr Gesicht richtete. Er hatte ihr die Augenbinde abgenommen, und sie riss die Augen weit auf, als sie sah, wie groß er war.

Er lächelte sie in der Dunkelheit an. »Na dann, Süße, mach mal den Mund auf und bedanke dich für das Abendessen …«

Im nächsten Augenblick spürte sie, wie er in ihren Mund glitt. Sie hatte so etwas zwar schon ein paarmal gemacht, aber es hatte ihr nie gefallen und tat es eigentlich auch jetzt nicht. Aber sie konnte jetzt nicht einfach kneifen und undankbar sein, nach all dem, was er für sie getan hatte. Sie spürte, wie er sich in ihren Mund ergoss und musste sich anstrengen, um den Brechreiz zu unterdrücken.

Nach einer Weile schlief sie überglücklich in seinen Armen ein, nachdem er ihr erneut versichert hatte, dass sie die wunderbarste Frau auf der ganzen Welt war, dass ihr sämtliche Möglichkeiten offenstanden, und dass er ihr helfen werde.

Geliebter Hans! Was für ein Glück, dass sie ausgerechnet an dem Tag gearbeitet hatte, an dem er in die Tankstelle gekommen war.

Christopher Silfverbielke wachte frühzeitig auf und hörte, wie Helena neben ihm tief schlief. Er blieb ein paar Sekunden vollkommen still liegen, während er sich konzentrierte und sich zu erinnern versuchte, wie er am Abend zuvor seine Sachen im Zimmer hinterlassen hatte. Er zog vorsichtig den Arm unter ihrem Kopf weg, glitt still aus dem Bett und setzte sich in Bewegung. In weniger als zehn Minuten hatte er sich angezogen und seine Sachen gepackt. Er hob ihren Stringtanga vom Boden auf und steckte das Souvenir in die Tasche. Äußerst leise öffnete er die Tür, trat in den Flur hinaus und schloss sie genauso behutsam hinter sich.

Die paar Stunden Wartezeit bis zum nächsten Zug nach Stockholm verbrachte er in einem Café, das früh geöffnet hatte. Einige der Zeitungen berichteten ausführlich über die »wilde Verfolgungsjagd mit dem Auto«, die zwei Polizisten, von denen der eine bald Vater geworden wäre, das Leben gekostet hatte.

Er las mit mildem Interesse und ging anschließend rechtzeitig zum Bahnhof. Im Zug suchte er die Toilette auf, nahm die SIM-Karte aus dem Prepaidhandy und spülte sie hinunter. Als er zu seinem Platz zurückkehrte, fuhr der Zug gerade an einem kleineren See vorbei. Er öffnete das Fenster, warf das Handy hinaus und setzte sich ruhig wieder hin.

Christopher Silfverbielke lehnte sich zurück und schloss die Augen. Kopenhagen in allen Ehren, aber es war auch so ein ziemlich guter Tag gewesen.

Kapitel 40

Ostersamstag, 7. April

Christopher Silfverbielke wachte frühzeitig auf, duschte und zog sich an. Dann ging er in die Küche und betrachtete das neue Inventar. Die Jungs hatten richtig gute Arbeit geleistet.

Ein großer brauner Pappkarton war bis an den Rand mit Krähenfüßen gefüllt, die sich bestimmt als nützlich erweisen würden. Ein anderer Karton enthielt Reihen von Dynamitstangen. Auf dem Küchentisch lagen drei AK5-Schnellfeuergewehre mit Reservemagazinen und Kartons mit Munition. Außerdem drei Pistolen vom Typ Glock 17, die Silfverbielke von seiner Militärdienstzeit kannte – ebenfalls mit Reservemagazinen und jeder Menge Munition vom Kaliber 9mm.

Aus einer Einkaufstüte nahm Christopher ein kleines Gerät, das er am Tag zuvor gekauft hatte. Es war eine quadratische Zeitschaltuhr mit großen roten Digitalziffern und einer Diode, die irritierend blinkte, wenn man die Zeit eingestellt hatte und der Countdown lief. Er stellte sie auf dreißig Sekunden ein, startete den Countdown und sah zufrieden zu, wie die großen Ziffern 29, 28, 27 anzeigten, während die Diode schnell blinkte.

Perfekt.

Christopher ging zum Kühlschrank und öffnete die Tür. Er war gut gefüllt, aber es wäre wohl trotzdem einfacher, wenn er unterwegs in einer Filiale von Nordiska Kompaniet vorbeischaute.

Er griff zum Telefonhörer. »Hallo, Mama, ich bin's, Christopher. Frohe Ostern!«

»Oh, Christopher, wie lieb von dir, dass du an mich denkst. Ich weiß ja, wie beschäftigt du bist. Ich dachte, du wärst auf Geschäftsreise.«

»Nein, ich bin in der Stadt. Und ich dachte mir, dich mit einem Osteressen bei dir zu Hause zu überraschen. Natürlich nur, wenn du willst.«

»Und ob ich das will! Ich freue mich sehr. Wann kommst du?«

»Passt es dir so gegen zwölf Uhr? Ich gehe nur mal schnell ins NK und besorge uns etwas richtig Leckeres.«

Silfverbielke pfiff fröhlich vor sich hin, lief in seiner Wohnung auf und ab und dachte nach. Er ging zum Safe, nahm das Plastiktütchen heraus und legte sich auf dem Wohnzimmertisch eine kleine Line Kokain zurecht.

»Frohe Ostern, Junge«, murmelte er, beugte sich vor und zog sich das weiße Pulver in die Nasenlöcher.

Er fand sein Handy und schaltete es ein. Binnen einer Minute piepste es zweimal.

Ich langweile mich zu Tode. H ist fast den ganzen Tag bei seinen Eltern. Ich gehe nachher spazieren. Kann ich vorbeikommen? V.

Silfverbielke überlegte einen Moment. Sie würde bestimmt ein gutes Ostergeschenk abgeben, also warum nicht?

Wenn du das Richtige anhast.

Was soll ich denn anziehen?

Christopher dachte einen Augenblick nach und schrieb:

Dünne Bluse. Extrem kurzer Rock. Schuhe mit extrem hohen Absätzen. Keine Unterwäsche.

Die Antwort kam bald.

Aber es ist doch immer noch saukalt draußen!

Er lächelte und schrieb:

Nicht mein Problem. Gehorchst du oder soll ich dich gegen eine andere eintauschen?

Ich gehorche. Wann?

Silfverbielke sah auf die Uhr. Der Besuch bei seiner Mutter würde ungefähr zwei Stunden in Anspruch nehmen.

Irgendwann nach 15 Uhr.

Wieder eine prompte Antwort:

I'll be there.

Er legte das Handy weg und ging in die Küche, wo er erneut im Kühlschrank nachsah. Dann ging er hinüber zum Weinkühler und machte eine schnelle Bestandsaufnahme.

Neben einem kleineren Vorrat Bollinger und Taittinger für den Hausgebrauch lagen seine letzten zwölf Flaschen Bentley Reserve 2005, ein ganz vorzüglicher Chardonnay von der Winzerei Bentley in Santa Rosa im US-Staat Kalifornien. Da die staatlichen Alkoholläden in Schweden keine Ahnung von solchen Qualitätsweinen hatten, hatte er sich in regelmäßigen Abständen über einen Freund, der Weine importierte, eine Anzahl Kisten aus Kalifornien schicken lassen. Er schnalzte leicht mit der Zunge und stellte fest, dass es wohl Zeit war, eine neue Bestellung aufzugeben.

Aber im Augenblick reichte es noch für einen netten Ostersamstag.

Irma Silfverbielke öffnete die Wohnungstür und trat zwei Schritte zurück, damit Christopher hereinkommen und die Einkaufstüten absetzen konnte.

»Oh, Christopher, du siehst aber gut aus!«

Als ihr Sohn sie anlächelte, wurde ihr warm ums Herz.

Eineinhalb Stunden später hatte Irma Silfverbielke Eier, Hering und Aufschnitt aufgetischt. Den Schnaps hatte sie abgelehnt, aber gegen ein paar Gläser gekühlten Chardonnay hatte sie nichts einzuwenden.

»Wie geht es dir, Christopher? Ich mache mir Sorgen um dich, weil du so viel Stress hast«, sagte sie bekümmert.

Silfverbielke schüttelte den Kopf. »Du brauchst überhaupt keine Angst zu haben, im Moment ist es auf der Arbeit ziemlich ruhig. Außerdem habe ich eine kleine Gehaltserhöhung bekommen.«

»Oh!« Sie schlug vor Freude die Hände zusammen. »Papa wäre so stolz auf dich.«

Sie hielt inne, und plötzlich quollen Tränen aus ihren Augen. »Stell dir vor, er könnte noch erleben, wie gut es bei dir läuft. Wenn bloß dieser de Wahl nicht …«

Christopher erhob sich schnell, ging um den Tisch herum und schlang die Arme um sie. »Ich weiß, Mama, ich weiß.« Er streichelte ihr beruhigend den Kopf. »Aber daran können wir jetzt nichts mehr ändern. Was geschehen ist, ist geschehen.«

Oder richtiger ausgedrückt, wir werden zurückschlagen. Einer hat schon dran glauben müssen, und um den Alten werde ich mich später kümmern. Aber bei ihm soll es richtig wehtun.

Irma Silfverbielke ergriff seine Hand und wischte die Tränen mit der Serviette ab. »Du hast recht, mein Junge«, flüsterte sie, »aber ich finde nur, dass es so tragisch ist.«

Christopher löste sich behutsam von ihrer Hand und ging zur Kaffeemaschine. »Du möchtest doch sicher eine Tasse guten Kaffee, Mama? Ach, übrigens, ich habe ja ein Ostergeschenk für dich. Und eins für Putte.«

»Wie lieb von dir. Was kann das wohl sein?«

Christopher holte ihr Osterei aus einer Tüte im Flur und legte es vor ihr auf den Tisch. Freudig wie ein Kind riss sie den Deckel weg und sah nach, was darin war. »Oh, Pralinen von NK, genau die, die ich mag. Danke, mein lieber Christopher.«

»Gern geschehen. Für Putte habe ich ein kleines Spielzeug gekauft. Damit kann er herumtollen oder daran herumkauen, wenn er will. Ich bin sicher, dass er damit viel Spaß haben wird, glaubst du nicht?«

»Da bin ich mir ganz sicher.« Sie warf ihrem Sohn einen liebevollen Blick zu. »Du bist so lieb und aufmerksam, Christopher. Und tüchtig. Ich bin so stolz auf dich. Aber ich finde, es ist schade, dass du allein bist. Hast du denn noch keine nette Frau gefunden?«

Doch, Mama. Das Problem ist nur, dass sie demnächst einen Freund von mir heiratet und sich jedes Mal, wenn wir uns treffen, wie eine Hure benimmt.

»Tja, ich treffe mich hin und wieder mit einer Frau. Sie heißt Veronica. Sie ist in vieler Hinsicht nett, hat aber ein paar seltsame Angewohnheiten. Ich glaube, sie hatte eine ziemlich schwere Kindheit.«

»Aber … was meinst du mit seltsame Angewohnheiten? Christopher, sie nimmt doch nicht etwa Drogen?«

»Oh nein! Damit hat sie absolut nichts am Hut. Nein, ich will damit nur sagen, dass sie manchmal ein bisschen deprimiert wirkt, mehr als normal, wenn du verstehst, was ich meine.« Silfverbielke warf einen Blick auf die Uhr. »Ich muss jetzt leider gehen, Mama, ich treffe mich noch mit ein paar Arbeitskollegen. Ich räume nur noch schnell das Geschirr weg.«

»Das brauchst du nicht, Christopher, das mache ich später. Geh zu Putte und sag hallo. Ich fang schon mal mit dem Abräumen an. Und bevor du gehst, möchte ich eine richtig feste Umarmung.«

»Die bekommst du.«

Silfverbielke holte vorsichtig das Gummispielzeug aus einer Tüte und ging zum Hamsterkäfig im Wohnzimmer. Der Hamster zuckte zusammen und zog sich ein Stück zurück. Christopher öffnete die Käfigtür, legte schnell das Spielzeug hinein und schloss sie wieder. »Frohe Ostern, Putte«, flüsterte er.

Er schlüpfte in seinen Mantel und umarmte seine Mutter. Sie gab ihm einen Kuss auf die Wange. »Was machst du heute Abend, mein Junge? Gehst du mit deinen Kollegen weg?«

»Nein, Mama, ich feiere Ostern allein zu Hause. Das wird gemütlich ...«

Wieder zu Hause angekommen, räumte er das Dynamit, die Automatikgewehre und die Pistolen aus der Küche und schloss sie zusammen mit der Munition in einem Kleiderschrank ein. Knapp eine Stunde später klingelte Veronica Svahnberg an seiner Tür. Sie hatte sich gemäß seiner Anweisung gekleidet und fühlte sich kalt an, als er sie umarmte. Als sie den Mantel ablegte, sah er, dass ihre Brustwarzen durch die dünne Bluse vor Kälte steif hervorstanden. Er kniff sie hart, bis sie schnaufte, und nuckelte gleichzeitig an ihrem Hals.

Mit einem schnellen Griff hob er sie hoch, trug sie zum Küchentisch und legte sie darauf. Der kurze Rock rutschte hoch, und Silfverbielke schob energisch ihre Schenkel auseinander, während er seine Hose fallen ließ.

»Frohe Ostern!«, sagte er und drang in sie ein.

Eine Stunde später sah sie beunruhigt auf die Uhr. »Ich muss weg. Hans kann jeden Moment von seinen Eltern zurückkommen.«

»Was macht ihr heute Abend?« Christopher streckte sich und betrachtete sie mit einem amüsierten Lächeln, das auf sie neckisch wirkte.

»Nichts, einfach nur zu Hause abhängen. Aber ich hätte gern mehr von dir gehabt.«

»Das wird wohl etwas schwierig werden, oder?« Er zog die Augenbrauen hoch.

Sie biss sich auf die Lippe und dachte einen Augenblick nach. »Ich weiß! Ich schlage Hans vor, dass wir dich zum Abendessen einladen. Natürlich nur, wenn du nichts anderes vorhast.«

»Nein, ich habe Zeit. Ich muss noch ein bisschen was zu Hause erledigen, aber dafür brauche ich bloß ein paar Stunden, und dann …«

Sie lächelte. »Dann betrachte dich als eingeladen. Aber ich werde Hans sagen, er soll dich später anrufen.«

Sobald das Klappern ihrer Absätze im Treppenhaus verhallt war, ging Christopher zum Kleiderschrank, nahm das Waffenarsenal heraus und legte alles sorgfältig auf dem Küchentisch aus. Er schaltete die Stereoanlage an und suchte im Radio den Sender P 2.

Er nahm jede Waffe auseinander, prüfte, ölte und lud sie. Danach bastelte er mithilfe von Dynamitstangen und elektrischen Sprengkapseln zwei kräftige Sprengladungen. Diese verband er mit den Zeitschaltuhren und versah jede Ladung an der Unterseite mit starken Saugnäpfen.

Nach einer Weile stand er auf, holte das Kokaintütchen aus dem Safe und zog sich eine Line in die Nase. Aus den großen Stereolautsprechern ertönten die Stimmen junger Knaben, die Johann Sebastian Bachs Matthäuspassion sangen.

Muss mir irgendwann einen eigenen Knabenchor zulegen, dachte er lächelnd.

Kaum hatte er die Waffen, Munition und Sprengladungen in eine große, stabile Tasche gesteckt und diese im Kleiderschrank eingeschlossen, klingelte das Telefon.

»Hallo, Hans. Wie geht's? Ja, danke, gut. Ja, das wäre super.«

Ich muss nur erst den Geruch von deiner Frau abduschen.

»So machen wir das. Ich bin um sieben bei euch.«

Der Abend beim zukünftigen Ehepaar Ecker-Svahnberg war nett und lohnend, und Silfverbielke war gut drauf, als er spät am Ostersamstagabend durch die Straßen Östermalms nach Hause ging und dabei fröhlich pfiff. Kaum hatte er Hans' Wohnung betreten gehabt, hatte sein Freund aufgeregt an ihm gezerrt.

»Komm, du musst dir unbedingt anschauen, was für ein tolles Haus ich in Danderyd gefunden habe!«

Ecker ging voraus in Richtung des Zimmers, das ihm als Büro diente, während Christopher Veronica einen neckischen Blick zuwarf. Er stellte fest, dass sie sich umgezogen hatte und jetzt eine andere, ebenso dünne Bluse trug. Darunter hatte sie offensichtlich nichts an. Den Rock hatte sie mit einem anderen vertauscht, der nicht ganz so kurz war, sondern ein gutes Stück über den Knien endete. Dazu trug sie schwarze Nylons und hochhackige Schuhe. *Ihre Uniform. Sie war gehorsam. Gut.*

Hans setzte sich vor den Computer. Veronica stellte sich hinter ihn, beugte sich vor, um besser sehen zu können und stützte sich mit den Händen auf der Schreibtischplatte ab. Silfverbielke positionierte sich so hinter den beiden, dass er über Eckers Kopf hinweg den Computermonitor sehen konnte.

»Schau her! Zweihundert Quadratmeter auf einer Ebene mit Winkel, Doppelgarage, sämtlichem Firlefanz, den man haben will, frisch renoviert und sogar mit Swimmingpool.«

Silfverbielke betrachtete die Fotos des Maklers auf dem Bildschirm und ließ dabei die Hand unauffällig unter Veronicas Rock gleiten. Er spürte die Feuchtigkeit durch den dünnen Stoff ihres Höschens und spielte leicht mit den Fingern an ihr herum. »Das sieht ja super aus!«, kommentierte er. »Gibt es noch mehr Fotos? Und darf man fragen, was der Spaß kostet?«

»Natürlich, ich zeige dir die Fotos von den verschiedenen Zimmern, dann kannst du dir ein Bild machen. Bad, Toilette und Küche sind völlig neu renoviert.«

Christopher spielte weiterhin in aller Ruhe zwischen Veronicas Schenkeln herum und nahm wahr, dass sie schwerer atmete.

»Schau mal, wie sie hier die Spotlights in die Küchendecke eingebaut haben. Und wenn man sich das Wohnzimmer anschaut …«

Während Ecker sich weiter durch die Fotogalerie klickte, spürte Silfverbielke, wie Veronicas Beine zitterten. Sie richtete sich auf, und er zog diskret die Hand zurück. Als sie sich umdrehte, sah er, dass ihre Wangen rot angelaufen waren und die Augen glänzten.

»Entschuldigt mich einen Augenblick«, sagte sie und verschwand mit schnellen Schritten.

Christopher stellte Höflichkeitsfragen, während Hans begeistert über sämtliche Vorzüge des Hauses weiterredete.

»… und das alles für knapp acht Millionen Kronen! Was meinst du?«

»Da gibt es nichts zu diskutieren, schlag einfach zu.« Silfverbielke klopfte Ecker auf die Schulter. »Glückwunsch, Hans, das ist ja ein Schnäppchen. Ihr werdet euch dort sauwohl fühlen, und es ist eine gute Geldanlage.«

»Nicht wahr? Da kann man nichts falsch machen, und außerdem kann ich die Stereoanlage so laut aufdrehen, wie ich will.«

Ecker stand auf und ging ins Wohnzimmer, um Cocktails zu mixen. Silfverbielke stellte amüsiert fest, dass Veronica ungewöhnlich lange auf der Toilette verweilte.

»Dann müssen wir wohl darauf anstoßen, dass ich Gutsbesitzer werde.« Ecker lächelte und hob sein Whiskyglas. Christopher stieß mit ihm an.

»Ich habe mir gedacht, sofort mit dem Essen zu beginnen«, fuhr Ecker fort. »Vielleicht wärst du so nett und unterhältst solange meine zukünftige Ehefrau.«

»Gern, aber natürlich nur, wenn du in der Küche keine Hilfe brauchst.«

»Nein, das ist kein Problem. Das geht ganz leicht, und außerdem macht es mir Spaß, mit Töpfen und Pfannen zu hantieren. Wo Veronica wohl hingegangen ist?«

Christopher ließ sich ruhig auf dem Sofa nieder, während Ecker in Richtung Küche ging. Plötzlich hörten sie, wie die Toilettenspülung ging und Veronica herauskam.

»Da bist du ja, Liebling!«, sagte Ecker, blieb stehen und gab ihr einen flüchtigen Kuss auf die Wange. »Ich habe gerade zu Chris gesagt, er soll dich unterhalten, während ich koche. Nimm dir solange einen Drink, ich bringe euch gleich ein bisschen Wein.«

Er verschwand in der Küche. Veronica ging zur Hausbar, schenkte sich einen Gin Tonic ein und wandte sich Christopher zu. »Und wie geht's dir so zurzeit?«, fragte sie lächelnd. Auf dem Weg zum Sofa ging sie an ihm vorbei und ließ schnell die Fingerspitze über seine Lippen gleiten.

»Ja, danke, nicht schlecht.«

Er sprach weiter, hörte, wie Hans in der Küche mit den Töpfen klapperte, und musterte Veronica sorgfältig, als diese ihm gegenüber auf dem Sofa Platz nahm. Sie machte sich nicht einmal die Mühe, den Rock hinunterzuziehen, als er hochrutschte.

Sie hat ihr Höschen ausgezogen.

Sie plauderten belanglos über das Wetter, die Arbeit, Wohnungen und gemeinsame Bekannte. Als Hans kam und jedem ein Glas Rotwein servierte, setzte Veronica sich hastig gerade und presste sittsam die Knie zusammen. Sobald er wieder in der Küche verschwunden war, lehnte sie sich zurück und warf Christopher frivole Blicke zu.

Eine halbe Stunde später legte Ecker eine CD mit Mozartsymphonien in die Stereoanlage und teilte ihnen mit, dass das Essen fertig und der Tisch gedeckt war. Sie aßen Lamm mit geröstetem Gemüse und gebackenen Kartoffeln in Paniermehl, tranken mehr von dem erlesenen Rotwein und redeten über das Haus in Danderyd.

»Dieses Jahr stehen einige schöne Erlebnisse auf dem Programm«, sagte Silfverbielke. »Das mit unserem kleinen Segeltörn ist doch immer noch aktuell, oder?«

»Absolut«, erwiderte Veronica. »Ich habe nach Booten gesucht, als Hans ein paar Abende länger gearbeitet hat, und ich glaube, er hat inzwischen eines davon gebucht, oder?« Sie warf Hans einen fragenden Blick zu.

Ecker nickte. »Eine echte Schönheit. Ein Vierzig-Fuß-Boot mit genügend PS, Kojen vorne und achtern und einem kleinen Salon in der Mitte. Was sagst du dazu?«

»Ausgezeichnet!« Christopher lächelte und hob sein Glas. »Auf einen wunderschönen Urlaub!«

»Weißt du inzwischen etwas mehr?«, fragte Hans. »Nimmst du eine Braut mit?«

Veronicas Hand hielt mitten in einer Bewegung inne. Er schwieg eine ganze Weile, um sie zu verunsichern, ehe er antwortete.

»Mhm, ja, kann sein. Ich habe vor ungefähr einem Monat ein Mädchen kennengelernt – Emilie. Wir haben uns seitdem öfter gesehen, und vielleicht wird etwas daraus. Schauen wir mal. Nettes Mädel, sieht gut aus, arbeitet im Vertrieb einer IT-Firma.«

Ecker trank einen Schluck Wein. »Und gut im Bett, nehme ich an«, sagte er lachend.

»Aber Hans!« Veronica blickte empört drein. »So etwas sagt man doch nicht!«

»Ach, das ist doch nur Männergerede.« Ecker zuckte mit den Schultern.

Veronica sah ihn böse an. »Aha, du redest also über mich genauso, wenn du dich mit anderen Männern triffst?«

Ecker versuchte, die Situation zu retten. »Aber nein, Süße, natürlich nicht. Wir haben ja eine feste Beziehung. Du wirst ja demnächst Frau Ecker, eine ehrbare Frau …«, sagte er lächelnd.

Silfverbielke musste innerlich grinsen. *Ehrbar?* Veronica, die ihm gegenüber saß, warf ihm einen Blick zu. Eine Sekunde später spürte er, wie ihr Fuß sich zwischen seine Schenkel drängte und anfing, ihn am Schritt zu massieren.

Du willst mich also aufgeilen? Mach nur, wir werden schon sehen, wer am Ende gewinnt …

Das neckische Spiel mit dem Fuß ging weiter, während sie fertig aßen. Silfverbielke spürte, wie seine Erregung wuchs, und stand kurz davor, sein Glas umzustoßen, als Ecker plötzlich Messer und Gabel weglegte, sich entschuldigte und auf die Toilette ging. Sobald er verschwunden war, stand Christopher schnell auf, stellte sich neben Veronica, holte seinen Schwanz aus der Hose und schob ihn ihr in den Mund. Nur etwa eine Minute später entlud er sich schweigend und spritzte den letzten Rest auf ihre Bluse. Sie blickte mit geröteten Wangen nach unten und flüsterte hitzig: »Du spinnst wohl! Was machst du da?«

Sie hörten die Toilettenspülung. Veronica wischte sich schnell den Mund ab, stand auf und verschwand eilig in Richtung Schlafzimmer.

»Wo steckt denn Veronica?«, fragte Hans, als er an den Tisch zurückkam.

Silfverbielke machte eine entschuldigende Geste. »Sie hat sich wohl ein bisschen bekleckert. Ich glaube, sie zieht sich um.«

»Typisch Weiber«, murmelte Ecker und verdrehte die Augen. Er setzte sich, trank einen Schluck Wein und sagte: »Ja, wo waren wir stehen geblieben? Ach ja, Griechenland! Ja, das mit dem Boot ist also geregelt und …«

Kapitel 41

Mittwoch, 18. April

»Meine Herren, willkommen zu unserer Frühstücksbesprechung und später der Premiere. Heute ist D-Day, wenn ich mich so ausdrücken darf.«

Silfverbielke lächelte und servierte Hans und Johannes Kaffee. Er hatte sich um 7.40 Uhr in der Firma eingeloggt und Pernilla zwanzig Minuten später mitgeteilt, dass er den ganzen Tag bis achtzehn oder neunzehn Uhr an Besprechungen teilnehmen werde und anschließend, wenn er wieder ins Büro kam, ihre Hilfe benötigte. Sie durfte wählen, ob sie tagsüber ein paar Stunden freinehmen oder sich Überstunden gutschreiben lassen wollte. Sie gab seine Ankunftszeit in den Computer ein und versprach ihm, sie werde da sein, wenn er zurückkam.

Während der letzten zehn Tage war das Trio in engem Kontakt geblieben. Silfverbielke wollte auf Nummer sicher gehen, dass weder Johannes noch Hans kalte Füße bekamen und dass sämtliche Ausrüstung vorhanden und einsatzbereit war. Er selbst hatte vier Tage lang jeden Nachmittag das Büro verlassen und war mit seinem eigenen Auto dem Securitas-Werttransport nachgefahren, der bei der SEB am Flughafen Arlanda das Geld holte.

Calle Rehnberg hatte recht gehabt. An drei Tagen kam der Transporter um ungefähr Viertel nach drei am Terminal an, am vierten Tag um viertel vor vier. Er fuhr stets die gleiche Route – die E4 von Stockholm bis zur Ausfahrt Arlanda und dann auf der geraden Zufahrtsstraße zum Terminal.

Silfverbielke hatte seinen Wagen auf dem Kurzzeitparkplatz geparkt, sich vor den Terminal gestellt, geraucht und so getan, als telefoniere er auf seinem Handy. In Wirklichkeit hatte er die Zeit gestoppt, die der Wachmann brauchte, um die Tasche zu holen, während sein Kollege im Auto blieb.

Zwölf Minuten. Man hätte die Uhr nach diesen Amateuren stellen können.

Als sie mit dem Kaffee fertig waren, befestigte Silfverbielke ein paar Bogen Papier im Format A2 mit Klebeband an der Küchenwand und nahm einen Filzstift in die Hand.

»Ihr erinnert euch, wie es aussah, als wir voriges Wochenende dort waren und die Lage gepeilt haben. Heute wird es keine Überraschungen geben, abgesehen von möglicherweise ein bisschen mehr Verkehr. Aber bevor ich aufzeichne, wie wir genau vorgehen, gehen wir die Checkliste für die Ausrüstung durch. Johannes?«

Kruut nickte und ergriff das Wort. Christopher war erstaunt darüber, dass der Bursche auf einmal Eier in der Hose hatte, anders als vor nur ein paar Monaten. Er wirkte härter, zielstrebiger und eifrig darauf erpicht, in dem internen Wettbewerb Punkte zu erjagen.

Silfverbielke lächelte vor sich hin. Nach dem kleinen Zwischenfall mit dem Ferrari und dem Polizeiauto hatte er für seinen Einsatz Punkte verlangt. Aber sowohl Ecker als auch Kruut waren leicht schockiert und schwer zu überzeugen gewesen. An und für sich war es vielleicht schon eine Leistung gewesen, ein Polizeiauto von der Straße zu jagen, aber dass die Polizisten dabei ums Leben gekommen waren, war bedauerlich.

Eigentlich musste man das Ganze eher als Unfall einstufen. Christopher hatte ja das Polizeiauto genau genommen nicht von der Straße gedrängt, vielmehr hatten die Polizisten sich dumm angestellt.

Die Zeitungen hatten etliche Spalten über den Unfall gedruckt. Die technische Untersuchung ergab, dass das Polizeiauto aus unverständlichen Gründen anscheinend so heftig gebremst hatte, dass es von der Fahrbahn geschlittert war. Augenzeugen in Östergötland hatten zwar einen Ferrari vorbeirasen sehen, aber trotzdem gab es keinen Beweis, dass der Sportwagen sich zum Zeitpunkt des Unfalls in der Nähe befunden hatte. Der Ferrari war übrigens unbeschädigt in Jönköping aufgefunden worden. Die technische Untersuchung des Fahrzeugs hatte keine verwertbaren Ergebnisse zutage gefördert, und man hatte den Wagen an Autoropa in Stockholm zurückgegeben.

Christopher hatte darauf beharrt, dass er Punkte verdient hatte. Schließlich hatten Ecker und Kruut eingelenkt und ihm fünf Punkte gegeben, sie betonten jedoch, dass sie es nur taten, um ihren guten Willen zu zeigen.

Silfverbielke hatte sie angelächelt und sich vor ihnen verneigt. *Guten Willen? Ich werde es euch zeigen, ihr Amateure!*

»Die Overalls, Badekappen und Sturmhauben habe ich dabei. Das Auto steht wie vereinbart in dem Waldstück. Es ist ein alter Ford Sierra, aber er fährt einwandfrei.«

»Gut, Johannes«, sagte Christopher. »Es wäre gut, wenn du die Overalls und die anderen Sachen auspackst, damit wir sie anprobieren können. Habt ihr Prepaidhandys gekauft?«

Johannes und Hans nickten. Silfverbielke holte sein eigenes hervor, und jeder der drei programmierte die Nummern der anderen ein.

»Neue Stiefel?«, fragte Christopher.

Johannes reckte den Daumen nach oben, und Hans ergriff das Wort. »Die Waffen hast du bereits erhalten. Ich habe sie zwar nicht getestet, aber der Typ, von dem ich sie gekauft habe, hat garantiert, dass sie in Ordnung sind, und er machte den Eindruck, als hätte er Ahnung von der Materie.«

»Okay. Wie lief der Kauf ab, wenn ich fragen darf? Weiß er, wer du bist?«

Ecker schüttelte den Kopf. »Ich habe ihn im Internet gefunden, und er war wie gesagt ein Profi. Wir hatten ein Treffen in einem Gewerbegebiet in Länna vereinbart und ausdrücklich ausgemacht, dass wir beide Sturmhauben tragen. Ich habe bar bezahlt und bin verschwunden. Mein Auto hatte ich sechs Straßen weiter an einer Tankstelle geparkt. Außerdem habe ich sorgfältig darauf geachtet, dass mir niemand gefolgt ist. Es besteht also kein Grund zur Sorge.«

»Gut.« Christopher wandte sich Johannes zu. »Wo und wie hast du das Auto beschafft, und hast du das Nummernschild ausgetauscht?«

»Nein, das war nicht nötig«, sagte Johannes und grinste. »Ich habe das Auto in einer Einfahrt vor einem Reihenhaus in Huddinge gefunden. Ich habe im Haus nebenan geklingelt und gesagt, ich käme von einer Autowerkstatt und solle das Auto vom Nachbarn holen, aber niemand sei zu Hause. Da hat man mir gesagt, dass der Nachbar – also der Besitzer von dem Sierra – und seine Frau drei Tage zuvor nach Mallorca geflogen sind. Sie wollten drei Wochen weg sein.«

»Ausgezeichnet!«, sagte Silfverbielke. »Dann probieren wir die Klamotten an, Jungs. Womit fahren wir raus nach Arlanda, Hans?«

»Mit dem Volvo V70 von meinem Vater. Ich habe gesagt, meiner wäre in der Werkstatt, und dann durfte ich ihn mir für zwei Tage ausleihen.«

Als Silfverbielke Kruut in raschem Tempo vom Eurostop-Einkaufszentrum kommen sah, holte er das Prepaidhandy hervor und wählte 112. Gleichzeitig warf er einen Blick auf die Uhr. 14.55.

Perfekt.

Kruut sprang in den Wagen, und Silfverbielke ließ den Volvo vom Parkplatz rollen, während er wartete, dass am anderen Ende jemand antwortete.

»112, was ist passiert?« Die Frau in der Notrufzentrale klang ruhig, beinahe gelangweilt.

Christopher tat sein Bestes, um panisch zu klingen, und sprach mit verstellter Stimme im Falsett.

»Da liegt eine Bombe im Eurostop Arlanda. Evakuieren Sie die Leute so schnell wie möglich – das wird einen gewaltigen Knall geben!«

Die Notrufzentralistin war ein paar Sekunden still. Dann sagte sie ruhig: »Aber woher wissen Sie …«

»Jetzt hängt es von Ihnen ab, ob es Tote gibt oder nicht!«

Er beendete das Gespräch, fuhr auf die Autobahn und nahm die nächste Ausfahrt zum Flughafen. Auf halbem Wege entlang der Zufahrtsstraße bog Christopher ab und lenkte den Wagen in Richtung Waldstück. Sie brauchten nur ein paar Minuten, um den Volvo zwischen den Bäumen zu verstecken und in den Sierra umzusteigen. Bald waren sie auf dem Viadukt, von wo sie eine gute Aussicht auf die Zufahrtsstraße unter ihnen hatten.

Dem diensthabenden Leiter der Polizeieinsatzzentrale war nicht zum Lachen zumute. Märsta und Upplands-Väsby hatten bereits sämtliche verfügbaren Streifenwagen zum Einkaufszentrum geschickt. Er hatte zwei größere Verkehrsunfälle in der Innenstadt, einer davon auf der Centralbron. Mehrere Wagen waren zur Unterstützung in überlastete Vororte ausgerückt, und die wenigen, die sich noch innerhalb der Stadtgrenze befanden, waren entweder mit Einsätzen beschäftigt oder standen im Polizeipräsidium, weil die Besatzungen Berichte schrieben. Ein Hubschrauber war in der Werkstatt und ein anderer war bei einem akuten Krankentransport in der Gegend von Södertälje unterwegs.

Und ausgerechnet jetzt dieser verdammte Bombenalarm!

Unmittelbar nach der Meldung aus der Notrufzentrale hatte ein Mitarbeiter aus dem Einkaufszentrum angerufen und mitgeteilt, dass in einer Umkleidekabine in einem Bekleidungsgeschäft eine »seltsame Tasche« stand. Irgendein übermütiger Mensch hatte den Reißverschluss geöffnet und hineingeschaut. In der Tasche befanden sich ein Bündel Dynamitstangen und eine Digitaluhr, deren Countdown lief.

Der Alarm war also kein schlechter Scherz gewesen.

Er seufzte und schaute auf die elektronische Karte, um zu sehen, wo sich die mobilen Einsatzkommandos befanden. Außerdem musste er schnell das Bombenentschärfungsteam anfordern.

Das hier konnte gewaltig in die Hose gehen.

Silfverbielke warf einen Blick auf die Uhr, als der weiße Securitas-Transporter auf der Zufahrtsstraße erschien.

15.10 Uhr. Wie zuverlässig.

Die Uhr schaltete genau in dem Moment auf 15.11 um, als der Werttransport auf ihrer Seite unter dem Viadukt hindurchfuhr.

»Okay, Jungs. Sie brauchen vier Minuten zum Terminal und zwölf, um den Geldkoffer zu holen. Wir fahren in sechzehn Minuten. Hast du den Karton bereit, Johannes?«

»Yes, Sir!«, rief Kruut vom Rücksitz. Er klang angespannt und aufgeregt.

Silfverbielke warf Ecker, der auf dem Beifahrersitz saß, einen Blick zu. »Bist du dabei, Hans?«

»Und ob ich das bin!« Ecker fuchtelte mit dem AK5-Sturmgewehr herum.

Alle drei trugen schwarze Overalls und massive hohe Schnürstiefel. Die Hände steckten in dünnen Lederhandschuhen. Auf den Sitzen neben ihnen lagen drei Plastikbadekappen und drei schwarze Sturmhauben.

Eine doppelte Vorsichtsmaßnahme. Man weiß ja nie. Eine Haarsträhne konnte einem sonst ins Gesicht fallen und unter der Sturmhaube hervorschauen. Wäre schade, wenn man der Polizei Anhaltspunkte böte.

Um 15.26 Uhr zogen die drei sich die Badekappen und Sturmhauben über. Eine Minute später rollte der Ford Sierra die Rampe hinunter auf die Zufahrtsstraße zum Flughafen. Unmittelbar vor der Abzweigung zu den Terminals drosselte Silfverbielke das Tempo.

»Jetzt, Johannes! Streu sie ordentlich aus!«

Kruut ließ das Seitenfenster herunter. Silfverbielke fuhr langsam und so weit links, wie er konnte, und ließ Kruut die spitzen Krähenfüße über die Fahrbahn verstreuen. Als er eine große Fläche Asphalt bedeckt hatte, ließ er das Fenster wieder hoch.

Silfverbielke fuhr in gemächlichem Tempo eine Nebenstraße entlang, bis er hundertfünfzig Meter weiter den Securitas-Transporter sah, und verlangsamte die Geschwindigkeit, um dem Werttransport genug Zeit zu lassen, die Auffahrt zu erreichen. Er blickte sich um. Fast kein Verkehr.

»Es geht los, Jungs! Seid ihr bereit? Denkt daran, Englisch!« Silfverbielke drückte aufs Gaspedal und ließ den Ford vorwärts bis zur Auffahrt rollen. Wo die Fahrbahn sich nach unten neigte, hielt er sich links und hörte, wie Johannes das Fenster herunterließ und die glitzernden Reifenzerstörer erneut über den Asphalt verstreute. Der Securitas-Transporter befand sich dreihundert Meter vor ihm. Silfverbielke fuhr schneller und warf einen Blick in den Rückspiegel. Leer.

»Ach, du Scheiße!«, schrie Johannes auf dem Rücksitz. »Da ist gerade ein Flughafenbus die Rampe runtergekommen und ins Schleudern geraten. Er ist quer zur Fahrbahn zum Halten gekommen.«

Silfverbielke lächelte. Wie praktisch. Er schätzte den Abstand zum Securitas-Transporter und sah weiter vorne den Viadukt und die Ausfahrt.

Jetzt.

Er drückte das Gaspedal bis zum Anschlag durch und holte zu dem weißen Mercedesbus auf. Als Silfverbielke auf gleicher Höhe mit dem Werttransport war, drückte er auf die Hupe.

Kruut und Ecker ließen ihre Fenster herunter und steckten die Mündungen der AK5-Sturmgewehre hinaus.

Hans-Erik Henriksson fuhr seit fünf Jahren Werttransporte und mochte diese Arbeit. Kollegen hatten ihm von Raubüberfällen erzählt, und in der Zeitung hatte er Bilder von Securitas-Transportern gesehen, die in die Luft gesprengt worden waren, aber ihm war es vorgekommen, als ob das alles in weiter Ferne lag. Er selbst war noch nicht einmal bedroht worden.

Als er die Hupe hörte, blickte er verwundert nach links und starrte in zwei Gewehrmündungen. Dann wurden die Läufe ein wenig zurückgezogen, und die rechte Seite des Ford Sierras näherte sich schnell dem Mercedesbus. Henriksson stemmte sich gegen das Lenkrad und hielt es fest umklammert. Als er hörte, wie Blech gegen Blech knirschte und den Aufprall spürte, schrie er: »Drück auf den Alarmknopf! Los, mach schon, verdammt noch mal!«

Bosse Fors blickte einen Moment dumm drein, bis er allmählich kapierte, was vor sich ging. Er arbeitete erst weniger als drei Monate als Wachmann und hatte davor fast vier Jahre damit verbracht, dem Arbeitsmarkt zur Verfügung zu stehen, wie es so schön hieß.

Henriksson versuchte krampfhaft, sich an das zu erinnern, was er in seiner Ausbildung und auf weiterführenden Lehrgängen gelernt hatte. *Spiel nicht den Helden, es ist schließlich nicht dein Geld. Leiste keinen Widerstand, sondern gib ihnen, was sie wollen – das Auto, das Geld, alles. Tu dein Bestes, um zu überleben. Aber betätige den Alarm …*

»Drück endlich auf den Alarmknopf, verdammt noch mal!«, schrie Henriksson erneut, während er fest auf die Bremse drückte und nach rechts schwenkte, um einem neuen Angriff des Fords auszuweichen. Ein neuer Knall gegen das Blech, und er trat noch fester auf die Bremse.

Dann ging alles sehr schnell.

Kaum war der Transporter stehengeblieben, erschien ein schwarz gekleideter Mann mit Sturmhaube vor der Windschutzscheibe und befestigte eine kräftige Sprengladung mit Saugnäpfen am Glas. Plötzlich stand ein weiterer schwarz gekleideter Mann an seinem Seitenfenster und richtete ein Schnellfeuergewehr auf ihn.

Ra-ta-ta-ta-ta!

Das schreckliche Geräusch einer Schusssalve gegen das Blech am hinteren Teil des Busses veranlasste Henriksson und Fors, sich in der Fahrerkabine zu ducken. Der Mann vor dem Seitenfenster schrie.

»Get out, the bomb will go off in thirty seconds!«

»Wir müssen sterben, wir müssen sterben!«, heulte Fors.

»Raus aus dem Auto, verdammt noch mal, ich habe nicht vor, den Helden zu spielen!«, schrie Henriksson.

Im selben Augenblick, als sie aus der Fahrerkabine taumelten, packten die zwei schwarz gekleideten Männer sie und drückten sie gegen das Blech.

»Twenty seconds. Give us the code and unlock the back door, then you can run!«

Henriksson zögerte einen Moment. Der kalte Lauf eines Schnellfeuergewehrs stieß gegen seine Zähne und wurde in seinen Mund gedrückt. Er spürte den Geschmack von Blut, musste würgen und dachte an seine fünfjährigen Zwillinge zu Hause. »4452«, flüsterte er. »Die Schlüssel sind in der Hosentasche …«

Sie schoben ihn zum hinteren Teil des Fahrzeugs und zwangen ihn, die Tür aufzuschließen. Er konnte sehen, wie Fors unbeweglich dastand und zitterte, während ihm ein dritter schwarz gekleideter Mann – vermutlich der, der in die Karosserie geschossen hatte – den Lauf eines AK5-Sturmgewehrs an den

Kopf hielt. Fors hatte einen großen dunklen Fleck im Schritt seiner Hose, und Henriksson nahm es ihm in keiner Weise übel.

Sobald die Tür geöffnet war, wirbelten sie ihn herum und schrien: »Ten seconds! Run for your life!«

Der dritte Mann trat Fors in den Hintern, worauf dieser zusammen mit Henriksson die Flucht ergriff und in Richtung Flughafen rannte, ohne sich umzusehen. Henriksson spürte, wie ihm der Schweiß über das Gesicht lief und in den Augen brannte. Er rechnete jeden Augenblick damit, eine Explosion zu hören, und fragte sich, ob es wie im Film war, wo die Leute emporgewirbelt wurden, durch die Luft flogen und mit gebrochenen Armen und Schürfwunden auf dem Boden landeten.

Er rannte schneller und hörte, wie Fors sich hinter ihm schnaufend bemühte, mitzuhalten. Jetzt liefen ihm nicht nur Schweißtropfen über die Wangen, sondern auch Tränen.

Die Firma Securitas leitete den Alarm sofort an die Polizeieinsatzzentrale in Stockholm weiter, wo der diensthabende Leiter noch mehr Bauchschmerzen als vor einer halben Stunde bekam – wenn das überhaupt möglich war.

Ach so, ja. Verdacht auf eine Bombe im Eurostop und ein Raubüberfall am Flughafen. Wie unglaublich praktisch.

Aber er wagte es nicht, die Sache als Fehlalarm abzutun. Immerhin hatten Augenzeugen Dynamit und eine Digitaluhr mit laufendem Countdown gesehen. Er kontaktierte als Erstes die Flughafenpolizei und bat anschließend die Kollegen in der Nachbargemeinde Märsta, einen Streifenwagen von dem Einsatz beim Eurostop abzuziehen und zum Flughafen zu schicken. Die Antwort lautete, dass dies nicht möglich sei. Im Eurostop herrsche Panik, und die Polizei sei voll damit beschäftigt, die Leute zu evakuieren und daran zu hindern, sich gegenseitig niederzutrampeln. Außerdem seien bereits zwei Jugendliche wegen Plünderung festgenommen worden, als sie Markenklamotten in verlassenen Läden an sich gerissen hätten.

Die Rückmeldung aus Arlanda war ebenso ernüchternd. Der Polizist, der den Anruf entgegennahm, schrie nahezu in den Hörer, da müsse eine ganz üble Sache im Gang sein. Ein Streifenwagen, der ein paar Minuten zuvor vom Flughafen losgefahren sei, habe gemeldet, dass die Zufahrtsstraße von einem Bus, sechs Taxis und acht Privatautos blockiert werde, die alle eine Reifenpanne erlitten hätten. Die Zufahrt auf der anderen Seite des Terminals sei ebenfalls mit Taxis und Personenwagen verstopft, die mit platten Reifen auf beiden Seiten der Straße stünden. Die Fahrbahn sei mit Krähenfüßen übersät, und die Räumung werde vermutlich Stunden in Anspruch nehmen.

Kruut stand mit dem Rücken zum Werttransport und zielte die ganze Zeit auf die fliehenden Wachmänner. Ecker und Silfverbielke hatten sich ins Innere des Mercedesbusses begeben, den Safe mit dem Code geöffnet und ihm drei Geldkoffer entnommen.

Silfverbielke sah auf die Uhr. Sieben Minuten waren seit dem Beginn des Überfalls vergangen, und das war die kritische Grenze. Theoretisch konnte jetzt eine Polizeistreife unterwegs sein.

»Go, go, go!«, schrie er. Sie nahmen jeder einen Koffer, rannten zu dem Ford Sierra, sprangen hinein und legten einen Blitzstart hin. Weniger als fünf Minuten später erreichten sie die Ausfahrt zum Viadukt, bogen dort ab und gelangten schließlich zu dem Waldweg, wo der Volvo parkte. Ecker und Kruut luden die Waffen und Geldkoffer um und entledigten sich schnell der Overalls, Sturmhauben und Badekappen.

Silfverbielke legte ebenfalls die Kleidung ab, bevor er den Inhalt eines 25-Liter-Benzinkanisters im Inneren des Ford Sierra verschüttete.

Als Ecker und Kruut in den Volvo gesprungen waren, warf Silfverbielke ein brennendes Streichholz in den Ford und sah die Flammen auflodern. Dann steuerte er den Volvo auf die Asphaltstraße, wo er sich peinlich genau an die Geschwindigkeitsbegrenzung hielt.

Ungefähr eine Stunde später bog der Volvo in einen Waldweg außerhalb von Rimbo und folgte dem verschlungenen Schotterweg ein paar Kilometer, bis rechts ein großes, offenes Feld auftauchte. Das Trio trug die Koffer schweigend auf das Feld. Kruut setzte den großen Werkzeugkasten ab, den er mitgebracht hatte, und entnahm ihm drei Brechstangen, kräftige Zangen, Stechbeitel und Hämmer. Zehn Minuten später konnten sie das Resultat begutachten.

In zweien der Koffer sahen sie knallgrün gefärbte Geldscheinbündel. Die Farbpatronen im dritten Koffer waren dagegen nicht geplatzt. Die drei starrten schweigend auf das Geld.

»Wir zählen es doch, oder?«, sagte Kruut. »Ich finde es geil.«

Silfverbielke sah Ecker an und verdrehte die Augen. Ecker lachte. »Natürlich ist das geil, Johannes …«

Siebenhundertzweiundvierzigtausend Kronen später sah Silfverbielke auf die Uhr. »Das Spiel ist vorbei, Jungs. Ich habe in der Stadt noch eine Menge zu tun. Und ich möchte am liebsten nicht über Arlanda zurückfahren.«

»Was machen wir mit den Waffen?«, fragte Ecker.

»Drei Kilometer von hier liegt ein ziemlich tiefer Waldweiher.« Silfverbielke deutete in die Richtung. »Dort machen wir eine Pinkelpause.«

Er bückte sich, nahm eine Einliterflasche aus einer Plastiktüte und schraubte den Verschluss ab. Johannes rümpfte die Nase, als er den Geruch von Benzin wahrnahm. »Was machst du da, Chris? Du willst doch nicht etwa …«

»Johannes, das hier ist doch bloß Wechselgeld. Wir haben das Ganze um des Kicks willen durchgezogen, hast du das schon vergessen? Die Seriennummern können theoretisch registriert sein. Wäre es nicht bescheuert, wegen lächerlicher siebenhunderttausend Kronen ein Risiko einzugehen?«

»Ja, du hast schon recht.«

Christopher tränkte die Geldscheinbündel in den drei Koffern mit Benzin, zündete drei Streichhölzer an und warf sie auf das Geld. »Wenn wir es nicht so eilig hätten, hätten wir ja Bratwürste mitbringen können. Hier draußen im Wald ist es schön.«

Vor ihnen loderten die Flammen, und Ecker bog sich vor Lachen. »Mit siebenhunderttausend Kronen Bratwürste grillen! Verdammt noch mal, du bist wirklich verrückt, Chris.«

Silfverbielke lächelte ihn freundlich an. »Jetzt ist es Zeit, das Auto sauber zu machen. Auf zum Waldweiher!«

Nachdem sie die Kleider, Stiefel, Werkzeuge und das AK5-Sturmgewehr, das bei dem Raubüberfall abgefeuert worden war, in einem Plastiksack verstaut und im tiefschwarzen Wasser des Waldweihers versenkt hatten, ging die Fahrt zurück nach Stockholm, dieses Mal schneller als bei der Hinfahrt.

»Sag mal, Chris, was machst du mit den restlichen Waffen?«, fragte Kruut verwundert vom Rücksitz aus.

»Es ist immer gut, wenn man einen gut gefüllten Werkzeugkasten hat, Johannes«, erwiderte Silfverbielke seufzend.

Ecker grinste und schüttelte den Kopf.

Auf der Höhe von Täby holte Silfverbielke sein reguläres Handy aus der Tasche und wählte Pernillas Kurzwahlnummer. »Hallo, hier ist Christopher. Du, ich komme in etwa einer Stunde oder so zurück. Wir müssen dann noch eine Weile arbeiten.«

Er hörte ihrer Antwort zu, beendete das Gespräch und schrieb dann schnell eine SMS an sie.

Willst du mit mir nach der Arbeit essen gehen? Ich möchte dir ein kleines Geschenk geben, weil du so hart gearbeitet hast.

Er steckte das Handy lächelnd wieder in die Tasche und ignorierte den Vibrierton, der ihm anzeigte, dass sie geantwortet hatte.

Bengt Eriksson war sein ganzes Leben Bauer in Rimbo gewesen und konnte sich nicht vorstellen, etwas anderes zu machen. Als er nun mit dem Traktor den Schotterweg entlangtuckerte, überlegte er, wie viel Wald er abholzen und verkaufen musste, um finanziell über die Runden zu kommen. Von kleiner Landwirtschaft konnte man heutzutage nicht mehr leben, anscheinend musste man dankbar sein, wenn überhaupt jemand Lust hatte, beim Bauern Milch zu holen. Hinter der nächsten Kurve lichtete sich der Wald, und Eriksson sah zu seiner Linken offene Felder. Als er den Rauch bemerkte, drosselte er das Tempo und starrte dorthin.

»Was zum Teufel …?«

Zehn Minuten später war er zurück bei seinem Traktor, holte den Feuerlöscher und schaffte es, die letzten qualmenden Reste der Kofferinhalte zu retten. Als er auf die verkohlten Geldscheinbündel herabsah, traute er seinen Augen nicht. Die Scheine in der Mitte der fest zusammengepressten Bündel schienen das Feuer gut überstanden zu haben und waren lediglich an den Rändern angesengt. Es konnte nicht länger als ein paar Minuten gebrannt haben.

Er starrte auf das Geld. Zehntausende Kronen. Hunderttausende. Vielleicht sogar eine Million. Dann sah er, dass die meisten Bündel grün verfärbt waren. Er holte das Handy aus der Tasche und wählte 112.

Kapitel 42

Freitag, 20. April

»Wie geht es Sven, hast du mit ihm in letzter Zeit gesprochen?« Henrik Vadh blickte besorgt drein.

Er musste auf die Antwort warten. Jacob Colt saß auf seinem Stuhl und starrte geistesabwesend zum Fenster hinaus. Schließlich kehrte er ins Hier und Jetzt zurück.

»Ja, zuletzt gestern. Es tut ihm immer noch hier und da weh, aber er sagt, er könne es kaum erwarten, endlich nach Hause zu gehen. Und die Götter wissen, dass wir ihn brauchen. Die Ermittlungen wachsen uns bald über den Kopf. Also habe ich ihm gesagt, er sei bei uns jederzeit willkommen.«

Vadh ließ die Luft durch seine Lippen entweichen. »Ja, wenigstens ist es schön, dass heute Freitag ist.«

»Ja, möge es bald sechzehn Uhr sein. Heute ist kein guter Tag. In einer Stunde haben wir eine Besprechung mit Anna Kulin, und ich frage mich, wieso sie eine Vorliebe dafür hat, diese Sitzungen immer auf Freitag zu legen. Liegt es daran, dass sie uns unbedingt das Wochenende versauen will?«

Vadh lachte. »Spüre ich beim Herrn Kommissar einen Hauch von Bitterkeit? Theoretisch kann das ja reiner Zufall sein.«

»Fuck theory!«, murmelte Colt. »Das macht die Zicke absichtlich, und nichts anderes. Und ich kann der Dame nicht das Geringste servieren.«

Henrik Vadh zuckte mit den Schultern. »Sollen wir uns am Wochenende mit ein bisschen Badminton oder Grillen aufmuntern? Oder hast du Lust auf eine Runde Golf?«

»Du hast eine Menge gute Ideen, wie ich höre. Reden wir auf der Heimfahrt darüber.«

»Das sieht wirklich nicht gut aus.« Anna Kulin blickte ernst in die Runde, die sich um den Tisch versammelt hatte. Alle waren anwesend, außer Björn Rydh, dessen Fehlen teils damit zu tun hatte, dass man ihn zu seiner regulären Aufgabe als Entwickler bei dem SPRÅNG-Projekt zurückbeordert hatte, teils damit, dass er schon früh am Morgen nach Hause an die Westküste gefahren war, um noch etwas vom Wochenende zu haben.

»Es sind inzwischen«, fuhr sie fort, »drei Monate seit dem Mord an Alexander de Wahl und sechs Wochen seit dem Vorfall in der Altstadt verstrichen.«

Vorfall? Was zum Teufel meint sie damit? Svenne hätte tot sein können, dachte Colt verärgert. *So wie dieser finnische Alki.*

»Und wir haben noch immer nicht einmal eine einigermaßen sichere Spur, die wir verfolgen können, wenn ich es richtig verstehe.«

Vadh starrte sie an. »Wir bewegen uns im statistischen Rahmen.«

»Wie meinen Sie das?« Kulin wirkte plötzlich ein wenig unsicher.

»Sie wissen genauso gut wie ich, dass es bei etwa zwanzig Prozent der Morde, mit denen wir es zu tun haben, nach den ersten paar Tagen immer noch keinen Tatverdächtigen gibt, weshalb sie eine längere Aufklärungszeit benötigen als der Rest. In den letzten Monaten haben wir in dieser Abteilung acht Morde aufgeklärt, darunter den Ehrenmord …«

Janne Månsson fiel ihm ins Wort. »Du meinst diese Bimbos, die das schwedische Mädchen mit der Axt umgebracht haben? Was hat das verdammt noch mal mit Ehre zu tun? Diese scheiß Türken oder Iraner oder was auch immer, man sollte sie vor laufender Kamera erschießen und …«

»Hör auf, Månsson!«, brüllte Colt und starrte ihn wütend an.

Anna Kulins Gesicht lief dunkelrot an, und sie öffnete den Mund, um etwas zu sagen, ließ dann aber seltsamerweise zu, dass Colt sich um die Situation kümmerte.

»Ich habe von deinem Ausländerhass gründlich die Schnauze voll, Janne, und wenn du nicht davon ablassen kannst, behalt es wenigstens für dich. Wir sind Polizisten und müssen den Menschen gegenüber eine objektive Haltung an den Tag legen, unabhängig davon, wo sie geboren sind. Ist das klar?«

Månsson sah ihn verärgert an und stand auf. »Ich geh jetzt pissen, falls das erlaubt ist.«

»Auch in dieser Hinsicht wäre eine gepflegtere Ausdrucksweise wünschenswert«, sagte Kulin trocken.

Janne Månsson antwortete nicht, sondern verließ schnell den Raum.

Jacob seufzte. In den letzten Wochen hatte er – offenbar ohne Erfolg – mit Janne Månsson mehrere Gespräche unter vier Augen geführt, in denen es um dessen Vorurteile und Wortwahl gegangen war. Colt wusste nur zu gut, dass viele Schweden und nicht zuletzt viele Polizisten latente Rassisten waren, aber Månsson hatte dieses Stadium schon lange überschritten. Sein glühender Hass auf Ausländer, insbesondere auf Türken, schien nicht im Geringsten nachgelassen zu haben. Im Gegenteil, er war schlimmer geworden, obwohl der Vorfall mit seiner Frau inzwischen eine ganze Weile zurücklag.

»Also«, fuhr Henrik Vadh fort, »ist es weder seltsam noch ungewöhnlich, dass wir einen Fall haben, beziehungsweise zwei, die bisher ungelöst sind. Ich bin überzeugt, dass früher oder später der Groschen fällt. Aber mit den Ressourcen, die uns zur Verfügung stehen, können wir im Augenblick nicht viel mehr tun.«

»Wir haben ja im Durchschnitt alle zwei Wochen einen Mord und können nicht alle unsere Leute auf den Fall de Wahl ansetzen«, warf Colt ein. »Was die Altstadt betrifft, akzeptieren Sie die Hypothese, die wir bereits zuvor erörtert haben, dass die drei Männer in einen Wortwechsel mit Erkki Lahtinen gerieten, dabei wütend wurden und beschlossen, ihn zusammenzuschlagen?«

»Ja, durchaus. Aber wir haben ja auch noch die DNA-Verbindung, die die Sache zusätzlich interessant macht.«

»Das haben wir bereits gründlich diskutiert«, nickte Colt, »und können das erneut machen. Aber wir haben ja genau genommen keine Beweise, dass der Mann, von dem die DNA stammt, in den Mord an de Wahl oder an der Prostituierten in Berlin verwickelt war.«

»Ja, das ist leider so«, erwiderte Kulin seufzend. Sie blätterte ein wenig in ihren Notizen herum und fuhr fort: »Wie wollen Sie jetzt weitermachen?«

»Mit altbewährter, langweiliger Polizeiarbeit. Wir können nicht bei den Leuten, mit denen de Wahl in USA oder England verkehrte, nach Motiven suchen, da wir nicht die Mittel haben, um dorthin zu reisen. Ich habe Fragen an unsere Kollegen in Los Angeles und Cambridge geschickt, fürchte jedoch, dass die Wichtigeres zu tun haben, denn bisher habe ich nicht einmal eine Antwort erhalten. Wir schuften also hier zu Hause weiter, und Niklas fahndet am Computer. Vielleicht vernehmen wir nach und nach de Wahls Klassenkameraden aus der Grundschule und noch mal seine Eltern, aber viel mehr können wir nicht tun, wenn wir keine Hinweise aus der Öffentlichkeit erhalten. Denken Sie daran, dass der Anrufer, der von seinem Handy aus die Polizei verständigt hat, sich bisher nicht gemeldet hat, obwohl eine

Belohnung ausgesetzt wurde. In den Abendzeitungen gab es darüber ja ellenlange Spalten.«

»Okay, dann tun Sie eben, was Sie können. Was den neuen Mord draußen in Botkyrka betrifft, so bin ich der Ansicht, dass …«

Da es Freitag war, beschlossen Jacob Colt und Henrik Vadh, zur Feier des Tages nicht in der Kantine im Polizeipräsidium, sondern in einem italienischen Restaurant in der Nähe zu Mittag zu essen.

»Du, apropos unsere Ermittlung im Mordfall de Wahl, ich würde gern noch einmal diesen Ecker vernehmen«, sagte Henrik Vadh.

»Wieso?« Colt sah ihn verwundert an.

»Ach, nur so ein Bauchgefühl. Mir kam es so vor, als würde er etwas verbergen.«

»Ja, aber darüber haben wir doch schon mal geredet. Kann schon sein, dass er etwas verbirgt, aber vielleicht hat das nichts mit dieser Sache zu tun. Und vergiss nicht, dass Silfverbielke derjenige war, der ein Motiv gehabt hätte, nicht Ecker. Und da Silfverbielke ein Alibi hat, führt uns diese Spur nicht weiter.«

Vadh dachte eine Weile schweigend nach und zuckte dann mit den Schultern. »Du meinst also, es wäre reine Zeitverschwendung?«

»Momentan ja. Wenn wir in diesem Fall überhaupt nicht weiterkommen, können wir erneut darüber diskutieren. Aber wie die Dinge jetzt stehen, wäre es ziemlich sinnlos.«

Vadh nickte, trank einen Schluck Bier und wechselte das Thema. »Verdammte Geschichte, das mit dem Raubüberfall gestern.«

»Zum Glück ist niemand dabei draufgegangen. Diese Typen werden ja von Jahr zu Jahr gewalttätiger. Aber es ist schon interessant, dass sie für den Raubüberfall genau denselben Ort wie bei mindestens einem früheren Vorfall gewählt haben. Das Einzige, was auf einen gewissen Einfallsreichtum hindeutet, ist wohl die Tatsache, dass sie kurz zuvor als Ablenkungsmanöver den Bombenalarm im Einkaufszentrum ausgelöst haben.«

»Weiß man, ob es dieselben Typen waren?«

»Nein, aber wenn man bedenkt, dass die Sprengladung in der Tasche genauso aussah wie die, die man im Werttransport gefunden hat, scheint es wohl wahrscheinlich.«

»Und kannst du mir erklären, warum jemand sich solche Mühe macht und so große Risiken eingeht, nur um danach nach Rimbo hinauszufahren und das Geld zu verbrennen?«, seufzte Vadh.

»Nein, das kann ich wirklich nicht. Ich könnte mir nicht vorstellen, jemals eine Summe von über siebenhunderttausend Kronen zu verbrennen. Nimmst du Lasagne oder Penne?«

»Lasagne. Spielen wir morgen früh?«

»Darauf kannst du Gift nehmen. Das Leben geht ja trotzdem weiter, oder?«

Kapitel 43

Dienstag, 1. Mai

»Nein, ich kann mir dieses Pack verdammt noch mal nicht länger ansehen! Gehen wir runter ins Veranda im Grand Hotel, was Ordentliches essen.« Ecker spuckte auf den Boden und sah verächtlich zu den Menschen hinüber, die sich im Kungsträdgården mit Plakaten und Bannern versammelt hatten. »Für eine gerechtere Gesellschaft! Die Reichen sollen teilen! Leckt mich doch am Arsch – ich denke ja gar nicht daran, mit denen zu teilen. Der reinste Abschaum ist das, jawohl!«

Kruut lachte. »Mir scheint, der Herr Direktor Ecker regt sich gerade auf. Sei froh, dass du jetzt in Danderyd wohnst und nicht mehr so viel Abschaum begegnest.«

»Da ist was dran«, sagte Ecker mit vergnügtem Lächeln.

Christopher Silfverbielke war in seine eigenen Gedanken versunken, während er einige der Demonstranten betrachtete. Es waren zu viele, als dass man ordentlich mit ihnen hätte aufräumen können, aber es war dringend notwendig. Außerdem vermehrte sich das Pack in einem nie versiegenden Strom. Wenn man damit anfing, ihnen sämtliche Sozialleistungen zu verweigern, und sie gleichzeitig einen nach dem anderen im

Dunkel der Nacht eliminierte, konnte man vielleicht nach und nach eine bessere Gesellschaft schaffen.

»Ich glaube, ich werde Politiker«, sagte er lächelnd. »Aber wer hat gerade was vom Grand Hotel gesagt? Gehen wir!«

Als der Kellner ihnen Champagner an den Tisch gebracht hatte und das Trio die Speisekarte studierte, sagte Johannes Kruut: »Übrigens wäre es vielleicht mal wieder Zeit, unseren Punktestand zu vergleichen. Chris hat ja für die Ferrari-Aktion fünf bekommen, und …«

»Schscht!« Silfverbielke sah sich hastig um. »Warum machst du nicht gleich ein Plakat, auf dem steht, was wir gemacht haben? Red bitte etwas leiser.«

Johannes blickte verlegen drein und senkte die Stimme. »Entschuldigung. Aber du hattest auf jeden Fall nach dieser Aktion fünfunddreißig und hast für die Sache in Arlanda dreißig bekommen. Ich habe dafür fünfundzwanzig gekriegt, und Hans fünfzehn. Ich liege also mit fünfundsiebzig Punkten vor euch. Und wie gedenken die Herrschaften, den Kampf wieder aufzunehmen?« Er lehnte sich zufrieden zurück und lächelte.

Das willst du nicht wissen. Silfverbielke lächelte ihn an. »Ja, das könnte schwierig werden. Wir müssen wohl sehen, was wir finden, aber ich glaube, nach unserer letzten Aktion wäre es eine gute Idee, wenn wir uns ein wenig zurückhielten. Vielleicht sollten wir das Schicksal nicht allzu sehr herausfordern.«

»Da stimme ich dir zu«, sagte Ecker und nippte an seinem Champagner. »Wir können stattdessen ein wenig über andere Vergnügen reden und uns schon mal Gedanken über Båstad machen. Wann fahren wir dorthin?«

Kruut holte seinen Palm Pilot aus der Tasche und betrachtete ihn eine Weile. »Die Qualifikationsrunden fangen am Samstag, den siebten Juli an, aber auf die können wir getrost verzichten …«

»Du fährst also dorthin, um dir Tennis anzuschauen? Das können wir doch auch im Fernsehen«, sagte Ecker und lachte.

Kruut blickte verwundert auf. »Weswegen fahren wir denn sonst hin?«

»Das Übliche. Saufen, koksen und ficken natürlich.«

»Ja, ja, das wird bestimmt gut.« Johannes schaute erneut auf seinen Palm Pilot. »Das Turnier beginnt am Montag, den neunten, das Viertelfinale ist am Freitag, den dreizehnten …«

Silfverbielke blickte auf die weißen Boote und das glitzernde Wasser. Das Wetter war traumhaft, und bald würde es in der Stadt nur so von hübschen, leichtbekleideten jungen Frauen wimmeln, die sich von erfolgreichen Männern zum Champagner einladen ließen.

Viel zu tun, so wenig Zeit.

»Ich finde, wir sollten unseren Ausflug auf das Ende der Woche legen«, sagte er. »Wir fahren am Mittwoch, verbringen Donnerstag, Freitag und Samstag dort und fahren am Sonntag wieder nach Hause.«

»Dann bekomme ich wenigstens zu Hause keinen Ärger. Es wäre schlecht, wenn ich Veronica klarmachen müsste, dass ich an zwei Wochenenden weg bin.«

»Habt ihr in eurem Haus inzwischen Ordnung geschaffen?«, fragte Kruut. In seinem Inneren war er zutiefst neidisch. Warum ausgerechnet Hans, und nicht er selbst? Er wollte auch eine hübsche Frau haben und standesgemäßer wohnen. Er musste sich zusammenreißen. Aber andererseits, wenn er es schaffte, den Punktewettkampf zu gewinnen und mit zwanzig Millionen nach Hause zu gehen, würden seine Chancen, auf der Statusleiter nach oben zu klettern, kräftig zunehmen. Er dachte einen Augenblick darüber nach, ob es eine kriminelle, aber ziemlich ungefährliche Tat gab, die er begehen konnte, um seinen Vorsprung zu vergrößern. Bis zur endgültigen Entscheidung waren es ja immerhin noch ganze sechs Monate, und jetzt kam es darauf an, weiterhin vorne zu bleiben.

Ecker trank mehr Champagner. »Ja, danke, das ist super. Ich muss mich nur noch um ein paar Kleinigkeiten kümmern, du weißt schon, Heimkinosystem, Bose-Anlage,

Flachbildschirme und solche Sachen. Wenn alles fertig ist, lade ich euch zur Einweihungsparty ein …«

Christopher Silfverbielke wirkte erneut, als sei er tief in Gedanken versunken und weit weg.

Aber in Wirklichkeit war er nicht weiter weg als in Båstad.

Der Gedanke an den Trip versetzte ihn in ungewöhnlich gute Laune, und er war richtig gut drauf.

Kapitel 44

Dienstag, 5. Juni

Ein warmes Sommerlicht fiel durch das Panoramafenster und warf sanfte Schatten über den schönen, frisch abgeschliffenen Holzboden. Veronica Svahnberg ging langsam in dem kompakt eingerichteten Wohnzimmer auf und ab. Sie hatte sich gerade erst an das Gefühl gewöhnt, in einem großflächigen Haus zu wohnen – ein Luxus, mit dem sie sich anfreunden konnte. Das Haus war in einem so guten Zustand gewesen, dass Hans und sie sofort mit dem Einrichten beginnen konnten. Sie hatte sich mit großem Engagement und gezückter Kreditkarte auf diese Aufgabe gestürzt. Hans hatte ein höfliches Interesse gezeigt, aber darauf verzichtet, sie auf ihren Einkaufstouren durch exklusive Inneneinrichtungsgeschäfte und Möbelhäuser zu begleiten.

Veronica trat ans Fenster und ließ den Blick über die große Holzterrasse, den Rasen und das immer noch mit einer Plastikplane bedeckte Schwimmbecken schweifen. Im Sommer würden sie das alles genießen können. Während sie so dastand, ließ sie unbewusst die Hände von den Hüften über den Bauch gleiten.

Sie war im vierten Monat schwanger.

Veronica hatte die Nachricht mit gemischten Gefühlen aufgenommen. Zunächst war sie außer sich vor Freude gewesen, da sie sich schon so lange danach gesehnt hatte. Endlich ein Kind. Endlich Mutter sein. Ein anderes Leben. Eine unglaublich große Verantwortung.

Fast zu groß, um sie zu verstehen.

Gleichzeitig nagten Zweifel an ihr. Sie hatte sich mit dem Kalender hingesetzt, überlegt und gerechnet.

Es *konnte* so sein.

Sie rechnete aus, dass sie während der turbulenten Wochen nach Hans' Rückkehr aus Berlin schwanger geworden war. In der Zeit hatten sie sich oft gestritten, und sie war vorübergehend zurück in ihre Wohnung gezogen. In ihrem Liebesleben hatte es hin und wieder Aussetzer gegeben, und sie hatte die ersten Male mit Christopher Sex gehabt.

Das Handy lag in Reichweite auf dem Wohnzimmertisch. Sie griff danach und schrieb eine SMS.

Christopher Silfverbielke saß zurückgelehnt auf seinem bequemen Lesesessel und vertiefte sich mit großem Interesse in ein Buch. Während er darin herumblätterte, rieselte aus der Stereoanlage leise Beethovens fünfte Sinfonie. Das Buch handelte ganz allgemein von Hinrichtungen und insbesondere von Guillotinen in vielen Formen und Ausführungen.

Wie effektiv, dachte er. *Und so öffentlich!* Nutzen und Unterhaltung zugleich. Man stelle sich vor, solche Methoden ließen sich auf andere Lebensbereiche anwenden. Er lehnte den Kopf an die Rückenlehne des Sessels, legte das Buch in den Schoß und schloss die Augen.

Wo waren die Dinge fehlgelaufen?

Wann war der Wendepunkt gekommen, an dem eine stolze Gesellschaft mit einigermaßen ehrenwerten Menschen sich in eine jämmerliche, riesige Kindertagesstätte verwandelt hatte, wo alle, die sich selbst bemitleideten, dafür bezahlt wurden, dass sie zu Hause blieben? *Stellt euch doch mal vor, ihr lebt in Pakistan und leidet unter Fibromyalgie. Dann werdet ihr schon sehen, wie viel Sozialhilfe ihr bekommt!* Wo Menschen, die andere mobbten und misshandelten, ungeschoren davonkamen, während die Opfer dafür bezahlen mussten. Eine Gesellschaft, in der die Repräsentanten des Staates sich immer hemmungsloser an der Bevölkerung bereicherten, indem sie sich vordrängelten und sich auf Kosten der Steuerzahler attraktive Wohnungen und private Weltreisen zuschanzten.

Wo waren die Dinge fehlgelaufen? Wieso kümmerte sich niemand mehr darum, dass auf Treppen und Gehwegen Schnee geräumt und Salz gestreut wurde und dass kaputte Straßenbeleuchtungen ausgewechselt wurden? Wieso steinigte man Schmierfinken, Gewaltverbrecher und Vergewaltiger nicht auf dem Sergels Torg? Und wieso, verdammt noch mal, spielte Schweden Weltgewissen und ließ jeden Tag Hunderte Kanaken ins Land, wohl wissend, dass sie nie etwas zur Gesellschaft beitragen würden?

Was zum Teufel macht der Staat mit meinen Steuergeldern?

Christopher stand auf, holte im Bad zwei Schmerztabletten und schluckte sie mit Wasser. Dann ging er ins Schlafzimmer, legte sich aufs Bett und schloss erneut die Augen.

Und Frauen. Es hatte mal eine Zeit gegeben, da waren sie ordentlich gekleidet, trugen Kleider, Röcke, Blusen und schöne Schuhe. Und sie blieben zu Hause und kümmerten sich um die Kinder. Das war, bevor irgendein neunmalkluges Soziweib ihr Maul aufriss und lauthals verkündete, dass man Gleichheit nur erreichen konnte, wenn alle Frauen einer Erwerbstätigkeit nachgingen.

Schaut euch doch nur an, wie gut *das* ging.

Er schauderte.

Und Tätowierungen. Ist der nicht süß, der Schmetterling auf meiner Schulter? *Nein, du dumme Schlampe, der ist nicht süß. Nur Huren und Seeleute lassen sich tätowieren, und soviel ich weiß, bist du noch nie zur See gefahren.*

Das Einzige, was man tun konnte, war, für sich selbst Verantwortung zu übernehmen, sich das Pack vom Leibe zu halten und – natürlich mit einer gewissen Vorsicht – selbst im Kleinen aufzuräumen.

Als die Schmerzen langsam nachließen, stand er auf, ging zurück zum Lehnstuhl und widmete sich erneut seiner Lektüre.

Plötzlich piepste das Handy zweimal.

Muss dich treffen. H ist bei seinen Eltern und bleibt vielleicht über Nacht dort. Kann ich auf einen Sprung vorbeikommen? Will nur reden, sonst nichts. V.

Christopher runzelte die Stirn. Nur reden. Für wen hielt sie ihn eigentlich? Für einen Therapeuten oder persönlichen Coach?

Er drückte auf »Antworten«.

Du kannst kommen, aber zu meinen Bedingungen.

Dreißig Sekunden später:

Bitte, es dauert auch nicht lange. Etwas ist passiert. Wir müssen reden.

Christopher schmunzelte. Ich weiß, Süße. Und ich weiß, wann es ungefähr passiert ist.

Er schrieb eine Antwort.

Wir können auch ein bisschen reden. Komm in einer Stunde. Zieh nur ein Kleid an.

Veronicas Hände zitterten, als sie Christophers letzte SMS las. Sie verschränkte fest die Finger, aber das half nichts. Verdammt!

Im gleichen Augenblick, als sie erfahren hatte, dass sie schwanger war, hatte sie einen Entschluss gefasst. Sie musste das Ruder herumreißen und den Teil ihres Lebens ändern, der

Christopher beinhaltete. Sie würde bald Mutter sein und konnte es sich nicht länger leisten, ihre dunklen Fantasien auszuleben und die unterwürfige Schlampe zu spielen. Sie musste ihrem Mann treu sein.

Und jetzt das. Eine einzige SMS mit seinen magischen Worten, und die guten Vorsätze waren wie weggeblasen. Seine *Dominanz.* Sein *Befehl.* Die zugrundeliegende *Verachtung.* Die Gedanken daran, was er mit ihr angestellt hatte.

Sie ging schnell zum Kleiderschrank im Schlafzimmer. Zog sich aus und warf die Kleider auf den Boden. Durchsuchte die Kleiderbügel, bis sie das Richtige fand, und zog sich das kurze schwarze Kleid über den Kopf. Ein Paar schwarze, leichte Sandaletten ergänzten ihre Ausstattung.

Vor dem Spiegel im Badezimmer änderte sie ihr Make-up zu einer härteren Version. Ein dunklerer Lippenstift, mehr Mascara. Der härtere Look.

Veronica nahm das Handy und die Handtasche, ging mit klopfendem Herzen in die Garage und setzte sich ins Auto. Sie konnte nicht eine Stunde lang warten, keine Chance.

Während sie in die Stadt fuhr, liefen ihre früheren Begegnungen in ihrem Kopfkino ab und sorgten dafür, dass ihr vor Erregung ganz heiß wurde.

Die Härte. Die schmutzigen Worte. Die strenge Hand.

Niemand hatte sie so fest und so lange geschlagen.

Nicht, seit sie fünf Jahre alt gewesen war.

Als er ihr die Tür öffnete, sah sie ihn mit ernster Miene an. Ihr Zittern entging ihm nicht. Sie wollte den Mund öffnen und etwas sagen, brachte jedoch kein Wort heraus.

Christopher stand nackt vor ihr, und sie holte tief Luft, als sie das Spiel seiner Muskeln unter der Haut sah. Er packte sie fest an der Hand und zog sie in den Flur. Sie versuchte aufs Neue, etwas zu sagen, brachte aber keinen Ton hervor.

Als er ihr die Handtasche abgenommen und sie energisch auf den Boden gedrückt hatte, schnappte sie nach Luft und befeuchtete die Lippen. Er befahl ihr, sich auf alle viere zu knien und stellte sich schnell hinter sie. Sie stöhnte, als seine Handfläche das erste Mal auf ihren Hintern klatschte, und als sie spürte, wie er seine pralle Erektion gegen sie presste, stieß sie hervor: »Ich … ich bin schwanger!«

Er drang so fest in sie ein, dass sie aufschrie. »Wie praktisch, dann macht es ja nichts, wenn ich in dir komme …«

Hinterher.

Christopher saß in seinen weißen Frotteebademantel gehüllt auf dem Sofa und nippte an dem frischen, dampfenden Kaffee. Veronica rückte sich beinahe verlegen ihr Kleid zurecht, damit es nicht zu weit am Oberschenkel hochrutschte.

»Lass es so.« Sein Ton ließ keinen Spielraum für Diskussionen zu.

Sie sah ihn mit nahezu verzweifelter Miene an. »Christopher, wir müssen wirklich reden!«

Er lächelte. »Dann schieß los.«

Unsicherheit machte sich in ihr breit. Was ging eigentlich in ihm vor? Was empfand er? Scherte er sich überhaupt um sie, um sich selbst, um irgendetwas?

»Ich bin im vierten Monat …«

Christopher führte die Tasse erneut zum Mund. »Super, herzlichen Glückwunsch! Das muss sich toll anfühlen, Mutter zu werden.«

Sie wandte abrupt den Blick zur Seite, damit er ihre Tränen nicht sehen konnte, und schaute zum Fenster hinaus. »Ja, das ist schon richtig, aber …«

»Was aber?«

Veronica erwiderte seinen Blick. Er wirkte amüsiert.

»Du bist womöglich der Vater.«

Die Antwort kam schneller als erwartet. Kein Überraschungsmoment.

»Das glaube ich nicht.«

Wie konnte er so sicher sein? Nach ihren Berechnungen war die Wahrscheinlichkeit oder das Risiko, oder wie man es auch immer nennen wollte, sehr groß.

»Wieso nicht?«

Christopher setzte die Tasse ab, beugte sich vor und sah ihr tief in die Augen. Dabei klaffte sein Bademantel über den Schenkeln auf und gab den Blick auf sein Geschlechtsteil frei. Sie spürte, wie ihre Beine wieder zu zittern anfingen. Nicht jetzt!

Er lächelte sie an. »Erstens haben wir fast immer ein Kondom benutzt. Zweitens bin ich die paar Male, bei denen wir keins hatten, nie in dir gekommen. Drittens habe ich, wie ich schon gesagt habe, den Verdacht, dass ich unfruchtbar bin.«

Veronica saß einen Augenblick schweigend da. »Aber … das stimmt nicht!«

»*Was* stimmt nicht? Willst du etwa behaupten, dass ich lüge?«

»Nein, nein, so war das nicht gemeint. Aber ich meine … man kann ja ungefähr ausrechnen, wann man schwanger wird. Das war während eines Zeitraums, als ich fast überhaupt keinen Sex mit Hans hatte, mit dir jedoch mehrere Nächte hintereinander.«

»Und du glaubst also nicht, dass du bei dem einen Mal mit Hans schwanger werden konntest. Kann er so schlecht zielen?« Silfverbielke lehnte sich zurück und lachte leise. Dabei machte er keine Anstalten, sein Geschlecht mit dem Bademantel zu verhüllen, und sie verfluchte sich dafür, dass ihr Blick immer wieder dorthin wanderte. Sein Schwanz war groß und herrlich, und sie wollte ihn haben.

»Natürlich kannst du recht haben, ich dachte halt nur …«

Christopher wartete darauf, dass sie fortfuhr.

»… dass die Wahrscheinlichkeit, dass du es warst, größer ist, weil wir so oft Sex miteinander hatten. Und ich glaube nicht, dass du ein Kondom benutzt hast. Es hat sich nämlich nicht so angefühlt.«

Er fixierte sie mit seinem Blick. »Und wenn ich es nun gewesen wäre, was würdest du dann machen?«

Ihr kamen erneut die Tränen, und sie wich seinem Blick aus. Ihre Stimme klang heiser. »Ich weiß nicht. Ich weiß es wirklich nicht. Ich bin verrückt nach dir, das weißt du, aber du tust mir nicht gut, nicht auf lange Sicht. Ich liebe Hans und ich …«

»Du liebst Hans nicht.« Seine Stimme klang auf einmal deutlich kälter. »Würdest du ihn lieben, wärst du nicht in der Mittagspause zu mir gekommen, um dich von mir schlagen zu lassen. Du lebst mit Hans zusammen, weil er eine gute Partie ist, weil es praktisch ist und weil er gut verdient. Stimmt's?«

Sie vergrub ihr Gesicht in den Händen.

»Und was macht es schon?«, fuhr Silfverbielke fort und klang wieder freundlicher. »Man hat ja nicht immer das Glück, mit jemandem zusammenzuleben, den man liebt. Lebe dein Leben mit Hans und gönn dir hin und wieder ein wenig Abwechslung, wenn du sie brauchst. Wo liegt das Problem?«

»*Verstehst* du mich denn nicht, Chris?« Veronicas Stimme ging hoch ins Falsett. »Ich werde Mutter! Ich kann doch nicht Hans' Frau und die Mutter seines Kindes sein und hierherkommen und … mich von dir *ficken* lassen!«

Wieder dieses amüsierte Lächeln. »Warum nicht? Du bist meine Sklavin, Veronica. Stimmt's?«

Jetzt konnte sie ihre Tränen nicht länger verbergen.

»Dann sind wir uns wohl einig?« Christopher hörte sich an, als genieße er die Situation. »Du brauchst etwas, das Hans dir nicht geben kann, aber ich. Etwas, das du eine Zeit lang verdrängen kannst, aber immer brauchen wirst. Du kannst dich natürlich entscheiden, darauf zu verzichten, dann besorge ich es halt einer anderen. Was hältst du davon, wenn ich Emilie mit auf den Segeltörn in Griechenland nehme?«

Veronica warf ihm einen wütenden Blick zu. »Du Schwein!«

»So ungefähr. Oder sieh es folgendermaßen – du brauchst mich mehr, als ich dich brauche. Traurig, aber wahr. Und es ist immer noch deine Entscheidung.«

Sie stand auf, stellte sich vor ihn und senkte den Blick. Er bekam wieder eine Erektion.

»Komm«, sagte sie und ging in Richtung Schlafzimmer.

Kapitel 45

Mittwoch, 6. Juni
Schwedens Nationalfeiertag

Das Klingeln des Handys weckte ihn.

»Hallo, Christopher, ich bin's, Hans …«

»Guten Morgen. Wie spät ist es?«

»Halb zehn. Ist es gestern spät geworden?«

Nein, aber ich hatte tagsüber eine vergnügliche Zeit.

»Nein, ich glaube einfach, das ist eine Müdigkeit, die sich über längere Zeit aufgestaut hat und jetzt ihren Tribut fordert.«

»Wirst du langsam alt?« Ecker lachte.

»Wird wohl so sein.«

»Chris, ich habe eine Idee. Wäre es nicht nett, heute Abend auszugehen und uns ein paar hinter die Binde zu gießen?«

»Absolut. Aber was sagen deine Frau und deine Villa dazu?«

»Kein Problem. Veronica fährt später zu einer Freundin und übernachtet vielleicht dort. Heute Abend haben die beiden wohl eine Menge Gesprächsstoff …« Hans machte eine Kunstpause und wartete, dass Christopher fragte, fuhr dann aber fort: »… weil ich nämlich Vater werde.«

Vielleicht ein anderes Mal. Dieses Kind ist ein Silfverbielke.

»Ui! Herzlichen Glückwunsch, das ist ja toll! Das müssen wir feiern. Den jungen Herrn Kruut nehmen wir doch auch mit, oder?«

»Klingt gut. Ich besorge Zigarren, und die Rechnung für den Abend geht natürlich auf mich.« Ecker konnte seinen Stolz nur schwer verbergen. »Da wäre nur noch eine Kleinigkeit, ich bin ein bisschen knapp mit … ähm, Medizin …«

Amateur.

Silfverbielke streckte sich unter dem Bettlaken und unterdrückte ein Gähnen. »Ich glaube, ich kann das im Lauf des Tages arrangieren.«

»Können wir schon mal bei dir zu Hause vorglühen? Zu mir ist es ja jetzt ein bisschen weit.«

»Kein Problem. Wie wär's, wenn ihr so gegen neunzehn Uhr vorbeikommt? Ich muss vorher noch eine Kleinigkeit erledigen.«

»Wie bitte? Arbeitet Herr Silfverbielke etwa am schwedischen Nationalfeiertag?«

»Wie man's nimmt. Ich gehe nur mal kurz raus und säubere ein bisschen die Straßen von dem Gesindel.«

Ecker brach in schallendes Gelächter aus. »Verdammt noch mal, du bist echt verrückt, Chris. Aber ehrlich gesagt kann es nicht schaden, wenn jemand einen Teil von diesem Pack wegräumt.«

Genau.

Silfverbielke beendete das Gespräch, verschränkte die Hände hinter dem Kopf und starrte zur Decke empor.

Hans hatte die Dinge nicht mehr im Griff. Das konnte ein Problem werden. Nein, das würde es mit Sicherheit werden.

Nichts, womit ich nicht fertig werde.

Während ihrer gemeinsamen Studienzeit hatten sie vereint Rücken an Rücken zusammengestanden, wenn es brenzlig wurde. Aber in den letzten Jahren war Hans weich geworden und zu sehr in die Rolle des Stureplan-Yuppies abgeglitten. War ein bisschen zu fade und vorhersehbar geworden. Die Schnauze lief immer noch auf Hochtouren, aber es steckte nicht mehr so viel dahinter. Christopher schnaubte verächtlich, als er daran dachte, wie aufgewühlt Hans nach dem Vorfall in der Altstadt gewesen war.

Steh zu dem, was du getan hast. Wenn man einen versoffenen Penner getötet hat, muss man diese Tat mit Ehre und Stolz tragen und nicht wie eine flennende Tunte davonkriechen. Auf lange Sicht sollte man nicht mit Menschen verkehren, auf die man sich nicht verlassen konnte.

Das Handy piepte zweimal.

> *Du bist ein Schwein, aber ich komm ohne dich nicht klar. Heute Nacht?*

Christopher lächelte und schrieb:

> *Die Regeln haben sich nicht geändert.*

Veronica:

> *Was soll ich machen?*

Er überlegte einen Augenblick.

> *Kürzerer Rock als beim letzten Mal. Darunter nichts außer schwarzen halterlosen Nylons. Hohe Stiefel. Dünnes Oberteil.*

Eine Minute verstrich.

> *Du spinnst wohl! Was wird H dazu sagen? Hab ihm erzählt, ich übernachte bei einer Freundin.*

Die Antwort ließ nicht auf sich warten.

Du tust, was ich dir sage! Ich sag Bescheid, wann du kommen kannst.

Silfverbielke legte das Handy weg, stand auf und ging in die Dusche. Er hatte noch einiges zu erledigen. Heute war ja Säuberungstag.

Heute ist schwedischer Nationalfeiertag! Warum könnt ihr euch nicht ordentlich anziehen?

Auf das Tragen von hässlichen Trainingsanzügen hätte die Todesstrafe stehen müssen. Silfverbielke fuhr langsam am Kungsträdgården vorbei und betrachtete die Menschenmenge. Unter den schönen schwedischen Flaggen, die im Wind wehten, tummelten sich Schweden, die genauso fett waren wie Amerikaner. Sie stopften sich mit Chips, Eis, Würsten, Remouladensoße, Hamburgern, Süßigkeiten, Cola, Pizzaschnitten und was sie sonst noch an Müll finden konnten voll. Sie bekleckerten ihre ohnehin schon schmutzigen T-Shirts mit Fett und fütterten ihre Kinder sicherheitshalber mit dem gleichen Dreck, damit diese noch fetter wurden als ihre Eltern. Sie liefen mit halb offenen Mündern und leerem Blick herum.

Er hasste sie alle. Und sein Hass wurde immer größer.

Silfverbielke parkte den Wagen und ging zu Fuß zu der Bühne, auf der laut Plakaten an den Litfaßsäulen unter anderem die Nationalhymne gespielt werden sollte. Das ausgesprochen politisch korrekte Programm wies auch darauf hin, dass vier Reichstagsabgeordnete mit »multikulturellem Hintergrund« nacheinander über »Das neue Schweden« sprechen wollten. Silfverbielke stützte sich an einem Abfalleimer ab und überlegte einen Augenblick, ob er auf der Stelle kotzen sollte.

Bevor ich von zu Hause losgegangen bin, hätte ich mir eine Line reinziehen sollen, um das hier auszuhalten.

Er reihte sich in die Schlange vor einem Kiosk ein, um eine Flasche Mineralwasser zu kaufen. Hinter sich hörte er zwei Mädchen miteinander quasseln.

»Ja, so ungefähr. Und ich so, verpiss dich, du Missgeburt. Und er so, du Drecksnutte, und ich so, fick dich, ey!«

»Was für 'n Arsch!«

»Aber so was von, ey! Und dann ist sein Kumpel gekommen, ey, und der hat toll ausgesehen, war aber voll bescheuert. Bin trotzdem später mit ihm mitgegangen …«

Silfverbielke rückte den Krawattenknoten an seinem weißen Hemdkragen zurecht, schnippte ein Staubkorn von seinem schwarzen Jackett und spürte, wie ihm vor Wut ganz heiß wurde.

»Wie jetzt? Bist wohl nicht ganz dicht, ey? Bist mit ihm mitgegangen? Haste dich von ihm ficken lassen?«

»Mhm, war echt geil. Sogar besser als Henke, und du weißt, wie der im Bett ist.«

»Aber jetzt schrillt ja bei dir der voll krasse Nuttenalarm, ey!«

»Da scheiß ich doch drauf! Übrigens, hab ich dir schon erzählt, dass ich mir ein neues Tattoo machen lasse?«

»Echt? Saucool! Wo?«

»Diesmal auf der anderen Titte, 'n Drache oder so. Müsste mir eigentlich die Titten vergrößern lassen, hab aber nicht genug Kohle dafür. Voll ätzend, ey!«

Nein. Du solltest dir das Hirn vergrößern lassen, damit deine zwei Hirnzellen mehr Platz haben. Dir bringt das zwar nichts, aber sie haben dann sicher mehr Spaß.

Silfverbielke hatte genug und drehte sich zu den beiden um. Die Dunkelhaarige wog bestimmt fünfzehn Kilo zu viel und hatte offenbar keine Hemmungen, ihren weißen Bauch und den Bund eines Höschens zu zeigen, das früher mal weiß gewesen war.

Ich könnte schon wieder kotzen.

Die Blonde wog nur etwa zehn Kilo zu viel, hatte aber dafür einen rasierten Schädel, ein Zungenpiercing und einen Nasenring.

Soso, du willst wohl in deinem nächsten Leben ein Stier werden?

Christopher setzte sein freundlichstes Lächeln auf. »Verzeihung, könntet ihr bitte einen Meter zurücktreten?«

Die Dunkelhaarige hörte einen Augenblick auf, ihren Kaugummi zu kauen, als brächte sie es nicht fertig, gleichzeitig die Information zu verarbeiten und die Kiefer zu bewegen. Sie starrte ihn mit halb offenem Mund an, und er konnte den mit Speichel überzogenen Kaugummi auf ihrer Zunge sehen.

Die Blonde war, ihrer Reaktionszeit nach zu urteilen, mit einer vergleichsweise höheren Intelligenz gesegnet. »Was soll das jetzt, ey?«

Er lächelte immer noch. »Zum einen leide ich unter einer allgemeinen Ansteckungsphobie, zum anderen besteht hier dringende Gefahr, Läuse zu bekommen, sowohl geistig als auch körperlich.«

Die beiden Mädchen sahen sich an. Die Dunkelhaarige überlegte. »Was labert der für 'n Scheiß, ey?«

Die Blonde zuckte mit den Schultern. »Volle Missgeburt, ey.«

Silfverbielke neigte den Kopf zur Seite und musterte die Blonde. »Weißt du, was für eine Stellung man beim Sex einnehmen muss, um richtig hässliche, dumme Kinder zu kriegen?«

Sie machte den Mund weit auf und schüttelte den Kopf.

Christopher lächelte erneut. »Frag deine Mutter. Und jetzt verpisst euch, bevor ich euch beiden das Hirn zertrete!«

Die Dunkelhaarige blickte erschrocken drein. »Scheiße, lass uns abhauen, der Typ ist ja total abgefuckt im Kopf. Verpiss dich, scheiß Kinderficker!«

Sie wandten sich von ihm ab und gingen schnell weg.

Auf Wiedersehen, wenn ihr Pech habt, dachte Silfverbielke.

Er hatte ursprünglich im Kungsträdgården bleiben und den Auftritt ansehen wollen, doch das Programm machte das

Ganze auf einmal deutlich unattraktiver. Ihm schwirrte der Kopf und ihm wurde übel von dem, was er um sich herum sah. Er ging schnellen Schrittes zu seinem Wagen. *Ich hab wohl noch ein Erste-Hilfe-Kissen unter dem Sitz.*

Silfverbielke bog rechts in die Regeringsgatan ein und gleich links in das große Parkhaus. Dort fuhr er hoch in die zweithöchste Etage und parkte den Wagen weit hinten in einer dunklen Ecke. Er fummelte einen Augenblick unter dem Beifahrersitz herum, fand das Verbandskissen und entnahm ihm ein Plastiktütchen, ein Röhrchen und ein Stück Pappe. Nachdem er sich gründlich umgesehen hatte, reihte er eine Line auf und zog sie sich in die Nase. *Vielleicht sollte ich meinen Kokainkonsum ein wenig reduzieren. Aber für die heutige Aufgabe brauche ich ein bisschen extra Energiereserven.*

Christopher öffnete den Kofferraumdeckel und holte den schwarzen Overall und die Turnschuhe heraus. Der Plastikbeutel mit dem handgeschmiedeten Qualitätsmesser aus Finnland glänzte in der Dunkelheit. Das Messer hatte ordentlich im Beutel verpackt im Kofferraum von Eckers Mercedes-SUV gelegen, als sie von Deutschland nach Hause fuhren. Ihm war aufgefallen, dass Hans den robusten Holzgriff mit seinen Initialen H. E. hatte markieren lassen.

Gut zu haben. Er hatte das Messer bereits in Trelleborg unauffällig in seine Manteltasche gleiten lassen. Fünf Minuten später zog er sich nun im Schutz des Autos um. Den Anzug verstaute er ordentlich in einem Futteral im Kofferraum, ebenso die glänzenden schwarzen Schuhe. Er schnürte die Turnschuhe fest zu und zog den Reißverschluss des Overalls bis zum Hals hoch. Die dünnen Lederhandschuhe konnten noch warten.

Ihm war warm in dem Overall, aber als Reiniger musste man die passende Ausrüstung verwenden. Silfverbielke rollte aus dem Parkhaus und fuhr ziellos durch die Stadt mit ihren wehenden Fahnen.

Hector Gomez verstand immer noch nicht richtig, wie die Schweden tickten, obwohl er seit 1975 etwas außerhalb von Stockholm lebte. Sie waren griesgrämig, introvertiert und regten sich über jede Menge Kleinigkeiten auf. Gleichzeitig waren sie extrem konfliktscheu und sorgten sich darum, was andere über sie dachten.

Als Hector Anfang der 1980er-Jahre die schwedische Staatsbürgerschaft beantragt und bewilligt bekommen hatte, war es ihm wie eine Ironie vorgekommen, dass er einer Nation beigetreten war, mit der ihn keine Gemeinsamkeiten verbanden. Aber die Staatsbürgerschaft brachte Vorteile mit sich, und ein politischer Flüchtling aus Chile war als Schwede besser dran, nicht zuletzt, wenn er ins Ausland reisen wollte.

Zu den guten Seiten Schwedens gehörte das Jedermannsrecht, die Freiheit, sich in der Natur zu bewegen, ohne dass irgend so ein bescheuerter Gutsbesitzer mit dem Gewehr auf einen schoss. In seiner knapp bemessenen Freizeit – Hector betrieb einen Gemüsestand außerhalb der U-Bahn-Station Alby – fuhr er gewöhnlich in seinem rostigen kleinen Toyota hinaus auf die Insel Djurgården, seinem Lieblingsort in Stockholm, wo er stundenlang spazieren ging. Er genoss die frische Luft, die Lage am Wasser, das Rauschen der Blätter im Wind und das Zwitschern der Vögel.

Das war Balsam für die Seele.

Hector fuhr vom Essingeleden auf den Drottningholmsvägen Richtung Fridhemsplan. Er hatte grüne Welle und bog links in die St-Eriksgatan ab. Die Kreuzung mit der Fleminggatan erreichte er genau zum gleichen Zeitpunkt wie Silfverbielke, der gerade von links kam. Die Ampelanlage an dieser verkehrsreichen Kreuzung war ausgefallen und blinkte gelb, was für schlimmeres Chaos als gewöhnlich sorgte.

Was Hector Gomez über den Straßenverkehr in Schweden gelernt hatte, war ganz einfach. Zum einen gab es die Rechts-vor-links-Regel, die man bis aufs Äußerste ausreizen konnte. Zum anderen kam man schneller voran, wenn man mit ein bisschen südländischem Temperament fuhr. Die Schweden waren nämlich nicht nur konfliktscheu, sondern fuhren meist auch schöne Autos und hatten Angst vor Kollisionen.

Silfverbielke hatte gerade die Mitte der Kreuzung erreicht, als ein kleiner Mann mit dunklen Haaren und Schnurrbart in halsbrecherischem Tempo von rechts in einem kleinen, hässlichen und rostigen Toyota angerast kam und sich vor sein Auto drängte. Er musste fest auf die Bremse treten, und drückte gleichzeitig auf die Hupe. Der Fahrer des Toyotas fuhr ohne zu zögern vor ihm in die Fleminggatan, streckte die linke Hand zum Fenster hinaus und zeigte Silfverbielke den Stinkefinger.

Der war außer sich vor Wut und überlegte einen Augenblick lang, Vollgas zu geben und den Toyota von hinten zu rammen, beherrschte sich aber noch rechtzeitig.

Es gibt bessere Möglichkeiten.

Etwas weiter die Fleminggatan hinunter wechselte er in die linke Spur und zog mit dem Toyota gleichauf. Der Schwarzhaarige grinste ihn verächtlich an. Eine unerwünschte Importware, deren Rücksendung längst überfällig war.

Silfverbielke kochte vor Wut. Er drohte dem Mann mit der Faust und bekam als Antwort gleich wieder einen Stinkefinger, gefolgt von einer herausgestreckten Zunge.

Jetzt reicht es aber!

Kein Kanake durfte ihm ungestraft den Finger zeigen. Er drosselte das Tempo und wechselte ein paar Wagenlängen hinter dem Toyota zurück in die rechte Spur.

Hector Gomez lachte lauthals und drehte die Lautstärke der Stereoanlage auf. Fröhliche lateinamerikanische Musik strömte aus den Lautsprechern. Er pfiff dazu und trommelte im Takt mit den Fingern aufs Lenkrad. *Was für ein bescheuerter Schwede! Regt sich auf, nur weil ich die Rechts-vor-links-Regel genutzt und vor ihm über die Kreuzung gefahren bin. Musst halt ein bisschen flexibel sein, Amigo.*

Er fuhr über die Brücke zum Hauptbahnhof und dann über Sergels Torg, Kungsträdgården und Norrmalmstorg zum Strandvägen.

Christopher Silfverbielke folgte ihm mit gehörigem Abstand, achtete aber sorgfältig darauf, den Toyota nicht aus den Augen zu verlieren. Als dieser den Strandvägen erreichte, musste er mit Vollgas über eine rote Ampel, um nicht abgehängt zu werden.

Nach ein paar Minuten fuhren sie durchs Diplomatenviertel, vorbei an der US-amerikanischen Botschaft. Als auf der rechten Seite das Seehistorische Museum auftauchte, dachte er an den Morgen zurück, an dem er die schwarze Plastiktüte ins Wasser geworfen hatte.

Eine Aufräumarbeit erledigt.

Der Toyota hatte jetzt ein paar hundert Meter Vorsprung, und sobald Silfverbielke sah, dass der Mann die Abzweigung zum Kaknästurm passiert hatte, entspannte er sich. Weiter vorne sah es mit Fluchtwegen schlecht aus.

Lass uns das Spiel beginnen, Kanake.

Der Parkplatz vor dem Café am Biskopsudden war erstaunlich leer. Silfverbielke vermutete, dass die meisten Menschen den Nationalfeiertag lieber in der Stadt bei Flaggen und Musik verbrachten. Der Kanake war bereits aus seinem Toyota ausgestiegen und schlenderte jetzt auf einen Kiesweg zu, der in den Wald führte. Christopher streifte sich schnell die Handschuhe über, nahm die Messerscheide aus der Plastiktüte und ließ sie in die Tasche des Overalls gleiten. Er sprang aus dem Wagen, schloss ihn ab und lief auf leisen Gummisohlen in Richtung Waldrand.

Hector Gomez blieb stehen, schaute zu den Baumwipfeln empor, schloss die Augen und atmete die Sommerluft ein.

Eine Sekunde später spürte er einen gewaltigen Schmerz am Hinterkopf, taumelte vorwärts, stolperte und fiel auf den Kiesweg. Der Angriff kam so plötzlich und unerwartet, dass er nicht reagieren oder Widerstand leisten konnte. Er spürte etwas Warmes und Klebriges am Hinterkopf und stöhnte vor Schmerz. Zwei starke Hände packten ihn an den Kleidern und schleiften ihn über Steine und Zweige ins weiche Moos.

Gomez versuchte angestrengt, die Augen zu öffnen. Hoch über sich sah er die Baumwipfel wie in einem Nebel. Im diesigen Sonnenlicht wirkten sie unendlich schön.

»Porqué …?«, stöhnte er leise.

Aber der Mann, der ihn abwechselnd immer tiefer in den Wald schleifte und trug, antwortete nicht.

Silfverbielke schleppte den Mann bis zu einer unbedeutenden, größtenteils bewaldeten Anhöhe, wo sich eine kleine Höhle befand. Es knackte, als er den beinahe leblosen Körper auf den mit trockenen Zweigen bedeckten Boden fallen ließ. Der Mann landete auf dem Rücken, was Silfverbielke perfekt passte.

Er beugte sich über den Ausländer und hielt sein Gesicht nur einen halben Meter von dem des Mannes entfernt, sodass dieser ihn deutlich sehen konnte.

»Hör gut zu, Kanakenschwein. Bevor du mit dem Schnellzug nach Hause fährst, sollten wir etwas klarstellen. Du zeigst weder mir noch einem anderen Schweden im Straßenverkehr den Finger. Kapiert? Heute hast du das gleich zweimal getan. Das war eine schlechte Idee. Du kannst es dir nicht leisten, die Strafe dafür zu bezahlen, aber du wirst es trotzdem tun.«

Gomez' Gedanken überschlugen sich. Trotz seiner vielen Jahre in Schweden fiel es ihm immer noch schwer, einzelne Wörter zu verstehen, vor allem, wenn jemand schnell sprach oder wütend war.

Jetzt verstand er gar nichts. Er erkannte den Mann wieder – es war der Typ, der sich in der Fleminggatan aufgeregt hatte. Aber wieso war er ihm bis hierher gefolgt? Was meinte er mit seiner Bemerkung, Gomez werde nach Hause fahren? Schnellzug? Die Strafe nicht bezahlen?

Gomez spürte noch mehr warme, klebrige Flüssigkeit am Hinterkopf und wusste, dass er stark blutete. Er musste weg von hier und einen Arzt aufsuchen. Unter Aufbietung seiner letzten Kräfte versetzte er dem Angreifer einen gezielten Tritt zwischen die Beine und hörte ihn stöhnen.

Als Silfverbielke den Schmerz in seinen Hoden spürte, schäumte er über vor Wut. Das Kanakenschwein hatte es nicht nur gewagt, ihm den Stinkefinger zu zeigen, sondern ihm auch noch in die Eier getreten.

Zeit, den Kerl aus dem Weg zu räumen.

Er verpasste dem Kanaken eine rechte Gerade, worauf dessen Kopf gegen einen Stein im Moos knallte. Der Mann gab einen gurgelnden Laut von sich und blieb fast unbeweglich liegen. Silfverbielke holte schnell die Messerscheide aus der Tasche, zog das Messer und warf die Scheide ins Moos. Dann beugte er sich zu dem Mann hinab und ohrfeigte ihn, bis er die Augen öffnete.

»Glaubst du an Gott, Ka-na-ken-schwein?«, sagte er langsam und betonte jede Silbe.

Der Mann nickte verängstigt.

»Gut. Bete zu ihm, dass er dir die Pforte öffnet, denn deine Stunde hat geschlagen.«

»*No, no …*«, stöhnte Gomez, »*… por favor, señor, no!*«

Mit einem kräftigen Stoß rammte Silfverbielke dem Mann das Messer auf der einen Seite in den Hals und zog die Klinge unter dem Kinn auf die andere Seite. Als ein Blutstrahl aus der klaffenden Wunde spritzte, warf er sich zur Seite. Der Mann verdrehte die Augen, bis nur noch das Weiße zu sehen war, und gab einen schrecklichen Laut von sich, als sich in seinem Hals neue Luftwege öffneten.

Silfverbielke hob entschlossen das Messer, zielte direkt aufs Herz und stieß die Klinge bis zum Anschlag hinein. Er stand auf und warf einen verächtlichen Blick auf den Toten, dessen Kleider sich schnell rot färbten.

Silfverbielke drehte sich um und schlenderte in aller Ruhe davon.

Als er aus dem Wald ins Freie trat, sah er eine Frau, die zu ihrem Auto auf dem Parkplatz ging. Er zog sich schnell zwischen die Bäume zurück und wartete, bis sie weggefahren war. Dann rannte er zu seinem Wagen, holte den Anzug, die Schuhe und einen schwarzen Plastikbeutel aus dem Kofferraum, eilte zurück zum Wald und zog sich im Schutz der Bäume um.

Plötzlich hörte er in der Ferne Stimmen und zuckte zusammen.

Jetzt war Eile geboten.

Er verstaute den Overall, die Turnschuhe und die Handschuhe im Plastiksack, knotete ihn sorgfältig zusammen, warf ihn in den Kofferraum und sprang ins Auto.

Nachdem er quer durch die Stadt gefahren war, nahm er die E4 in nördlicher Richtung. In Sollentuna verließ er die Autobahn bei der Ausfahrt nach Norrviken und fuhr hinunter an den See.

Der kleine Strand war menschenleer.

Er trug den Plastiksack ein gutes Stück am Wasser entlang bis zu der Stelle, wo die Leute badeten oder paddelten. Unter den Bäumen fand er genügend schwere Steine, bohrte große Luftlöcher in den Sack und stopfte die Gewichte hinein. Danach schleuderte er ihn mit voller Kraft von einer kleinen Anhöhe aus in den See.

Der Sack plumpste zehn bis zwölf Meter vom Ufer ins Wasser und ging sofort unter. Alles, was von seiner Anwesenheit zeugte, waren ein paar Luftblasen.

Christopher sah sich um. Weit und breit kein Mensch.

Fröhlich pfeifend ging er zu seinem Wagen.

Er war richtig gut drauf.

Kapitel 46

Mittwoch, 6. Juni
Schwedens Nationalfeiertag

»Hallo, ich bin's, Jacob. Wie geht's?«

»Na, wenn das nicht der Junge aus Stockholm ist! Danke, gut, und dir?«

Jacob lächelte, als sein Vater ihn Junge nannte, obwohl er bald fünfzig wurde.

»Na ja, mal so, mal so, kann man sagen. Viel Arbeit und … tja, du weißt ja, wie das ist.«

Hans-Erik Jörgensen lachte. »Ja, ich weiß, wie das ist. Aber ich habe dir ja davon abgeraten, Polizist zu werden. Es ist schlimm, dass die Kinder nie auf ihre Eltern hören, obwohl die es besser wissen.«

»Ja, danke, ich weiß, wie das ist«, äffte Jacob den schonischen Akzent seines Vaters nach und brach selbst in Gelächter aus, »ich habe ja schließlich selbst Kinder.«

Vor seinem inneren Auge sah er ein Bild seines Vaters: groß und schlank, immer noch gut in Form. Blonde Haare, die sich offenbar weigerten, grau zu werden, strahlend blaue, intensive Augen. Ein gut aussehender Mann.

Hans-Erik Jörgensen hatte dänische Eltern, war aber in Malmö geboren und aufgewachsen. Bereits während seiner

Schulzeit lernte er Ingrid kennen, die ihr ganzes Leben lang an seiner Seite blieb, bis der Krebs sie vor ein paar Jahren dahinraffte. Er hatte sich bereits vor dem Abitur entschlossen, Polizist zu werden. Ein starkes Interesse an Rechtswissenschaft führte dazu, dass er neben der Polizeiarbeit ein paar Lehrveranstaltungen in diesem Fach belegte, allerdings überwiegend zum Spaß, wie er es selbst ausdrückte. Jetzt blickte er auf eine vierzigjährige Polizeilaufbahn zurück, die er als Kommissar beendet hatte. Im Nachhinein hatte er gemischte Gefühle und fragte sich oft, ob er nicht etwas anderes und Nützlicheres mit seinem Leben hätte anfangen sollen.

Vermutlich.

Soweit er es beurteilen konnte, war die Welt im Lauf seiner aktiven Berufsjahre nicht viel besser geworden. Andererseits, so sagte er sich oft, konnte man ja auch nicht wissen, wie sie sich entwickelt hätte, wenn er nicht Polizist geworden wäre.

Allerdings empfand er wie viele andere Polizisten eine gewisse Bitterkeit. Er und seine Kollegen hatten große Opfer gebracht, um der Gesellschaft zu dienen, *zu schützen, zu helfen und für Ordnung zu sorgen*, wie es in den Rekrutierungsbroschüren so schön hieß. Aber sie hatten nicht das Gefühl, dass sie die Unterstützung bekamen, die sie verdient hatten – weder von Politikern und Richtern, noch von gewöhnlichen Mitbürgern, die eigentlich dankbar hätten sein sollen, dass jemand die Drecksarbeit erledigte. Nein, der Polizeiberuf war nicht wirklich das gewesen, was er sich darunter vorgestellt hatte.

Dasselbe galt für den Rest seines Lebens. Als er in Pension ging, hatte er sich darauf gefreut, dass er und Ingrid noch viele gute Jahre vor sich hatten und endlich die Dinge tun konnten, die man eben nach Ausscheiden aus dem Erwerbsleben zu tun pflegt: Rosen züchten, lesen, reisen, Musik hören, lange Spaziergänge machen, mit den Enkelkindern spielen. Aber der Krebs hatte ihnen einen Strich durch die Rechnung gemacht, und nach einer langen Ehe fiel ihm die Aufgabe zu, aus dem, was vom Leben übrig war, noch etwas zu machen. Was nicht immer so leicht war.

»Was machst du so den ganzen Tag?«, fragte Jacob.

»Du, mir geht es so, wie mir mal ein alter Kollege sagte: Ich verstehe verdammt noch mal nicht, wie ich früher Zeit für die Arbeit hatte. Ich bin die ganze Zeit voll beschäftigt. Ich wasche die Wäsche, spüle das Geschirr und koche. Und hin und wieder muss ich Rechnungen bezahlen, zum Zahnarzt gehen und mich um den Garten kümmern. Außerdem muss ja auch noch ein bisschen Zeit fürs Angeln übrig bleiben.«

Er schwieg abrupt, und Jacob wusste, dass er zurückdachte. An die Tragödie.

An Niels.

»Und du siehst Stephen wohl öfter, nehme ich an?«

»Oh ja, das ist ein ganz feiner Junge.« Sein Vater klang glücklich. »Wir verstehen uns prächtig. Und er scheint sich in meiner alten Wohnung sehr wohlzufühlen. Aber er ist auch oft hier draußen.«

Jacob konnte förmlich sehen, wie sein Vater und Stephen lange Spaziergänge am Strand in Kämpinge machten, dem idyllischen Ort, den Hans-Erik so sehr liebte und den er nie mehr verlassen wollte.

Wie soll ich es ihm erklären? Wie erklärt man einem älteren Mann, dass der Enkel, den er liebt wie seinen eigenen Sohn, schwul ist?

»Er war übrigens letztes Wochenende hier und hat übernachtet. Er hat seinen Freund mitgebracht, diesen Joachim. Netter Junge …«

Jacob schwieg einen Augenblick. »Dann weißt du es also?«

»Dass er homosexuell ist, meinst du? Klar, das wusste ich schon eine ganze Weile. Du etwa nicht?«

Jacob spürte einen plötzlichen Anflug von Traurigkeit. Sollte nicht der eigene Vater der Erste sein, dem ein Sohn so etwas mitteilt? Wie kam es, dass der Großvater es zuerst erfahren hatte?

Er schüttelte das Gefühl ab und gab sich Mühe, gelassen zu klingen. »Doch, mir war das schon eine Zeit lang bekannt, ich dachte nur, du wusstest es nicht.« Jacob zögerte. »Und was sagst du dazu?«

»Da gibt es nicht viel zu sagen, Jacob«, gluckste der Vater. »Die Zeiten haben sich geändert, und die Leute sind, wie sie sind. Du weißt, dass ich den Jungen über alles liebe, und was mich betrifft, so soll er sein, was er will, und leben, wie er will, solange es ihm gut geht.«

Jacob seufzte erleichtert. Seit dem Tag, an dem Stephen zusammen mit Joachim zu Besuch gekommen war, hatte er überlegt, wie er dieses Thema angehen sollte. Aber er hatte Unbehagen verspürt und das Gespräch aufgeschoben. Es wäre natürlich leichter gewesen, den Vater anzurufen und ihm zu berichten, dass Stephen eine junge Frau kennengelernt, sich mit ihr verlobt hatte und Vater geworden war – tja, so ziemlich alles wäre leichter gewesen.

Sein Vater riss ihn aus seinen Gedanken. »Was ist übrigens mit dem Mord an dem Finanzmann? Die Zeitungen schreiben nicht mehr so viel darüber, aber wenn ich es richtig verstehe, ist er immer noch ungelöst.«

Jacob lächelte. Hans-Erik würde nie ganz aufhören können, und wenn er noch so oft behauptete, dass er sich nur noch fürs Angeln interessierte. Jacob wusste, dass sein Vater jeden bedeutenden Kriminalfall verfolgte, über den die Medien berichteten. Es kam nicht selten vor, dass er seinen Sohn anrief, Fragen stellte und nachdenklich brummte, wenn er eine Antwort erhielt.

Jacob hatte mehr als einmal Anlass dazu gehabt, Hans-Erik für dessen fortgesetztes Interesse dankbar zu sein. Es war schon vorgekommen, dass Jacob in einem Anflug von Hoffnungslosigkeit seinem Vater am Telefon von einem Fall und den bis dahin gefundenen Anhaltspunkten berichtet hatte. Ein paar Tage später hatte Hans-Erik zurückgerufen und war mit einer Hypothese gekommen, die wesentlich anders war als die, mit denen er und seine Kollegen zu diesem Zeitpunkt arbeiteten. Und manchmal hatte dies zu einem Durchbruch geführt.

Jacob fasste kurz den aktuellen Stand der Ermittlungen im Fall de Wahl zusammen. Sein Vater seufzte. »Das klingt verzwickt. Ich werde ein bisschen darüber nachdenken und schauen, ob mir etwas einfällt. Aber denk daran, Jacob, manchmal ist die Lösung viel einfacher, als man glaubt. Vielleicht liegt die Antwort vor deinen Augen. Vielleicht ist dir der Mörder schon begegnet.«

Sie redeten noch eine Weile über dies und jenes, vor allem natürlich über Angeln, Politik und Sport. Als Jacob auflegte, hatte er wie immer ein schlechtes Gewissen, weil er seinen Vater viel zu selten sah. Er blieb noch eine ganze Weile tief in Gedanken versunken vor dem Telefon stehen, während die Worte des Vaters in seinen Ohren nachhallten.

Manchmal ist die Lösung viel einfacher als man glaubt. Vielleicht ist dir der Mörder schon begegnet.

Kapitel 47

Mittwoch, 6. Juni
Schwedens Nationalfeiertag

Wie viele Punkte bekommt man dafür, dass man das Land von einem Kanakenschwein befreit hat, das von der Sozialhilfe lebt?

»Was trinkst du, Chris? Champagner wie immer?«

Eckers Stimme riss Silfverbielke aus seinen Gedanken.

»Das ist ausgezeichnet, danke.«

Die drei hatten sich zu Hause bei Silfverbielke versammelt und sich ein paar ausgezeichnete Davidoffzigarren und einige Drinks genehmigt, bevor sie ein Taxi ins East nahmen.

Der Nachtclub war voller hübscher Bräute, und Silfverbielke entging es nicht, wie Ecker sehnsüchtige Blicke um sich warf.

»Scheiße, dass ich Ehemann und zukünftiger Vater bin. Hier hätte ich gute Chancen.«

»Und was hindert dich daran?«, fragte Silfverbielke spöttisch. »Sagtest du nicht, deine Frau schläft heute Nacht woanders?«

Ecker fasste sich nachdenklich ans Kinn. »Da hast du recht, aber ich kann doch nicht einfach eine Braut mit zu mir nach Hause schleppen.«

»Dann nimmst du dir halt ein Hotelzimmer. Wenn sie morgen fragt, sag einfach, du hättest getrunken und konntest nicht heimfahren. Oder du fickst sie in Johannes' Wohnung, er hat dir ja einen Schlafplatz angeboten.«

Johannes lachte. »Sicher, ich habe gesagt, dass Hans bei mir übernachten darf, aber das heißt noch lange nicht, dass er meine Wohnung in ein Pornofilmstudio verwandeln kann. Prost übrigens. Auf Hans!«

»Auf Hans!« Silfverbielke hob das Champagnerglas, nickte den Freunden zu und nippte daran.

Nein, das geht nicht. Ich kann denen nicht von meinem kleinen Abenteuer erzählen. Für so etwas sind sie nicht hart genug. Aber das bedeutet auch, dass keiner von ihnen das Geld verdient hat. Kein Problem. Das wird sich lösen.

Johannes beugte sich zu Hans und Christopher vor.

»Jungs, es ist schon eine Weile her, dass wir Punkte in unserem Wettkampf gesammelt haben. Ich bekomme langsam richtig Bock auf ein bisschen mehr Unterhaltung. Hat einer von euch gute Ideen?«

Wie wäre es, wenn du selbst einen Vorschlag machen würdest, Johannes? Wie wäre es verdammt noch mal, wenn du nur ein einziges Mal in deinem Leben die Initiative ergreifen und zeigen würdest, dass du Eier in der Hose hast?

Christopher sah Hans an. »Du hast es gehört, Hans? Hast du ein paar gute Ideen auf Lager?«

Ecker fuhr sich mit der Hand übers Gesicht und sah plötzlich müde aus. »Äh, ich weiß nicht, Chris, du bist in solchen Dingen viel besser als ich. Schauen wir mal, was kommt …«

Ach, du auch nicht. »Schauen wir mal, was kommt.« Du klingst wie ein Gebrauchtwagenhändler. Amateur.

»Aber Chris«, quengelte Johannes, »irgendwas wird dir doch wohl einfallen.«

Ja, ich könnte zum Beispiel auf die Idee kommen, dir den Schädel einzuschlagen, wenn du nicht aufhörst zu quengeln.

Er sah Johannes nachsichtig an. »Keine Angst, ich find schon noch was, du wirst sehen. Schauen wir mal, was für Möglichkeiten sich auf unserem Trip nach Båstad ergeben.« Er stand auf. »Können die Herrschaften noch ein bisschen mehr Champagner organisieren? Ich muss mal eben auf die Toilette.«

Er schloss wie immer sorgfältig die Tür ab und zog das Handy aus der Tasche.

Wir können uns in drei Stunden bei mir sehen. Bist du bereit, einen Schritt weiter zu gehen als bisher?

Die Antwort kam binnen dreißig Sekunden.

Vielleicht ...

Kapitel 48

Freitag, 8. Juni

»Idiot!«

Colt reagierte blitzschnell und trat auf die Bremse, als ein junger Mann mit teurer Designersonnenbrille seinen Audi TT in einem Anflug von Todesverachtung in Jacobs Spur lenkte und den BMW nur haarscharf verfehlte.

»Na, na, du weißt doch, dass man sich im Straßenverkehr nicht aufregen soll. Das ist nicht gut fürs Herz.« Henrik Vadh sah Colt amüsiert an.

»Es ist auch nicht gut fürs Herz, von hinten angefahren zu werden«, knurrte Colt. »Wenn ich ein ramponierteres Auto fahren würde, hätte ich einfach Vollgas gegeben, dann wäre dem Yuppie da vorn das Grinsen vergangen.«

Auf Höhe der Anschlussstelle Järva Krog kam der Verkehr nur langsam voran. Henrik Vadh entspannte sich auf dem Beifahrersitz und blätterte zerstreut in der Zeitung *Dagens Nyheter* herum.

»Interessant und ziemlich tragisch …«, sagte Vadh. »Früher haben die Zeitungen seitenlang über einen Mord berichtet. Heute gibt es eine Kurzmeldung auf Seite acht, es sei denn, er ist ungewöhnlich brutal, oder es handelt sich um eine bekannte Persönlichkeit.«

Colt grinste. »Das ist wohl das berühmte Medienrauschen. In unserer modernen Informationsgesellschaft muss man sich ordentlich anstrengen, um aufzufallen. Wie viel steht über diese Djurgården-Sache drin?«

»Eine halbe Seite. Sie schreiben, dass der Mord ungewöhnlich brutal war, fast schon bestialisch.«

»Bestialisch? Ach so. Und du warst ja am Tatort, wie würdest du das Ganze beschreiben?«

Den Mann, der im Wald beim Biskopsudden niedergestochen worden war, hatte ein Hundebesitzer gegen halb acht Uhr am Donnerstagmorgen gefunden, als sein Schäferhund im Gebüsch verschwunden war und wie verrückt gebellt hatte.

Colt war den ganzen Vormittag mit Besprechungen beschäftigt gewesen und hatte Henrik Vadh gebeten, zusammen mit Magnus Ekholm und Janne Månsson zum Tatort zu fahren. Henrik hatte Jacob darüber informiert, dass Månsson immer noch nicht zur Arbeit erschienen war. Also hatten er und Ekholm sich zu zweit auf den Weg gemacht.

»Es sah ziemlich schlimm aus, aber bestialisch ist wohl ein bisschen übertrieben«, sagte Henrik Vadh ruhig. »Das Opfer war ein gutes Stück weit in den Wald geschleift worden. Anscheinend hat er einen oder mehrere kräftige Schläge ins Gesicht bekommen. Danach hat der Mörder ihm die Kehle durchschnitten und ihm zum Schluss die Klinge ins Herz gerammt. Das Messer steckte noch bis zum Anschlag in der Brust.«

»Auch eine Art, den Nationalfeiertag zu begehen«, murmelte Colt, während er in eine weniger befahrene Spur wechselte und mit schnellerem Tempo Richtung Norrtull fuhr.

Vadh nickte. »Wie ich schon sagte, die Zeiten haben sich geändert. Übrigens, haben wir heute eine Besprechung wegen der Djurgården-Sache?«

»Um zehn Uhr«, erwiderte Colt. »Gestern habe ich erfahren, dass Dahlman die Ermittlungen leitet, also müssen wir uns zumindest nicht mit Fräulein Kulin herumschlagen.«

»Vielleicht gibt es doch einen Gott«, murmelte Vadh.

Jacob checkte schnell seine Mails. Eine Anzahl interner Mitteilungen. Eine Umarmung und ein Smiley von Melissa. Eine nette Mail von Angela van der Wijk, in der sie fragte, wie es mit den Ermittlungen im Mordfall de Wahl voranging, und ob es irgendeine Möglichkeit gab, sich in absehbarer Zeit zu sehen.

Er lächelte. *Leider nicht, Hübsche. Ich werde wohl hier hocken, bis ich festwachse, es sei denn, man schickt mich zu irgendeiner Konferenz.*

Jacob sammelte die Unterlagen zum Djurgården-Mord zusammen und machte sich auf den Weg zum Besprechungsraum. Unterwegs stieß er am Kaffeeautomaten mit Henrik Vadh zusammen.

»Wie wär's mit einem Latte?«, fragte Jacob und ging mit vollen Händen und nach oben gereckter Nase an Vadh vorbei, um zu demonstrieren, wer den Diener spielen sollte.

»Nein, danke.« Die Antwort kam blitzschnell, gefolgt von einem spitzbübischen aber freundschaftlichen Grinsen. Dann wandte Vadh sich wieder zum Automaten um und holte für beide Kaffee.

Magnus Ekholm, Christer Ehn, Johan Kalding und Staatsanwalt Peter Dahlman saßen bereits um den Tisch versammelt.

Colt begrüßte Dahlman mit Handschlag, setzte sich und breitete seine Unterlagen vor sich aus.

»Na dann, meine Herren …«, sagte Dahlman. »Wer möchte anfangen?«

Henrik Vadh trank einen Schluck Kaffee. »Gestern Morgen fand ein Hundebesitzer eine Leiche auf Djurgården, nicht weit von Biskopsudden. Dem Opfer wurde die Kehle durchgeschnitten, und außerdem steckte ihm ein Messer im Herz. Der Mann wurde später als Hector Gomez identifiziert, geboren 1962 in Santiago in Chile, wohnhaft in Schweden seit 1975 und schwedischer Staatsbürger seit 1982. Gomez war in

Alby gemeldet und betrieb dort offenbar einen Gemüsestand an einem Marktplatz.«

»Hatte er Familie?«, fragte Dahlman und sah Vadh an.

»Einen jüngeren Bruder, der genauso lange in Schweden ist wie Hector. Wir haben ihn bereits gestern vernommen«, warf Magnus Ekholm dazwischen, »und zur Tatzeit war er zusammen mit Verwandten mit den Vorbereitungen zu einem Fest beschäftigt, das am Abend stattfinden sollte.«

Dahlman hob die Hand. »Etwas langsamer, bitte, damit ich die Dinge in der richtigen Reihenfolge einordnen kann. Sie erwähnten die Tatzeit. Ist die Obduktion schon abgeschlossen?«

Ekholm nickte. »Herr Bodnár ist ein effektiver Mensch. Sein vollständiges Gutachten liegt uns natürlich noch nicht vor, und er hat noch keine Rückmeldung vom Labor erhalten, aber trotzdem sieht das Ganze ziemlich sonnenklar aus. Gomez starb an den Schnittverletzungen am Hals und der Stichverletzung ins Herz. Außerdem erlitt er Verletzungen durch Schläge gegen den Kiefer und äußere Gewalteinwirkung, vermutlich mit einem stumpfen Gegenstand.«

»Und was meint man zum Todeszeitpunkt?«

»Irgendwann zwischen vierzehn und achtzehn Uhr am Mittwoch.«

»Okay.« Dahlman machte sich eine Notiz auf seinem Block. »Was sagen die Kriminaltechniker?« Er wandte sich Ehn und Kalding zu.

»Allem Anschein nach wurde der Mann von hinten überfallen, und zwar auf einem Kiesweg, der von Biskopsudden dorthinführt«, sagte Christer Ehn. »Die Spuren deuten darauf hin, dass der Täter anschließend das Opfer durchs Gebüsch zu der Stelle geschleift hat, wo er es dann ermordete.«

Dahlman nickte. »Lässt sich bestimmen, ob der Mann bei Bewusstsein war, als er fortgeschleift wurde?«

»Wie definieren Sie bei Bewusstsein?«, erwiderte Ehn mit einem schiefen Lächeln. »Wenn Sie meinen, ob es Anzeichen gibt, dass er sich gewehrt hat, so lautet die Antwort nein.

Aber andererseits muss man sich schon sehr winden und mit Händen und Füßen um sich schlagen, um in der Natur Spuren zu hinterlassen, die noch am nächsten Tag sichtbar sind. Wir können jedenfalls mit Sicherheit sagen, dass der Mann an der Stelle, wo er lag, umgebracht wurde. Die Menge Blut um die Leiche herum deutet darauf hin. Wir glauben auch, dass das Blut beim Durchschneiden der Kehle so kräftig gespritzt hat, dass der Mörder welches an sich haben kann.«

Dahlman notierte etwas. »Okay. Sonst noch was? Fingerabdrücke, Haare?«

»Noch besser.« Christer Ehn wandte sich mit ernster Miene Jacob Colt zu. »Wir haben von dem Messer, das in der Brust des Opfers steckte, DNA-Material gesichert und es durch unsere Datenbanken laufen lassen. Dabei stellte sich heraus, dass die DNA identisch ist mit der von der Mütze im Fall de Wahl, der von dem Mord an der Prostituierten in Berlin und der von dem Vorfall in der Altstadt.«

»Was zum Teufel?« Colt hätte beinahe die Kaffeetasse vor sich umgestoßen. »Du willst mich doch nicht etwa verarschen, Christer?«

Ehn schüttelte den Kopf. »Leider nicht, Jacob, das ist todsicher. Außerdem haben wir uns das Messer näher angesehen. Es scheint von Hand gemacht zu sein, aus finnischem Stahl von überaus hoher Qualität. Die Sorte von Messer, die man zum Beispiel in Touristenläden in Helsinki kaufen kann. Im Griff waren zwei Initialen eingraviert – H. E.«

Vadh starrte geistesabwesend zum Fenster hinaus. Jacob Colt stand auf, ging im Zimmer auf und ab und versuchte, die Gedanken zu ordnen, die ihm durch den Kopf schossen.

»Ich glaube, Sie müssen mich über die anderen Fälle briefen«, sagte Peter Dahlman.

Henrik Vadh fasste kurz zusammen, was die Ermittlungen zu den Mordfällen am Strandvägen, in Berlin und in der Stockholmer Altstadt ergeben hatten. Dahlman hörte aufmerksam zu und runzelte die Stirn.

»Wer leitet die Ermittlungen in diesen Fällen?«

»Anna Kulin«, erwiderte Colt ruhig.

»Dann muss ich hier leider abbrechen. Ich muss den Fall an Anna übergeben, damit wir ein Gesamtbild erhalten können. Das Ganze sieht mir nach einer komplizierten Angelegenheit aus, und da ist es am besten, wenn sämtliche Fälle unter einer Leitung zusammengefasst werden.«

Jacob saß in seinen Stuhl zurückgelehnt und dachte nach. Er war zunehmend frustriert. Soeben hatte er seine Unterlagen konsultiert, in denen er eine Mind-Map zu allem, was seit dem Mord an de Wahl geschehen war, zusammengestellt hatte. Pfeile, Striche und Kreise bildeten ein Wirrwarr, das ihn nicht schlauer machte. Er dachte an die Worte seines Vaters, deren Bedeutung Irritation in ihm auslöste. Er war sich zunehmend sicher, dass es so war, wie Hans-Erik gesagt hatte: Vielleicht lag die Lösung zum Greifen nahe, ohne dass er sie sah.

Henrik Vadh klopfte leise an den Türpfosten, betrat Jacobs Büro und nahm auf dem Besuchersessel Platz.

»Total krank, oder?« Jacob sah Henrik an.

Vadh nickte. »Ja. Ich habe mir die Sache während einiger schlafloser Nächte durch den Kopf gehen lassen, aber wie ich es auch drehe und wende, ich komme einfach nicht weiter. Es gibt keine logische Verbindung zwischen den unterschiedlichen Motiven in jedem Einzelfall. Wer um alles in der Welt könnte ein Interesse daran haben, einen schwedischen Finanzmann, eine Prostituierte in Berlin, einen Alkoholiker in der Stockholmer Altstadt und einen Migranten aus Alby zu töten?«

»Der Lasermann«, sagte Jacob.

»Wie bitte?«

»Der Lasermann. Da hatten die Opfer zwar ihren Migrantenstatus gemeinsam, aber es gab auch eine Art durchgängiges Motiv in dem Sinne, dass der Täter ein Bedürfnis hatte, aufzuräumen. Vielleicht denken wir falsch, Henrik. Wir haben nach einzigartigen Motiven für jeden Mord gesucht.

Stell dir vor, wir haben es mit einem Verrückten zu tun, der einfach nur das Gefühl hat, er müsse den menschlichen Abfall beseitigen. Vielleicht hört er Stimmen. Vielleicht handelt er auf göttliche Anweisung.«

Vadh saß einen Augenblick still und dachte über Jacobs Worte nach. »Du meinst ungefähr so wie in dem Film *Sieben,* wo dieser Typ mit den Unreinen aufräumt. De Wahl war immerhin ein dickfelliger Finanzmann, der bestimmt andere Menschen in die Enge getrieben hat und während seiner Internatszeit ein richtiges Schwein war. Außerdem war er Sadist und homosexuell. Die junge Frau in Berlin war unrein, weil sie eine Hure war. Der Alkoholiker musste weggeräumt werden, weil er überflüssig war und der Gesellschaft zur Last fiel. Aber was hatte dieser arme Kerl aus Chile getan?«

»Er hatte einen Migrationshintergrund, vielleicht genügte das. Manche Leute gehen davon aus, dass alle Migranten berechnende Sozialhilfeempfänger sind, die das System bis zum Äußersten ausnützen und sich totlachen über alle, die arbeiten.«

»Mhm, lass uns diese Hypothese weiterverfolgen. Sollen wir das beim Grillen am Wochenende machen?«

»Keine schlechte Idee. Es gibt zwar auf der ganzen Welt nicht genug Kisten Wein, um den Fall an einem Abend zu knacken, aber es ist immerhin ein guter Anfang.«

»Ja.« Vadh nickte. »Aber da wäre noch ein anderes Problem, um das wir uns ebenfalls kümmern müssen.«

Jacob sah seinen Kollegen fragend an.

»Janne Månsson.«

»Ja?«

»Er ist am Montag und am Dienstag nicht zur Arbeit gekommen. Am Mittwoch hatte er frei, aber gestern war er auch nicht da.«

Colt zuckte mit den Schultern. »Vielleicht ist er krank?«

»In diesem Fall ruft man an und schickt eine Krankmeldung. Das hat er nicht getan. Ich habe versucht, ihn zu Hause auf dem Festnetz und auf seinem Handy zu erreichen, aber niemand ging dran.«

»Du meinst, wir sollten zu ihm nach Hause fahren?« Jacob blickte besorgt drein.

Vadh nickte. »Nach dem Anschiss, den du ihm bei der letzten Besprechung verpasst hast, wirkte er auf mich komischer als je zuvor. Wir sollten sicherheitshalber nachsehen. Es ist ja wohl ziemlich offensichtlich, dass es dem Burschen nicht gut geht.«

»Okay, wir machen uns sofort auf den Weg. Wo wohnt er?«

»Er hat eine Zweizimmerwohnung in einem Mietshaus im Zentrum von Farsta. Ich habe bereits den Hausmeister angerufen und mir den Türcode geben lassen.«

Jacob verzog das Gesicht, stand auf und schob den Stuhl unter den Schreibtisch. »Let's go.«

Unter den Namen im vierten Stock befand sich ein handgeschriebener Zettel mit der Aufschrift »Månsson«. Jacob drückte auf den Knopf für die Wechselsprechanlage und wartete. Er drückte noch einmal und nickte Henrik zu. Vadh gab den Code ein, und sie fuhren mit dem Aufzug in den vierten Stock. Jacob klingelte an der Wohnungstür.

Niemand machte auf.

Henrik bückte sich zum Briefkastenschlitz, klappte ihn auf, sah einen Lichtstreifen und spürte einen schwachen Luftzug. Er hielt ein Ohr an den Schlitz und lauschte sorgfältig.

Stille.

Vadh sah seinen Kollegen an. »Was machen wir?«

»Uns bleibt wohl nichts anderes übrig, als sicherheitshalber hineinzugehen. Hast du den Hausmeister gefragt, ob er uns mit dem Generalschlüssel aufsperrt?«

»Mhm, er hat gesagt, das sei zwecklos. Heutzutage wechseln alle ihre Schlösser aus und haben außerdem zusätzliche Riegelschlösser, daher ist das mit dem Generalschlüssel meistens ein Witz. Wir müssen den Schlüsseldienst kommen lassen.«

»Okay, dann machen wir solange Kaffeepause, während wir warten.« Jacob zog das Handy aus der Tasche.

Sie setzten sich in ein Café im Haus nebenan und tauschten weitere Gedanken und Meinungen zu den frustrierenden Mordfällen aus.

Der Schlüsseldienstmitarbeiter stellte schnell fest, dass die Tür unverriegelt war, und brauchte weniger als eine Minute, um das Zylinderschloss zu öffnen. Er öffnete die Tür, trat einen Schritt zur Seite und warf einen neugierigen Blick in die Wohnung. »Darf man fragen, was passiert ist? Vielleicht brauchen Sie da drinnen weitere Hilfe?«

Colt schüttelte den Kopf. »Es ist gar nichts passiert, wir wollen uns nur ein wenig umsehen.« Er unterschrieb das Formular, das ihm der Mann hinhielt. »Vielen Dank. Schicken Sie uns die Rechnung, wie immer.«

Der Schlüsseldienstmitarbeiter blickte enttäuscht drein, packte seine Sachen zusammen und verschwand mit dem Aufzug nach unten.

Vadh machte eine einladende Handbewegung. »Nach dir.«

Jacob trat in den kleinen Flur, hielt inne und lauschte. »Janne? Ich bin's, Jacob Colt. Bist du da?«

Stille.

Noch einmal. »Janne? Bist du da?«

Keine Antwort.

Der Flur führte unmittelbar in ein äußerst spartanisch eingerichtetes Wohnzimmer. Zur Linken befand sich eine Türöffnung, die anscheinend in eine Küche führte. Weiter hinten war eine weitere Türöffnung. Ohne dass er genau wusste, warum, spürte Jacob, wie sein sechster Sinn dringende Alarmsignale aussandte. Er zog seine Dienstwaffe aus dem Holster unter der Jacke und entsicherte sie. Henrik Vadh folgte seinem Beispiel.

Jacob ging vorsichtig an der Wand entlang, die zur Küche hin lag, bis er die Türöffnung erreichte und einen Blick hineinwerfen konnte.

Leer. Weiter hinten am Fenster standen ein kleiner Tisch und zwei Sprossenstühle. Ansonsten gab es nichts, was darauf hindeutete, dass überhaupt jemand hier wohnte.

»Jacob, schau mal hier.«

Henrik war an Jacob vorbei zur Schlafzimmertür gegangen, die Pistole schussbereit. Als Jacob das Zimmer betrat, stand sein Kollege vor dem Nachtkästchen und hielt einen Stapel Zeitungen hoch.

»Nazipornografie.«

»Was?«

»Mitgliedszeitungen und Propagandamaterial. Schwedendemokraten, Nationalsozialistische Front, die ganze Palette.«

»Herrgott noch mal!«

Vadh nickte. »Das mit seiner Frau und seinem Kollegen hat Janne wohl schlimmer zugesetzt, als wir dachten.«

»Sieht ganz so aus. Aber wo zum Teufel steckt der Bursche?«

»Auf jeden Fall nicht hier. Was machen wir?«

»Wir müssen zurück ins Präsidium und weiter nach ihm suchen. Weißt du, ob er irgendwelche Angehörigen in Örebro hat?«

»Einen Bruder, glaube ich. Die Eltern sind wohl schon tot.«

»Okay, setz dich mit dem Bruder in Verbindung und frage ihn, ob er was weiß. Ansonsten müssen wir Janne ganz einfach durchleuchten. Aber sag Niklas, er soll zuerst bei den Krankenhäusern nachfragen.«

Vadh nickte und legte die Zeitungen weg. Sie gingen langsam in den Flur zurück und wollten gerade zur Tür hinaus, als sie ein schwaches Geräusch hörten, das ihnen vorher nicht aufgefallen war. Jacob hielt inne, legte den Zeigefinger auf die Lippen und lauschte.

Da tropfte etwas.

Im Flur befand sich eine braune Holztür, deren Schloss darauf hindeutete, dass sie zu einem Bad oder einer Toilette führte. Jacob öffnete sie, stellte verwundert fest, dass das Licht brannte, und ging hinein.

»Pfui Teufel!« Er musterte die Szene einen Augenblick lang, machte auf dem Absatz kehrt und ging in die Küche, wo er den Wasserhahn aufdrehte.

Henrik Vadh bereitete sich auf das Schlimmste vor und betrat das Bad.

Janne Månsson lag nackt in der Wanne, teilweise in seinem eigenen Blut. Ein Teil seines Kopfes fehlte, und das, was weggeschossen war, klebte entweder an den Kacheln oder war in die Wanne gelaufen, wo es sich mit dem Blut vermischt hatte. Månssons rechter Arm hing schlaff über seinen Bauch, und gleich darunter, noch über dem Geschlechtsteil, lag seine Dienstwaffe.

Henrik Vadh hatte im Lauf seiner Polizeikarriere schon schlimmere Dinge gesehen, aber das hier war trotzdem zu viel.

Er ging schnell in die Küche, wo Jacob mit einem Glas Wasser in der Hand am Fenster stand, und suchte ein Glas für sich selbst.

Eine Viertelstunde später saßen sie auf den Sprossenstühlen am Küchentisch. Jacob hatte bei der Kriminalpolizei angerufen, und Techniker und Ermittler waren unterwegs. Die Abteilung für interne Ermittlungen war ebenfalls informiert. Sie hatten vier Fenster geöffnet, um frische Luft hereinzulassen, wussten aber beide, dass sie heute auf das Mittagessen verzichten würden.

»Wieso hat er das nur getan, verdammt noch mal?«, murmelte Colt und starrte auf den Tisch.

»Anscheinend hat er es nicht mehr mit sich selbst ausgehalten«, erwiderte Henrik.

Sie saßen eine ganze Weile schweigend da, bis Henrik sagte: »Jetzt fällt es mir wieder ein, ich habe da drinnen beim Waschbecken etwas gesehen …«

»Was?«

»Einen Zettel. Soll ich ihn holen?«

Colt schüttelte den Kopf. »Bleib sitzen, ich gehe schon.«

Er trat hinaus in den Flur, holte tief Atem, nahm seinen Mut zusammen und ging ins Bad. Dabei vermied er es bewusst, Månsson anzuschauen.

Auf dem Waschbecken links lag, wie Henrik Vadh richtig gesagt hatte, ein liniertes Blatt Papier, das jemand aus einem Spiralblock gerissen hatte. Jacob nahm es an sich und ging zurück in die Küche. Dort las er den Text einmal durch, bevor er ihn Vadh laut vorlas.

Ich kann nicht mehr. Dieses Land geht den Bach runter, und daran sind diese verdammten Kanaken schuld. Ihr könnt dieses Dreckspack ohne mich verteidigen, aber denkt daran, dass es bessere und stärkere Kräfte gibt, die dafür sorgen werden, dass Schweden wieder schwedisch wird. Ich hoffe, meine Frau, diese Hure, die sich von einem Türken ficken lässt, ist jetzt zufrieden.

Henrik sah Jacob müde an. »Sonst noch etwas?«

»Nein.«

»Armer Teufel.«

Sie verfielen wieder in Schweigen. Jacob verspürte Übelkeit, Verwirrung und Schuldgefühle. Hätte er mehr für Janne Månsson tun können? Hätte er die Warnsignale eher erkennen müssen?

»Habe ich etwas falsch gemacht, Henrik? Hätte ich versuchen sollen, Janne zu einer Therapie zu bewegen? Ich habe ihn ja nur beschimpft …«

Vadh schüttelte den Kopf. »Mach dir keine Vorwürfe, Jacob. Månsson war längst über das Therapiestadium hinaus, er war ja eine tickende Zeitbombe voller Hass. Das hier ist schrecklich, aber es hätte so oder so schlimm geendet. Wir hätten ihn nicht bei uns behalten können, wenn er so weitergemacht hätte.«

Ein leises Klopfen an der Wohnungstür unterbrach sie. Die Kollegen Brink und Nidemar kamen herein. Nidemar nickte Jacob kurz zu.

»Hallo. Die Kriminaltechniker sind uns dicht auf den Fersen, sie müssten bald hier sein. Was haben wir hier?«

Jacob deutete mit dem Daumen in Richtung Bad. »Der Kollege Månsson. Es ist davon auszugehen, dass er Selbstmord begangen hat. Da drinnen sieht es ziemlich übel aus.«

»Pfui Teufel.« Brink verzog das Gesicht.

Jacob nickte. »Ich hoffe, ihr kommt ohne uns klar, wir müssen nämlich weg. Ruft uns an, wenn irgendwas ist.«

Nidemar klopfte ihm auf die Schulter. »Keine Sorge, fahrt nur.«

Die Rückfahrt zum Polizeipräsidium verlief schweigend.

Jacob hatte nicht einmal Lust, sich die Dire Straits anzuhören, und Grillen war das Letzte, an das er im Augenblick denken wollte.

Kapitel 49

Freitag, 8. Juni

Mariana Granath musste nicht ihren Terminkalender konsultieren, um zu wissen, wer heute ihr letzter Patient war. Sie hatte die Sitzung mit Christopher Silfverbielke absichtlich auf sechzehn Uhr anberaumt, weil sie guten Grund zu der Annahme hatte, dass sie nach dem Gespräch ausgelaugt sein würde. Sie seufzte, lächelte dann aber, denn sie freute sich auf den Abend und das Date mit dem Mann, den sie neulich kennengelernt hatte.

Es klopfte. Sie zog den Rock ein wenig herunter, ging zur Tür und machte auf.

Christopher sah besser aus denn je, stellte sie fest. Er hatte eine attraktive Sonnenbräune und trug hellbraune Segelschuhe, Jeans, ein weißes Hemd und ein diskretes Leinensakko.

»Kommen Sie rein.« Mariana lächelte und bedeutete ihm mit einer Handbewegung, einzutreten und Platz zu nehmen.

»So, Christopher, wie ist es Ihnen ergangen, seit wir uns das letzte Mal gesehen haben?«

»Blendend, danke. Und selbst?«

Sie fuhr fort, ohne auf die Frage einzugehen. »Haben Sie etwas Schönes gemacht?«

»Mhm, einen Migranten umgebracht.«

Mariana sah ihn ernst an. »Wieso sagen Sie so oft, dass Sie Menschen getötet haben? Ist das so eine Art Fantasie, die Sie immer wieder beschäftigt?«

Sie kritzelte ein paar Notizen auf den Block, der vor ihr lag. *Wiederholte aggressive Gedanken, Aggressionen ausleben. Gewalt, Tod.*

Mariana überlegte schnell. Konnte dem, was er sagte, überhaupt ein Körnchen Wahrheit zugrunde liegen? War es glaubwürdig, dass ein zivilisierter und hochintelligenter Geschäftsmann aus der Stockholmer City in seiner Freizeit Morde beging? Lächerlich. Sie schob den Gedanken beiseite.

»Überhaupt nicht. Meine Fantasien drehen sich um ganz andere Dinge.«

Mariana legte den Kopf ein wenig schief. »Aha. Worum zum Beispiel?«

»Um Sie.«

Jetzt starrt er mich schon wieder so an.

Christopher spürte, wie sie zögerte, und musste innerlich grinsen. Sie hatte keine Chance.

»Christopher, wir haben darüber bereits gesprochen. Ich bin Ihre Ärztin und nicht Ihre …«

»Fühlen Sie sich zu mir hingezogen, Mariana? Als meine Ärztin müssen Sie mir doch wohl die Wahrheit sagen.«

»Ich betrachte Sie als einen Patienten und …«

»Ich habe Sie nicht gefragt, als was Sie mich betrachten. Ich habe gefragt, ob Sie sich zu mir hingezogen fühlen.«

Mariana zögerte. Sie wollte ihn nicht provozieren, musste aber gleichzeitig versuchen, das Gespräch wieder in die richtige Bahn zu lenken.

»Christopher, selbst wenn es so wäre, wäre es nicht richtig, wenn ich als Ihre Ärztin mit Ihnen darüber diskutiere.«

Er blickte einen Moment enttäuscht drein. Dann sagte er plötzlich: »Wie ging es Ihnen selbst seit unserem letzten Termin? Haben Sie etwas Schönes erlebt?«

»Christopher, ich möchte nicht mit Ihnen über mein Privatleben sprechen. Der Sinn und Zweck unserer Gespräche besteht darin, dass Sie als mein Patient …«

»Jetzt nicht mehr.«

Mariana hielt verwundert inne. »Jetzt verstehe ich Sie nicht richtig.«

Christopher Silfverbielke setzte sein charmantestes Lächeln auf und musterte sie schweigend von Kopf bis Fuß. Dabei fiel ihm auf, dass ihr Blick ein wenig umherschweifte.

Wie immer bin ich derjenige, der die Kontrolle ausübt.

»Mariana, würden Sie bitte so nett sein und mir einen Gefallen tun?«

»Was denn?«

»Ich möchte, dass Sie aufstehen und sich mit dem Gesicht zu mir vor den Schreibtisch stellen.«

»Wieso soll ich das tun?«

»Könnten Sie bitte einfach nur tun, was ich Ihnen sage?«

Sie zuckte mit den Schultern. Wenn er wirklich die teure Therapiesitzung mit seltsamen Spielchen verschwenden wollte, konnte sie dies dazu nutzen, mehr Erfahrung für sich selbst zu sammeln. Also stand sie auf, ging um den Schreibtisch herum, stellte sich davor und stützte sich mit den Händen auf der Tischplatte ab. Dabei sah sie ihn herausfordernd und ein bisschen ungeduldig an.

Silfverbielke saß vollkommen still auf dem Besuchersessel, den Daumen am Kinn und den Zeigefinger gekrümmt an der Oberlippe.

Er lächelte leicht und musterte sie erneut von Kopf bis Fuß. »Danke. Jetzt möchte ich Sie nur noch um eine Sache bitten.«

»Christopher …« Sie merkte, dass sie schwerer atmete und dass es ihr nicht leichtfiel, Worte hervorzubringen. *Wer war er eigentlich? Der Teufel persönlich?* Wie schaffte er es nur, auf diese Weise die Kontrolle über andere Menschen zu gewinnen? Oder machte er das nur bei ihr? Sie war ja verdammt noch mal dafür ausgebildet, Menschen wie ihn zu betreuen und zu kontrollieren.

»Mariana, ich möchte jetzt, dass Sie sich umdrehen und in meinen Unterlagen notieren, dass das hier unsere letzte Sitzung war und meine Behandlung abgeschlossen ist. Schreiben Sie einfach, der Patient beendet die Therapie auf eigenen Wunsch.«

»Aber … aber wieso?«

Wieder dieses Lächeln. »Könnten Sie bitte einfach tun, was ich Ihnen sage, liebe Mariana?«

Sie nickte stumm. Plötzlich waren ihre Sinne aufs Äußerste angespannt und sämtliche Alarmglocken schrillten. Sie bekam einen trockenen Hals. Sie brauchte dringend ein Glas Wasser. Und frische Luft. Sie musste raus.

Während sich Unbehagen in ihr breitmachte, dachte sie, dass es eigentlich gar nicht so schlecht war. Je schneller er aus ihrem Leben verschwand, desto besser. Plötzlich klangen seine früheren Worte in ihren Ohren: *»… Kokain genommen, eine Prostituierte umgebracht, einen Deutschen überfahren und einen hässlichen Kerl aus Schonen verprügelt … einen Migranten umgebracht …«*

Was, wenn das trotz allem stimmte? Wenn sie tatsächlich gerade einem psychotischen Massenmörder den Rücken zugewandt hatte – vielleicht, nachdem sie ihn mehr provoziert hatte, als ihr bewusst war? Ein Psychopath konnte vollkommen unberechenbar sein, und der für einen solchen Menschen typische völlige Mangel an Empathie machte die Sache nicht besser.

Wie in Trance machte sie langsam auf dem Absatz kehrt, ging um den Schreibtisch herum und setzte sich. Ihr Blick war verschwommen, als sie nach den gewünschten Unterlagen suchte. Schließlich fand sie das richtige Blatt Papier, zog es an sich heran und begann zu schreiben. Ihre Hand zitterte, und sie verschrieb sich. Sie strich den Satz durch und begann von neuem. Der Eintrag würde beschissen aussehen, aber das war ihr im Augenblick egal. *Bringe es hinter dich. Ziehe einen Schlussstrich.*

Plötzlich spürte sie seine Blicke, und ihre Beine zitterten.

»… auf eigenen … Wunsch …«, murmelte sie heiser, während sie den Satz zu Ende schrieb.

Was als Nächstes kam, geschah binnen weniger Sekunden. Silfverbielke stand auf und war mit ein paar schnellen Schritten bei ihr. Er beugte sich zu ihr herab und flüsterte: »Mariana, jetzt sind Sie nicht mehr meine Ärztin, oder?«

Sie schüttelte stumm den Kopf.

»Und ich bin also nicht mehr Ihr Patient?«

Erneutes Kopfschütteln.

»Sie glauben doch nicht, dass ich Ihnen jemals etwas Böses antun würde, Mariana?«

Wieder ein Kopfschütteln. *Natürlich traue ich dir das zu. Willst du mich etwa umbringen? Warum habe ich nie diesen Alarmknopf installieren lassen?*

Plötzlich presste er seine Lippen fest auf ihre und fasste ihr an die rechte Brust.

Mit einem kräftigen Ruck riss sie sich los. »Jetzt ist aber Schluss, Christopher! Sind Sie noch ganz bei Trost?!«

Die Aggressivität in ihrer Stimme schien ihn für einen Augenblick zu verwirren, doch dann begrapschte er sie aufs Neue und beugte sich vor.

»Sie bestimmen hier nicht. Ich dachte, Sie hätten das kapiert.«

Sie war vor Schreck gelähmt, bot jedoch ihre ganze Kraft auf, um nicht die Kontrolle über sich selbst zu verlieren. Als sie spürte, wie er ihr mit seiner starken Hand zwischen die Schenkel griff und sich zu ihrem Schritt vortastete, verpasste sie ihm eine kräftige Ohrfeige.

»Schluss jetzt!«

Er wich verwundert zurück und fasste sich an die gerötete Wange. Als Mariana sah, wie sein Blick sich verfinsterte, schlug ihr Herz schneller.

Sie sprang von ihrem Stuhl hoch und stieß ihn schnell zur Seite, sodass er sich zwischen ihr und Christopher befand. Ihr Atem ging heftig und ihre Gedanken überschlugen sich.

»Du kleine Hure …« Das Flüstern verstärkte sich zu einem Zischen. »Du dumme, miese kleine Hure!«

Seine Körpersprache deutete darauf hin, dass er einen weiteren Versuch unternehmen wollte. Mariana verschanzte sich schnell hinter dem Schreibtisch und zeigte mit dem Finger auf ihn. »Christopher, ich warne Sie!«

Er blieb auf der anderen Seite des Schreibtischs stehen, mit einem unangenehmen Lächeln, das sie bei ihm noch nie gesehen hatte. »Mich *warnen*? Niemand sagt nein zu mir – *niemand!*«

Seine Stimme ging beinahe hoch ins Falsett. Mariana sah, dass seine Augenwinkel zu zucken anfingen und seine Hand zum Hosenschlitz wanderte, um den Reißverschluss zu öffnen.

»Christopher!« Ihre Stimme klang wie ein Peitschenhieb. »Hören Sie mir verdammt noch mal gut zu! Wo wollen Sie den Rest Ihres Lebens verbringen?«

Silfverbielke zog gelassen den Reißverschluss hinunter. Er hatte immer noch dieses unangenehme Lächeln.

Mariana zeigte mit dem Finger direkt in sein Gesicht. »Ich zeige Sie wegen versuchter Vergewaltigung an, Christopher! Mein Wort als Arzt wird schwerer wiegen als Ihres. Sie kommen in eine geschlossene psychiatrische Anstalt. Und bei dieser Gelegenheit sollte ich vielleicht Ihre Patientenunterlagen der Polizei übergeben. Die kann dann überprüfen, was Fantasie und was Wahrheit ist.«

Silfverbielke hielt mitten in seiner Bewegung inne, und das unangenehme Lächeln wich aus seinem Gesicht. Sein Blick war plötzlich glasig, und Mariana fragte sich, ob er ihre Worte verstanden hatte. Sie spürte, wie ihr der Schweiß auf die Stirn und auf die Brust trat, und musste alle ihre Kräfte aufbieten, um das Zittern in ihren Beinen zu stoppen.

Blitzschnell zog er den Reißverschluss hoch und ließ den Blick durch das Zimmer, über die Tafeln und den Schreibtisch wandern, bevor er sie wieder damit fixierte. Unbewusst fasste er sich an den Krawattenknoten, als wolle er ihn zurechtrücken.

Das kranke Lächeln kehrte zurück. Er atmete stoßweise und zischte: »Ein Wort zu jemandem, und du bist tot! Gib mir die Unterlagen, bevor ich dich erwürge.«

Mariana raffte die Papiere auf ihrem Schreibtisch zusammen und streckte sie ihm entgegen, während sie gegen die Tränen ankämpfte. »Nehmen Sie die, verschwinden Sie und kommen Sie nie wieder!«

Silfverbielke riss die Unterlagen an sich und warf ihr einen letzten verächtlichen Blick zu. »Eines Tages wirst du auf Knien darum betteln, dass ich wiederkomme.«

Er ging mit festen Schritten zur Tür, riss sie auf, trat hinaus und schlug sie hinter sich zu. Mariana eilte zur Tür und verschloss sie schnell. Dann taumelte sie zu dem Besuchersessel und ließ sich auf ihn fallen. Tränen liefen ihr die Wangen hinunter.

Als sie wieder zur Besinnung kam, lag sie halb auf dem Sessel, ihre Kleider in Unordnung. Sie hatte keine Ahnung, wie lange sie dagelegen hatte und fragte sich einen Augenblick lang, ob das alles nur ein böser Traum gewesen war, aus dem sie bald aufwachen würde. Sie schloss die Augen und fuhr sich mit den Händen durchs Haar.

Es dauerte eine halbe Stunde, bis sie sich so weit wieder von dem Schock erholt hatte, dass sie ihre Unterlagen einschließen, den Computer herunterfahren und ihre Praxis verlassen konnte. Bevor sie in den kleinen Warteraum trat, der zum Ausgang hinausging, hielt sie das Ohr an die Tür und lauschte. Als sie hinausgegangen war, sich umdrehte und das Licht ausmachen wollte, sah sie den Zettel, den er sorgfältig mit Druckbuchstaben beschrieben und mit Klebeband an der Tür zur Rezeption befestigt hatte.

Bitte nicht stören. Therapie läuft.

Mariana Granath zitterte am ganzen Körper.

Kapitel 50

Samstag, 7. Juli

Yasmine Monroe saß tief in Gedanken versunken in ihrem Hotelzimmer in Båstad. Sie warf einen Blick auf die Uhr. Die Qualifikationsspiele begannen in einer Viertelstunde, und sie sollte wirklich hinunter auf den Tennisplatz gehen. Oder?

Bernard war während der gesamten Reise von Paris nach Båstad unruhig, irritiert und reizbar gewesen. Im Flugzeug hatte er schweigend dagesessen, die Lippen zu einem dünnen Strich zusammengepresst, und gestresst in Zeitschriften herumgeblättert, ohne den Text richtig zu lesen.

Sie hatte ihn vorsichtig gefragt, wie es ihm ging. Er hatte sie angefaucht, sie solle ihn in Ruhe lassen, weil er schlafen wolle. Yasmine wurde aus seinem Benehmen nicht schlau.

Sie waren in Marseille zusammen aufgewachsen und zur Schule gegangen und hatten sich vor zwei Jahren zufällig auf einer Party in Paris wiedergetroffen, nachdem sie sich viele Jahre nicht gesehen hatten.

Einen Tag später rief Bernard Deschamp Yasmine an und fragte sie, ob sie seine Assistentin werden wollte. Er stand gerade am Beginn einer vielversprechenden Tenniskarriere und brauchte jemanden, der für ihn Flüge buchte, sich um sein Gepäck kümmerte und seine Termine verwaltete. Yasmine legte zu dieser Zeit gerade eine Pause von ihrem Hochschulstudium ein und überlegte, was sie als Nächstes tun sollte. Sie war dreiundzwanzig Jahre alt, sah blendend aus und hatte bereits eine breite akademische Grundausbildung in Wirtschaft, Politikwissenschaft und Geschichte hinter sich. Aber sie wusste nicht, was sie später einmal werden wollte.

Bernards Angebot kam daher zur rechten Zeit und nahm ihr die Entscheidung ab. Außerdem hatte sie nichts gegen ein ein- oder zweijähriges Sabbatical einzuwenden. Während dieser Zeit würde sie in der ganzen Welt herumreisen und mit der Elite des Tennissports verkehren.

Sie hatte hart gearbeitet und war, wie sie selbst fand, fürstlich belohnt worden. Sie und Bernard waren selten länger als ein paar Wochen am Stück zu Hause in Paris. Yasmine achtete darauf, sich stets in Bernards Schatten zu halten, aber natürlich fiel auch ein bisschen von seinem Prominentenstatus auf sie ab. Er zahlte ihr ein Gehalt, von dem sie sich eine Garderobe leisten konnte, die ansonsten unerschwinglich gewesen wäre, und auf den Reisen kam entweder Bernard oder jemand anderes für sämtliche Kosten auf. Dies führte dazu, dass sie finanziell um ein Vielfaches besser dastand als noch vor ein paar Jahren.

Das hieß jedoch nicht, dass sie immer nur glücklich war.

Bis vor ein paar Monaten war ihre Beziehung zu Bernard ausschließlich beruflicher Natur gewesen. Es war ihr nicht entgangen, dass der Tennisstar oft mehrere Liebschaften gleichzeitig hatte, in der Regel mit jungen Frauen in mehreren Ländern. Als Sahnehäubchen gönnte er sich öfter eine oder zwei Nächte mit einem der vielen Groupies, die sich bei den Tennisturnieren um ihn versammelten. Yasmine hatte dies lediglich mit einem Achselzucken quittiert und sich gedacht, dass so etwas für einen Weltstar anscheinend normal war und sie eigentlich nichts anging.

Trotzdem verspürte sie hin und wieder einen Anflug von Eifersucht. Verbrachte man so viel Zeit auf engstem Raum miteinander, wie das bei ihnen beiden der Fall war, ließ es sich nicht vermeiden, Gefühle zu entwickeln, die über das rein Berufliche hinausgingen. In seinen besten Stunden war Bernard einer der nettesten und aufmerksamsten Menschen, die sie kannte. In seinen schlechtesten Stunden war er ein unverschämter Rüpel.

Sie hatte viel darüber nachgedacht, was er eigentlich von ihr dachte und hielt, aber keine Antwort auf diese Frage gefunden. Bernard hatte sie nicht einmal gefragt, ob sie in einer festen Beziehung war, oder sich sonst in irgendeiner Weise für ihr Privatleben interessiert. Freilich hatte er hin und wieder bewundernde Blicke auf ihre goldbraune Haut geworfen und ihr Komplimente wegen ihrer Kleider und ihres Schmuckes gemacht.

Aber mehr war nicht passiert. Jedenfalls nicht vor dem Trip nach London.

Sie waren von Paris nach England geflogen, um sich mit Repräsentanten einer von Bernards wichtigsten Sponsorenfirmen zu treffen. Eines Abends, als der Champagner wieder mal in Strömen geflossen war – und ja, sie war sich sicher gewesen, dass Bernard auch Kokain geschnupft hatte, das hatte sie an seinen Augen gesehen –, hatte er darauf bestanden, dass sie ihn auf sein Zimmer begleiten und mit ihm bei einem weiteren Glas Champagner die »Arbeit des nächsten Tages besprechen« solle.

Kaum hatte sie an ihrem Champagner genippt, war er auch schon über sie hergefallen, hatte sie leidenschaftlich geküsst und ihr erklärt, dass er noch nie in seinem Leben eine so tolle Frau getroffen habe.

Yasmine war ganz aufgewühlt und voller widersprüchlicher Gefühle gewesen, mit denen sie nicht klarkam. Bernard hatte sie zum Bett getragen, von dem schönen, langen Seidenkleid befreit und ihren nackten Körper geküsst und gestreichelt, bis jeglicher Widerstand wie weggeblasen war. Gewiss hatte sie es genossen, aber anschließend hatte er sie gebeten, wieder in ihr eigenes Zimmer zu gehen, und das hatte ihr ganz und gar nicht gefallen.

Bereits am nächsten Morgen hatte sie ihn beim Frühstück vorsichtig auf die Ereignisse der letzten Nacht angesprochen, aber Bernard war dem Thema und ihrem Blick ausgewichen und stattdessen zur Tagesordnung übergegangen.

Nach dem Londontrip dauerte es ein paar Wochen, bis es erneut passierte. Wieder war es während einer Reise, dieses Mal nach New York, als sich das Szenario im Großen und Ganzen wiederholte. Der einzige Unterschied bestand darin, dass Bernard noch betrunkener – und vielleicht auch zugedröhnter – war als beim ersten Mal. Nach dem Liebesakt, der genauso leidenschaftlich war wie zuvor, schlief er sofort ein.

Am nächsten Morgen hatte er gewirkt, als sei ihm das Ganze unangenehm, und ihr vorgeschlagen, sie solle in ihrem eigenen Zimmer duschen, weil sie beide dann schneller fertig wären. Beim Frühstück hatte sie wie schon beim ersten Mal versucht, mit ihm zu reden und zu klären, welche Gefühle er für sie empfand und was er von ihr wollte. Sie stellte fest, dass sie ihn wider Willen immer mehr liebte; gleichzeitig tat es ihr jedoch in der Seele weh, dass er sie nach dem Sex verleugnete. Er gab ihr damit das Gefühl, ein billiges Flittchen zu sein. In ihrem Leben war sie schon weiß Gott wie oft ausgenützt worden, weshalb sie von Männern, die ihr Falsches vorspiegelten, gründlich die Nase voll hatte. Viele tränenreiche Erlebnisse und Erfahrungen hatten sie gelehrt, dass eine Mulattin aus Französisch-Guayana bei französischen Männern offenbar keinen besonders hohen Respekt genoss.

Yasmine hatte nicht vor, sich erneut ausnützen zu lassen. Aber sie mochte ihre Arbeit, und ihre Gefühle für Bernard wurden immer stärker. Wenn sie nur hin und wieder zur Bestätigung ein paar liebevolle Worte von ihm hören würde! Es war schon einige Jahre her, dass sie in den Armen eines Mannes gelegen hatte, der ihr sagte, dass er sie liebte.

Genau das brauchte sie jetzt.

Sie kam sich vor wie in einem Vakuum. Normalerweise musste sie sich als seine Assistentin um fast alles kümmern, aber auf dieser Reise hatte Bernard einen Trainer dabei sowie wegen Rückenschmerzen und einer Leistenzerrung auch einen Masseur. Yasmine hatte mit anderen Worten überhaupt nicht so viel zu tun wie sonst, da die beiden Herren Bernard nach Strich und Faden verwöhnten. Und sie hatte keinen blassen Schimmer, was sie mit ihrer vielen Freizeit anfangen sollte. Tatsächlich fragte sie sich, warum er sie überhaupt nach Båstad mitgenommen hatte.

Yasmine sah auf die Uhr, verließ das Hotel und spazierte gemächlich zu der Tennisanlage unten am Hafen.

Sie hatte Tränen in den Augen.

Kapitel 51

Mittwoch, 11. Juli

»Ja, aber du kannst doch unmöglich schon jetzt Schmerzen haben, du bist doch verdammt noch mal erst im fünften Monat! Ja, ja, entschuldige, Liebling, das war nicht böse gemeint. Ich wollte damit nur sagen, dass es noch viel zu früh ist. Ja klar, ich verspreche dir, dass ich heute Abend anrufe. Küsschen!«

Ecker sah auf das Handy und beendete die Verbindung. »Stöhn! Ich sag's dir, Chris, schwängere nie eine Frau. Das ist, als würde man auf einen Knopf drücken. Die werden total egozentrisch und reden über nichts anderes als Umstandskleider, Brustschmerzen und wachsende Bäuche«, sagte er und drehte sich zu Silfverbielke um, der bequem ausgestreckt auf dem Rücksitz von Johannes Kruuts geräumigem Lexus fläzte.

Christopher nickte verständnisvoll. »Tja, Hans, das ist wohl der Preis, den man bezahlen muss, wenn man ein stolzer Vater sein will, oder?«

»Schnauze!«, knurrte Ecker. »Ist es noch weit, Johannes?«

Kruut schüttelte den Kopf. »Wir sind gleich in Båstad, und von dort sind es nur noch gute zehn Kilometer nach Torekov. Wollt ihr im Alkoholladen in Båstad anhalten und euch mit Vorräten eindecken? In Torekov gibt es nämlich keinen.«

»Was meinst du, Chris?«, fragte Ecker.

»Nein, ich finde, wir sollten weiterfahren. Ich habe ein bisschen Notproviant dabei, und übrigens gibt es in der Nähe doch sicher Restaurants, oder, Johannes?«

»Absolut! Unser Ferienhaus liegt nur einen Steinwurf von der Piratenpizzeria und dem Hafenkrug entfernt.«

»Piratenpizzeria?« Silfverbielkes Stimme triefte vor Verachtung. »Ich habe mich immer gefragt, wer sich solche schwachsinnigen Namen einfallen lässt. Im Hafenkrug gibt es hoffentlich anständige Mahlzeiten ...«

Johannes lächelte ihn im Rückspiegel an. »Ich glaube, du wirst nicht enttäuscht werden, Chris.«

Silfverbielkes Handy vibrierte in der Tasche, und er zog es unauffällig heraus.

H ist manchmal eine Niete. Vermisse deine starke Hand. Ruf an, wenn du Gelegenheit dazu hast. Will lieber Telefonsex als gar nichts. V.

Das Trio ließ sich in dem pompösen zweistöckigen Haus der Familie Kruut nieder, und Christopher stellte zufrieden fest, dass er ein Zimmer mit Meeresblick hatte.

»Das Haus wurde Anfang des zwanzigsten Jahrhunderts gebaut«, sagte Johannes mit schlecht verhohlenem Stolz. »Mein Vater hat es vor etwa dreißig Jahren gekauft. Seitdem haben wir alles vollständig renoviert, aber trotzdem hat die Fassade den ursprünglichen Charme behalten ...«

Was verstehst du schon vom Renovieren und von Charme, du verwöhnter kleiner Hosenscheißer?

Christopher nickte. »Interessant. Wer war der Architekt?«

»Ähhh ... das weiß ich nicht genau«, stammelte Johannes und wechselte schnell das Thema. »Ich fahre dann mal los und kaufe ein bisschen was zu essen ein, damit wir zumindest was zum Frühstück haben. Wenn ihr Lust habt, könnt ihr ja so lange runter zum Hafenkrug gehen und was trinken. Ich komm dann später nach.«

»Ausgezeichnete Idee!«, sagte Ecker, der gerade sein Gepäck in einem der Schlafzimmer verstaut hatte, das in der Nähe von Christophers Zimmer lag. Jetzt stand er im Türrahmen.

»Dann gebe ich euch mal eure Hausschlüssel und mache mich auf den Weg«, sagte Kruut. »Wollt ihr irgendwas Spezielles?«

Ecker lachte. »Wenn es im Vivo kein Kokain, keinen Alkohol und keine Huren gibt, musst du dir beim Einkaufen wegen mir keine Gedanken machen.«

Der Typ ist schon seltsam, dachte Johannes. Jetzt hat er eigentlich alles, was er will – ein schönes Haus, eine tolle Frau, und außerdem wird er bald Vater. Trotzdem redet er nur über Huren. Eigentlich ziemlich ekelhaft.

Aber er bewahrte seine gute Miene. »Tut mir leid, Hans, ich glaube, so was müssen wir in einem anderen Etablissement besorgen. Und wie ich Chris kenne, hat er bestimmt Alkohol und Koks dabei, stimmt's?«

Silfverbielke nickte stumm.

»Super!«, sagte Kruut. »Dann sehen wir uns später im Hafenkrug.« Er verschwand die Treppe hinunter, und kurz darauf hörten sie, wie sein Auto startete.

»Ich gehe nur mal schnell aufs Klo, dann bin ich bereit«, sagte Ecker und verschwand.

Christopher packte seinen Koffer aus und sortierte gerade sorgfältig seine Kleider, als Hans zurückkam. »Ich bin fertig, können wir …?«

Er hielt mitten im Satz inne und starrte auf Silfverbielkes Koffer. »Was zum Teufel ist das da? Hast du Sturmhauben und Badekappen mitgenommen? Du willst doch nicht etwa noch einen Securitas-Transporter ausrauben?«

»Die Erfahrung hat mich gelehrt, dass es eine gute Idee ist, auf Reisen gut ausgerüstet zu sein«, sagte Christopher ruhig. »Man weiß schließlich nie, welche Möglichkeiten sich auftun.«

»Du bist echt total gestört, Chris«, prustete Ecker. »Komm schon, verdammt noch mal, ich brauche dringend was zu trinken.«

Silfverbielke stellte zufrieden fest, dass der Hafenkrug nicht die gewöhnlichen Coca-Cola-Sonnenschirme hatte, sondern geschmackvolle Schirme, die diskret Werbung für Moët & Chandon machten. Das sollte man prämieren, dachte er und bestellte augenblicklich eine gut gekühlte Flasche dieser Marke. Sie stießen an, während die Sonne langsam über dem Meer unterging.

»Heute Abend lassen wir es ruhig angehen, aber morgen brauche ich einfach eine Braut«, sagte Ecker. »Veronica kann man im Moment echt vergessen, sie lässt mich nicht ran. Sie redet die ganze Zeit von nichts anderem als ihrer Schwangerschaft und nölt rum, wie weh ihr alles tut und dass sie keinen Sex haben kann.«

Silfverbielke schnalzte mit der Zunge und schüttelte bedauernd den Kopf. »Ja, das ist sicher nicht leicht. Aber in Båstad lässt sich bestimmt etwas Brauchbares aufreißen, oder?«

»Die reine Schlemmerauswahl! Du erinnerst dich doch sicher an letzten Sommer?«

»Stimmt, da haben wir doch auf unserem Hotelzimmer eine richtige Orgie durchgezogen. Erinnerst du dich noch an diese achtzehnjährigen Groupies mit ihren Spatzenhirnen?«

Ecker lachte lauthals und klopfte sich auf die Schenkel. »Ja. Die haben uns allemal bewiesen, dass man kein Hirn braucht, um gut blasen zu können.«

In Silfverbielkes Hosentasche vibrierte das Handy.

Er las die SMS.

Was macht ihr gerade? V.

Er antwortete:

Ein bisschen flirten.

Veronica:

Ich hasse euch!

»Mit wem simst du da?«, fragte Ecker neugierig.

»Ach, nur so eine Braut, die ich neulich kennengelernt habe. Sie interessiert sich mehr für mich als ich mich für sie, um es mal so zu sagen.«

»Aber das ist doch bei dir nichts Neues«, sagte Ecker grinsend.

Silfverbielke gab sich Mühe, todernst zu schauen. »Ja, aus irgendeinem unerklärlichen Grund gelingt es mir nie, eine Beziehung aufzubauen, die auf Liebe und gegenseitigem Respekt beruht, sosehr ich mich auch bemühe.«

Erneute Lachsalve. Mehr Champagner. Plötzlich stand Kruut am Tisch. »Die Herren scheinen sich bestens zu amüsieren. Darf man sich der Runde anschließen?«

Das Trio begab sich von der Außenterrasse ins Restaurant und ließ sich ein erlesenes Abendessen schmecken. Silfverbielke portionierte auf der Toilette fachgerecht für jeden eine Line Kokain, die schnell in den Nasenlöchern verschwand. Danach tranken sie Kaffee. Gegen dreiundzwanzig Uhr torkelten die drei zurück ins Haus, wo Christopher die mitgebrachten Whisky- und Cognacflaschen auf den Esszimmertisch stellte. Er schlug vor, dass sie sich zusammenreißen und versuchen sollten, am nächsten Tag wenigstens eines der Spiele in Båstad anzusehen.

Danach ging das Saufgelage erst richtig los.

Am nächsten Abend gegen neunzehn Uhr schlenderten die drei in Pepes Bodega am Hafen von Båstad und nahmen dort Platz. Nachdem sie zur Mittagszeit mit pochenden Schädeln aufgewacht waren, hatten sie sich im Hafenkrug mit einem Champagnerbrunch gestärkt und sich anschließend nach Båstad begeben, um sich durch ein oder zwei Spiele zu quälen. Während Ecker und Kruut interessiert in ihren Spielprogrammen blätterten und Kommentare zu den Spielern abgaben, dachte Silfverbielke träge darüber nach, was einen Mann in tuntigen Klamotten wohl motivierte – abgesehen vom Geld –, einem dämlichen kleinen Ball nachzujagen, während andere Leute interessiert zuschauten.

Die restliche Zeit verbrachte er damit, ein paar auserwählte Frauen zu begutachten und über sie zu fantasieren. Sein besonderes Augenmerk galt Yasmine. Ihre braune Haut stand in starkem Kontrast zu ihrem weißen Tennisrock und Polohemd. Jedes Mal, wenn sie aufstand, um Bernard Deschamp ein Handtuch oder eine Wasserflasche zu bringen, bewunderte er ihren schlanken, geschmeidigen und athletischen Körper.

Kein schlechtes Spielzeug. Und jetzt, in Pepes Bodega, fiel sein Blick erneut auf sie.

Ecker und Kruut hatten ebenfalls ihre Antennen ausgefahren und konzentrierten sich auf dasselbe Ziel wie Christopher.

»Herrgott!«, stöhnte Ecker. »Eine Nacht mit dieser heißen Braut, und ich bin glücklich.«

»Hör auf!«, sagte Kruut. »Die gehört mir. Wie viele Punkte kriege ich, wenn ich sie flachlege?«

»Zehn auf jeden Fall, wenn du Fotos machst. Oder was meinst du, Chris?«

Macht, was ihr wollt, Jungs. Ich werde mit ihr auf die eine oder andere Weise spielen, egal, was passiert.

Vielleicht waren der Alkohol und die Tatsache, dass sie den ganzen Tag in der Sonne gesessen hatten, daran schuld. Hinterher dachte Silfverbielke lange und gründlich darüber nach, wo und wie die Dinge falsch gelaufen waren.

Sie hatten zu Abend gegessen und ihre Mahlzeiten wie üblich mit Champagner hinuntergespült. Anschließend war es dann – ebenso wie üblich – mit Champagner und anderen alkoholischen Getränken weitergegangen. Sie hatten sich auf der Toilette Kokain in die Nase gezogen und waren in Topform gewesen.

Bis die Dinge eine Wendung nahmen.

Hans und Christopher fanden sich plötzlich sturzbetrunken und auf ihren Stühlen fläzend in der Bodega wieder. Wie in Trance nahm Silfverbielke wahr, dass Johannes an der Bar stand und an der Mulattentussi klebte, über die sie zuvor gesprochen hatten. *Was zum Teufel?*

Wie sie es später zurück zum Haus geschafft hatten, wusste keiner mehr so richtig. Während Silfverbielke ein paar starke Gin Tonic mixte, hörte er, wie Ecker in die Kloschüssel kotzte.

»Komm und nimm einen Drink, Hans«, hörte er sich selbst sagen. Gleichzeitig spürte er, wie sich langsam Wut in ihm breitmachte.

Ecker torkelte dämlich grinsend zum Esszimmertisch. »Wiescho guckscht du scho bösche, Chrisch?«, lallte er.

Silfverbielke trank einen Schluck und verzog das Gesicht. Es irritierte ihn, dass er entgegen seiner sonstigen Gewohnheit die Kontrolle verloren hatte. »Hast du es nicht gesehen? Johannes hat die Mulattin aufgerissen.«

»Wasch schagschtu da? Wenn einer die fickt, dann wir!«

»Ganz meine Rede. Und ich schlage vor, dass wir morgen genau das tun. Aber darüber können wir uns noch ausführlicher unterhalten. Prost!«

Johannes Kruut war hoffnungslos verliebt. Während Hans und Christopher sich ordentlich volllaufen ließen und auf die Herrentoilette verschwanden, um sich noch mehr Koks reinzuziehen, hatte er sich vorsichtig der hübschen Mulattin genähert, die unbegreiflicherweise immer noch allein an der Bar saß. Er hatte sie höflich gefragt, ob er sie auf einen Drink einladen dürfe, und sie hatte ihm lächelnd auf Englisch mit französischem Akzent geantwortet, dass sie kein Schwedisch konnte. Kruut war daraufhin weltgewandt ins Englische übergegangen.

Gut zwei Stunden später saß er zusammen mit Yasmine an einem abseits gelegenen Tisch. Johannes stellte zufrieden fest, dass Christopher und Hans in Richtung Ausgang torkelten, ohne ihn und seine neugewonnene Freundin zu bemerken.

Yasmine hatte einfach alles. Sie war unheimlich hübsch, nett, intelligent und lachte gern. Am Anfang war sie etwas ernst gewesen, wurde aber zunehmend lockerer, während sie Champagner tranken und sich unterhielten.

Johannes war natürlich neugierig, wer sie war und was sie in Båstad machte. Sie hatte ihm von Bernard und dessen Tenniskarriere erzählt, sowie davon, wie sie ihn kennengelernt hatte und worin ihre Arbeit bestand.

»Erzähl doch mehr von dir«, sagte Johannes lächelnd. »Du bist doch viel interessanter als dieser Tennisspieler.«

Yasmine fühlte sich geschmeichelt. Es war lange her, dass jemand so offen und ehrlich und ganz ohne Hintergedanken Interesse an ihr gezeigt hatte. »Das ist eine lange Geschichte«, sagte sie mit sanfter Stimme.

Johannes nickte verständnisvoll. »Wir haben viel Zeit, und ich höre gern zu. Bist du übrigens in Frankreich geboren?«

»Ja, aber ich habe keine französischen Wurzeln. Mein Vater war Australier und bewarb sich Anfang der Siebzigerjahre bei der Fremdenlegion, nachdem in seinem Leben einiges schiefgelaufen war.«

»Fremdenlegion, wow!« Kruut pfiff anerkennend. »Da kommen doch nur die härtesten Burschen rein, oder?«

Yasmine zuckte mit den Schultern. »Schon möglich. Das Rekrutierungsbüro nimmt Freiwillige aus der ganzen Welt an. Man geht davon aus, dass in der Legion seit ihrer Gründung im Jahr 1831 zwischen vierhundert- und fünfhunderttausend Mann gedient haben.«

»Ich habe gehört, dass die Legion auch ein Zufluchtsort für jede Menge Schwerkriminelle ist, stimmt das?« Kruut biss sich auf die Zunge und ergänzte schnell: »Also, ich meine damit nicht deinen Vater, sondern ganz allgemein.«

»Tja, es ist sicher wahr, dass sich viele lichtscheue Gestalten dort beworben haben, aber heutzutage überprüft die Legion den Hintergrund der Bewerber, um sicherzustellen, dass sie keine Kriminellen sind, die sich dort verstecken wollen.«

Kruut nickte. »Interessant. Aber wer hat eigentlich die Fremdenlegion gegründet, und warum?«

»Zum Glück habe ich Geschichte studiert und den Erzählungen meines Vaters zugehört«, sagte Yasmine lachend. »Die *Légion Étrangère* wurde von Louis Philippe I. gegründet, zur Unterstützung seines Krieges in Algerien. Seitdem kam die Truppe natürlich an vielen Kriegsschauplätzen zum Einsatz. Aber ich nehme mal an, dass du dich wohl nicht in erster Linie für die Fremdenlegion interessierst?« Sie lächelte ihn neckisch an.

»Nein, nein, wir sind ja nur beiläufig darauf gekommen. Erzähl mir mehr über dich und deinen Hintergrund.«

Yasmine trank einen Schluck Champagner. »Nachdem mein Vater in die Legion eingetreten war, wurde er in Französisch-Guayana stationiert und lernte dort Chantal, meine Mutter, kennen.«

»Was für ein schöner Name, wie deiner auch!«, stieß Johannes begeistert hervor.

»Danke. Na ja, jedenfalls war meine Mutter eine unheimlich hübsche Schwarze, und mein Vater hat sich sofort in sie verliebt. Als er 1981 aus der Legion ausschied, zogen sie nach Paris. Mein Vater beantragte die französische Staatsbürgerschaft und erhielt sie, wie alle Soldaten, die mindestens fünf Jahre in der Legion gedient haben. Sie zogen dann nach Marseille, wo ich geboren wurde. Aber dort aufzuwachsen, war nicht leicht, das kannst du mir glauben.«

»Wie meinst du das?«

Yasmines Gesichtsausdruck trübte sich. »Ich war ein Migrantenkind und noch dazu dunkelhäutig, das reichte. Die Einstellung gegenüber Menschen aus Französisch-Guayana war nicht gerade von Respekt geprägt, um es mal so auszudrücken. Aber ich hatte gute Freunde, und meine Eltern haben mir klargemacht, wie wichtig die Schule ist. Deshalb habe ich es später allen Widrigkeiten zum Trotz an die Uni geschafft.«

Sie lachte wieder, und Johannes gefiel ihr Lachen.

»Und wie hast du Bernard kennengelernt?«

»Wir waren ja Klassenkameraden in Marseille, und er spielte übrigens schon als Kind Tennis. Nach der Schule trennten sich unsere Wege, und ich hörte nichts mehr darüber, wie es mit ihm weiterging. Vor ein paar Jahren traf ich ihn dann zufällig auf einer Party in Paris. Aber ich rede zu viel und trinke zu wenig. Zum Wohl!«

Kruut hob sein Glas. »Zum Wohl, Yasmine. Aber erzähl weiter, ich möchte gern den Rest hören.«

»Interessierst du dich für Tennis?«

»Na klar, ich verfolge den Sport, so gut ich kann, zumindest was die Spiele hier in Båstad betrifft.«

Sie nickte. »Bernards Karriere fing langsam, aber sicher an, Fahrt aufzunehmen, und letztes Jahr war er in Frankreich der große Held, als er es ungesetzt ins Semifinale bei den French Open geschafft hat …«

»Wow!« Kruut nickte beeindruckt.

»Bei den Sandplatzturnieren haben ja in den letzten zehn Jahren die Südamerikaner dominiert, also war es gut für den Sport, dass ihnen plötzlich ein Europäer eine ernste Herausforderung geboten hat. Und deshalb sind die Veranstalter hier überglücklich, dass Bernard dieses Jahr in Båstad spielt, aber …«

Sie hielt mitten im Satz inne.

»Aber?«, fragte Johannes.

»Die diesjährige Saison war eine Enttäuschung, und jetzt könnte er wirklich einen echten Erfolg gebrauchen, um sein Selbstvertrauen wiederherzustellen.« Sie trank mehr Champagner. »So, jetzt hast du eine Lektion über Bernard Deschamp bekommen. Meinst du, du könntest mir eine über Björn Borg geben? Was weißt du eigentlich über ihn?«

Johannes blickte verlegen drein. »Tja, nicht so viel, wie ich eigentlich sollte. Aber«, sagte er lachend, »wenigstens habe ich Unterhosen mit seinem Namen drauf.«

Yasmine brach in Gelächter aus. »Ui! Ich glaube, wir lassen die Diskussion über Björn Borg dabei bewenden.«

Yasmine Monroe fühlte sich so fröhlich und beschwingt wie schon lange nicht mehr. Der Tag hatte nicht gut begonnen, aber auf einmal sah es so aus, als könnte er bedeutend besser enden. Bernard war bereits sauer und kurz angebunden gewesen, als sie hinunter zum Tennisplatz kam, und hatte sich von ihr abgewandt, bevor es ihr gelang, ihm wie üblich aufmunternd auf die Schulter zu klopfen. Dann gestikulierte er wütend und beschwerte sich, weil sie ihm Handtuch und Wasserflasche zu spät gebracht hatte.

Sie konnte ihm einfach nichts recht machen.

Obwohl er ein gutes Spiel hingelegt hatte, war er hinterher genauso schlecht gelaunt gewesen. Im Hotel fragte sie ihn vorsichtig, was er für den Abend geplant habe. Er starrte sie grimmig an und sagte, sie könne tun, was sie wolle. Er habe vor, alleine in seinem Zimmer zu Abend zu essen und anschließend früh ins Bett zu gehen.

Yasmine zog sich in ihr Zimmer zurück und weinte. Sie wurde aus ihm nicht schlau. Was hatte sie nur falsch gemacht? Wo waren seine Gefühle für sie, wenn er jemals welche für sie gehabt hatte? Oder benutzte er sie nur für schnellen Sex, wenn ihm danach war? Die Vorstellung tat ihr weh.

Schließlich verwandelte sich ihre Trauer in Wut, und sie beschloss, den Abend auf eigene Faust zu genießen. Sie duschte und trug ein dezentes Make-up auf, das die stolze Schönheit ihres Gesichts nur noch besser zur Geltung brachte. Dann musterte sie sich nackt im Spiegel und fand, dass es überhaupt nichts gab, wofür sie sich schämen musste. Sie war groß, schlank und nahe an ihrem Idealgewicht. Außerdem hatte sie schöne weibliche Kurven und wohlgeformte Brüste, die keine Stütze benötigten. Nach sorgfältiger Überlegung schlüpfte sie in ein schönes cremefarbenes Höschen mit einer kleinen weißen Perle an der Vorderseite und ein wild gemustertes, weinrot-goldenes Kleid mit tiefem Ausschnitt. Ein Paar goldfarbene, hochhackige Sandaletten rundeten das Outfit ab.

Dann begab sie sich in Pepes Bodega. Je weiter der Abend fortschritt, umso sympathischer wurde ihr Johannes Kruut. Mit seiner kleinen Statur, seinem schütteren Haar und seiner bleichen Haut war er nicht gerade der attraktivste Mann, aber seine anderen Eigenschaften wogen dies mehr als auf. Er war nett, benahm sich korrekt und hörte interessiert zu. Stundenlang war er bei ihr gesessen, ohne einen einzigen lüsternen Blick auf sie zu werfen und ihr einen unanständigen Vorschlag zu machen – etwas, das sie jetzt beinahe herbeisehnte.

Sie war sich voll bewusst, dass ein Techtelmechtel mit Johannes genauso schnell zu Ende gehen würde, wie es begonnen hatte. Vielleicht würde es bei einer einzigen Begegnung bleiben. Vielleicht würde Bernard ihr verbieten, in Zukunft abends auszugehen, und von ihr verlangen, dass sie alleine in ihrem Zimmer blieb und sich dort ausruhte. Sie kontrollieren.

Vielleicht war heute Abend ihre einzige Chance. Yasmine fasste einen Entschluss.

Johannes Kruut musste sich fast in den Arm kneifen, um zu kapieren, dass er das Ganze nicht nur träumte. Er stand im dunklen Hotelzimmer, hatte die Arme um Yasmine geschlungen und presste seine Lippen auf ihre. Dabei spürte er, wie sein erigierter Penis gegen ihren Bauch drückte und wie sie sich nur noch enger an ihn schmiegte.

Noch in Pepes Bodega hatte sie die Initiative ergriffen. Als er sie gefragt hatte, ob sie noch ein Glas Champagner wolle, hatte sie ihn verschmitzt angelächelt und den Kopf geschüttelt.

»Nein, ich glaube, wir sollten lieber einen Abendspaziergang machen.«

Der Spaziergang hatte auf direktem Weg in ihr Zimmer im Hotel Båstad geführt. Sie hatte ihm klargemacht, dass sie sich an Bernard Deschamps Zimmer weiter hinten im Flur vorbeischleichen mussten, und das hatten sie auch getan.

Jetzt half sie ihm mit sanften Händen aus seinen Kleidern, bis er ganz nackt war, ging vor ihm in die Hocke und küsste seinen Körper. Eine Weile später zog er ihr das Kleid über den Kopf und sah, wie ein Paar wohlgeformte Brüste zum Vorschein kam. Die Brustwarzen waren noch dunkler als ihre Haut, und er fand, dass sie wie Nougat schmeckten.

Sie hob den Hintern an, als er ihr das kleine Höschen mit der Perle auszog, und gleich darauf vereinigten sie sich.

Kruut fand, dass Yasmine sich wie ein wildes Tier benahm. Sie stöhnte, schluchzte, biss ihn und zerkratzte ihm mit ihren langen Fingernägeln den Rücken. Sie machte ihn wahnsinnig vor Geilheit, und als er spürte, dass es gleich so weit war, versuchte er sicherheitshalber, seinen Penis herauszuziehen, aber sie verschränkte schnell die Beine hinter seinem Rücken und sorgte mit rhythmischen Kontraktionen dafür, dass er die Kontrolle verlor. Anschließend ruhte sie auf seinem Arm, ließ die Zeigefingerspitze verspielt über seine Stirn, Wangen und Lippen gleiten, und weiter über seinen Hals und Brustkorb.

Sie liebten sich mehrmals in dieser Nacht.

Es war halb fünf Uhr morgens, als Johannes Kruut auf leisen Sohlen in das Haus in Torekov schlich. Er fühlte sich glücklicher als je zuvor in seinem Leben und hatte sich mit Yasmine für heute Abend um neunzehn Uhr verabredet. Sie hatten äußerste Diskretion vereinbart, um jegliches Risiko zu vermeiden, dass sie mit Bernard Stress bekam. Deshalb wollten sie sich auf dem Parkplatz hinter der Nordea-Bank treffen, nur etwa hundert Meter von ihrem Hotel entfernt. Vielleicht würden sie nach Ängelholm oder irgendwo andershin fahren, wo sie in Ruhe miteinander spazieren gehen konnten, ohne dass jemand sie erkannte.

An einen Ort mit einem Hotel, wo sie nicht in ihr Zimmer schleichen mussten.

Kapitel 52

Freitag, 13. Juli

Spätes Katerfrühstück im Ferienhaus der Familie Kruut in Torekov. Johannes hatte fröhlich pfeifend Kaffee gekocht und Toastbrot und Aufschnitt aufgetischt. Silfverbielke hatte sicherheitshalber bereits eine Flasche Champagner entkorkt.

»Johannes, kannst du nicht die Gardinen zuziehen? Dieses verdammte Sonnenlicht bringt mich noch um.«

Ecker hielt sich den Kopf und sah aus wie ein Häufchen Elend. Plötzlich klingelte sein Handy.

»Hallo, Liebling. Nein, alles ist in Ordnung, wir sind heute Morgen früh aufgestanden und haben eine Runde Power-Walking gemacht. Wir essen jetzt nur schnell eine Kleinigkeit, dann fahren wir nach Båstad und schauen uns das Tennisturnier an. Das wird jetzt richtig spannend, weißt du. Was sagst du? Ja, der Bauch. Ja, natürlich versteh ich das. Du musst ihn massieren und ihm liebe Grüße von mir ausrichten. Ich kümmere mich um dich, wenn ich heimkomme. Bis dann. Was? Nein, ich saufe schon nicht, das ist doch wohl klar. Wir trinken nur ein bisschen Wein zum Essen. Küsschen, bis später. Was sagst du? Ja, aber natürlich liebe ich dich, das weißt du doch, Süße. Hör zu, ich muss jetzt wirklich Schluss machen, die Jungs warten mit dem Essen. Ich liebe dich. Küsschen.«

Er beendete das Gespräch und stöhnte genervt. »Scheiße! Wenn das jetzt schon so losgeht, wie wird das erst, wenn das Kind da ist?«

Immer mit der Ruhe, Junge. Du redest über meinen Sohn.

»Du wirst schon sehen, das wird schon nicht so schlimm werden«, erwiderte Silfverbielke und spürte, wie der Champagner entspannend wirkte. Darf nicht vergessen, Veronica eine SMS zu schicken, dachte er. Man muss den Eintopf am Kochen halten, wie es bei der Heilsarmee so schön heißt.

Er war extrem schlecht gelaunt. Die Vorstellung, dass Kruut gestern Abend womöglich die Mulattin abgeschleppt hatte, nagte an ihm. Er wollte es wissen.

Er musste es wissen, um dementsprechend handeln zu können.

»Wie lief es denn gestern bei dir, Johannes?«, fragte er im freundlichsten Tonfall, den er aufbieten konnte.

»Uijuijui! Ihr werdet es mir kaum glauben, Jungs«, rief Johannes glücklich vom Herd, wo er gerade ein paar Spiegeleier briet. »Erinnert ihr euch an dieses hübsche Mädchen, die wir in Pepes Bodega gesehen haben? Ich war den ganzen Abend mit ihr zusammen.«

»Ja, und?«, fragte Ecker mürrisch.

Johannes setzte zu einer Antwort an, hielt dann aber inne. Yasmine war wirklich nicht irgendein Aufriss, ganz im Gegenteil. Sein Herz machte Sprünge, wenn er an sie dachte, und er hatte keine Lust, sie in den Schmutz zu ziehen, indem er Hans und Christopher Details erzählte.

»Hast du sie gefickt?«, fragte Christopher.

Johannes fand, dass er kalt und unangenehm klang.

»Das war nicht auf diese Art«, versuchte er sich herauszureden.

»Auf welche Art war es dann?«

Johannes zögerte. Wie sollte er seinen Freunden erklären, dass er wirklich in Yasmine verliebt war, und sie in ihn?

Würden sie es verstehen? War einer der beiden jemals richtig verliebt gewesen? Johannes konnte sich nicht erinnern, dass er selbst jemals im Leben so starke Gefühle empfunden hatte.

»Wir, wir sind … verliebt«, stammelte er.

»Ihr seid … *was*?« Silfverbielke sah ihn ungläubig an, während Ecker sich über den Tisch vorbeugte und langsam den Kopf schüttelte.

»Ja, also … verliebt halt. Wir haben uns ineinander verliebt.«

»Johannes«, sagte Silfverbielke und bemühte sich, ruhig zu bleiben, »ich verliebe mich auch ungefähr fünf Minuten, bevor ich mit einer Frau in die Kiste springe, aber anschließend geht das zum Glück schnell vorüber. Bist du dir *ganz* sicher, dass ihr verliebt seid, oder habt ihr nur gefickt?«

Gefickt. Johannes gefiel diese Wortwahl nicht in diesem Zusammenhang. Gewiss hatte er schon oft gefickt, aber dieses Mal hatte er – vielleicht das erste Mal in seinem Leben – *Liebe gemacht*, dessen war er sich sicher.

»Es ist wirklich ernst«, antwortete er mürrisch und servierte die Spiegeleier. »Wir treffen uns heute Abend wieder und gehen spazieren oder vielleicht essen. Aber wir müssen diskret sein, Yasmine ist nämlich die Assistentin von Bernard Deschamp, ihr wisst schon, der Tennisspieler. Er ist bestimmt verdammt eifersüchtig, also müssen wir aufpassen.«

Ecker machte ein Gesicht, als wollte er eine bissige Bemerkung machen, aber Silfverbielke gab ihm mit einem kaum merklichen Kopfschütteln zu verstehen, dass er den Mund halten solle.

»Verstehe, Johannes, dann kann man dir wohl nur dazu gratulieren. Und wo willst du heute Abend mit der Dame hin?«

»Danke! Ja, ich hol sie um neunzehn Uhr auf dem Parkplatz hinter der Nordea-Bank ab. Sie wartet dort, damit dieser Deschamp sie nicht sieht. Dann fahren wir in eine andere Stadt, vielleicht nach Ängelholm, da riskieren wir nicht, dass uns jemand sieht.«

Silfverbielke nickte nachdenklich. »Das klingt wie eine gute Idee. Eine richtig gute Idee …«

Sein Hirn ging augenblicklich dazu über, einen Plan auszuarbeiten, dessen erster Teil darin bestand, Kruut aus dem Haus zu locken, damit er in aller Ruhe mit Hans reden konnte. Plötzlich löste sich das Problem von selbst.

»Ich muss mal schnell nach Båstad, Jungs«, sagte Johannes. »Ich habe gestern einen kleinen Sonnenbrand bekommen und muss mir in der Apotheke ein gutes Mittel besorgen. Außerdem muss ich noch ein paar andere Sachen erledigen. Braucht ihr irgendwas?«

Christopher schüttelte den Kopf. »Nicht, dass ich wüsste. Du, Hans?«

»Danke, ich habe alles, was ich brauche. Es sei denn, du kannst mir ein bisschen Ruhe vor meiner künftigen Frau kaufen.«

Alle drei lachten über Eckers Klagelied. Zehn Minuten später startete Johannes seinen Wagen und verschwand.

Christopher trank einen Schluck Champagner und sah Hans an. »Ärgerlich, findest du nicht?«

»Du meinst, dass Johannes die Mulattin gekriegt hat, und wir nicht?«

»Mmh.«

»Das kannst du laut sagen!«

»Ich habe allerdings einen Plan.« Silfverbielke trommelte sanft mit den Fingern auf der Tischplatte.

Ecker beugte sich interessiert vor. »Schieß los.«

»Ja, also hör zu …«

Silfverbielke sah auf die Uhr. Er wollte lieber auf Nummer sicher gehen und wählte Kruuts Handynummer. »Hallo, Johannes, ich bin's, Chris. Tja, wenn ich es mir genau überlege, gibt es doch noch ein paar Sachen, die ich unbedingt brauche. Kannst du mir Folgendes besorgen …«

Er beendete das Gespräch und sah Hans an. »Auf geht's!«

Es war wie eine Szene aus einem kranken Film, dachte Ecker amüsiert. Bevor sie unter die Dusche gingen, gab Christopher ihm einen nagelneuen Venus-Rasierer von der Sorte, wie Veronica sie benutzte. Aber zum Glück war dieser hier blau und nicht rosa. Silfverbielke riss für sich selbst eine zweite Verpackung mit dem gleichen Rasierer auf.

Sie schmierten sich von Kopf bis Fuß mit Rasiergel ein, stellten sich nackt nebeneinander unter den heißen Wasserstrahl und entfernten sich sorgfältig jedes einzelne Haar am Körper. Beine, Achselhöhlen, Arme, Hände, Brust, Bauch, Geschlechtsteile – überall rasierten sie sich gegenseitig mit millimetergenauer Präzision. Jeder inspizierte den Körper des anderen, und Ecker stellte enttäuscht fest, dass Christophers Schwanz deutlich länger und dicker war als sein eigener, selbst in schlaffem Zustand.

»Dreh dich langsam, damit ich gründlich nachsehen kann.« Silfverbielke hatte ihn mit der Handdusche abgespült, und Ecker drehte sich langsam vor Christophers prüfendem Blick.

»Sieht gut aus. Du hast noch ein bisschen was am Sack und an der Brust. Mach es weg, dann kannst du bei mir nachschauen.«

Hans hob den Hodensack mit der einen Hand und rasierte sich langsam und gründlich mit der anderen. Als sie unter die Dusche gegangen waren, war ihm aufgefallen, dass Silfverbielke bereits im Intimbereich rasiert war, und er hatte sich gefragt, wieso. So etwas machten eigentlich nur Darsteller in Pornofilmen, und er selbst fand es ein bisschen tuntenhaft. Allerdings war es bei ihrem Vorhaben wichtig, da sich ein einziges Haar als fatal erweisen konnte.

»Okay, jetzt dusch mich ab und schau genau nach. Pass auf, dass du nichts übersiehst.«

Ecker zuckte zusammen. Diese Kälte in der Stimme seines Freundes kam nur in ganz bestimmten Situationen zum Vorschein, und anscheinend war dies so eine. Er ging beinahe widerwillig in die Hocke und begutachtete Silfverbielkes Schwanz und Hodensack. *Was für ein Glück, dass ich nicht schwul bin.* Ecker richtete sich auf und überprüfte bei seinem Freund gründlich den Bauch, die Brust und die Achselhöhlen.

Sauber.

»Alles okay.«

Silfverbielke nickte. Sie stiegen aus der Dusche und rasierten ihre Gesichter vor dem Spiegel. Als Kruut nach Hause kam, tranken sie Kaffee.

»Na, was habt ihr denn heute Abend Lustiges vor?«, fragte Kruut.

Das kannst du morgen in der Zeitung lesen.

»Keine Ahnung«, antwortete Silfverbielke gleichgültig und zuckte mit den Schultern. »Vielleicht gehen wir wieder in Pepes Bodega oder ins Sand.«

»Take me to the girls!«, rief Ecker fröhlich. »Mir doch scheißegal, wohin wir gehen, Hauptsache, es gibt dort Bräute!«

Sie machten Smalltalk, und die Zeit verging. Plötzlich schnippte Silfverbielke mit den Fingern. »Scheiße!« Er warf einen Blick auf die Uhr. »Johannes, kannst du Hans und mir kurz dein Auto leihen? Wir müssen zum Alkoholladen, bevor er zumacht. Das ist ziemlich wichtig, wie du sicher verstehst.«

Er lächelte Kruut an.

Johannes sah auf seine Armbanduhr. Es war halb sechs. Vor seiner Verabredung mit Yasmine um sieben musste er noch duschen und sich umziehen. Das musste gehen. »Klar, solange ihr allerspätestens um zwanzig vor sieben wieder zurück seid. Dann muss ich nämlich los, wenn ich es pünktlich zu Yasmine schaffen will.«

»Kein Problem«, antwortete Silfverbielke überzeugend. »Der Alkoholladen schließt um sechs, und von dort bis hierher dauert es ja nur eine Viertelstunde. Wir sind bestimmt noch früher zurück, und dann kannst du los. Wir fahren dann später mit dem Taxi nach Båstad. Kommst du, Hans?«

Ecker nickte. Christopher holte seine dünne Windjacke und betastete prüfend die Innentasche.

Badekappen. Sturmhauben. Kondome. Ihrer vergnüglichen Spritztour stand nichts mehr im Weg.

Der Lexus hatte eine tolle Straßenlage, und Silfverbielke schaffte die Strecke nach Båstad in nur dreizehn Minuten. Sie parkten den Wagen an der Statoil-Tankstelle und gingen zu Fuß die kurze Strecke zu dem niedrigen roten Backsteingebäude, das unter anderem das Polizeirevier und das Sozialamt beherbergte.

Am Empfangstresen des Polizeireviers wimmelte es von Leuten, die entweder ihre Schlüssel verloren oder eins in die Fresse bekommen hatten, oder denen jemand die Handtasche entwendet hatte. Als Silfverbielke an der Reihe war, trug er sein Anliegen vor. Zugegeben, sie hatten sich dumm und tollpatschig verhalten, aber sie hatten geglaubt, dass die Leute in Båstad ehrlich waren, und hatten aus purem Stress die Schlüssel im Auto vergessen, als sie noch auf die Schnelle etwas einkaufen wollten. Nein, sie waren nicht länger als zehn Minuten weg gewesen. Ja, sie hatten den Wagen mitten in der Köpmansgatan geparkt. Richtig, ein Lexus 430. Fahrzeughalter Kruut, Johannes …

Der müde Polizist hinter dem Empfangstresen machte ihnen keine Hoffnungen. Während der Tenniswoche war in Båstad die Hölle los, und der Polizei mangelte es an Ressourcen, um nach gestohlenen Autos zu fahnden. Da es sich um einen Luxuswagen handelte, waren die Diebe bestimmt längst über alle Berge. Auf dem Revier war man voll ausgelastet, und vor Montag würde niemand Zeit haben, sich um die Diebstahlsanzeigen zu kümmern.

Die beiden verließen schnell das Polizeirevier. Sobald sie draußen waren, konnte Ecker sich nicht länger beherrschen. Er bog sich vor Lachen und prustete: »Dir macht es wirklich Spaß, Autos als gestohlen zu melden, was?«

Christopher lächelte. »Manchmal ist das praktisch.« Er warf einen Blick auf die Uhr. »Komm, es ist schon zwanzig vor sieben.«

Christopher startete den Wagen, fuhr auf der Köpmansgatan bis zu dem Kreisverkehr, wo die Landstraße 115 nach Torekov abzweigte. Plötzlich klingelte Eckers Handy. Er zog es aus der Tasche, schaute aufs Display und dann zu Christopher hinüber. Dann drückte er schnell den Anruf weg und schaltete das Handy aus.

»Scheiße, das war Johannes! Hast du deins ausgeschaltet?«

Silfverbielke nickte ruhig. »Wir gehen jetzt das Ganze noch mal durch. Der Sack liegt auf dem Rücksitz. Hier hast du die Badekappe, die Sturmhaube, den Mundschutz und ein paar Kondome. Denk daran, dass wir nur Englisch reden. Ich fahre jetzt ein oder zweimal vorbei, bis wir die Zielperson sehen, und dann legen wir uns ins Zeug. Okay?«

»Okay. Aber wohin fahren wir anschließend?«

»Ich habe da eine Idee. Kümmer du dich um die Sachen auf dem Rücksitz, den Rest übernehme ich.«

Ecker nickte, stieg aus und setzte sich auf den Rücksitz. Silfverbielke sah auf die Uhr. 18.50.

Er rollte die Köpmansgatan entlang und schaute schnell nach rechts, als er die Einfahrt zum Parkplatz der Nordea-Bank erreichte.

Leer.

Christopher fuhr weiter bis zum anderen Ende der Stadt, wendete und lenkte den Lexus auf dem gleichen Weg zurück. 18.55.

Ein kurzer Blick nach links auf den Parkplatz.

Da steht sie.

Zweihundert Meter weiter machte er eine Kehrtwendung, fuhr hundertfünfzig Meter und blieb am Gehsteig stehen.

»Hast du den Sack bereit?«

»Yes, Sir!«

»Okay. Masks on!«

Sie zogen sich schnell die Badekappen, den Mundschutz, der bis über die Nase reichte, und schließlich die Sturmhauben über. Silfverbielke legte den Gang ein, rollte schnell die fünfzig Meter zur Einfahrt und bog nach rechts auf den mit Kies belegten Parkplatz hinter der Nordea-Filiale ein.

Yasmine Monroe summte leise vor sich hin. Es war ein unheimlich schöner Sommerabend, und sie genoss das Grün, die Düfte und das Vogelgezwitscher um sich herum.

Sie war glücklich.

Der Abend und die Nacht mit Johannes waren ein wunderbares Erlebnis gewesen, sowohl für den Körper als auch für die Seele. Sie hatte sich in seiner Gesellschaft wohlgefühlt und zum ersten Mal seit vielen Jahren gespürt, dass ein Mann ihr seine echten Gefühle gezeigt hatte. Gewiss, er war ein bisschen linkisch gewesen, aber was machte das schon? Das konnte sie ihm ja alles immer noch beibringen, dachte sie munter.

Sie hatte sich einfach, aber hübsch gekleidet. Ein weißer Slip mit einer Perle, wie am Abend zuvor – er hatte Johannes gefallen –, und ein weißes, kurzes Kleid, das ihre goldbraune Haut betonte. Ein Paar weiße Sandaletten mit hohen Absätzen. Unter dem Arm hielt sie eine kleine weiße Handtasche mit dem Allerwichtigsten. Yasmine freute sich auf einen weiteren wunderbaren Abend.

Bernard war nicht so schlecht gelaunt gewesen wie am Donnerstag. Vielleicht lag es an seinen Erfolgen auf dem Tennisplatz, vielleicht an etwas anderem. Er hatte sich ihr gegenüber einigermaßen freundlich benommen, aber trotzdem kein Interesse an ihrer Gesellschaft gezeigt. Die gleiche Botschaft wie zuvor – er wollte den Abend in seinem Zimmer verbringen und sich vor dem Spiel am Samstag ausruhen. Das passte ihr perfekt.

Als der große schwarze Wagen auf den Parkplatz gefahren kam und der Kies unter den Reifen knirschte, stand sie mit dem Rücken zur Straße und schaute ein paar Vögeln zu, die in der hohen Hecke am Rand der Kiesfläche spielten. Sie wollte sich gerade mit einem Lächeln im Gesicht umdrehen, denn sie ging davon aus, dass Johannes gekommen war, um sie abzuholen. Ehe sie sich ganz umdrehen konnte, wurde sie von starken Händen gepackt und in das Auto gezerrt.

Sie verspürte zunächst keine Angst. Johannes war anscheinend zum Scherzen aufgelegt. »Soso …«, keuchte sie und taumelte rückwärts, »… du willst mich wohl entführen? Bist ja ein ganz Schlimmer …«

Ihr Kichern erstarb, als jemand ihr einen großen schwarzen Plastiksack über den Kopf zog. Sie wehrte sich instinktiv und konnte für eine Sekunde einen Männerkopf erkennen, der von einer schwarzen Sturmhaube verdeckt war.

Der Schreck fuhr ihr durch sämtliche Glieder. Die Bank! Um Gottes willen, die wollen die Bank ausrauben oder sprengen. Und jetzt nehmen sie mich als Geisel!

Yasmine öffnete den Mund und wollte schreien, als sie hörte, wie die Wagentür zugeschlagen wurde. Eine starke Hand drückte sie nach unten, bis sie unbequem auf den Knien des Mannes zu liegen kam. Die andere Hand hielt ihr den Mund zu, und sie spürte den ekligen, stinkenden Plastiksack auf ihrem Gesicht.

»Shut up, if you want to live!«, zischte eine Stimme irgendwo über ihr.

Ihre Gedanken überschlugen sich. Was sollte sie tun? Rein gefühlsmäßig wollte sie treten, schlagen, schreien und beißen, aber eine warnende Stimme irgendwo in ihrem Hinterkopf sagte ihr, dass sie lieber ruhig bleiben und sich nicht bewegen sollte.

Plötzlich klingelte ihr Handy, und sie tastete instinktiv nach ihrer Handtasche. Aber der Mann, der sie ins Auto gezerrt hatte, hatte ihr auch die Tasche aus der Hand gerissen, und jetzt war sie außer Reichweite.

Johannes! Wenn sie es doch nur geschafft hätte, auf die grüne Taste zu drücken und um Hilfe zu schreien!

Johannes Kruut ging rastlos und unglücklich im Haus in Torekov auf und ab. Was war passiert? Waren Hans und Christopher in einen Unfall verwickelt? Wieso ging keiner der beiden an sein Handy? Warum waren sie nicht pünktlich zurückgekommen, wie sie versprochen hatten?

Schließlich sah er ein, dass er ein Taxi nehmen musste, wenn er es rechtzeitig zu seiner Verabredung mit Yasmine schaffen wollte. Um den Rest musste er sich später kümmern. Schlimmstenfalls musste er kurzfristig ein Auto an der Statoil-Tankstelle mieten, die lag ja nur einen Steinwurf vom Parkplatz der Nordea-Bank entfernt.

Aber als er die Taxizentrale anrief, erklärte ihm eine geduldige Stimme mit schonischem Akzent, dass an einem Freitagabend außer ihm noch andere Leute nach Båstad wollten. Mit einer Wartezeit von etwa einer Stunde sei zu rechnen.

Johannes schlug mit der Faust auf den Küchentisch. Warum hatte er ausgerechnet heute den Freunden sein Auto geliehen, wo er eine der wichtigsten Verabredungen seines Lebens hatte? Sie hätten ja auch im Hafenkrug Alkohol kaufen können.

»Masks off!«

Silfverbielke sah im Rückspiegel, wie Hans mit einer Hand die Sturmhaube, den Mundschutz und die Badekappe auszog und gleichzeitig mit der anderen den Kopf der Mulattin nach unten drückte. Er entledigte sich ebenfalls schnell seiner Maskierung, lenkte den Wagen auf die Köpmansgatan und fuhr in Richtung Torekov.

Nach ein paar Kilometern bog er rechts ab und warf hin und wieder einen Blick auf den Kilometerzähler. Er musste etwa zehn Kilometer aus Båstad hinausfahren, damit sein Plan funktionierte.

Christopher hielt nach kleineren Waldwegen Ausschau und sah plötzlich einen, der fast zugewachsen wirkte. Er bremste, bog ab und ließ den Lexus langsam über den schlecht erhaltenen Weg holpern.

Nach einem halben Kilometer kam eine Weggabelung. Der eine führte geradeaus weiter, der andere endete etwa fünfzig Meter weiter an einer Lichtung, wo ein kleines, viereckiges Betonhaus mit gelben Schildern stand. Ein Stromhäuschen.

Perfekt.

»Masks on!«

Silfverbielke wendete den Wagen, sodass er fast ganz von Bäumen verdeckt war, für den Fall, dass jemand unerwartet auf dem Waldweg oberhalb vorbeikam. Er zog sich die Maske und dünne Handschuhe über und drehte sich um. Ecker, dessen Gesicht vollständig maskiert war, nickte ihm schnell zu. Die Mulattin lag reglos auf seinen Knien. Ihre weiße Handtasche lag neben Hans auf dem Sitz.

»Get her out!« Silfverbielke stieg aus und öffnete die Tür, um Hans die Arbeit zu erleichtern. Gleichzeitig nahm er die Handtasche der jungen Frau an sich, holte das Handy heraus und schaltete es aus. Nachdem er es wieder in die Tasche gesteckt hatte, schleuderte er diese in ein Gebüsch weiter weg.

»Partytime!« Silfverbielke deutete auf das Stromhäuschen, und mit vereinten Kräften nahmen sie Yasmine in ihre Mitte. Sie wankte und gab schwache Laute von sich. Als ihre Proteste an Stärke zunahmen, begriff Silfverbielke, dass ein deutliches Machtwort gleich am Anfang die beste Medizin war. Er verpasste ihr eine kräftige Ohrfeige, und sie schrie auf. Christopher packte ihren Kopf mit beiden Händen, hielt ihn fest und zischte: »Listen carefully! Do you want to live or do you want to die?«

»Live …« Er konnte hören, wie sie unter dem Plastiksack weinte.

»Good. Do exactly as we say, and don't scream. One sound, and I'll kill you – understand?«

Sie nickte unter dem Plastiksack.

Silfverbielke zog sich schnell aus und streifte sich ein Kondom über. Dann hielt er Yasmine fest, während Ecker seinem Beispiel folgte.

Hinter dem Stromhäuschen befand sich eine Holzbank, deren Sitzfläche auf Hüfthöhe lag. Wahrscheinlich diente sie als Ablage für Werkzeug. Sie hoben Yasmine auf die Bank, überprüften ein letztes Mal ihre Maskierungen und zogen ihr den Sack vom Kopf.

Sie blinzelte zunächst gegen das schwache Licht der Abenddämmerung, das ihr nach der Dunkelheit unter dem Plastiksack hell vorkam. Dann öffnete sie die Augen und riss sie vor Schreck auf, als sie über sich die maskierten Gesichter erblickte.

Yasmine Monroe wusste nur zu gut, was ihr bevorstand, und weinte innerlich. Sie war bereits zuvor benutzt und erniedrigt worden, sowohl in Marseille als auch in Paris, aber sie hätte sich in ihren wildesten Fantasien nicht ausmalen können, dass es ihr erneut widerfahren würde. Und schon gar nicht in Båstad in Schweden.

Silfverbielke verschwendete keine Zeit. Mit einem schnellen Ruck zerrte er ihr Kleid nach oben, zog ihr den Slip aus und warf ihn auf den Boden.

Yasmines Welt verwandelte sich in ein unwirkliches Theaterstück, in dem Gut und Böse aufeinandertrafen. Wie durch einen Nebel sah sie im letzten Licht des Sommertages das gleiche schöne Grün wie auf dem Parkplatz, roch die gleichen wunderbaren Düfte und hörte das gleiche Vogelgezwitscher. Und das alles, während die bösen Männer sie systematisch vergewaltigten und erniedrigten. Sie musste sich auf die Lippe beißen, um nicht aufzuschreien, als die Schmerzen richtig schlimm wurden.

Aber sie wollte leben.

Manchmal tauchte sie in einen dunklen Nebel, wurde aber immer wieder in die Wirklichkeit zurückgeholt, wenn einer der beiden das Kondom wechselte und erneut in sie eindrang. Sie verlor bald den Überblick, wie oft die Kerle sie penetriert hatten, und der bloße Gedanke daran füllte sie mit Ekel.

Es pochte, es schmerzte, es brannte, und sie spürte, wie etwas Warmes aus ihrem Anus lief.

Blut.

Dann fiel sie in Ohnmacht.

Gefühlte tausend Jahre später – oder waren es zehn Minuten? – kam sie wieder zu sich, als eine behandschuhte Hand ihr einen Klaps auf die Wange gab.

»Listen, you little whore! We are going to put the sack on your head again. When you hear the car start, you count to one thousand before you move or do anything, is that understood? I can see you from the car and I can shoot you from two hundred feet. Do you want to take the risk?«

Yasmine schüttelte langsam und beinahe apathisch den Kopf. Tränen quollen aus ihren Augen und liefen über ihre Wangen. Angesichts der Schmerzen und der Müdigkeit fragte sie sich, ob sie es jemals schaffen würde, wieder aufzustehen.

Im Augenblick wollte sie einfach nur sterben.

Kapitel 53

Freitag, 13. Juli

Johannes Kruut bestellte noch einen Drink und sah auf die Uhr. Es war fast zwanzig Uhr dreißig.

Er war unglücklich, leicht betrunken und kapierte immer noch nicht, was los war. Nachdem er eine Dreiviertelstunde gewartet hatte, war er mit dem Taxi nach Båstad gefahren. Dort hatte er an jedem denkbaren Ort nach Yasmine gesucht und sogar an der Statoil-Tankstelle gefragt, ob man sie gesehen hatte.

Nein.

»Bitte!« Kruut zuckte zusammen und blickte auf. Die Kellnerin in Pepes Bodega lächelte freundlich und stellte ihm einen Gin Tonic hin.

Johannes trank einen tiefen Schluck und blickte sich um. Das Lokal füllte sich allmählich mit Partygängern, die essen, trinken, tanzen, sich Kokain reinziehen und Sex haben wollten, bis die Nacht dem Morgen wich.

Aber das interessierte ihn nicht. Er warf nicht einmal ein Auge auf die sonnengebräunten Blondinen, die in Scharen in kurzen, dünnen Kleidern hereinkamen und normalerweise in sein Beuteschema gepasst hätten. Er griff zu seinem Handy und wählte zum gefühlt tausendsten Mal die Nummern von Yasmine, Hans und Christopher.

Niemand ging dran.

»Jetzt fahren wir nach Båstad und reißen richtig Bräute auf.« Christopher sah Hans mit funkelnden Augen an.

Ecker hatte sich die Maskierung abgestreift und sah Silfverbielke unschlüssig an.

Herrgott, der Typ ist doch wohl nicht ganz dicht. Und – wie schlau war diese Aktion mit der Negertussi überhaupt gewesen?

»Verdammt, Chris, kriegst du nie genug? Das hier war ja mehr, als ich daheim in einem ganzen Monat bekomme.«

»Ich habe nur Spaß gemacht. Aber wir sollten in die Stadt fahren, ein bisschen was essen und uns ein paar hinter die Binde gießen, oder was meinst du?«

»Absolut! Aber was machen wir mit dem Zeug«, Ecker wedelte mit der Badekappe und der Sturmhaube, »und dem Auto?«

»Kein Problem. Gleich vor dem Ortseingang von Båstad geht ein Weg zum Meer hinunter …«

Eine Viertelstunde später parkte Silfverbielke auf einem kleinen Waldweg. Sie verstauten die Badekappen, Handschuhe, den Mundschutz und die Sturmhauben in einem schwarzen Plastiksack. Dann ließen sie den Wagen unverschlossen und mit im Zündschloss steckendem Schlüssel stehen und spazierten hinunter zum Meer. Silfverbielke wiederholte seinen alten Trick mit den Steinen und den Luftlöchern und schleuderte den Sack zehn Meter ins Wasser hinaus. Er ging auf der Stelle unter und hinterließ ein paar Luftblasen. Dann machten sie sich zu Fuß auf den Weg in das einen Kilometer entfernte Zentrum von Båstad.

Yasmine glaubte allen Ernstes, dass sie sterben würde. Sie war an der Stelle im Wald geblieben und hatte sich mehrmals übergeben. Als sie versuchte, den Blick zu fokussieren, drehte sich alles. Sie hatte versucht, sich zu orientieren, und war auf gut

Glück den Waldweg entlang getorkelt, bis sie endlich eine Straße mit Schildern erreichte. Sie weinte vor Dankbarkeit. Da die hochhackigen Sandaletten rieben, zog sie sie aus und setzte barfuß und mühsam ihren Weg auf dem immer noch warmen Asphalt fort.

Nach einer Stunde vernahm sie hinter sich ein Auto. Sie drehte sich um und wedelte aufgeregt mit den Armen, als das Scheinwerferlicht sie erfasste. Das freundliche ältere Ehepaar verstand nicht so viel Englisch, aber als sie Yasmines aufgewühlte Verfassung und die Blutflecken auf ihrem Kleid sahen, brachten sie sie zum Polizeirevier in Båstad.

Drinnen auf der Wache herrschte eine vorübergehende Ruhe zwischen den Massenanstürmen. Der Diensthabende, Kjell-Inge Jonsson, zog die Augenbrauen hoch, als er die Frau zur Tür hereinkommen sah.

Sternhagelvoll, die Tussi, war sein erster Gedanke, als er ihren taumelnden Gang und die Schuhe sah, die sie in der Hand hielt.

Fremdsprachen waren noch nie seine Stärke gewesen, aber da er im Augenblick allein im Revier Dienst tat, war er gezwungen, sein bestes Schulenglisch zu bemühen. Aber entweder war es nicht gut genug, oder die Tussi log. Jedenfalls hatte er noch nie so eine Geschichte gehört. Parkplatz hinter der Bank, großes schwarzes Auto, Plastiksack, schwarze Sturmhauben, Mundschutz – das alles klang wie in einem spannenden amerikanischen Film. Solche Sachen passierten vielleicht in Chicago, oder wie die Stadt gleich wieder hieß, aber nicht in Båstad.

Vergewaltigt, hatte sie gesagt? Wer würde sich schon die Mühe machen, jemanden zu vergewaltigen, wenn es in Båstad um diese Zeit genügend Frauen gab, die man wahrlich nicht zu überreden brauchte, mit einem in die Kiste zu hüpfen?

Jonsson seufzte, tippte einen Befehl auf der Tastatur seines Computers und rief das Anzeigeformular auf. Dann trug er umständlich ihre Personalien ein und befragte sie in seinem holprigen Englisch. War sie am Abend allein draußen gewesen? In diesem kurzen Kleid? Kapierte sie nicht, dass so eine Aufmachung provokant wirkte?

Konnte sie die Täter beschreiben? Nein? Hatten sie Schwedisch gesprochen? Hatte sie sich das Kennzeichen, die Farbe und die Marke des Autos gemerkt? Nein? Und dann das mit den Sturmhauben …

Nein. Kjell-Inge Jonsson glaubte keine Sekunde, dass die junge Frau vergewaltigt worden war. Sie war höchstens mit ein paar Kerlen mitgegangen, um ein bisschen Spaß zu haben, und hatte es sich dann anders überlegt, als sie daran dachte, was ihr Mann oder Freund dazu sagen würde. So etwas kam ja immer wieder mal vor.

Am liebsten hätte er seinen Platz vor dem Computer verlassen, wäre in den Pausenraum zurückgekehrt und hätte sich eine Weile ausgeruht, bevor nach Mitternacht der nächste Ansturm kam. Er erklärte der jungen Frau geduldig, dass die Polizei natürlich Ermittlungen einleiten musste, aber zu diesem Zweck war es nötig, dass sie eine oder ein paar Wochen in Båstad blieb, für den Fall, dass es der Polizei gelang, die Täter zu fassen.

Plötzlich brach Yasmine Monroe vor ihm in einen hemmungslosen Weinkrampf aus, sagte ihm, er solle das Ganze vergessen und taumelte zur Tür hinaus.

Jonsson schloss das Computerprogramm, ohne etwas zu speichern, und blickte ihr nachdenklich hinterher. Komisch, dachte er, die hat ja gar nicht nach Alkohol gerochen. Vielleicht hat sie Pillen genommen. Heutzutage gab es ja so viele Drogen. Und schuld daran waren nur diese Ausländer, die das Zeug nach Schweden brachten.

Verdammte Scheiße!

»Johannes! Verdammt, ich habe mehrmals versucht, dich anzurufen. Wo hast du die ganze Zeit gesteckt?«

Ecker schauspielerte gut, dachte Silfverbielke und nickte ihm aufmunternd zu.

»Bei Pepes? Okay, wir sitzen im Lokal Sand, ob du es glaubst oder nicht. Beweg deinen Arsch hierher, dann spendier ich dir einen Drink. Leider habe ich schlechte Nachrichten, aber das erzähl ich dir, wenn du hier bist.«

Johannes Kruut bezahlte und ging schnellen Schrittes das kurze Stück hinüber zum Lokal, wo er die Freunde an einem Tisch mit einer Flasche Champagner vorfand. Silfverbielke schenkte ihm schnell ein Glas ein. Nach einer Diskussion von ein paar Minuten kamen sie zu dem Schluss, dass das gesamte Mobilfunknetz eine oder zwei Stunden lang zusammengebrochen sein musste, da sie alle versucht hatten, sich gegenseitig anzurufen, ohne durchzukommen und ohne dass die entgangenen Anrufe auf den Displays erschienen.

Kruut brauchte eine gute Weile, um sich von dem Schock wegen seines gestohlenen Wagens zu erholen, aber Silfverbielke beruhigte ihn. Zehn Minuten vor Kruuts Ankunft hatte Christopher auf einem anderen Prepaidhandy, das er neu gekauft hatte, anonym bei der Polizei angerufen und mitgeteilt, dass ein Luxuswagen seltsamerweise unverschlossen und mit dem Schlüssel im Zündschloss auf einem Weg unten am Meer stehe. Die Polizei dürfte nicht allzu lange brauchen, um den Lexus zu finden und Johannes zu benachrichtigen.

Johannes erzählte den Freunden, wie sehr er sich um Yasmine Sorgen machte. »Ich kapiere wirklich nichts. Wir hatten uns doch verabredet. Sicher bin ich ein bisschen spät gekommen, aber das war ja eure Schuld, weil ihr nicht zurückgekommen seid. Ich habe bestimmt hundert Mal versucht, sie auf dem Handy zu erreichen und …«

»Hast du es in ihrem Hotel probiert?«, schlug Silfverbielke hilfsbereit vor.

Kruut zögerte. »Weiß nicht, ob ich mich da hintraue. Was, wenn ich mit diesem Bernard Stress bekomme?«

»Ach was, das wird schon nicht so schlimm«, sagte Ecker. »Geh einfach hin, was hast du schon zu verlieren?«

Johannes nickte und stellte sein Champagnerglas auf den Tisch. »Ich glaube, das mache ich. Ich ruf euch dann an. Bleibt ihr hier?«

Silfverbielke nickte. »Wir werden wohl noch eine Weile hier sein.«

Johannes klopfte vorsichtig an Yasmines Hotelzimmertür und wartete. Er hatte sich wie schon am Abend zuvor leise an Bernard Deschamps Zimmer vorbeigeschlichen.

Er vernahm drinnen Geräusche. Es klang, als ob jemand leise weinte.

Er klopfte erneut.

Johannes wich zurück, als sie aufmachte. Ihr Make-up war die Wangen hinuntergelaufen, und ihre Haare waren zerwühlt. Sie trug einen Bademantel, dessen Vorderseite sie fest zusammenhielt, und sah aus, als wäre sie gerade aufgestanden. Er warf einen Blick über ihre Schulter und stellte fest, dass außer ihr niemand im Zimmer war.

»Yasmine! Was ist los? Ist was passiert? Darf ich reinkommen?«

Sie schüttelte traurig den Kopf und sagte nichts.

»Aber wieso bist du nicht gekommen? Wir waren doch verabredet … war es … wegen Bernard?« Kruut senkte die Stimme zu einem Flüstern.

Yasmine schüttelte erneut den Kopf. »Tut mir leid, Johannes, aber das ist jetzt nicht der richtige Zeitpunkt. Ich bin völlig durch den Wind. Vielleicht können wir morgen telefonieren, dann sehen wir weiter …«

Sie warf ihm noch einen traurigen Blick zu und schloss leise die Tür vor seinen Augen.

Johannes Kruut verstand nur Bahnhof. Er ging auf die Straße hinaus, erwischte irgendwann ein Taxi und fuhr direkt zum Haus in Torekov.

Ihm war jegliche Lust vergangen, mit den Jungs zu feiern.

Kapitel 54

Samstag, 14. Juli

Als Christopher Silfverbielke aufwachte, war er richtig gut drauf. Hans und er hatten im Lokal Sand weiter gefeiert. Hätte er Lust auf eine Braut gehabt, hätte es durchaus Möglichkeiten gegeben, aber er wollte nicht die schöne Erinnerung an das Spiel mit der Mulattin am Stromhäuschen zerstören. Mit anderen Worten, Båstads Tennisschlampen mussten heute Abend ohne ihn zurechtkommen.

Ecker war in dieser Hinsicht aktiver gewesen. Er hatte eine Brünette mit Champagner und Kokain abgefüllt und sich von ihr anschließend auf dem Parkplatz auf die Schnelle einen blasen lassen. Irgendwas ging immer.

Dass Kruut nicht zurückgekommen war, hatte sie nicht sonderlich erstaunt. Der Bursche war wohl traurig darüber, dass sein Date geplatzt war. Shit happens.

Als sie schließlich spät in der Nacht besoffen in das Haus in Torekov torkelten, war es dort vollkommen still gewesen. Die Tür zu Kruuts Schlafzimmer war verschlossen.

Als Silfverbielke die Küche betrat, saßen Johannes und Hans am Küchentisch. Jeder hatte vor sich eine Tasse Kaffee und telefonierte auf dem Handy.

»Aha?«, sagte Johannes. »Das klingt ja äußerst seltsam, aber okay, wann kann ich ihn abholen …? Jederzeit. Okay, dann komme ich etwas später.«

Ecker sah Silfverbielke an und verdrehte die Augen. »Ja, natürlich verstehe ich das, meine Süße, das muss ja verdammt unangenehm sein, wenn sie so anschwellen. Aber du musst einfach an das süße Baby denken. Ja, natürlich liebe ich dich. Was? Ähhh … da müssen wir mal schauen, das muss ich erst mit den anderen besprechen. Hör zu, gerade ist Chris aufgewacht, wir frühstücken jetzt. Ich ruf dich später an, okay? Küsschen!«

»Habt ihr ein Callcenter aufgemacht, Jungs?«, fragte Silfverbielke lachend, holte sich eine Tasse und schenkte sich Kaffee ein.

Kruut blickte verhalten drein. »Das war die Polizei. Die haben mein Auto gestern auf einem Waldweg gefunden. Anscheinend ohne jeden Schaden, und der Schlüssel steckte noch. Wir müssen nach dem Frühstück hinfahren und es abholen.«

»Wie schön, Johannes. Und ich möchte mich noch mal bei dir entschuldigen, das war wirklich dumm von uns, den Wagen einfach so stehen zu lassen. Aber wenigstens ist er nicht beschädigt. Puh!« Silfverbielke legte die Hand aufs Herz.

Er wandte sich Hans zu. »Und wenn ich dich richtig verstanden habe, ist dein Eheglück vollkommen? Wann heiratet ihr übrigens? Wir erwarten natürlich eine feudale Hochzeitsfeier, stimmt's, Johannes?«

Kruut nickte, sah aber nach wie vor deprimiert aus.

»Was ist los, Johannes?«, fragte Ecker.

»Es ist wegen Yasmine …«

»Ja?«

»Ich habe sie schließlich im Hotel erwischt. Aber sie war total seltsam. Sie sah aus, als hätte sie geweint. Sie wollte sich nicht mit mir treffen und auch nicht mit mir reden. Deswegen war ich so deprimiert und bin nach Hause, anstatt noch mal ins Sand zu kommen.«

Ecker seufzte tief. »Bräute! Bestimmt hatte sie Ärger mit diesem Tennisspieler, du wirst sehen. Scheiß drauf. Und komm wieder auf den Boden zurück, wir fahren ja nach Hause, da kommst du eh nicht mehr dazu, dich mit ihr zu treffen.«

»Aber ich bin doch in sie verliebt!«

»Die Liebe kommt, die Liebe vergeht, die Liebe nur selten für immer besteht«, dichtete Silfverbielke. »Ich glaube, heute tue ich ein Stückchen Zucker in meinen Kaffee.« Er lächelte Kruut aufmunternd zu. »Andere Mütter haben auch schöne Töchter, Johannes. Jetzt möchte ich folgenden Vorschlag machen: Hans und ich haben uns gestern Abend geeinigt, dass es besser wäre, wenn wir heute heimfahren statt morgen, wenn das ganze Gesocks gleichzeitig aufbricht. Ich schlage also vor, dass wir jetzt duschen, und anschließend holen Hans und ich dein Auto, während du hier im Haus aufräumst. Und dann genehmigen wir uns ein gutes Mittagessen im Hafenkrug und fahren zurück in die Hauptstadt. Was hältst du davon?«

Johannes blickte überrascht und verwirrt drein. Seit der seltsamen Begegnung mit Yasmine gestern Abend hatte er sich vorgenommen, sie heute anzurufen, ein Treffen zu verabreden und herauszufinden, was passiert war. Er musste unbedingt Antworten auf seine Fragen erhalten.

»Aber … ich dachte, ihr wolltet euch die restlichen Spiele ansehen? Und ich wollte mich noch mal mit Yasmine treffen. Ich muss rausfinden, was passiert ist.«

Ecker beugte sich vor und gab Kruut einen freundschaftlichen Klaps auf den Arm. »Johannes, vielleicht hat sie das Ganze nicht so ernst genommen wie du, das kommt manchmal vor. Ruf sie an und frag, was los war, wenn es unbedingt sein muss, aber vergiss sie dann. Sie fährt ja wieder zurück nach Paris oder wo auch immer sie herkommt, und dann seht ihr euch sowieso nicht mehr.«

»Aber ich könnte sie ja in Paris besuchen und …«

»Ja, ja«, fiel ihm Christopher abweisend ins Wort, »das kann bis später warten. Jetzt geht es darum, dass wir nach Hause kommen. Wir scheißen auf die restlichen Spiele, die können wir uns im Fernsehen anschauen. Außerdem hat jeder von uns morgen daheim Dinge zu erledigen. Arbeitest du jetzt nicht unter der Woche in Linköping, Johannes?«

Johannes schlug mit der flachen Hand auf den Tisch. »Verdammt, da hast du recht. Wir haben ja am Montag eine Besprechung mit dem neuen Leitungsteam. Na ja, dann ist es wohl besser, wenn wir heute fahren.«

Eine Stunde später saßen Silfverbielke und Ecker entspannt zurückgelehnt in einem Taxi auf dem Weg nach Båstad. Ecker saß auf dem Rücksitz und döste vor sich hin, Christopher vorne neben dem Fahrer. Plötzlich spürte er, wie es in seiner Tasche summte. Er zog diskret das Handy hervor und las die SMS.

Es ist mir scheißegal, was Hans gemacht hat, aber ich will wissen, ob du in Båstad mit jemandem Sex hattest. V.

Silfverbielke lächelte und drückte auf »Antworten«.

Eifersüchtig?

Ja.

Er grinste.

Das geht dich nichts an.

Du Schwein! Dann treffe ich mich nicht mehr mit dir!

Christopher wartete fünf Minuten. Es vibrierte erneut.

Verzeih mir, ich hab das nicht so gemeint.

Er antwortete nicht. Nach ein paar Minuten vibrierte das Handy erneut.

Ich bitte dich tausend Mal um Verzeihung!!! Ich gehöre dir und tue, was du sagst. Vermisse dich einfach so sehr. Wir müssen uns bald sehen. Vielleicht haben wir bald nicht mehr viele Möglichkeiten dazu.

Silfverbielke lehnte lächelnd den Kopf gegen die Nackenstütze und schloss die Augen.

Der Diensthabende auf dem Polizeirevier von Båstad stellte keine Fragen, sondern verglich lediglich die Namen mit denen in der Diebstahlsanzeige vom Vortag. Dann ließ er sich die Ausweise zeigen und die Rückgabe des Wagens bescheinigen, händigte ihnen den Autoschlüssel aus und erklärte, dass der Fall erledigt war.

»Der Wagen steht draußen auf dem Parkplatz. Passen Sie in Zukunft besser auf ihn auf. Wir haben keine Zeit, uns um solche Bagatellen zu kümmern, wir haben im Augenblick mit schwereren Fällen zu tun.«

Silfverbielke musterte den Mann und konnte seine Abneigung nur mühsam verbergen. Der Polizist war hager und trug eine zu große Uniformjacke, dazu eine dieser dämlichen Krawatten mit Klettverschluss, wie Kinder sie trugen.

Du Arschloch. Wenn ich heute nicht so unheimlich gut gelaunt wäre, würde ich dafür sorgen, dass du einen richtig schweren Fall an der Backe hast. Aber ich verschwinde jetzt aus diesem Kaff. Dank deinem Gott, wenn du einen hast.

Silfverbielke lächelte freundlich. »Das verstehe ich, und es tut mir leid, dass wir Ihnen unnötig Arbeit gemacht haben. Vielen Dank für Ihre Hilfe.«

Johannes saß lange mit dem Mobiltelefon in der Hand da, bevor er all seinen Mut zusammennahm und Yasmines Nummer wählte. Was sollte er ihr sagen? Wie sollte er beginnen? Er brannte vor Unruhe und wollte wissen, was passiert war. Gleichzeitig hatte er Angst davor, dass sie ihn genauso abweisen würde wie vergangenen Abend.

»Yasmine.«

Sie antwortete nach dem ersten Läuten, und ihre Stimme klang jetzt genauso sanft und wunderbar wie an ihrem ersten Abend zusammen.

»Hallo! Ich bin's, Johannes.«

Plötzlich klang sie wieder traurig. »Johannes …«

Er wartete darauf, dass sie fortfuhr, aber es kam nichts.

»Yasmine, ich weiß nicht, wie ich beginnen soll«, sagte er nach einer Weile nervösen Schweigens. »Gestern war alles so seltsam, und ich habe mir solche Sorgen um dich gemacht. Habe ich dir etwas getan?«

Am anderen Ende blieb es eine ganze Weile still.

Doch dann erzählte Yasmine ihm alles.

Kapitel 55

Montag, 16. Juli

»Pfui Teufel, ich packe das nicht!« Colt schauderte.

Henrik Vadh nickte düster. »Nee, auf die Beerdigung eines Kollegen zu gehen, ist auch nicht gerade meine Lieblingsbeschäftigung, aber was soll man machen? Hast du eine Idee, wo wir hin müssen?«

»Nein, ich dachte, du weißt das.«

Sie näherten sich der ersten Ausfahrt nach Örebro. Christer Ehn und Sven Bergman saßen schweigend auf dem Rücksitz. Man hatte Bergman von den Ermittlungen im Mordfall de Wahl und seinem eigenen Fall von Körperverletzung abgezogen und in den Innendienst versetzt. Trotz der langen Zeit, die seit dem Vorfall in der Stockholmer Altstadt verstrichen war, schien er immer noch nicht richtig in Form zu sein. Er litt regelmäßig an Kopfschmerzattacken, und ab und zu tat ihm immer noch der Kiefer weh.

Im Wagen hinter ihnen saßen Johan Kalding, Niklas Holm, Magnus Ekholm und Anna Kulin. Jacob war erstaunt gewesen, dass die Staatsanwältin bei Janne Månssons Beerdigung dabei sein wollte – schließlich war ihre Einstellung dem Mann gegenüber nicht gerade positiv. Aber Kulin hatte darauf bestanden.

»Ein Kollege ist ein Kollege. Er hatte bestimmt mit seinen eigenen Dämonen zu kämpfen.«

Ja, das wissen nur die Götter, dachte Jacob.

»Wir reden von Norra Oxhagen«, sagte Vadh, »so weit im Westen von Örebro, bis es nicht mehr weitergeht. Längbro, sagt dir das was? Wir müssen zur Längbrokirche.«

Jacob schüttelte den Kopf. »Keinen blassen Schimmer, fürchte ich.«

»Bieg hier ab, dann zeige ich es dir, wenn wir die Ausfahrt runterfahren.«

»Okay. Wann müssen wir bei der Kirche sein?«

»Die Beerdigung beginnt um zehn, wir haben ausreichend Zeit.«

»Hinterher gibt es wohl keinen Leichenschmaus, was?«

»Das glaube ich kaum. Wir fahren sofort los. Gegen eins sind wir bestimmt wieder in Stockholm.«

»Gut. Wir haben um drei eine Besprechung mit Kulin.«

Vadh seufzte. »Das hat gerade noch gefehlt. Was für ein beschissener Tag.« Er rückte die schwarze Krawatte zurecht.

Die Bestattungszeremonie erwies sich – zumindest in Jacob Colts Augen – als eine tragische Geschichte. Während der einleitende Psalm gespielt wurde, sah er sich vorsichtig in der schönen Kirche um. Neben den acht Kollegen aus Stockholm waren nur fünf weitere Personen anwesend: die Pastorin, der Kantor, Janne Månssons Bruder und die Exfrau mitsamt Mehmet Svensson, dem Kollegen, mit dem sie eine Affäre gehabt hatte.

Wie kann er sich hier nur zeigen?, fragte sich Jacob. *An seiner Stelle hätte ich mich so weit fern gehalten wie nur möglich. Peinlich.*

»Wir haben uns an diesem schönen Sommertag versammelt, um von Jan Gustaf Månsson Abschied zu nehmen …«

Die Pastorin, eine Frau Mitte dreißig, tat bestimmt ihr Allerbestes, aber aus verständlichen Gründen gelang es ihr nicht ganz. Sie hatte den Toten nicht persönlich gekannt, und offenbar gab es nicht viele Leute, die sie hätte anrufen und fragen können. Sie hielt eine kurze, ziemlich allgemein formulierte Predigt darüber, was für ein netter und verständnisvoller Mensch Månsson gewesensei. Hin und wieder wurde sie durch das laute und hemmungslose Weinen der Exfrau unterbrochen. Colt warf einen Blick zur Seite und sah, dass Mehmet Svensson den Arm tröstend um sie legte.

»Außerdem«, fuhr die Pastorin fort, »kannten wir Jan als einen großartigen und verständnisvollen Mitmenschen, als einen hervorragenden Polizeibeamten und eine Stütze der Gesellschaft. Aber ungeachtet dessen, was ein Mensch beruflich macht, ist das Leben oftmals ein Weg mit vielen Löchern und spitzen Steinen, und nicht jeder schafft es, den gesamten Weg zurückzulegen …«

Kein Wort, dachte Colt, über die Treulosigkeit seiner Frau. Kein Wort über seinen glühenden Hass, über seine geistige Nähe zu Rechtspopulisten oder Nationalsozialisten. Natürlich nicht. Man muss ja die Fassade aufrechterhalten.

Ein weiterer Psalm ertönte, und Jacob verzog das Gesicht, als er feststellte, dass er nicht der Einzige war, der nicht mitsang. Lieder und Gottesdienste lagen ihm nun mal nicht besonders, und er brachte es nicht fertig, zu heucheln.

Im Anschluss an die Predigt traten die Anwesenden nacheinander vor und legten Blumen auf den Sarg. Bei Månsson hatte man einen Zettel gefunden, auf dem er den Wunsch notiert hatte, man solle seinen Leichnam verbrennen und die Asche in dem Gedächtnishain gleich hinter der Kirche ausstreuen. Der Text hatte mit folgendem Satz geendet: *Ob sich überhaupt jemand die Mühe macht, meiner zu gedenken?*

Als Jacob schweigend vor dem Sarg stand, schloss er für eine Sekunde die Augen. *Wieso läuft es bei manchen Leuten im Leben gut, bei anderen dagegen beschissen? Ich weiß es nicht.*

Aber ich weiß, dass ich auf keinen Fall so enden will wie Janne Månsson.

»Johannes, so kann das nicht weitergehen! Das ist die reinste Katastrophe! *Du* bist die reinste Katastrophe!«

Johannes, in Gedanken noch ganz bei Yasmine, zuckte zusammen, als sein Vater mit der Faust auf den großen Schreibtisch schlug. John Kruut saß seinem Sohn gegenüber, einen Haufen Papiere vor sich ausgebreitet, und starrte ihn mit Zornesröte im Gesicht an. Johannes begann unbewusst, an den Fingernägeln zu kauen.

Der Montag hatte überhaupt nicht gut angefangen. Johannes hatte geplant, nach Linköping zu fahren und entschlossen ein paar weitere Veränderungen durchzudrücken. Welche, darüber war er sich nicht ganz klar, aber ihm würde schon etwas einfallen.

Er musste Entschlossenheit und Tatkraft zeigen.

Aber als er seinen Laptop und ein paar Aktenordner aus seinem Büro holen wollte, lag eine schriftliche Mitteilung auf dem Schreibtisch, in der sein Vater ihn aufforderte, um zwölf Uhr zu einer Besprechung zu erscheinen. Außerdem verlangte John Kruut, dass sein Sohn bis dahin die neuesten Quartalszahlen für Johnssons Mekaniska heraussuchte und ausführlich Rechenschaft über bisher getroffene Maßnahmen und die damit verbundenen Ergebnisse ablegte.

Johannes setzte sich mit Schweißperlen auf der Stirn an den Computer, blätterte hektisch in den Aktenordern herum und ging die Quartalsberichte durch.

Nachdem John Kruut dem Rechenschaftsbericht seines Sohnes zugehört und sich mit wachsender Wut die Zahlen angesehen hatte, fixierte er Johannes mit strengem Blick. »Du hast am 26. Februar den Posten des Geschäftsführers übernommen und hattest also fast fünf Monate Zeit, Maßnahmen zu treffen. Und jetzt stelle ich fest, dass die Ergebnisse im ersten Quartal nur geringfügig schlechter waren als zur gleichen Zeit im Vorjahr, während die Zahlen im zweiten Quartal katastrophal sind. Über die Jahre betrachtet haben das zweite und dritte Quartal stets am besten abgeschnitten, und jetzt präsentierst du mir für Johnssons

Mekaniskas zweites Quartal einen Verlust von zweihunderttausend Kronen! Außerdem hast du die drei tüchtigsten Leute der Firma entlassen – Hanberg, Billman und Eriksson, langjährige und treue Mitarbeiter, die jahrzehntelang die Firma mit sicherer Hand geführt haben. Stattdessen hast du deinen Stellvertreter angewiesen, ein neues Leitungsteam zu rekrutieren – du hast es also nicht einmal geschafft, dich selbst darum zu kümmern. Der hat wiederum ein paar Hohlköpfe eingestellt, die einen Schraubenschlüssel nicht von einer Dose Katzenfutter unterscheiden können. Außerdem habt ihr fünf neue Mitarbeiter eingestellt, ohne dass die Produktion auch nur einen Deut gestiegen ist! Johannes, was machst du nur? Und als wäre das alles nicht genug, hast du eine Sekretärin eingestellt – diese Pernilla – und im Hauptbüro in Stockholm platziert. Und das zu einem ungerechtfertigt hohen Gehalt! Was sollen wir mit ihr machen?«

John Kruuts Lautstärke schwoll bei den letzten Sätzen zu einem Brüllen an, und Johannes spürte, wie er vor den Blicken seines Vaters schrumpfte.

»Das ist … es hat ein paar Probleme bei der Inbetriebnahme gegeben …«

John Kruut sprang von seinem Stuhl auf, und Johannes konnte sehen, wie seine Schläfen pochten. »Probleme bei der Inbetriebnahme! Johnssons Mekaniska stellt seit fünfundzwanzig Jahren im Großen und Ganzen die gleichen Produkte her. Das einzige Problem, das es dort gibt, bist du!«

Der Vater zeigte mit zitterndem Finger auf Johannes, bevor er sich wieder unter Kontrolle bekam und auf seinen Stuhl sank. Er fuhr sich müde mit der Hand über das Gesicht.

»Johannes, ich weiß nicht, was mit dir los ist und was ich mit dir machen soll. Wenn dein Großvater das hier sehen könnte, würde er sich im Grab umdrehen.«

Er machte eine Pause und sah seinen Sohn an, als erwartete er von ihm eine Antwort.

Johannes ließ seinen Blick unglücklich umherschweifen. Bevor sein Vater ihm diesen verdammten Geschäftsführerposten aufgehalst hatte, war alles viel besser gewesen. Die Arbeit als Geschäftsführer lag ihm nicht besonders. Johannes fand, dass er in anderen Dingen besser war … tja, worin war er eigentlich besser?

John Kruut blätterte wieder in den Papieren herum, ehe er fortfuhr.

»Du lässt mir keine andere Wahl, Johannes. Du wirst die Firma auch im dritten Quartal leiten, aber wenn du das Ergebnis und die Effektivität nicht vor Ende September deutlich verbessert hast, muss ich dich entlassen. So kann das nicht weitergehen.«

Genauso gut hätte sein Vater ihm mit dem Hammer auf den Kopf hauen können.

»… muss ich dich entlassen.«

Johannes wurde kreidebleich und hatte das Gefühl, dass seine ganze Welt zusammenzubrechen drohte. Als Geschäftsführer bezog er ein Monatsgehalt von neunundfünfzigtausend Kronen und genoss eine Reihe von Vergünstigungen, wie Dienstwagen, Diensthandy und natürlich Repräsentationsspesen, die über die Firmenkreditkarte abgerechnet wurden.

Alle diese Privilegien konnte und *würde* er bald verlieren, wenn er Johnssons Mekaniska nicht gründlich auf den Kopf stellte.

Aber das war nicht das Schlimmste.

In dem Dokument, das die Verwaltung seines Privatvermögens regelte, stand ausdrücklich, dass Johannes nur Zugang dazu hatte, solange er im Familienunternehmen angestellt war. Im Falle einer Aufhebung des Beschäftigungsverhältnisses würde John Kruut automatisch die Vermögensverwaltung übernehmen, und die Wahrscheinlichkeit, dass er Johannes Geld für Mädchen, Champagner und Kokain überließ, war gleich null.

Das hier war eine echte Katastrophe.

Nach dem Gespräch mit seinem Vater begab sich Johannes auf direktem Weg in seine Wohnung am Valhallavägen, nicht weit von der Firmenzentrale entfernt, duschte eiskalt und legte sich nackt ins Bett.

Allerlei Gedanken gingen ihm durch den Kopf. Wie sollte er Johnssons Mekaniska schnell wieder auf Vordermann bringen und damit seine materielle Sicherheit garantieren? In Zukunft musste er mehrere Tage in der Woche in Linköping erscheinen, vielleicht sogar die ganze Woche am Stück.

Eine schreckliche Vorstellung.

Vielleicht sollte er die drei ehemaligen Mitglieder des Leitungsteams, die er hinausgeworfen hatte, anrufen und ihnen erklären, dass er ihnen nach reiflicher Überlegung noch eine Chance geben wollte. Er musste ja weiterhin Stärke und Entschlossenheit zeigen.

Und wieso machte die Firma Verlust? Er musste sein altes Wissen in Betriebswirtschaft ausgraben und jemanden bitten, mit ihm zusammen die Quartalsberichte durchzugehen.

Seine Gedanken schweiften zu Yasmine. Das war angenehmer. Und auch wieder nicht. Die Geschichte, die sie ihm erzählt hatte, war von Anfang bis Ende schrecklich. Die Entführung, der Plastiksack, das große Auto. Die Sturmmasken.

Und die Vergewaltigung.

Sie hatte angefangen zu schluchzen und wollte natürlich nicht ins Detail gehen, aber er entnahm ihren Worten, dass sie gewaltsam erniedrigt und benutzt worden war.

Kruut runzelte die Stirn. Ein Verdacht keimte in ihm auf. Er versuchte, den Gedanken genauso schnell zu verdrängen, wie er gekommen war, aber es gelang ihm nicht.

Alles passte nur zu gut.

Hans und Christopher waren mit seinem Auto rechtzeitig vor seiner Verabredung mit Yasmine verschwunden. Sie waren zu zweit und das Auto war groß und bequem gewesen. Angeblich war es mit im Zündschloss steckendem Schlüssel gestohlen worden und noch am gleichen Abend auf ebenso unbegreifliche Weise wieder aufgetaucht.

Johannes dachte daran, wie Christopher den gelben VW Fox in Berlin als gestohlen gemeldet hatte. Weil es »praktisch« war.

Herrgott! Was war ich doch bloß für ein Idiot! Er wusste ja, dass Christopher zu allem fähig war. Er und Ecker hatten sich darüber lustig gemacht, dass er in Yasmine verliebt war. Sie hatten nicht nur Yasmine vergewaltigt, sondern auch seine Gefühle.

Johannes setzte sich im Bett auf. Er zitterte, und in seinem Gesicht brach kalter Schweiß aus. Endlich begriff er, was er vielleicht die ganze Zeit gewusst, aber verdrängt hatte. Die beiden waren nicht seine Freunde und waren es nie gewesen.

Johannes schloss die Augen, als ihm die Wahrheit schmerzhaft klar wurde.

Er musste etwas unternehmen.

Er musste seinen Job und sein Privatvermögen sichern, sich von Christopher und Hans trennen und seinen rechtmäßigen Anteil an dem gemeinsamen Fonds einfordern.

Er eilte ins Bad und wusch sich das Gesicht mit eiskaltem Wasser.

Er fühlte sich, als stünde sein ganzes Leben auf dem Spiel.

»Ich sehe keine andere Möglichkeit, als die Ermittlungen im Mordfall de Wahl mehr oder weniger auf Eis zu legen. Wir müssen auf jeden Fall kürzertreten, was den Einsatz von Ressourcen angeht. Es ist peinlich, und ich weiß nicht, wie ich das an höherer Stelle erklären kann, aber so ist es leider.«

Anna Kulin blickte in die um den Tisch versammelte Runde. Nach der Beerdigung in Örebro waren sie nach Stockholm zurückgekehrt und hatten sich nach einem späten Mittagessen im Dezernat zu einer weiteren, scheinbar sinnlosen Besprechung zum Fall de Wahl zusammengefunden.

Sie traten auf der Stelle. Obwohl Niklas Holm Tag für Tag am Computer und Telefon verbrachte, war es ihm nicht gelungen, etwas Brauchbares zu de Wahls Vergangenheit ans Licht zu bringen. Die Klassenkameraden aus der Grundschule konnten sich kaum an ihn erinnern, und viele andere, die man fragen konnte, gab es nicht, es sei denn, der Staat wäre bereit gewesen, die Kosten für eine Reise zu de Wahls ehemaligen Universitäten in Großbritannien und den USA zu übernehmen.

Aber dazu war der Staat nicht bereit.

Henrik Vadh hatte Herman de Wahl sicherheitshalber einen weiteren Besuch abgestattet, dieses Mal in Begleitung von Magnus Ekholm. Der Banker hatte sich offenbar von dem Schock darüber erholt, dass sein Sohn einen Liebhaber mit Migrationshintergrund gehabt hatte, und seine extrem arrogante Haltung wieder eingenommen.

Herman de Wahl hatte die beiden Kripobeamten mit überlegener Miene angesehen und in gelangweiltem Tonfall wiederholt, dass sein Sohn natürlich keine Feinde gehabt habe. Andererseits konnte dieser Migrantenschmarotzer ja versucht haben, Alexander zu erpressen. Und wer wusste überhaupt, ob man sich auf die Angaben der Polizei verlassen konnte?

Das arrogante Auftreten de Wahls hatte Henrik Vadh überrascht und ihn veranlasst, in unkonventionellen Bahnen zu denken. Für einen Augenblick hatte er mit dem Gedanken gespielt, dass de Wahl selbst seinen Sohn umgebracht oder den Mord in Auftrag gegeben hatte, weil Alexanders homosexuelle Ausschweifungen immer wilder geworden waren. Wären die Neigungen des Sohnes an die Öffentlichkeit gedrungen, hätte dies dem Ansehen der Bankiersfamilie geschadet.

Vadh hatte daraufhin Herman de Wahl aus heiterem Himmel gefragt, wo er sich zum Zeitpunkt der Tat aufgehalten hatte. Der Banker war außer sich vor Wut gewesen, war aus dem Sessel hochgefahren und hatte herumgebrüllt. Aber als Vadh die Frage ruhig wiederholt und betont hatte, dass es sich um reine Routine handelte, musste de Wahl wohl oder übel antworten.

Es stellte sich heraus, dass sowohl er als auch seine Frau ein einwandfreies Alibi hatten. Die Haushälterin konnte bestätigen, dass das Ehepaar zu dem Zeitpunkt am Frühstückstisch gesessen, Kaffee getrunken und Zeitung gelesen hatte. Anschließend hatte Herman de Wahl darauf bestanden, dass die Beamten sein Haus verließen, und Henrik Vadh hatte eingesehen, dass ein weiteres Gespräch vermutlich völlig fruchtlos gewesen wäre.

»Aber«, sagte Jacob Colt und wandte sich Kulin zu, »solange wir nicht vollkommen ausschließen können, dass die Mütze am Strandvägen etwas mit dem Mord an de Wahl zu tun hat, ist das Ganze ein einziges Chaos. Wie sollen wir Ihrer Ansicht nach weitermachen?«

Kulin schüttelte düster den Kopf, und für einen Augenblick wirkte sie auf Jacob menschlicher als je zuvor. »Wir müssen uns ganz einfach auf das neueste Glied in der Ereigniskette konzentrieren, und das ist Gomez. Wie weit sind Sie damit gekommen?«

Jacob nickte Henrik Vadh zu, worauf der die Arme ausbreitete und seufzte. »Die gleiche Sackgasse wie alles andere in diesem Fall. Wir haben sämtliche Leute aus Gomez' näherem Umfeld vernommen. Bei keinem konnten wir ein klares Motiv entdecken, und außerdem haben alle ein Alibi – oder haben sich zumindest gegenseitig ein Alibi bestätigt. Sie waren zur Tatzeit damit beschäftigt gewesen, gemeinsam ein Fest zu planen. Warum Gomez selbst nicht an den Vorbereitungen teilgenommen hat und stattdessen nach Djurgården gefahren ist, konnte uns niemand sagen.«

»Haben Sie seine finanzielle Situation überprüft?« Kulin sah Niklas Holm an.

»So gründlich wie nur möglich. Nichts. Keine verdächtigen Transaktionen, keine Schulden außer bei seiner Bank. Alles normal.«

Jacob Colt kratzte sich am Kopf. »Ich habe außerdem mit den örtlichen Kollegen gesprochen. Die kannten Gomez sehr gut. Er hat in aller Ruhe seinen Obst- und Gemüsestand betrieben und war als freundlicher Mensch bekannt, der immer frische und gute Ware zu guten Preisen angeboten hat. Es gibt auch nichts, was darauf hindeutet, dass jemand ihn umgebracht haben könnte, um sich seinen Standplatz unter den Nagel zu reißen. Das läuft in der Regel über Schmiergelder.«

»Wir haben auch bei mehreren chilenischen Vereinen und verschiedenen politischen Gruppierungen nachgefragt«, fuhr Jacob fort. »Gomez war nirgendwo Mitglied oder sonst irgendwie aktiv. Anscheinend lebte er zurückgezogen und hat seine Arbeit gemacht. Politische Motive können wir also vermutlich ebenfalls ausschließen.«

»Das ist äußerst unbefriedigend.« Anna Kulin klang irritiert. »Wir haben immer noch die gleiche DNA am Strandvägen, in Berlin, in der Stockholmer Altstadt und jetzt auf Djurgården, aber keine einzige stichhaltige Spur oder Treffer in der Datenbank. So etwas habe ich noch nie erlebt. Da stimmt doch etwas nicht.«

»So etwas haben wir schon erlebt«, warf Henrik Vadh dazwischen, »mehrmals sogar, wenn auch nicht mit so vielen unwahrscheinlichen Zufälligkeiten wie in diesem Fall. Theoretisch ist es durchaus möglich, dass wir es mit einer bisher nicht vorbestraften Person zu tun haben, die ausgerastet ist und angefangen hat, Leute umzubringen.«

Colt nickte. »Oder mit mehreren. Bei dem Vorfall in der Altstadt waren es schließlich drei, auch wenn wir nur von einer DNA-Material sicherstellen konnten.«

»Drei bisher nie straffällig gewordene Personen, die plötzlich entgleisen und Morde begehen?« Kulin blickte skeptisch drein.

»Es sind schon seltsamere Dinge passiert«, sagte Henrik Vadh.

Auch an diesem Nachmittag blieben sie wie immer gleich hinter Norrtull im Stoßverkehr stecken. Dieses Mal saß Henrik hinter dem Steuer, während Jacob ausgelaugt auf dem Beifahrersitz fläzte.

Er streckte sich und stöhnte. »Ah, ich freue mich schon auf den Urlaub!«

»Habt ihr euch schon entschieden?«

»Tja, so wie es aussieht, fliegen wir auf jeden Fall nach Savannah. Nur ich und Melissa. Die Kinder haben andere Pläne.«

»Du Glücklicher! Das ist unfair, ich würde auch gern in die USA fliegen. Aber ich werde auf jeden Fall dafür sorgen, dass du ordentlich schuftest, bevor du wegfährst.«

»Als ob ich das nicht schon längst tue. Hast du neue und brillante Ideen?«

»Nicht wirklich. Aber ich möchte diesen Ecker noch einmal vernehmen«, sagte Henrik. »Ich bin sicher, dass er etwas verbirgt.«

»Ja, mir ist schon klar, dass der Typ für dich zu einer Art Hobby geworden ist, aber ich finde trotzdem, wir sollten damit noch warten. Er hat kein Motiv, und außerdem hatte er ja ein Alibi. Er hat bei den Eltern in Uppsala übernachtet und war zum Zeitpunkt der Tat noch dort, erinnerst du dich noch?«

»Er kann gelogen haben.«

»Klar kann er das. Aber das hätte dieser Silfverbielke genauso tun können. Vielleicht hat er damals im Internat von de Wahl eine ordentliche Tracht Prügel bekommen und wurde von ihm vergewaltigt. Als wir ihn vernommen haben, hat er darüber gelogen und sich zuvor mit seiner Sekretärin wegen des Alibis abgesprochen, und der Eintrag in der Zeiterfassungsliste war gefälscht. So etwas wäre durchaus möglich, aber meinst du nicht, dass Kulin solche Vermutungen als Verschwörungstheorien abtun würde?«

Vadh seufzte. »Ich weiß nicht, ich habe einfach nur so ein Gefühl …«

»Henrik, ich habe auch das Gefühl, dass bei diesem Mordfall etwas ganz gewaltig stinkt. Und dreimal darfst du raten, ob ich den oder die Kerle, die das getan haben, schnappen will – allein schon wegen der Sache mit Svenne. Aber eine innere Stimme sagt mir, dass wir nicht mehr tun können, als weiterhin strikt nach den Regeln zu arbeiten und abzuwarten, bis jemand einen schweren Fehler begeht.«

»Oder noch jemanden umbringt …«, murmelte Vadh und wechselte die Spur.

Kapitel 56

Donnerstag, 19. Juli

Schon lange, bevor er sich auf den Weg zum Stureplan gemacht hatte, war Johannes Kruut unbehaglich zumute gewesen.

Seit Montag ging es ihm furchtbar schlecht.

So oft er auch über das Geschehene nachdachte, gelangte er stets zu dem gleichen Schluss: Bei den Männern, die Yasmine so brutal vergewaltigt hatten, handelte es sich aller Wahrscheinlichkeit nach um Christopher und Hans.

Er hatte noch ein paar Mal mit Yasmine telefoniert. Sie war am Montagmorgen zusammen mit Bernard Deschamp zurück nach Paris geflogen und hatte eine Woche frei bekommen. Sie hatte ihn gefragt, ob er sie besuchen könne. Sein Herz schrie förmlich nach ihr, und er hätte sich am liebsten in den nächsten Flieger nach Paris gesetzt, musste ihr aber leider mitteilen, dass er sich zuerst um ein paar wichtige Dinge kümmern musste.

Laut Yasmine hatten die Vergewaltiger Englisch gesprochen. *Silfverbielke hatte ihn und Ecker angewiesen, während des Überfalls auf den Werttransport Englisch zu sprechen.*

Johannes hatte alle Ritzen und Ecken seines Lexus nach Spuren durchsucht, aber nichts gefunden. Wie er wohl reagiert hätte, wenn er zum Beispiel Yasmines Ohrringe unter dem Rücksitz gefunden hätte?

Er erschauderte bei dem Gedanken.

In den letzten Tagen hatte Johannes über die Ereignisse des vergangenen halben Jahres nachgedacht. Der reine Wahnsinn. Einfach nur krank! Als die Dinge passierten, hatte er es cool und aufregend gefunden, aber jetzt, wo er sie nüchtern betrachtete, war er schockiert über seine Teilnahme und seine Passivität.

Christopher hatte eine Prostituierte ermordet. Sie hatten den Tod eines deutschen Familienvaters verursacht und Fahrerflucht begangen. Johannes hatte in einem Restaurant die Zeche geprellt und einem Nachtclubbesucher, der ihm überhaupt nichts getan hatte, die Brieftasche und das Handy gestohlen. Hans und Christopher hatten eine Anzahl Mädchen auf übelste Weise erniedrigt, die Vorgänge mit der Handykamera dokumentiert und damit geprahlt. Sie hatten – wenn auch unabsichtlich – einen Betrunkenen getötet, Hans hatte einen Polizisten verletzt und sie hatten einen Werttransport überfallen und dabei vermutlich den Wachmännern dauerhafte psychische Schäden zugefügt. Ferner hatte Christopher einen Unfall verursacht, bei dem zwei Polizisten ums Leben gekommen waren.

Und jetzt die Vergewaltigung.

Er hatte die letzten Nächte schlaflos und schweißgebadet im Bett gelegen und seine Angst herausgeweint, ohne dass es ihm am Morgen danach viel besser gegangen wäre. Vorübergehend hatte er sogar überlegt, zur Polizei zu gehen und alles zu erzählen, aber der Gedanke an die Konsequenzen hatte ihn davon abgebracht. Selbst wenn er sich persönlich für einen relativ unschuldigen Mitläufer hielt, würde die Polizei dies vermutlich anders sehen. Er würde ins Gefängnis kommen und alles wäre vorbei. Was sein Vater dazu sagen würde, daran wagte er gar nicht zu denken.

Nein, er musste retten, was zu retten war.

Als Johannes das East betrat und Christopher erblickte, der wie immer elegant gekleidet war und ihm von seinem Tisch aus zuwinkte, wurde ihm schwindelig und beinahe übel.

»Ciao, Johannes! Hast du dich inzwischen von Båstad erholt?« Silfverbielke betrachtete ihn aufmerksam und hob sein Glas.

»Wo ist Hans?«, fragte Johannes tonlos.

»Auf der Toilette, er kommt gleich. Setz dich und bestell schon mal.«

Bei Silfverbielke läuteten sämtliche Alarmglocken. Johannes benahm sich sonst immer wie ein ausgelassener und verspielter Hundewelpe, aber jetzt wirkte er, als ob ihn etwas Ernstes bedrückte.

Als ob er etwas wüsste.

Christopher ging im Kopf schnell alle Geschehnisse durch, besonders das letzte. Hatten er und Hans einen Fehler begangen? Hatten sie Spuren hinterlassen? Nein, er hatte das Auto hinterher persönlich überprüft. Hatte die Negerschlampe etwas bemerkt, das mit ihnen in Verbindung gebracht werden konnte? Nein.

Oder doch?

Hans kam aus der Herrentoilette und begrüßte Johannes. »Ihr müsst mich entschuldigen, Jungs«, sagte er, »ich musste nur mal schnell Veronica anrufen. Es kann ja heute Abend spät werden, und sie war nicht gerade begeistert darüber, dass ich am Samstagabend nicht nach Hause gekommen bin. Kann ich notfalls bei dir pennen, Johannes?«

Kruut schüttelte den Kopf. »Tut mir leid, Hans, das geht nicht. Ich habe Besuch von einem Cousin aus Östergötland. Er bleibt eine Woche bei mir.«

Cousin? Er hat noch nie was von einem Cousin erzählt. Silfverbielke überlegte und wandte sich Kruut zu. »Wir wollten noch ins Riche gehen und eine Kleinigkeit essen. Was hältst du davon?«

Johannes zögerte. »Nein, ich glaube, ich komme nicht mit, ich habe keinen so großen Hunger. Ich wollte eigentlich nur auf einen Drink vorbeischauen.«

»Du wirkst bedrückt, ist was passiert?«, fragte Silfverbielke und sah ihn forschend an. »Oder bist du mit der Sekretärin unzufrieden, die ich dir vermittelt habe?«

»Pernilla ist spitze, und dafür danke ich dir. Nein, das ist es nicht …«

Johannes fing vor Nervosität an zu schwitzen. Eigentlich hatte er vorgehabt, sein Anliegen mit einem Mal vorzubringen und die Angelegenheit aus der Welt zu schaffen. Aber jetzt war es, als hätte Silfverbielke das Kommando übernommen.

Wie immer.

Johannes dachte daran, was er sich fest vorgenommen hatte, bevor er von zu Hause weggegangen war. Er hatte seine kleine Ansprache und die Argumente dahinter sorgfältig einstudiert. Er nahm seinen Mut zusammen. Es gab keinen Grund zu warten.

Der Kellner brachte ihm seinen Gin Tonic. Johannes trank einen kräftigen Schluck, beugte sich vor und sah sie einen nach dem anderen an.

»Ja … also das mit dem Fonds und unserem Punktewettbewerb …«

Christopher und Hans sahen ihn fragend an.

»Ich habe beschlossen, auszusteigen. Und ich will meinen Anteil an dem Fonds so schnell wie möglich.«

»Glaubst du, er weiß was?«

»Über die Sache mit dem Mädchen in Båstad? Nein.« Silfverbielke lehnte sich zurück und wischte sich mit einer weißen Leinenserviette den Mund ab. »Ahnt er was? Vielleicht. Aber weiß er was? Keine Chance!«

Hans und Christopher hatten im Riche zu Abend gegessen und überlegten, was sie zum Nachtisch trinken sollten.

Johannes hatte, als er sein Anliegen vorbrachte, nervös und zusammenhanglos gewirkt. Andererseits war er entschlossener gewesen als je zuvor und hatte den Freunden erklärt, wie die Dinge standen: Der Druck vonseiten seines Vaters, er müsse sich zusammenreißen. Die Gefahr, sein gesamtes Vermögen zu verlieren. Außerdem machte er sich langsam Sorgen, dass sie ins Gefängnis kommen könnten. Die Sache in der Altstadt wäre beinahe ins Auge gegangen, und ihr Glück werde vielleicht nicht ewig währen.

Dann hatte er gefragt, was der Fonds gegenwärtig wert war. Silfverbielke hatte daraufhin das Handy aus der Tasche gezogen und so getan, als stelle er Berechnungen an.

»Etwa neunundsechzig Millionen Kronen.«

In Wirklichkeit sind es gut zweiundachtzig Millionen, aber das brauche ich dir ja nicht auf die Nase zu binden.

Kruut hatte skeptisch dreingeblickt. »Hast du vor einem halben Jahr nicht gesagt, es wären über siebzig Millionen?«

»Die Börsenkurse steigen nicht immer, Johannes. In letzter Zeit herrschte auf mehreren Märkten eine Flaute.«

Johannes hatte eine Weile nachgedacht und seinen Vorschlag unterbreitet. Er wollte mit sofortiger Wirkung aus dem Wettbewerb aussteigen, obwohl er führte und momentan die größte Chance hatte, mit zwanzig Millionen nach Hause zu gehen. Er forderte, dass das Trio das Kapital, das nach Abzug seiner ursprünglichen Investition von sechs Millionen und je einer Million von Hans und Christopher übrig blieb, in drei gleiche Summen aufteilen, auf drei separate Konten transferieren und das gemeinsame Konto auflösen sollte.

Hans Ecker hatte mitgenommen gewirkt und Johannes erklärt, dass sein Vorschlag für ihn und Christopher total überraschend komme, und dass sie erst in Ruhe ein paar praktische Probleme im Zusammenhang mit der Auflösung des Fonds besprechen müssten.

»Was ist bloß in ihn gefahren? Was meinst du?« Ecker griff nach einem Zahnstocher und sah Christopher an.

Silfverbielke zuckte mit den Schultern und schaute desinteressiert zum Fenster auf die Birger Jarlsgatan hinaus. »Keine Ahnung. Vielleicht hat er sich in die Mulattentussi verknallt. Vielleicht ist es so, wie er sagt, und der Herr Papa ist sauer auf ihn. Oder vielleicht wird er wirklich langsam nervös. Vielleicht ist es eine Kombination aus allen diesen Dingen.«

»Aber was kann das deiner Meinung nach ausgelöst haben?«, bohrte Ecker nach. »Vielleicht war die Sache in Båstad verdammt unnötig«, sagte er verlegen.

Der brutale Überfall verfolgte Ecker, seit er geschehen war, und er hatte Albträume, dass sie irgendwie auffliegen könnten.

Silfverbielke beugte sich vor. »Hans, sehe ich aus wie jemand, der auf alles eine Antwort hat? Ich weiß nicht, warum er so ist, wie er ist. Ich weiß nur, dass er anscheinend die Nerven verloren hat. Und das ist nicht gut. Selbst wenn wir ihm lediglich seinen Anteil geben, wird dadurch das Potenzial des Fonds beträchtlich ausgehöhlt. Das gefällt mir ganz und gar nicht. Wenn wir den Fonds noch etwa ein Jahr wachsen lassen, würde jeder von uns mit vierzig Millionen nach Hause gehen, vielleicht sogar mehr. Aber wenn wir ihn jetzt auflösen, bleiben dir und mir abzüglich der dreizehn Millionen, die Johannes bekommt, nicht mehr als siebenundzwanzig. Eine schlechte Idee.«

Ecker schwieg. Es gab Tage, an denen er aus Christopher überhaupt nicht schlau wurde. Die meisten Menschen wären vollkommen zufrieden, wenn sie ohne bedeutenden Arbeitsaufwand siebenundzwanzig Millionen netto bekämen.

Aber Herr Silfverbielke anscheinend nicht.

Sie bestellten Kaffee, Nachtisch und sicherheitshalber eine Flasche Champagner. Hans rief Veronica zum zweiten Mal an diesem Abend an und teilte ihr mit, dass er auf jeden Fall nach

Hause komme, es aber später werden könne, als ursprünglich geplant.

Sie war sauer. Nur eine Minute später vibrierte es in Silfverbielkes Tasche. Er zog das Handy heraus und las:

Wenn du eine andere Frau abschleppst, nur weil ich nicht kommen kann, bringe ich dich um! V.

Silfverbielke antwortete nicht. Ein paar Minuten später vibrierte sein Handy erneut.

Verzeihung! Kann ich morgen in der Mittagspause kommen?

Schauen wir mal.

Ecker sah Silfverbielke amüsiert zu. »Mit wem simst du da?«

»Ach, nur mit einer jungen Dame, die ich vor einer Weile aufgerissen habe.«

»Ah! Zum Glück kommt man als ehrbarer und anständiger Ehemann um so etwas herum.« Ecker hob sein Glas und grinste. »Auf uns, Christopher! Und jetzt erzähl, was für Pläne du für uns und den Fonds hast.«

Christopher überlegte schnell. Er hatte bereits einen Entschluss gefasst, was er tun musste, nicht, was er tun sollte. Er und Hans hatten Johannes vorsichtig ausgefragt, was denn passiert sei, ob etwas nicht stimmte, was für Pläne er habe. Johannes hatte immer wieder von seinem Leben, seiner Arbeit und der Wut und dem Frust seines Vaters geredet.

»Kapiert ihr das nicht? Wenn er mich rauswirft, verliere ich auch mein erspartes Vermögen.«

Erspartes Vermögen? Du meinst, was dein Großvater für dich zusammengespart hat, du Loser.

»Außerdem gefällt mir euer Stil nicht mehr«, fuhr Johannes fort. »Ich finde, ihr seid zu zynisch geworden.«

Silfverbielke war drauf und dran, aufzuspringen und Kruut eine rechte Gerade zu verpassen, besann sich jedoch eines Besseren.

Kruut verkündete außerdem, dass er ein neues und ordentliches Leben beginnen werde. Er hatte sich vorgenommen, wieder mit dem Joggen anzufangen und körperlich besser in Form zu kommen. Früher war er am Samstagmorgen immer ein paar Stunden im Lill-Jansskogen laufen gegangen, und diese Angewohnheit wollte er am kommenden Samstag um zehn Uhr vormittags wieder aufnehmen.

Er wollte ganz mit Kokain aufhören und seinen Alkoholkonsum reduzieren. Anstatt fetter Soßen würde er künftig mehr Obst und Gemüse essen und …

Irgendwann hatte Silfverbielke ihm nicht mehr zugehört. Er hatte alles mitbekommen, was er wissen musste.

»Ich weiß nicht, Hans, was meinst du?«

Ecker war inzwischen sichtlich betrunken. In einer großzügigen Geste breitete er die Arme aus. »Äh, Chris, ich weiß nicht, ob das wirklich so ein großes Problem ist. Gib dem Burschen sein Geld, und dann teilen wir uns den Rest. Ich bin mit siebenundzwanzig Millionen völlig zufrieden. Als Alternative lassen wir unsere Anteile im Fonds und haben das Geld in ein oder zwei Jahren verdoppelt, du wirst sehen.«

Ich will nicht ein oder zwei Jahre warten. Ich will das richtig große Geld, und zwar bald.

Christopher zog die Augenbrauen hoch. »Ja, vielleicht sollten wir das so machen. Ich denke, wir sollten die Idee bis nächste Woche durchkauen und dann einen Entschluss fassen. Aber gleichzeitig ist es ein wenig schade, dass der Wettbewerb aufhört, findest du nicht?«

»Absolut, das war ja wirklich verdammt spannend. Mal abgesehen von dem Vorfall in der Altstadt, da habe ich echt Scheiße gebaut.«

Christopher entschuldigte sich, ging auf die Toilette und schrieb eine SMS an Pernilla Grahn.

Ich weiß, es ist schon spät, aber was hältst du von einem Glas Champagner bei mir zu Hause?

Er fügte einen Smiley hinzu und schickte die Nachricht ab.
Eine Minute später kam die Antwort.

Das wäre nett. Wann?

Er antwortete:

Ich schicke dir eine SMS, wenn ich mich auf den Heimweg mache.

Seit er Pernilla an Kruut vermittelt hatte, hatte er sich ein paar Mal mit ihr als Notlösung getroffen. Sie war noch genauso dämlich, taugte aber für das, wofür er sie brauchte. Außerdem war es jetzt, wo er sie nicht mehr jeden Tag im Büro sah, leichter, eine gewisse Distanz einzuhalten.

Christopher kehrte zum Tisch zurück, nippte am Champagner und zwinkerte Ecker zu. »Dann gehe ich mal davon aus, dass wir unser Spielchen noch eine Weile fortsetzen, oder? Und im Pott befinden sich immer noch fette zwanzig Millionen. Jetzt, wo Kruut abgesprungen ist, sind wir punktgleich, also wird es von nun an hart.«

Hans Ecker war inzwischen viel zu betrunken, um den dunklen Unterton in Christophers Stimme zu hören. »Kein Problem, Chrisch«, lallte er und schwenkte das Champagnerglas. »Übrigensch, darf isch heute Nacht bei dir pennen …?«

Christopher bemühte sich um einen entschuldigenden Gesichtsausdruck. »Tut mir leid, Hans, aber ich habe Damenbesuch, da kommt mir das ziemlich ungelegen. Aber das ist kein Problem, ich besorge dir ein Taxi.«

Kapitel 57

Freitag, 20. Juli

Als Christopher Silfverbielke aufwachte, saß Pernilla Grahn rittlings auf ihm und bewegte sich stöhnend und in schnellem Rhythmus auf und ab. Er runzelte die Stirn und schloss die Augen wieder. Mit einiger Anstrengung gelang es ihm, vor dem inneren Auge Bilder von Mariana Granath in sexuell unterwürfigen Situationen aufzurufen und schließlich einen Orgasmus herbeizuführen, kurz nachdem Pernilla gekommen war.

Sie kuschelte sich zufrieden an seine Seite. »Du bist so wunderbar, Christopher. Ich weiß gar nicht mehr, wann es mir zuletzt so gut ging. Ich wünschte nur, ich könnte wieder für dich arbeiten, aber das Angebot, das mir Johannes gemacht hat, war einfach fantastisch. Aber momentan hat er wohl Probleme, weil sein Vater …«

Babbel, babbel. Silfverbielke blendete sie aus und überlegte stattdessen, wie er so schnell wie möglich aus der Wohnung käme. Schließlich war Freitag, und er musste zur Arbeit gehen.

Etwa eine Stunde später verabschiedete er sich mit einem flüchtigen Kuss und versicherte ihr, dass sie sich bald wiedersehen würden. Allerdings nicht an diesem Wochenende, denn er hatte eine Menge zu tun.

Auf dem Weg ins Büro, den er schnellen Schrittes zurücklegte, stellte er ein paar Analysen an. In den letzten Wochen hatte er kurze, aber intensive Arbeitstage bei höchster Konzentration absolviert und mit einer Kombination aus Glück und Geschick erneut überdurchschnittliche Ergebnisse präsentiert. Martin Heyes hatte ihn dafür mehrmals per E-Mail überschwänglich gelobt.

Um 7.45 Uhr trank er eine Tasse Tee und betrachtete aufmerksam den Computermonitor vor sich, um sich ein Bild davon zu machen, was an den Weltbörsen passiert war, seit er gestern Feierabend gemacht hatte.

Silfverbielke zog ein Prepaidhandy aus der Tasche und führte ein diskretes Telefonat mit einem seiner Kontakte in der Londoner Finanzwelt. Als der Handel an der Stockholmer Börse begann, handelte er blitzschnell und auf eine Weise, die viele seiner Kollegen bei Craig International veranlasste, die Stirn zu runzeln und sich zu fragen, worin das Geheimnis seiner Erfolge bestand.

Kurz vor der Mittagspause lehnte Christopher sich zufrieden zurück und ließ sich sämtliche Ergebnisse seiner Arbeit am Vormittag durch den Kopf gehen.

Nicht schlecht.

Er beschloss, schnell zu Fuß zu einem Restaurant mit Salatbar zu gehen und dort alleine zu Mittag zu essen. Anschließend würde er ins Büro zurückkehren und weiterarbeiten.

Bei seiner Rückkehr erwartete ihn eine weitere lobende Mail von Heyes, auf die er höflich antwortete. Anschließend führte er ein weiteres Telefonat mit seiner Kontaktperson in London, sowie eines auf dem anderen Prepaidhandy, das er für Gespräche mit dem Makler in der Schweiz verwendete.

Im Lauf des Nachmittags verdiente Craig International dank Silfverbielkes schneller Geschäftsabschlüsse eine Menge Geld. Das Gleiche galt für den Fonds des Trios, sowie für den vergleichsweise bescheidenen Fonds, den Christopher in letzter Zeit nebenbei für sich selbst eingerichtet hatte.

Silfverbielke lehnte sich in seinem Sessel zurück und dachte nach, während Wagners leise Klänge den Raum füllten. Die Situation hatte sich verändert, und alles lief nicht mehr nach Plan A. Kruut war abgesprungen, und Hans hatte sich als Weichei erwiesen.

Welch ein Glück, dass er in weiser Voraussicht einen Plan B entwickelt hatte.

Er sah auf die Uhr und beschloss, heute früh ins Bett zu gehen. Veronica hatte im Lauf des Tages mehrere SMS geschickt.

Hans fährt am Samstag zu seinen Eltern. Kann ich vorbeikommen?

Warum antwortest du nicht?

Hast du meine letzte SMS nicht bekommen? Ich wollte wissen, ob wir uns am Samstag sehen können.

Bist du sauer auf mich, hab ich was falsch gemacht?

Ich mache, was du willst, kann nicht ohne dich sein!

Er hatte ihr erst gegen zwanzig Uhr geantwortet.

Wir können uns morgen nicht treffen.

Ihre Antwort erfolgte schnell.

Warum? Was machst du? Hast du eine Andere kennengelernt? Wenn das so ist, bestehe ich darauf, dass du es mir sagst!!

Silfverbielke ließ absichtlich eine Stunde verstreichen, ehe er ihr antwortete.

> *Eine Sklavin besteht auf nichts. Sie nimmt dankbar entgegen, was man ihr gibt. Sie gehorcht und benimmt sich ordentlich.*

Er fragte sich, wie sie es schaffte, das Simsen geheimzuhalten, wenn Hans in der Nähe war. Andererseits konnte es gut sein, dass Hans mit »Geschäftsfreunden« in der Stadt unterwegs war. Schließlich war Freitag, die Clubs um den Stureplan lockten, und vielleicht wollte Herr Ecker der häuslichen Tristesse entfliehen.

Veronicas Antwort kam so schnell wie immer.

> *Verzeihung! Ich hab einfach nur große Sehnsucht nach dir.*

Christopher schüttelte im Dunkeln langsam den Kopf und ließ die Finger über die Handy-Tastatur gleiten.

> *Ich geh jetzt ins Bett, muss das ganze Wochenende arbeiten. Vielleicht melde ich mich am Sonntag.*

Er zog sich aus, ging ins Bad und nahm eine lange heiße Dusche. Anschließend bezog er sein Bett frisch, damit keine Gerüche von Pernilla seinen Schlaf störten. Plötzlich irritierte ihn Wagners Musik, und er schaltete mit der Fernbedienung die Stereoanlage aus. Er blieb nackt im Dunkeln an einem der Fenster stehen, die zur Linnégatan hinausgingen.

Etwas musste bald geschehen. Er musste bestimmte Dinge zu Ende bringen.

Im Guten wie im Schlechten.

Kapitel 58

Sonntag, 22. Juli

Achtundvierzig, neunundvierzig, fünfzig …

Silfverbielke lag auf dem Boden in seiner Wohnung und machte Liegestütze. Mindestens siebzig mussten es schon sein, alles darunter war unakzeptabel. Und gleich im Anschluss standen ebenso viele Sit-ups auf dem Programm.

Das Wochenende hatte im Zeichen der Gesundheit gestanden. Am Samstagmorgen war er früh aufgestanden und auf Djurgården Joggen gegangen. Hatte relativ gesund gefrühstückt und anschließend ein ordentliches Vormittagstraining im Fitnessstudio absolviert.

Nach dem Mittagessen hatte er sich im Luxuswarenhaus Nordiska Kompaniet ein paar neue Hemden und Krawatten gekauft, seine Anzüge bei der Reinigung abgeholt und seiner Mutter einen Höflichkeitsbesuch abgestattet.

Am späten Nachmittag hatte er mit dem Gedanken gespielt, Veronica trotz allem zu sich nach Hause zu bestellen oder zur Not Pernilla anzurufen. Nach ein paar Stunden Spielerei hätte er den Abend am Stureplan verbringen können und …

Doch dann hatte er es sich anders überlegt.

In den letzten Wochen und Monaten hatte er allzu viel gefeiert und seine Gesundheit sowie seine körperliche und geistige Fitness vernachlässigt. Er konnte bereits ungefähr voraussehen, was kommen würde, und wollte in Form sein, um sich der Herausforderung zu stellen. Also verzichtete er auf die Damen und das Nachtleben am Stureplan und verbrachte stattdessen einen einsamen Samstagabend mit Sushi, Wasser und ein paar guten Filmen.

Am Sonntag hatte er sich trotz Rückenschmerzen bemüht, das Strickmuster vom Samstag zumindest teilweise zu wiederholen. Nach einer Joggingrunde hatte er im Fitnessstudio trainiert und war nach dem Mittagessen zu einem langen Spaziergang entlang der Kais aufgebrochen, wo er die Düfte tief eingeatmet und sich gleichzeitig auf denkbare Zukunftsszenarien konzentriert hatte.

Zweiundsechzig, dreiundsechzig, vierundsechzig …

Das Klingeln des Handys unterbrach ihn bei seinen Übungen. Er warf einen Blick auf die Uhr und stellte zu seiner Verwunderung fest, dass es bereits einundzwanzig Uhr war.

»Christopher.«

Hans Ecker klang aufgeregt. »Chris, wo bist du? Hast du einen Fernseher in der Nähe?«

»Sicher, wieso fragst du?«

»Schalt ihn ein und schau dir die Nachrichten an, verdammt noch mal! Johannes ist überfahren worden. Er ist tot!«

»Was sagst du da?«

»Schau dir die Nachrichten an, dann hören wir uns später. Verdammt, wie schrecklich!«

Ecker legte auf.

Christopher griff zur Fernbedienung und schaltete den Fernseher ein.

»… bei dem Toten handelt es sich um Johannes Kruut, Geschäftsführer der Firma Johnssons Mekaniska Verkstad in Linköping und Sohn von Konzernchef John Kruut. Die polizeilichen Ermittlungen ergaben, dass der Bus, der später in Storängsbotten gefunden wurde, mit einer Geschwindigkeit von fast siebzig Stundenkilometern gefahren sein muss. Warum der Bus auf den Bürgersteig fuhr, ist noch unklar. Das Busunternehmen teilte der Polizei mit, dass der Bus anscheinend während einer Fahrerpause gestohlen …«

Christopher schüttelte den Kopf. »Du meine Güte, wie die heutzutage fahren«, flüsterte er zu sich selbst. Dann stellte er das Handy auf lautlos, legte es auf einen Tisch und ging in die Küche, um sich einen starken Kaffee zu kochen.

Er musste nachdenken.

Lange Zeit später zerriss er die Papiere mit seinen Notizen und spülte sie in der Toilette hinunter. Er schaute auf sein Handy und stellte fest, dass er vier Anrufe verpasst hatte, alle von Hans Ecker. Obwohl es mitten in der Nacht war, rief er ihn zurück.

»Hans, ich bin's, Christopher. Ich weiß nicht, was mit meinem Handy los war, aber es war mehrere Stunden lang tot. Hör zu, das mit Johannes ist ja schrecklich …«

Kapitel 59

Mittwoch, 25. Juli

Arne Sandberg, Sachbearbeiter für Verkehrsdelikte bei der Staatsanwaltschaft, blätterte in den Berichten der Polizei und Kriminaltechniker herum und seufzte.

Der Busunfall in Storängsbotten hatte ihm gerade noch gefehlt. Am Samstag begann nämlich sein Urlaub.

Er ging ein weiteres Mal die ihm vorliegenden Fakten durch.

Der Bus war offenbar in der Umgebung des Ostbahnhofs gestohlen worden, während der Fahrer gerade Kaffeepause machte. Der Dieb oder die Diebe hatten sich Zugang zu dem Fahrzeug verschafft und es mit einer Ahle kurzgeschlossen.

Das Opfer, Johannes Kruut, hatte anscheinend seine Wohnung am Valhallavägen verlassen, um eine Runde zu joggen. Er trug Turnschuhe, Shorts, ein T-Shirt und eine Kappe. In der Hosentasche befand sich eine dünne Sportbrieftasche mit hundert Kronen und einem Ausweis. An einem Oberarmband trug er einen iPod bei sich, und als er tot aufgefunden wurde, steckte einer der Stöpsel noch im Ohr. Eine volle Wasserflasche, die in circa zwanzig Metern Entfernung von der Leiche am Boden lag, könnte laut kriminaltechnischem Bericht ebenfalls Kruut gehört haben.

Ein Unfall.

Sandberg stand auf und öffnete das Fenster. Es war höllisch heiß, und die Klimaanlage funktionierte nicht richtig.

Dass es sich um etwas anderes als einen Unfall gehandelt haben könnte, vermochte er sich nicht vorzustellen.

Kein normaler Mensch würde sich die Mühe machen, einen großen blauen Bus zu stehlen, um auf gut Glück jemanden, den er aus dem Weg räumen wollte, zu überfahren. Die Polizei hatte sicherheitshalber die Eltern des Opfers vernommen. John und Ingrid Kruut waren über den Tod ihres einzigen Kindes natürlich zutiefst betrübt, hatten aber gleichzeitig versichert, dass ihr Sohn einer der nettesten Menschen der Welt gewesen sei. Irgendwelche Feinde? Nein, das konnten sie sich beim besten Willen nicht vorstellen.

Also ein Unfall.

Vermutlich war das Ganze so abgelaufen: Ein paar jugendliche Rowdys hatten beschlossen, den Bus einfach so zum Spaß zu klauen. Sie waren den Valhallavägen entlanggefahren und wollten vermutlich eine Spritztour hinunter ins Gewerbegebiet in Storängsbotten oder durch den Lill-Jansskogen machen.

Dabei waren sie zu schnell gefahren. Der Fahrer hatte die Kontrolle über das schwere Fahrzeug verloren, war auf den Bürgersteig ausgeschert und hatte nicht mehr rechtzeitig bremsen können, als der Jogger plötzlich vor ihm auftauchte.

Sandberg grinste grimmig, als er die kriminaltechnischen und rechtsmedizinischen Berichte zu Ende las. Als die Vorderseite des Busses Kruut getroffen hatte, war dieser ein Stück weit geschleudert worden, anschließend unter die Räder des Fahrzeugs gekommen und etwa zehn Meter weit mitgeschleift worden. Schließlich war er so liegengeblieben, dass das eine doppelte Hinterrad des Busses über seinen Kopf gefahren war.

Die Diebe waren nach dem Unfall vermutlich in Panik geraten und weitergefahren, worauf die nicht vorhandenen Bremsspuren am Unfallort hindeuteten. Bei der erstbesten

Gelegenheit hatten sie den Bus in einem Gewerbegebiet stehen gelassen und waren zu Fuß geflüchtet.

Ein Techniker hatte in seinem Bericht trocken festgestellt, dass sich in dem Bus wahrscheinlich Fingerabdrücke und DNA-Material von halb Stockholm befanden, weshalb es keinen Sinn ergab, Spuren sicherzustellen.

Ein Unfall mit anschließender Fahrerflucht. An sich ein überaus schweres Verbrechen, das ein hohes Strafmaß nach sich ziehen konnte.

Vorausgesetzt, es bestand überhaupt eine Chance, den oder die Täter zu finden.

Arne Sandberg schob die Papiere zusammen, steckte sie in eine Plastikmappe und legte sie in eine Ablage auf dem Schreibtisch.

Das Telefon klingelte. Es war seine Frau. Sie wollte wissen, welches Kleid sie für den Flug nach Kreta am kommenden Samstag anziehen sollte.

Als Sandberg am Freitagnachmittag Feierabend machte und sich auf den Urlaub freute, lag die Plastikmappe mit den Berichten über den Busunfall immer noch in der Ablage. Inzwischen stapelten sich bereits Berichte über neue Unfälle obendrauf.

Kapitel 60

Sonntag, 29. Juli

Die Oskarskirche im Stockholmer Stadtteil Östermalm war eigentlich für größere Versammlungen vorgesehen, dachte Silfverbielke, als er das Gotteshaus betrat und sich umsah.

Der weiße Sarg ganz hinten war mit roten und weißen Rosen bedeckt. Er erkannte seinen eigenen Kranz sofort unter den anderen wieder, die die Trauernden auf den Boden rund um den Sarg gelegt hatten. Groß und schön, aber trotzdem nicht so auffällig, dass er den von Johannes' Eltern in den Schatten gestellt hätte.

Christopher ging langsam im Kirchenflur nach vorne und hielt eine einzelne weiße Orchidee in der Hand. Er setzte sich auf die Bank in der dritten Reihe und betrachtete die Menschen, die vor ihm saßen.

Johannes' Vater erkannte er wieder, da er dem Mann schon ein paarmal flüchtig begegnet war. Die Frau an seiner Seite musste Ingrid sein, Johannes' Mutter. Die meisten anderen Trauergäste waren im gleichen Alter, vermutlich Onkel und Tanten von Johannes. Dann waren da noch ein paar einzelne Männer jüngeren Alters. Vielleicht Cousins oder Arbeitskollegen? Silfverbielke stellte fest, dass Johannes wahrscheinlich keine anderen Freunde außer ihm und Hans gehabt hatte.

Pernilla Grahn war natürlich verzweifelt gewesen, als sie die Nachricht erfahren hatte. Nicht nur, weil sie Johannes als Chef schätzte, sondern auch, weil sie fürchtete, womöglich ihren neuen Job zu verlieren.

Sie hatte am Telefon geweint, als sie Christopher angerufen hatte. Er hatte ihr von einer Teilnahme an der Beerdigung abgeraten, ihr aber gleichzeitig versprochen, bei John Kruut ein gutes Wort für sie einzulegen und damit vielleicht ihre Stelle zu retten.

Als Hans und Veronica eintrafen, fand Silfverbielke, dass ihr Bauch deutlich unter dem schwarzen Kleid hervorstand und ihre Brüste größer als gewöhnlich wirkten. Zu dem schwarzen Kleid trug sie schwarze Strümpfe und schwarze Schuhe.

Er zog sie schnell mit den Augen aus, und sie lief rot an.

»Beerdigungen sind für mich das Schlimmste«, flüsterte Hans, als er neben Christopher Platz nahm. »Und Johannes hat das nicht verdient. Das ist so verdammt unfair.«

Silfverbielke nickte und setzte eine bekümmerte Miene auf. »Wenn ich den Dreckskerl erwische, der das getan hat …«, flüsterte er zurück.

Der Pastor, ein grauhaariger Mann um die sechzig, leitete mit Psalm 300 ein.

»O wie selig sind diejenigen, die an der Hand
unseres Vaters heimwandeln dürfen …«

Silfverbielke verzog das Gesicht, als ihm auffiel, dass außer dem Pastor kaum jemand sang. *Was ist mit den Menschen heutzutage nur los? Nicht einmal die Generation, die wissen müsste, wie man sich benimmt, tut das. Traurig.*

Er stimmte mit kräftiger Stimme in den Psalm ein. Ein paar Leute in der ersten Reihe drehten sich um und warfen kurz einen Blick auf ihn. Veronica sah ihn verwundert an, griff dann aber pflichtschuldigst zum Gesangbuch, blätterte zu der entsprechenden Seite und sang unbeholfen mit dünner Stimme.

Hans Ecker saß schweigend und mit geschlossenen Augen da.

»Das Leben ist so groß, so unbegreiflich für uns gewöhnliche Sterbliche. Manchmal verstehen wir die Taten unseres Herrn und den Sinn dahinter nicht. Heute ist ein solcher Tag. Der Tag, an dem wir uns hier versammelt haben, um Abschied zu nehmen von Johannes Erwin Kruut …«

Ecker hatte immer noch die Augen geschlossen und lauschte der trockenen, heiseren Stimme des Pastors. Veronica hielt das Gesangbuch verkrampft in den Händen und senkte den Blick. Ihren Blumenstrauß hatte sie neben sich auf die Bank gelegt. Hin und wieder sah sie verstohlen zu Silfverbielke hinüber, und er erwiderte ihre Blicke mit einem schwachen Lächeln.

»Hoffentlich geht das schnell vorbei, verdammt noch mal, ich packe so etwas einfach nicht«, flüsterte Ecker.

Silfverbielke stellte fest, dass sein Freund ungewöhnlich bleich war. »Vielleicht solltest du rausgehen und frische Luft schnappen«, schlug er mit freundlicher Stimme vor. »Bis zum letzten Abschied dauert es ja noch eine Weile.«

Ecker nickte. »Keine schlechte Idee, ich muss gleich kotzen. Es ist ja auch so verdammt heiß hier drinnen.« Er erhob sich, zwängte sich an Veronica vorbei und ging so still wie möglich in Richtung Ausgang.

Der Pastor blickte über die Versammlung hinweg.

»Alle, die Johannes kannten, wissen, dass er ein fröhlicher und freundlicher Mensch war. Stets gleichermaßen hilfsbereit und fürsorglich …«

Die Frau neben John Kruut schluchzte laut. Er legte tröstend den Arm um sie. Eine andere Frau in der ersten Reihe konnte ihre Tränen nicht länger zurückhalten.

Seltsam, das mit der Empathie. Manche empfinden sie, andere nicht. Ich werde daraus nicht richtig schlau.

Silfverbielke ertappte sich plötzlich dabei, dass er lächelte, und setzte schnell wieder eine ernste Miene auf.

Veronica blickte über ihre Schulter, beugte sich zu ihm und flüsterte: »Können wir uns heute Abend sehen? Hans besucht seine Eltern und bleibt über Nacht dort.«

Er nickte. »Schick mir eine SMS, wenn du Zeit hast. Dann machen wir was aus.«

Hinter ihnen ertönten Schritte. Veronica senkte wieder den Blick und faltete die Hände um das Gesangbuch. Hans rutschte in die Bankreihe und setzte sich zwischen sie.

»Besser?« Silfverbielke sah seinen Freund fragend an.

»Ein bisschen. Gehen wir nachher was trinken?«

»Absolut.«

»Wir singen jetzt gemeinsam …« Der Pastor nahm das Gesangbuch zur Hand und blickte auf die Menschen in der ersten Reihe. Dann warf er schnell einen Blick in Silfverbielkes Richtung, als suche er dort Unterstützung. »… Psalm 623, Strophe eins und drei.«

Während der Orgelspieler begann, blätterte Silfverbielke schnell zu dem Psalm vor und lächelte innerlich, als er den Text sah. Er sang laut und deutlich:

»Lasst das Weinen und Klagen verstummen
Und sorgt euch nicht, dass es keine Hoffnung
gäbe
Die Geliebten, die von uns gegangen,
bereitet der Tod auf das Leben vor.

Der leblose Staub ist das Zeichen
Dass der Mensch vom Leben ruht
Der Tag wird kommen,
an dem er erwacht,
gekrönt mit Herrlichkeit und Ehre.«

Aber ich bezweifle schon sehr, dachte Silfverbielke, *dass Johannes wieder zum Leben erwacht. Vermutlich bedarf es geschickterer Finger als derer Gottes, um den Burschen wieder zusammenzuflicken. Wenn einem ein Bus über den Kopf fährt, sieht man ziemlich alt aus.*

Der Pastor sang mit heiserer Stimme weiter, und Ecker sah aus, als sei ihm schon wieder schlecht.

»Und jetzt singen wir Psalm 297 …«

Hör endlich auf, das ist doch keine Chorprobe! Na gut, einer geht wohl noch.

Silfverbielke sang mit erhobener Stimme:

»Herrlich ist die Erde,
herrlich ist das Reich Gottes,
schön ist die Pilgerfahrt der Seelen
Durch die schönen Erdenreiche
Gehen wir singend ins Paradies …«

Paradies? Genau, wir fliegen ja bald nach Griechenland. Muss mit Hans ein paar Details besprechen, wenn wir hier fertig sind. Silfverbielke sah sich in der hohen, schönen Kirche um. Hans Ecker saß wieder mit geschlossenen Augen da. Veronica starrte vor sich hin.

»Von Erde bist du genommen …«

Silfverbielke blickte auf und sah, wie der Priester langsam Erde auf den Sargdeckel fallen ließ.

»… zu Erde sollst du werden …«

Als die Trauergäste sich erhoben und nach vorne zum Sarg gingen, um Abschied zu nehmen, unternahm Silfverbielke eine geistige Kraftanstrengung. Er dachte an seinen Vater, wie er nach dem zweiten Selbstmordversuch im Krankenhaus gelegen hatte. Still und eingefallen, als wäre alles Leben aus ihm gewichen. Als wäre nichts mehr von ihm übrig.

Christopher spürte, wie Tränen aus seinen Augen quollen, und blinzelte, um mehr Flüssigkeit hervorzubringen. Als er am

Sarg ankam, liefen ihm ein paar Tropfen die Wangen hinunter. Er blieb stehen, berührte behutsam den Deckel und legte seine Orchidee darauf. »Danke, Johannes, du warst mein allerbester Freund. Danke für alles!«

Ohne jemand anderen eines Blickes zu würdigen, wischte er mit einem weißen Taschentuch die Tränen von den Wangen und ging zurück zur Bank.

Eine halbe Stunde später saßen sie unter einem Sonnenschirm auf der Terrasse eines Restaurants am Stureplan bei einem Glas Whisky zusammen.

Sie hatten John Kruuts Einladung zum anschließenden Leichenschmaus höflich ausgeschlagen. Veronica hatte ihnen mitgeteilt, dass sie ihrer kranken Mutter eine Kleinigkeit zu essen vorbeibringen müsse. Da Hans seine Eltern in Uppsala besuchen wollte, hatten sie sich vor der Kirche geküsst, sich gegenseitig ihre Liebe beteuert und sich zum Abschied zugewunken.

Silfverbielke hatte der Szene amüsiert zugesehen.

Hans Ecker trank ein paar Schluck Whisky und warf einen Blick auf Christopher. *Hat Chris womöglich Johannes umgebracht? Schließlich ist es passiert, unmittelbar nachdem der Bursche verkündet hat, er wolle aussteigen. Etwas zu offensichtlich, um reiner Zufall zu sein. Und als wir einmal über Johannes geredet haben, und darüber, dass er kalte Füße bekommen könnte, hat Chris ja gesagt, wir würden uns schon darum kümmern, wenn es so weit wäre.*

Ecker leerte sein Glas und versuchte, die unangenehmen Gedanken zu verdrängen. Dann gab er dem Kellner mit einer Handbewegung zu verstehen, dass er noch einen Whisky wollte. Silfverbielke nippte an seinem und musterte lächelnd zwei süße Mädchen, die in kurzen Sommerkleidern vorbeigingen.

Nein, das kann nicht sein, nicht Johannes. Sicher, Chris konnte gefühllos sein und hatte dieses Mädel in Berlin getötet, aber das war ja mehr so eine Art Notwehr gewesen. Ungefähr so wie die

Sache mit dem besoffenen Penner, den ich getreten habe. Ich hab ihn ja nicht mit Absicht getötet. Nein, es war ausgeschlossen, dass Christopher …

»Zum Wohl, Hans! Woran denkst du gerade?« Christopher musterte ihn mit zusammengekniffenen Augen. »An unseren Urlaub? Der ist ja bald. Nur noch ein paar Tage.«

»Ja, das wird wirklich schön, vor allem nach dem, was passiert ist. Verdammt, mir ist wirklich übel zumute wegen der Sache mit Johannes.«

Silfverbielke nickte zerstreut. »Sicher, das ist furchtbar. Aber leider können wir es nicht rückgängig machen. Und wir müssen jetzt praktisch denken.«

»Du meinst … den Code?«

»Meiner Ansicht nach wäre es am klügsten, wenn wir schon morgen Nachmittag den Anwalt aufsuchen. Ich habe ihn am Freitag angerufen und ihn an unser Arrangement erinnert. Er wusste aus der Zeitung, dass Johannes tot ist, also war das kein Problem. Wir müssen nur hinfahren und den Umschlag holen.«

Ecker blickte plötzlich verbissen drein. »Zumindest in einer Hinsicht ist es gut, dass es kam, wie es kam. Es ist nämlich etwas dazwischengekommen, und deshalb kann ich auch nicht mehr an dem Wettbewerb teilnehmen …«

Sieh mal einer an, noch so ein Feigling. Was zum Teufel ist jetzt in ihn gefahren? Silfverbielke zog eine Augenbraue hoch und sah Hans mit kaltem Blick an.

»Du wirst es nicht glauben, Chris, aber am Donnerstag hat mich ein Headhunter angerufen und gefragt, ob ich Geschäftsführer bei Borsch Stahl werden will.«

Silfverbielke pfiff anerkennend. »Sieh mal einer an.«

»Ja.« Hans nickte zufrieden. »Dir ist klar, was das heißt?«

Ja. Dass ich eine Menge unangenehmer Informationen über dich habe. Dass du nicht willst, dass es herauskommt. Und – dass du jetzt ein Risiko darstellst, Hans.

»Absolut.« Er lächelte Ecker an. »Erzähl mehr.«

Die Firma Borsch Stahl hatte sich in den letzten Jahren zu einem der angesehensten schwedischen Industrieunternehmen entwickelt, hauptsächlich durch den Aufkauf anderer Firmen, aber auch durch starkes organisches Wachstum.

»Ich habe nur einen Tag lang überlegt und am Freitag zugesagt. Am ersten September trete ich die Stelle an und werde ziemlich aggressiv vorgehen, wenn du verstehst, was ich meine. Der Vorstand ist fest entschlossen, dass die Firma weiter wachsen soll. Im Moment hat sie dreitausendfünfhundert Mitarbeiter und einen Umsatz von vier Milliarden Kronen. Das ist nicht schlecht, aber es gibt schon länger Pläne, wie man in den nächsten Jahren die Zahlen kräftig verbessern kann. Und ich bin derjenige, der das über die Bühne bringen soll.«

»Glückwunsch, Hans, das ist ja klasse!« Silfverbielke reichte Ecker die Hand. »Wie sehen die Konditionen aus, wenn ich fragen darf?«

»Gar nicht übel.« Hans strahlte zufrieden. »Gut sechseinhalb Millionen Kronen Jahresgehalt, plus leistungsbezogene Boni. Und dann natürlich das ganze Programm, du weißt schon, Wagen, Reisen, Repräsentationsspesen, all die schönen Dinge.«

Plötzlich wurde er wieder ernst und beugte sich vor. »Aber weißt du was, Chris? Den ganzen Spaß, den wir zusammen hatten, müssen wir vergessen. Wir müssen einfach einen Schlussstrich ziehen. Das heißt auch, dass wir den Fonds auflösen müssen. Du kannst dir ja ausrechnen, was passiert, wenn meine Verwicklung in all diese Insidergeschäfte auffliegt.«

Ja, das kann ich in der Tat. Und es sieht nicht gut für dich aus, Hans. Ich mag keine Feiglinge.

Silfverbielke tat so, als überlege er einen Moment. Dann nickte er.

»Klar verstehe ich das. Und ich sehe da eigentlich kein Problem. Das Wichtigste ist jetzt natürlich, dass wir den Code von Johannes beim Anwalt holen, dann können wir uns in

Griechenland in aller Ruhe darüber unterhalten, was wir mit dem Rest machen.«

»Ja und nein. Wie du weißt, ist Veronica nicht in unser Freizeitvergnügen und die Fondsgeschäfte eingeweiht. Ich habe keine Lust, darüber zu reden, wenn sie mithört.«

»Das verstehe ich, aber es wird sicher Momente geben, wo sie schläft oder schwimmen geht, meinst du nicht?«

»Ja, da hast du recht. Zum Wohl!«

Ecker sah auf die Uhr. »Ich muss langsam los. Habe meinen Eltern versprochen, sie zu besuchen, bevor wir nach Griechenland abhauen. Außerdem haben sie die guten Nachrichten noch nicht erfahren, also dachte ich mir, ich bringe ein paar Steaks und Champagner mit und überrasche sie.«

Und ich dachte mir, währenddessen ein bisschen mit deiner Frau zu spielen.

»Gute Idee, Hans, richte Grüße von mir aus.«

Silfverbielke hob sein Glas und prostete Ecker zu.

Nachdem Ecker gegangen war, holte Christopher sein Handy hervor.

Muss noch ein paar Sachen erledigen, aber du kannst gegen sechs Uhr kommen. Du weißt bestimmt, was du anhaben sollst.

Die Antwort war kurz:

???

Dasselbe Kleid, das du anhattest, als wir uns zuletzt gesehen haben.

Ein Beerdigungskleid! Nie im Leben, das ist ein absolutes No-go für mich!!!

Christopher wartete zwei Minuten, ehe er antwortete.

Dann stellen wir es ein.

Wie meinst du das?

Er wartete vier Minuten. Während dieser Zeit wiederholte sie ihre SMS dreimal. Schließlich schrieb er:

Du gehorchst nicht.

Nach zwei Minuten piepste sein Handy.

Ich gehorche. Sechs Uhr.

Silfverbielke lehnte sich zurück, ließ die Hände über seinen Waschbrettbauch gleiten und sah auf die Uhr. Er bezahlte die Rechnung, stand auf und ging schnell zu Fuß nach Hause.

Nachdem er geduscht und sich umgezogen hatte, rief er seine Mutter an und teilte ihr mit, dass er auf einen Sprung vorbeikommen werde.

Irma Silfverbielke trat einen Schritt zurück, um ihren Sohn hereinzulassen. »Oh, Christopher, du ahnst ja gar nicht, wie sehr ich mich darüber freue. Ich war die ganze Zeit so traurig, seit Putte gestorben ist …«

»Keine Angst, Mama, das wird schon wieder gut. Hier bringe ich dir Amos. Schau mal, wie schön er ist.«

Christopher hob den Käfig und drehte ihn langsam vor seiner Mutter. Der Hamster fuhr erschrocken herum und verstand nicht, wieso die Welt sich plötzlich drehte.

»Oh nein!« Irma Silfverbielke schlug vor Entzücken die Hände zusammen. »Der ist ja so süß! Komm rein, mein Junge, dann mache ich dir einen Kaffee. Ich werde dich ja eine ganze Weile nicht sehen, wenn du mit deinen Freunden nach Griechenland fliegst.«

»Ja, das kann schon ein bisschen dauern, Mama.«

Am Kaffeetisch sah Irma Silfverbielke ihren Sohn mit ernster Miene an.

»Aber da ist noch etwas, was ich dich fragen wollte, Christopher. Hast du Putte auch schön begraben?«

Nicht wirklich, Mama.

»Absolut. Am Rand von Papas Friedhof, genau wie wir es besprochen haben. Aber nicht im Grab selbst, das habe ich mich nicht getraut, wenn du verstehst, was ich meine. Unter dem Rasen am Waldrand, natürlich mit seinem eigenen kleinen Kreuz.«

Ich habe ihn unten vor der Haustür in einen Kinderwagen geworfen, Mama. Hast du nicht gehört, wie die Mutter geschrien hat, als sie eine tote Ratte fand, wo sonst ihr Baby liegt?

Irma lächelte dankbar und wischte eine Träne weg.

»Du bist so ein lieber Junge, Christopher …«

Silfverbielke eilte nach Hause und zog sich schnell das Hemd, die Krawatte und den Anzug an, die er bei der Beerdigung getragen hatte.

Veronica Svahnberg blickte verwundert drein, als er ihr die Tür aufmachte. »Oh, ich dachte, du bist schon länger zu Hause. Du hast dich auch nicht umgezogen?«

Er zog sie in die Wohnung, schloss die Tür und küsste sie hart. »Nein, deshalb dachte ich, dass es passt, wenn wir das Gleiche anhaben. Heute ist ja trotz allem ein Tag der Trauer, nicht wahr?«

»Christopher«, keuchte sie, »sag so was nicht!«

Er nahm sie wortlos bei der Hand und zog sie in die Küche. Am Ende des Küchentisches hatte er zwei silberne Kerzenständer mit langen weißen Kerzen platziert.

Veronica protestierte, als er sie auf den Tisch hob.

»Aber Christopher! Ich bin im fünften Monat, und heute wurde Johannes …«

Ohne auf ihre Einwände zu hören, ließ er seine Hose hinabgleiten und fand, dass Veronica anders als sonst nach saurem Schweiß roch, als wäre sie nervös oder hätte Angst.

Die Kerzenflammen flackerten jedes Mal, wenn er in sie eindrang.

Christopher Silfverbielke war richtig gut drauf.

Kapitel 61

Mittwoch, 1. August

Während Martin Heyes telefonierte, musterte Silfverbielke seinen Chef mit mühsam verhohlener Verachtung.

In den letzten Wochen hatte er – von ein paar Ausnahmen abgesehen – auf Alkohol und späte Nächte verzichtet, hart und konzentriert gearbeitet und hervorragende Ergebnisse geliefert.

Hör endlich auf zu quatschen, du Loser. Ich habe Besseres zu tun, als hier zu sitzen.

Als hätte er den Gedanken gehört, beendete Heyes das Gespräch.

»Christopher, was soll ich nur sagen?« Er breitete die Arme aus, ging um den Schreibtisch herum und streckte Silfverbielke lächelnd die Hand entgegen. »Ich habe mir soeben die Zahlen für das zweite Quartal angesehen. Sie haben es wieder mal geschafft. Einfach nur hervorragend, Chris.«

Wenn du meinst, dass diese Ergebnisse toll sind, solltest du dir mal unseren privaten Fonds ansehen.

»Danke, Martin, das ist wirklich nett von Ihnen. Ich mache ja nur meine Arbeit.«

Silfverbielke lehnte sich lässig im Stuhl zurück. »Wie Sie vielleicht wissen, habe ich mir ein bisschen frei genommen, werde aber bald wieder zurück sein.«

»Das haben Sie sich auch redlich verdient. Was haben Sie vor, wenn ich fragen darf?«

»Ach, nichts Großes. Ich habe zusammen mit ein paar Freunden ein Boot in Griechenland gemietet. Wir wollen dort unten ein paar Tage segeln.«

»Das klingt herrlich. Wann geht es los und wann kommen Sie wieder?«

»Ich fliege am Samstag und komme am sechzehnten August zurück nach Schweden. Aber weil das ein Donnerstag ist, fange ich erst am zwanzigsten oder so mit der Arbeit an.«

Heyes blickte verwundert drein. »Wollen Sie nicht länger weg? Wenn ich mich richtig erinnere, haben Sie noch eine Menge Urlaubstage gut. Sie sollten sich wirklich länger freinehmen, wenn man bedenkt, wie hart Sie arbeiten. Ich war neulich auf einem Gesundheitsseminar, und da haben wir gelernt …«

Gesundheitsseminar? Du solltest ein Seminar über die Grundlagen des Börsengeschäfts machen, du Witzfigur.

Silfverbielke tat so, als höre er zu, während er in seinem geistigen Kalender blätterte. Wenn er geschickt plante, könnte er noch ein paar Runden mit Pernilla Grahn einlegen – die Frau brauchte jetzt sicher ein wenig Trost, und außerdem war es höchste Zeit, ihr ein paar neue Sextechniken der dominanteren Art beizubringen.

Natürlich würde Veronica in Griechenland dabei sein, aber sie wurde allmählich etwas zickig, und wer hatte schon Lust darauf, bei vierzig Grad Hitze über selbstverständliche Dinge zu streiten? Außerdem konnte Hans ihm im Weg stehen.

Zumindest manchmal. Zumindest für eine Weile.

»… für mehr Ausgewogenheit im Leben, finden Sie nicht?« Martin Heyes lächelte ihn freundlich an.

Silfverbielke lächelte ebenso freundlich zurück. *Ich sollte dir den Schädel einschlagen. Wieso habe ich nicht deinen Job?*

»Ja, Sie haben vollkommen recht, Martin. Ich sollte mir wirklich zu Herzen nehmen, was Sie mir gerade gesagt haben. Aber ich fange erst mal mit den zwei Wochen Urlaub in Griechenland an, und dann können wir weiterreden.«

Als Silfverbielke wieder in seinem Büro saß, sah er sich die Börsentrends der vergangenen Stunde an. Er überlegte eine Weile und tätigte eine Reihe von Umplatzierungen und Abschlüssen. Anschließend holte er seinen privaten Laptop aus der Aktentasche, fuhr ihn hoch und formulierte seinen Brief.

Der Grund, warum ich diesen Brief schreibe, ist, dass ich um mein Leben fürchte.

Der Hintergrund ist folgender: Hans Günther Ecker, mein Freund seit unserer gemeinsamen Studienzeit und gegenwärtig Geschäftsführer bei der Fondsverwaltung Fidelis, hat sich im Lauf dieses Jahres zunehmend seltsam benommen. Es fing damit an, dass er bereits im Januar auf einer Party unzusammenhängend darüber redete, er habe an einem Morgen jemanden am Strandvägen niedergeschlagen und dabei seine Mütze verloren.

Als wir zusammen eine Reise nach Berlin unternahmen, um unsere Geburtstage zu feiern, erzählte er eines Morgens, er habe eine Prostituierte besucht und getötet. Mir fiel es natürlich schwer, ihm die Geschichte zu glauben.

Vor ein paar Monaten waren wir beim Abendessen in der Altstadt. Hans war von Anfang an betrunken und aggressiv. Ich verließ die Gesellschaft früh, erfuhr jedoch später von den anderen Anwesenden, der Abend habe damit geendet, dass Hans in einer Gasse einen Betrunkenen misshandelte. Mein erster Gedanke war natürlich, zur Polizei zu gehen, ich hatte aber gleichzeitig Angst davor, was Hans mir antun würde, falls er davon Wind bekäme.

Im Lauf des Frühjahrs und Sommers hat Hans sich zunehmend menschenverachtend und aggressiv benommen. Mehrere Male musste ich Schlägereien verhindern, wenn Hans sich provoziert fühlte. Ich habe versucht, ihm ins Gewissen zu reden und zu verstehen, was mit ihm nicht stimmt, leider ohne Erfolg. Neulich erzählte er mir, er habe vor einiger Zeit »einem Kanaken eine Abreibung verpasst«, weil dieser ihm im Straßenverkehr eine obszöne Geste gemacht hatte.

Hans ist ein guter Freund, und ich verstehe, dass es ihm schlecht geht. Ich habe alles mir Mögliche getan, um ihm zu helfen, aber ich habe den Eindruck, dass er mir immer seltsamere Blicke zuwirft. Wir haben vor einiger Zeit einen gemeinsamen Segelurlaub in Griechenland gebucht, den wir in ein paar Tagen antreten werden.

Hoffentlich kann ich während dieses Urlaubs ein paar längere Gespräche mit meinem Freund führen, herausfinden, warum es ihm schlecht geht, und ihn auf bessere Gedanken bringen. Vielleicht kann ich ihm helfen, den Rückhalt im Glauben an Gott zu finden, den ich selbst verspüre. Gleichzeitig habe ich in meinem Innersten große Angst vor ihm.

Ich schreibe diesen Brief für den Fall, dass ich nicht nach Stockholm zurückkehre oder mich nicht wie geplant am sechzehnten August bei Ihnen melde.

Stockholm, den 1. August 2007

Christopher Silfverbielke

Silfverbielke las den Text noch einmal durch und speicherte das Dokument. Dann schloss er das Druckerkabel an seinen Laptop an, druckte ein Exemplar des Briefs aus und fuhr den Computer herunter.

Kapitel 62

Donnerstag, 2. August

»Na …«, Colt öffnete zischend eine Bierdose und reichte sie Henrik Vadh, »… wie war denn der Urlaub?«

Er hob den Grilldeckel und wendete die Steaks.

Vadh trank einen Schluck Bier. »Der war ganz okay.« Henrik lachte. »Oder zumindest teilweise.«

Jacob sah ihn fragend an.

»Na ja, wir haben ja eine Kombireise gemacht. Zuerst waren wir drei Tage in Athen, und dann sind wir nach Kreta weitergeflogen und haben elf Tage in Hersonissos verbracht.«

»Ja?«

»Hersonissos war schön. Wir hatten ein tolles Hotel mit schönem Swimmingpool und allem Drum und Dran. Alles war gut. Aber Athen …«

Henrik hielt sich die Augen zu.

»War es so schlimm?«

»Noch schlimmer. Ich war noch nie in einer Stadt mit solcher Luftverschmutzung. Man hat regelrecht das Gefühl, die Abgase runterzuschlucken. Außerdem sind die Leute griesgrämig oder depressiv. Es war fast die ganze Zeit vierzig Grad, und man konnte nachts kaum schlafen. Zur Akropolis hochzulaufen, war ein echtes Unternehmen, obwohl es natürlich interessant war, sie anzuschauen. Da war es wirklich eine Erleichterung, als wir nach Kreta kamen.«

Colt lachte. »Na ja, jetzt weiß ich wenigstens, wo ich nicht hinmöchte.«

»Das kannst du mir glauben. Aber ihr fahrt doch auch bald weg, oder? Geht es jetzt nach Savannah?«

»Ja, das steht fest. Nur Melissa und ich, für zwei Wochen. Das wird ziemlich schön werden, wir waren ja schon ein paar Jahre nicht mehr dort. In den letzten Jahren haben ihre Eltern uns hier in Schweden besucht.«

»Wie lange bleibt ihr?«

»Vom zwölften bis zum fünfundzwanzigsten. Melissas Eltern haben ein riesengroßes, fantastisches Haus und sind nette Leute, aber mehr als zwei Wochen packe ich trotzdem nicht. Mit ein bisschen Glück können wir vielleicht eine Weile von dort wegkommen. Ein Auto mieten und runter nach Orlando fahren, oder so was in der Art. Das liegt nur ein paar Stunden weit weg.«

Melissa und Gunilla kamen aus dem Reihenhaus und gingen zum Grill. Melissa hielt ein Tablett in den Händen. »Jacob, Liebling, kannst du diese Riesentomaten kurz auf den Grill werfen? Dann schmecken sie viel besser.«

Colt nickte und machte den Grilldeckel auf. »Haben die Damen den Tisch gedeckt und den Wein entkorkt? Das hier sieht nämlich fertig aus.«

Gunilla Vadh gab sich Mühe, beleidigt dreinzublicken. »Für wen hältst du uns eigentlich? Glaubst du, wir sind Anfänger? Alles steht bereit, Herr Kommissar.« Sie wandte sich Melissa zu. »Komm, wir gehen rein und probieren den Wein.«

Als die beiden Männer wieder allein waren, fragte Henrik: »Wie war es, während ich weg war? Darf ich fragen, wie es um das Durcheinander im Fall de Wahl steht?«

»Fragen darfst du gern, aber von mir wirst du momentan keine schlauen Antworten kriegen. Wir sind ja bei den Ermittlungen zum Gomez-Mord steckengeblieben, und bei de

Wahl ist ebenfalls nichts Neues rausgekommen. Ich fürchte, dass die gesamte Ermittlung in diesem verdammten Korb in der Ecke landen wird, du weißt schon, was ich meine. Sogar Kulin schaut ziemlich lahm drein, wenn der Fall zur Sprache kommt.«

»Ärgerlich.«

»Ja. Aber vergessen wir es für eine Weile. Es gibt schließlich angenehmere Gesprächsthemen, oder?«

Kapitel 63

Samstag, 4. August

Silfverbielke streckte sich auf seinem Liegestuhl aus und betrachtete den strahlend blauen Himmel durch seine neue Sonnenbrille. Er hatte sich ordentlich eingecremt, sodass sein durchtrainierter Körper in der Sonne glänzte, und stellte amüsiert fest, dass er von mehreren jungen Frauen, die um den Swimmingpool herum lagen, bewundernde Blicke erhielt.

Pass auf, Veronica. Vielleicht komme ich auf den Gedanken, ein bisschen zu spielen.

Er schloss die Augen und überlegte. Bereits beim Einchecken hatte Hans einen ungewöhnlich geistesabwesenden Eindruck gemacht und während des Fluges von Stockholm nach Athen nicht viel geredet. Christopher hatte Zeitung gelesen und mit Veronica, die zwischen ihnen saß, Smalltalk gemacht.

Als Hans aufstand, um auf die Toilette zu gehen, flüsterte Christopher ihr ins Ohr: »Das war eine gute Idee. Bist du bereits Mitglied im Mile High Club, oder müssen wir beide uns auch auf die Toilette schleichen?«

Veronica lief rot an. »Du bist wohl nicht ganz dicht! Wir können auf dieser Reise kein Risiko eingehen, Chris. Und denk daran, dass ich im sechsten Monat bin. Ich musste sogar vorsichtshalber darüber lügen, als wir die Flugtickets gekauft haben.«

»Risiko? Ich würde doch nie ein Risiko eingehen. Aber gut, dann muss ich halt diese süße Flugbegleiterin fragen …«

Veronica stieß ihm den Ellenbogen in die Rippen. »Wehe dir! Ich werde mich bald um dich kümmern, aber nicht hier.«

Silfverbielke schloss die Augen und dachte konzentriert nach. *Was denkt Hans? Hat er Angst? Wenn ja, wovor? Dass ich ihn auffliegen lasse? Oder sämtliches Geld in unserem Fonds an mich reiße? Was hat er vor? Wer hält eigentlich alle Trümpfe in der Hand?*

Nachdem sie in den Flieger nach Kreta umgestiegen waren, wurde Hans ein bisschen umgänglicher. Er sprach über das Boot, das er gemietet hatte, und darüber, wie gut das Hotel laut den Angaben des Reisebüros sein sollte. Und dann senkte er plötzlich die Stimme und flüsterte: »Hast du etwas K dabei? Wie sollen wir sonst klarkommen?«

Silfverbielke zog die Augenbrauen hoch. »Ob ich etwas mit nach *Griechenland* genommen habe? Hast du zufällig einen Film namens *12 Uhr nachts – Midnight Express* gesehen? Der spielt zwar in der Türkei, aber …«

»Ja, ja, ich weiß«, flüsterte Ecker irritiert, »aber wie zum Teufel machen wir das dann, wir können doch nicht mit leeren Händen in See stechen?«

»Verbringen wir nicht ein paar Tage im Hotel, bevor wir das Boot abholen?«

»Ja, vier Nächte.«

»Gut. Ich kümmere mich darum, verlass dich auf mich.«

»Aber wie …?«

»Ich sagte, ich kümmere mich darum, okay?« Silfverbielkes Stimme klang auf einmal eiskalt.

Ecker lehnte sich zurück, setzte den Kopfhörer auf und schloss die Augen. Auf dem Klassik-Kanal lief Vivaldi. *Er ist unangenehm, wenn er diesen Ton draufhat. Alles ist jetzt unangenehm. Christopher weiß zu viel über mich. Er weiß alles. Wenn nur die Hälfte davon herauskäme …*

Eckers Gedanken kreisten weiterhin um dieses Problem, ohne dass er eine Lösung fand. Was passiert war, ließ sich nicht ungeschehen machen. Wegen des Verkehrsunfalls in Deutschland und des Vorfalls mit dem Mädchen im Hotel drohte ihm kein Ärger, da brauchte er sich keine Sorgen zu machen. Aber die Sache in der Stockholmer Altstadt machte ihm Angst. Es war schon schlimm genug, dass der Bulle ihn vielleicht gesehen hatte und dass sein Konterfei von jetzt an vermutlich öfter in den Wirtschaftszeitungen erscheinen würde. Sollte er sich vielleicht die Haare färben und einen Bart wachsen lassen? Na ja, noch schlimmer war, dass Christopher alles wusste. Wenn Chris es hart auf hart kommen ließ und den Fonds weiterführen wollte oder einen größeren Anteil für sich beanspruchte, hatte er dem nichts entgegenzusetzen. Chris bräuchte nur mit den Fingern zu schnippen, und sein Leben würde wie ein Kartenhaus einstürzen. Plötzlich stand seine ganze Existenz auf dem Spiel. *Wenn nicht …*

Silfverbielke zuckte zusammen, als die kalten Wassertropfen auf seinem Bauch landeten.

Veronica stand mit triefenden Haaren über ihn gebeugt. Sie trug einen schwarzen Bikini mit lila Muster. Als sie sich vorbeugte, sprengten ihre schweren Brüste fast den BH.

»Ich habe doch gesehen, wie die dich anstarren«, zischte sie mit gespielter Wut. »Da markiere ich lieber mein Revier.«

Christopher stützte sich auf die Ellenbogen und sah sich um. »Tja, da hast du recht. Die da drüben im gelben Bikini ist gar nicht übel. Bestimmt nicht älter als zwanzig oder einundzwanzig …«

»Hör auf!« Jetzt war ihre Wut nicht mehr gespielt.

Er tat so, als hätte er sie nicht gehört. »Wo ist Hans?«

»Er wollte nach mir schnell unter die Dusche.«

»Lässt du dich von ihm unter der Dusche vögeln?«

»Christopher, darüber will ich nicht reden.«

»Du hast meine Frage gehört.«

Sie zögerte. »Nein, er bekommt von mir keinen Sex mehr. Ich sage ihm, dass ich mich nicht wohl fühle und dass es mir nicht bekommt.«

»Wie praktisch. Dann schlage ich vor, dass du heute Abend auf mein Zimmer kommst.«

»Aber … aber das geht nicht! Was soll ich Hans erzählen?«

»Ich mache das schon.«

Um acht Uhr abends trafen sie sich zum Abendessen und zu ein paar Drinks auf der Außenterrasse des Hotelrestaurants, die aufs Meer hinausging. Die schlimmste Hitze war vorüber, und die Klimaanlage und gewöhnliche Ventilatoren machten das Dasein erträglich.

Christopher, der bereits etwas Farbe bekommen hatte, trug leger ein weißes Hemd, das über die helle Leinenhose hing. Er lächelte den jungen Frauen zu, die ihm Blicke zuwarfen, als er das Restaurant betrat.

Das Eine schließt das Andere ja nicht aus.

Er sah, dass Hans und Veronica bereits an einem Tisch mit guter Aussicht Platz genommen hatten. Veronicas Blick folgte ihm, als er durch das Restaurant ging, und er stellte amüsiert fest, dass sie die anderen Frauen wütend ansah.

Ecker blickte griesgrämig drein, und das Paar schwieg.

Die haben gestritten. Worüber?

»Guten Abend, meine Dame, mein Herr.« Silfverbielke verneigte sich höflich und lächelte. »Wie ist der erste Abend in Griechenland?«

»Spitze«, murmelte Hans.

Veronica setzte ein gezwungenes Lächeln auf. »Danke, es ist toll hier.«

Hans wandte sich Christopher zu. »Wo warst du übrigens? Ich habe vorhin bei dir geklopft, weil ich dich fragen wollte, ob wir auf einen Drink in die Bar gehen.«

Silfverbielke zwinkerte ihm kurz zu. »Ich musste eine kleine Besorgung machen.«

Ecker lächelte bewundernd. Chris hatte Koks besorgt. Gott weiß, wie er das geschafft hatte, aber der Urlaub war gerettet. Wie er seinen Freund kannte, hatte dieser mit dem Einkauf nicht gegeizt.

»In der Apotheke, wenn ich dich richtig verstehe«, scherzte er.

Christopher nickte. »Wenn wir in See stechen wollen, ist es am besten, sich vorher mit dem Wichtigsten einzudecken. Tabletten gegen Seekrankheit, Magentabletten, Pflaster, Desinfektionsmittel, du weißt schon – was man halt unterwegs so braucht.«

Außerdem habe ich auch noch in einem anderen Hotel eingecheckt, einem mit Safe auf dem Zimmer. Dort liegen mein Pass und meine richtige Brieftasche mit vier Kreditkarten und einem Haufen Bargeld. Für alle Fälle.

Veronica lächelte und versuchte, die Ironie zurückzuhalten. »Danke, lieber Christopher.«

Nach dem Abendessen stand Hans auf. »Ich muss mal. Chris, bestellst du für mich einen Kaffee und einen doppelten Whisky?«

»Certainly, Sir!«

Christopher wartete, bis Hans außer Hörweite war und erwiderte Veronicas Blick. »Und was wünscht die Dame?«

»Das weißt du.«

»Ich will es von dir hören.«

»*Dich.*«

»Das lässt sich arrangieren.«

»Wie?«

Christopher wartete mit der Antwort, während der Kellner drei Tassen Kaffee und zwei gut gefüllte Gläser Whisky auf den Tisch stellte. Nachdem der Mann verschwunden war, sah Veronica ihn immer noch fragend an.

Silfverbielke zog eine kleine Schachtel aus der Tasche, nahm eine weiße Pille heraus und ließ sie in Hans' Glas fallen. Er rührte mit dem Kaffeelöffel um, bis sie sich vollkommen aufgelöst hatte.

»Innerhalb einer Stunde wird dein Mann sehr müde und will sich hinlegen. Du kannst ja mit mir in der Bar bleiben und einen Fruchtsaft trinken, bevor du zu ihm hochgehst und ihn zudeckst.«

Ecker näherte sich mit ruhigen Schritten. »Soso, worüber unterhaltet ihr euch denn?«

»Schlafstörungen«, sagte Silfverbielke lächelnd.

»Tja, darunter habe ich in letzter Zeit nicht gelitten«, erwiderte Hans. »Ich habe viel zu oft bis in die späten Abendstunden gearbeitet. Werde wohl langsam alt. Aber ich dachte mir, dass ich die Tage im Hotel einigermaßen früh schlafen gehe, damit ich ausgeruht bin, wenn wir unseren Segeltörn starten.«

»Darauf stoßen wir an«, sagte Christopher.

Eine gute halbe Stunde später verkündete Ecker gähnend, dass er müde sei und sich hinlegen wolle. Veronica sagte, sie wolle noch eine Weile bleiben und dem griechischen Trio zuhören, das gerade angefangen hatte, drüben am Pool zu spielen. Christopher versprach, ihr Gesellschaft zu leisten, aber nur kurz.

Noch eine Stunde später stand Veronica auf und ging nach oben. Silfverbielke bezahlte die Rechnung, ging auf sein Zimmer und ließ die Tür unverschlossen. Er stand nicht länger als fünf Minuten unter der Dusche, als der Duschvorhang zur Seite glitt, eine nackte Veronica unter den Wasserstrahl trat und sich an ihn presste.

Kapitel 64

Mittwoch, 8. August

In vier Tagen sahen sie nichts weiter als einen schönen azurblauen Himmel mit kleinen weißen Schäfchenwolken. Die Tagestemperatur bewegte sich zwischen fünfunddreißig und vierzig Grad, und sie verbrachten deshalb die meiste Zeit im und am Swimmingpool.

Hans Ecker zeigte deutliche Anzeichen von Müdigkeit. Mittags und abends, etwa eine halbe Stunde nach Einnahme einer Mahlzeit, wurde er so müde, dass er sich hinlegen musste. Nach dem Mittagessen schlief er ein paar Stunden lang wie ein Murmeltier und an den Abenden lag er bereits um neun Uhr im Bett.

Veronica Svahnberg verspürte zu dieser Zeit oft andere Bedürfnisse.

Und – Eifersucht.

»Ist die Schwangerschaft an deinen Hormonschwankungen schuld?«, fragte Silfverbielke eines Nachmittags neckisch, als sie nackt in seinen Armen lag.

Sie warf ihm einen wütenden Blick zu. »Das ist nicht der einzige Grund. Ich muss dich ja auch in Schach halten. Schließlich habe ich gesehen, wie die Mädels dir nachschauen, und du ihnen. Aber ich verspreche dir, dass keine von denen dir das Gleiche bieten kann wie ich.«

»Wie kannst du dir da so sicher sein? Vielleicht sollte ich es mal ausprobieren.«

Sie zielte mit dem Kissen auf sein Gesicht. »Tu das, und bringe dich um, das schwöre ich dir!«, knurrte sie.

»Immer mit der Ruhe«, sagte Christopher lachend. »Ich verspreche dir, dass ich dir treu bleibe, zumindest während wir hier sind. Aber wie stellst du dir vor, das Problem zu lösen, wenn wir auf dem Boot sind?«

»Du hast doch sicher mehrere solcher Pillen dabei, oder?«

»Meinst du, wir sollen Sex haben, während dein zukünftiger Ehemann drei Meter von uns entfernt schläft?«

Veronica zuckte mit den Schultern und lächelte ihn neckisch an. »Not kennt kein Gebot.«

Christopher und Veronica halfen dabei, Kartons, Tragetaschen, Kanister und Flaschen an Bord zu tragen, während Hans zusammen mit dem Bootsverleiher die Checkliste durchging. Das Boot hatte Stauraum im Überfluss. Vorne befand sich eine Kajüte mit zwei geräumigen Schlafplätzen, die sich für vier Personen erweitern ließen, achtern eine kleinere Kabine mit zwei Kojen, zwischen die noch eine weitere passte.

Zwischen den Kajüten gab es eine geräumige Kochnische und Sitzplätze, auf denen man Mahlzeiten einnehmen oder einfach nur entspannen konnte. Vorder- und Achterdeck boten ausreichend Platz zum Sonnenbaden. Nachdem der Proviant verstaut und Hans mit dem Bootsverleiher fertig war, stachen sie in See. Ecker, der bereits mit Anfang zwanzig den Sportbootführerschein erworben hatte, ernannte sich rasch zum Kapitän, übernahm das Ruder, glitt ruhig aus dem Hafen von Chania und beschleunigte dann das Tempo.

Der Plan war, sechs Tage zu segeln, das Boot am Montagabend zurückzubringen und anschließend zwei

Tage im Hotel zu verbringen, ehe sie früh am kommenden Donnerstag nach Hause flogen.

Die ersten vier Tage durchfuhren sie das schöne Kretische Meer, besuchten kleine Inseln oder lagen einfach nur vor Anker und sonnten sich.

Gleich am ersten Tag hatte Veronica darauf bestanden, dass sie den Anker warfen, damit sie sich ohne Risiko oben ohne oder am liebsten nackt sonnen konnte.

Ecker starrte sie griesgrämig an. »Du hast dich doch noch nie nackt gesonnt.«

Silfverbielke, der seinem Freund den Rücken zuwandte, grinste innerlich.

»Vielleicht kennst du deine zukünftige Frau nicht gut genug«, erwiderte Veronica ironisch. »Ich habe mich oben ohne gesonnt, solange ich mich erinnern kann, und nackt die paar Male, wo es ohne Risiko möglich war. Ich werde lange keine Gelegenheit mehr haben, in der Sonne zu liegen, und ich habe keine Lust, mit weißen Streifen nach Hause zu kommen.«

Mit diesen Worten entfernte sie demonstrativ den BH und legte ihre Brüste frei, wohl wissend, dass Christopher sie sah. Dann stieg sie aufs Vorderdeck, legte sich auf den Rücken, den Kopf gegen den Steuermannsitz gelehnt, und zog sich vorsichtig das Bikini-Unterteil aus, während Hans das Boot weiterlenkte und leise fluchte.

Silfverbielke verbrachte die Tage mit Tauchen, Schwimmen, Kochen und Lesen. Als selbst ernannter Koch war es für ihn ein Leichtes, heimlich Schlafmittel in Eckers Mahlzeiten und Getränke zu geben, und bei zwei Gelegenheiten war Veronica zu ihm in die kleine Kajüte auf dem Achterdeck gekommen, von wo sie dann lautes Schnarchen aus der Vorderkajüte gehört hatten.

Es war ein unbeschwertes Leben, aber Christopher war auf der Hut. Hans wirkte im Lauf der Tage zunehmend befangen, schweigsam und verschlossen. Silfverbielke ahnte, dass er irgendeinen Verdacht hegte oder möglicherweise einen Plan ausheckte.

Ich hab auch einen Plan, mein Freund, und ich glaube nicht, dass unsere Pläne miteinander harmonieren. Vielleicht wäre es gut, wenn wir uns ein wenig darüber unterhielten.

Es war Sonntagabend, und sie lagen außerhalb eines kleinen Fischerdorfs vor Anker. Silfverbielke war an Land gegangen und hatte frischen Fisch gekauft, den er jetzt mit Zwiebeln briet, während er nebenbei einen großen griechischen Salat zubereitete. Veronica ruhte sich in ihrer Koje aus, und Hans lag auf einem der Sofas in der Bootsmitte und las Zeitung.

Anscheinend wollen die beiden nicht mehr miteinander reden als notwendig. Was ist da los? Als Veronica gestern Nacht zu ihm gekommen war, hatte er sie gefragt, wie die Dinge zwischen ihr und Hans standen. Sie hatte geantwortet, dass sie nicht über ihre Beziehung reden wolle, während sie mit Christopher Sex habe, und war dann ohne ein Wort über ihn hergefallen.

Nicht gut. Ich brauche Fakten, um handeln zu können.

Silfverbielke verteilte das Schlafmittel dieses eine Mal um. Nach dem Abendessen rieb sich plötzlich Veronica die Augen.

»Ich verstehe nicht, warum ich auf einmal so müde bin.«

»Das ist vielleicht nicht so ungewöhnlich«, erwiderte Christopher, »du warst ja heute länger als sonst in der Sonne. Leg dich einfach eine Weile hin. Morgen ist ja unser letzter Tag, und den wollen wir doch noch voll ausnützen, oder?«

Sie lächelte ihn an. »Auf jeden Fall. Entschuldigt mich, meine Herren.«

Sie verschwand in der vorderen Kajüte und schloss die Tür hinter sich.

Christopher wandte sich seinem Freund zu. »Wie geht's, Hans, du wirkst so still?«

Hans zuckte mit den Schultern und starrte vor sich hin. »Ich bin rastlos und irritiert. Ich weiß nicht, ob das hier so eine gute Idee war. Es scheint, als ob Veronica und ich uns schwertun, längere Zeit auf engem Raum zusammen zu sein, und das verheißt nichts Gutes für die Zukunft.«

»Das wird schon nicht so schlimm«, erwiderte Christopher lachend, »ihr habt ja ein großes Haus, und du kannst dir ausrechnen, wie viele Stunden du in deinem neuen Job weg bist. Mit der Fünfzig-Stunden-Woche ist jetzt Schluss, Junge.« Er schlug Ecker freundschaftlich auf die Schulter.

»Da hast du sicher recht. Was meinst du, sollen wir den Anker lichten und ein Stück weit hinaus aufs Meer fahren, da ist es vielleicht ein bisschen kühler. Es steht ja nirgendwo geschrieben, dass wir jeden Abend vor einer Insel liegen müssen.«

Silfverbielke nickte. »Klar, warum nicht? Wir fahren ein gutes Stück hinaus, dann ankern wir und lassen uns die Birne volllaufen. Ich habe ja auch noch eine Menge gutes Koks übrig.«

»Let's go!« Eckers Miene hellte sich auf und er startete die Motoren, während Christopher den Anker hochzog. Plötzlich ging die Kajütentür auf und Veronica steckte den Kopf heraus.

»Was ist los?«, fragte sie müde.

»Alles in Ordnung, Süße«, erwiderte Ecker und warf ihr eine Kusshand zu. »Wir fahren nur ein bisschen hinaus aufs Meer. Leg dich wieder hin und lass dich in den Schlaf wiegen.«

Eine Stunde später stellten sie die Motoren ab und gingen mit eingeschalteten Lichtern vor Anker. Silfverbielke legte fein säuberlich zwei Lines Kokain und schenkte jedem ein Glas Whisky ein.

Die griechische Nacht senkte sich über sie, und nur das leise Plätschern der Wellen am Schiffsrumpf war zu hören.

Jetzt kommt der Augenblick der Wahrheit, dachte Silfverbielke, als er Ecker gegenüber Platz nahm.

Sie sprachen stundenlang über ihre Vergangenheit, Gegenwart und Zukunft.

Silfverbielke merkte, dass Ecker völlig neben der Spur war. Sein Leben drohte plötzlich an allen Fronten aus den Fugen zu geraten.

Er hatte Angst.

Angst vor den Herausforderungen, die der neue Job mit sich brachte. Angst davor, dass die Wahrheit bezüglich seiner Untreue in Deutschland und der damit verbundenen Chlamydien ihn einholte. Angst davor, dass die Polizei ihm plötzlich auf die Schliche kam und ihn mit dem Todesfall in der Stockholmer Altstadt in Verbindung brachte. Angst davor, dass das neue Leben mit Veronica, dem Kind und dem Haus in Danderyd ihn erdrückte.

Und er hatte Angst vor Christopher. Er sagte es zwar nicht direkt, aber Silfverbielke spürte die ersten Anzeichen.

Gut so. Warum noch lange warten, wenn wir die Sache jetzt entscheiden können?

Je mehr Alkohol und Kokain Ecker konsumierte, desto verzweifelter wirkte er. Christopher achtete darauf, dass er nur etwa halb so viel trank und sich beim Kokain zurückhielt. Derweil verlor Hans immer mehr die Kontrolle.

»Verdammt, Chris, wir müssen den Fonds auflösen und sämtliche Spuren verwischen, kapierst du das nicht? Wenn unsere Machenschaften auffliegen …«

Christopher hob beschwichtigend die Hand. »Moment mal! Erstens ist das Risiko minimal. Zweitens haben wir jetzt, nachdem der arme Johannes tot ist, ein sehr interessantes Arbeitskapital. Wenn wir den Fonds heute aufteilen, geht jeder von uns mit gut vierzig Millionen Kronen nach Hause. Ich habe keinerlei Ambitionen, es dabei zu belassen. Ich bin auf das *richtig* große Geld aus, Hans.«

Ecker starrte ihn grimmig an. »Dann kannst du ja deinen Anteil nehmen, einen neuen Fonds eröffnen und auf eigene Rechnung weitermachen.«

Ich habe bereits einen eigenen Fonds, von dem du nichts weißt. Aber das ist nicht dasselbe.

»Das ist nicht dasselbe, und das weißt du ganz genau. Mit einem Kapital von fast hundert Millionen können wir ganz anders und auf neuen Märkten agieren.«

Ecker schüttelte den Kopf. »Darauf scheiße ich. Ich nehme meine vierzig Millionen und verschwinde, dann kannst du machen, was du willst.«

»Tut mir leid, Hans, so war es nicht vereinbart.« *Hans verliert langsam die Kontrolle. Es dauert nicht mehr lange, und er begeht einen Fehler. Provoziere ihn noch mehr. Warte seine Reaktion ab.*

»Wie meinst du das? Was für eine scheiß Vereinbarung?«

»Krieg dich wieder ein und schrei nicht so. Wir hatten vereinbart, dass sämtliche Beschlüsse gemeinsam gefasst werden. Das war auch der Grund, weshalb wir das System mit den Codes eingeführt haben, oder? Damit keiner von uns eigenmächtig handeln kann.«

Ecker atmete schwer und stützte den Kopf auf die Hände. Die Gedanken überschlugen sich in seinem zugekoksten Gehirn. *Der Dreckskerl hat mich an den Eiern. Ich brauche die Kohle. Besseres Haus. Sicherheit. Veronica. Das Kind. Es dauert eine Ewigkeit, bis ich ein eigenes Vermögen aufgebaut habe. Scheiße! Jetzt steht alles auf dem Spiel. Muss an seinen Code rankommen. Es gibt nur einen Ausweg …*

Silfverbielke konzentrierte sich und achtete sorgfältig auf jede Bewegung und jedes Wort von Ecker, um versteckte Absichten zu erkennen.

»Ich … will … mein … Geld!« Die Worte kamen stoßweise.

Christopher schüttelte langsam den Kopf. »Das geht leider nicht, Hans, zumindest nicht jetzt. Du kannst vielleicht einen kleinen Vorschuss bekommen. Fünf oder zehn Millionen. Oder wir tun so, als hättest du den Punktewettbewerb gewonnen. Dann bekommst du einen Vorschuss von zwanzig Millionen, aber keine Öre mehr.«

»Das entscheidest verdammt noch mal nicht du!« Ecker sah ihn mit unverhohlener Aggressivität an. Die ansonsten strahlend blauen Augen wirkten jetzt um einiges dunkler. »Noch etwas …«

»Ja?«

»De Wahl.«

»Was ist mit ihm?«

»Du hast ihn umgebracht, das spüre ich, Chris.«

Silfverbielke lächelte neckisch. »Bist du jetzt auf einmal Detektiv? Manchmal wird man die Wahrheit nie erfahren, Hans.«

»Ich habe es die ganze Zeit gewusst!«

»Du weißt gar nichts. Komm in die Wirklichkeit zurück.«

»Und Mariana …«

»Was?«

»Mariana Granath. Du hast sie gefickt!«

»Was redest du da?«

»Ich spüre es, du hast sie gefickt. Wieso hast du so plötzlich bei ihr aufgehört?«

»Was hat das damit zu tun? Mit uns und dem Fonds? Und überhaupt, *falls* ich sie wirklich gefickt habe, was geht dich das an?«

Ecker schlug wütend mit der Faust auf den Tisch, dass die Gläser hochsprangen. »Sie gehört mir, kapiert? Schließlich habe ich dir den Therapieplatz verschafft. Ein paar Wochen, bevor du bei ihr aufgehört hast, habe ich angefangen, mit ihr zu flirten, und auf einmal war sie eiskalt und desinteressiert.«

»Tough shit.« Silfverbielke zuckte mit den Schultern. Dann lächelte er. »Aber ich kann dir versichern, dass sie gut ist. Sie bläst wie eine Göttin.«

»Du Dreckskerl!« Eckers Schläfen pochten, und Silfverbielke erkannte, dass eine Auseinandersetzung kurz bevorstand. Er sah sich kurz um und stellte fest, dass die Tür zur vorderen Kajüte immer noch geschlossen war.

»Worauf glotzt du? Veronica? Ich habe doch gesehen, wie du sie anstarrst, wenn sie sich sonnt. Hast du sie auch gefickt, du Dreckskerl?«

Silfverbielke kalkulierte blitzschnell. Er hatte ihr ausreichend Schlafmittel verabreicht, dass sie bis zum nächsten Morgen tief schlafen würde, und das Risiko, dass sie von den lauten Stimmen aufwachen könnte, war minimal. Und selbst wenn, hätte sie nicht die Kraft, von der Koje aufzustehen und nachzusehen, was los war.

Er wandte sich Ecker zu, sah ihm fest in die Augen und wiederholte im Flüsterton: »Manchmal wird man die Wahrheit nie erfahren.«

Eine fünfzehn Jahre alte Freundschaft ging binnen einer Sekunde kaputt. Eckers Angriff erfolgte einen Augenblick zu schnell, als dass Christopher voll darauf vorbereitet gewesen wäre. Er hatte gedacht, Hans sei nach all dem Alkohol und Kokain träger und habe Probleme mit dem Gleichgewicht.

Ecker warf sich über den Tisch und verpasste Silfverbielke eine harte rechte Gerade, worauf dieser vom Stuhl fiel, nach hinten rollte und mit dem Kopf gegen die Säule schlug, auf der der Steuermannsitz montiert war. Christopher stöhnte vor Schmerz und sah ein paar Sekunden lang nur verschwommen. Genau in dem Moment, als Ecker sich über ihn beugte und zu einem weiteren Schlag ausholte, gelang es ihm, sich zur Seite zu wälzen.

Hans stöhnte auf, als seine geballte Faust den Boden traf, und taumelte. Silfverbielke kam wieder auf die Beine und verabreichte Ecker einen schnellen Karateschlag ins Genick, spürte aber, dass der Treffer nicht richtig saß. Gerade wollte er dem Gegner in den Bauch treten, als dessen rechte Hand nach oben schoss und Christopher voll ins Gesicht traf.

Wieder verspürte er Schmerzen, wieder sah er verschwommen.

Die Schlägerei schien Eckers Sinne auf beunruhigende Weise zu schärfen. Christopher wusste, dass Hans früher an

Kämpfen in Fightclubs teilgenommen hatte, die in Kellern rund um Stockholm stattfanden, und jetzt gab eindeutig er den Takt vor. So zugedröhnt er auch sein mochte, er erlangte seine Balance wieder und teilte noch einen Schlag aus.

Nicht gut. Darf nicht die Kontrolle verlieren. Muss jetzt alles auf eine Karte setzen. Attacke! Silfverbielke landete ein paar gut gezielte Schläge. Ecker taumelte mit blutender Nase rückwärts gegen die Reling. Christopher wollte gerade einen Satz nach vorne machen und mit einer neuen Serie von Schlägen nachsetzen, doch da gelang es Hans, einen Feuerlöscher aus der Halterung rechts von sich zu reißen. Er sprang mit Gebrüll auf Christopher zu und schleuderte ihm den schweren Metallbehälter an den Kopf.

Die Schmerzen waren unerträglich, und Christopher schrie laut auf. Er spürte, wie Blut von seiner Stirn spritzte und hielt sich instinktiv die Hände vors Gesicht, während er rückwärts gegen die Reling taumelte.

Im nächsten Augenblick stürzte Ecker sich erneut auf ihn und schlug, außer sich vor Wut, mit den Fäusten auf ihn ein – in den Magen, auf die Brust, an den Hals und ins Gesicht.

Eine rechte Gerade, dann eine linke. Die Schmerzen in Christophers Kopf explodierten, und er sah immer verschwommener, als ihm das warme Blut in die Augen lief. Der dritte Schlag traf ihn mit solcher Wucht, dass er rückwärts über die Reling fiel.

Der Sturz dauerte eine gefühlte Ewigkeit. Als er auf dem Wasser aufschlug, fühlte es sich kühl und willkommen an.

Nach ein paar Sekunden tauchte er wieder an die Oberfläche auf. Das Blut lief ihm immer noch in die Augen. Plötzlich hörte er, wie die starken Bootsmotoren genau neben seinem Kopf zum Leben erwachten.

Der Kerl will mich überfahren!

Dann wurde alles um ihn herum schwarz.

Kapitel 65

Montag, 13. August

Als Veronica Svahnberg aufwachte, hatte sie das Gefühl, dass etwas nicht stimmte. Sie blickte sich um. Hans lag nicht neben ihr. Es war vollkommen still, abgesehen von den Wellen, die gegen den Rumpf plätscherten. Sie sah auf die Uhr.

Zehn.

Veronica stand auf, schlüpfte in den Bikini und öffnete die Kajütentür. Bei dem Anblick, der sich ihr bot, schlug sie erschrocken die Hand vor den Mund und holte tief Luft.

Die Sonne brannte unbarmherzig vom Himmel und hob jedes Detail deutlich hervor.

Und schlimmer.

Hans fläzte auf einem der weißen Sofas hinter dem Fahrerplatz. Der kleine Couchtisch war voll von weißen Pulverlinien, umgefallenen Whiskyflaschen, kleinen Lachen farbiger Flüssigkeit und Zigarettenstummeln. Der Boden unter dem Tisch und drumherum war mit Blutspuren und Glasscherben übersät.

Veronica hatte das Gefühl, sich weder bewegen noch atmen zu können.

Als sie sich vorsichtig Hans näherte, sah sie Blutspuren um seinen Mund und die eine Augenbraue. Die Lippen und eine Wange waren geschwollen und blau verfärbt.

Er ist tot!

Sie trat vorsichtig näher an ihn heran und achtete darauf, nicht auf die Glasscherben zu treten.

Wo ist Christopher?

Veronicas Blick glitt an Hans vorbei in Richtung Achterkajüte. Leer. Als sie bei Hans angelangt war, packte sie ihn an den Schultern und rüttelte ihn. »Hans, wach auf! Du musst aufwachen!«

Hans öffnete langsam die Augen, schloss sie aber sofort wieder, als ihn das grelle Sonnenlicht blendete. »Lass mich in Ruhe …«, stöhnte er.

»Nie und nimmer! Was ist passiert?«

Hans erhob sich widerwillig und taumelte davon, um sich zu waschen. Veronica kochte derweil starken Kaffee und entfernte die Glasscherben vom Boden. Als er zurückkam und sich schwerfällig an den Tisch setzte, war er kreidebleich im Gesicht.

Er ist wirklich ein Wrack, dachte sie.

»Wo ist Christopher?« Veronica blickte sich um. Sie erinnerte sich daran, dass die Jungs das Boot gestern Abend startklar gemacht hatten, als sie ins Bett gegangen war. Sie hatten erklärt, dass sie aufs Meer hinausfahren wollten. Jetzt stellte sie fest, dass das Boot nur ungefähr hundert Meter von einer kleineren Insel entfernt vor Anker lag.

»Ist er an Land geschwommen, um sich die neueste Ausgabe von *Dagens Industri* zu kaufen?«, fuhr sie ironisch fort.

Veronica war wütend und verängstigt zugleich. Hier stimmte etwas ganz gewaltig nicht. Hans hatte eine ordentliche Tracht Prügel bekommen und Chris war verschwunden.

Sie hatte keine Ahnung, was passiert war, wann es passiert war, und warum.

Veronica Svahnberg hasste Ungewissheit und Kontrollverlust.

»*Antworte* mir verdammt noch mal, Hans!«, schrie sie und schlug so fest mit der Faust auf den Tisch, dass die Kaffeetassen hochsprangen.

»Ja, ja, immer mit der Ruhe, verdammt noch mal.« Ecker fuhr sich müde mit der Hand übers Gesicht. »Ich weiß ja kaum, wo ich anfangen soll …«

Er gab sich Mühe, klar zu denken. Wie sollte er ihr das alles glaubhaft erklären? Es stand immer noch allzu viel auf dem Spiel.

Ecker war überzeugt, dass Silfverbielke tot war. Nach dem heftigen Schlag mit dem Feuerlöscher und den anschließenden Faustschlägen war er rückwärts über Bord gefallen, mit Blut im Gesicht und verdrehten Augen, bei denen nur noch das Weiße sichtbar war. Ecker hatte sich über die Reling gelehnt, den Feuerlöscher mit voller Wucht auf Christopher geworfen und gesehen, dass dieser nicht mehr auftauchte. Als er die Motoren gestartet und den Suchscheinwerfer eingeschaltet hatte, hatte er schließlich die Umrisse von Christophers leblosem Körper gesehen und war direkt auf ihn zu gefahren. Es hatte einen dumpfen Knall gegeben, als der Körper gegen den Rumpf schlug. Hans hatte gewendet und das Manöver zweimal wiederholt.

Niemand konnte überleben, wenn ihm jemand mit einem drei Kilo schweren Feuerlöscher auf den Kopf schlug, ihn gleich darauf verprügelte und danach dreimal mit einem Boot über ihn hinweg fuhr, vor allem, wenn man mit Alkohol und Kokain zugedröhnt war.

Ecker hatte in der warmen, stockfinsteren Nacht den Motor abgestellt, mit dem Boot über eine halbe Stunde still im Wasser gelegen und die Umgebung langsam und methodisch mit dem starken Suchscheinwerfer abgeleuchtet.

Nichts.

Er hatte sich gefragt, wie lange es wohl dauerte, bis eine Leiche an die Wasseroberfläche schwamm.

Dann hatte er die Motoren gestartet, den Suchscheinwerfer ein letztes Mal über das Wasser schweifen lassen und war fast eine Dreiviertelstunde mit hoher Geschwindigkeit gefahren, bis er die Umrisse der Insel sah und vor Anker ging. Er hatte keine Ahnung, wie spät es da gewesen war. Erschöpft war er auf das weiße Sofa hinter dem Fahrerplatz gefallen, während sich seine Gedanken überschlugen. Schließlich hatten die Müdigkeit und die Gifte in seinem Körper dafür gesorgt, dass er in der Dunkelheit des Schlafs versank.

Veronicas fordernder Blick ließ ihm keine Ruhe. Ihre Hände zitterten und sie würde nicht lockerlassen, bis er ihr eine glaubwürdige Erklärung lieferte.

Mit pochendem Schädel dachte er schnell und angestrengt nach.

Angriff ist die beste Verteidigung.

Er beugte sich vor und starrte ihr direkt in die Augen. »Veronica, hast du mich mit Christopher betrogen?«

Die Frage traf sie wie ein unerwarteter Schlag ins Gesicht, und sie wich unbewusst zurück. *Was soll das? Hat Christopher was gesagt? Unmöglich.*

»Was redest du da für einen Scheiß, du bist wohl nicht ganz dicht?!«, schrie sie und blickte finster drein. »Hör auf mit dem Geschwafel und erzähl mir, was passiert ist. *Und wo ist Christopher?«*

Ecker hob beschwichtigend die Hände. »Okay, okay, ich versuche es, aber du wirst es mir nicht glauben.« Er fuhr sich mit zittrigen Händen durchs Haar und fuhr fort: »Wir sind ein Stück weit von hier vor Anker gelegen und haben ein bisschen was getrunken. Wir sind zusammengesessen und haben uns in Ruhe unterhalten, als …«

»Habt ihr gekokst?«, unterbrach Veronica.

»Jeder vielleicht eine Line, nicht viel. Auf jeden Fall ist Chris plötzlich total durchgedreht. Er hat herumgeschrien, dass er dich liebt, dass ihr ein Verhältnis habt und dass er dich niemals aufgeben wird. Ich habe erst mal nichts kapiert und genau in dem Moment, als ich versucht hab, ihn zu beruhigen, ist er über den Tisch auf mich zu gehechtet und hat auf mich eingeschlagen …«

Veronica hielt erschrocken die Hand vor den Mund. *Hatte Christopher für sie weitaus stärkere Gefühle empfunden, als er hatte zugeben wollen? Hatte er sie die ganze Zeit geliebt?*

»… wie ein Irrer«, fuhr Hans fort. »Ich habe versucht, mich zu wehren, so gut es ging, aber er war wahnsinnig. Er hat mir mit einem Glas auf den Kopf gehauen, und du siehst ja, wie mein Gesicht aussieht. Ich weiß gar nicht mehr, wann ich zuletzt so eine Tracht Prügel bekommen habe. Irgendwann habe ich es auf jeden Fall geschafft, aufzustehen und mich zu wehren. Ich habe ihn in die Brust gestoßen, um ihn von mir wegzubekommen …«

Um Himmels willen, er ist tot! Veronica spürte, wie ihr die Tränen aus den Augen quollen. *Er hat mich geliebt und ist jetzt tot!*

Sie nahm seine Worte nur undeutlich wahr und schnappte ein paar Sekunden lang bloß Fragmente auf, bis sie wieder klar im Kopf wurde.

»… war er wohl so betrunken, dass er das Gleichgewicht verlor, denn auf einmal ist er rückwärts gegen die Reling getaumelt und über Bord gefallen. Ich habe mich drübergebeugt, um ihn hochzuziehen, konnte ihn aber nicht sehen. Schließlich bin ich ins Wasser gesprungen, um nach ihm zu suchen. Ich bin bestimmt eine halbe Stunde herumgeschwommen und getaucht, aber dann konnte ich nicht mehr. Beinahe hätten die Strudel mich in die Tiefe gezogen.«

Eckers Hände waren so verkrampft, dass die Knöchel weiß hervortraten.

»Er ist verschwunden, Liebling. Ich weiß nicht, was ich sagen soll. Verdammt, er war ja mein bester Freund!«

Veronica stand auf, ging um den Tisch herum und umarmte ihn fest. Sie küssten sich, erst sanft und tröstend, dann wilder, als ob die Hitze das Böse hätte vertreiben können.

Plötzlich löste sie ihren Mund von seinem und atmete heftig. »Aber wir … wir müssen weitersuchen. Kapierst du nicht? Wir müssen zurückfahren und ihn suchen.«

Hans schaute auf die Uhr. Zehn. Sie mussten das Boot spätestens um achtzehn Uhr zurückbringen, hatten also genügend Zeit. Er konnte genauso gut noch eine Weile eine Show abziehen.

»Du hast recht«, sagte er, stand auf und ging zum Fahrerplatz. »Ich habe die Stelle auf der Seekarte markiert und kann sie auf fünfzig Meter genau finden.«

Er startete die Motoren und setzte das Boot zurück, um den Anker zu lichten. *Sie hat null Ahnung von Navigation, also wird sie mir das mit der Seekarte bestimmt abkaufen.*

Als sie sich eine halbe Stunde später auf dem offenen Meer befanden, tat er so, als studiere er die Seekarte, und zeichnete mit dem Stift ein paar neue Linien. Dann drosselte er das Tempo und schaltete schließlich die Motoren aus.

Veronica saß auf dem Sofa, schirmte mit der Hand die Augen vor der grellen Sonne ab und starrte aufs Meer hinaus.

»In diesem Gebiet hier ist er verschwunden …« Hans machte eine ausladende Handbewegung. Im gleichen Augenblick sah er plötzlich etwas Dunkles und Langes, das aussah wie ein menschlicher Körper, der die Wasseroberfläche durchbrach.

Verdammt, das war doch nicht möglich! Christopher konnte nicht mehr am Leben sein!

Gegen siebzehn Uhr drosselte Ecker das Tempo und ließ das Boot durch den Hafen von Chania gleiten.

Auf der Rückfahrt nach Kreta hatte er mit zusammengebissenen Zähnen an die Sekunden gedacht, in denen sein Herz beinahe stillgestanden hatte, ehe er erkannte, dass das, was im Wasser trieb, ein Stock war und nicht Christopher.

Veronica hatte stundenlang geweint, bevor sie ihre und Christophers Habseligkeiten zusammengeräumt und den gesamten Abfall in Tüten verpackt hatte. Nach einem langen Gespräch mit Hans hatte sie sämtliche Blutspuren von der Reling und dem Boden weggeschrubbt.

»Was sollen wir machen, Hans?« Veronicas Stimme klang halb hysterisch.

Ecker schüttelte düster den Kopf. »Wir können nichts mehr tun, bevor wir an Land kommen. Ich hatte ja bereits gestern Nacht versucht, die Seerettung anzurufen …«, er wedelte mit dem Handy herum, »… aber da hatte ich keinen Empfang, und jetzt ist der Akku leer. Das Einzige, was wir tun können, ist, in Chania zur Polizei zu gehen und reinen Tisch zu machen. Aber wir müssen uns damit begnügen, dass Christopher betrunken war und über Bord gefallen ist. Am besten wäre es wohl, wenn wir sagen, wir hätten geschlafen, während es passiert ist.«

Sie starrte ihn an und atmete heftig. »Warum sollen wir lügen? Ich dachte, du hättest mir die Wahrheit gesagt? War es vielleicht doch nicht so, wie du es mir geschildert hast?«

Ecker schlang die Arme fest um sie und küsste sie auf den Kopf. »Veronica, ich liebe dich über alles.« Er strich ihr zärtlich über den Bauch. »Wir bekommen bald ein Kind, wir haben unser Traumhaus, und bald habe ich einen Spitzenjob. Wir werden ein Leben führen, von dem wir vor ein paar Jahren nie zu träumen gewagt hätten. Meinst du, wir sollen das alles wegen Christopher aufs Spiel setzen, nur weil er plötzlich total durchgedreht ist?«

»Wie meinst du das?« Ihre Stimme klang jetzt sanfter, und sie blickte zu ihm auf.

»Wenn wir denen erzählen, dass es eine Schlägerei gab, schöpfen sie womöglich Verdacht und glauben, da steckt irgendwas dahinter. Aber wenn wir dagegen behaupten, wir seien bereits ins Bett gegangen, während er noch alleine herumsaß und sich volllaufen ließ, wird die griechische Polizei bestimmt nur mit den Schultern zucken. Davon abgesehen ist Christopher verschwunden, und wir bringen ihn nicht zurück, indem wir sagen, was wirklich passiert ist. Aber wir handeln uns womöglich eine Menge Unannehmlichkeiten ein, wenn wir die Wahrheit sagen. Vielleicht halten die uns auf Kreta fest, während sie die Sache untersuchen …«

Sie dachte schweigend einen Moment nach und schüttelte dann den Kopf. Neue Tränen quollen ihr aus den Augen. »Ich werde ihn vermissen …«, schluchzte sie und vergrub ihr Gesicht in Hans' Brust, »er war so witzig und so nett.«

Hans küsste sie erneut auf den Kopf und starrte aufs Meer hinaus. *Witzig und nett? Wenn du nur wüsstest. Ich habe der Welt einen Gefallen getan. Und bald bin ich um achtzig Millionen Kronen reicher.*

Der Bootsverleiher, Niko Kanakis, fragte nicht, warum eine Person fehlte, sondern machte nur einen Rundgang durch das Boot und sah gründlich nach, ob alles in Ordnung war. Hans erklärte ihm, dass sie außerordentlich zufrieden waren und mit Sicherheit wiederkommen würden, um das Boot noch einmal zu mieten, vielleicht schon in ein paar Wochen.

Als Kanakis sich nach dem Feuerlöscher erkundigte, zuckte Ecker bedauernd mit den Schultern, gab Niko dreihundert Euro Trinkgeld und bat ihn, ein Taxi zu bestellen.

Nach einem schnellen Abendessen in einem Restaurant außerhalb des Hotels begaben sie sich in ihr Zimmer.

»Ich bin total erledigt und kann nicht mehr klar denken«, sagte Veronica mit tränenerstickter Stimme. »Was sollen wir mit Christophers Sachen machen?«

Hans zögerte einen Augenblick, ehe er den Inhalt von Christophers Reisetasche aufs Bett leerte. Nur Kleider, ein paar Bücher und seine Brieftasche. *Nichts Verdächtiges. Das restliche Kokain habe ich über die Reling ins Meer geschüttet.* »Sein Pass und all das Zeug liegt wohl im Hotelsafe. Darum soll sich die Polizei kümmern. Wir geben ihnen die Reisetasche, wenn wir ihnen erzählen, was passiert ist.«

»Wann müssen wir zur Polizei gehen?«

»Wir warten bis übermorgen. Morgen gehen wir in eine Apotheke und schauen, ob wir etwas für meine Verletzungen und Schwellungen finden. Wenn ich in meinem jetzigen Zustand aufs Polizeirevier gehe, sieht das komisch aus.«

Veronica nickte und fing an, sich zu entkleiden. »Ich muss duschen, bevor ich ins Bett gehe.«

Hans musterte sie verstohlen. Sah die geschwollenen Brüste und den schönen gewölbten Bauch. Dachte daran, wie lange es her war, dass sie zuletzt Sex gehabt hatten. Seine Begierde wuchs, und als sie in die Dusche ging, zog er sich schnell aus und folgte ihr. Unter dem rieselnden Wasser versuchte er, sie zärtlich einzuseifen, und spürte, wie er eine Erektion bekam, als er sich gegen ihren Hintern presste.

»Nein!«, protestierte sie. »Nicht jetzt, ich kann jetzt nicht, das musst du doch verstehen!« Sie spülte schnell die Seife von ihrem Körper, verließ die Dusche und putzte die Zähne.

Ecker fluchte leise vor sich hin und stellte das Wasser kälter, um seine sexuelle Erregung abzubauen. Er schloss die Augen, lehnte sich gegen die Wand und spielte in Gedanken sorgfältig durch, was passiert war und was er tun musste.

Er sah keine Probleme.

Er stieg aus der Dusche, trocknete sich ab und putzte die Zähne. Anschließend schlich er nackt in das klimatisierte, dunkle Schlafzimmer, fest entschlossen, Veronica auf andere Gedanken zu bringen.

Aber sie schlief bereits.

Kapitel 66

Mittwoch, 15. August

Veronica trug ein dünnes buntes Sommerkleid, während Hans ordentlich in Leinenhose, Polohemd und Segelschuhen gekleidet war. Die Schwellungen waren deutlich zurückgegangen, und mithilfe von Veronicas Make-up-Künsten war es ihnen gelungen, die restlichen Verletzungen zu kaschieren.

Die Beamten auf dem Polizeirevier in Chania waren auf professionelle Weise höflich, aber Ecker hatte den Eindruck, dass ihr Interesse sich in Grenzen hielt. Krankenhäuser? Kaum. Wenn man einen verletzten oder toten Mann im Meer gefunden hätte, wüsste die Polizei darüber Bescheid.

Ecker atmete auf und erklärte, er bräuchte eine Kopie des Polizeiberichts, am besten auf Englisch, um sie mit nach Schweden zu nehmen.

Der griechische Polizist sah ihn müde an, besprach sich kurz auf Griechisch mit einem Kollegen und sagte: »Mr Ecker, wir werden Ihnen ein Dokument ausstellen, aber es wird kurz gefasst sein. Sollte Ihr Freund lebend oder tot auftauchen, benachrichtigen wir natürlich die schwedischen Behörden.«

Plötzlich sah der Polizist ihn forschend an. »Haben Sie es eilig, nach Hause zu fliegen, oder bleiben Sie noch eine Weile auf Kreta?«

In Eckers Hirn schrillten die Alarmglocken. *Worauf will er hinaus? Fragt er sich, ob wir vor etwas fliehen, wenn wir es eilig haben?*

Er sah den Polizisten ernst an und schüttelte den Kopf. »Nein, es wäre nicht in Ordnung, jetzt schon heimzufliegen, bevor alle Hoffnungen erschöpft sind. Wir bleiben noch ein paar Tage und fragen ab und zu sicherheitshalber bei den Krankenhäusern nach.«

Ecker spürte Veronicas verwunderten Blick und stieß ihr leicht den Ellenbogen in die Seite.

Der Polizist bat sie, in zwei Tagen wieder aufs Revier zu kommen und den Bericht abzuholen, und wünschte ihnen einen schönen Nachmittag.

»Und was war das jetzt?«, fragte Veronica, als sie hinaus in den Sonnenschein traten.

Hans nahm sie an der Hand, ging mit ihr schnell zum nächsten Restaurant, wo man draußen sitzen konnte, und bestellte ein Bier für sie und einen doppelten Whisky für sich.

»Kapierst du es nicht? Er hat uns getestet. Wollte sehen, ob wir nervös sind oder es eilig haben, nach Hause zu kommen. Übrigens fehlt es uns hier an nichts. Ich dachte, wir sollten lieber am Montag heimfliegen. Es sieht daheim besser aus, wenn wir ein paar Tage geblieben sind und nach ihm gesucht …«

Hans hielt inne, als er erkannte, wie berechnend er klang, aber da war es schon zu spät.

»Was bist du nur für ein Schwein, Hans!« Sie spuckte die Worte förmlich aus. »Pfui Teufel! Dein bester Freund ist verschwunden und womöglich tot, und das Einzige, worüber du dir Gedanken machst, ist, was die Leute daheim über dich denken!«

»Aber Liebling, so habe ich es doch gar nicht gemeint!«

Ecker fluchte innerlich. Es erforderte drei Stunden in Chania und mehrere teure Geschenke, um Veronica zu beschwichtigen.

Als er später neben ihr unter dem Laken lag und ihrem ruhigen Atmen lauschte, dauerte es einige Stunden, bis er ebenfalls einschlafen konnte.

Er konnte es sich nicht leisten, weitere Fehler zu begehen.

Kapitel 67

Freitag, 17. August

»Bist du fertig, Liebling?«

Jacob Colt starrte geistesabwesend zum Fenster hinaus. Melissas Worte rissen ihn aus seinen Gedanken. Sie stand im Türrahmen und lächelte ihn an.

»Wir wollten doch einen Spaziergang machen.« Sie runzelte die Stirn. »Jacob, was ist eigentlich mit dir los? Du bist so still und verschlossen. Ich dachte, du könntest endlich abschalten, jetzt, wo wir hier sind. Nachdem du gestern Abend ins Bett gegangen bist, hat meine Mutter mich sogar gefragt, ob du krank bist oder so was in der Art.« Sie seufzte. »Meine Eltern merken beide, dass du anders bist als sonst.«

Jacob ging zu Melissa und schlang die Arme um sie. »Entschuldige, Liebling, aber ich komme von der Sache mit Sven Bergman und der Altstadt einfach nicht los. Ich muss ständig daran denken und nachts träume ich sogar von dem Scheiß.«

»Aber du musst doch wenigstens aufhören, an die Arbeit zu denken, wenn wir im Urlaub sind, Jacob. Das darf nicht unser Privatleben in Mitleidenschaft ziehen. Ich will keinen Mann, der sich den ganzen Tag wie ein bitterer, introvertierter Polizist benimmt.«

Ihr aggressiver Ton ließ ihn zusammenzucken. Melissa war normalerweise nicht aufbrausend, aber er verstand, dass sie es in den letzten Monaten auch nicht leicht gehabt hatte. Er war sich der Tatsache bewusst, dass er weniger redete und öfter in Gedanken woanders war als in all den Jahren seiner Polizeikarriere davor.

Jacob rang sich ein Lächeln ab. »Ich werde mein Bestes tun, Liebling. Komm, gehen wir.«

Drei Tage zuvor waren sie in Georgia angekommen. Im Flugzeug hatte Jacob seine Bücher hervorgeholt und sein Wissen über Savannah aufgefrischt. Er rechnete damit, dass Joshua, sein Schwiegervater, ihn wie üblich über die Geschichte der Stadt ausfragen würde. Jacob gefiel dieses Frage-und-Antwort-Spiel und er wollte vorbereitet sein.

Savannah war eine der schönsten Städte in den USA, die Jacob kannte. Seit er und Melissa sich kennengelernt hatten, war er sieben oder acht Mal dort gewesen und hoffte auf weitere Besuche. Vielleicht ergab sich in Zukunft sogar die Möglichkeit, dass sie für sich sein konnten, ohne familiäre Verpflichtungen.

Melissa Colt war in der feudalen Villa ihrer Eltern in der East Gaston Street Ecke Drayton Street geboren und aufgewachsen. Das Erdgeschoss bot Platz für einen großen Flur, eine Küche, ein Esszimmer, zwei luxuriöse Salons und ein großes Gästezimmer. Im Obergeschoss gab es fünf geräumige Schlafzimmer und mehrere Bäder. Waschküche und Vorratskammern befanden sich in einem angrenzenden Gebäude in dem gepflegten Garten. Jacob hatte sich nie getraut, seinen Schwiegervater Joshua zu fragen, was das zwischen 1907 und 1910 erbaute Haus gekostet hatte, aber er schätzte den heutigen Wert auf mehrere Millionen Dollar.

Melissas Eltern waren natürlich sehr erfreut darüber, dass Tochter und Schwiegersohn zwei Wochen bleiben würden, bedauerten jedoch, dass Stephen und Elin nicht dabei waren. Als Joshua und Margaret Colt sich nach den Enkeln – und vor allem nach Stephen – erkundigten, gaben Melissa und Jacob ausweichende Antworten und tauschten untereinander verstohlene Blicke.

Jacob kam mit seinen Schwiegereltern gut aus, war aber trotzdem froh, dass sie jeden Morgen in ihr Goldschmiedegeschäft in Savannahs Altstadt fuhren.

»Was für ein Traumwetter! Ich habe im Wetterbericht gesehen, dass es in weiten Teilen von Europa in Strömen regnet. Wir sind offensichtlich zur richtigen Zeit weg«, sagte Melissa, als sie mit Jacob händchenhaltend das Haus verließ. Sie gingen durch den Forsyth Park bis zur Bull Street, bogen rechts ab und spazierten in Richtung Savannah River und nördliche historische Altstadt.

Jacob lächelte sie an. »Ja, aber auch wenn es nicht schadet, dass die Sonne scheint, ist es andererseits zu viel des Guten.« Er spürte, wie ihm der Schweiß aus allen Poren drang. »Ich habe vorhin aufs Thermometer geschaut, und es zeigte hundertvierzehn Grad Fahrenheit an. Verdammt noch mal, das sind ja über vierzig Grad Celsius. Sollten wir es nicht wie gestern machen und in einem Restaurant mit guter Klimaanlage zu Mittag essen?«

»Das ist die beste Idee, die ich heute von dir gehört hab«, sagte Melissa. »Ich habe richtige Sehnsucht nach traditioneller Südstaatenküche. Belford's unten im City Markt in der West St. Julian Street ist sehr gut.«

Sie gingen händchenhaltend weiter. Plötzlich spürte Jacob einen Stich im Arm, schlug reflexartig mit der Handfläche auf die Haut und fing an, sich zu kratzen.

»Aber, aber!«, sagte Melissa lachend. »Hast du Savannahs berüchtigte Sandmücken vergessen?«

Jacob nickte. Es war lange her, dass ihn zuletzt eine dieser Mücken gestochen hatte, die für Savannah typisch waren und sogar der lokalen Baseballmannschaft als Symbol dienten. Die millimetergroßen Blutsauger ließen niemanden in Ruhe, aber dafür hörte das Jucken nach etwa einer Stunde auf, wenn man sich nicht kratzte. Abgebrühte Einheimische wussten schon lange, dass Hosen und langärmelige Hemden den einzig vernünftigen Schutz vor den Plagegeistern boten, aber bei einundvierzig Grad Hitze und hoher Luftfeuchtigkeit fühlte es sich nicht wie eine gute Alternative an.

Während die Mücken sie weiterhin stachen und ihnen der Schweiß hinunterlief, schlenderten Jacob und Melissa weiter die Bull Street entlang, vorbei am Monterey Square und Madison Square bis zu dem schönen Park namens Chippewa Square, wo das Oglethorpe-Denkmal stand.

»Wieso steht das Oglethorpe-Denkmal eigentlich am Chippewa Square und nicht am Oglethorpe Square?«, fragte Jacob, als sie vor der Statue standen. »Wo ist da die Logik?«

Melissa drückte seine Hand. »Die Geschichte hält sich nicht immer an Logik, Liebling. Ich habe tatsächlich keine Ahnung und weiß nur, dass dieser Park Anfang des neunzehnten Jahrhunderts angelegt und nach einer Schlacht zwischen Amerikanern und Briten bei Chippewa in Kanada benannt wurde.«

Jacob nickte und betrachtete nachdenklich Oglethorpes Statue, während ihm der Schweiß über das Gesicht lief. »Die Welt könnte mehr Menschen wie ihn gebrauchen, nicht?«

»Absolut. Du weißt wohl, dass eine seiner ersten Maßnahmen das Verbot der Sklaverei war?«

»Ja. Wenn ich mich richtig erinnere, war er in den ersten zehn Jahren nach der Stadtgründung an Savannahs Entwicklung beteiligt, bis alles einigermaßen funktioniert hat.«

»Genau. Außerdem gelang es ihm und seinen Männern trotz zahlenmäßiger Unterlegenheit, die Spanier an einer Invasion der Stadt zu hindern. Die Schlacht fand gut zehn Meilen südlich von hier statt. Nach dieser Niederlage versuchten die Spanier nie wieder, Savannah anzugreifen, sondern unterzeichneten 1748 einen Friedensvertrag.«

»Und«, ergänzte Jacob, »James Edward Oglethorpe verließ Savannah im Juli 1743 und kehrte nie wieder zurück.«

Melissa gab ihm einen Kuss auf die Wange. »Du hast wirklich deine Hausaufgaben gemacht, Liebling. Papa wird stolz auf dich sein.«

Jacob wischte sich den Schweiß von der Stirn. »Komm jetzt, gehen wir weiter ins Zentrum – ich sterbe, wenn ich nicht bald was zu trinken bekomme.«

Mit Seufzern der Erleichterung betraten sie das angenehm kühle Restaurant Belford's, studierten ein paar Minuten später die Speisekarte und genossen ein eiskaltes Budweiser. *Wenn schon amerikanisch, dann richtig*, dachte Jacob, obwohl er zugeben musste, dass amerikanisches Bier nicht zu seinen Favoriten zählte.

Melissa entschied sich für einen Angus Cheese Burger mit Salat, frischem Obst und rotem Savannahreis, während Jacob sein Lieblingsgericht bestellte – die großen, schmackhaften Krabbenkuchen, für die das Restaurant berühmt war. Sie spülten das Essen mit noch mehr kaltem Bier hinunter.

»Was machen wir jetzt, Jacob? Ich finde, es ist wirklich schwierig.«

Jacob trank einen Schluck Bier. »Was meinst du damit?«

»Diese Sache mit Mama, Papa und Stephen. Sie fragen mich dauernd, was er macht und ob er inzwischen eine Freundin hat. Es fällt mir riesig schwer, die ganze Zeit aufpassen zu müssen, was ich sage. Mir kommt es vor, als ob ich meine eigenen Eltern anlüge, obwohl ich nie etwas Konkretes sage.«

Jacob dachte einen Augenblick nach. »Aber was würde passieren, wenn du einfach sagst, was Sache ist?«

Melissa schüttelte den Kopf. »Meinst du, ich habe nicht schon tausend Mal daran gedacht? Ich weiß es nicht. Sie lieben Stephen, aber du weißt ja, wie konservativ sie sind.«

»Herrgott, wir leben doch im einundzwanzigsten Jahrhundert!«, sagte Jacob. »Was soll das ganze Trara? Der Junge ist homosexuell, und dazu hat er alles Recht der Welt. Wenn es ihnen nicht passt, sollen sie es halt bleiben lassen!«

»So einfach ist das leider nicht. Und du musst nicht gleich wütend werden. Zeig stattdessen ein bisschen Verständnis.«

»Das fällt mir schwer, hörst du? Es wäre besser, wenn deine Eltern ein bisschen Verständnis zeigen würden. Wir reden schließlich von unserem eigenen Kind. Der Junge hat keine Drogen vertickt, niemanden umgebracht und auch sonst nichts Ungesetzliches getan. Er ist homosexuell, und das ist sicher nichts, wofür er sich entschieden hat, nur weil es ihm Spaß macht, andere zu provozieren. Herrgott, Melissa, man sucht sich doch seine sexuelle Orientierung nicht aus!«

»Das weiß ich sehr wohl. Aber trotzdem …«

»Was, aber trotzdem? Melissa, ich will mich nicht mit dir streiten, nur weil deine Eltern engstirnig sind und …«

»Sie sind nicht engstirnig!«

»Das sind sie sehr wohl, wenn sich ihre Einstellung zu ihrem Enkel ändert, nur weil der eine andere sexuelle Orientierung hat als sie selbst.«

»Du musst verstehen, dass sie in den Zwanzigerjahren geboren und unter völlig anderen Verhältnissen aufgewachsen sind als wir.«

»Das gilt auch für meinen Vater, und der hat kein Problem damit, dass Stephen schwul ist.«

»Das ist was anderes. Und dieser Ausdruck gefällt mir nicht.«

»Das ist überhaupt nichts anderes, und was soll an dem Wort ›schwul‹ auf einmal falsch sein? Beenden wir diese Diskussion, bevor sie in einen handfesten Streit ausartet. Ich schlage Folgendes vor: Wir sagen bis auf Weiteres nichts und überschlafen die Sache noch ein paar Tage. Sollten wir uns dann entschließen, ihnen reinen Wein einzuschenken, kann ich das tun, falls es dir unangenehm ist. Okay?«

Melissa überlegte und nickte. »Das klingt gut.« Sie lächelte ihn an und streckte ihm die Hand entgegen. »Ich liebe dich, Schatz.«

»Ich dich auch.« Er nahm ihre Hand und drückte sie. »Was willst du nach dem Essen machen?«

»Ich finde, wir sollten runter an den Fluss gehen und schauen, ob wir in den Touristenfallen dort irgendwelchen unnützen Kram kaufen können.«

Etwa eine Stunde später schlenderten sie die Montgomery Street entlang in Richtung Savannah River. Plötzlich blieb Jacob stehen und starrte auf etwas.

An einer Hauswand hing ein Plakat mit dem Foto eines Mannes. Der Text darunter verkündete, dass Robert McGuinley der Kandidat der Republikaner bei der nächsten Kommunalwahl war und seinen Mitbürgern sehr dankbar wäre, wenn sie ihm ihre Stimme geben würden. McGuinleys Wahlkampfslogan lautete »Wahrheit und Gott«.

Aber es war nicht der Text, der Jacob zusammenfahren ließ, sondern das Foto. Er hatte das Gefühl, den Mann schon einmal gesehen zu haben.

»Worauf schaust du, Liebling? Auf McGuinley?« Melissa lachte. »Papa hat erzählt, dass der Typ schon seit Jahren immer wieder zur Wahl antritt, aber keiner ihn haben will. Er ist offenbar die reinste Witzfigur und aalglatt.«

Jacob teilte ihr mit, was er dachte.

»Ach was«, sagte Melissa, »du weißt doch, wie das ist. Viele Menschen haben irgendwo auf der Welt einen Doppelgänger. Er erinnert dich einfach nur an jemanden.«

Ihre Worte glitten an Jacob ab, während er aufmerksam das Plakat betrachtete. McGuinley hatte einen bestimmten Gesichtsausdruck, dunkle Haare und blaue Augen.

»Ecker! Er sieht aus wie dieser Hans Ecker, einer von den Leuten, die wir im Zusammenhang mit dem Mord an Alexander de Wahl vernommen haben!«

Melissa seufzte und schüttelte langsam den Kopf. »Kannst du nicht ein einziges Mal abschalten, Jacob?«

Colt hörte anscheinend nicht, was seine Frau sagte. »Ich will so ein Plakat.«

»Dann geh rein und frag, wenn es so wichtig ist.« Melissa verdrehte die Augen. »McGuinleys Wahlkampfbüro ist gleich dort drüben.«

Am Abend lud Joshua Colt seine Frau, seine Tochter und seinen Schwiegersohn zum Essen in das vielleicht beste und bekannteste Restaurant in Savannah ein – »The Lady & Sons« in der West Congress Street.

Jacob war noch nie dort gewesen und war erstaunt über den Anblick, der sich ihnen bei ihrer Ankunft bot. Trotz der schwülen Hitze standen auf dem Bürgersteig vor dem dreistöckigen Gebäude, das früher mal eine Fabrik oder ein Lagerhaus gewesen sein musste, hunderte von Menschen Schlange. Joshua Colt ging vor zum Eingang und sprach mit dem Oberkellner, worauf sie sofort Einlass bekamen. Ein paar Minuten später saßen sie an einem schönen Tisch im dritten Stock und studierten die Speisekarte.

»Was ist das hier – Savannahs Café Opera?« Jacob lächelte seinen Schwiegervater an.

»Betrachte es einfach als eine Erfolgsgeschichte, Jacob. Das Restaurant wurde von einer armen alleinstehenden Frau – Paula Deen – und ihren zwei Söhnen gegründet. Lange Zeit verdienten sie sich den Lebensunterhalt, indem sie bei wohlhabenden Leuten von Tür zu Tür gingen und ihnen Paulas hausgemachte Mahlzeiten verkauften. Paula Deens Essen wurde bald berühmt. Ich weiß nicht, wie sie das Startkapital zusammenbekam, aber schließlich eröffnete sie ein kleineres Restaurant in einem Hotel hier in der Stadt. Du sitzt jetzt in einem Haus, das früher mal eine riesige Eisenwarenhandlung war und das Paula Deen für über vier Millionen Dollar renoviert hat.«

»Da muss sie wirklich gut kochen können.« Jacob verdrehte die Augen.

»Die ganze Familie kocht fantastisch«, warf Margaret Colt ein. »Heute ist Paula Deen ein richtiges Familienunternehmen. Ihre Söhne Jamie und Bobby betreiben das Restaurant. Paula selbst ist jeden Tag mit einer Kochshow im Fernsehen. Sie gibt eine eigene Zeitschrift heraus und schreibt Kochbücher. Mit anderen Worten, mit der Armut ist Schluss. Mrs Deen ist heute eine Kultköchin.«

»So etwas gibt's nur in Amerika«, sagte Melissa. »Ich habe gehört, dass es fast hoffnungslos ist, hier einen Tisch zu bekommen.«

Joshua nickte. »Zum Glück habe ich Beziehungen. Es ist jeden Abend proppenvoll, und tagsüber werden Tischreservierungen schon um drei Uhr verlost. Die Leute sind ganz verrückt darauf, hier reinzukommen, und draußen auf dem Bürgersteig läuft das reinste Spektakel ab. Man traut seinen eigenen Augen nicht.«

Margaret und Joshua Colt entschieden sich für das üppige Buffet. Jacob und Melissa schauten sich noch ein wenig die Speisekarte an und wurden sich schnell einig.

»Denkst du an dasselbe wie ich, Liebling?« Melissa zwinkerte ihrem Mann zu.

Jacob nickte. »Gebratene grüne Tomaten als Vorspeise, Krabbenkuchen als Hauptgericht, darüber brauchen wir gar nicht erst zu diskutieren. Und dein Vater soll den Wein aussuchen.«

Während die Klimaanlage und die großen Ventilatoren an der Decke gegen die Hitze ankämpften und die alten Holzböden unter den Schritten der Kellner knarrten, ließen die vier es sich richtig schmecken.

Jacob gab sich äußerste Mühe, an der Unterhaltung teilzunehmen, musste jedoch schnell feststellen, dass er meistens einsilbig antwortete oder nur nickte. Er konnte das Gesicht auf dem Wahlplakat einfach nicht von seiner Netzhaut verbannen.

Ecker. Was war nur mit Ecker? Was habe ich übersehen?

Zwei Stunden später saßen die beiden Ehepaare Colt bequem zurückgelehnt auf den großen Ledersofas in einem der Salons im Haus in der Gaston Street. Jacob sah beeindruckt zu der hohen Decke empor und schätzte, dass der Raum mindestens vier Meter hoch sein musste. Er maß bestimmt zwischen sechzig und siebzig Quadratmeter und war mit schweren, antiken Mahagonimöbeln ausgestattet. Die echten Teppiche auf den schönen, hundert Jahre alten Holzböden rundeten die Einrichtung ab.

»Möchtest du einen Cognac zum Kaffee, Jacob?« Joshua Colt hielt eine Kristallkaraffe und ein Glas hoch.

»Ja, gern, Papa«, sagte Melissa lachend, ehe Jacob antworten konnte. »Vergiss nicht, dass wir aus dem Land der Gleichheit kommen.«

»Nicht nur der Gleichheit …«, brummte Joshua. »Ich habe irgendwo gelesen, dass ihr jetzt sogar Homosexuellen gestattet, Kinder zu adoptieren. *God damn it!* Das ist doch krank!«

Margaret Colt schüttelte sich angewidert und griff nach der Kaffeetasse. »Ja, wenn Gott gewollt hätte, dass Homosexuelle Kinder haben, hätte er dafür gesorgt, dass sie welche bekommen können. Ich versteh bloß nicht, was er überhaupt mit Homosexuellen bezweckt hat.«

Melissa senkte hastig den Blick und schwieg. Jacob lenkte das Gespräch schnell auf das Haus und zeigte ein plötzliches Interesse an Architektur. Joshua und Margaret hatten sich beim Abendessen nach Elin und Stephen erkundigt, sich jedoch mit den neutralen Antworten, die sie erhielten, begnügt. Jacob war sich allerdings darüber im Klaren, dass es an dem Tag, an dem sie die Bombe über Stephen platzen ließen, nicht leicht sein würde. An diesem Abend war auf keinen Fall der geeignete Zeitpunkt dafür.

Als sie sich spät am Abend in ihr geräumiges Gästezimmer zurückgezogen hatten und Melissa duschte, rollte Jacob das Wahlplakat auf und musterte erneut McGuinleys Gesicht. Es gab keinen Zweifel. Der Mann war mehr oder weniger eine Kopie von Hans Ecker. Jacob fragte sich, wieso der Anblick des Plakats so starke Emotionen in ihm ausgelöst hatte. Lag Henrik richtig mit seiner Vermutung, dass Ecker etwas verschwieg? Spielte der Mann für die Ermittlungen eine wichtigere Rolle, als sie geglaubt hatten? Hatten sie irgendein Detail übersehen? Jacob verfluchte sich selbst dafür, dass er keine Antwort auf seine Fragen finden konnte.

Melissa brachte ihn auf bessere Gedanken. Sie liebten sich leise aber intensiv, und anschließend schlief sie glücklich in seinen Armen ein.

Jacob lag noch lange wach und starrte an die Decke, bis er schließlich in einen oberflächlichen, unruhigen Schlaf voller Träume sank. Finstere Männer jagten ihn in eine enge Sackgasse, wo er keine Chance hatte. Seine Verfolger drückten ihn an eine Wand, und er starrte in die Gesichter der Männer. Sie sahen alle gleich aus. Jeder von ihnen zog ein Messer und …

Messer!

Jacob wachte ruckartig auf und fuhr im Bett hoch. Auf einmal war er hellwach und spürte, wie ihm große Schweißtropfen die Stirn hinunterliefen und in den Augen brannten. *McGuinleys Gesicht hatte ihn an Hans Ecker erinnert. Und das Messer in Hector Gomez' Brust trug die Initialen »H. E.«!*

Zu einfach oder zu gut, um wahr zu sein? Wenn das Messer in Gomez' Brust Ecker gehörte, war dieser auch bei der ermordeten Prostituierten in Berlin gewesen. Und die Mütze, die sie am Strandvägen gefunden hatten, gehörte ebenfalls Ecker. *Ecker, Ecker, Ecker!*

Er musste Henrik Vadh anrufen. Jetzt gleich. Eckers Vernehmung durfte nicht länger auf sich warten lassen. Mit ein bisschen Glück konnten sie mehrere Fälle auf einen Schlag lösen.

Melissa wachte von seinen hektischen Bewegungen auf. »Was ist los, Liebling, kannst du nicht schlafen?«, murmelte sie.

Jacob erklärte ihr die Situation, aber sie war anscheinend zu müde, um die Tragweite dessen zu begreifen, was er gesagt hatte.

»… also muss ich Henrik anrufen, und zwar sofort!«

Er knipste die Nachttischlampe an und sah auf die Uhr. Fünf nach drei. In Stockholm war es also fünf nach neun, und Henrik musste bereits in seinem Büro sein.

»Mhm, aber mach das unten im Salon, ich muss weiterschlafen, Jacob.«

In seiner Hast stolperte Jacob auf der Treppe, fiel gegen die Wand und verlor sein Handy. Gerade als er sich wieder aufrappelte, ging die Tür zum Schlafzimmer der Colts auf und Joshua stand mit einem Revolver in der Hand da.

»Keine Angst!« Jacob hob die Hand und lächelte. »Ich bin's nur.«

Joshua nickte im Dunkeln. »Das sehe ich. Aber wieso geisterst du um diese Zeit herum?«

»Ich muss ein wichtiges Telefongespräch führen. Es ist dienstlich und es geht um Leben und Tod. Aber ich gehe runter in den Salon und telefoniere dort, Melissa schläft noch.«

Joshua Colt sah seinen Schwiegersohn ungläubig an und zuckte mit den Schultern. »Telefonieren? Um diese Zeit? Okay, mach das, ich geh wieder ins Bett.«

»Henrik, ich bin's, Jacob. Ich glaube, ich habe die Lösung für die ganze De-Wahl-Geschichte!«

»Du bist wie immer zu spät dran, Chef.« Vadh konnte es nicht lassen, ihn aufzuziehen.

»Was?«

»Ich habe die Lösung seit über einer halben Stunde.«

»Was zum Teufel sagst du da? Wie ist das passiert? Ich war nämlich heute draußen spazieren und habe ein Foto gesehen …«

Als Jacob ihm alles erzählt hatte, lachte Henrik Vadh leise. »Schade, dass du deine hellseherischen Fähigkeiten nicht schon früher zeigen konntest. Aber ich kann dir erfreulicherweise sagen, dass du wahrscheinlich richtigliegst. Es fing damit an, dass Svenne heute früh total aufgeregt hier hereingestürmt ist. Er hat einen langen Artikel in *Dagens Industri* gefunden, der davon handelte, dass Hans Ecker einen Posten als Geschäftsführer bei einem Großkonzern antreten soll. Svenne war sich hundertprozentig sicher, dass es derselbe Mann war, der ihn in der Altstadt niedergeschlagen hat. Johanna war der gleichen Meinung, als sie das Foto in der Zeitung gesehen hat. Aber das ist längst noch nicht alles, denn später kam die Post …«

Henrik las Silfverbielkes Brief vor, der mit der Morgenpost bei der Kripo angekommen war.

»Der Absender ist ein Anwalt namens Henriksson. Ich habe ihn angerufen, und er erzählte mir, er habe die Anweisung erhalten, den Brief an uns zu schicken, falls Silfverbielke bis gestern nicht in Stockholm zurück sei oder von sich hören ließe.«

Colt stieß einen Pfiff aus. »Silfverbielke! Das war doch der andere Typ, den wir vernommen haben und der angeblich von de Wahl vergewaltigt wurde.«

»Genau. Ich sagte dir doch, dass Ecker etwas verheimlicht hat. Das gilt für alle beide. Und offenbar kennen sie sich so gut, dass sie zusammen in Urlaub fahren.«

Colt dachte nach. »Und Silfverbielke ist also von der Reise mit Ecker nicht zurückgekehrt?«

»Richtig. Der Anwalt hat mehrmals versucht, auf Silfverbielkes Handy anzurufen, aber das war ausgeschaltet.«

»Verdammt! Stell dir vor, Silfverbielke lag richtig mit dem, was er geschrieben hat.«

»Ja, stell dir nur vor. Ich stöbere hier noch ein bisschen herum und rufe dich später wieder an.«

Jacob konnte nicht ruhig sitzen bleiben und ging rastlos in dem großen, dunklen Salon auf und ab. Er stellte das Handy auf Vibrationsalarm und ging leise hinauf ins Schlafzimmer. Dort zog er sich eine kurze Hose und ein T-Shirt an und lauschte Melissas gleichmäßigem Atmen. Anschließend schlich er genauso leise wieder die Treppe hinunter. Als er die Haustür öffnete, schlug ihm die feuchte Hitze der Nacht entgegen. Mit dem Mobiltelefon in der Hand überquerte er die menschenleere Gaston Street und ging schnellen Schrittes in den Forsyth Park, Savannahs größte Grünanlage.

Während ihm der Schweiß am ganzen Körper hinunterlief, beschleunigte er seine Schritte. Plötzlich nahm er eine Bewegung wahr, fuhr erschrocken zusammen und lief langsamer.

Ein Afroamerikaner stand vollkommen still unter einem Baum. Sein Oberkörper war nackt, und er trug zerschlissene Jeans. Er hielt eine braune Papiertüte in der Hand. In seinem Gesicht spiegelte sich Hoffnungslosigkeit wider. Jacob wich seinem starren Blick aus und nahm sein ursprüngliches Tempo wieder auf. Der Anblick des Mannes erinnerte ihn daran, dass Savannah nicht immer so idyllisch war, wie es einem die Broschüren weismachen wollten.

Jacob rannte in einem Wahnsinnstempo, vorbei an dem großen beleuchteten Springbrunnen und weiter in der Dunkelheit zwischen Magnolien und Azaleen hindurch, bis er die Statue des Südstaatengenerals Lafayette McLaws erreichte.

Er blieb stehen, stützte sich mit den Händen auf den Knien ab und schnaufte heftig. Der Schweiß brannte ihm in den Augen.

Als er wieder normal atmen konnte, ging er langsam zu einer Bank unter einem Baum. Er setzte sich und starrte in die

Dunkelheit, während ihm die Gedanken weiterhin durch den Kopf rasten.

Zuerst kapierte er nicht, woher das Vibrieren in seiner Hand kam. Dann riss er das Handy ans Ohr. »Jacob?«

»Ja. Was hast du herausgefunden?«

»Bei Ecker meldet sich nur der Anrufbeantworter. Laut Ansage müsste er seit gestern zurück sein. Auf der Arbeit heißt es, er hätte eigentlich heute kommen sollen, aber vor ein paar Tagen habe seine Frau angerufen und mitgeteilt, dass Ecker in Griechenland an Darmgrippe erkrankt sei. Sie wollen stattdessen am Montag heimfliegen, und Ecker wird am Dienstag zur Arbeit erscheinen.«

»Hast du den Flug überprüft?«, fragte Jacob aufgeregt.

»Denkst du, ich bin ein Anfänger?«, gab Vadh lachend zurück. »Ecker hat einen Flug von Kreta nach Athen und weiter nach Stockholm gebucht. Er kommt am Montagnachmittag um 16.20 Uhr hier an.«

»Ich komme heim. Ich suche mir den nächstbesten Flug von hier und ...«

»Jacob, entspann dich ausnahmsweise mal. Ich schnappe mir den Typen, das verspreche ich dir. Ich habe bereits die Flughäfen Arlanda, Landvetter und Sturup benachrichtigt, für den Fall, dass er früher ankommen oder eine andere Route nehmen sollte. Bleib du in Savannah und verbring ein bisschen Zeit mit Melissa. Wenn ihr am fünfundzwanzigsten heimkommt, sitzt Herr Ecker hoffentlich in Untersuchungshaft, fertig und servierbereit für dich.«

Jacob blickte grimmig drein. Er spürte, wie Schwärme von kleinen Mücken ihn am ganzen Körper stachen, aber das machte ihm nichts aus. »Vergiss es, Henrik. Mir geht nicht aus dem Kopf, was er alles getan hat und dass er Svenne misshandelt hat. Ich will von Anfang an dabei sein, wenn wir den Dreckskerl hochnehmen.«

»Mach, was du willst«, erwiderte Vadh seufzend. »Soll ich den Burschen schon jetzt zur Fahndung ausschreiben?«

Colt überlegte einen Augenblick. »Nein, mach nichts! Wenn Ecker keinen Unrat wittert, kommt er am Montag heim, und dann schnappen wir ihn uns in Arlanda. Aber wenn es nach außen dringt, dass nach ihm gefahndet wird, und jemand ihn warnt, haben wir den Kerl das letzte Mal gesehen.«

Schweigen am anderen Ende, dann: »Du hast wohl recht. Okay, ich mache es auf die unauffällige Tour. Rufst du mich an, sobald du weißt, wann du fliegst? Ich hole dich selbstverständlich in Arlanda ab.«

»Danke.«

Melissa Colt zog den Bademantel enger um sich. Sie hatte Tränen in den Augen.

»Ist es wirklich dein Ernst, dass du nach fünf Tagen heimfliegen willst, um zu *arbeiten*, jetzt wo wir ausnahmsweise mal Urlaub haben und du von deinem scheiß Polizeipräsidium wegkommst? Wir sind um den halben Globus gereist, um meine Eltern zu besuchen, die wir zwei Jahre lang nicht gesehen haben, und jetzt scheißt du einfach auf alles!«

»Melissa, hör mir zu!«

Jacob versuchte, sie an sich zu ziehen, aber sie riss sich mit einem Ruck los. »Lass mich!«

»Bitte, Melissa, du musst mich verstehen! Wir jagen diesen Kerl seit Januar, ohne zu wissen, wer er ist. Er hat wahrscheinlich mindestens vier Menschen umgebracht und hätte genauso gut Svenne den Garaus machen können. Und jetzt habe ich endlich eine Gelegenheit, ihn zu fassen.«

»Das ist mir *scheißegal*! Wieso kann das nicht noch eine Woche warten? Kannst du mir einen einzigen Grund nennen, warum Henrik und die anderen ihn nicht festnehmen können, während du weg bist? Einen einzigen?«

Jacob verzog das Gesicht. Melissa hatte recht. Natürlich gab es keinen vernünftigen Grund, warum er jetzt nach Hause fliegen musste. Natürlich konnten Henrik und die Jungs noch eine Woche lang den Laden schmeißen und Ecker festnehmen.

Widerwillig musste er sich eingestehen, dass es um etwas ganz anderes ging.

Frust. Wut. Prestige. Jacob konnte sich nicht erinnern, wann er in seiner Polizeikarriere so frustriert und wütend gewesen war wie bei den Ermittlungen im Mordfall de Wahl und nicht zuletzt nach dem Vorfall in der Stockholmer Altstadt. *Es gibt Dinge, die man einfach nicht tut. Dazu zählt der Angriff auf einen Polizisten.*

Er sah sie bittend an. »Melissa, ich *muss*. Verstehst du das nicht?«

»Und die Sache mit Stephen?« Sie konnte nur mit Mühe einen Weinkrampf unterdrücken.

»Was ist damit?«

»Was damit ist?« Ihre Stimme wurde wieder lauter. »Wir hatten doch ausgemacht, dass *du* es ihnen erzählen sollst und …«

»Ja, *wenn* der Augenblick dafür günstig ist. Ich glaube nicht, dass wir schon an diesem Punkt angelangt sind. Du hast ja gehört, was sie gestern über Homosexuelle gesagt haben.«

»Ich habe gründlich darüber nachgedacht und bin zu dem Schluss gekommen, dass es trotzdem am besten ist.«

»Dann hättest du mir vielleicht auch was sagen können, meinst du nicht?«

»Das spielt jetzt keine Rolle mehr.« Sie ging zum Fenster, verschränkte demonstrativ die Arme und schaute auf die Gaston Street hinaus.

Jacob seufzte. Frauen!, dachte er. Von welchem Planeten kommen sie eigentlich? Wie können sie sich nur einbilden, dass wir Männer ihre Gedanken erraten, und noch dazu am besten sofort?

In all den Jahren, die er nun schon mit Melissa zusammen war, hatte es keine größeren Konflikte gegeben, und die wenigen, die entstanden waren, hatten sich relativ reibungslos lösen lassen. Jetzt war Jacob sich nicht ganz sicher, ob es dieses Mal genauso leicht sein würde.

Er überlegte hin und her, wägte das Für und Wider ab.

Es gab nur eine Alternative. »Melissa, hör mir zu. Wenn es dir so wichtig ist, dass ich ihnen von der Sache mit Stephen erzähle, tue ich das, bevor ich abreise. Aber abreisen muss ich, das lässt sich nicht ändern. Ich würde mich natürlich freuen, wenn du mitkommst, verstehe aber, wenn du hierbleiben willst.«

»Das ist nicht dasselbe!«

»Dasselbe wie *was*?«

Er verspürte zunehmende Verärgerung. Sie musste doch verdammt noch mal verstehen, dass er einen Mörder festnehmen wollte, der noch dazu beinahe einen Kollegen getötet hatte.

»Was glaubst du, wie es auf meine Eltern wirkt, wenn du es ihnen erzählst, jetzt, wo du so gestresst bist, und dann Hals über Kopf nach Schweden fliegst und mich mit der ganzen Situation allein zurücklässt?«

»Ich bin nicht gestresst.«

»Doch, das bist du! Du bist aufgeregt und willst jetzt nur noch nach Hause und den heldenhaften Polizisten spielen. Ich finde, du benimmst dich kindisch …«

»Denk doch, was du willst!«

»… wenn du nicht mal eine Woche warten kannst, damit wir einen schönen Urlaub haben und die Sache mit Mama und Papa klären können.«

»Dann gibt es wohl nur zwei Alternativen. Entweder sagen wir erst mal gar nichts, oder ich erzähle es ihnen und wir reisen anschließend zusammen ab.«

»Nie und nimmer!«

Er seufzte. »Nie und nimmer *was*? Ich habe dir zwei Alternativen genannt.«

»Keine davon!«

Jacob unternahm einen neuen Versuch. »Melissa, hör mir zu, bitte! Wir können dieses Problem auf tausend verschiedene Weisen lösen, und deine Eltern werden sicher verstehen, dass ich oder wir beide abreisen müssen, wenn ich ihnen den Grund dafür nenne. Und ich gebe dir mein Ehrenwort, dass wir bald wieder hierherkommen. Aber zuerst muss ich mich um diese Angelegenheit kümmern. Verdammt noch mal, der Kerl ist immerhin ein Serienkiller! Du musst verstehen, dass …«

Sie fiel ihm ins Wort. »Ich verstehe nur, dass dir deine verdammte Arbeit wichtiger ist als ich, Stephen, Elin und meine Eltern … wichtiger als alles. Und das war wohl schon immer so …«

»Melissa, das ist nicht wahr, und das weißt du. Ich finde, das ist wirklich gemein von dir …«

Während der Taxifahrt zum Flughafen war Jacob wegen des Streits mit Melissa elend zumute. Beim gemeinsamen Frühstück mit Joshua und Margaret Colt war es am Tisch bedrückend still gewesen. Jacob hatte nach bestem Vermögen versucht, seinen Schwiegereltern zu erklären, wie wichtig es war, dass er sofort nach Stockholm reiste. Aber seine Ausführungen hatten hohl geklungen, und Joshuas Blicke hatten ihm nicht gefallen.

In Gedanken ging er noch einmal das gesamte Gespräch mit Melissa durch. Lag er falsch? Hätte er ruhig Blut bewahren und in Savannah bleiben sollen?

Während er über diese Dinge nachdachte, betrachtete er die hässlichen Betonbauten um den Flugplatz herum.

Keine Chance. Es ging einfach nicht anders. Er musste nach Hause und einen Serienkiller festnehmen.

Jetzt war es nicht mehr nur ein Job. Jetzt war es persönlich.

Kapitel 68

Montag, 20. August

Als die Maschine der Fluggesellschaft Continental früh am Samstagmorgen auf dem Flughafen Arlanda gelandet war, hatte Henrik dort auf ihn gewartet.

Abgesehen von ein paar kurzen Essenspausen waren sie im Großen und Ganzen das gesamte Wochenende mit der Durchsicht des Materials beschäftigt gewesen, teils im Polizeipräsidium, teils in Jacobs Haus am Hollywoodvägen.

Jetzt, wo Melissa nicht da war, fühlte sich das Haus still und leer an. Jacob hatte wiederholt in Savannah angerufen, aber jedes Mal, wenn Melissas Mutter oder Vater ans Telefon ging, hatten sie ihm kurz mitgeteilt, dass Melissa gerade schlief oder nicht zu Hause war. Er hatte auch versucht, sie auf ihrem Handy anzurufen, aber es war immer ausgeschaltet. Obwohl er ihr mehrere SMS geschickt hatte, hatte sie nicht zurückgerufen.

Melissa wollte nicht mit ihm reden – das erste Mal in all ihren gemeinsamen Jahren.

Jacob hatte Bauchschmerzen.

»Euch ist wohl klar, dass es heute ein sehr langer Tag wird, oder?«

Jacob blickte in die Runde, die sich um den Tisch versammelt hatte. Magnus Ekholm machte Smalltalk mit Henrik Vadh, Niklas Holm blätterte wie immer in einem Stapel Computerausdrucke herum, und Anna Kulin saß über ihren Notizblock gebeugt und blickte nachdenklich drein.

Colt sah auf die Uhr. Zehn nach neun Uhr vormittags. »Wir machen es so: Wer will, kann nach dieser Besprechung bis zum frühen Nachmittag Pause machen. Wir haben bei der Fluggesellschaft nachgefragt. Bis jetzt sieht es so aus, als ob das Flugzeug pünktlich ankommt. Ecker und seine Partnerin Veronica Svahnberg sind auf der Passagierliste. Sie werden an der Passkontrolle angehalten und in ein Wartezimmer gebracht. Ich will im Terminal keine Szene machen, und wir wissen nicht, wozu Ecker fähig ist, wenn er sich in die Enge getrieben fühlt. Sobald wir sie haben, fahren wir direkt hin und fangen an.«

Jacob wandte sich Anna Kulin zu. »Was meinen Sie, sollen wir sie gleichzeitig vernehmen?«

Die Staatsanwältin nickte. »Ich schlage vor, dass Magnus und ich mit der Freundin reden, während Sie und Henrik sich um Ecker kümmern. Anhand des Materials, das mir vorliegt, sehe ich keine ausreichenden Gründe, Svahnberg in Untersuchungshaft zu nehmen, aber man weiß ja nie.«

»Wegen Beihilfe?«, fragte Henrik Vadh.

Anna Kulin zuckte mit den Schultern. »Das müsste sie gestehen, oder Ecker müsste aussagen, dass sie dabei war. Es besteht ja auch die Möglichkeit, dass sie vollkommen ahnungslos darüber ist, was er getan hat. Andererseits ist es wichtig, dass wir uns über die Situation klar werden. Ich will sie nicht auf freien Fuß setzen, wenn sie womöglich wichtige Beweise vernichten kann.«

»Ganz meine Meinung«, sagte Colt. »Und es wäre schon ein bisschen seltsam, wenn sie überhaupt keine Ahnung hätte.«

»Man kann nie wissen«, warf Vadh ein. »Lasst uns keine voreiligen Schlüsse ziehen, bevor wir sie vernommen haben.

Ich habe auf jeden Fall nachgeforscht, ob Silfverbielke aufgetaucht ist, aber er bleibt wie vom Erdboden verschluckt. An seinem Arbeitsplatz weiß man nichts, und sein Handy ist aus.«

»Hat er Familie oder Verwandte?«, fragte Colt.

Vadh schüttelte den Kopf. »Keine Ehefrau, keine Kinder, keine Partnerin. Es gibt da noch eine alte Mutter, aber ich wollte noch nicht bei ihr anrufen.«

»Gut«, sagte Colt, »dann wissen wir alle Bescheid. Wir treffen uns hier um 14.30 Uhr zur Abfahrt nach Arlanda.« Er blickte in die Runde.

Alle am Tisch nickten.

»Noch etwas«, sagte Colt, »ich möchte, dass jeder von euch eine Waffe trägt. Ich habe keine Lust, bei diesem Dreckskerl ein Risiko einzugehen.«

Veronica Svahnberg saß mit geschlossenen Augen da. Obwohl sie todmüde war, konnte sie nicht schlafen. Das ging nun schon ein paar Tage so.

Fragen nagten an ihr und ließen sie nicht zur Ruhe kommen. Was war mit Christopher passiert? War er tot, oder gab es den Hauch einer Chance, dass er noch am Leben war? Hatte es sich so zugetragen, wie Hans erzählt hatte, oder hatte ihr zukünftiger Mann einen größeren Anteil an den Geschehnissen gehabt? Hatte er Christopher womöglich mit Absicht über Bord gestoßen?

Tausende und abertausende Male, seit sie auf dem Boot aufgewacht war und Hans scheinbar leblos vorgefunden hatte, hatte sie dieselben Gedanken gewälzt, aber keine Antworten gefunden.

Wenn sie an Christopher dachte, tat es ihr innerlich weh, und erst jetzt begriff sie, dass sie für ihn bedeutend tiefere Gefühle empfunden hatte.

Sex? Natürlich. Sexuelle Spiele, Unterwerfung, Dominanz? Oh ja!

Aber von ihrer Seite war da mehr gewesen, viel mehr.

Und das Kind? Christophers Kind?

Obwohl sie vage daran gedacht hatte, hatte sie es nicht wahrhaben wollen, aber je öfter sie ihr Gedächtnis bemühte, desto stärker war sie überzeugt, dass Christopher der Vater des Kindes war, das in ihrem Bauch heranwuchs und lebte.

An und für sich war das Ganze – besonders jetzt – nichts anderes als ein moralisches Dilemma, dachte sie. Hans würde die Vaterschaft ohne zu zögern anerkennen und niemand außer ihr kannte die Wahrheit. Das bedeutete in diesem Fall auch, dass sie für immer ein Stück von Christopher bei sich haben durfte.

»Nur noch eine Viertelstunde, Liebling …« Sie spürte, wie Hans ihr einen Kuss auf die Wange gab. Veronica Svahnberg öffnete die Augen und warf einen Blick auf die Uhr. Gleich darauf meldete die Lautsprecherdurchsage, dass die Maschine ihren Anflug auf Arlanda begonnen hatte, und forderte die Passagiere auf, ihre Sicherheitsgurte anzulegen.

Veronica versuchte, ihre Gedanken zu verdrängen. Sie musste jetzt stark sein, denn über das, was geschehen war, hatte sie keine Kontrolle. Vielleicht würde sie eines Tages Antworten bekommen, aber bis dahin musste sie sich gedulden.

»Wieso das denn, was ist das Problem?«

Ecker blickte irritiert drein, als der Beamte an der Passkontrolle ihn aufforderte, beiseitezutreten und die nächste Person in der Schlange vorzulassen.

Ein paar Minuten später saßen er und Veronica in einem Wartezimmer. Der Beamte stand an der Tür und sagte nichts.

»Aber Sie können mir doch wohl sagen, worum es geht, oder? Stimmt etwas mit unseren Pässen nicht? Wir waren doch nur auf einer normalen Urlaubsreise!«

Der Beamte schüttelte den Kopf. »Ich weiß wirklich nicht, worum es geht. Man hat mir nur gesagt, dass Sie hier warten sollen. Sie werden bestimmt bald Bescheid bekommen.«

Hans Ecker überlegte schnell. Da sie noch nicht einmal ihr Gepäck geholt hatten, konnte es sich wohl kaum um eine Zollangelegenheit handeln. Es musste etwas mit den Pässen zu tun haben. Der Polizeibeamte hatte sie behalten, ohne mehr zu sagen. Hans dachte, dass es eine Weile her war, seit er seinen das letzte Mal genauer angesehen hatte. Vielleicht war er sogar abgelaufen. Oder Veronicas Pass.

Falls nicht …

Plötzlich ging die Tür auf und ein uniformierter Polizist bat Veronica, mitzukommen. Sie sah Hans fragend an, folgte aber dem Polizisten ohne ein Wort.

Sein Herz machte einen Doppelsalto, als Jacob Colt eintrat, gefolgt von Vadh, Holm und zwei Schutzpolizisten. Sie schlossen die Tür hinter sich.

Eckers Hirn arbeitete fieberhaft. *Was zum Teufel ist hier los?*

Jacob ging auf ihn zu.

»Herr Ecker, Sie sind festgenommen. Kommen Sie mit.«

Zunächst blickte Ecker verwundert drein, dann sprang er so heftig auf, dass er dabei seinen Stuhl umstieß. »Was zum Teufel sagen Sie da? Was …«

Colt hob abwehrend die Hand. Die beiden Uniformierten packten Ecker, drehten ihm die Arme auf den Rücken und legten ihm Handschellen an.

Ekholm und Kulin empfingen die verwirrte Veronica Svahnberg auf dem Gang und erklärten ihr die Situation. »Sie sind im Augenblick keines Verbrechens verdächtig, aber wir möchten Ihnen ein paar Fragen stellen. Sie müssen ebenfalls mit aufs Polizeipräsidium kommen.«

Für Veronica Svahnberg brach die Welt zusammen, und sie weinte hemmungslos.

»Was meinst du, sollen wir loslegen?« Henrik Vadh sah Jacob Colt fragend an.

»Wir lassen ihn noch fünf Minuten schmoren. Haben wir eine DNA-Probe von ihm?«

»Ja. Christer hat ihm ein Wattestäbchen in den Mund gesteckt, gleich als wir hier ankamen. Ecker hat verwundert geguckt, aber keinen Einspruch erhoben. Christer hat beim Staatlichen Kriminaltechnischen Labor angerufen und um Vorrang gebeten. Wir haben die Probe mit dem Auto hingeschickt und müssten in ein paar Stunden eine Antwort haben.«

Colt nickte. »Gut. Hat Ecker einen Anwalt verlangt?«

»Noch nicht. Sollen wir mit der Vernehmung beginnen?«

»Absolut. Wie läuft es mit Svahnberg?«

»Ich habe Magnus und Kulin vor einer Weile in den Gang geholt und gefragt. Sie hat eine Menge darüber berichtet, was während der Reise in Griechenland passiert ist. Laut ihren Angaben war Silfverbielke eines Abends ziemlich betrunken und fiel von dem Boot, das sie gemietet hatten. Sie glauben, er sei ertrunken, und haben ihn bei der Polizei in Chania auf Kreta als vermisst gemeldet. Ich habe Holm gebeten, unverzüglich die griechischen Kollegen zu kontaktieren und nachzuprüfen, ob das stimmt. Wir müssten ziemlich bald eine Antwort erhalten.«

»Über Bord gefallen? Das kam aber wirklich sehr gelegen. Vielleicht haben wir hier einen weiteren Mord, der auf Eckers Konto geht. Silfverbielke hat ja ausdrücklich geschrieben, dass er um sein Leben fürchtet.«

Vadh nickte. »Die Frage ist nur, warum er dann überhaupt mitgefahren ist. Würdest du mit jemandem in den Urlaub fahren, wenn du den Verdacht hättest, dass der Betreffende dich umbringen will?«

»Wie du selbst gesagt hast, es sind schon seltsamere Dinge passiert«, sagte Jacob. »Die Leute benehmen sich manchmal so verdammt merkwürdig, dass man nicht mehr durchblickt. Aber du, ich bin ganz scharf drauf, Ecker in die Mangel zu nehmen.« Er klopfte auf den Aktenordner, den er unter dem Arm hielt. »Legen wir los.«

Vadh musterte ihn aufmerksam. »Muss ich dem Herrn Kommissar etwa hässliche Absichten unterstellen?«

»Nein, ich werde wie immer den guten Bullen spielen«, seufzte Colt. »Aber es gibt ja Situationen, wo ich mir wünsche, wir könnten es wie in schwedischen Polizeifilmen oder amerikanischen Krimis machen – Leute gegen die Wand werfen und so. Wenn uns der Richtige ins Netz gegangen ist, hockt der Teufel persönlich da drinnen in dem Zimmer, und es wäre schön, ihm sofort ein Geständnis zu entlocken, anstatt wie immer die Ochsentour zu machen.«

Henrik nickte verbissen und folgte Colt, als dieser schnellen Schrittes zum Vernehmungszimmer ging, die Tür öffnete und eintrat.

Hans Ecker saß in dem kahlen Raum an einem Tisch. Er wirkte mitgenommen und zuckte nervös zusammen, als die Tür aufging und die beiden Kripobeamten hereinkamen.

Sobald sie Platz genommen hatten, holte Jacob ein digitales Aufnahmegerät hervor und sprach die einleitenden Sätze. Dann klappte er seinen Ordner auf und wandte sich Ecker zu.

»Herr Ecker, wir werden jetzt eine erste Vernehmung mit Ihnen durchführen. Später kommen noch mehr. Sie haben das Recht, sich nur im Beisein eines Anwalts zur Sache zu äußern. Wollen Sie davon Gebrauch machen?«

Ecker dachte daran, was Christopher einmal gesagt hatte: Wenn man sich einigermaßen clever verhält, ist es leicht, sich bei einer Vernehmung rauszureden. *Und wie steht es mit der Gegenseite? Dieser Colt ist nicht gerade der Hellste gewesen, als er und sein Kollege mich in meinem Büro besucht haben.* Hans beschloss, auf gleichgültig zu machen und schüttelte den Kopf.

»Nein, das hier ist sicher ein Missverständnis. Ich habe nichts getan und brauche deswegen auch keinen Anwalt.«

»Dann geben wir das so zu Protokoll«, sagte Colt. »Ich möchte Sie auch darüber aufklären, dass Sie nicht antworten müssen.«

Ecker zuckte mit den Schultern und lächelte. »Ich habe nichts zu verbergen, warum sollte ich dann nicht antworten?«

Colt sah ihn eindringlich an. »Okay, dann fangen wir an. Sie werden verdächtigt des Mordes an Alexander de Wahl am Nybrokai am fünfzehnten Januar dieses Jahres und des Mordes an Renate Steiner in Berlin in der Nacht vom zweiten auf den dritten Februar.«

Hans Ecker zuckte zusammen. »Was?! Ich verstehe nicht …«

Colt hob die Hand. »Immer mit der Ruhe, ich bin noch nicht fertig. Ferner werden Sie des Mordes an Erkki Lahtinen in der Altstadt am dritten März in Tateinheit mit schwerer Körperverletzung an Kriminalinspektor Sven Bergman verdächtigt.«

»Halt! Was reden Sie …«

»Moment, ich bin immer noch nicht fertig. Und letztlich werden Sie des Mordes an Hector Gomez auf Djurgården am sechsten Juni dieses Jahres verdächtigt.«

Colt machte eine Pause und musterte Ecker. Der Mann war kreidebleich im Gesicht, und ein Augenlid zuckte.

»Was haben Sie dazu zu sagen?«, fragte Jacob.

»Ich … ich verstehe nicht … wovon Sie reden!« Ecker stieß die Worte nur mit Mühe hervor.

Colt lehnte sich zurück und lächelte schwach. »Sie verstehen nicht? Na schön, dann machen wir es der Reihe nach …«

Er warf Henrik einen Blick zu und erhielt als Antwort ein kaum merkliches Nicken.

Vadhs Augen verengten sich. Er beugte sich vor und sah Ecker eindringlich an. »Dann fangen wir mal mit dem Vorfall in der Altstadt an. Es gibt einen Zeugen, der gesehen hat, wie Sie Lahtinen zu Tode misshandelt haben.«

Die Gedanken rasten durch Eckers Kopf, als er versuchte, sich die Bilder von dem kalten Abend in der Gasse ins Gedächtnis zu rufen. *Der Bulle! Der Bulle hat gesehen, wie ich den versoffenen Penner getreten habe.* Ecker spürte, wie Vadh ihn mit seinem Blick durchbohrte, genau wie an jenem Tag, als sie ihn an seinem Arbeitsplatz aufgesucht hatten. *Ein unangenehmer Typ, dieser Vadh. Verdammt, ich brauche Zeit zum Nachdenken!*

Er versuchte, ruhig zu atmen und sich zu konzentrieren.

»Ich habe niemanden getötet, das habe ich doch schon gesagt. Ich war in keiner Gasse in der Altstadt.«

»Wie gesagt, es gibt einen Zeugen.« Vadh starrte ihn weiterhin an, während Colt voll damit beschäftigt schien, seine Fingernägel zu betrachten.

»Ich … ähmm … ich …«

»Und Gomez, wie war das mit ihm?!« Die Frage kam wie ein Peitschenhieb. Ecker zuckte zusammen, zwang sich aber zu erneuter Konzentration.

»Ich weiß nicht, wovon Sie reden. Ich kenne keinen Gomez.«

Plötzlich blickte Colt auf und sah Ecker in die Augen. »Und die Prostituierte in Berlin, Renate Steiner?«

Wer war Renate Steiner? Ecker spürte eine Schweißperle auf der Stirn. *Ja, natürlich, die Nutte! Aber die hat verdammt noch mal Christopher auf dem Gewissen. Das können die mir nie anhängen.*

Ecker schüttelte den Kopf. »Ich versteh überhaupt nichts … ich kenne keine Renate.«

Vadh noch einmal: »Wo waren Sie am Morgen des fünfzehnten Januar, als Alexander de Wahl ermordet wurde?«

»Sie haben mich doch schon zu de Wahl verhört und …«

»Das war kein Verhör.«

»Was? Ach so, aber Sie waren doch bei mir im Büro und haben darüber geredet und …«

Colt sah ihn forschend an. »Wir haben Ihre Wollmütze in einer Pfütze nicht weit von de Wahls Leiche gefunden.«

»Ähhh … ich wusste nicht mal, dass die Mütze weg ist.«

»Soso.«

Das Katz-und-Maus-Spiel ging noch eine Dreiviertelstunde so weiter, ohne dass Ecker Anstalten machte, ein Geständnis abzulegen.

Colt machte ein resigniertes Gesicht.

»Wir machen eine kurze Pause. Müssen Sie auf die Toilette?«

Ecker schüttelte den Kopf.

Als die Tür hinter Colt und Vadh ins Schloss fiel, rutschte Ecker auf dem Stuhl nach unten und wischte sich den Schweiß von der Stirn. *Worum geht es hier eigentlich? Das mit der Prügelei in der Altstadt ist eine Sache und schon schlimm genug. Aber was hat die Nutte in Berlin damit zu tun? Und Alexander de Wahl? Und wer ist dieser Gomez?*

Seine Gedanken überschlugen sich, und er schaffte es nicht, sie zu sortieren. Er hatte einen trockenen Hals und brauchte etwas zu trinken. Gleichzeitig fragte er sich beunruhigt, was sie mit Veronica machten und was diese ihnen erzählte. Gott sei Dank wusste sie nichts von der Sache in der Altstadt. Aber wie war das mit Griechenland? Hatte sie womöglich einen Verdacht? Er schüttelte den Gedanken ab. Sie war zu schlau, um etwas zu sagen, selbst wenn sie glaubte, dass er etwas mit Christophers Verschwinden zu tun hatte.

Währenddessen tranken Jacob und Henrik ihren Kaffee draußen im Gang im Stehen.

»Wie willst du weitermachen?«, fragte Vadh.

Colt blickte grimmig drein. »Ich will wieder rein und Gas geben, solange der Druck im Kessel hoch ist. Wir treiben ihn noch ein wenig in die Enge und konzentrieren uns in erster Linie auf die Altstadt. Ich glaube, da haben wir die größte Chance, ihn zu einem Geständnis zu bewegen.«

»Okay.«

Sie stellten die Kaffeetassen ab und begaben sich wieder in das Vernehmungszimmer. Ecker starrte sie grimmig an, und Jacob fragte sich, was ihm wohl in der Zwischenzeit durch den Kopf gegangen war.

Colts Stimme war ruhig und leise. »Möchten Sie nicht lieber gleich gestehen, Hans? Das erleichtert die Sache.«

Ecker schlug mit der Faust auf den Tisch. »Aber ich habe doch nichts getan! Wie oft muss ich das noch sagen?!«

»Bis Sie mit der Wahrheit herausrücken«, sagte Vadh ruhig.

»Ich *habe* die Wahrheit gesagt!«

Colt beugte sich vor und sah ihn an. »Wir *wissen*, dass Sie in der Altstadt waren, Hans. Wir wissen auch, dass Sie de Wahl und Renate Steiner ermordet haben. Und Ihr Messer steckte bis zum Griff in der Brust von Hector Gomez.«

Ecker öffnete den Mund, aber Colt ließ ihn nicht zu Wort kommen. »Reden wir noch eine Weile über die Altstadt. Kannten Sie Lahtinen schon vorher?«

»Ich habe doch gesagt, dass ich nicht einmal in der Altstadt *war*!«

»Sie waren dort«, sagte Colt ruhig, »Sie und noch zwei weitere Personen. Die anderen liefen davon, als unser Kollege sich näherte. Sie sind geblieben und haben Lahtinen weiterhin misshandelt …«

Jacob wurde von einem Klopfen an der Tür unterbrochen. Christer Ehn steckte den Kopf herein und winkte Jacob zu sich.

»Entschuldigen Sie mich einen Moment.« Jacob ging hinaus und schloss hinter sich die Tür. Ecker sah Vadh fragend an, doch der hatte sich zurückgelehnt und die Augen geschlossen. Schlief der Scheißkerl etwa mitten in der Vernehmung? Ecker spürte, wie die Wut in ihm hochkochte.

»Was ist das hier eigentlich für ein Quatsch?! Sie können mich nicht einfach beliebig lang hier festhalten und …«

Vadh öffnete die Augen und erwiderte ruhig seinen Blick. »Sie werden des Mordes verdächtigt, Ecker. Wegen mehrerer Morde noch dazu. Haben Sie den Ernst der Lage immer noch nicht begriffen?«

Die Tür ging auf, Jacob kam herein und setzte sich wieder. Er reichte Vadh ein Blatt Papier, worauf dieser die handschriftliche Notiz vorlas: »Antwort vom SKL – Volltreffer!«

Jacob ergriff schnell das Wort. »Ich komme noch einmal auf die Ereignisse in der Altstadt zurück. Wie ich vorhin erwähnte, hat ein Polizist den Vorfall beobachtet, und außerdem gibt es technische Beweise, die Sie belasten, sowohl hinsichtlich des Mordes als auch der schweren Körperverletzung an meinem Kollegen Bergman.«

Ecker wurde erneut unsicher. *Technische Beweise? Ich habe meinen Handschuh verloren, aber war das wirklich dort? Sonst hätten sie ja wohl keinen …*

»Ihre DNA stimmt mit der überein, die Kriminalinspektor Bergman unter seinen Fingernägeln hatte, nachdem er Ihnen während Ihres Angriffs über das Gesicht gekratzt hat. Haben Sie dazu etwas zu sagen?«

Ecker zuckte zusammen und kehrte in die Wirklichkeit zurück. Henrik Vadh sah ihn fragend an.

Der Dreckskerl hat mir das Gesicht zerkratzt und meine Haut unter seine Fingernägel bekommen. Scheiße!

Hans Ecker holte tief Atem.

»Ich will einen Anwalt.«

Es war bereits halb zehn Uhr abends, als Jacob Colt und Henrik Vadh sich endlich ins Auto setzen und nach Hause fahren konnten.

Während der Fahrt schwieg Colt eine ganze Weile.

»Wie sieht's aus?«, fragte Vadh schließlich ruhig.

»Folgendermaßen: Es fühlt sich gut an, dass wir den Dreckskerl hinter Schloss und Riegel haben, aber ich würde gern die Wahrheit aus ihm herausprügeln, wenn wir mit ihm allein sind.«

»Ich weiß. Aber immer mit der Ruhe, wir haben ja alle Zeit der Welt, ihn zu einem Geständnis zu bewegen. Er kann nirgendwohin und kann keine Spuren verwischen.«

Colt presste den Mund zu einem Strich zusammen. »Nein, aber sie kann es. Svahnberg.«

Vadh schüttelte den Kopf. »Magnus und Anna Kulin sind beide überzeugt, dass sie unschuldig ist und keinen blassen Schimmer hat.«

»Vielleicht.« Jacob seufzte. »Aber bei Ecker ist es sonnenklar, er hat das Mädchen in Berlin und auch Gomez umgebracht, und ich bin sicher, dass er auch de Wahl auf dem Gewissen hat.«

»Ich glaube, du hast recht, aber Kulin wird unmöglich in allen Punkten Anklage gegen ihn erheben können, wenn er nicht gesteht.«

»Leider. Aber er wird auf jeden Fall eine ganze Weile wegen Mordes und schwerer Körperverletzung einsitzen. Und wir geben doch noch nicht auf, oder?«

»Natürlich nicht. Aber schlafen wir erst ein bisschen und laden unsere Akkus auf, dann machen wir morgen früh mit Volldampf weiter.«

Nachdem Jacob seinen Kollegen in Upplands-Väsby abgesetzt hatte, fuhr er bei einer Statoil-Tankstelle vorbei und nahm ein spätes Abendessen zu sich, das aus zwei gegrillten Hotdogs mit Kartoffelbrei und Gewürzgurken mitsamt einer großen Schokoladenmilch bestand.

Als er nach Hause kam, machte er es sich auf dem Bett bequem und rief Melissa an, um ihr mitzuteilen, dass er Ecker endlich geschnappt hatte.

Aber sie ging nicht ans Telefon.

Nach einer Vernehmungsdauer von einer Stunde war Veronica zusammengebrochen, obwohl die beiden Polizeibeamten und die Staatsanwältin sie mit Samthandschuhen angefasst hatten. Außerdem hatte sie sich über Bauchschmerzen beklagt.

Die Vernehmung wurde abgebrochen und ein Arzt gerufen. Er untersuchte sie und stellte fest, dass die Schmerzen vermutlich psychosomatischer Natur waren, da ansonsten mit ihr alles in Ordnung war.

Was sie sich im Vernehmungszimmer anhören musste, war für sie ein totaler Schock. Hatte sie jahrelang mit dem Teufel persönlich zusammengelebt und geglaubt, Christopher sei gefährlich, während in Wirklichkeit ihr Verlobter ein Serienmörder war?

Die Polizisten und die Staatsanwältin schienen ihr jedoch zu glauben, als sie ihnen unter Tränen versicherte, dass sie nichts über die Dinge wusste, die Hans zur Last gelegt wurden.

Sie hatten ihr immer wieder die gleichen Fragen gestellt, und sie hatte schließlich zusammenhangloses Zeug geredet, welches aber stets die gleiche Antwort enthielt: Sie wusste nichts und sie sagte die Wahrheit.

Zum Schluss klopfte die Staatsanwältin ihr tröstend auf den Rücken und erklärte, dass sie vielleicht an einem anderen Tag mit weiteren Fragen auf sie zurückkommen würden. Aber sie stand nicht unter Verdacht und durfte jetzt heimfahren.

Veronica trat hinaus in den schwülen Sommerabend, schaute zum Himmel und stellte fest, dass ein Gewitter heraufzog.

Als das Taxi kam, half der Fahrer ihr beim Einladen von ihrer und Hans' Reisetasche. Christophers Gepäck hatte die Polizei bis auf Weiteres behalten.

Veronica fuhr auf direktem Weg heim in das Haus in Danderyd. Sie war von der Reise und der Vernehmung erschöpft. Immer noch außer sich vor Unruhe, lief sie ziellos im Haus umher, als suche sie nach einer Antwort.

Was sollte sie machen? Wie sollte sie vorgehen?

Lebt Christopher noch?

Als Erstes musste sie ihren und Hans' Arbeitgeber anrufen. Sie würde sagen, dass sie beide in Griechenland schwere Magenbeschwerden bekommen hatten und nach der Heimkehr ins Krankenhaus von Danderyd gegangen seien. Solange sie auf die Untersuchungsergebnisse warteten, durften sie nicht zur Arbeit gehen.

Außerdem musste sie Hans' Eltern anrufen und ihnen eine gute Erklärung auftischen, wieso er nicht persönlich anrufen konnte.

Ein Stapel Rechnungen starrte ihr entgegen. Sie hatten zwar ein Pufferkonto, auf dem sich hunderttausend Kronen befanden, aber es konnte ja eine Weile dauern, bis sie Hans aus der Untersuchungshaft entließen.

Aber früher oder später *mussten* sie ihn entlassen. Er konnte unmöglich die Verbrechen begangen haben, derer man ihn beschuldigte. Das Ganze musste ein riesiges Missverständnis sein, aber wie es dazu hatte kommen können, verstand sie nicht.

In ihrer Verzweiflung wählte sie die Nummer von Christophers Mobiltelefon. Es war aus. Sie hinterließ keine Nachricht, sondern schickte eine SMS.

Ruf mich sofort an, wir müssen reden! V.

Als sie am nächsten Morgen feststellte, dass er immer noch nicht geantwortet hatte, fing sie wieder an zu weinen. Wenn er noch gelebt hätte, hätte er nie so lange mit einer Antwort gewartet, nicht bei ihr. Falls er das Handy verloren hatte, hätte er auf eine andere Weise von sich hören lassen.

Jetzt war sie sich sicher.

Christopher war tot.

Kapitel 69

Dienstag, 21. August

»Ist der Anwalt schon da?«

Jacob Colt trank einen Schluck Kaffee, schob einen Stapel Papier auf seinem Schreibtisch beiseite und stellte die Tasse ab.

Am Abend zuvor hatte Hans Ecker eine Liste mit den Namen der vier bekanntesten und renommiertesten Strafverteidiger aufgestellt. Als sich herausstellte, dass keiner ihn so kurzfristig vertreten konnte, drehte Ecker fast durch. In seinem Kopf überschlugen sich die Gedanken, bis ihm auf einmal ein weiterer Name einfiel.

Stefan Mörck hatte bereits einige der schlimmsten Verbrecher Schwedens verteidigt und war äußerst tüchtig, wenn es darum ging, Fallstricke in der Argumentation der Anklage und Lücken bei den polizeilichen Ermittlungen zu finden.

Ecker beantragte Mörck als seinen Verteidiger, und als der Anwalt begriff, dass er es mit dem zukünftigen Geschäftsführer eines börsennotierten Unternehmens zu tun hatte, brauchte er weniger als eine Stunde, um ins Polizeipräsidium zu kommen.

In Gedanken sah er bereits die Schlagzeilen und das damit verbundene fürstliche Honorar, das er seinem Mandanten berechnen konnte.

»Ja«, nickte Vadh. »Stefan Mörck. Er ist vor einer Viertelstunde aufgetaucht und über den Fall informiert. Im Augenblick sitzt er mit Ecker zusammen. Sollen wir ihnen noch eine Weile geben, bevor wir loslegen?«

»Aber nur eine kurze Weile«, murrte Colt. »Ich frage mich, ob wir ihn gestern Abend nicht mehr unter Druck hätten setzen sollen, um ein Geständnis aus ihm herauszuholen. Andererseits hätte er es vielleicht später zurückgezogen. Wir müssen die Sache wohl ruhig angehen, wie immer ...«

Vadh warf seinem Kollegen einen besorgten Blick zu. Er konnte sich nicht erinnern, wann er Colt zuletzt dermaßen frustriert erlebt hatte. Freilich schien es offensichtlich, dass Ecker ein Psychopath und Massenmörder war, aber mit Schludern kamen sie nicht weiter.

Er legte Jacob beruhigend die Hand auf die Schulter. »Komm, Junge, dann wollen wir mal.«

Eckers Hirn war während der Vernehmung am Abend zuvor heiß gelaufen, und als die Polizeibeamten mit der Berlin-Sache anfingen, spürte er, wie sein Gesicht förmlich glühte. Wie konnten die Bullen überhaupt wissen, dass er in Berlin gewesen war? Und woher wussten sie das mit der Nutte? Was sollte dieses Gerede darüber, dass sein Messer einen Chilenen getötet hatte? Das Messer war ja seit ihrer Rückkehr aus Berlin aus dem Auto verschwunden und ...

Ecker hielt inne, als die Erkenntnis ihn wie ein Blitz traf.

Christopher! Der Dreckskerl hat mich gelinkt!

Ecker hatte sich schon länger gefragt, wo seine schöne Mütze war, aber vermutet, dass er sie verloren haben musste. Nach der Berlinreise hatte er zuerst seinen Ausweis vermisst und eine Woche später das scharfe Finnenmesser, das immer im Kofferraum seines Mercedes gelegen hatte. Es war ihm seltsam vorgekommen, aber schließlich hatte er nur mit den Schultern gezuckt und sich vorgenommen, künftig besser auf seine Sachen aufzupassen.

Als die Beamten ihn am Montagabend in eine Zelle des Untersuchungsgefängnisses gebracht hatten, war er völlig am Ende gewesen – körperlich und psychisch. Auf seine Frage, was mit Veronica geschehen sei, hatte Colt ihm geantwortet, dass man sie nach Hause geschickt habe.

Ecker hatte getobt. »Da haben Sie verdammt noch mal Glück gehabt. Sie ist ja hochschwanger, haben Sie das nicht gesehen?«

Er war kurz davor gewesen, sich auf Colt zu stürzen, hatte sich jedoch in letzter Sekunde eines Besseren besonnen. Als die Zellentür hinter ihm ins Schloss fiel, sank er erschöpft auf die Pritsche. Sein Hirn kam allerdings nicht zur Ruhe.

Wie viel hatte Christopher der Polizei erzählt, und auf welche Weise? Vor ihrer Reise konnte es wohl kaum passiert sein, denn dann hätten die Bullen sie festgehalten oder in Griechenland zur Fahndung ausschreiben lassen. Hatte Christopher in einem unbeobachteten Moment zu Hause angerufen, und wenn ja, warum? Vom Boot aus wäre es auf jeden Fall nicht gegangen, denn sie hatten jede wache Stunde zusammen verbracht, und außerdem war der Handyempfang beschissen gewesen.

Ein Brief! Ja, natürlich. Ein Brief, den Christopher unmittelbar vor ihrer Abreise abgeschickt hatte. Aber warum? Warum wollte er Hans für etwas ins Gefängnis bringen, das er selbst verbrochen hatte?

Tausend Fragen.

Keine Antworten.

Die Vernehmung von Hans Ecker zog sich über zwei ganze Tage hin, mit Unterbrechungen für Pausen, Essen und Toilettengänge. Rechtsanwalt Mörck saß die ganze Zeit an Eckers Seite, schwieg jedoch meistens und hatte offenbar nichts gegen die gestellten Fragen einzuwenden.

Nach jeder Vernehmungsrunde ließ Jacob Protokolle der Aufnahmen des Diktiergerätes anfertigen. Dort konnte man später unter anderem lesen:

Vernehmungsleiter Kriminalkommissar Jacob Colt (VL): Na, Hans, haben Sie gut geschlafen?
Hans Ecker (HE): Ich … (unverständlich)
VL: Möchten Sie ein Glas Wasser oder vielleicht eine Tasse Kaffee?
HE: Nein, danke.
VL: Gut, dann sollten wir noch ein bisschen mehr über die Ereignisse in der Altstadt reden. Können Sie mir sagen, was an jenem Abend passiert ist?
HE: Ich hab Ihnen doch gesagt, dass ich nicht dort war!
Kriminalinspektor Henrik Vadh (HV): Ja, das haben Sie. Aber gestern haben wir Ihnen gesagt, dass es einen Augenzeugen gibt und dass wir außerdem bei dem Mordopfer und unter den Fingernägeln von Kriminalinspektor Bergman Ihre DNA sichergestellt haben.
HE: Ich … (unverständlich)
VL: Verzeihung, ich habe nicht gehört, was Sie gesagt haben.
HE: Ich … ja also, ich war dort, aber …
VL: Ja?
HE: Ich … ähhh … war beim Abendessen …
VL: In der Altstadt?
HE: Ähhh, ja, genau.
VL: Alleine?
(Langes Schweigen)
VL: Haben Sie alleine zu Abend gegessen, als Sie in der Altstadt waren?
HE: Nein.
VL: Nein? Mit wem waren Sie zusammen essen?

HE: Mit meiner Partnerin, Veronica.
HV: Das ist seltsam. Wir haben nämlich Veronica zu diesem Abend befragt, und sie hat nichts darüber erwähnt, dass sie mit Ihnen beim Abendessen war.
HE: Sie (unverständlich) vielleicht … vergessen.
HV: Meinen Sie, dass sie vergessen haben könnte, mit Ihnen zusammen zu Abend gegessen zu haben?
HE: Mhm.
VL: Noch mal von vorne. Ein Polizeibeamter hat gesehen, wie Sie Erkki Lahtinen in der Pelikansgränd misshandelt haben. Laut seiner Aussage waren zu dem Zeitpunkt noch zwei andere Männer bei Ihnen. Als mein Kollege sich als Polizeibeamter zu erkennen gab, rannten die beiden anderen Männer davon, während Sie Lahtinen weiterhin schlugen und traten …
HE: Nein! Das war nicht … (Räuspern, Schweigen)
VL: Das war nicht …?
(Langes Schweigen)
VL: Als der Kollege Sven Bergman Ihnen hinterherrannte, sind Sie stehen geblieben und haben auf ihn eingeschlagen. Während der Schlägerei gelang es ihm, Sie im Gesicht zu kratzen. Erinnern Sie sich daran?
HE: Ja, aber …
VL: Sie erinnern sich also daran?
HE: Nein! Ich meine …
VL: Ja?
HE: Ich … ich möchte mit meinem Anwalt unter vier Augen sprechen.

VL: Das geht in Ordnung. Dann machen wir jetzt eine Pause.

Eine halbe Stunde später ging die Vernehmung weiter. Dieses Mal war auch Anna Kulin anwesend.

VL: So, Hans, jetzt hatten Sie Gelegenheit, sich mit Ihrem Anwalt zu beraten. Um noch einmal auf den Vorfall in der Altstadt zurückzukommen, können Sie dazu noch etwas sagen?
HE: (Räuspern) Ja, ich möchte …
VL: Ja?
HE: Das mit der Altstadt … ja, ich habe dem Polizeibeamten ins Gesicht geschlagen. Aber ich war betrunken und es war keine Absicht …
VL: Ich verstehe. Soll ich das so auffassen, dass Sie den tätlichen Angriff auf Kriminalinspektor Bergman in der Nacht vom dritten auf den vierten März dieses Jahres gestehen?
HE: Ähh … ja, wenn das zu dem Zeitpunkt war.
VL: Es war zu dem Zeitpunkt. Gut, wir kommen später noch darauf zurück. Aber zunächst möchte ich Sie fragen, ob Sie auch den Mord an Erkki Lahtinen gestehen – also an dem Betrunkenen, den Sie in der Pelikansgränd zum selben Zeitpunkt geschlagen und getreten haben?
HE: Er hat vielleicht ein paar vereinzelte Tritte abbekommen, aber …
VL: Kriminalinspektor Bergman hat gesehen, wie Sie Lahtinen mehrmals hintereinander

getreten und geschlagen haben. Als Ihre Freunde die Flucht ergriffen, haben Sie ihm einen letzten Tritt verpasst, der dazu führte, dass sein Kopf nach hinten gegen gegen eine hervorstehende Eisenstange schlug, was wiederum zu seinem Tod führte.
HE: Ich … das war keine Absicht …
VL: Der Mann ist tot, Hans. Geben Sie zu, dass Sie ihm die tödlichen Verletzungen zugefügt haben?
HE: Ja, aber (Räuspern) ich war ja nicht der Einzige, der ihn getreten hat …
VL: Wer war sonst noch dabei?
HE: (Unverständlich)
VL: Verzeihung, ich habe Sie nicht verstanden.
HE: Johannes …
HV: Johannes. Ist das ein Freund von Ihnen?
HE: Ja.
HV: Wie heißt er mit Nachnamen?
HE: Kruut.

Plötzlich summte Colts Handy in seiner Hosentasche. Er zog es irritiert hervor und wollte den Anruf schon wegdrücken, als sein Blick auf das Display fiel und er eine amerikanische Nummer erkannte.

»Entschuldigen Sie einen Augenblick.«

Er stand auf und ging schnellen Schrittes zur Tür, während Henrik Vadh das Aufnahmegerät ausschaltete.

»Ja, hallo?« Jacob schloss die Tür zum Vernehmungszimmer hinter sich.

Aus dem Handy ertönten schwache Schluchzer.

»Hallo?« Jacob konnte hören, dass es Melissa war.

»Jacob … Jacob, ich muss dringend mit dir reden!«

»Was ist los, Liebling?« Colt schlug das Herz bis zum Hals. »Ich habe bestimmt tausend Mal versucht, dich anzurufen, aber du bist nie drangegangen. Ich habe auf die Mailbox gesprochen und …«

»Ich weiß, ich weiß!«, fiel Melissa ihm ins Wort. »Hier ist der Teufel los. Ich bin in ein Hotel und …«

Colt lehnte sich an die Wand und schloss die Augen. Er versuchte, Melissa zu beruhigen, hörte ihr eine Weile zu und sagte schließlich: »Liebling, ich verstehe. Wir müssen darüber reden. Aber ich sitze gerade in einer Vernehmung mit Hans Ecker, und wir stehen kurz vor einem Durchbruch. Ich bin sicher, dass er jeden Moment gestehen wird. Kann ich dich in etwa …«, er schaute kurz auf die Armbanduhr, »… einer halben Stunde zurückrufen?«

»Ruf an, sobald du kannst. Ich liebe dich, Jacob!«

»Ich dich auch, Süße. Ich melde mich gleich. Kuss!«

Jacob begab sich wieder in das Vernehmungszimmer und schaltete erneut das Aufnahmegerät ein.

> VL: Können Sie uns seine Telefonnummer geben, damit wir Ihre Angaben überprüfen können?
> HE: Das geht nicht.
> HV: Warum nicht?
> HE: Er ist tot.
> VL: Er auch? Wie ist Johannes gestorben?
> HE: Ein Bus hat ihn überfahren.
> VL: Aha. Haben Sie einen Omnibusführerschein, Hans?
> Rechtsanwalt Stefan Mörck (RA): Die Frage ist irrelevant. Soweit ich weiß, wird mein Mandant nicht wegen eines Verkehrsdelikts verdächtigt.
> VL: Nein, ich habe nur eine routinemäßige Frage nach seinem Führerscheinbesitz gestellt. Haben Sie etwas dagegen einzuwenden, Herr Rechtsanwalt?

HV: Wie war das jetzt, wann starb dieser Johannes?
HE: Ähhh … das muss am einundzwanzigsten Juli gewesen sein …
HV: Und wo waren Sie an dem Tag?
RA: Ich möchte Sie daran erinnern, dass Sie nicht antworten müssen, wenn Sie nicht wollen, Hans.
HE: Ja, aber das ist okay (Räuspern). Ich … ich war zu Hause bei meiner Partnerin.
HV: Welchen Anteil hatte dieser Johannes Ihrer Ansicht nach an der Prügelattacke?
HE: Er hat am meisten getreten und geschlagen, viel mehr als ich.
HV: Aha, und dann lief er davon, als der Polizeibeamte die Gasse herunterkam?
HE: Ja, beide sind abgehauen.
HV: Und wer war der Dritte?
HE: Ein anderer Freund … Christopher.
HV: Wie heißt Christopher mit Nachnamen?
HE: Silfverbielke.
VL: Ich glaube, wir machen an dieser Stelle eine kleine Pause.

Henrik Vadh hatte zwei Flaschen Wasser geholt und reichte Jacob eine davon.

»Wir sind der Lösung nahe, Jacob.«

Colt nickte. »Ja, wir haben ihn, was den Mord und die schwere Körperverletzung in der Altstadt angeht. Die Frage ist, ob er noch eine Weile durchhält oder ob wir ihn ein paar Stunden ausruhen lassen sollen. Was meinst du, ist es sinnvoll, die Vernehmung fortzusetzen?«

»Das soll Ecker selbst entscheiden.« Vadh zuckte mit den Schultern. »Ich finde, wir sollten weitermachen.«

VL: Sie haben vorhin erwähnt, dass Christopher an jenem Abend in der Gasse dabei war?
HE: Ja.
HV: Können wir seine Telefonnummer haben, um das nachzuprüfen?
HE: Aber er ist doch tot!
HV: Würden Sie das bitte wiederholen?
HE: Er ist tot …
HV: Ihre Partnerin Veronica hat gesagt, dass er während Ihres Segeltörns in Griechenland über Bord fiel und seitdem als vermisst gilt. Und jetzt behaupten Sie, er sei tot. Woher wissen Sie das?
HE: Ich habe mich versprochen. Ich meine … wir wissen ja nicht, was mit ihm passiert ist.
(Langes Schweigen)
HE: Warum starren Sie mich an?
HV: Geht es Ihnen nicht gut, Hans? Sie schwitzen …
HE: Hier drinnen ist es ziemlich warm.
HV: Das finde ich aber nicht. Sagen Sie, was ist jetzt mit Silfverbielke? Ist er tot oder nur verschwunden?

Als die Vernehmung ein weiteres Mal unterbrochen wurde, stellte Anna Kulin zufrieden fest, dass Hans Ecker sowohl die schwere Körperverletzung an Sven Bergman als auch die Tötung Erkki Lahtinens gestanden hatte. Sie hatte vor, für Ecker einen Antrag auf Untersuchungshaft zu stellen, und wollte, dass die Vernehmung am nächsten Tag weitergehen sollte.

»Verdammt!«, brach es aus Colt heraus. »Er hat mindestens drei weitere Menschen auf dem Gewissen und …«

»Sie wissen, dass ich ihn bei dieser Beweislage nur anklagen kann, wenn er es gesteht«, sagte Kulin ruhig. »Die Beweise reichen für eine Verurteilung niemals aus. Ich könnte es vielleicht mit Hinblick auf den Mord auf Djurgården versuchen, aber ich bin unschlüssig. Es war zwar Eckers Messer, aber es gibt weder ein Motiv noch irgendwelche Zeugen. Und ich würde mich nicht wundern, wenn er für diesen Zeitpunkt ein Alibi vorweisen könnte. Ich finde, es ist besser, wenn wir ihn wegen der Körperverletzung und des Mordes in der Altstadt drankriegen. Aber machen Sie mit der Vernehmung weiter, dann sehen wir, ob sich mehr ergibt.«

»Der Dreckskerl hat lebenslänglich verdient«, murmelte Colt.

»Das entscheiden nicht Sie, Colt.« Kulins Stimme klang immer noch ruhig. »Wie Sie wissen, gibt es dafür in diesem Land Gerichte.«

Jacob Colt machte auf dem Absatz kehrt und ging wütend in sein Büro zurück.

Dort atmete er ein paar Mal tief durch und wählte die Nummer von Melissas Handy. Sie ging beim ersten Läuten dran.

Die Worte strömten nur so aus ihr heraus. Wie immer, wenn sie aufgeregt war, wechselte sie zwischen Schwedisch und amerikanischem Englisch hin und her.

Die letzten Tage waren die reine Hölle gewesen. Sie hatte endlich beschlossen, ihren Eltern zu erzählen, dass Stephen homosexuell war.

Die Reaktion war heftiger ausgefallen, als sie es sich in ihren schlimmsten Erwartungen ausgemalt hatte. Ihre Mutter hatte geweint und gebetet. Joshua hatte mit einem Wutanfall reagiert und mit vor Ironie triefender Stimme gefragt, ob Homosexualität in Jacobs Familie normal war, da es bei den Colts wahrhaftig keine Schwulen gab.

Zwei Tage lang hatte es lautstarke Diskussionen gegeben, die schließlich in einem heftigen Wortwechsel zwischen

Melissa und ihrem Vater gipfelten. Währenddessen hatte Margaret Colt mal geweint und mal die Streithähne angefleht, aufzuhören.

»Zum Schluss habe ich es nicht mehr ausgehalten …«, sagte Melissa mit brüchiger Stimme, »… sondern habe meine Sachen gepackt und bin in ein Hotel. Jetzt rufen sie mich ständig an und bitten mich, ich solle zurückkommen. Aber ich weiß nicht, ob ich das schaffe, Jacob. Natürlich sind sie meine Eltern, aber Stephen ist mein Sohn und ich liebe ihn so sehr. Wenn sie ihn nicht akzeptieren können, wie er ist, muss ich mich für ihn und gegen sie entscheiden.«

Jacob überlegte einen Augenblick. »Ich glaube nicht, dass du so eine harte Entscheidung treffen musst, Liebling. Sie lieben dich und Stephen. Natürlich kam das für sie wie ein Schock, aber ich bin mir sicher, dass sie Vernunft annehmen. Ich schlage vor, du machst Folgendes …«

Melissa hörte ihm zu und stimmte mit ihm überein. Sie sollte ihre Sachen vorläufig im Hotel lassen, zu den Eltern fahren und versuchen, vernünftig mit ihnen zu reden. Wenn es gut ging, sollte sie noch ein oder zwei Tage bei ihnen wohnen und dann heimreisen. Kam es jedoch wieder zu einem Krieg, sollte sie mit dem nächsten verfügbaren Flug heimkehren und die Angelegenheit von dort aus regeln.

»Ich hoffe natürlich, dass sich die Sache lösen lässt, aber vor allem hoffe ich, dass du so bald wie möglich nach Hause kommst. Ich vermisse dich, Liebling.«

Er vernahm ein erneutes Schluchzen. »Ich vermisse dich auch so sehr. Ich komme, so schnell ich kann – ich sehne mich danach, wieder daheim zu sein.«

Kapitel 70

Montag, 15. Oktober

Der Rechtsanwalt Måns Anderberg stand auf, ging lächelnd um den Schreibtisch herum und streckte die Hand aus.

»Willkommen! Sie sehen ja richtig frisch und munter aus. Ich vermute, der Auslandsaufenthalt war gut?«

»Ausgezeichnet, danke. Wie Balsam für Körper und Seele, kann man sagen.«

Obwohl es auch mit meiner Einbalsamierung hätte enden können.

Christopher Silfverbielke nahm auf dem Besucherstuhl Platz, rückte die Krawatte zurecht und schnippte ein Staubkorn von der Hose.

»Wo waren Sie, wenn ich fragen darf?«

»In Griechenland, unter anderem. Ein fantastisches Land mit interessanter Kultur.«

Und guten Ärzten.

Silfverbielke kehrte in Gedanken zu jenem Tag zurück.

Er war überzeugt gewesen, dass er sterben würde.

Als er hörte, wie das Boot sich zum zweiten Mal näherte, tauchte er mit einer Kraftanstrengung unter Wasser. Wieder wurde es um ihn herum schwarz.

Er kotzte, als er wieder zu sich kam. Die Wellen spülten Teile des Erbrochenen zurück in seinen Mund. Schließlich erbrach er sich so heftig, dass er beinahe daran erstickt wäre. Die Schmerzen in seinem Kopf waren unerträglich und er spürte, wie die letzten Kraftreserven zur Neige gingen.

Christopher verfluchte sich. Wie hatte er es zulassen können, dass Ecker ihn überrumpelte? Er hatte ja das genaue Gegenteil geplant, nämlich dass Ecker an seiner Stelle im Wasser landen sollte.

Und jetzt würde er sterben. Mit über achtzig Millionen Kronen auf dem Konto.

Nein, verdammt noch mal! Ich werde kämpfen!

Dann fiel er wieder in Ohnmacht.

Er wusste nicht, wie oft er untertauchte, mit Wasser in der Kehle wieder zu sich kam und sich erneut übergeben musste. Aber er nahm undeutlich ein seltsames Geräusch wahr, als er plötzlich mit dem Kopf gegen Plastik stieß.

Mit geschlossenen Augen tastete er mit der rechten Hand umher und ließ die Finger über die nasse und glatte Oberfläche gleiten.

Ein Kanister. Ein großer Kanister.

Die Finger tasteten weiter. Der Kanister war an einem Seil befestigt, das unter Wasser verschwand. Anscheinend hatten Fischer ihn an dieser Stelle platziert, um ihre Netze zu markieren. Silfverbielke klammerte sich daran fest und ließ sich treiben. Er fiel erneut in Ohnmacht, ließ den Kanister los, ging unter und tauchte gerade noch rechtzeitig wieder auf, ehe er sich übergab.

Fand den Kanister wieder.

Er wusste nicht, wie lange er auf dem Wasser getrieben hatte, als er das entfernte Tuckern hörte. Aber am Horizont ging gerade die Sonne auf.

Die Fischer, die ihn aus dem Wasser zogen, während er vor Schmerzen schrie, redeten aufgeregt auf Griechisch durcheinander. Sie legten an Bord zwischen Netzen und anderen

Gegenständen Wolldecken aus und beugten sich über ihn. Jemand untersuchte seinen Kopf und sagte wieder etwas auf Griechisch. Unter Aufbietung seiner letzten Kräfte flüsterte Silfverbielke: »Chania …«

Einer der Männer, die sich über ihn beugten, nickte. Er kratzte sich am Kopf und versuchte, sich an das bisschen Englisch zu erinnern, das er mal gelernt hatte. Plötzlich hellte sich das sonnenverbrannte, zerfurchte Gesicht des Mannes auf, und er antwortete: »Hospital!«

Silfverbielke schluckte mehrmals, um den Speichelfluss wieder in Gang zu bringen, und schließlich gelang es ihm, zu flüstern: »No. Private doctor …«

Dann fiel er wieder in Ohnmacht.

Er hatte über eine Woche in der Privatklinik verbracht. Der Arzt, Andreas Makropoulos, hatte ihm erklärt, dass Gott die ganze Zeit draußen auf dem Meer an seiner Seite gewesen sein musste. Wie durch ein Wunder war er mit einer Menge Schürfwunden, einer Gehirnerschütterung und einer Schädelfraktur davongekommen.

Verletzungen, die mit der Zeit – und mit Gottes und Makropoulos' Hilfe – heilen würden.

Auf die Frage, was denn passiert sei, erzählte Silfverbielke mit einem Sinn für Dramatik, wie sein gemietetes Segelboot plötzlich gesunken sei und er sich verletzt habe, während er verzweifelt versuchte, das Boot zu retten. Was dann geschehen sei, wisse er nicht mehr.

Nach sieben Tagen untersuchte Doktor Makropoulos Christopher gründlich und überprüfte auch den Gleichgewichtssinn sowie das Seh-, Hör- und Reaktionsvermögen. Mit einem leichten Kopfverband und einem Achttagebart verließ Silfverbielke die Klinik, holte Geld aus dem Hotel in Chania, in das er vor dem Segeltörn eingecheckt hatte, kehrte zu dem Arzt zurück und bezahlte ihn.

Danach begann er einen längeren Rekonvaleszenzurlaub, den er seiner Ansicht nach verdient hatte. Außerdem benötigte er Zeit zum Nachdenken und Sammeln von Informationen für sein weiteres Vorgehen.

Die Reise ging über mehrere griechische Inseln und weiter auf das Festland, von wo aus er nach Italien flog. Dort blieb er ein paar Wochen und reiste anschließend nach Frankreich weiter. Er checkte in einem Hotel ein, wo er sich entspannte und gleichzeitig ausgiebig im Internet durch Nachrichtenseiten und Archive schwedischer Tageszeitungen surfte.

Sobald er sich ausreichend erholt und sich einen Überblick über seine Lage verschafft hatte, fuhr er erster Klasse mit der Bahn nach Kopenhagen und von dort aus mit dem nächsten Zug über die Öresundbrücke nach Malmö.

»Und nun?«, fragte Anderberg. »Was haben Sie am Laufen?«

Christopher sah ihn ernst an. »Måns, Sie haben doch sicher gelesen, was mit Hans passiert ist?«

Der Anwalt nickte. »Eine furchtbare Geschichte. Wussten Sie etwas davon?«

»Nicht das Geringste, obwohl wir uns so gut kannten. Erschreckend.« Silfverbielke schüttelte bedauernd den Kopf. »Er muss wirklich eine Art Dr. Jekyll und Mr Hyde gewesen sein.«

»Wirklich. Wie viel hat er letztendlich bekommen?«

»Zehn Jahre für Mord und zusätzlich ein halbes Jahr für tätlichen Angriff auf einen Polizeibeamten.«

Anderberg schnalzte mit der Zunge. »Nicht gut. Gar nicht gut. Und Sie waren nicht irgendwie in die Sache verwickelt?«

Silfverbielke lächelte. »Was denken Sie nur von mir, Måns? Wenn es so wäre, säße ich jetzt ebenfalls hinter Schloss und Riegel. Aber wir hatten zusammen ein paar Börsengeschäfte abgewickelt, und darüber möchte ich mit Ihnen reden. Ich würde Ihnen gern einen Vorschlag machen …«

Anderberg blickte abwartend drein. »Schießen Sie los.«

Kapitel 71

Donnerstag, 18. Oktober

Måns Anderberg schaute zum Fenster des Flugzeugs hinaus und sah, wie sich Zürich tief unter ihm ausbreitete.

Er lehnte sich zurück, lächelte und trank seinen Whisky aus. Die Flugbegleiterin kam vorbei und nahm das leere Glas mit einem Lächeln entgegen.

Er war überzeugt, dass er die richtige Entscheidung getroffen hatte.

Der Anwaltsberuf war nie das gewesen, was er sich ursprünglich darunter vorgestellt hatte. Die großen Strafprozesse, die Gelegenheiten, im Rampenlicht zu stehen, hatten aus irgendeinem eigenartigen Grund immer ohne seine Mitwirkung stattgefunden. Er hatte die Nachlassverzeichnisse, Wohnungsteilungen, Ehescheidungen und vielfältigen kleineren Schwachsinnsmandate satt. Jeder beliebige Idiot konnte ein Testament schreiben.

Er hatte viele Monate erlebt, in denen nicht einmal der stetige Strom an Testamenten und Wohnungsteilungen ausgereicht hatte, um das Büro, die Sekretärin, den Telefon-, Fax- und Internetanschluss sowie alle anderen Notwendigkeiten zu bezahlen. Sein Anzug kam immer seltener in die Reinigung, und seine Frau beklagte sich darüber, dass er allmählich verwahrloste.

Aber das, dachte Anderberg bitter, galt zweifellos auch für sie selbst. Er hatte ihr Nörgeln genauso satt wie die Tatsache, dass sie wegen ihrer Kinderlosigkeit nichts Besseres mit sich anfangen konnte, als ihr eigenes Geld und die paar Tausender, die nach Abzug sämtlicher Ausgaben übrig blieben, aus dem Fenster zu schmeißen.

Silfverbielkes Vorschlag kam ihm sehr gelegen und konnte die Eintrittskarte in ein neues und weitaus angenehmeres Leben bedeuten. Sobald die Scheidung von seiner Frau über die Bühne war, natürlich. Die Unterlagen hatte er bereits am Tag zuvor vorbereitet.

Christopher hatte ihm alles erzählt, und Anderberg hatte sich darüber gewundert, was für ein Schwein dieser Ecker gewesen sein musste. Er hatte den Mann nicht persönlich gekannt und war ihm eigentlich nur zweimal begegnet. Das erste Mal, als das Trio die drei Umschläge bei ihm deponiert hatte, und das zweite Mal, als Ecker und Silfverbielke gekommen waren, um Kruuts Kuvert nach dessen unglücklichem Todesfall zu holen.

Ecker hatte Silfverbielke laut dessen Schilderung getäuscht und betrogen. Hatte dessen Freundin in einem Restaurant Drogen verabreicht und mit ihr Sex gehabt, während Christopher auf Geschäftsreise in London gewesen war. Gegenüber seiner eigenen Partnerin war Hans chronisch untreu gewesen und hatte außerdem sie, Christopher und Johannes Kruut um große Geldsummen betrogen. Sie hatten ihm stets vertraut, wenn er versprach, das Geld zurückzuzahlen, aber das war nie geschehen.

Anderberg hatte Silfverbielkes Bericht mit wachsendem Staunen zugehört, aber seine zwanzig Jahre als Rechtsanwalt hatten ihn auch gelehrt, wie viele Schweine es unter den Menschen gab.

Christopher hatte außerdem erzählt, dass Ecker seine schwangere Freundin bereits vor seiner Festnahme verlassen hatte, und dass die Frau nun allein und im Stich gelassen auf der Straße stand, ohne Bleibe und ohne Geld.

Zum Schluss hatte Christopher ihm kurz und bündig seinen Vorschlag unterbreitet: »Måns, was würden Sie dazu sagen, wenn Sie mit einem einzigen Tag Arbeit fünfzehn Millionen Kronen netto verdienen könnten?«

Måns Anderberg nahm ein Taxi vom Flugplatz zu dem Hotel, wo er ein Zimmer reserviert hatte. Eigentlich hätte er nach getaner Arbeit am gleichen Tag zurückfliegen können, aber wer hatte es schon eilig, nach Hause zu einer schlecht gelaunten Ehefrau zu kommen, wenn man um fünfzehn Millionen Kronen reicher war?

Er hatte Pläne, am Abend in einem von Zürichs besseren Restaurants ordentlich zu feiern und sich vielleicht ein bisschen weibliche Gesellschaft zu gönnen, die hübscher war als die keifende Alte daheim. Außerdem musste er am nächsten Tag ein Gespräch mit der Bank darüber führen, wie das Geld am besten investiert werden sollte. Anderberg hatte nämlich auf gar keinen Fall vor, es mit nach Schweden zu nehmen.

Aus moralischer Sicht war das kein Problem, dachte Anderberg, als er im Hotel die Reisetasche auspackte. Ecker war offensichtlich ein Dreckskerl der übelsten Sorte gewesen, während Silfverbielke sich über viele Jahre hinweg als freundlicher Mensch und treuer, regelmäßiger Klient erwiesen hatte – wenn auch nur mit kleineren Mandaten.

Und jetzt winkten auf einmal fünfzehn Millionen. Anderberg musste dafür nichts weiter tun, als Christopher Silfverbielke Eckers Umschlag zu übergeben und Christopher in Anzug und Krawatte zur Bank zu begleiten. Ein Klacks im Vergleich zu seinen lächerlichen Mandaten, bei denen ihm nach Steuern nicht einmal ein Zehntel vom Honorar übrig blieb, egal, wie sehr er sich dafür den Arsch aufriss.

Anderberg ertappte sich dabei, wie er von exotischen Ländern, Inseln mit weißen Sandstränden, Long Drinks und schönen Frauen träumte.

Sein Handy klingelte. Das Display zeigte eine ihm unbekannte Nummer an.

»Hallo, Måns, hier ist Christopher.«

»Hallo. Ich habe Ihre Nummer nicht erkannt.«

»Ja, mein Handy ging gestern kaputt, und ich musste mir ein neues besorgen. Sind Sie schon im Hotel? Wir müssen es ja noch rechtzeitig zur Bank schaffen, bevor sie schließt.«

»Ja, ich bin gerade beim Auspacken. Wo sind Sie?«

»In der Nähe. Ich bin in einer Viertelstunde bei Ihnen? Welche Zimmernummer?«

»Zweihundertvierzehn.«

Ein kurzes Klopfen an der Tür. Anderberg machte auf.

»Willkommen, Christopher. Wir erledigen es am besten gleich.«

Er drehte sich um und ging zu dem kleinen Tisch am Fenster, auf dem seine Aktentasche stand. Mit dem Rücken zu Christopher wühlte er darin herum.

»Schauen Sie, hier habe ich den Umschlag …«

Silfverbielke zog die dünnen Lederhandschuhe an, die er in den Taschen seines Jacketts mitgebracht hatte, und ging leise und schnell über den Teppichboden.

»Ja«, sagte er, »wir erledigen es am besten gleich.«

Er trat hinter Anderberg und legte dem Anwalt die Schlinge um den Hals.

Kapitel 72

Dienstag, 23. Oktober

Hans Ecker beugte sich vor und stützte den Kopf auf die Hände. Vor seinem inneren Auge tauchte das Bild eines höhnisch grinsenden Christopher auf. Jedes Mal, wenn er daran dachte, wie sein sogenannter bester Freund ihn nach Strich und Faden hereingelegt hatte, verspürte er einen so starken Hass, dass es ihm rot vor den Augen flimmerte.

Scheiße! Wenn Christopher hier gewesen wäre, hätte er ihn auf der Stelle umgebracht.

Wenn er das nicht schon getan hatte. Ironie des Schicksals.

Am Tag zuvor hatte der Stress begonnen. Die Justizvollzugsanstalt Kumla war nicht gerade als Kindergarten bekannt, und er hatte schnell gelernt, warum. In seiner Abteilung befanden sich außer ihm solche Charmebolzen wie der Türke, Mirek, der Schlächter, Andreij und Östersund. Sie sahen aus, als hätte man sie in derselben Form gegossen – groß, durchtrainiert, tätowiert, die meisten mit rasiertem Schädel. Die Typen verbrachten ihre freie Zeit damit, Gewichte zu stemmen oder Karten zu spielen, und rauchten so viel Gras, dass die ganze Abteilung einschließlich der Wärter davon hätte high werden können.

Er hätte sich nie auf das Kartenspiel einlassen sollen.

Der Türke hatte seine zwölf Streichhölzer an ihn verloren – jedes Streichholz repräsentierte tausend Kronen, die der Verlierer so schnell wie möglich bezahlen musste. Mirek und der Türke waren beste Kumpel, und Mirek hatte Ecker des Schummelns bezichtigt. Ecker hatte protestiert, obwohl er wusste, dass sie zugedröhnt waren. Von da an hatte der Türke angefangen, ihn zu provozieren, indem er behauptete, Ecker sei überhaupt kein Mörder, sondern in Wirklichkeit ein Kinderficker, dem man das Fell gerben sollte.

Und dann hatte die Party begonnen. Ecker hatte mehr Prügel einstecken müssen als bei sämtlichen verlorenen Kämpfen im Fightclub. Wären die Wärter nicht rechtzeitig erschienen, hätten die Kerle ihn womöglich totgeschlagen.

Sobald die Wärter die Streithähne auseinandergebracht und in ihre Zellen geschlossen hatten, hatte Ecker seinen einzigen Ausweg darin gesehen, Isolationshaft zu beantragen.

Jetzt saß er in einer Einzelzelle ohne Fernseher, Radio und menschlichen Kontakt.

Aber wenigstens bekam er keine Prügel.

Er dachte an Veronica, das Kind, das Haus, den Job. Daran, dass man ihn zu über zehn Jahren Haft verurteilt hatte, von denen er mindestens sechs oder sieben absitzen musste. Und daran, dass es mindestens ein Jahr dauern würde, bis er überhaupt von einem Freigang träumen konnte.

Ecker spürte, wie sich Wut und Ohnmacht gleichzeitig in ihm breitmachten. In einem Augenblick stand er auf, schlug mit den Fäusten gegen die Zellenwand und brüllte. Im nächsten saß er zusammengesunken und teilnahmslos auf der Pritsche und starrte ins Leere.

Lange bevor die Zeitungen ausführlich über seinen Prozess berichteten, hatte er über seinen Anwalt zwei Mitteilungen erhalten.

Die erste war von seinem Arbeitgeber und informierte ihn darüber, dass er mit sofortiger Wirkung entlassen sei und angesichts seines potenziell geschäftsschädigenden Verhaltens keinen Anspruch auf eine Abfindung hatte. Die Firma erwog dagegen, Ecker auf Schadensersatz zu verklagen.

Brief Nummer zwei war von der Geschäftsleitung des Konzerns Borsch Stahl und teilte ihm in knappen Worten mit, dass Hans Ecker für den Posten des Geschäftsführers aus verständlichen Gründen nicht mehr infrage kam.

Während er zwischen der Untersuchungshaft, dem Gerichtssaal und schließlich dem Gefängnis hin und her pendelte, begriff er allmählich, dass sein ganzes Leben innerhalb von ein paar Wochen zusammengebrochen war. Er hatte nicht den blassesten Schimmer, wie er das alles wieder in Ordnung bringen sollte.

Veronica hasste es, ihn im Gefängnis zu besuchen, und beschwerte sich über die weite Fahrt nach Örebro. Den Gedanken an Sex mit ihr konnte er sich abschminken, das hatte sie ihm bereits bei ihrem ersten Besuch klargemacht. Die Vorstellung, es mit ihm auf einer Kunststoffmatratze zu treiben, noch dazu in ihrem hochschwangeren Zustand, kam für sie überhaupt nicht infrage.

Aber wenigstens hatte er den *Fonds*.

Früher oder später würde man diesen Dreckskerl Silfverbielke offiziell für tot erklären. So etwas ließ sich herausfinden, und sobald es geschehen war, würde er Veronica alles in Ruhe erklären. Er würde ihr eine Vollmacht erteilen müssen, Christophers Umschlag bei dem Winkeladvokaten abzuholen, den dieser in Anspruch genommen hatte. Sobald er im Besitz aller drei Codes war, verfügte er über achtzig Millionen Kronen, und damit waren die meisten seiner Probleme gelöst. Veronica und er konnten irgendwann ins Ausland ziehen, von neuem beginnen und ein sehr angenehmes Leben führen, ohne arbeiten zu müssen. Vielleicht konnte er sogar durch Bestechung freikommen, sobald man ihn in den offenen Vollzug verlegte. Oder ganz einfach bei einem Freigang ins Ausland fliehen.

Plötzlich wurde ein Schlüssel ins Schloss gesteckt. Der Wärter, der die Zellentür öffnete, hatte rote Flecken auf der Nase und sah ungepflegt aus. Er hielt einen Briefumschlag in der Hand.

»Post für Sie, Ecker. Eigentlich dürfen Sie keine empfangen, solange sie in Isolationshaft sitzen, aber da der Brief ankam, bevor Sie hierher verlegt wurden, können wir wohl eine Ausnahme machen.«

Ecker nahm das Kuvert verwundert entgegen. Ein gewöhnlicher weißer Briefumschlag mit seinem Namen und der Adresse der Justizvollzugsanstalt auf der Vorderseite.

Der Wärter ging hinaus und schloss die Tür ab. Hans setzte sich auf die Pritsche, schlitzte das Kuvert auf und nahm den Brief heraus.

Ein einziges Blatt Papier, beschrieben mit zwei Zeilen.

Wenn man etwas beginnt, muss man es auch zu Ende bringen.

Veronica ist ein echter Schatz. Genieße die Aussicht. CS.

Ecker erkannte die Handschrift, und ihm wurde eiskalt. Er hatte das Gefühl, als drehe sich der gesamte Raum um ihn, und spürte, wie ihm das Blut ins Gehirn schoss.

Christopher! Der Dreckskerl lebte noch. Und jetzt machte er sich auch noch an Veronica heran!

Er sprang auf, lief zur Zellentür, hämmerte mit voller Wucht dagegen und schrie: »Kommen Sie! Kommen Sie, verdammt noch mal!«

Die Sekunden kamen ihm wie eine Ewigkeit vor.

»Was ist los?« Die Stimme des Wärters klang mürrisch.

»Ich muss telefonieren, und zwar sofort! Es geht um Leben und Tod!«

Einen Augenblick herrschte Schweigen, ehe der Wärter antwortete: »Interessiert mich doch nicht, Ecker. Keine Telefongespräche während der Isolationshaft, das wissen Sie doch. Beruhigen Sie sich und legen Sie sich eine Weile hin …«

Kapitel 73

Dienstag, 23. Oktober

Veronica Svahnberg war überrascht, als es an der Tür klingelte. Sie erwartete keinen Besuch, schon gar nicht so spät am Abend. Als sie in Richtung Haustür watschelte, spürte sie, wie das Baby in ihrem Bauch trat, und dachte daran, dass dieses kleine Lebewesen bald auf die Welt kommen würde, ohne dass der Vater – wenn es denn nun Christopher war – bei der Geburt anwesend sein konnte.

Sie öffnete die Tür, trat einen Schritt zurück und hielt sich die Hand vor den Mund, um nicht vor Überraschung zu schreien.

»Du …?«, war das Einzige, was sie hervorbrachte.

Er lächelte sie an. »Hast du mich vermisst …?« Ohne auf ihre Antwort zu warten, trat er ein und zwang sie, zurückzuweichen.

Christopher war lässig, aber schick in Jeans, weißes Hemd und schwarzen Blazer gekleidet.

Veronica zitterte am ganzen Körper, als sein Gesicht näherkam. Sie roch den Duft seines Aftershaves und schloss die Augen, als seine Lippen die ihren suchten.

Er legte eine Hand um ihre Taille, sah ihr tief in die Augen und streichelte ihr mit der anderen sanft über den Bauch.

»Wie geht es dem Kleinen?«

Veronica lächelte mit Tränen in den Augen und spürte, wie alte und neue Gefühle in ihr wach wurden. »Gut«, flüsterte sie und küsste Christopher leidenschaftlich. »Und wie geht es *dir*?«

»Ich bin richtig gut drauf …«, flüsterte Silfverbielke.

Danksagung

Die Autoren führten Vor-Ort-Recherchen in Stockholm, Fittja, Märsta, Arlanda, Gränna, Jönköping, Båstad, Malmö, Kämpinge, Trelleborg, Travemünde, Berlin und Savannah durch.

Ein besonderes Dankeschön geht an

Autoropa/Ferrari, Stockholm
Bentley, Stockholm
Gunilla Ahnegård Berg, Verlegerin, Stockholm
Moslem Emami, Techniker, Stockholm
Griechisches Fremdenverkehrsamt, Stockholm
Dag Andersson, Kommissar, Reichsmordkommission, Stockholm
Björn Rydh, Kriminaltechniker, Stockholm
Ulf Töregård, Literaturagent, Karlshamn
Bo Mattson, Geschäftsführer, Cint, Stockholm
Ingemar Folke, Rechtsanwalt, Stockholm
Anne Marie Dahlgren, Justizvollzugsleitung, Norrköping
Cina Jennehov, Verlegerin, Stockholm
Robert Grundin, Dozent für Rechtsmedizin, Spezialist für Rechtsmedizin und klinische Pathologie, Stockholm
Cecilia Lindqvist, Diplom-Psychologin, Stockholm
Christer Baad, Polizeiinspektor, Stockholm
John-Henri Holmberg, Verleger, Viken

Lotta Lundberg, Autorin, Berlin
Die Mitarbeiter der Commerzbank, Berlin
Wulf Trepte, Sollentuna
Ritz-Carlton Hotel, Berlin
JL Watson, Journalist, Cape Coral, Florida, USA
City of Savannah, Georgia, USA
Sören Sandström, Kommissar, Reichskriminalpolizei, Stockholm
Savannah Historical Museum, Georgia, USA
Lars Fossto, Krisenbewältigungsexperte, Luftfahrtleitung, Flughafen Arlanda
Frank Johansson, Ausbilder an der Polizeihochschule in Sörentorp und Kommissar, Malmö

Dan Buthler möchte außerdem danken:

Meiner Familie – für alles. Auch Ann, Roger und Adrian haben ein besonderes Dankeschön verdient.

Dag Öhrlund möchte außerdem danken:

»Elake Jan« (Der böse Jan) Dahlqvist, für die Inspiration und weil du Silfverbielke so ähnlich bist. Carina für Psalmen und Liebe. Josephine für inspirierende Freude, Zeichnungen und Neugier. Micke, dafür, dass du du selbst bist. Mutter, für deine Unterstützung.